从阅读走进现实
knowledge-power

knowledge-power

读 行 者

傳記文學 書系

沈亦云 ◎ 著

唐德剛 ◎ 協助整理

亦雲回憶 上

傳記文學 書系 編委会

主编

彭明哲　曾德明

编委

赖某深　龚昊　蒋浩

李郑龙　于问勇　秦青

岳麓書社·長沙

博集天卷
CS-BOOKY

图书在版编目（CIP）数据

亦云回忆 / 沈亦云著 . —长沙 : 岳麓书社 ,2017.2
ISBN 978-7-5538-0672-3

Ⅰ . ①亦… Ⅱ . ①沈… Ⅲ . ①沈亦云 – 回忆录
Ⅳ . ① K828.7

中国版本图书馆 CIP 数据核字 (2016) 第 229696 号

著作权合同登记号 : 图字 18-2016-140 号

YIYUN HUIYI

亦云回忆

作　　者 : 沈亦云
责任编辑 : 龚 昊　蒋 浩　李郑龙
监　　制 : 于向勇　马占国
特约策划 : 秦 青
营销编辑 : 刘晓晨　罗 昕　刘文昕
装帧设计 : 张丽娜
岳麓书社出版发行
地　　址 : 湖南省长沙市爱民路 47 号
直销电话 : 0731-88804152　88885616
邮　　编 : 410006
2017 年 2 月第 1 版第 1 次印刷
开　　本 : 700×995　1/16
印　　张 : 38.5
字　　数 : 600 千字
书　　号 : ISBN 978-7-5538-0672-3
定　　价 : 78.00 元 (全二册)
承　　印 : 北京鹏润伟业印刷有限公司

质量监督电话 :010-59096394
团购电话 :010-59320018

总序

　　岳麓书社依据台湾的《传记文学》，分类编纂，陆续出版"传记文学"书系，这是两岸文化交流史上的大事，是中国近代史和中华民国史研究的大事、喜事。

　　1962年2月5日，时值春节，曾在北大读书的刘绍唐向当年的校长胡适拜年，谈起胡适长期提倡传记文学，而始终未见实行，向老师透露，自己正准备创办《传记文学》月刊。胡适虽肯定其志，却以为其事甚难，办月刊，哪里去找这么多"信而有征"的文字，因此不大赞成。不料当年6月1日，绍唐先生主编的《传记文学》竟在台北出刊了。自此，直到2000年2月10日，绍唐先生因病在台北去世，历时38年，共出版453期。每期约30万字，453期就是约13590万字。此外，传记文学出版社还出版了"传记文学丛书"和"传记文学丛刊"，其中包括《民国人物小传》《民国大事日志》等许多民国历史方面的著作。

　　尽人皆知，绍唐先生没有任何背景，不接受任何政治集团、经济集团的支持，只身奋斗，孤军一人，却做出了台湾官方做不出的成绩，创造了中国出版史上不曾有过的奇迹。因此，绍唐先生被尊为"以一人而敌一国"，戴上了"野史馆馆长"的桂冠。

　　我在大学学习中国文学，毕业后业余研究中国哲学，1978年4月，调入中国社科院近代史研究所，参加《中华民国史》的编写，自此，即与绍唐先生的《传记文学》结下不解之缘。在众多历史刊物中，《传记文学》最为我所关注。但是，我和绍唐先生相识则较晚，记得是在1995年9月，纪念抗战胜利50周年之际。当时，台湾史学界在台北召开学术讨论会，我和其他大陆学者31人组团越海参加。这是海峡两岸学者之间交流的起始阶段，有如此众多的大陆学者同时赴会，堪称前所未有的盛事。我向会议提交的论文《九一八事变后的蒋介石》，根据毛思诚所藏《蒋介石日记类钞》未刊稿本写成。当时，蒋介石日记存世一事，还不为世人所知，绍唐先生很快通知我，《传记文学》将发表该文。9月3日，闭幕式晚宴，由绍唐先生的传记文学出版社招待。各方学者，各界嘉宾，济济一堂。我因事略为晚到，不料竟被引到主桌，和绍唐先生同席。那次席上，绍唐先生给我的印象是热情、好客、豪饮。次年，我应"中研院"近史所所长陈三井教授之邀访问该所，在台北有较多停留时间。其间，我曾应绍唐先生之邀，到传记文学出版社参观。上得楼来，只见层层叠叠，满室皆书，却不见编辑一人。绍唐先生与我长谈，详细介绍《传记文学》创刊的过程及个人办刊的种种艰辛。绍唐先生特别谈到，办刊者必须具备的"眼力""耐力""定力"等条件，可惜，我没有记日记的习惯，未能将绍唐先生所谈追记下来，至今引为憾事。绍唐先生交游广阔，文友众多，因此宴集也多。每有宴集，绍唐先生必招我参加，我也欣然从远在郊区的南港住所赴会。许多朋友，例如旅美华人史学家唐德刚等都是在这样的场合下认识的。在台期间，台北史学界为纪念北伐战争70周年，召开北伐及北伐史料讨论会，我根据原藏俄罗斯等处的档案，撰写《1923年蒋介石的苏联之行及其军事计划》一文参加，绍唐先生不仅到会，而且当场确定《传记文学》将发表拙文。我离开台北前，绍唐先生再次将我引到他的藏书室，告诉我，凡传记文学出版社出版的图书，喜欢什么就拿什么。我因为近史所已赠我大量出版物，又不好意思，只挑选了《陈济棠自传稿》《傅孟真先生年谱》《朱家骅年谱》和李济的《感旧录》等有限几种，回想起来，至今仍觉遗憾。

绍唐先生自述，他有感于"两岸的文士因为历史原因等种种关系，许多史实难免歪曲"，因此，创办此刊，以便"为史家找材料，为文学开生面"。我觉得，绍唐先生的这两个目的，比较成功地达到了。政治对学术，特别是对历史学的干预，古已有之，但是，学术特别是以真实为最高追求目标的历史学，又最忌政治和权力的干预。绍唐先生在台湾的白色恐怖余波犹在的年代，能够不怕"因稿贾祸"，创办刊物，发行丛书，保存大量中国近代史特别是民国史资料，供千秋万代的史家和史学爱好者采用，这是功德无量的盛事、盛业。刊物虽标明"文学"，但是，取文、选文却始终恪守历史学的原则，排斥任何虚构和想象，这也是值得今之史家和文家们借鉴和注重的。

绍唐先生去世后，《传记文学》由中国新闻界的前辈成舍我先生的后裔续办，至今仍是华人世界中的著名历史刊物，衷心希望绍唐先生的事业和精神能长期传承，永放光彩，衷心希望"传记文学"书系的出版，能得到读者的喜欢，助益历史学的繁荣和发展。

杨天石

2015 年 5 月于北京东城之书满为患斋

凡例

一、原文的繁体竖排改成简体横排。

二、原文中脱、衍、讹、倒之处，均径改，不另加注说明。

三、原文中专名(人名、地名、书名等)及其译名皆一仍其旧，其中或有跟现今通行者有较大区别，而可能导致阅读障碍的，由编者加注进行说明。

四、原文中词语与标准用法有不同者，为尊重作者用语习惯及时代与地域差异等，不做修改，一仍其旧。

五、原文中标点符号的使用有不统一及不符合标准用法的，一仍其旧，其中或有可能导致阅读障碍的，由编者重新标点。

六、原文中的汉字数字不予变为阿拉伯数字，个别阿拉伯数字也不再统一为汉字。但注释部分为统一体例，版本年代及页码均采用阿拉伯数字，以便明晰。

七、所引文章中的纪年，1949 年 10 月 1 日前的民国纪年一仍其旧，1949 年 10 月 1 日后均采用公历纪年。

八、原文中 1949 年 10 月 1 日前对于中国共产党和国民党政治机构及职务的称呼均予保留，只对个别明显不符合历史事实的文字做了必要的删改。

九、原文中 1949 年 10 月 1 日中华人民共和国成立后，台湾地区自称"中国""政府"及其政治机构、职务名称、"涉外"用语等，本书均加引号，以示区分。

十、原文中由于作者政治立场等原因，本书做了极个别的删节，不另加说明。但为保留资料的完整性，尊重原文及作者观点，文中难免偶有不妥之处，相信读者自能甄别分辨。

目录

蒋序

辛亥以来，英士、膺白二先生皆与余以安危同仗、甘苦共尝、相互勖勉。金石交期，不啻手足。今英士殉国将三十年，而膺白忧国谢世，匆匆亦已十年矣。宿草频凋，精诚弥耿。回溯膺白许身报国，见危授命，志足以慑强寇之气，而势不能弭铄金之口。其忍辱负重，诚有非常人所能堪者。自来志士仁人，临汤火而不避者易，受疑谤而不辞者难。当其困心衡虑，不计毁誉，以一身翼卫国族之安全，谓非大仁大勇，曷克臻此。皎皎此心，至今日抗战胜利，乃克大白于天下，可哀亦可庆也。亦云夫人撰此《家传》，其于逝者心事，实能推见至隐。省览斯编，曩昔忧患共同之史实，历历在目。惟此足慰亡友膺白于九泉已尔。

卅四年（一九四五）十一月二十八日中正序

张序

《亦云回忆》序

黄膺白先生委身中国国民革命大业，际危难之时，负非常之任，为国家策远谋弭大患，其苦心孤诣，惟黄夫人亦云嫂知之最详亦最深。民国初年，膺兄与亦云嫂同游焦山，曾以作传之事托之亦云嫂。二十五年（一九三六）冬，膺兄病革，时亦云嫂复向膺兄重提焦山之约。《黄膺白先生家传》完稿以后，复有回忆录之作，皆亦云嫂所以践前诺而了宿愿也。

三十四年（一九四五）之秋，《家传》完稿时，亦云嫂曾以寄示，当时群报以一函，曰："膺兄奇才伟节，自任天下之重，其生平行事无不与国事大计有关。举其大体，当世尚多知之，至于操危虑深，忍辱负重，从容委曲以求济天下事而不尸其功，匪惟世不尽知，即同志知交虽知之亦不能委悉言之若此。惟吾嫂与膺兄同心一德，共致力于国事，故能将膺兄毕生志事隐微曲折，一一传出。又能以《左》《国》之笔，写管、葛之心，此固非后世史家所能为也。"

回忆录著笔于一九五一年，对与膺兄有关之国家大事及生活细节均甚纤悉，足以补《家传》之不足。亦云嫂保丛残于战乱流离之中，拾尘影于萧索羁栖之际，其中年后之心力盖萃于此矣。

及今距膺兄逝世已三十年。史迹重寻，膺兄当时操心之危，虑患之深，实历久而愈显。古人有言："身后千载名，生前一箧谤。"膺兄身世庶几近之。此中原委非亦云嫂不能尽当也。

年来在台湾创刊之《传记文学》索取此稿，分段刊载，近复集印专书，群与膺兄少同志业，曾从鞭弭，共经危苦，久结交亲，应有数言以为之序。因忆前岁，亦云嫂七十诞辰时，方旅居美国，宿诺既践，大愿已了，离国索居，栖心无地，群寄一诗咏叹膺兄之志节，兼亦咏叹亦云嫂之怀抱。兹录之以缀篇末，借备将来史家之搜采云尔：

惓惓念畴昔，悠悠思远道。忆当少年时，区宇方俶扰。隽拔仰人豪，梁孟兼管鲍。宛转共忧辛，慷慨同怀抱。憔悴哀哲人，徂谢一何早。辉煌身后名，疑谤亦未了。尔来廿六年，青山屡宿草。天涯寄孤鸾，置身荣辱表。埋首理丛残，苦心事搜讨。要以明是非，兼为答恩好。愿力托篇章，形神余枯槁。七十去堂堂，劲节终皎皎。相望沧海隔，云涛嗟茫渺。何日迓归帆，清言接昏晓。申此久要心，甘苦庶相保。

膺白先生逝世于中华民国二十五年（一九三六）十二月六日，距今适三十年。撰书既竟，追念哲人不禁泫然欲泪矣。

张群

胡函代序

亦云夫人：

承您许我先读《回忆》的自序，又得读《塘沽协定》诸章的原文，十分荣幸，十分感谢！这半个月以来，我天天想写信给您，总没有安定的心情，直到今天，勉强写这信，一定不能表达我想说的话。

我要首先向您道贺，贺《回忆》的写成，贺您这一件心事的完成。我在这三四十年里，到处劝朋友写自传，人人都愿意，但很少人有这闲暇，有这文学修养，更少人能保存这许多难得的"第一手"史料，所以很少人能够写出像您这样有历史价值的回忆录。所以您的稿本的写成是真值得庆贺的！

自序写得很好，我读了很感动。第一段叙述乱离时保存材料的困难，使我想起李清照的《金石录后序》。您说："我岂可以此不急之物，分人逃生之地？"这是很感人的一句话。

自序写"属稿时"的心理与方法，也说的很动人。您批评中国新史家好像有心"回避"现代史的题目，并且指出"教科书中所见……对国难尤多责人之言。……我们自己岂无一点责任？"正因为有许多人至今还不肯负"一点"国难的责任，所以现代史的材料至今多没有出现，所以现代史至今还是被"回避"的题目。我盼望您的《回忆》的出世可以引起别人的仿效，把他们长久收藏的史料发表出来，把他们的追忆或回忆也写出来。

史料的保存与发表都是第一重要事。我看了您的几卷稿本之后，我的感想是：亦云夫人这部《回忆》的第一贡献在于显示保存史料的重要，第二贡献在于建立一种有勇气发表真实的现代史料的精神。保存了真实史料而没有机会发表，或没有勇气发表，那岂不是辜负了史料？岂不是埋没了原来保存史料的一番苦心？

日本军人在沈阳发难，到今天已是二十九年了。"七七"与"八一三"到今天已是二十三年了。我们到今天还没有一部中国史家著作的"中日八年战史"，也没有一部中国史家著作的"抗战前的六年中日国系史"。这都是很可耻的事。为什么我们的史家到今天还没有写出"中日战史"（从一九三一年到一九四五年，实在是"十四年中日战争"）这一类的著作呢？一个原因是史料不容易保存，不容易得人整理。还有一个更大的原因就是您说过的，"史家似在回避此一题目"。这就是说：社会里还有太多的忌讳，史家就没有勇气去整理、发表那些随时随地可以得罪人或触犯忌讳的资料了！

您说："我所记者，偏于我一家的事。……区区之心，向现代史家交卷，拥护研究现代史的风气。"我很热诚地欢迎您"交卷"，很热诚地佩服您发表这许多现代史料的勇气。这样的"交卷"才是"拥护研究现代史的风气"。这就是替中国现代史树立一个很好的榜样了。

傅沅叔先生遗札影本四件奉还。其册二年一月六日一札的影本，承您许我留存，我十分感谢。沅叔先生父子待我最厚，他家藏书常许我借校。民国卅七年（一九四八）十二月中我最后飞出北平的前夕，我还在料理托人送还他家的书，那时他老人家已病困多年了。我最爱他这封长信中的一段：

……朋旧相关，时加劝喻，谓衰龄晚岁，宜事优闲，何必自苦如此。

愚急不然。凡人处境，宜事勤劳，慎勿长闲耽逸，虚度此生。盖闲者体易惰，精神或致衰颓；逸则心易放，志意无所专注，最为人之大病。常人且然。若聪明才智之士，尤不可闲逸自甘。《易》曰，天行健。古训云，民生在勤。一息尚存，此志不容稍懈。鄙人居恒以此自励，愿夫人亦共勉之。人生此世，固有应尽之责，则待治之事正多。苟抚心自省，奋志勉图，且有来日苦短之虑。此生又安有闲逸之日乎？……

我读此信，始知沅叔先生在学术上的成就，原来都建筑在"勤劳"的人生观之上。这又可以显示保存师友信札的重要了。

我很高兴您已把割去的一章恢复了。

昨夜我听您说，您还有不少的文件没有采用到《回忆》里。我昨夜曾建议：最好请哥伦比亚大学主讲"Oral History"（口述的历史）的先生们给您的文件做一套 microfilm，这样就不怕遗失或毁坏了。倘您对这件事有兴趣，可以和何淬廉先生接洽：Professor Pranklin Ho, 464 Riovoide Drive. 电话是 Mo-2-6786。昨天江季平说，Columbia Univercity 主持 Oral History 的人曾托游建文先生转询您是不是愿意口述膺白先生和您的自传，让他们记录（record）下来。我想，您已写成了《回忆》三十多章，似不必口述了。但我还盼望您让他们把《回忆》全稿（包括文件）制成一套 microfilm，由大学保存 negative 原本，而您可以请他们复制一两套——这是最便于保存的方法，值得您考虑。

最后，我重申庆贺您写成《回忆》全稿的大喜！并祝您和熙治、同同平安快乐！

胡适　敬上

一九六〇、十、九夜

膴白夫人赐鉴：连奉二、五、三、六两示及附件四种，均拜悉。适以二月初起，斯坦福大学嘱以研究工作，未能多分时间细读，致延作复歉罪之。今见回忆录已完成三十三章，若公若私，喜不自禁。在公的方面，喜有膴白先生一生救国志愿与其苦心孤诣之真实纪录，不特为研究近代史者之参考，且予后代青年以立身处世之模范；在私的方面，喜夫人耐心毅力在二十年颠沛流离中成此巨作。以我与膴白先生交谊之深、过从之密，理应述吾所记忆以为纪念。奈年来迫于生计，忙于教课，未能了此心愿。今得夫人之作，可以稍减吾人有相从之雅而懒于写作之罪。

大稿述及中、交票贬值与民卅四年（一九四五）中行改组一段，乃恍然于膴白先生对我认识与对我爱护，使我十分感激。回忆自入中国银行后，唯一志愿欲建立一完善之中央银行为财政改革与经济建设之基础，奈连年军阀当政，财政金融日见紊乱，与我志愿愈离愈远。正在彷徨中，适因公务得识膴白先生，晤谈几次，知其有建设新中国之理想，吾之金融制度理想可为其中之一环。每次论及财政经济，彼此意见几归一致，其见理之明，宅心之公，令我敬为师友。

民卅四年(一九四五)中行改组，我当时审察环境，知不能再留中行，亦无法挽救，但亟欲明了蒋先生之真意，故托膺白先生用其密电本代发一电。今方知膺白先生尚加按语，从大处落笔，读之衷心感激。不料十有五载以后，银行纸币等于废币，中国银行支离破碎。思之不觉无限感慨。

读大稿目录，知膺白先生一生事略已包括无遗，我有二三记忆所得，兹述之以供参考。

一、国民革命军由粤北进中，膺白先生居上海，中行总处亦迁上海。先生时与我商讨如何帮助北伐军饷糈，及国民政府成立后，又不断与我讨论如何由中国银行联合金融界帮助国府财政。所幸当时金融界久已同情国民革命，吾以膺白先生之意达于同业，均表示竭诚拥护。故国民政府成立初期之财政得免于匮乏，膺白先生从旁诱掖之功不可没焉。

二、膺白先生任外长后，告我日本不慊于国府，时有乘机打击之企图。必须早日结束"宁案"，恢复英美邦交，安定国际局势。但同时必须达成修改不平等条约以满足国民愿望，而提高新政府之国际地位，欲我以民间代表地位促劝英美两方和衷解决。我当时不顾出位之嫌，往晤美使 J. V. A. Mac Marry 及英驻沪总领事 Sidrey Barlon（当时英使蓝普林在北方尚未南移），晤谈数次后邀英美两方分别与膺白先生见面磋商，结果决定解决"宁案"方式及得到英美同意条约修改之原则、表示，分别签有纪录。以膺白先生不久离职，由后任于民国十八年(一九二九)秋间与英美交换文件完成手续，均以纪录为蓝本，自此国际空气为之一变。

吾提出上述两点，因国府奠都南京，既须安定又须攘外，若不从外交、财政着手，政权无法巩固。膺白先生着眼于此两大端，可见其对于国事之处理提纲挈领，而又能分别先后缓急。

三、膺白先生之性格，夫人知之最稔，吾所不能忘怀者，为其当仁不让之勇气。膺白先生辞卸实际政务后较有闲时，吾周末时去请益，知其对于国事，不断向政府当局贡献意见，往往言人所不敢言。嗣政府欲寄以华北政务重任，担当对日外交，事前，承其相告，我戚焉忧之，谓恐劳而无功。而膺白先生答以"国难当前，匹夫有责"，其当仁不让之精神不知不觉间流露于词色。窃思晚清以来，世风日漓，在上者喜闻顺耳之言，在下者口出违心之论，遇有权利则相争，遇有责任则相逶，以致国事败坏。当国民革命完成，百事更新之际，膺白先生能言其所当言，行其所当行，不计个人成败利钝，即不能转移当时风气，必可为后代表率。吾性情阃执，对于膺白先生之见义勇为更为钦佩，此点想夫人早已详叙及之。

前年在青大开会事时曾告 Dr. C. Martin Wilbur 及何淬廉兄，谓膺白先生一生事略必须从详记载，为历史参考。淬廉兄允即与夫人接洽，嗣后未阅即办。谅以史会经费未确定，不敢积极进行。此次淬廉兄过西岸，提及决定将大稿缩小影印，如有不详处再面询。此间胡佛图书馆亦可缩小影印，如朱君迟迟不来取，望告我，当代催或交胡佛图书馆办。

夫人自序，语语真挚，条理井然，我读之不忍释手，似可先行发表，不识夫人有意登载何种刊物，如须代为接洽之处，乞不吝见示。適之兄函不妨同时发表，西来有日，盼先惠告，当图晤教。专此奉复，顺颂旅安。

张公权拜上，一九六一、三、十九

内子嘱笔请安

来件四种均奉还

自序一

　　我写这个稿子立愿甚早，而着手很迟、很踌躇。欲等候一太平之时，亲故相逢，文献可征。不料抗战十年，播迁又十年，同辈老去或星散，世事剧变，往迹模糊，不得不凭手边仅有之材料，为一人片面之言。这点材料，当年幸得朋友在烽火中为我保存，流离时为我带出，我自己尽不顾世俗以为可宝之任何物件，万里行装，谨守此破页残笺。每播迁一次，我忍痛淘汰，事皆在仓卒无可考虑时。淘汰最多的两次：一在抗战撤退前夕，一在托人带至香港时。民国廿六年(一九三七)的十一月我在莫干山，闻东南将撤退之讯，如天崩地坼，夜间点着柴炉，首烧单据，次烧信札，边烧边念："有国家必有历史，个人事小。"卅八年(一九四九)带香港时，我先理三只中型之箱，临时知此不大不小的行李，装货舱经不起压重，放房舱占地太多，我岂可以此不急之物，分人逃生之地，遂匆匆并成一大箱。这次弃掉许多可纪念之文件，我不拟再等后来机会，决心舍去，舍去后，我一个人两手捧面伏案而泣。后来事谁可料？即带出之件，前途亦未可知，我惭愧无以对十年为我保藏的人。

　　此稿所凭借多半靠此带出的一部分材料，见者以为有可珍贵之史料，其间实含有可珍贵之人情。我属稿时，排比而解说，常恐记忆有误。每择一题，先回想其时环境和有关人物，结成局面，然后置身其间，以所知多少，略定轮廓，故虽信口述来，不敢以意为之。历史是中国最早而极郑重的一门学问，述而不作，古贤以之代舆论。我未曾学，而慕此理，执笔战兢，仍不免阿私溢美之处，读者斟酌，并宽恕之。

往事已矣！有人以为记着历史是自沉于过去，我不敢。有人以为表彰身后，我亦不尽然。历史并非仅英雄豪杰之事，是成此历史的民族生活记录。亡国不能有历史，草昧难有记录，贡献一点事实，即贡献一点历史；历史的尺度，可能为人道的尺度。晚近中国新史学家辈出，新的史题、史论、疑古、借古以及通史，有机会我必不怠购读，然关于现代史者似最缺少，史家如在回避此一题目。教科书中所见，往往为营业或趋时尚，对国难尤多责人之言。新中国建设学会教育组同人，一次发念审查教科书，共同感觉一点：我们基本教育中缺少了忠恕的"恕"字。我们所受国难国耻固大半由外来，亦实在没有公道，然我们自己岂无一点责任？后一代的人多怨人而少责己，不是细事。建国和复兴民族都需要积极的心理和行动，推诿责任是消极的，即使错误尽交给人，于我何益？最近我渐渐听到看到现代史和现代史学者之名，不但目前多得借镜，异日必可填补空白，凡为中国人当鼓舞而安慰。我所记者偏于我一家的事，沧海一粟。区区之心，向现代史家交卷，拥护研究现代史的风气。

我所遇到过的良师益友，当时不知其难得，日久追思，什不尽一。影响我最大，终身不能忘记的有三人：我的父亲、母亲及我丈夫黄膺白。我的父亲和膺白生前都写过千千万万的字，而没有留下一篇自述之文。他们生于不同时代，做不同职业，然皆行其所自信，不求人知。廿余年来，我苍茫独立，当国变家忧不能自振时，想念我母亲的勇敢；她受挫折偶一伤心，而热情如故。想念我父亲的容忍；父亲见我读书时议论甚刻，对母亲说，深恐我恕道有缺，一生吃亏，我不能改，而常懔懔。膺白对人肝胆，对事勇敢，委屈不自表，我有时与之辩，终从其在大处落目。今以迟暮之年，寄迹他乡，胸怀并不进步，写这些事，我时时惶恐而踌蹰的。

我写父母的事，在民十七（一九二八）初上莫干山时。山上秋季以后，四顾无人烟，我与膺白各占一书室，读各自喜欢的书。膺白写他的"宗祠记"，大部言其母教；他的母亲，是守节抚孤，教子极辛苦的。他提起母亲屡含泪，自己在苦恼时要提起母亲；逢忌辰，指点我几种他父母所喜爱的食物，我准备者常不尽合，他解说至再。于是我亦着手写我的父母。父亲几个要好朋友都已谢世，我姊弟们均同意，不烦不甚深知的人作志铭之类。吾弟君怡是独子，父母期望最切，多少年来我默默实等候其成家。他结婚甚迟，这年是他的长子壹志周岁，我不免以此为报告父母一件家庭大事。我提议我手足四人，各记出所感受最深之事，由一人连缀成文，一人写出；我居长，愿为文，由君怡写出。不幸壹志以惊风夭殇，君怡夫妇极伤痛，我与性仁、性元相戒暂不言父母事。抗战中君怡又提议，时我手足散处四方，不久性仁病故。今我写此，与君怡、性元天各一方，仅我一人所记忆，寄君怡看过，性元未曾见。

写膺白的事甚难，我似乎与他共同直接而不尽然。他担任普通政务时，我不预闻其事。在北在南他入阁时的次长，大率引用部中原有的人，与他都是新识，我大概都没有见过。然在时局紧要关头，他参与很重要之点，则我屡为其最机密的下手，有时为惟一的下手。我以读历史的兴趣，对国家的同心，而共同参预，事后我即退出。我可能知道并亲历人所不知的一部分，而离一般政治空气很远，这种了解很畸形、很矛盾。膺白有几个朋友认我为共同的朋友，同我论事与同他一样，补助我一些所欠缺而隔膜的事。亦有人以为我对政治热心，则是完全看错的，了解与热心是可以不同的两件事。

写膺白的事起因于一句戏言，见拙作膺白《家传》。心许在假定我为后死，见本稿《分手与身后》章。二十年来有过三个人的特别鼓励：一是我在南屏女中的学生陈仁慧君，一是我在北洋女师的老师傅沅叔先生，一是胡适之先生。

我在南屏任课，一次有病，校长曾君季肃托陈仁慧送我鸽蛋一匣。未毕业同学独来吾家的机会甚少，这次是仁慧一人来。她是第一期高三同学中极喜读书的一人，文史教师夏丏尊、曾季肃、郑效洵和我，都默许且期望其有成。当时我们所谓"有成"，是不仅求生活的专业，而是人生和知识的趣味。仁慧在我一堆书里，有翻无翻，看了又看，最后坐定了看膺白的《故旧感忆录》，问了我许多话。回去后写来一封信，五六张练习簿的纸正反写满，可惜此信未曾带出。我病时失眠，这日睡至晌午，家人说是仁慧的一张药方。知己之感出于后辈，不同寻常，人莫笑我！信中大意有二点：一、昨日所闻所见与素所闻知者甚不相同；二、她家比邻有一新闻界人和她谈过南屏，谈过季肃和我，要她写一点关于我的事。她写有约六千字"静默中工作的沈先生"，想先给季肃看，现在觉得不能用；最后她发愿将来写膺白的传记。我回她信说："来信多溢美之辞，然语语安慰我、鼓励我。所欲之书，一种手边有新的，二种系借自友人，山中尚有存，他日当检出相赠。此时校课要紧，且须准备投考大学，学问不全在讲堂中得，讲堂生活却是学问基础。以私人过去一题目费时分心，我且不为，非敢望于尔也。曾师、贵邻先生，与尔好意，深切感谢。"（卅、四、六）

不由我自己不盘算写传记的事。手头没有材料，我所最相信的直接材料都不在手。几次淘汰时虽匆忙，我认定有几个题目的材料还在，此时还没有经过后来的大淘汰，我还希望战后有朋友处可得材料。一日，忽得傅沅叔师由北平来函，长十一页，师赐函甚多，今仅存五封，这是最后的一封，将以原函附影于后，先节录其中勉励我写传的要句如下：

膺公为历史上之人物，纪载要以翔实为主。凡官撰之书，多有失实，不若私家著述之尚存真象，自古已然。共和以后，史职不修，若不自行整理，恐他时必至淆乱是非，任情毁誉，非细故也。……膺公身后，如行状、墓志、列传之属，鄙人未曾寓目，不知已经撰定有成否？即有成编，未必即能详尽，私意谓此事宜夫人自任之。宋代张俞既卒，其妻蒲芝为撰诔文，词旨深挚，传播至今，此吾蜀遗事也。（卅二、一、六）

我回信亦节录有关之点如下：

徐君转到一月六日赐书，捧诵再三，感激莫名。受业幼承训诲，未曾力学，早岁随膺白栗碌，劳而无功，比年家务稍闲，而值四方多故。蒙老师不厌启迪，示以用功途径，不得不更加感奋。膺白《家传》，受业义不容辞，拟一方多集客观事实，一方从直接材料着手。事未及岁，而战争起。家中所存者只得装置，朋友所知者无从录取。材料不全，所以耽误者一。举世方焦头烂额，虽云"前事不忘，后事之师"，然在受业为之，总属急非所急，私胜于公。时局非常，所以耽误者二。常恐笔墨不佳，着意不空，一涉偏私，贻误后人。今蒙指示，当勉为之。新岁值受业知命之年，谨以来谕作为训辞，此函作为自白，惟师时时鞭策之。（卅二、二、六）

卅四年（一九四五）我草成膺白《家传》，仅凭记忆，实由于师函之督促，惜战后定稿付印，师已病风，不能言动，无法呈阅，不胜遗憾。

一九五一年我由香港到美，在纽约晤见胡适之先生。胡先生是常劝人写自传的，他叫我把膺白和我几十年经过写出来，指示我写单题则不拘纪年，又说勿厌琐细。我这篇稿子，时时注意着琐而并不细，用单题仍依年次。且有心写白话，结果不白不文。抓住记忆而顾不到结构和文字，精神上如拖一列车，常恐首尾不全，忽略了每一节车中布置，时常重复，或材料安置不当。我就如此一天天，一个字一个字写下去。断断续续，不觉成卅五章。倘天假吾年，覆瓿之作，略有可取，当继续补充增添。

美国是繁荣而非尽繁华之国，全国少有不劳力之人，力在美国为最贵之物，亦即繁荣之所由成。中产以下都不能有佣人。在家庭，主妇为最吃重之人，洒扫、采办、烧洗无可推诿。我写此稿，与女儿熙治外孙同同为一家，熙治须出外做事，同同读书，我不得不分熙治之劳。誊录而兼伙夫，有时纸片飞去，锅底烧焦，添收拾刮刷之烦。初整材料时，熙治请愿作我助手。我对熙治素严，昔山居时曾自课其读书，我们性情好尚不同。她说："与妈咪合力一个工作，通过这个工作会发现共同点。"用意甚好，我其实亦很需要，但不忍苦她。我说："这工作没有前途，你须谋生，如何为我耽搁？"又："若为我助，我还要将以往时势多作解说，如此一椽之下，日夕絮聒，生活岂不愈加单调？"熙治在校习化学，对政治无兴趣，而我经过之事，大半与政局有关，我自己都厌其乏味的。

我要谢谢并永念直接鼓励我的前辈、同辈、后辈，还有间接的不能列举，皆感于心。谢二十年前写《感忆录》文章的六十四位朋友，其中故去的已经不少，这几十篇不同方向的故实，首引起读史者的注意，我属稿时亦常取材取证。谢郑性白君夫妇和帮助装置的工友，终抗战之世，文件保存无恙，这是我们莫干小学的班底，值得自傲的。谢郑仲完姊为我带出，蒋平伯夫人实与转运之劳，而我舅母葛运成夫人胡咏絮，在我未到香港以前，将这只不美观之箱笼，安置在不宽畅的诸妹卧室之内。今舅母与仲完亦均已去世。这些盛情，有的我在稿中已述及，有的未曾提起，都永远不能忘。

我亦须谢王大纲君，他和郑性白君料理膺白的丧与葬，当时我对这二位最年少的共事朋友，无言可以道谢，只说将来我的后事，亦拜托他二人。大纲在膺白身后，理出他所经手、所汇集的最后几年电报，他是膺白机要室一个僚友。当民国廿二、三、四年，膺白担任北平政整会职务，时常南归述职，到南京、南昌、牯岭、汉口，随决策军政当局所在地而不同，这类旅行我都不同走。他旅行时，政府所指示，部属所请问，亦随他行踪而电报往来。膺白的复电多自起草，故可以不携秘书而必须带译电员，大纲是每次同行的人。本稿《塘沽停战协定》前后诸章所引用的电文，大半在此最后一批材料之内。

这一段时期实不仅关系中国命运，亦是全世界暴风雨的前夕。吾人今知，当年日、德、意三个法西斯的轴心国引起第二次世界大战，以及大战后世界上多多少少流亡之人，纠纷之事，变形之国，这些人类浩劫苦难，最早一颗火星，是由中日之间爆发。民国以后二十多年，日本缺乏远见的人，中国亦然。两国在历史上有同根的文化，对世界有共同的大业和大敌，而彼此间先扭成不可解之死结。其大部分责任要归日本所负，朋友岂能从枪口要挟而得！中国人是不可以征服的！膺白当最后一段交涉之冲，在他前面，是剑拔弩张目空一切的日本关东军，连他们自己的外交官温和派都退避三舍。在他后面，是一党训政而党自分歧的政府。国民不能参与内政，遂指着国难而多所指摘，政府决策愈益彷徨。膺白身不在党，而公谊与私交使他两不容已。他的屡屡南归，为多所陈述而不擅做主。莫说当时紧急，即今事后从容，中国除力自图强，无更好的路。仆仆道途，想望着"多难兴邦"，或者讨论出些办法，使日本人知止境，有觉悟，中国人有目标，亦有觉悟。积重难返，他心长力短，赍志以殁。我在稿中记这段经过，分列几个题目，下笔犹有当年紧张情绪而词不尽意。仅仅做到为抗战准备拖长时间，是吾人愿望之一。为国家整个，吾人的愿望是不止于此的。

我写稿时住在纽约乡间，向华府图书馆借书查书，曾烦金纯孺、袁守和两先生及表妹凌莲达。纯孺先生指示修订税则经过，钱阶平先生赠其《中国不平等条约之缘起及其废除之经过》讲集，亦用作参考，均在此致谢。

吴相湘先生去年过美，因张岳军先生函介，枉谈竟日，是我晤见年轻一代治现代史的第一人。知他是湖南籍，话题从癸丑（一九一三）二次革命开始。这件事，宋钝初先生被刺为主因，而黄克强先生是不主战，终于到南京举事；两公都是湘人。我得乘机会测验已衰的记忆，尚能有多少分寸。我述民十四（一九二五）北京关税会议甚疏忽，吴君提起后来国府财政部谈判税则，此即上述纯孺先生所指示。我得到两君的片言提醒，获益实多。吴君又指示保存直接材料办法及返台写作得助容易，后来引起我将有用材料公诸同好之意。

另一位未曾谋面的沈云龙先生，在其研究近代人物诸作，几次注意到膺白的事。所搜材料有矛盾而怀疑时，不惜远道函问，我常因问而获知所不知的记载，亦记起几乎已经忘怀的事。沈君正编膺白年谱，此我有志而未遂之事，既感其热心，又恐无能贡献。我因材料不全，故避重就轻而写回忆。曾寄赠几种直接材料，此在专家眼中当胜我解答千万。昔膺白劝我将父亲给我的廿四史送与浙江旅津公学，将到手不久的一部《清史稿》送与北大毕业有意研究近代史的张君圣奘。他自己不研究历史，然拥护研究的人，与其他事同，随手割爱。我今逢着更新一代，研究他本人的史家，始而谦谢，继而悉索可能的材料贡献。间接促成此稿完成，附言志谢。

熙治因我写稿，请减少其他操作，回家见我操作则埋怨，抢去自做。我骂曰："你亦只一人两手呀！"晨昏甘旨，她慎无缺。同同放学归，远喊："婆婆，我回来了。"走近书桌，问现在第几章。老人迟慢，不堪以告。放下纸笔，到厨下做一顿热的菜饭，晚饭是一家从容同吃的一餐，他们赞好，则温暖更增加我次日精力。昔赵后问触詟："丈夫亦爱怜少子耶？"曰："甚于妇人。"我仿佛其间，欲归而徘徊久不能去此。

此稿尚在补充修正，毕事后将托之吾弟君怡，他是膺白和我同辈中最年少的一个。原草留给熙治，熙治不见我时，听舅舅的话！

一九六〇年夏　沈亦云　在纽约郊外

|自序二|

　　《亦云回忆》初稿成于一九六〇年夏，欲补充修正，而因病未果，初不拟问世。一九六一年春，纽约哥伦比亚大学中国历史口述部主持人韦慕庭先生 Dr. C. Martin Wilbur 及何淬廉先生，要我口述有关膺白及我的部分。知我已写有初稿，请摄影而且缩译。先后由王周明德女士及唐德刚先生下乡来访。为供中国历史研究，我不计文章芜蔓，临时尽量加入足供参考之初手材料，不能者作为附件。德刚在哥大限期六个月中，从我初稿伸缩写成英文稿廿五章。我和他及他夫人吴昭文，因工作而常常晤面，成忘年交。（德刚诗言："少年喜得忘年友，续史才惊读史人。"）我未及采用的一些材料，他为我分组且编出目录，中日交涉时"觉书""会谈录"等原件均在内。有几处他注出"重要"字样，我无力再研究写文章了。一次，他指着这些故纸说：这堆故纸给外行人揩桌子用不会要，给内行人则是无价宝。又说：如果他的老师郭量宇先生见此，比他还要了解更多。后来我认识了郭先生伉俪，他二位在纽约曾见过哥大所影我的初稿。我回台湾第一次参观的地方，"中央研究院"近代史研究所，即与郭先生、郭夫人同去的。郭先生曾愿代印《回忆》。我不敢滥竽学术界，且《传记文学》刘绍唐先生已陆续刊出我稿，遂由《传记文学》付印，以资熟手。我在台期间，近史所研究员曾作过定期访问，我得认识几位更年轻的历史家。往昔"家天下"时代，以宗庙社稷代表国家，而今历史就是全国全民的宗庙。以往在朝在野，为正为负，形形色色，后果今日可见。对研究的人，我深深起敬。

一九六五年，我从台湾回到纽约，又会见哥大的各位。韦慕庭先生拟出版英文稿，我感其盛意，而谢却其事。我复信理由：一是我的中文稿未出版，二是《传记文学》刊出的部分，有与初稿不同。他很谅解。我曾要影赠一份给另一研究机关，他们不但代为影印，连邮寄都不要我费事。先后种种，我深感谢。我还自保有带出来的原件，想待来日，带归送本国的历史研究机关。

我虽然以信史与是非为一个民族存在的重要条件，却不敢认自己家里的人在历史中有何地位。在我开始写回忆后不久，一日遇张公权先生，他是从西岸来纽约参加哥大的一个史会的，他告诉我：顷间开会，他在席上说：别的事不知，若说中国近代，尤其民十六（一九二七）前后，黄膺白这个人是不可抹煞的。民十六前后是国民政府初建都南京，财政基础未定，政府与上海金融界、企业界开始接触。金融界、企业界怀疑恐惧，膺白是两面奔走的人，他劝金融界支持这个有朝气有希望的政府。公权先生当时是个中重要的一面，他听见膺白的主张和活动，一次他在我家里送膺白上车到枫林桥去看蒋先生，临行带了铺盖，预备尽所欲言，迟了不回来。公权先生把这段时期看得很重要，而在无人知道之际提出。我上面提及哥大，不能不说出这位公道的朋友。其后韦、何二位找我，则有劳李惠苓、殷珊姞夫妇，或开车接送，或做茶饭招待。这本小小的册子，不知能否报答这几位老少朋友们的热情？

作者五十岁时，在抗日战中，私愿欲得古稀之寿。以为人生自卅至七十，乃向社会努力报效时期，而五十尚只半生。岁月不居，私愿早偿，努力何有？惭憾不已。作者七十岁时，亲好数人，曾醵资为寿，欲成就此稿付印，适患胃病，无力整理，故未实现。今《传记文学》月刊已登过原稿之半，朋友们屡催全书出版。自顾老钝，未必再有进步。此区区文字，对过去是沧海一粟，在我是一心只手，如长空孤雁，飞不动、停不住，每一笔端，带着家国之思。兹值膺白逝世卅周纪念，决定交出付印，以了生平一愿。

回想半世纪以前，我的前辈，正大声疾呼，鼓励对国家的热诚，教个人以克己。今所需要热诚与克己者，更甚于半世纪以前，而我之一代，曾何所贡献于后辈？作者于本书中，窃欲忠实报道过去数十年之一生，读者视为一代中一个人的回忆以外，若能同时视为一代中一个人发于内心之呼声，则更是作者所祈笔。

胡适之、张公权二先生函，均承面许公开并代序。适之先生为本书题签，惜未见本书付印。吾弟君怡历年应我商榷，并先后两次为校对全文，改正标点。我本拟搁置身后，待他退休之年，从容为我整理，今得提先应朋好之嘱，付梓以就正于同辈及后辈之前。熙治屡次为我复印，付邮，她不喜欢我所写的一类文字，但亦常不得已应我要求，看我杂乱无章的草稿。甥女陶维大曾译我《自序》为英文。

本书原为三十三章，后因有二章过于冗长，各分为二，故成三十五章。

二十年前，我写膺白《家传》，承蒋先生写一情文并茂的序言。这次，我再将《家传》附录书后，故仍以蒋序置于卷首。张岳军先生曩曾谦辞，今亦拨冗写序。本书不但向中国历史交卷，亦向中国伦理道德交卷了。

沈亦云　一九六七年十二月六日在台北

（原载《传记文学》第十二卷第四期）

一　嘉兴东栅口

吾家先世从湖州府归安县（归安后与乌程合为吴兴）迁居嘉兴。嘉兴一片平原，无山多水，府城之内兼治着嘉兴、秀水两县，民国取消府治，嘉兴、秀水合并为嘉兴县。洪杨之役，太平天国军队最后与清军相持，浙西府县经过出入争夺，地方受祸最烈，嘉兴地处冲要，于战事中糜烂尤甚。嘉兴东门外有一角里街，本地人称为六里街，荒凉漫长，年久失修，相传本系繁盛之区，兵燹以后毁为瓦砾。六里街的另一头，接着一个镇叫栅口，俗称东栅口，即是我老家所在。我的父亲生在那里，我姊妹中我与二妹性仁亦生在那里。

我曾祖天桂，号林一，娶同邑黄氏，生三子一女，其少子行四，名炽，号少林，是我祖父。我祖父少年时，正值战乱，饱尝流离之苦，事定归来，家无长物，与两位伯祖在东栅口开始经商。此地水路四达，纵贯中国南北的运河从杭州起点，第一个所过大城是嘉兴，东栅口系必经之路，当地丝茧棉纱集散于此，祖父即以此贸迁辛苦起家。他性情豪爽，虽生于忧患，而看财甚轻，自恨因乱离失学，勉励后人读书是其最大志愿。他厌恶赌博，不许家人玩牌，虽年节不破戒。我幼时，闻伯叔辈每人擅长一种乐器，见我父亲打过一次锣，父亲拘谨，此事难于置信，后知音乐是祖父许可之娱乐。东栅口居户栉比，镇上早有救火组织，绅董们轮流主持，俗称救火的水箱为"龙"，掌值者为"龙头"，有警，由龙头指派工作。轮着祖父时，他常随众同行，帮着指点救火，地方上人喜他热心，称他"四叔"或"沈家四叔"。

祖父娶同邑陶氏，生儿女十人，五人早殇，成立的有四子一女。其第三子行六，名秉钧，号叔和，是我父亲，娶我母亲葛氏，名敬琛。黄、陶、葛三姓均为嘉兴故家，亦是我家最近三代母族尊亲。我大伯父秉衡，号达孚，年长于我父亲十余岁，早年颇有文名，曾为我父亲启蒙改卷。他入省乡试，流连不返，下第而归，从此落拓。五伯父秉璋，号彦士，首违赌戒；二者均伤祖父之心。我父亲十余岁时，从同里谭爱萱先生学，爱萱先生名日森，家有藏书，本未设帐授徒，祖父商得同意，令父亲住读其家。祖父早年，一心望诸子读书，未计及如何继业。不幸两伯祖均早世，无子，五伯父出嗣于三伯祖，我父亲出嗣于二伯祖，始令七叔在源昌纱庄学商。七叔秉荣，号季华，未成立而祖父去世，然终为纱庄继业人。

我生之时，祖父去世已久。我六岁以前，在东栅口，与祖母同住源昌后面楼房。家里有大伯父母及其两女，五伯父母及其一子一女，父亲母亲及我姊妹、姑母、七叔。屋小人多，食指甚繁，家况甚窘。祖母非精干之才，然克己慈爱，合家忙碌，和气相处。伯母们与我母亲忙孩子们衣着鞋袜，帮姑母刺绣。祖母已六十多岁，闲坐即打绵线，从茧衣抽线可织绵绸，是嘉兴人最经常衣料，以制被褥单，冬夏咸宜。一只锭子，几两茧衣，轻便可携，是祖母随身长物。祖母打绵线，线断锭子落地，孩子们为她拾锭，她要买糖果酬劳，粽子糖、绿豆糕价廉物美，是我们最欣赏之酬劳品。平日，即有亲戚馈赠，都转手送人，不随便拆开包匣自享的。

吾家有几代坟亲，往来如至戚，有的是吾家管坟，有的是从前佃户。祖父未置田产，远祖祭田亦甚少，合族轮收租米为扫墓用，故佃户有名无实，我们一概称为坟亲；坟亲来，合家欢迎。有母女二人，年岁在祖母与母亲之间，祖母命我们称其母曰"方家婶婶"，其女曰"龙姑娘"。龙姑娘种出一种水果，小于柚，大于橙，似柑而不酸可食，她自己命名曰"蜜团"，颇类今美国之柚橘。吾家每年年终祀神供果，供至正月十六日方撤，其中必有她家的蜜团，市上所无。我常不解，嘉兴人多文弱，而妇女反耐劳苦，乡下妇女尤甚。又怀疑何以寡居妇女独多，亦乡间为甚。方家婶婶与龙姑娘均寡居，老犹力田。我不能忘记她们的腿，粗肿可怕，受姜片虫害，彼时不知，她们亦不叫苦。她们来时，总有新鲜出产送给我们；去时，我们总记得送膏药痧药，纸张有花有字，及科举时代报单，均受欢迎。爱美与迷信读书人心理，均自然表现。另一家坟亲，母子二人，子名阿虎，年纪尚小，阿虎的父亲已死，大家说他母亲强干，做得起人家。不知何时我母亲曾借给她家十元钱，我母亲不是宽裕之人，亦无放债之事，此举决非无聊交易。若干年后，我母亲去世，阿虎的母亲亦前死。一日，阿虎来，交我二妹洋两元，言系分期拨偿母债，却之固持不可。二妹对我述阿虎诚恳负责之状，犹深动情感。我二人均对此半成年乡下孩子，生无限敬意，愧为其所忻羡的读书人。

我曾经被请到乡下看"水会"，母亲为我换上干净衣服，让我一个人跟她们去。她们指明请"大官"不请"二官"，因我比"弟弟"大两岁易于照顾。"大官""二官"是我与二妹小名，我与她彼此以"哥哥""弟弟"相称。我坐在方家的船上看搭彩扮戏的船，一条一条在河上过。方家的船无棚，她们带着伞为我遮阳，还带着吃的东西。看"水会"我生平只这一次，不幸这日我晕船呕吐，归来母亲责我不能忍耐，有负方家盛意。晕船晕车之苦，拘束我许多行动与出门兴致，是无病之病。嘉兴人出门大都坐船，每年我们最少有两次大出门，新岁拜年与清明扫墓，都是一连几日。我虽然仍选择出门之乐，常要求母亲许我坐在船头，迎面有风，吹得清醒些。

东栅口老家无一点空地，母亲不许我们走到前面玩，惟一可见的宽阔天地是后面那条河。我虽怕坐船，却十分爱水，望着水，久坐不厌，带领我的妈妈养成我逍遥河边的习惯。我母亲嫁时，从外祖家带来女仆潘妈，使女吟梅。我生，母亲自乳我，而由潘妈带领，我称她"妈妈"。妈妈每日做完洒扫之事，带我到后门河埠，坐石级上，教我唱山歌，拍大麦，急口令之类。"风吹藤荡钟铃响，风静藤定静钟铃"一句要一口气说完，还要催快点快点。她在河边洗衣，让我在旁坐着，不许伸手弄水，我亦听话。河与妈妈是我幼时伴侣，最早朋友。我二妹亦爱水，她比我深入，摸螺蛳蚌壳，见到水里许多好玩东西，有时一个人溜到河边。一次大寒天，她和祖母的小丫头阿珊到河边玩，失足落水，阿珊惊叫，无人听见，幸有柴船救她起来。母亲急急为她换新衣新被取暖，煮姜糖汤给喝，她若无其事，甚快活。母亲不得不请祖母来训她几句，祖母从不会责骂人，何况在此光景，勉强拿手杖到二妹面前，在地上敲几下，戒她再到河滩弄水，将用杖打。这假怒与手杖之威，并未吓倒二妹，她后来又落水一次。

在东栅口，我姊妹日渐长大，无意中我亦识了一些字。一向在我父母计划中的家，是祖母以下全体，不仅仅是他们和他们自己的孩子。后来姑母出嫁，七叔娶亲，祖母的心事可了。祖母最大的心事是姑母，姑母是我父亲之姊。祖父在日，宠爱独女，择婿甚严，久而不成，二十余岁犹待字闺中。后由祖母许嫁城内梅湾陆和卿（鸿翔）为继室，有前房遗下逾十岁之儿女三人。姑丈之母出自巨室姚氏，有严峻名。这件姻事颇使祖母为难，亦极担心。想不到姑母嫁后多病，姑丈来接祖母，两亲家极为相得，前房诸表尤欢迎。姑母嫁年余，产子病故，姑丈续娶之填房来认祖母为母，往来如常。直至祖母去世，姑丈与填房姑母携诸表，连已嫁之大表姊，都来尽礼。

祖母为姑母而常入城。其时，家里最能干有为之大伯母去世。大伯母宋氏与我母亲最相得，爱护我姊妹仿佛祖母。她时常鼓励大伯父不求事业功名，亦须殖产谋生。大伯父始终是个好好先生，无可无不可，曾从老店分新店，不久亏倒。大伯父没有儿子，吾家无蓄妾例，种种不顺，使大伯母郁郁以终。大伯母之死，促成我父母决心，奉了祖母搬出东栅口。

二　我的父亲

我母亲常言："吾家是严母而慈父。"孩子有过，要父亲责罚，他左手执孩子之手，右手用两指在孩子掌上摸索，画圈圈，然后举起曰："下次再错，要打手心。"手始终不下来。孩子们大声喊佣人，则必受教训曰："走近去说，自己去做。"父亲自己对佣人，即使急要，亦言："待你有空，为做某事。"父亲性拘谨务实，一生在书卷中生活，所心得，严守力行不息，知之者许为孝廉方正。他早年为分祖母之忧，日间授徒，夜间应书院课，于光绪壬寅年（一九〇二）应乡试中举人。祖母年七十三岁去世，他哀哭不已，致咯血。我幼时，一日在抽屉内发见铅笔、橡皮、练习簿等一包，此在家里尚少有。我羡慕铅笔已久，向父亲要求取用。父亲谓原是阜升（辛嘉）送的，但他以为不宜浪费公物，是以搁置。阜升是我族兄，在浙江武备学堂肄业，纸笔由学校发给，此其剩余之物，而父亲不欲宽我取与之戒。

父亲自处及教儿女，首重一句话："勿说谎。"我是第一个孩子，他取名曰"性真"。我上学，他正楷写"沈性真"三字，解释命名之义，且曰："真之反面为妄，妄则无所不为，是个坏人。"我最小之妹名"性元"，他说："元者，善之长也。"他期望儿女们都作诚实善良人。我深悔因同学笑我"性真"系僧尼名字，呼我"师太"，在投考北洋女师范学堂时，自改名曰"景英"，故名我的女儿曰"小真"，再传父亲之意。

新丰公塾是庚子年（一九〇〇）偶然集合的读书团体，表兄敖梦姜（嘉熊）来请我父亲去任教师。义和团之乱，关心国事的人，既愤联军之凌辱，亦痛清廷与拳匪之无知，嘉兴人尤其敏感。因在朝不主启衅，忤旨被斩首之大吏许景澄、袁昶、徐用仪三人均浙江籍。徐与许是嘉兴人，许家在嘉兴城内，传其生死消息，这件事妇孺皆知。有人避乱到乡镇，梦姜全家搬到新丰。新丰是嘉兴属下一个大镇，开通较早，一些热心人参酌新旧，办此公塾，在竹林庙，竹林庙因公塾而出名。梦姜后来鼓吹革命，出私财在嘉兴办学，自己上讲堂，我做过他学生，在讲堂他不是教书而是演说。徐锡麟刺皖抚恩铭案，继以绍兴大通学校案，及秋瑾案，他涉嫌隐迹，一日忽失踪，家人在河中得其尸体，民国后葬于西湖。我父亲非激烈之人，但素为梦姜信服。梦姜处家庭极厚，事继母孝，继母能画，其画常请我父亲题字，梦姜自己亦能画。辛亥在嘉兴参加革命的方青箱（於笥）、计仰先（宗型）皆新丰人，青箱系梦姜妹夫，仰先是我父亲学生。

我父亲在新丰时，嘉兴董政孚（定枢）先生有侄，少孤而又独子，从师屡不服教，送到竹林庙读书，态度骤变，家人归功我父亲，两家交谊益厚。我后来亦从政孚先生读书，与董氏诸姊妹均同学。

早在戊戌年（一八九八）之春，七外叔祖葛文潘，号慕川，在嘉兴办一学校，名曰"毓秀"，收亲友子弟入学，有中英文及数学功课，因政变而停止。侯官方雨亭先生来知秀水县，极力开地方风气，与慕川外叔祖商，筹设秀水学堂，是为嘉兴有公立学校之始。地方绅士都赞助，外叔祖母家高氏，岁认捐款。陶悍存（保霖）世丈在校任事，我父亲被聘为文史教习。秀水学堂在城内，吾家在城外，父亲每星期一清晨步行到校，星期六下午回家。他愿意住校，可与学生生活接近，认识其性情家况。有学生差一年功课，将辍学谋事以助家计，他往访学生之父劝说："让儿子读书成功，有助于家计更大。"又往与另一热心同事商，共助此生完成学业。他曾陪送学生到杭州应考，在舟中提醒各人功课，某事重要，某处不可忽，催各人早睡定心。同行中之一人，在三十年后遇我，为历历道其事。

方雨亭先生在嘉兴，嘉兴人称之为"方秀水"，我后因膺白而识其令侄韵松（声涛）。癸丑（一九一三）之役失败，同志多亡命日本南洋间。一次，与韵松先生同船，他知我是嘉兴人，讲出其从江西事败逃亡，在浙江江山县被捕，意外得救的一段故事，与嘉兴很有关系。癸丑二次革命是民国二年（一九一三）夏，在江西湖口发难不到两月，各地失败。韵松在江西任旅长，事败，因长江搜查严密，不敢走水道，他绕道浙东，拟由陆路到杭州返沪。一路与护兵两人均易服称商人，遇盗，各剩衫裤随身，在江山县被捕。他自称姓施，福建人，在审问时，无意中露出某时代住过嘉兴。一日，县长邀与密谈，谓福建人某时代在嘉兴，"施"定系"方"之化名，说出自己与雨亭知县在嘉兴有素。留十日被释放，主仆三人出县署，有人追还一小包，谓系遗落之物，说无其事，定言有之。解开有洋三十元，义释而又追赠路费，"江山县"诚古道人，亦想见"方秀水"当年风谊。

秀水学堂在科举末期，集嘉兴城乡各处读书子弟，极一时之盛。不幸闹大风潮一次，倔强而优秀之分子，纷纷退学，其中不少后来参加辛亥革命分子，而学校本身则锐气大减。堂舅葛湛侯（敬恩），时年十五，亦为退学者之一，他从秀水学堂出来，投考杭州武备学堂，遂习陆军。风潮起因为福音堂西人参观学校，误拉挂钟，学生闻声集合，以为无故鸣钟，有意侮辱，欲问责任。青年国家观念敏锐，积之已久，一触即发。学校执事本勤慎，拉钟之西人是一传道医生，对本地人有贡献，均不免为代罪之羊。

我父亲在秀水学堂的几年，每星期回家，是合家最快乐时期。他有两件嗜好，下围棋与喝绍兴酒。平日颇自克制，在家里则无日不饮，酒量甚大，但每饮以一壶为度，从下午喝到全家夜饭时。同街董政乎、沈驾山、张味秋诸先生，敖竹民（嘉熙）表兄，都是棋手酒友，往来无间。父亲故世时，政孚先生挽曰："幸有诗书贻令子，不堪棋酒话当年"，棋酒确是实情。父亲饮酒，母亲必亲制其素喜之菜，红烧鳗鱼，清蒸黄鳝，常为吾家名菜。祖母在时，父亲必请同坐，祖母吃素，强求开荤，于是祖母先吃三口白饭，然后开荤，有时白天吃淡斋，晚上吃荤。无客而喝点酒以后，是查我功课时候。看课卷，若批语尚好，总说先生优容，母亲在旁添上几句"先生看父亲之面，其实不好"等语。看见不通，他并不责备，指出不通处，要我自己解释，说出我原来欲说的话；此比责备还窘，无法敷衍了事。我若说出，则曲意引我自己改正，是我所作而神气不同，我常先畏惧而后得意。

我后来，因见国文教师改卷多劳，改卷功夫数倍于上课功夫；学生则功课烦忙，只看批语分数而不看改笔，致通者自通，错者还错，曾屡向所识的国文教师建议，在讲堂改卷，每次提出一本，讨论修改，供全班观摩，余卷只批分数而不改。如此，国文教师节改卷之劳，而学生反多得实惠。惜因成例，事格难行。我这建议，系从父亲教我时得到的启示。

父亲被推为嘉兴劝学所总董，我已在天津读书，他任事仅数月而辞职。当时族兄阜升函告，父亲早出夜归，讨论兴革，几至舌敝唇焦。为节省以供教育经费，自己不支薪，不取夫马费。不得已而辞职时，对地方父老言：公家如此拮据，不能从中再支他一份薪，但家境要靠薪水维持，不能常此不支薪，只得求去。阜升以父亲的任事态度，与家里的艰难，勉励我用功。

我十三岁考入天津北洋女子师范学堂，最年长的同学比我母亲还大，最小的亦长我五岁以上。来宾参观，先生必呼我名答话。地方长官来训话，预拟的学生答辞亦交给我说。我变成不知高低，不识前途遥远一件样品。平常考试，我大概总在最优等。一次，我因抢先交卷，数学题未曾做完，数学我本来不佳，这次仅勉强及格。照章，功课一门或二门在某标准以下，虽总平均分数足够，仍不能列最优等。榜发，比我分数少的人在我前面。我写信给父亲，一半文过，一半牢骚，大责章程不合理。我的去信如火，父亲的回信如冰。他说，我的程度他很明白，名次不过与别人比较，他不以为意，他所在意者，我之责人重而责己轻，大失所望。父亲曾经批评我于恕道有亏，我读书好论是非长短，他说太刻，要吃亏。

北洋女师闹过一次大风潮，我不是起首，却是收场。风潮起因，是两个同学为庶务言语侮辱，众为不平，群起而哄。北洋女师为中国第一个官立女学校，不但膳宿免费，每月还有津贴。考最优等者每月有津贴十元，优等七元，中等五元，次等三元，不及格则无津贴，且须纳膳宿费。这个津贴数目实在不算小，因此大家用钱很松。学校有些执事不免意存轻视，看每月领钱近于领赏，然不敢得罪名列前茅的人。这两个同学年纪略高，功课时在挣扎之中，用钱不能不计较，与庶务发生口角。平心论之，我们抱不平，用不着全体卷铺盖以去就争，实在有点小题大做。后来大家明白过来，卷拢的铺盖一一搬开，留下我和另外两个同学不下台，我们受了记大过开除处分。父亲在上海得到消息，不但未曾责我，且写信给我母亲，说明咎不在我，回家切勿责备。吾弟怡，号君怡，从旧纸堆中发现父亲当年家信，为我提起，因而得知。我父亲对我，竟是溺爱到了仗义。我从学校出来，未及回家，被两位仗义的同学，先后接到家里做客。在天津住周道如（砥）家里，周家伯母与嫂氏，直当我义士看待。在北京住董蕙青（文英）家里，陪我参观中国第一个农事试验场开幕典礼，当时名曰万牲园。道如、蕙青均年长于我十余岁，与我同毕业于女师简易科。后来学校收回成命，派我到保定任教，北京与保定两处，是我同班同学任教最多的地方。我在保定教书一学期，暑假南归，不拟再去，学校函电相促，我固辞，向父亲要求进修。父亲初斟酌费用，后看我年龄学问不堪为人师，加以母亲的赞成，许我谢绝年俸五六百元之教职，从家里拿钱再读书。

辛亥革命，我出校门先奔前方，而后回家报告，父亲毫不拦阻。知我所参加之事有募饷一项，郑重嘱勿经手款项，说经手款项是最宜小心的事。民国成立，他立即奉行阳历，废拜跪之礼。他一向没有过激烈的言论和行动，但他的出处甚为审慎。清末，满汉的鸿沟表面渐泯，驻防旗人不惜与地方士绅结交。曾有同里朱君传杭州驻防某君之意，请我父亲任监督，筹设学校，教授八旗子弟，待遇甚厚，他不假思索谢绝，事后告母亲，无意周旋丰沛健儿间。洪宪称帝，我正因母丧由美国回家，听父亲讨论时事，痛恶叛国，他随口举出当时梁任公《异哉所谓国体问题者》之文，及孙洪伊反对帝制的电报中警句，不稍误。他在病中，记忆力还同平日一样。

我和膺白的婚事，父亲踌躇久而始允，膺白写很长的信给父亲述其家况，请父亲曰："后半世学问事业，视长者之一诺。"父亲初见膺白，觉其才太露。三妹性元问"膺白"二字如何解释，父亲说"膺"是胸膺，"白"是坦白。这些，我后来全都告诉了膺白。从此以后，他答人问大号，总说："胸膺之膺，坦白之白。"亦终身黾勉"胸膺坦白"四个字。我和膺白结婚时，父亲给我们一对金质小型图章，镌有名字，二次革命后我们化名亡命，这对图章既有真名，且似饰物，为免各地海关查验，我与其他饰物一并变去。这件事，我常常后悔，惟与膺白始终志同道合、其坚如金，没有负父亲的期望。

我父亲最后的职务，是在上海商务印书馆担任编辑，自清光绪三十二年丙午（一九〇六），至民国元年壬子（一九一二），前后七载。他独力校印《资治通鉴》，后来参加编辑《辞源》。陆尔奎《辞源说略》中述缘起云："戊申之春，遂决意编纂此书，其初同志五六人，旋增至数十人，罗书十万卷，历八年而始竣事。"我父亲是开始编辑的五六人中之一，我见过《辞源》预约样本上父亲的名字，亦见过他书桌上堆积的《辞源》废稿，他是连年埋头伏案的人。民国元年夏，我父亲忽患咯血，请假在家治病，犹念念不忘于《辞源》。母亲因医生之言，坚劝辞职，悉心休养，他深以亏一篑之功，久不肯决。书馆例，职员病假不支薪，他不是恋其职，而实系恋其事。其后，中华书局来聘我父亲，待遇倍之，商务亦送医药费来。他未应中华之聘，终辞商务之职，距《辞源》脱稿仅数月。这年冬《辞源》脱稿，商务书馆取其单辞先印《新字典》，高凤谦《新字典缘起》云："戊申游广州，与陆君炜士谈辞书之关系，所论大洽……至今年而脱稿，命之曰辞源，又刺其单辞先付手民，命之曰新字典。"故《新字典》实由《辞源》而出，有《辞源》而后有《新字典》，后脱稿者先付印。不知何故，《新字典》上有我父亲名字，而《辞源》无之，他临病不忘工作者《辞源》，家人耳熟其名，《新字典》是副产品，他从未提及。吾弟君怡侍父亲病，熟悉经过，他见民四（一九一五）《辞源》出版，列名编校者五十余人，其中无父亲之名。至民五（一九一六）之秋父亲去世，他如无其事未提过一句话，亦不介一点意。父亲如此，儿女敬其意不敢问，然亦终存于心，不能忘记。

民国二十六年（一九三七）秋，中华书局陆费伯鸿先生欲约君怡继其总经理职务，君怡谢未就。这机会，他请问当年《辞源》与《新字典》编纂情形，陆君说，两书盖二而一，我父亲均躬与其事。时值中华书局新成立，主持人即由商务出来，同业竞争与人事恩怨，陆君即是其人，他是嘉兴同乡，他说父亲系无故受中华之累。

民国三十三四年之间，一日夏丏尊先生来访我，话题谈到开明书局。夏先生是南屏女中同事中，年最长，最受钦佩的人，是开明发起人之一。谈到未来工作，他说：太平后拟编一辞书，为中学青年参考用。他随口举例曰：譬如我的姓"沈"字，名词如何读，如何用，动词如何读，如何用，各造句为例，并邀我合作。我闻言答曰：我原是一个编过辞书者的后人，我有一个心愿，蒙不弃，必执鞭以随后。抗战胜利不久，夏先生病故，时事亦大变，我这点心愿不再有附丽的地方。

三　我的母亲

洪杨之役，战事甫定，嘉兴府城里一位精干而奋斗不息的人，从小小生意做到事业满城，他是我外曾祖父葛樽号云甫先生。外曾祖的父亲书山公名登銮，有文名而困顿场屋，应乡试十一次，荐卷堂备十次，终未获一第。外曾祖父在乱离中改行为商，论辈分，他比我祖父长一代，年纪差得不多。他有魄力，更有眼光，所经营俱民生日用之品。从吃的酱园，穿的布店，流通金融的钱庄，到住家的房屋，一件一件由近至远，事业扩展到嘉善上海。这些事业是乱后恢复社会生气所迫切需要，时势促其成功。他性好施与，实际他的事业也帮助当时许多人的生活。他有四个儿子，一个女儿，他第二个儿子文源，号星槎，是我的外祖父。

　　外曾祖父在世时，只有两个孙女：我大姨母及我母亲。我母亲出世时，他已得病，十分希望见一孙子，睡在病榻上，常常问二少奶奶分娩了没有。二少奶奶是我的外祖母。我母亲生下来，大家不敢告诉，怕他失望。一天，他忍不住又问，侍病的人谎言生了个男孩，他不信说："是男孩？"还一声不响等待回答；在这点上，他是遗憾而终。

　　我的外祖母朱氏，原与葛家有亲，我不及见她，只见过她的弟弟果瓯舅公，是嘉兴前辈一个举人。外祖母生了三个女儿，家庭间不得安慰，二十几岁得了肠痨症，在我母亲六岁那年，她就抱恨而终。她病的时候，放心不下她的三个女儿，大姨母是内忍而寡言的人，我母亲是爽快活泼的人，她按她们性情一一叮嘱。盘算女儿的前途说，大媳妇要立榜样不好做，她的女儿不许给长子，无母的孩子少管教，立嗣儿子两头不着，她的女儿都不给。后来，我大姨母嫁桐乡沈氏，姨丈是个长子；小的姨母嫁吴兴汤氏，姨丈从小无母；我母亲嫁我父亲，是个出嗣之子：恰巧都违了外祖母的愿望。

我外祖父几个女婿中，是他亲自看中而主动结亲的，只我父亲。一天，他在一个文会里看见我父亲，回家倩媒送女儿庚帖到我祖父家里，愿结婚姻。我祖父祖母按俗礼与我父亲八字排算不合，送还庚帖，外祖父又将第二个女儿庚帖，倩邑绅沈稺庵先生送到祖父处。祖父说："难得星槎先生如此看得起我儿子，我们一言为定。"我父亲母亲的婚事就如此订定，母亲比父亲小四岁。

我外祖母曾在病榻，以随身饰物给带领我母亲的女仆，要她照看到我母亲成年，此人未如所嘱半途辞去。外祖父请一位潘老太太来管我母亲姊妹，潘老太太是外祖家亲戚长辈，青年守寡，粗细无不能，曾因避难自沉于河，获救不死，抚母族夫族两姓之孤成立，实为我母亲的褓姆而兼教师。我母亲后来携我到外家，她还为爱护我母亲而管教我。我幼时十天穿破一双鞋，母亲还要在鞋头绣上一点花；穿衣服，要从内到外，层层摸得无折绉；剃一次头，要母亲和我的"妈妈"轮流捉住我，甚至自己用剃刀毕事。潘老太太劝母亲节不需之劳，而且治我的过分刁难，我呼她"凶太太"。

母亲年十九岁出嫁，次年生我，又二年生妹性仁，又五年生弟怡，又二年生殇弟慧，又三年生妹性元。于民国四年（一九一五）乙卯九月五日以肠症去世，父亲扶病流涕而写"悼言"，其言曰：

元配葛夫人敬琛，同邑星槎明经次女也，明敏有决断，处事勤干，而待人至公，接物无忤，从未见疾言遽色。年十九来归，时先严弃养已五年矣，家计日落，夫人上承高堂，下睦娌，安贫守分，处之怡然，人无闲言。虑钧之羁家事而荒学业也，百计筹措，俾钧无内顾忧，得一意从师读。逾年冬，伯姊归同邑陆氏，贫无以为礼，夫人悉心筹画，不足，则自出奁资以益之。迨杭守林公创求是书院，又力劝钧应试而肆业焉。负笈四年，家中几无担石储，仰事俯蓄，一惟夫人是赖。未几，仲兄秉璋物故，遗有嫂氏及子女各一人，身后萧条，无以为家，夫人倡议迎嫂侄同居，抚养而教诲之。已而，求是书院改为高等学堂，学者皆当纳学膳费，钧以无力故，不得已辍学。时届大比之岁，钧困于贫病，无志毕业，夫人以老母望切，劝钧力图寸进，以慰慈望，且筹得二十余金，借壮行色，遂以壬寅补行庚子辛丑科乡试，幸获一第。甲辰，计偕返里，越日，本生先慈弃养，夫人撑挡一切，赉贷典质，勉尽丧礼，不使钧毫末劳心焉。无禄，伯兄秉衡、季弟秉荣，相继即世，伯兄遗有二女，皆已遗嫁，而嫂氏亦先卒，惟季弟有子女二人均幼，夫人迎娣妇辈同居，抚养教诲，一如遇仲兄后，然任务则愈重矣。逾年，以先考妣暨本生考妣暨伯氏兄嫂停柩有年，未卜宅兆也，乃竭力措资，为营窀穸于朱家村祖茔之侧。迨民国元年夏，钧以从事编辑商务印书馆历年积劳，顿遘肺疾，调治小愈，三年春复患胃病，其夏又患风症，夫人昼夜服劳，饮食医药，事事躬亲将护，乃得转危为安，然夫人之心力益瘁矣。夫人性好施与，见人孤寒疾苦，无论识与不识，辄解囊侪助，宁减缩己衣食，而不稍吝悔。戚族或以疑难事相质，辄条分缕析，立为剖决。尝语钧曰：君平日脑力过耗，今后事无巨细，当悉置度外，庶几静养以补所不足乎？钧颇然其言，孰意夫人操心过甚，乃反中道而弃钧耶？呜呼伤哉！

父亲的草稿迄今留在吾弟君怡处。民国廿九年（一九四〇）九月，母亲去世廿五周忌辰，在抗战中，君怡展视原稿，记其后曰："先妣葛太夫人去世，公哀恸之余，挥泪写此，时不肖随侍在侧，父哭儿随之亦哭，此情此景，历历如昨。"我今录稿至此，泪亦不已。父亲之言，不是具文，而是实话，其中大半经过，不肖亦都随侍在侧，知父母之间，相互之体贴，共同之努力和克己也。

我一生第一次懂得"愿车马衣轻裘，与朋友共，敝之而无憾"的神气，是我母亲把自己的嫁妆首饰，供姑母挑选。母亲是外曾祖创业以来葛家第一次嫁女，她比她姑母及姊姊都先出嫁，外祖父给的奁具服饰，十分周到，在我与二妹性仁都已解事时，许多用品上的喜字红绳还未拆去。外祖家是府城里人，往来亲戚，出入京沪，气派比东栅口及吾家都大得多。母亲的东西是姑母所羡慕，母亲体祖母爱女之心，看出姑母做续弦，有儿女和婆婆要面子之苦，请姑母任择所喜不稍吝惜。祖母感动的对母亲说：媳妇比女儿还体贴我。其后吾家曾一度遇火，母亲一日私下语我："你外公给我那些东西，我送掉的常怕他问起，以后都放在火烧账上，不必再留着心了。"七叔的纱庄里有母亲一点存款，七叔死，折上尚有三百元，母亲见七婶悲伤，弟妹幼弱，即在丧次焚券。我五伯母七婶母先后搬住吾家，母亲时时告诫我姊妹，善待堂兄弟姊妹们，常言："想着你们有父，他们没有，你们事事要让一步。"分糖果，我与性仁总在最后，性仁忠厚，所得常最薄。母亲自奉极俭，我姊妹幼时，亦除外婆家依俗礼制来新衣外，都轮穿旧衣或旧改之衣。拆旧衣是我最怕的一件工作，以旧布缝带，是我放学后常课。君怡小我七岁，他的尿布带子都是我初期手工成绩。父亲有时言，勿强我学针线，母亲以为能作自己一身之事乃自立初步。

母亲小名曰"声"，外祖父呼为"声声"，后听我读书至"晋恭世子申生"，她说这个"申生"好。我家在东栅口时，父亲出门，外祖家及七外叔祖家往往争先来船接母亲。后来吾家搬到北门外，先住五外叔祖文炳号蔚南家房子，后又与五外叔祖家为比邻十余年。母亲有病，常将孩子送到外家，故我差不多在舅姨丛中长大。嘉兴话"声""孙"同音，舅姨辈给母亲绰号为"孙悟空"，母亲笑说："取得经来是唐僧，惹出事来归孙行者。"不论在葛家在沈家，我母亲到，满座添生气，不决之事有办法，无母者当她慈母。我母亲临终，五外叔祖家四姨母敬琮在沪，与姨丈沈子美

（承瑜）赶到嘉兴，冀作万一之努力。姨丈是个医生，四姨是母视我母亲的一人。

有一次，二妹性仁与我论母亲，她说："我姊妹都算不好货，都算慷慨，但何能与母亲比！母亲给了人自己没有，我们给了人自己还有。"母亲岂但自己没有，她是没有自己。她最恶只有自己的人，对儿女小器与小看人，她责之最严。某次，她特意为我改好一件月白纱长衫，为赴一堂舅入洋之宴。先一日，有个客人带着儿子来，我听见她向我母亲借什么东西，出去对她儿子扮一鬼脸，被我母亲知道。届期，我将换衣出门时，母亲说："小看人的人让人小看！"放下特做的新衣，给我穿件半旧长衫。又一次，亲戚家有事，照例父母做客必携我，父母不去则我为代表。这日，我临时生病，母亲拿我的衣服给性仁穿去做客，性仁得意而去，我不禁大哭。我之哭，一半是怨生病，不定是小器；但母亲生气说："难道只有你，别人就轮不着，你病也罢。"平时我有病，母亲时来看我，或坐着陪我，这日竟置我不理。

我母亲有姊妹兄弟逾十人。七舅敬忠，号勖臣，是外祖父长子，继外祖母所生，幼时有神童之称，与我母亲最相友爱，外祖父母责罚七舅，母亲必挡着保护。母亲嫁后次年生我，带我到外家，七舅抱我放他床上，在他，这是给我极光荣的招待。他指着我说："你为何不早一年生？去年生则姓葛，叫我阿叔，承继给我。"人以为笑言。七舅后在上海南洋公学读书，得病归，久不愈，俗有冲喜之说，外祖母记起前言，和母亲商，要我做他寄女，择吉日行礼，颇为郑重。他病愈，又患虎列拉①而死。那年，外祖家住西街，吾家住柴场湾，从西街进城必经过柴场湾。一日，天已傍晚，外祖家佣人张四匆匆进城，谓系七舅病，去请拔号医生，母亲闻讯，一夜不宁。清晨，又闻外祖家有人入城"保福"，"保福"者人事已尽，求

---

① 英文 Cholera 的音译，即霍乱。

神添寿，母亲急奔大门，呼其人与语，她最后的两句话是："廿七岁者的寿，给这十七岁的。"廿七岁者，我母亲自己。我其时紧随母亲身旁，见其恳切之状，闻其舍己之言。

家事渐松，母亲有余力做另外的事。这时代的男孩子，是犹豫于读旧书或新书，母亲总是鼓励人读新书。女孩子想读书或不能读书，她常常支持本人，劝说家长。她开始破除俗例拘束，近便的路，步行不坐船轿。有新鲜果点分送附近亲友，遣孩子不遣佣人。乡人入城卖菜卖果，经吾家如有交易，饭时留饭，天热给茶。有一每日经过吾家之小贩，本系店伙，因病两手拘挛，脱却长衫而作小本经营，其人最为我母亲所敬重，不许我们随众呼为"拘臂"，问其姓李，称为"李家伯伯"。此人每日销售之物，装在二篮，以绳相系，挂在肩上。前面之篮，装满小包黄豆、豆板、花生等物，是其太太为之炸好包好，定价一律，干净可口。后面之篮，是他转贩别人之物，大概为乡人自畜的鸡、鸭或蛋。吾家买鸡或蛋都从此人，母亲从不还价，必请他坐下休息，替他除下所肩之篮，行时再替他挂上。我们未见过他太太，然母亲同时敬此夫妇二人，能不顾虚面子，冲过难关，而合作自食其力。我离开嘉兴时，听说李家的孩子已在中学了。

吾乡每年有江北难民甚多，母亲十分同情，常常指点他们择地支席棚为居，耕废弃之土。沪杭甬铁路计议经嘉兴路线时，我父母为嗣祖父母坟近铁路，决定迁葬祖茔，空出之地即由难民自由垦种。母亲闻难民产子，辄倾筐觅我姊弟幼时旧物相赠，有难产者，嘱速送城内福音医院，愿作保人。

母亲一生，时甚短，力极有限，她尽量为人，尽量以用。我仰慕学习，不能及万一，然她的热情，时时照耀在我顶上。

（原载《传记文学》第四卷第五期）

四　二妹性仁

性仁又名景芳，小于我两岁，我称她"弟弟"，有时呼为"老芳"，她始终叫我"哥哥"。她与我从未同过举，共过师，这是母亲的主意；母亲说："姊妹同学，竞争则伤友爱，倚赖则妨进步。"我们性情有不同，然没有彼此相比较心。她与我同样，开始读书出于意外，幸运有贤明的父母和师长，可怜无正常之机会与途径。女孩子可读可不读，多半由自己摸索，摸索故常事倍功半，然亦因此有独往之乐。我姊妹都家务之外，见书而喜，敬慕读书的。我十三岁以前，附读私塾，只须出国文先生一份修敬，董政孚先生授地理，范拱微先生授数学，皆尽义务。十三岁考进北洋女师，月得津贴甚厚，连衣着足自安排。十六岁后到教会学校读英文，是出学费最多之时。我用费多，母亲即选择学费较便宜之处让性仁去。每次我离家时，母亲交我纸包银洋一卷，嘱曰："父亲辛苦，弟弟身上克省，你好好用功。"我恒哭而后行。年暑假，我的路程稍远，要比性仁先一二日动身，迟一二日回家，她总是高高兴兴为我整理行李。出门时尽好的东西让给我，归来有不用之物送她，虽旧，总是欣然接受。逢人常说"我的哥哥"，表示信任。

我性毛躁而发出即悔，性仁能受委屈，然久而后消，故我体健而她身弱。我幼时有玩具一匣，中有各色青田石图章，烧有凹凸花瓣之白磁书碟，父亲写剩之扇面，用余之金银粉小磁盅，五彩花笺，合放一小箱，箱有两屉，布置有序，间日一开弄之。这些物作，或属奖品，或由磨墨劳力而得，我特自珍赏。此八宝箱最为性仁所忻慕，一日，不告我而启视，我恼怒尽倒于地，性仁从容整理如原状。我不自安，借他事以慰之，又自愿分润几件，她不纳不理，且久久不与我交谈。

我受父母命，做过弟妹的温习补课先生，俨然先生的假尊严，成我终身的不自然。父母去世，我又俨然效父母之爱，传父母之教，这反常心情更为人所难解。父母岂学得到？我未熟而熟，不老而老，无意中许多错误，性仁年纪与我相近，能许我是，而诤我非。

我与性仁曾有过两次泣别，嘱托后事，而均无恙。一次泣别在辛亥革命，我十八岁，她十六岁，以为光复大业要经过长期艰险，二人商量，一去一留。我胆大，请以身许国，她心细，愿在家事父母，分手时她哭而慰我。后来我并未做任何冒险的事，她却陪母亲坐船下乡，讲说革命是拿回祖宗之物，不是造反，大家不要怕，而应该帮助，乡下人很起劲烧茶水请母亲和她喝。第二次泣别在民国五年（一九一六）的春天，反洪宪帝制的同志们，都以为浙江省之向背，与成败有密切关系，辛亥（一九一一）癸丑（一九一三）有前例可鉴。要加速浙江当局的决心，需膺白返沪，而膺白因癸丑之役，有袁政府"不论生死，一体给赏"通缉令，命令曾贴上海通衢。究竟他往云南抑或返沪，由我在沪先与几位浙江朋友接洽而后决定，他在香港候我电报。我计算，在沪赤手空拳且险，然有助于全局。膺白自己无野心与闻桑梓之政，省中当局能信之，劝说较易，于是不顾一切电请他返沪。这时，我父亲携弟妹由嘉兴到沪，赁居爱尔近路春晖里。父亲搬沪的理由，原为我；我奔母丧回国，正值云南起义，父亲不要我返里引人疑窦，移家就我。性仁与我在闸北觅屋，因此地与商务书馆编辑所相近，父亲所熟识，没有想到公共租界曾祖袁，亦不预料膺白回来之速。父亲平日论时事，责袁氏背信叛国甚烈，然我试探膺白应否回沪，他总迟疑以为尚早，这张"不论生死"的通缉令，委实使他不能放心。我接膺白返沪确讯后，不得不急急出去觅屋，觅屋要在法租界，因法租界比较宽容革命党。一切只有两个朋友知道：彭凌霄（程万）先生在渔阳里，我与约定膺白从法租界大自鸣钟码头下船，先到他家暂住；殷铸甫（汝骊）先生在协平里，夫人郑惠昭嫂陪我向经租处租得同里一幢屋。万事俱备，我要离开父亲处。我虽已成年，在父亲处出入必报告，且从无至晚不归之事。于是我先将事实详告性仁，与她商量，要求她两件事：其一，要她帮我向父亲说谎。天！父亲教我们勿说谎，我们乃聚谋对他说谎。其二，我将于次日清晨独到码头接膺白，若不幸出事，我不再归，以后家里一切是她之责。我父亲曾中过风，行动不便，君怡时年十五，性元十岁。她极言担当，叫我放心，然一夜哭不能止。我因心中有事，待天明，陪她整夜不眠。

我搬到协平里之第三日，忽然性仁陪父亲到来，携着大包小裹，还带着吾家久用的一个姓周的老妈妈。她说，一切已经明告父亲，知我为谋安全，不敢雇佣人，父亲商得老妈妈同意，到吾处帮忙，如此，门户及饮食，我都可放心不管了。篮里、包里，还带着已经煮好的菜。老妈妈是我母亲留下来当心我父亲饭菜的人，君怡性元均她带大，是吾家一把重要的手，让给我用，她的工作要性仁添劳。民国五年（一九一六）的上半年，我往来于尚贤堂、渔阳里、淮河路之间，膺白设计，我作传递，外埠来人，我为前哨，未露消息，而所事幸遂。父亲的恩不能忘，性仁的安排亦不能忘。

性仁幼时喜数学，有愿学医，曾向母亲要求。母亲问我意见，我答，学医必学到底，择偶须就同业，母亲因而踌躇，一言影响其前途。她曾在日本长崎活水女学读书，因父病而归。她将考北京女高师时，我因她一向偏喜数理，加她注意勿疏忽史地。她取我架上《汉书》，看一星期不放手，入京还带走，但未与我言兴趣何在。在女高师，名常居前列，为方惟一（还）先生最得意弟子，从此嗜好文学。

民国六年（一九一七）她与天津陶孟和（履恭）君结婚，孟和时为北大教授，二人志趣相投，淡泊为怀。家住北京东四牌楼月牙胡同，房东卖屋迫迁，觅得北新桥小三条胡同之屋，极合意，而屋主只卖不租。时甥女维正已生，维大方在孕，孟和上有老母与一不嫁之妹，于是举债出重利购屋。正在五四运动之际，北京政府已屡屡欠薪，教育部与所属各大学尤苦，常久候得半月之薪。性仁以多产而病，且欲译书售稿，助家计而偿屋债，生活尤克己，至营养不足，体愈弱，性趋悲观。一次，我告诉她，我手边有点钱，存银行息不过一分，为何不向我商，而负如此重利与限期偿还之债，自苦如此！她说，借所亲者款，亦有不便处，能免为佳。这所房子实是她的致命伤，为此而更碍其健康，但她卒如期还清债务，且翻盖北屋，与孟和母妹同居。

民国十七年（一九二八）后，我居浙西莫干山，春季"映山红"遍开，"映山红"即杜鹃花。性仁爱花亦喜昆曲，我用牡丹亭曲语请她到山看花曰："此地遍青山啼红了杜鹃。"她回信曰："八年未上先人丘垄，请在沪相候，将过南京邀性元，到沪与姊弟同回乡扫墓，然后上山赏花。"到清明节她果南来，一一如约。扫墓毕，由君怡夫妇携孩子们回沪上学，我姊妹三人上山作十日之游。尘念均消，童心复返，平生同游之乐，以此为最。回沪时，她与性元都添得不少行李，大筐小包，皆山中野兰野杜鹃，一路在车上犹不废灌溉之劳。性仁平时寡言，这次在白云山馆门前，朝夕同散步，她讲所喜书，所看小说，所感动的事和言，忽多唯心之论，共勉以"心安为理得"。

"九一八"沈阳变起，她一改温文之态，同我一样激烈，与我通信甚多且长，滔滔不尽。匹夫有责，而我们匹妇无谋，借文字以发愤。我们同以为召外侮之原因固多，但不能抵抗外侮之事实由于内争。见报载章太炎先生言：如无阎冯之战，则双方几十万健儿足以应敌，何至如此仓皇！我们不胜同感。更追溯一个一个政府与日本的关系，边省与邻邦的关系，一次一次勇于内争而引狼入室，恨国人忘怀之易。我们约定了一项很幼稚消极的制裁行动，我们不与参加内争的人为友，友而参加内争，相见不与握手，使全社会添一道德标准。

日本人侵占了东北后，华北亦渐多事，性仁夫妇先把维正、维大、愉生三个孩子送在上海君怡家。这时君怡自己的孩子尚幼，和吾家熙治都未进过学校。为诸甥择校，我始发见在上海觅一近于理想的学校之难，党化的纷争竟连中小学都不免。当时学校大概有三种状况：党化则师生忙于外务，一个上海最老的私立女校为人所夺，读书其间的学生家长，有事欲晤校长而难以见到，校长常常开会去了。反党化的则往往支持乏力，不前进与不活动亦为青年所不喜。教会学校则一向与中国教育精神有距离。我为维正姊妹报名允中女学，校长是老务本女学出身；务本倡办人吴怀久先生的夫人所鼓励，受公共租界津贴奖的一个学校，介绍给我的人称之曰准教会学校，且说这时候但求定下来读书，说不上理想。性仁来信要把儿子愉生送到莫干小学，愉生是最小的孩子，性仁虽说节俭，然比乡下生活究竟相差甚多。我和膺白都踌躇，除非我自己亦在乡下，而此时因时局故，膺白不能如前几年的长期居山。性仁一再函托，且说这是难得的机会让孩子认识实际农村生活。莫干小学校长郑性白其时尚未结婚，他为我解决了难题，愉生在莫干小学和全体同学共饮食，但睡在他的房里。熙治随我到过学校，她是住在女生宿舍的。至长城战起，性仁孟和都南来，愉生在校生病，性仁非常悲观。其时膺白受命北行，计局势系暂时绥靖，孟和急急带愉生北返进协和医院，暑假他们全家回平。这年的五、六两月，君怡为两个姊家，不知多少次的深夜送人上车站。

我在北平期间，性仁为公为私都十分关切，她看我内紧张而外忙碌酬应之生活，甚为同情。有空常带我走走旧货店，看看花市。北平的旧货店是很可以消磨时间，亦很可以化钱的地方。我性急，见则买，买即归，她叫我一次不要多带钱，稍做交易，问问看看，亦可养性怡情。我二人都喜欢磁器，故都旧家的家用杯碟，旧货摊上常有散见，虽非古董，但花纹质地均静美可爱，往往买着一件，不由不想配成一套。性仁买得一种红龙花样的酒盅，比新货酒杯略高而深，年代大概是同治光绪，最便宜的不到一元，贵的出过三元以上。她的目标要收集四十八只，她自存并送我和君怡性元各十二只。我名分下的一套十二只最先得到，她告我寄存在南京性元家一只藤包内，实是已经搜得的红龙杯；她秘不告性元，怕她知道了要急于开看。这点趣意，不知她后来有否完全成就？她送我的，则抗战中又复失去，或将再与有缘者相遇于旧货摊上了。

对于公事，我与她都认真，我们同则同，异则异，各留自己的看法。性仁常常以外间责难之言传达于我，有时她夫妇亦在责难者的一边。有我可以解释者，她满意则释然而去；有不便或不能解释者，往往呶呶不相下。性仁说："所望于姊丈者，不同于常人。"孟和说："大姊平日颇能规过，此次甚偏护姊丈。"他们若深知当时国家之无策，敌人之凶恶，豪劣之无耻，生计艰难者之无由振作，将劝我们及早抽身，不可一日居。我其时在演员与观众之间，左袒右袒无常，我知道的实情较多。我不但时时劝退，且是坚决反对膺白受命的一人，膺白事先辞征召，事后屡次求去之电，大半是我起稿的。这些，虽在手足，我与膺白相同，决不自表而回避责任的。

膺白之丧，性仁、性元在南京，轮流来沪伴我。我欲迁居山中，性仁十分反对，故搬杭州，使可放心。芦沟桥烽火起，我在莫干山，性仁在北平，朋友提议速邀性仁南来山居，我踌躇山居能否持久。接性仁信，将与吃"窝窝头"者同生活；"窝窝头"者北方最贱之粮食。战事蔓延南北，她携维正坐统舱到沪，君怡往接，见其憔悴无人色，在船不但无床位，亦无座位，站立不饮食者数十小时，蚊蝇集面，用帕遮口。孟和携维大、愉生辗转到桂林，她前往相会。离我之时，不忍我与熙治独留，我告之曰："弟妹安，我亦即安。"通信时，我曾问她需要，她索过旧衣一次，叮咛言只要旧的。我在沪曾堕梯折臂，她闻讯焦急，由四川李庄来信言："老二至不争气，内地各种各样的病都生过，然仍希望有再见时。"絮絮要求我保重。她在桂林，曾往红十字会报名愿看护伤兵，检验身体不及格，甚失望。后至李庄，地潮湿，肺病复发。君怡在兰州，气候高旱，接之去，渐愈，终以肺炎病逝。

我五十岁生日，她用北平花笺写她夫妇及三甥名字祝寿，与君怡性元合送我法币四千元，嘱吃面，恐我不肯自享，说自己不吃，则请学校朋友同吃。他们知我在南屏任课，亦知莫小同仁偶亦来沪。函末她又附言："明年此日，必可相聚一堂。"兰州上海间邮递需逾月，我接信之日，妹已长辞人世，伤哉，还有什么"相聚一堂"！

性仁之殁，我先接君怡之信，君怡在复员后见新出杀菌特效药，犹伤心遗憾言："二姊若得此一片二片，病或可救。"其实性仁系结核性肺炎，非普通杀菌药所可治。继接孟和之信，言自李庄赶到兰州，一棺在寺，不胜凄然；我不能毕其辞而泣，丧偶之情，不禁同感。孟和又言拟为文纪念，请我亦写。抗战胜利，西南西北的人都东返，弟妇应懿凝屡言性仁遗骨他乡不安，维大闻言愿往。复员拥挤，工具缺乏，人尚难行，而况扶榇？有同乡某君在兰州火葬其家人而运骨灰归，时君怡已在南京，商得孟和同意，请某君代将性仁遗骸火葬，同时东运。孟和回平，偕子愉生葬之西山，函报葬期，且为石刻，问我性仁生年月日；性仁生于光绪丙申（一八九六）二月十八日申时。我复孟和时，曰："妹今葬于贤父子手，从此存殁俱安。"数年后，西山成为禁地，孟和南归，告我曾往扫墓，无恙。

此稿系考旧作而成，今孟和亦谢世矣，仍用旧作结句：

妹性仁享年四十八岁，与孟和共有三女一子，其第三女入继于我。回念昔者父母之丧，妹所经理。借妹与我所共同尊敬，保存民族正气之文天祥《别弟诗》二句以挽妹，诗曰："亲丧君自尽，犹子是吾儿。"妹其无憾！

五　家乡的几位前辈

我写这个题目，为在报上读了一篇文章名曰"民清之际在长沙"，是左舜生先生的回忆，述及当时湖南教育界和几位前辈，不由我不记起同一时代在嘉兴的几位前辈。他们都改变了他们的前一代闭关自守之风，而出来唤醒世人，致力教育后辈。不过我是女子，活动和处境与男子不同，家长和社会所期待其成就亦不同，所接触不广，所感受有限，不足以概一代的前辈。惟其如此，我所遇到的几位前辈，为几个女孩子而用心不怠，是不寻常的。

　　我所从第一位男教师是汪京伯（镐基）先生，在同街吴姓，董政孚先生的姊姊家。董先生受姊氏之托，教育她的嗣子寿康，寿康我们后来称他银哥，系独子兼祧，家境甚好而性文弱，在近邻访求同学之人不得。政孚先生首开风气，将自己的小女儿六弟送去同堂读书。六弟名志中，与我同岁，于是董、吴两家家长想着来邀我，我父亲母亲答应让我去，这是嘉兴亲友间第一家男女同学。汪先生在吴家大厅的一边，一天到晚带着我们三个学生，六弟还只启蒙，银哥已开讲《孟子》。我在他们之间，常"舍己之田而耘人之田"助六弟造句，听解释《孟子》，以前女先生教我书是不解释的。不久，汪先生考取赴日本学陆军，我们初次懂得留学和陆军的意义，先生要放下我们而走，定是一件前程远大的事。

　　这时放梦姜表兄出私资办一学校，这学校后来化为"蒙养学堂"，最初没有名称，租屋在芦席汇。招生招到我家里，梦姜对我父亲说："德叔（父亲小名德），大弟（指我）应同男孩子一样读书，求新知识。"我父亲的伯母娶自敖氏，是五伯父的嗣母，五伯母住在吾家，敖家在我紧邻，故虽属旁亲，往来甚密。芦席汇的同学，我们事先一点不知道，父亲听梦姜的话答应我去。我们这条街上，当时只有我一个不满十岁的女孩子，每天走半里多路去上学，有时母亲给我坐渡船的钱，则少走一座桥。芦席汇本不是住宅区，学校在一处很旧的房子，我们只有一间讲堂。何故设校于此？是否要打破读书只是士大夫家的风气？都不得而知。房子虽破，但课桌黑板、先生与学生面对上课，先生立而学生坐，则与我以前读书的规矩和形式都不同了。我是十来个学生中最小而惟一的女生，本亦男装，长袍马褂。我要改称梦姜为先生，他叫我依旧称他大哥哥。大哥哥和一位韩先生轮流上课，他们二人用的精神甚多，而办法很少次序，大半学生未有史地常识基础，他们却津津述美国独立、自由钟、波兰瓜分和清人入关时扬州十日、嘉定三屠等等。大哥哥善于讲这些故事，家长查问，我们读书很少，而我们听故事懂得很多。他有时坐着画画给我们看，叫我们学，但没有讲过基本入手方法。没有琴和其他乐器，但吟或唱的机会甚多。"四万万人，都是黄帝的子孙，要同心，要同德，恢复故土"，是他带我们唱的一首歌，那是显然革命口气，亦没有人注意我们。一日，他很高兴地告诉我们，他得了个儿子，在黑板上写"弘德、毅生"四个字，是他给长子的名和号；还说倘有第二个儿子，将取名"弘权"，随解释"德""权""弘""毅"等字的意义。这段不按轨道的教育，我曾向同乡的人谈过。民国十三四年，北京交通部电政司一个嘉兴朋友说起有敖弘德为母老请求他调，公事从湖北某县来，我托其打听敖君家世。其后政局变，我离开北京时无有消息，不知其是否梦姜后人。

韩先生我不知其名，他与梦姜一样热心，但神气是沉静的，教我们不久，回家病逝。他不是本地人，有人说他是忧时之士。他留给我们两首歌，无谱，但亦抑扬而唱，我寻声追忆出来如下：

山河公共器，前废子传贤，陶唐妙理。禹汤错算计，把国民公产，儿孙私据。千世万纪，淘多少枭雄闲气，到如今，故址纷纷，何限秦头汉尾。

两山夹带路逼窄，如往而回转折百，忽见老牛驾车来，运输米粟载充积，进步难今进步迟，终不退兮终不息，不问千里更万里，能自极南达极北。

韩先生唱前一首歌，常坐着如念词曲，有时同我们一起玩时亦哼着。唱后一首时，常在我们面前踱方步，摹仿那老牛之状。我当时并不明白歌中之意，他的神气使我在解事时回想，而亦了解了词义。因韩先生的病故，而梦姜大哥又是喜活动的人，他要离开嘉兴，芦席汇的书房停办，搬到董政孚先生家大厅，称曰"蒙养学堂"，即在吾家对门；我自然照样去读书，这是我初次进的有名字的学堂。蒙养学堂学生加多，分了班，定出课程，添请教师。常川住校是一位从南翔请来的张仰枫先生，他是有过经验的小学教师。壁上挂满本国和世界地图，还有人种物产分布图。有一架小风琴，沈心工先生编的唱歌集中歌曲，大家都会唱起来，走出走进听到："长长长，亚洲第一大水扬子江。"张先生带着学生捉迷藏、抢四角；他亦讲故事，《黑奴吁天录》《鲁滨逊飘流记》拉成长篇说书，说得有声有色。我没有上着张先生其他的功课，但在游唱和听说书队里，常常放了学还不肯回家。一向夹在比我年纪大的人中间，只有这一时期我尽了童兴，玩得很够。我不知这个学校的经费来源，亦没有听到母亲说过我的学费，偶有一次看见政孚先生从里面出来递给张先生一个纸包，大概是薪水。梦姜大哥的弟弟竹民三哥教我们珠算，三哥经常是在家纳福的人，可能赦家董家与这学校都有点关系。后来这个学校归政孚先生一个侄儿接办，我已经不在那里。君怡进的"养英学堂"就是由此而来，是一普通收费的学校了。我在蒙养学堂时，讲堂里最得益的是教文史的沈驾山先生，他常常伸缩国文历史混合教授，使读文时见内容，读史时有文味，将干燥材料变得引人入胜。

我们住的一条街柴场湾，因为有了蒙养学堂，成为儿童世界。每天出入其间者，女孩不少于男孩，引得年纪大一些的女子亦跃跃欲试起来。政孚先生三个女儿志华、志新、志中，甥女吴振华即寿康之姊，侄女文英，我的八姨母敬诚，都曾在家里——半从师，半自修——读过书，想要合起来照学校的读法。我曾经在吴家附过学，她们都认识我，父亲母亲正觉我在蒙养学堂玩得多而读书少，愿我加入，于是我又回到一间终日坐着的书房里。书房开始设在文英家，后又搬到吴家，请教师分班次，均由政孚先生做主。在吴家时，我们一共七个人，文英没有参加，七个人共分两班，志华、八姨和我一班，其他四人为一班。国文教师陈莲史先生膳宿吴家，以吴家大厅的一角为教室，凑现成桌凳，三人二人分坐，我坐在陈先生最近，独占一条小桌。

我十二三岁的两年，就这样每日在陈先生的座旁，年长的同学都是自动好学，我跟着受提携。政孚先生自己教我们地理，他看我们七人等于自己女儿的扩大，不受一点酬谢。逢年节，母亲叫我捧只鸡，或者佣人帮我提瓶酒送去，总是推来推去不肯受。范拱微先生教我们数学，要走相当一段路而来。有一个时期他自己办一女校，搬在敖竹民三哥家，很希望我们几人并入，而我们自有其乐不去，他照旧来。偶然得到物理实验用具，不惮带来试给我们看。范先生亦不受酬谢，他就是后来在佛学界闻名，著作很多的范古农居士。

陈莲史先生是我在家乡所从年纪最大的老师，他其时大概有五十多岁，布衣布鞋，神气朴实。他不像汪先生的年轻要顾前程，亦不若董、敖、范诸先生的家境甚好，可以自由用其心力。他是一位职业教师，而以教书为乐。他住在吴家，每日比我们先进书房，后退出，课余喜欢有谈无谈，谈的多半是掌故典故，不拘一格。我们书房里有四个剃发梳辫的人，陈先生和吴寿康是男人，董志中和我是女孩男装；在清廷治下，凡男子都这样装束。一日，他哼出一首诗来："一念从君积已深，于今地下好相寻。儿曹莫漫收遗骨，留触人间起义心。"是清初一位不肯剃发而被斩的人临刑时口占，宁死不剃发就是死不投降的表示。我后来看《朱舜水集》，他在日本收了不少忻慕中国文化的弟子，当时秉日本国政的德川氏待以宾师之礼，特许其晚年从中国召一孙子侍奉；他写信给孙子，如果已经没有明朝衣冠，宁可他穿日本吴服来见，不愿其穿清人服装，可见汉人痛恨改装的心理。二百余年，我们拖着辫子，竟习以为常了。

陈先生批我们文卷与别的老师不同，他舍得给圈，起码是圈，常常双圈密圈，发现我们许多好处，使我们忽然提高自信心。他一面加圈，口里自言自语念康有为的诗："南国菁华发达先，本来天女最雄妍。花神自有回天力，莫任东风再弄权。"若干年后，我与康先生的次女文佩（同璧）相识，还背得出这几句。陈先生没有教我们做诗，但他常以浅近易懂的诗句代话，或作话题。

此时梁任公先生的书在嘉兴已甚风行，《饮冰室自由书》成了我们课本论题，《中国积弱溯源论》和《戊戌六君子传》读得唏嘘慷慨。读过任公文章后，我很觉心境不同，眼界亦不同。我后来与膺白同认，我和他，还有不少朋友，都受任公书影响而趋向革命。我们的前辈给我们的教育，原是鼓励志气多于研究学问，读任公书，他的笔下带着热情，而志气原亦需要学问。我自陈莲史先生教书时起，读任公书，卅年后在其身后，还读他那篇带病而写由他兄弟续成的《辛稼轩年谱》。宋代词人中，我是最喜放翁诗和稼轩词的。任公所举中国历史上六大政治家，我甚敬佩王荆公和张江陵，本人的集，别人所作他们的年谱，亦曾一再读。

当年嘉兴城里常举行一种会课，等于会考。地点大半在精严寺，有时亦借私家住宅。程度分初级、二级、三级，自由报考，列前茅者有奖品。我第一次报名初级，得奖地球仪一架，未曾得过见过，视如至宝。母亲最怕我看事太易，以后即令我跳出二级而考三级，曾敷衍过好几次。一次，在塔弄张子莲先生家会课，作文题为"《原法篇》书后"，我不谙题目出处，同考的人亦都茫然，监考屠保三先生不愿给大家失望，做主临时改换题目，我十分怏怏而归。父亲不在家，急待次日告知陈莲史先生，他立刻取出《明夷待访录》来。明儒我本只知崇拜阳明，渐渐地认识清初黄、顾诸贤，恍然以为"知行合一"原亦在是。我尤慕梨洲弟子万斯同，修明史而终为布衣。民国廿六年（一九三七）春，我忽然接到一份从宁波寄来的请帖，请参加重修万季野先生墓落成典礼。这类事情在我甚少有，而帖上明明写着我的名字。后经打听，知有人发起重修万墓，膺白曾以我名赞助。因他不久卧病去世，此事竟无机会向我说明。

约在光绪丙午年（一九〇六）之春，一日，我姑丈陆和卿陪一女客来到吾家。除续弦姑母，姑丈从未有陪女客来吾家之事，这位女客即是别号"鉴湖女侠"，作"秋雨秋风愁煞人"诗句的秋瑾。她貌不美而甚清秀，态度文雅，不施脂粉，穿黑色长袍，说话是绍兴口音。我母亲准备茶果，与姑丈寒暄时，秋君同我谈读书，问我年纪。临行执我手，要我同唱"黑奴红种相继尽，惟我黄人醉未醒，……少年努力须自爱，时乎时乎不再来"之歌。想不到不过年余，她为徐锡麟案余波，被绍兴知府满人贵福，拘捕斩首。其时我已在天津读书，官立学校不敢讨论时事，我看报见她供词和照相；她的照相一是留学日本时穿着和服，一是临刑跪绑之状，她最后的请求是免其裸体。我与她只有一面之缘，说不上私交，但眼见这样一个女子受极刑，对这张被绑跪着待死的相片，愤怒与同情不能遏制，私自蒙被大哭。徐锡麟和秋瑾二案，乃辛亥以前报上载得最详最多，且引起妇孺同感的事。我始终没有机会向姑丈打听，他那次陪秋瑾来吾家，是有意无意？

五六十年前，在我极小的范围内，所可记忆的几位前辈，境况好与不好，都不自闲逸。历史带给他们内忧外侮，他们自己都没有受过新教育，然而被时代所警醒。他们拿自己摸索所得，无条件给他们的后辈，他们尽了对时代的责任了。现在，人人以生活为第一，而生活亦愈复杂愈艰难，没有止境。然时代正还十分需要这种无名的启后工作，社会更需要有这类无心插柳之事。

（原载《传记文学》 第四卷第六期）

六　到天津读书

与我同辈女子，读书大都是年长后半路出家。我幼时在家，无意中识几个字，最初从壁上挂的对联，椅背上刻的唐诗学起，喜欢问长问短求个明白，触动了我母亲要我读书之念。家里绝无为我一个人而请教师之理，外祖家、外叔祖家都聘有馆师，但专为诸舅。姨母们即使要读几本书，仅到书房上书，即回内室温习，并不查考认真，母亲不便开口送我去附读。她忽然转念头想起一个人——外祖父的老师周春圃先生，成家得子甚晚，老先生在世不及教儿子，却教过他第三个女儿读书。这位三小姐在家做手工养母，住得离书家不远，母亲去同她商量，命我正式从她读书。我生平第一张书桌是周家三小姐做针线的板台。后来女子读书风气大开，我这位开蒙老师取名振亚，曾到上海务本女学读书，回嘉兴又和我同过学。她母亲去世，我父母为她伶仃，请其带着灵位搬到吾家，灵位设在一间空屋，而她则常与我在一起。我幼时学数学所用《笔算数学》教科书三册，从第一习题到末一习题，不漏一个，都是与她同做的，振亚先生后来出嫁，我母亲代表女宅，她有了孩子还带来见我母亲。

我十三岁以前，未出家门百里，没有见过山，读书至"登泰山而小天下""悠然见南山"，常常不胜其向往。十三岁那年夏末秋初，忽然坐一夜小火轮到上海，从上海换海船到天津，经过几千里路，我依然在一无山之城。天津是渤海湾里一个咸滩。因这次读书之缘，我后来曾一再卜居于此，而且在天津大半的时间我们过的闭户读书生活。

我到天津读书是偶然又偶然之事。在嘉兴，我们七八个人的私塾，家长非亲即友，都住在一条街上，除我姨母和我家里，或因人多，或因屋少，没有做过讲堂，其他几家都做过，以在吴家最久；因吴家有一男生，必定要请馆师，且有供先生膳宿的地方。当时我们几个人大半没有目的，得读书已深觉幸运，用功不待家长督促。我姨母敬诚每日要在灯下读书至二更后，外祖母怪她不做女红，她放学后先做弟妹鞋袜，使外祖母无话可说，然后回房读书。我是同学中最不用功的人，喜欢听陈莲史先生谈闲书，注意时事。陈先生有时自言："一腔热血，竟洒何地！"他老先生不知为何感触，我却深为同情。戊戌、庚子之事，我们耳熟能详，甚为刺激。我到天津去的上一年，美国禁止华工，中国人抵制美货。这是中国抵制外货的第一次，嘉兴人甚为激昂。后来为国会议员的褚慧僧（辅成）先生，编了歌拿了面盆在嘉兴沿街敲唱"劝人勿用美孚油，改用其他火油，每箱只用十文醋，功效胜于美孚油"等话。我们家里大半还用菜油灯，听劝即停用火油。我一生于用洋货极自谨慎克制，这是初次的刺激。

寒暑不改的在这小天地中，我们有时亦想望嘉兴以外的地方。董文英、周振亚曾到上海一学期，回来说：生活讲究，用费大，读书没有我们认真；她们不再去，我们亦不希望。忽然有一日，上海来的报纸登有官立北洋女子师范学堂在上海招生的广告；资格是身家清白，二十岁至三十岁尚未成家之读书女子，待遇是学膳免费、依成绩月有津贴，毕业后由学校派往各地尽义务，月薪最低卅元。监督傅沅叔（增湘）先生亲到上海招考，学额是四十名，傅先生的履历亦在新闻里载着。这个广告打动了我们一半女同学，董文英已过二十岁，决定去应考，吴振华年十九，八姨葛敬诚年十八，都报作二十岁不至有问题。董家志华、志新、志中因家长不许，本人亦无意远行。只有我，年纪相差太远，要去而不能，望报兴叹。投考结果，去的三人全被录取，而八姨则高居榜首，为四十人中第一名，回家准备行装，外祖父将亲送到沪登船。这时最失望而且彷徨的人只有我，平时我因年小得意，这次因年小吃亏。同学走了一半，私塾已经解体，我将何往？母亲平常管我很严，更不在我们身上浪费分文，这次她对我同情，叫我自己打听杭州有个学校，如果好，让我去；又拿出白洋一包，请外祖父带我到沪送行，参观大轮船。严母无论如何藏不住她的慈爱，而且用"大轮船"哄我，还真当我是小孩子。

傅沅叔先生和录取的新生及送行的家长，分住上海三洋泾桥泰安栈、全安栈、长发栈，候船动身。外祖父带着姨母去登记报到时，我跟着站在旁边，我还剃发男装，穿件白洋纱长衫。沾了姨母先声夺人的光，傅沅叔先生与外祖父殷勤问答，看见一旁侍立的我，甚为注意，问起我的程度，为何不考等等，外祖父据实以告。沅叔先生立即带我到桌边，提笔给我，叫我写履历报名；写到年纪时，我曾仰头自语："填十七岁好不好？"再多实在不可能了。他懂我意思说："不用虚报，填真实的年龄好了。"写名字时，我为曾被同学讥讽"性真"是僧尼法号，想到我一辈弟兄是"景"字排行，我的弟弟君怡谱名"景清"，便临时自名曰"景英"；这个名字实很俗气，大不如父亲所给的原名。到我在女师毕业时，沅叔先生送每人一副他自书的对联，题款知我还没有号，他用景慕沈云英之意，给我取"亦云"二字。抗战时起，我以字行不再用名了。

沅叔先生看我在他面前写详细的三代履历，我虽然没有准备，而且是第一次写履历，我记得我父亲所写格式。父亲以我嗣祖父母为父母，而称祖父母为本生父母，故我的履历里亦写有祖父母和本生祖父母二项，一切我照着所见过的规矩。沅叔先生看了我的报名单，叫我准备同船到天津，他说在天津还要招生四十名，并向外祖父说，考得好将不拘年纪，否则送我到"高等"；天津另外有个叫高等学堂的，亦是他所主持，若是保送，亦可免费。我就是如此意外的随众登程，来不及再回家，外祖父打电报给我母亲预备行李；我的行李三件——一只箱子，一只网篮，一个铺盖——

是由戴生昌轮船送出。动身之前，同学见我穿着长衫，笑问是否招有男生，我急自将长衫剪去半截，过膝短褂，勉强符合当时的女学生装。

我们浩浩荡荡员生四十余人，在光绪卅二年丙午（一九〇六）夏末秋初，分乘招商局新裕、新济两轮先后出发。所住俱是房舱，每二人同一室，有上下两层板床，各用自带铺盖。我和姨母同室，她睡下层，我睡上层，二人都晕船呕吐不已。在上层甚不便，我搬睡地板，铺一席已无隙地，旁置面盆一备吐，茶壶一供止渴。开着舱门，略通空气，姨母时刻叫小心茶壶面盆，怕我倒翻。我素有晕船晕轿之病，坐海船此系初次，房舱颇不洁净，更为不惯。离家时一股勇气，中途已想起家来，暗自流泪，惟不肯告人示弱。舟抵烟台，始能起身，小贩上来兜售水果，均价廉物美，苹果、葡萄、梨，鲜美为家乡所少有。出门至此，已是北地风光，传说中北方生活之苦，存有戒心，不想天产之佳，气为之振。江浙同学均不能国语，仅周道如曾客他乡，胡佩芝（永瑞）是安徽人能说官话，大家恃为护符；官话即普通国语。当时我们旅行最苦的一件事要自倒马桶，用铺盖索结住桶柄，向海一抛；这工作在风浪摇摆中，姨母和别的年长同学合作，怕我失足，不让我做。若干年后，始知船上有大餐间设备最好，还有官舱亦比房舱为洁净，当时只知有统舱，比我们还要不如。我们虽有若干不便，但全舱尽是同学，一星期朝夕相共，家庭和个性都已熟识。后来在校，出入相照料，疾病相扶持，人人感觉第一期同学间感情特厚。我们到天津的一天，在紫竹林码头登陆，天只小雨，霎时大雨倾盆，抵校水已没膝，候行李下午始到。自晨过午，大家忍着湿，天津给了我们一个下马威。

天津本一滨海卫所，自通商辟埠，增加地理上重要性，地方日趋繁盛，其繁盛仅次于上海。与上海有不同点，上海的繁盛向租界附丽，天津则与租界抗衡。租界刺激了社会有心人，乘北洋大臣项城袁世凯权位之隆，在其治下，一时兴教育、办实业，为全国各地之冠。天津的警政亦有名，治安可靠。吾人于历史对项城有不可恕的地方，然他这段在北洋总督任内所办的新政，是不能抹煞的。其间有一位热心而"为而不有"的严范孙（修）先生——那时我还不知其事——是与这些新政的举办大有关系。他是项城所敬重的一个朋友，家住天津故城，后来人们纪念他，称他所住的街为严翰林胡同。他的严氏家塾即后来的南开大学，他与别处提倡地方事业的人不同，只鼓励和成就别人做，而自己不居。

我们的女师亦在这个时候应运而生，校址在天津河北区，是中国人自营的新住宅区，马路电灯自来水俱全。路以经纬分，用《千字文》句依次为名，女师所在的第一条横马路即名天纬路。这个学校名义上的倡办人是北洋大臣袁世凯，在其任内入学的人，他都视作学生，实际筹备而主持者是傅沅叔先生。傅先生是四川江安县人，一位少年翰林，办学时还不过三十几岁。他开办初期的目标，要速成一百名小学教员，分向北京、天津、上海三处招生。那时读书的女子甚少，读过新书的更少，二十岁而尚未成家的少之尤少，不得不借才异地，跑自远道招生，登报招收女生，在当时尚属创见。后来北京、天津、保定三处，有不少江浙籍的女教师，于南北人情生活习惯的沟通，颇有贡献，不能不说由于他的远见和勇气。一部分地方上狭窄人士，以为用北方的经费，培植异乡的人，亦有持异议者。傅先生之后，校长都为本省人，学校名称，亦由北洋女子师范学堂，改为直隶女子师范学校，又改为河北第一女子师范学校，最后扩充为河北女子师范学院。我是北洋女师时学生，毕业时，北洋大臣已非袁世凯而是杨士骧了。傅先生在我们一班毕业后，升任直隶提学使。张之洞为学部尚书，办京师女子师范学堂，请他兼任校长，故京津两地最早女学生都是沅叔先生弟子，而京女师教职员中，已有我速成的同学在内了。

傅先生做我们校长——那时称为监督——和我们见面是在全体聚会有典礼时，听他训话，此外我们的一班国文教师缺课，总由他自己来代。学校日常的事有吴蔼辰（鼎昌）先生主持，那时称为提调；吴提调是直隶清苑县人，举人而留日学师范。我们的日本女教师佐口美都子讲教育学、心理学时，翻译先生请假，他常代充翻译。我们的课程分为第一部、第二部，前者偏重文史，后者偏重数理，由各人自愿选择，我选的第一部。我们的班次共分甲乙丙三班，同时入校，同时毕业，三班并不整齐划一，有国文在甲班而数学在丙班者，亦有读过外国书而对本国文史甚隔膜者，各按程度插班。大考三班同榜，以各自总平均定等级，此等级亦即津贴的标准，故人皆宁为"鸡首"而不作"牛后"；各样功课全在甲班者不过数人。因时势所需要，我们有未毕业而已受聘兼课之人，没有想做事而失业的人，时代与社会都十分优宠我们的。

我到津一个月后，父亲母亲在报上见我被录取的消息，这是一九〇六年。我生平名不见经传，这却是第一次见报，忝居榜首。我函禀父母，选入偏重文史之部，功课全在甲班，考试成绩得最高津贴，每月拾元，足以自顾衣着。我与其他同学不同，须改换女装。

在家塾时，我们都用最廉价之笔墨，到津后，自己出入书店，虽无补我拙劣的书法，我慷慨买上等纸笔文具，有时迹近浪费。

社会是期待我们的未来，不是奖许我们的既往，如此对待仅受有限畸形教育的女子，实在大厚了。我不能不感谢在家塾的老师们，不疏忽我们，使我们得接受这样的机会。

在天津，我们前前后后的老师中，董宾国（士佐）先生四川人，孙师郑（雄）先生江苏人，邓和甫（毓怡）先生河北人，都教文史十分认真。我在嘉兴时，未读诸子书，邓先生是注意学术思想的人，引我们认识先秦诸子，提示时代地域与思想文体的关系。他叫我们看一段文字，评论其为某类作品，这亦是一个速成教法。讲堂上读不了多少书，然如果好学，亦可借以得点门径。我始终不是做学问的人，但受邓先生影响甚多，我的读书方法常照他所提示。他是吴汝纶得意弟子，留学日本，剪了辫子将假辫钉在帽子上，夏天亦带着黑纱瓜皮帽。教地理的南通张蔚西（相文）先生早年旅行西北，是中国地理教科书最早作者，我在私塾时已读过他的书。这几位老师若非官立学校经费充足，若非大邑集各地之才，是不容易遇到的。

我们有四位外籍女教师：两个日本人，一个美国人，一个德国人。与同学们最亲近的是那德国先生贝安纳小姐，她教的是德文和图画。她本是一个油画家，请来为西太后画像，到京后期，安插在我们学校。没有一位先生像她那样在功课以外关心学生的生活起居，学生有病住病房，不管是否在她班里，她无有不去探望。她看我们饭食不够营养，冬天每日送我们一大锅牛奶，放着可可粉，摆在饭厅里，要大家取喝。大半的同学没有吃过可可糖，亦不喜欢牛奶。她又觉得我们不够社交娱乐，向监督说明，请同学到她家里，或由她带到她朋友家里。她用心学中国话，与中国教师家庭往来，大概还从德文书里读中国历史文学。她和中国人亲近，很模仿中国风气，比传教士不同，与外交官亦不同。她会说英法语言，非万不得已不肯说。德文班里同学每人有个德国名字，她选择给我的名字一改再改，解释意义给我听，不知要把多少好的意义给我，最后决定的，是含有勇往直前之意。她一心希望我到德国读书，以为我的年纪读完中国书而去不算迟，曾有一个暑假她想向监督商量带我去北戴河。我后来回到南方，她还介绍驻上海德国副领事裴尼赤，请其为我寻一德文教师。那时同济大学还未开办，上海很少读德文的人，裴先生热心介绍领事馆的秘书巴克洛，教了一短时期，不受薪水，我甚觉不安而中止。我历述这段故事，记一个外籍女教师的认真和热心，亦表示她们一个国民在异邦所努力的情形。吾弟君怡后来到青岛读德文，我母亲的决定可能受我一点影响，则又是一件事。十余年以后，一九二二年之春，我和膺白同到柏林，事先写信告诉贝先生，时黄伯樵、郑仲完夫妇，和吾弟君怡都在德国留学，她日日向他们探问我的行程。我抵柏林不到一日，她的电话来了，立刻拿了一小盆花赶来会我。我亦和伯樵、仲完、君怡同到她离柏林半小时火车路程的家里玩过半日。时德国在第一次大战新败之余，物资缺乏，人民生活刻苦到极点，她饷客的咖啡没有糖，黑面包没有白脱油①。而她的画，她在中国所拍的照，她译的陶渊明诗我不知对不对，都陈列着给我们看了。她几次拿着预先写就给我的信而到柏林访我，她说我不在家或没有空，则留下信以当晤言，不虚此行，我常当着她面读她的信。她愿意为我和膺白画一油画的像，许我们只需要面坐一次，给她一张相片和看看我们所穿的衣服。正巧已经有徐悲鸿先生为我们在画，我们谢了她；徐君时在柏林学画。我离开柏林的时候，贝先生当面送给我一件纪念品，包扎甚好，同时交给我的信里写着，是她家藏的一件磁器，是德国人从中国学得的东西，叫我回到中国再开看，以免包装之劳。这件磁器是一兜花有盖的碗，带回一点没有破损，我保存到第二次世界大战方失去。

在天津的师友，我直接相从之时虽不长，因后来吾家又卜居天津，我的妹妹性元亦到天纬路女师读书，她的年级为第十五期。教师中有我的同学，我去访同学且接妹妹，差不多每星期到天纬路一次，而我卜居天津最早的理由，亦即为与天津有过这段历史。三十年后的一日，在北平，沉叔先生邀我们尚在平津的同学相聚于其"藏园"，我答席于寓所，师生皆有诗纪其事，惜均不存。只记沉叔师诗有"湖楼问业愧称师，老蛙虫鱼笑我痴"等句；同学陆清如（绍芬）诗有"小聚宣南列绮筵，梅花香里话前缘，回思共砚津沽日，七十人中最少年"之句。第一期三班一百名同学，终其事者实仅七十八人。孙师郑先生的诗尚存，其一首曰："清才弟子胜于师，把盏犹疑梦幻时，话旧尽多三益友，写怀各赋七言诗；病须止酒难谋醉，老尚耽书自笑痴，人寿月圆符吉语，再迟卅载我期颐。"这四支韵系由我起，我的纪事句曰："千里担簦远事师，卅年弹指忆当时，及门最少同参鲁，学句维艰羡赐诗；多难从征常是憾，伤离小叙益如痴，今朝幸

———————
① 白脱油即黄油，白脱为英文 butter 的音译。

作忘忧会，且向金樽觅笑颐。"沅叔师曾到过莫干山，他喜游山，他的游记有时登在天津《国闻周报》，我读过他的单行本《秦陇纪游》，是游华山后作。来莫干山是在其游黄山后，他题我们白云山馆纪念册诗曰："踏残黄海莲花蕊，来访吴王铸剑池，笃谷深沉供笑傲，白云无尽写襟期；四方多难宁长隐，一壑能专亦自奇，竹露烟霞容久坐，好教北客洗尘缁。"

我手边尚有沅叔师几封信和师郑师一页改笔，将永为纪念。我与母校最后一个纪念，为赠沅叔师所影印的善本《周易正义》，书后有他手写长跋。当付印时，我承命预约十部，出版后仅求五部，四部分存于文治藏书楼、新中国建设学会等处，皆有师手题第十六、十七部字样及膺白和我的款。其余一部我请师直接由北平寄赠天津母校图书室，后有母校图书室执事某君到山，提起收到此书而未知来历；我申述原委：这是"最早的师生"合送的一件纪念品。

（原载《传记文学》 第四卷第六期）

七、辛亥革命知见

辛亥革命之初，一般人称为"光复"，"光复"二字，妇孺可晓，不烦解释。民国元年（一九一二）元旦，孙中山先生在南京就临时大总统职，首祭明陵，即含"昭告光复"之义。我当时亦在少年群中，随众鞠躬，隐约听读祭文之一人。当时的兴奋与满足，是生平难得有天真无忧的一次。后来清帝退位，南北议和，民国系合汉、满、蒙、回、藏五族而成，且用红、黄、蓝、白、黑五色国旗，以象征五族共和，遂称"革命"而不言"光复"。这面五色国旗，含有五族合作平等之义，亦有其甚远用意，系折衷革命后众议而定，非革命前中山先生所定之青天白日旗，故后来重新易帜，而成现在的青天白日满地红国旗。五色旗在国际上代表中华民国十七年，在后来从不断发生蒙古问题西藏问题上看，则缺少了这点精神上维系，亦有点可惜，而且当时如何不想出一个另外有联系性的象征来。

　　武昌起义，各地初用黄帝纪元。改用阳历出于沪军都督府一个参谋沈虬斋（云翔）的临时动议。沪军是筹备南京成立政府的后台，沈君见其时上海外侨准备过年，触机想到改用阳历，大总统在元旦就职，更加"作始维新"的气象。以其意告之参谋长黄膺白（郛），膺白即为陈都督英士（其美）起草电南京，这件改元大事就此匆匆而定。沈君浙江吴兴人，二次革命后在沪，被袁政府人诱出租界枪杀。

　　我个人直接承前辈志士之教，倾心革命久矣。武昌起义，不旬日，即与同辈少年思有以效力，曾有一小段摇旗呐喊不成熟举动，所见地方在沪宁、沪杭二铁路沿线，将约略述于后。我们初见革命领袖们，以为书上读过的志士豪杰均在是，国家前途有无穷希望。我曾读书于袁项城所倡办的北洋女师，他来学校参观，或学生岁时往谒，我屡为同学代表致辞。监督傅沅叔先生曾有一次带我到他书房，问话蔼然可亲，我尚只十三四岁，因同情戊戌政变之故，不能释然于心，非校命，务避接近。辛亥革命结果，我所梦想之志士，让政于我所疑惧之枭雄，颇不安于怀。然终觉豪杰哉民国之人，共和不当谦让为治耶？民国前途自无量！

辛亥革命斩断几千载姓姓相斫家天下君主专制政体，在中国历史上是一件空前的事。乃以民国始终扰攘之故，这件空前历史，未能如其他世界上先进国家的永留建国光彩。其经过，亦因民国第一个政权——北洋军阀系——之有意抹杀而暧昧，第二个政权之过分归功于一点而垄断。致使烈士们活泼的碧血，全国可勃兴的民气，皆成刹那彗星，堕地无光。

我读过谷钟秀《中华民国开国史》，冯自由《中国革命史料》，湖北通志馆印李廉方《辛亥武昌首义纪》和一些零星纪录。亦曾有愿写一篇辛亥革命鸟瞰，为参考得失之由。愿大才小，岁月蹉跎，迄未成功。在我所读书文中，似有关军人之事和名较少。此系事先军人须特别秘密，少有纪录；且辛亥甚少战事。然当时比较有秩序的地方，都有陆军学生出入其间。我所认识膺白的陆军同学，多与辛亥革命有关。大半能文，而纪录极少。民国十四五年李晓垣（书城）先生在天津吾家做客甚久，一日，见其接吴绶卿（禄贞）夫人函，为女公子婚事与商可否。我素知李先生参黄克强（兴）先生戎幕，辛亥与克强先生同事汉阳，同事南京，癸丑（一九一三）失败后同在东京，同在美国，至民五（一九一六）克强先生逝世未离左右。克强先生自黄花岗之役，辛亥（一九一一）在汉阳，癸丑在南京，每役皆躬临前线，每役皆败，未尝诿过于人。我最后一次见他在东京郊外，他留膺白和我便饭，所居是一日本朋友的别庄，一向同情中国革命的宫崎滔天之妹为照料家务。饭毕，他递竹篮里一方小手巾给我，我见他右手仅有的三个指头，而他写的字还永远那么好。我几次怂恿李先生写克强先生传记，至谓义不容辞。至此，我又知李先生与吴家关系，朋友为遗族决儿女大事，其交谊可知。辛亥吴禄贞以新军第六镇驻石家庄，其实力与形势，足以左右北京政局而冲淡北洋系势力。吴之猝然被刺，南北均势相差更远，于辛亥成败关系甚大。我又怂恿李先生写吴的事，以助辛亥史料。李先生言，当世人写当世事太难，且多顾忌。写当世事诚难：从纸面寻材料，尚只须判断取舍安排；从胸中寻材料，则立场视线好恶宽窄均足以为梗。写史修练与做人修练同，永无完满之时，做到几分是几分而已。

我今写《回忆》，只是个人片面知见。辛亥（一九一一）之事，是我直接留心国事的第一次，然所知甚为有限。当时文告及南北议和条件，世多知之，惟清室优待条件，至民国十三年（一九二四）膺白摄阁时修改；其修改要点与辛亥不同处有二：其一，清帝撤除尊号为民国公民，其二，优待岁费自四百万元减为五十万元。辛亥时，原条件在上海有人以为四百万元岁费太高者，汪精卫（兆铭）言若相持下去，人与物的牺牲要多少倍于此数，卒定稿。

实际辛亥革命，自民国前一年十月十日（阴历八月十九日）武昌起义，至民国元年（一九一二）二月十二日（阴历十二月廿五日）清帝退位，南北相持时期先后仅四个月又二日。其中商讨之日，多于交锋。革命战事只两处：一在汉阳，一在南京。其在汉阳者，先由革命军占领，其后清军由北京南下，革命军失利而又退出。其在南京者，清第九镇统制徐绍桢谋举事不成，致清将张勋得负嵎固守。革命军集各省联军之力，击退张勋，占领南京，建立民国临时政府。攻南京时，惟浙军一支队最称劲旅，是清末有训练之新军。汉阳与南京两处战事都不过匝月，两处一得而一失，使双方形势保持平衡，各知相持无把握而倾向和议。当时南北都是畸形之局，各有优势，各有弱点，而第三者成举足轻重，其势如下：

（一）为革命对象之清廷。清代最腐化而又精悍之西太后去世已两三年，此时的隆裕太后系光绪之后，与幼帝宣统均在位不久；以个人言，二人均是极可怜人物。其他皇室亲贵大都暗弱。革命是大题目，为国家而不是对个人。朝廷主战之人或死或去，烈士彭家珍炸死主战最力之良弼，尤足丧清廷之胆。自武昌起义，各省纷纷"响应"，或"独立"观望，清廷再欲镇压革命，已不可能。清军虽一战而夺回汉阳，据知当时海军萨镇冰（鼎铭）态度，军人以失去战斗力为止不能不战。他是讲原则，等待发完其最后一颗炮弹，故军舰尽其最后之弹即不拟再战，欲用汉人打汉人之事已不可能。

（二）为革命党本身。攻下南京为革命军第一胜利，获有组织政府之重心，然军力财力均已竭蹶万分。"响应"与"独立"各省足壮声势，而自顾不暇，亦不尽属同心。武汉有首义之功，黎元洪被推为副元帅副总统，一般人心目中视为民族英雄，报上言论亦以武汉为多，然发言甚于负责。上述提议用阳历的沈虹斋先生，一日在办公室看见报上许多文章，对众说他亦要发个通电，他背了一大串各省各地名人至全国父老兄弟姊妹衔名后，其电文曰："我是好人，你们莫反对。"这不过是一滑稽讽刺，然可想到当时"做事的人"和"说话的人"责任不平均。克强先生在汉阳督战，当时众募之众，没有训练，被北洋节制之师一击而败，幸有南京之克，始得转以津浦路为北伐路线，这些都是临时的推演，并无预定之总战略。南京之后台为上海，上海对辛亥革命有莫大之功：一为容纳各界，使革命以外的人亦为效力，士商之直接参加革命者，如李平书（钟珏）先生、沈缦云（懋昭）先生、王一亭（震）先生等；赞助者如张季直（謇）先生、赵竹君（凤昌）先生等；而犹太富商哈同之别墅爱俪园，时为各方聚会之所。这点成就，由于历年舆论的鼓吹，于右任、宋教仁诸先生的《民立报》，尤富有少年气概。这支发扬鼓励的笔，一般人已为之感动有素。又由于当时沪军都督陈英士先生的胸襟宽大，善于周旋士绅。英士先生在社会与王一亭同辈，以先识其公子故，称为老伯，其重人情可知。尚有其他革命同志，分途并进，不一而足。

上海第二件作用为支持四方。革命较安定的各省，多以上海马首是瞻，仿效上海军政府组织法。革命近于人自为战，但亦一盘散沙。浙江革命后组织，即是到上海向膺白索取的蓝本。葛湛侯先生《悼膺白学兄》文中记辛亥（一九一一）一节曰："膺兄既毕业于日本，……其关心最切，联系最密者，则故乡之革命策动也。……清廷起用袁世凯，驱其北洋久练之众，……直压武汉，革命势力岌岌其危。……陈公英士已在上海准备响应，浙江内部亦已筹画成熟。不意南京第九镇举事不密，为张勋铁良等所败，于是武汉之势益孤，各地响应之呼声虽盛，而实力莫举。膺兄与英士先生遂决举平时苦心准备之沪浙两地，相继起义，时为辛亥九月十三日，杭州省垣则为翌日十四日也。是役予忝列参谋，接洽颇审。使非有此迅雷手段，以奠定中外视听所系全国金融总汇之上海，则武汉新挫之众，何以支持，南京初退之师，何以收容，而袁世凯等之赞成共和，更岂若是其易易耶？"湛侯先生是我堂舅，与膺白在浙江武备同学，其入同盟会系膺白所介绍。辛亥浙江起义，由上海密运武器到杭，均预置其寓所，攻南京时为浙军参谋，作战计划是他所拟。

上海对南京临时政府，上自各省代表之接洽，下至总统府庶务之微，均为第一准备站。战事若再延续，最急切的责任亦在上海。中山先生命膺白为兵站总监，筹备北伐后方之事，而膺白乃沪军都督之参谋长也。膺白所领的一师兵，本隶沪军，为第一师，克强先生为临时政府陆军总长，改为第二十三师，隶中央政府。廿三师原来驻区在松江以北至上海北站，渐渐进驻南京，故后来留守府及江苏都督府的卫队都有廿三师的兵。膺白往来沪宁，日不暇给，铁路局为之添开夜车。黄伯樵先生《怀黄膺白先生》文："克强先生在南京组织元帅府，并筹备组织临时政府，余亦效奔走于其间。政府成立，大总统孙公与陆军兼参谋总长黄克强先生，均时时以重要国事咨询先生。其时上海为各方政治军事总枢，英士先生倚先生如左右手。先生奔走京沪，顾此失彼，因由沪军都督府商于当日之沪宁铁路当局，行驶夜车；京沪路之有夜车，实自先生始。"伯樵先生是辛亥（一九一一）随克强先生在汉阳又在南京的人。提起廿三师，后来南北议和，没有战事，故亦未见战功。惟有两点非常之事，其一自请解散，其二出了国家不世之才。朱铎民（镜宙）先生《内政外交中之黄膺白先生》文："诸藩归政为日本明治维新之基点，日本之所以能成为近代式之国家者，实皆出自当日诸藩热诚爱国，以军政大权举还国家之所赐。膺白先生当辛亥……统一告成，即以解散二十三师请，以为军权归还中央之首倡。其眼光之远大，爱国之热诚，当世宁有其匹，惜乎继起无人。"若以后来癸丑（一九一三）成败论，则这一举是书生之见，功过不可知。

上海在辛亥（一九一一）第三件贡献为本身秩序安定。其他各省在短期内易长之事频见，人事纷更，即浙江亦未免，独上海有始终如一之健全组织。上海贴近租界，国际观瞻所系，自发难以至结束，无扰乱可与人以口实之事，此亦不能不归功于上海当时有一支节制之师。廿三师虽属新练，然士兵系浙东纯朴农民，官佐系留日士官或浙江武备出身，都受过专门教育，亦大半为同盟会同志。张岳军（群）先生以四川人而在廿三师，蒋先生（时犹名志清）的一团则由宁波而来会合。当时一般组织，不免才散而逾量，独廿三师有精选集中之效。其后编遣之易，亦因当事者均有国家观念，不以一点武力为已足。

上海虽对辛亥（一九一一）有上述贡献，然上海已竭其力，上海仅一商埠而不是一宝库。短期间，一家惟一的商办银行"信成银行"，其协理沈缦云先生为上海革命后财政司长，发行沪军军用票以致信成银行破产清理。中山先生抵沪之日，宁沪同志望眼欲穿，急于知海外归来，有何外交助力和华侨捐款。二者为革命党所急需，而后者尤为燃眉之急，均非一般同志所曾接洽。实际，南京临时政府成立以前，南北已停战，开始议和，捐款并无所得。

（三）再说握北洋新军实力之袁世凯。所谓北洋新军系指袁世凯在天津小站所练的一系，亦即其后来为祸中国二十年的北洋军阀。袁初在天津练兵，后在天津任北洋大臣，故其军队长期在其个人势力下，不与其他新军同类。又因近在辇毂，举足轻重，亦较其他军队形势重要。戊戌政变之前，光绪擢升袁氏，谭嗣同深夜造访，都因他有此力量，欲用其力以除顽固之西后；而袁终泄露机密，致变法不成，六君子就戮，康梁远遁，光绪幽闭终身。迨宣统继位，系光绪之侄，载沣摄政，系光绪之弟，不忘父兄之恨，贬袁归田里已三年矣。武昌起义，清廷无法应变，而北洋新军在肘腋间，遂不得不起用袁氏。旬日之间，命为湖广总督，为钦差大臣节制各军，为内阁总理大臣。湖广者，革命起义之处，节制各军者，期北洋新军之用命，总理内阁则交付政治谋议和矣，可见时势之急转直下。袁未必忠于清室，亦无情于革命，然为大义不能篡清室，为人心不能打革命。于是挟革命之势以迫清帝，恃北洋新军之力，使革命胜负不可知，而双方均不得不就其范。观吴禄贞之被刺，与滦州起义不成，显然革命势力不许延至近畿之意。最后由北洋新军将领联名请清帝退位，还有旧交故吏种种策划，终成就其一人之欲望，此均有线索可寻。

除以上三个势力皆不能战而只能和，尚有两个势力促成辛亥和议：其一为南北士绅，其二为外交团。士绅如张季直先生草清帝退位诏，列名南京临时政府，曾以个人资格借款充政费，然系袁之故交，后为进步党重要阁员。外交团在中国能左右政治，辛亥革命，知中国民气不可遏，革命军且首先表示承认条约义务，故沪汉各国领事严守中立，然亦劝南北息战言和。中山先生最后协议五条，其中要点皆欲以外交团作证为保。一条曰："清帝退位，袁世凯即须知照驻京各国公使。"又一条曰："文接到外交团通知清帝退位后，即行辞职，然后推荐袁世凯为总统。"其不信任与不得已，可以见也。袁在报告清帝退位诏同时，电南京托故不能南来就职，盖南来即失去其北洋武力的根据。其电曰："现在统一组织至重且繁，世凯极愿南行，畅聆大教，共谋进行之法。只因北方秩序，不易维持；军旅如林，须加部署；而东北人心，未尽一致；若有动摇，牵涉全国。诸君惟须审察时局，必能谅此苦衷。"而南京仍派蔡元培、汪兆铭、宋教仁等北上迎其南来就职，致有北京兵变之事。欲为借口，祸及民众，其存心决不离老巢可知。

我今离开政治层，述辛亥革命时一般民气。上章说过我母亲带我二妹性仁下乡讲说革命不是造反，光复是拿回祖宗之物，请大家帮助革命军，获得乡下人同情之事。吾家女仆周老妈妈曾以工资购买浙江铁路公债，至此又以工资捐助革命军饷。沪杭宁沿线各地朋友谈及家乡之事，多相类似，有力者踊跃出财助饷，讲演者有乡人煎汤以慰劳乏之事。在上海，商店伙计每日争阅报纸，其不得者，数人聚看一张，或一人读给余人听，顾客与店员隔柜讨论光复与共和，延迟买卖。九亩地的新舞台，向以演新戏开风气称，这时任何团体借用剧场开会，或请演义务戏助捐，有求必应。社会轻视伶人心理，自革命时起开始改变，初次听见年轻的世家子呼演员为某先生某伯伯，与革命有关的演员弃掉艺名而用本名。武昌起义系每人用白布缠臂为号，凡准备响应者均预购白布，商店白布利市数倍。杭州光复之前，布店白布一夕而空。由上海暗运手枪炸弹，装在铺盖内亦无人查察。逃难的人甚少，大家不以革命为可怕的事。社会上很少人谈未来政权，亦很少听见人受指导而革命。报上偶有局中人自相攻击的文章，一般人不深加注意。中国人普遍的朝气和热情，再无过于辛亥革命最初之刹那者。人情之可感者，如天津女师地理教师南通白雅雨（玉昆）先生在滦州革命未成，被捕斩首。白先生生前有得意女弟子嘉定黄君守瑾，曾欲聘为儿媳，黄家因事未允，至此黄君自愿许婚，料理白先生后事，奉养嫚姑。我从白先生学时不长，闻黄君事常挂于怀，后知黄君之夫白君在冯玉祥军中任事，当亦为滦州关系。北方同学因在官立学校，一向不问时事，四年前对徐锡麟、秋瑾之案，未动于衷，此次倾向革命甚于南方之青年，或即日南归，或往来南北，携带禁品，不辞艰险。同学陈翠琬、于士嘉等由沪带炸药赴津，装置如送礼之糕点，我见到她们工作，还有李钟和亦在内。前述直隶方伯旗人增韫，在保定以育婴堂转变成一女学校，增韫自己的女儿与育婴堂女孩，同以"钟"字排名，而均无姓，钟和与她的妹妹是另一客居在保定的家而惟一有姓的学生，她后来转到天津女师的。天津同学大都受白雅雨先生的影响。

我虽望国家之改革久矣，然从未参加过任何组织，亦不知"同盟会"之名，想不到我父母不但不反对，而且赞成我参加革命行列。我父亲一次有病，曾对母亲言，可惜最大的孩子不是男儿，不由我不自励，诵"阿爷无大儿，木兰无长兄"之歌辞而奋发，这时仿佛我是一家中可出的一名壮丁。我再到上海，住在七浦路周寄母家，寄母是我母亲信托的人，家里宅大人多，我去添热闹而不怕拥挤，我在上海必住其家。我说明革命宗旨，寄父周肇甫（承基）先生寄母沈毋隐夫人，诸妹婉青、淑青、蕙青热烈赞成之情形，与我父母和我弟妹相同，周氏弟妹从此呼我姐姐而不冠名字，我惭愧而亦感动，受此敬意。上述为发沪军军用票而致破产之信成银行即为周家产业，信成协理沈缦云先生系寄母之兄，上海商家为革命直接损失之巨，以周氏为最。我到沪之时，上海尚未光复，寄母见我奔走，照顾甚于平日，我的远方朋友来，她留宿留食。到冬天，她见我所携寒衣不多，而我往来的朋友多穿甚朴素玄色衣服，一日她拿一件黑缎羊皮袄要我穿着，事后知全家只此一件合我尺寸而玄色全新之冬装，她用更好之物品换来。又拟做丝绵背心，谓枪弹不能入，一若我真将出入枪林弹雨中，亦未计在枪林弹雨中还穿绸缎皮袄？如此未上前线而作英雄，言之犹愧，然不厌言之者，于以见素不问外事之前辈和同辈，在光复之际，如何尽其热诚赞助参加的人。

我们不期而遇的有几个学校的朋友，或素识，或相闻知。天津女师的郑仲完（璧）、陈允仪（淑）与我姨母葛敬诚、敬和等，上海爱国女学的曾季肃、范慕英，北京女师黄绍兰等，后来又加入苏州振华女学倡办人王谢长达等，又加入胜家缝纫女学吴振球等。我们组织了一个"女子军事团"，借西门方板桥一家停课的女校校舍为集合处，分四项工作：战斗、看护、募饷、缝纫，各以能力志愿参加。范慕英是我在家乡从学数学的范拱微先生之妹，本为体操教员，主持战斗之部。王谢长达年最长，为许多同人的母执，主持募饷之部。还有爱国女学的杨兆良，她们认识上海很多殷实商家，她们挨户去募捐，平常都难得上店的。吴振球本教缝纫，她借得机器，主持缝纫之部。主持看护者谁，已不能记忆。章程文告均出曾季肃手，众推为团长，她是曾孟朴先生之妹。团成立后，呈报沪军都督府，请指导。后来南北军事至南京而止，军事团工作仅以仿制服和募捐略有成绩。五舅湛侯在攻南京时，曾想我们中有否谙西文之人，从军为外报记者翻译，事未实现。在南京时，克强先生部下有人教装炸弹，亦曾练习使用，住在铁汤池丁宅，只极短时期。在沪在宁，同人一律睡地铺，穿黑色衣，吃青菜豆腐大锅菜，自备零用。在军事团未成立时，我们一群人大半未满二十岁，自觉年轻未有社会经验。一日仲完告我，张默君（昭汉）是她在南京读书时的老师，比我们都成熟，请来指导最好，我欣然愿同往苏州沧浪亭访她。我在苏州景海女学，她是我的前辈。景海是一教会学校，以英文为重，而对已有中文根柢的人，颇给插班便利，因其可用读中文时间，全放在自修英文上；默君与我均是此类学生。我进景海，她已出校，甚慕其名。武昌起义，我即日离校赴沪，学校平日，不得家长关照，不许出门，此时不加干涉。我到车站，原拟乘早车，但是日久候而车不至，或车过而不停留，直至晚间始得上车。与默君相值于候车室，又同挤上一节车，时间甚长，一路谈革命，竟无人注意我们。惜这次与仲完到苏州访她，她有比我们更重要的工作，而未允来。

军事团在最后一段时期，曾季肃辞去，同人推我继任，故议决结束，系经我手。我们看和议告成，不宜再虚掷时光，大家同意解散。想起成立时曾报告沪军都督府，则解散时亦须去申报，上次报告时有仲完参加，故此次由我与仲完二人同去，接见我们的很巧是膺白。我们报告团事终始后，我曾述一向对革命的理想，和几个月间见革命的情形，这段无意中对辛亥革命的临别赠言，竟成为我们相互认识的开始。我的五舅湛侯和堂兄皋升都与膺白同学，但我们系初次见面。数日后，膺白到七浦路周宅，送我一册他所译樱井忠温著有关日俄战争的书，日文原名《肉弹》，中文称为《旅顺实战记》。

我们一班人热血有余，贡献极少，自这次经验，同人都不再参加群众运动。有一点相同处，觉冲动时期已经过去，国家需要建设，个人需要学问。有人提倡女子参政，我们几个人因受旧书影响，看得从政不是清高的事，又以如果参政，须先具备足以参政的条件，故均无意于此。民国元年（一九一二）暑假以前，我们已各归本位，教者归教，读者归读。仲完她们在天津还有半年功课未毕，她函请校长提早复课的稿子是我代草。我读德文时，住上海七浦路周家为诸妹补课，诸妹在附近爱国女校读书，我去听其国文专修班的课，主持者是蒋竹庄（维乔）先生，与我父亲在商务印书馆同事，竹庄先生建议我学英文，预备考官费留学。我自己本在前述苏州景海女学读英文，革命后，我仍存此希望，故亦仍回苏州去了。

补　记

我写了《辛亥革命知见》后，几年间，陆续看到听到许多当事人自述的辛亥革命史料。我最注意的是上海、南京、杭州三处的事，三处相关联的事。上面我已很强调：南京光复为辛亥成败关键，而上海尤为关键之关键。我读了这些史料后，增加了我理论的根据和材料的补充。

关于理论者，有人以为光复上海有比陈英士先生更多劳绩，沪军都督不必定属之陈先生。我以为陈先生所影响者，不仅上海，不是他，杭州光复没有那么快，而浙军之攻南京，亦无此后台。关于史料者，我看到了本来知而不详，不敢轻于引述的材料，亦即我《回忆》中最需要充实的材料——膺白在辛亥革命的工作。两个问题本属二而一。我不惮烦节录引用葛湛侯《辛亥革命与浙江》一文，以下简称"葛文"。

读者注意：杭州光复虽由于浙省"新军"，然上海来的"敢死队"，起了助威促成作用。攻克南京虽大部由于浙江新军之力，然上海来的敢死队，又加入了最后的冲锋。我推测，这敢死队不但是陈先生的关系，还是蒋先生的关系。膺白我没有听他说过，我知道的是他与浙江武备同学的关系。以下葛文：

在辛亥革命时期，浙江省的革命中心力量在新军，这是人人皆知的。但这中心力量是如何形成的，多数人未必皆知，各方面的看法亦很不相同。孙中山先生对于浙江革命力量的形成具有极大的影响，这是肯定无疑的。还有像徐锡麟、秋瑾、章炳麟、蔡元培等党人或挺身赴难，或振臂疾呼，激发了其时的知识青年，同样对人们思想上起了巨大作用，这也都是事实。不过除此以外，还有若干人，他们所作所为也曾起着更直接的影响和作用，而其事迹在当时却似东鳞西爪，后人记载亦仅若隐若现，使我这个身与其事的人自觉不能已于言。谨记录当年有关数人的若干事情以及浙军的杭州起义，南京赴援等等重要经过如次，亦仅勉记所及而已，至于传闻臆断之说，则宁付缺如。

葛文所特别涉及的人有三个：一、伍元芝，二、蒋尊簋，三、黄郛。

伍元芝号兰荪，江苏上元县人，前清进士，改官浙江，任浙江武备学堂总办。他可以说是浙江新军中革命思想的播种者。他在武备学堂经手招收的学生有第三、四、五期正则科和两班速成科。这三期正则科的学生是全校最优秀的，也是后来在革命事业中最为积极，最为得力的。这些学生毕业之后，先后调进了新军部队，充当各级军官，有的还去担任文学堂的教师。武备学堂大柱上有一副对联是伍所撰写，联曰：

十年教训，君子成军，溯数千载祖雨宗风，再造英雄于越地；

九世复仇，春秋之义，愿尔多士修鳞养爪，毋忘寇盗满中原。

这寇盗满中原的"满"字是双关的，与联语的含义是何等胆大心深，给青年学生以教训刺激。数十年之后，我还先后听到看到过几个武备学生背诵此联，一是膺白自己，二是《膺白故旧感忆录》里葛敬恩、赵正平两个人的文章，与最近我在台湾晤见的沈子万（鹏）先生，他已八十二岁高龄，还口述此联不误。

伍总办对学生中思想前进，好学奋发的人，都是十分奖掖鼓励，多方照顾。他不待他们毕业，提前保送出洋留学，膺白即其一例。

蒋尊簋号伯器，浙江诸暨人，他是体育名家，毕业日本士官学校骑兵科，回家路过杭州，那时浙江体育会适开运动大会，公请他做了运动会总裁判。有一次他自己表演体操，观众大为称赞。光绪卅二年（一九〇六）他应浙江巡抚张曾敭之聘，担任浙江新军第二标（团）标统。他开办一个弁目学堂，以训练初级干部，还调请了本省武备出身许多学生为第二标主要干部，葛敬恩是其中之一；且负责训练一个区队，除一般教练之外，还在课堂上教"野外勤务"一科。"野外"就是战地，其后辛亥革命浙军援攻南京，得到实战经验。浙江省第一次征兵，实际还是募兵，全省因武备、弁目学堂与蒋伯器关系，应征的人蜂拥而至，不多时即征足逾额。他另外成立一个学兵队，调葛任这学兵队区队长。所有这些部队中，文理通畅思想进步的人很多，后来浙江成立二十一镇（师）时，隐隐成了全镇的骨干。

浙江新军成协（旅）时，协统一席应该属于蒋尊簋，而清政府突然派了杨善德来浙充任协统。杨以剪辫子为革命党象征，而第二标自标统蒋尊簋以下全是光头。杨还要部下见上司请安打千，犯过要跪下打军棍，有意同新军为难。同时，浙江遵照清政府规定，成立了督练公所，重重上司，使蒋做事十分为难。又因徐锡麟、秋瑾案发后，外边多知蒋和他们是熟人，蒋感觉难以做下去，乃辞职而去。

在光绪卅三年（一九〇七）秋，蒋去直隶河间府参观大操时，得知江苏省第九镇亦已编练完成，是年亦在举行大操，特电浙推派葛敬恩、朱瑞、陆殿魁、柯勉等前去参观。第九镇大操所举行的地方在南京城外，正是辛亥年浙军与清军激战处，而朱瑞与葛即是浙军攻南京的司令与参谋。

黄郛号膺白，浙江杭州人，葛文言：

他光绪卅年考入浙江武备学堂，我们开始认识。我为二年级，他虽长我九岁，却是一年级新生。我因见他为人慷爽，学识优良，对他很是钦佩亲热。他在诸同学中不久便成为突出人物，并且为学校当局所赏识。他在校二年，未及毕业，即破例膺选提前派遣留日。……黄在留日时参加了同盟会的组织和活动。他每年回来时常和大家集会几次，讲讲日本的国情，远东和国际形势等。他把在日时自己所编译的书刊送给大家看。尤为重要的是他暗中收集了好几种有关战时勤务的秘刊，给我们中间若干人慎重保管阅看，这对我们在辛亥年初出茅庐的作战起着极大的作用。……他介绍我入同盟会。由黄引进加入同盟会的人很不少。……到了辛亥那年，黄的官阶虽然还不过是一个少校，但在军谘府内却受到同僚们的重视。清廷亲贵们企图了解党人的内情，……不知为什么竟糊里糊涂挑上了黄郛。……他一到上海便立即同陈其美合作起来。……他们以浙江新军为后盾。当上海光复的前夕，黄郛凭借他和浙省新军中人过去的关系，他自己并派人去杭州再三敦促杭州方面军人同时行动，在鼓动和组织方面都尽了很大的力量。

葛文《杭州光复前夕的一些重要酝酿》章言：

另外有一件事，就是浙军部队向来只有正规的枪炮，大家鉴于武昌的起义深得力于炸弹手枪，觉得我们行动之际也非有此不可。炸弹自己不会做，而且不会放，手枪极少，都是老式不堪用的，因此要求沪上党方帮助，这个要求同时也微含一些要挟的意思在内。数经磋商，陈英士和上海革命团体方面竟完全慷慨答应，并允许到我们起事前一二日，准定派"敢死队"来一同参加起义，后来果然派了敢死队数十人陆续混进了杭州，手枪炸弹亦运来不少。

葛文《驰援南京》章言：

上海是各种革命势力汇集的地方，在沪军都督府未成立之前，各党派已十分活跃。都督府成立之后，在千头万绪之中，总算有了浙江的独立，使他们内部和一般的人心得到了很大的稳定，而且陈其美、黄郛他们一向同浙江有深切关系，浙沪之间就更形密切。当时上海的严重课题就是支援武汉和南京的问题，尤其攻取南京更是刻不容缓的事情，但自己还派不出兵去，这自然要向浙江请援了。其实沪、杭二处独立，前后相差二日，杭州也还是在纷乱之中，说是要调很有力的兵力开往南京，这在平时开拔已非简单，何况二十一镇成立不久，其中未曾充实的一协分驻浙东，正待训练补充，在省垣的也是装备缺乏。但上海既一再催促我们赴援南京，经过商讨，也就毫不迟疑，决定举浙省全部可调之兵，立即出动，而且人人踊跃。……这是由于大家认识到南京得失关系革命形势极大，决不容许从容补充然后开发。……将朱瑞的八十一标全部应调，八十二标的一营亦拨归朱指挥，外加巡防营二营，骑兵一队，炮兵一营实只二连，有六门德国克鲁伯厂制老山炮，恐怕还是普法战争时代的旧炮，被清朝买来的。工兵还好，有一连多些，炮、工兵技术训练都比较好，是前炮工学堂（蒋伯器所办）打好基础的，辎重兵则仅有其名。……这个组织自行定名为"浙江攻宁支队"。……那时这个革命发动也是瞒上不瞒下的，上级军官……还有中级较高的许多人都不使他们知道，更不使他们预闻。主持这次革命的多数是少校和上中尉级的。……所以朱瑞以一"管带"（营长）代理"标统"（团长），率领比较大组织的部队，只好称为"支队长"，后来也有称他为朱司令的。至于司令部的组织……更是简单，连参谋长也是到了镇江才临时推举出来的。……所谓什么处，什么处长等等并无其事，那是攻城得胜，到了南京之后才摆出场面来的。……九月十九日傍晚出征，第一列车就由城站登程了，我（葛）被朱瑞面邀同行，傍晚同支队司令部出发，过上海已近半夜了。我们派吕公望带二三人去上海打前站，吕同光复会的人比较还熟，但此时光复会方面李燮和仅能在吴淞分树一帜，别的党人亦不很得势，无能为力。陈其美其时并无成见，他本人亦和光复会有关，和吕亦相识，对于浙江的事尚肯支援商量。我们有了上海这样的供应基地，这次进军顺利是一个重要原因。……上海的工商各界盛情欢迎，都督府更派员……照料……官兵们欢欣鼓舞，顺利到了镇江。

葛文《集中镇江孤军前进》章言：

朱瑞叫我负责起草有关作战和其他各项重要命令等。我因六七年来担任着队长和教官，又看过黄郛所带回的重要书刊，对于这些事情多少有些研究和把握，朱向来是知道的。……我们部队在杭州出发时，受汤都督（寿潜）的命令，归"联军总司令"徐绍桢指挥进攻南京，所以我们到了镇江就一切向徐请示报告，徐亦很客气对待。但这时他的第九镇经过林陵关、雨花台的挫折，手头已无多少兵力，而且有些部下妙手空空的，还要自封为军长师长，需索饷项，要求补充装备，弄得他很为难。他看我们来势不小，却一点都不向他要求什么，他反觉不好意思，自动问我们有何需要。我们……希望若干带路作向导的人，若干夫子帮助搬运物品。他……把自己身边仅存的卫队骑兵一排（排长谢祖康，陆师毕业，朱瑞后期同学）拨给浙军使调。我们……还希望领到些南京地图，这却难了，徐自己也没有几张，就叫参谋拿一份给朱瑞使用，别的再想法。前面曾说到，光绪卅三年蒋尊簋曾派我同朱瑞等去南京看秋操，当时我曾领到过……演习地点的地图共四张，……恰巧这几张图被我带了出来。……说来好笑，总算靠了我的四张图和徐给朱的几张图，就完成此次作战任务。

沪军都督府，和浙江的上海兵站，对我们的供应实在好。……我们的炮是老式的，所备炮弹极少，作战起来是很困难的。黄郛得知此事，立刻叫高昌庙制造局查明还存有哪些炮弹堪以拨用。据报合于我军这种炮的炮弹已没有了，倒有新式的管退山炮十二门，还是根据买来的外国样品仿造的，业经试放，成绩甚好，炮弹亦不少。我们立派炮兵营管带张国威（湖北人，浙江武备第三期毕业，留日士官炮科以优秀生毕业）去检查，复称："炮弹充足，炮极好。"黄立即将十二门新炮全部拨给浙军。……我们得到这些炮如获至宝，但是炮队的马匹出发时带的本来不够，炮队组织既有改变，马更不够，于是由沪军都督府设法买进跑马厅淘汰下来不适合竞赛的马，向各马车行商量贴给费用，掉给已经教好的马。所以我们的炮就很快活动自如了。

在镇江集中准备的浙军当时所遇到的极为严重的问题，就是我们同联军总司令部经过多日联系，看出了他们对于克服南京没有把握，也没有很多打算。……他们所谓什么军什么军，看来都是有军无队，有官无兵似的，我们看到镇江街上到处正在招兵。据探报，张勋的兵号称四十营，就人数概算，兵力比我们至少大三倍。……我们觉得既然众寡悬殊，与其坐待来攻，不如来一个迅雷不及掩耳，给敌人以各个击破，倒是上策。我们恳商了徐绍桢。……我们估计，他的苏军、镇军等若干部队还是比较有些把握的，同时另接沪电，桂军黎天才部要从上海开到，粤军不久也就可到达，我们也多少放心了一些。于是就商定了于九月三十日由镇江向南京挺进。计自杭州光复以来，到此才只半个月。……当时形势，不但敌众我寡，而且南京又是所谓龙蟠虎踞的石头城，要是进行真面目的攻守战，不要说浙军的四千多人，就是举江南和浙江所有各色部队会攻，亦非短时期所能攻破。但武昌既那样紧急，而山东方面又频传张怀芝兵即将南下援宁，形势是愈迟愈于我不利，目前之计只有速战速决，说得不好听些，就是孤注一掷。徐绍桢新败无力，未能看到此点，陷于消极。我们浙军乳犊不怕虎，既得徐同意，就贸然而进。……这时黎天才军适到镇江，他因在上海早闻浙军声望，向我们暗中表示愿听指挥。我们认为他是"联军"的一部友军，虽兵力不过数百，也应一切服从徐总司令，我们愿尽可能从旁帮助。……我们就拨谢祖康骑兵排的大半由谢指挥，去帮助黎军攻取幕府山。……谢很熟悉情形，带黎军由捷径进袭，……一举成功，谢仍旧还浙军本队。其时外传浙军分兵同黎部攻占了幕府山，即是此事。其实是徐绍桢的兵借给了浙军，而浙军又借给广西军的，仅此二三十名骑兵，却因此使南京守军镇慑于浙军的威力。

葛文记载进攻南京的战事甚详，我只能摘录几段：

十月初三日行近南京近郊，……次日傍晚下达命令。全军于初五日拂晓前以战斗行军前进，……向朝阳门一带敌人进攻。……我和支队长等行在前卫本队先头。那时已是初冬，早晨西风甚寒。……接着报告：看见大队敌人前进，并有一骑白马穿袍褂的将官带头，据居民说，这人大约是王有宏统领，他每日出来的，今天带的兵格外多得多。……我同朱支队长说，今天情形好极了，正如我们所料想的，如此可以形成遭遇战，我们须急进占领马群一带高地，妥选炮兵阵地以迎敌。我就据鞍下了展开命令。……接着炮兵开火，顷刻间命中率很高，这是我们新炮的第一功，这种炮在我国战史上我想也许是第一次出现，恐怕那时袁世凯北洋各镇还未采用过。遥见密集的敌人纷纷避逃，那位骑白马的将军也倒下马来。……我同朱支队长匆匆吃了饭，赶快趁新月初落的微光，带了电筒亲自巡视了全部战线。可敬可爱的战友们还是顽强地固守在自己的阵地上，有的已经疲乏得昏昏睡去，有的已是一日没有吃饭，此刻还未得到给养，有的冷得发抖（从杭出发天还很暖，未能多带衣服），有的手拿食物，吃不进口，在发呆。受伤的人总算经卫生人员处理得快，多数已撤到后方救护。朱瑞同我一一慰问他们，叮嘱他们还要准备敌人的夜袭和准备明天的作战。我同朱巡视全线一遍之后，回到临时向农民借宿的草舍，已经无力支持，倒在铺开的稻草上，看见好几人已呼呼睡去。副官裘绍还坐在我身旁，我已自己拿不起笔了，就口讲明日拂晓攻击的命令，由裘写好……下达。……

照理，"阵地彻夜"须要调入比较还有力量的部队，撤下过于疲惫的部队，以资接力和休息。 "拂晓攻击"更是要增加得力部队以发挥进攻威力。……我们的一再跃进已将预备力量用得差不多了，支队长手里还有什么本钱好拿出来呢。……经过一场激烈混战，……忠勇的管带赵膺在此时战死。……上午总算竭力苦战，下午形势更险恶了，支队长手里已是两手空空，求援报告却雪片飞来。……时近傍晚，忽然望见孝陵卫村落起了火焰，就有人传说，我军有一部已进入孝陵卫，放火前进，我们要赶快前进。……在我们这边忽传有"上海敢死队"二队，和一部分巡防队开到。……我看机会到了，我轻轻向朱瑞说明我意，朱点点头。我就叫站在身边的号兵吹起冲锋号来。他这一吹，在近旁的号兵也吹了起来，初到的敢死队和巡防队也跟着吹起来了。他们队伍虽很混乱，人数也少，但在这紧要关头，总算是一支生力的预备队。顿时全线吹起了冲锋号，冲呀冲的喊声响彻四周。敌人向后纷纷乱跑。那时我自己也已糊涂了，竟忘了自己的职分，……拔出了开口军刀，乱喊乱跑，跟着全线一直前去。……我恨自己跑不快，更加紧了步度，同跑的人就愈少了，我想跑得快的人可能已进城，………三三两两的人还在同着我跑，渐渐接近朝阳门吊桥。……有几个认得出我的士兵提议，请参谋官赶快转去下命令，调大炮上来轰城。……冲呀冲的声还在继续。……忽然有人说：我们早好进城了，都是支队长慢吞吞地还在这里走，……一瞧原来是炮兵连长林显扬，大约他也和我一样，擅离了自己炮兵岗位向前冲锋的。再一看，朱支队长也在跟着走。……我们实在疲乏无力了，最后还是回到那草舍睡了几个钟头。……微明即起，我同支队长走到孝陵卫，火势大部已息。……孝陵卫的居民不忍离开他们的焦土故居。对这些居民，我们予以安慰，向他们认过。……我们决定这天……清理战场、整理队伍，……同时向杭州、上海和联军总部作了报告，又发出许多作战实情报导给《民立报》等报。

葛文有详细的攻打天保城及进入南京时的事，我录他一段与上海有关的事如下：

这里要叙述一下沪军都督府给我们的支援。当我们在初五、初六两天忍饥熬寒苦战之时，沪军都督府参谋长黄郛想到天气骤冷，恐怕出征战友带的衣服不够，已叫他们的军需处向商家购集了卫生衣四千多套，准备送前方，恰巧得着了胜利消息，他立将寒衣交给了浙军兵站。次日他自己带了少数卫兵，押送着都督府所备的犒军款几万元和许多罐头食物赶到南京犒赏，因此我们在入城时分外感到温暖。

"天保城"是南京极重要地方，它俯瞰全战场，是太平天国时数数肉搏的据点，得天保城即得南京。浙军从初七日起已注意到这地点。因大道有敌人把守，浙军是在几个夜间暗抄难走的捷径而攻下的。初十日下半夜三四点钟天保城中弹起火，继以浙军冲锋号声，天明敌人树了白旗，十月十一日晨浙军完全占领了天保城，南京光复，一位忠勇的队长叶仰高在此役战死。葛文记当时几辈以逸待劳的人，争先入城，事近可笑，此风气虽不无与革命全般有关，我这里不再录它了。

葛文记推举大元帅准备北伐，及南北议和后事，我节录如下：

革命军既下南京，革命党人内部问题不断暴露。……推举大元帅一事，一部分人主张推黄兴担任，一部分人则主推黎元洪，我们浙军中的将领主推黎的居多。……朱瑞主张就很明朗。我们的司令部因设在省谘议局，来访的人更是络绎不绝，都想说服浙军表示坚强主张，借以增加自己势力。祖黄兴（亦即祖孙中山）、祖黎元洪一时闹得不可开交。光复会分子反对同盟会日益露骨，……鼓吹分家，我们成了此等人的对象。沪军参谋长黄郛也曾来过南京，……他先向我说服，我本来是最恨派系分裂的，黄郛对我讲明当时必须推举黄兴的理由，他还希望我劝告朱瑞，要求朱勿在军中续唱高调。朱本富理智，经过这番疏通，浙军方面才没很坚持下去。

黄兴就任了大元帅，组织了大本营，……各方就纷纷要求扩充队伍，说要准备北伐，……南京街上到处是部队招牌。原浙江第二十一镇也被扩改番号为第六师和混成一旅。……朱瑞很稳健，他深深领会到第二十一镇当年创建的艰难。……沪军都督府所属部队早已成师，被编为第二十三师，黄郛兼任师长。黄有浙江为后盾，事事好办，军官是浙江的老朋友们或是他们的部下，尽好的调来，士兵是浙江帮忙招的，而且武器装备上海可以就地取材，所以他的一师成立较早，而且规模也很像样。……当总统府成立之后，大本营隶属于总统府，要求调黄郛到大本营供职，但实际上沪军都督府事多，陈其美不放，结果他挂上了兼大本营兵站局长的名义。因为北伐中最重要的事情就是兵站，黄郛每星期往来沪宁之间数次。……我从浙军被调兼兵站局的交通部长，副部长是黄慕松。

民国元年元旦，孙中山先生到南京就临时大总统职，浙军被派充仪仗队去下关欢迎，以后又全部调至朝阳门外明孝陵，整队拱卫临时大总统，跟随谒陵。南北议和告成，孙中山让去临时大总统，不久大本营解散，……黄兴任留守，处理已经参加革命的各省各地的军事。那时最困难的就是部队饷项问题。毕竟参加过革命的人，体念到祖国来日艰难，自愿裁汰所部的很少，也有因兵饷两缺而自然消灭的。沪军第二十三师……为提倡自愿裁军做个榜样，在许多部队还不肯决然裁兵的时候，就首先取消了这师。师长黄郛辞职离开了军队。

我于民元春……被浙江派赴北京参加军界统一会。这个军界统一会是袁世凯叫段祺瑞主办的，专为牢笼羁縻当时各省的若干革命头目和军界有力人物而设的，……招待之优诚所罕见。此会结束，代表回去时，都得了高官厚禄。……我那时是二十多岁的青年，什么世务也不懂，……这年夏天，我就同周亚卫、裴绍三人辞去各种职务，进了北京陆军大学。三个年轻光棍租住在西直门内柳巷的一所民房，自榜其门曰"三光学舍"，光复会的尹锐志、尹维俊二位敢死队常到我们那里去，后来周娶了锐志，裴娶了维俊，亦是革命佳话。

民元夏浙军班师杭州后，朱瑞因我在攻宁战役中既负责作战，且保管阵中日记，曾叫我将经过详细事实写为记事，作为战史资料，我就老老实实……写了出来。朱看后希望我修改一番，……但我也没法修改得更好看。于是朱更请文笔好的人修改之后叫我再为订正。我看了却觉得去原文事实更远，……我不好意思再多说。后来修改本曾刊印了少数出来，但我的原本却没有还我，如今修改本或者可能在浙江方面找到一二，如能与五十年后的今日所追忆的此记互为参证，诚属幸事。（一九六一年九月）

我引用葛文逾原文三分之一，为明了辛亥革命浙军之攻打南京，浙军之所以为浙军，它与沪军的关系，我不厌烦琐。观此可以知沪督所贡献，不只在上海，而实有关全局。我再引《膺白故旧感忆录》俞寰澄（凤韶）先生文以结束此章，文曰：

我与膺白先生第一次识面，是在上海城内旧海防厅开会时。上海已经光复了，由李燮和主持军事，过了三日，乱糟糟一无办法。南京第九镇（徐绍桢）举义失败，情势危急，革命党人与地方绅士，共同在海防厅开会，商量办法，急切没有头绪。膺白先生忽由人丛中挺身出来，一番激昂慷慨的演说，决定组织都督府，推陈英士先烈为都督，大计遂定。那时英士先烈与膺白先生尚不十分相熟。后来组织参谋团，杨谱笙君与我，力推膺白先生为参谋长，把沪军都督府组织起来，操练军队，会攻张勋于南京，由膺白先生计划居多。

观此，英士先生任沪军都督，膺白任参谋长均是被推举的。乱糟糟中组织起来，以成此一大重镇。而英士先生与膺白，亦因这番共事而私交益厚，结金兰之契，不是为私谊而互相推重的。膺白对于浙军的供应更不必说，他自己正在切实练兵北伐，而毫不私心，举上海仅有的全国最新式大炮，尽以与之浙军。他往前线劳师之日，正是前线忍饥忍寒之时，是不待请求而自往。诸如此类，与后来他的首先裁兵，只有一个公的目标——为国家。我曾听到过廿三师一位团长傅孟、一位独立营长徐士镳的谈论说：

"看看人家的队伍不像队伍，我们的真可爱呀，谁比得上我们的队伍？"这已在廿三师解散以后。傅、徐二人是膺白在浙江武备同学，参与杭州光复，参与招募并训练廿三师之事，其时他们已进入北京陆军大学了。辛亥时，虽不免亦有为个人权利者，然天真而对着一个公的目标，为国家而克己者，洵不在少数的。

而陈英士先生、蒋先生与膺白，对于辛亥革命这段重要历史，都是事先有很久的功夫，临事有极大的努力，各发挥其蕴蓄的力量，而得此片段的成功。他们的友谊筑基于爱国的目标上，故主张尽有时同有时不同，而友谊与爱国精神，始终如一。

（原载《传记文学》 第七卷第一期）

八

不幸的二次革命

民国成立后第一件不幸而可痛惜之事，要数癸丑（一九一三）南北用兵，革命党称为"二次革命"，袁政府称为"赣宁之役"。诚知有癸丑之战，则壬子（一九一二）何必议和？用兵结果，萌芽的新势力完全失败，官僚军阀旧势力成压倒胜利，从此旧势力为祸民国二十年，新势力亦因挫折而趋向极端。其事之经过与起因如次：民国二年癸丑三月二十日之夜，国民党国会议员前农林总长宋教仁，被刺于上海沪宁铁路北站，次日因伤重死于北站铁路医院。宋字钝初，号渔父，湖南桃源人，奔走革命，为《民立报》主笔有年。日本吞并朝鲜，谋占中韩边境之"间岛"，宋氏作有考据精详之文，以确定间岛之为中国领土。其死年仅三十二岁，为国家一大损失。

宋氏死后，上海租界巡捕房依据线索，将凶犯应桂馨及武士英二人逮捕，引渡于上海地方法院。从密电中查出，国务总理赵秉钧、秘书洪述祖，承临时大总统袁世凯意旨，勾结上海帮会首领应桂馨，许以"毁宋酬勋位"。价买武士英杀宋后，应即有电报告赵、洪曰："梁山匪首已灭。"证据确凿，上海检察厅票传赵、洪到案，不理。在沪国民党要人与国民党势力下之赣、皖、湘、粤诸省，讨论应付之方，用法律抑用武力，久不决。袁政府则与英、法、德、日、俄五国银行团成立大借款英金两千五百万镑。财政外交都有把握之后，突下令免赣督李烈钧、皖督柏文蔚、粤督胡汉民职，同时派北兵南下。癸丑（一九一三）七月十二日，李烈钧在江西湖口起事，称讨袁军，沪、宁、皖、闽、湘、粤先后响应，不及两月俱失败。讨袁军失败，袁政府大捕革命党人，强迫国会选出其为大总统后，即解散国会，毁弃约法。其后两年，称帝洪宪，几覆民国。

袁何以欲杀宋教仁？为宋一手组成国民党，民国第一届选举国会，国民党占绝对多数议席。以宋氏之才在国会，纵革命党如约让总统于袁，而制宪议政监督大权在国会，未来政府之不以为便可知，故必欲去之而后快，是枭雄不喜大法，不容政敌之一例。

我必须顺便解说"革命党"与"国民党"两者界限，两者似一非一，不但局外人常常淆混，即局中人亦不甚注意。革命党是民国以前参与革命者一个泛称，一般人提起革命党，会联想到烈士，含有甘冒非常的意义。故民国后舆论，称革命党为"民党"，指努力创建民国的人。具善意，革命者亦常自居为民党。实际革命党的组织为"同盟会"；同盟会者，革命同志的同盟。其中最大成员有三：（一）"兴中会"是孙中山先生所倡，中山先生是鼓吹中国革命的第一人，远在光绪二十年（一八九四），他提倡兴中会于檀香山，次年成立于香港；（二）"华兴会"是黄克强先生等所组织；（三）"光复会"是章太炎先生等所组织。看会之名称，可知发起革命之意义；看会的人物，可知革命空气，在广东、湖南、浙江诸省者尤厚。光绪卅一年（一九〇五）同盟会成立于日本东京。同盟会何以在东京成立？为知识分子之首先参加革命者，大都是日本留学生。日本不能容纳甚多华侨华商，但能容纳甚多读书人。明治维新更足以影响中国人的自励自振心，其文化、文字、习俗，乃至生活程度，皆与中国人易于配合。从日本回国的人，不求甚高物质享受，谋生而外，尚有余力注意国家的事。克强、太炎二先生均未到过西洋，而对本国文化皆有甚深素养。这些人往来中国、日本间，不但团结在东京的革命知识分子，亦容易吸收国内的知识分子参加革命。且以籍贯之故，中国革命思潮由边疆而至腹地。华兴会、光复会虽后起，然革命势力之须团结合作，势所必至。中山先生被推为同盟会总理，同盟会的纲领为"驱除鞑虏，恢复中华，建立民国，平均地权"，是中山先生所提出。同盟会同志信守纲领，是出于自愿，而非强迫的。

国民党成立于民国元年（一九一二）八月，其成员为：同盟会、统一共和党、国民共进会、共和实进会、国民公党等。奔走而促成之者，宋钝初先生。其中同盟会于革命历史最久，此外或系帮会，或因人事而独树一帜，大抵都属于革命党。国民党之宣言曰："一国政党之兴也，只宜两党对峙，不宜群小分立。"其政纲为："促进政治统一，发展地方政治，实行种族同化，注重民生政策，维持国际和平。"此宣言与政纲显然系民主国家两党政治下一个政党，而其党员则为向来的革命党。但有一点，当时以为军人不宜分党，故革命党的军人均未入党，虽不入党，精神和心理自然属于国民党。这个国民党在二次革命后，经中山先生改组，同志制渐变为领袖制，终成一党专政性质的党。其组织与意义，非辛亥以前革命党之旧，与民国元年宋钝初先生奔走而成之国民党亦不同。故国民党系由革命党人而成，而革命党人不全在于国民党。最初军人不入党，其后因意义不同而不入党。膺白即为如此的一人。

我今述我个人在二次革命所见经过。本章以下，我的经过大半与膺白共同。我与他以夫妇而兼同志，不论忙和闲，我常是他最近便的一个书记。但今所写，他不及见，是我自己的记忆和看法，归我负责。

民国元年（一九一二）冬，我们一行四人同车北上至天津；四人者，张岳军先生和夫人马育英，膺白和我。我在天津最熟，膺白住过北京，岳军先生住过保定，育嫂系初次到北方。同学侯宝琳君家帮我在河北区车站附近，租得一所三间平房的小屋，有地板，似铁路员工住宅，我们甚满意，除膺白一个旧勤务兵王渭文帮忙外，侯伯母还为觅得厨子老张。

这次北行为膺白在北京有几件须接洽之事，他的任务一半代陈英士先生，一半为自己，大概如下：（一）沪军都督府撤销的报告；（二）英士先生出国考察工商手续；（三）廿三师解散后的报告；（四）他自己出国考察军事手续；（五）观察北京新政府和社会一般情形。沪军善后分两项，报销和人事；人事又分两项，请资格和请深造。老少不同程度参差的人，却都热心从事革命工作一番，解散时曾拟三种办法：一种能做政府之事的，请登记任用；一种未必能做政府之事的，请稽勋褒奖；一种年青有志的，请给机会留学。膺白手里三项名单都有。廿三师的安排甚简单，几个团营长保送北京陆军大学为学员，余按军级退伍。膺白出洋的经费出自江苏省库，而非出自北京国库，此次到京接洽，与自己经济无关。这点任务，预定在北方有两三个月勾留。与英士先生约定，英士先生由上海坐船，我们由东三省经朝鲜，到东京会齐，同访欧美。其他同行的人，已到东京安排考察日程。我们由北方起程的原因：一是顺便，不必再回南，二是膺白对日本合并后的朝鲜建设甚为注意。他在军谘府筹办军事官报局，往日本参观并购机器，曾经到过汉城二次。他告诉我，听朝鲜孩子在学校唱日本国歌时的难过。他亦甚顾虑东三省前途，劝我这是值得一去的地方，所以我们决定取道于此。

任务在北京而居家在天津，我负一半责任，理由甚简单而亦甚天真。我在天津有旧时同学相叙，托辞居津，可避免参谒当局。我读过书的北洋女师，正是袁世凯在北洋总督任内所办，曾见过他几次。我以戊戌政变极同情主张变法的一派，对袁有成见，不愿接近。膺白到京谒袁时，他还提起我是他学生，何不往见，膺白即以未同入京对。除此以外，在津与南方电讯、交通都早一站。京津相距车程不到四小时，当天可以往来。我们四人分班入京，常留二人在津看家。我离开北方四年左右，此次天津不如以前热闹，而北京则改变甚多。上次我在天津，正值北洋大臣治下，开始新建设，实业与教育二事之提倡至显著，市政亦然。金钟桥、河北公园、国货陈列所、售品所，我都看见其开幕。中国人在贴近租界自建新式都市而乐居之，我记忆最深的是天津。此次天津在政治上减少了重要性，直隶都督不是北洋领袖，天津亦只是一个普通省会。我们住着甚为清静，我尤其如归故乡。

北京则昔日深闭之宫廷，成为耳目众多之总统府，许乡风俗改变得甚快。最显见者，新官场的社交、眷属活动，和夜市酒馆戏院的增添热闹。从前大吏冶游，御史据以参奏，此次闻"藩省"王公及边远代表到京谒见，当局嘱左右陪逛胡同。新当选的参众两院议员，亦出入著名的八大胡同，不以为怪。饭局之多，日必数起，浪费物质时间精力，乘酒酣耳热而谈政治的风气亦正开始。如此无振作气象的新生活，后来不知摧毁多少可以建国的新人。官僚化和腐化，在民国第一页史上即已注定。

在天津北京两处，我们恰巧逢着一次元旦，一次南北统一纪念日；元旦亦即是民国成立纪念日。两次都见市中彩牌楼高悬清帝退位诏书，以为民国的由来在此。军事当局见南来代表，辄曰：革命算侥幸成功。此种扬禅让之迹，表不打之功，政治上狭窄心理，为民国乱源之一。政治态度狭窄，不仅民初政府为然，但我们系初次感觉。一般人提到革命二字，总似存有破坏冒险之意。膺白与我同时起了一个念头，为国家必须消除南北之见，并愿以身作则，在北方多数人中，相习处，而表露革命者身份，以解说真正革命之义。这是促成我们在民国五年（一九一六）以后居家北方，先在社会努力，而后任职政府，实现民十三（一九二四）首都革命之一原因。

民国二年（一九一三）三月初，膺白在北京接洽之事已毕，已在津整顿行李，将照原定行程，向东北出发。忽接英士先生来电言，当选浙江参议员，拟到京就职，罢出洋之议。膺白接讯不以为然，复电不赞成；其不赞成之理由大致如下：中山先生办铁路，克强先生办矿，英士先生不就唐内阁之工商总长职，而出国考察工商，原属议和及让政时默契，既言出国，必当守约。此次在京，对北方政治及袁氏心迹，看得甚清，他绝对要把持政权。逼之愈甚，使之愈不放心，手段必愈劣，他比清室有力且凶。革命党人宜以真正学问道德报国，不在政权一时得失。大家以前急于革命，对建设未曾充分研究，宜乘机会充实自己。不然，双方致力于内争，徒使国家吃亏，于自己亦未必有利。膺白的意见甚迂，但甚坚决。电文不能详之事，特托岳军先生南行面陈，我们仍准备到东京候英士先生。岳军先生返沪面洽一切后，又奉命匆匆来津与膺白商。相见第一语说："不得了，钝初被刺，生死尚未知。"他与钝初先生不约而同车北行。不数小时，上海来电报告钝初先生被刺身死情形，并促膺白即日南归。至此，我们毫不迟疑，将准备好东行的行李，立即搬上南下的火车。在车上遇着袁政府派往致祭的代表二人：郑汝成及何成濬。何本系克强先生旧属，郑则系袁氏亲信，后在二次革命时秘密到上海布置之一人。

宋案破案的线索由于密电。吴承斋（佩潢）先生在清末任职上海电报局，膺白在辛亥革命时，上海尚未举义前，为电报而认识他。他与英士先生为吴兴同乡，能由电码一望而知其文，未出过国，而英文英语都极好。宋案从电报中寻线索，亦由他先想着。一个帮会头脑做过沪军都督府谍报科长，亦办过南京总统府成立时庶务的应桂馨，忽然与北京要人频通密电，事有可疑。租界巡捕房在应的家里查出密本，真相大白，人证俱获。教唆者为政府当局，是令人难以置信的事。我们虽然置身革命，对不光明的杀人始终反对。

膺白到上海之日，同志们正感情冲动，谈论对策。对策有不同，而愤慨于袁政府之不法，则无不同。常常在同孚路黄克强先生家集会，通常参加者：中山先生、英士先生、各省往来的代表。膺白亦每会都参加之一人。讨论来讨论去，原则只有两点：用法律起诉？抑用武力再革命？起诉难以有效，显然可知。称兵则有是非成败两方面：从是非方面看，袁固不法，国民党不假他途而即用武，是否合法？从成败方面看，积极主战的人以为革命党用两支手枪夺过城池，辛亥有先例。郑重估计的人以为袁氏非清室暗弱可比，而革命党已精疲力尽。人心之趋向亦与辛亥不同：辛亥是举国一致的光复，此时是两派政权的得失。民众对革命党信仰并未坚固树立，辛亥南京政府和各地军政府时间太短，尚无政绩予人留恋，亦有不经意而与人口舌之处。经不起袁政府以权利笼络，歪曲宣传。崇拜英雄空气与舆论，均与辛亥不同。膺白是在不主战的一面。

文人喜谈兵，武人好论政，是当时一畸形现状，而以前者为尤甚。主张郑重，人即以为富贵不再革命，甚至疑其通敌。有人言两部小说，支配当时南北人情：袁氏熟读《三国演义》，尽纵横捭阖之能；革命党有《水浒》气息，患难时共生死，一隔膜即起疑心。

中山先生、英士先生坚决主战，他们看到袁氏终将为民国之害。克强先生虽与钝初先生公私交谊甚深，又属湖南同乡，然言"钝初已死，不可复救，而民国根基未固"，颇主慎重。又言："措词非易，其苦尤甚于死者。"（见致梁燕孙电）可见当时看法不同，与意气难平之状。估计战略与战术，每被人讥为辛亥未尝有此。以辛亥经验，成败关键在南京与上海，克强先生有旧部任职南京第八师，膺白有旧部在上海为第六十一团，都计算作用武时主力。江苏有省军三师皆系新练，而苏督程德全已不复如辛亥之肯合作。六十一团虽浙籍，已另有所属。此时的浙江，更明显附北不附南。南京无苏督之赞助，上海无浙江为后援，军事得失，显然可见。

在此以前数月，克强先生撤销留守府时，一日与膺白谈到同志们未来努力方向。膺白偶然有一建议：凡有志趣或有能力参加国家建设事业的人，共同向一目标，分四个步骤工作：调查、设计、改良、创造；他预拟调查工作即须一二年。如此，以做事而言，不至于拾人皮毛，谈兵纸上。以做人而言，趋向专业，不必定从政治讨生活。以政治而言，人才深入民间，国民方真个了解国事，中枢亦不至脑充血。他还说：中国人不但要学外国文，更宜学本国文，如蒙文、藏文。他提到日本人有东亚同文书院，即是培养深入中国的干部。许多事我们不做，人家要来做，我们正不怕没有事做，未来努力的方向甚宽，要在指点和促成这些方向。克强先生听这些话甚为动容，极怂恿膺白作计划，尤尽力筹款，并问第一期筹款拾万元如何？又谈到此组织的名称，膺白拟名曰"春旭社"，取"一年之计在于春，一日之计在于晨"之义，谓民国将如旭日初升，光芒万丈。他回家告诉我，克强先生很起劲，很想留他。我谓用意固好，"春旭"二字太日本气味，这名称不甚顺眼。膺白自己已决定出国，其后亦不再有讨论机会。我今追忆述此，以证革命党人已确在想，在社会作和平积极的贡献。膺白这种念头，亦即二十年后，国防设计委员会（资源委员会前身）和新中国建设学会之前因。

民国二年（一九一三）三月以后至七月，和战问题在上海久议不决。不主战的人不便多言，言亦无用。主战的人则并不能调度军事，为通盘计划，坐待袁政府一一布置。不决之故，略述当时革命党之实力大概：一在北京占国会多数之参众两院议员；二在上海的中山、克强、英士诸先生；三、革命党人主治的赣、皖、湘、粤四省；四、曾为辛亥革命重点，而此时人情空气已变之江浙两省与上海。

国会凭民意法律则有力，离开民意或在不法之下即无力。中山先生在国内日子不长，当政亦不久，人崇其名，未见其实。克强先生每役躬临前线，黄花岗及汉阳均失败，南京临时政府他是先到而后撤，任劳怨最多。英士先生担任辛亥最重地位，然上海乃五方杂处之地，用之得当，人无弃才，稍一不慎，泛滥无归。以个性言：中山先生高瞻远瞩，主张而指挥；克强先生面对现实，量力而躬亲；英士先生不择细流，热血而侠义。此时皆高而无位，贵而无民，即使有决策，而执行须靠有实力地盘者。

江西（李烈钧）、安徽（柏文蔚）、湖南（谭延闿）、广东（胡汉民）是革命党当时实力地盘，然实力即在于地盘，而地盘并未稳定。一位江西朋友俞咏瞻（应麓）先生（江西军务厅长）述李协和（烈钧）先生治军之能，杂乱之众，纵不知敌人为谁，可以一番鼓励，立刻使之归队，向敌人冲锋。此种军队，可胜不可败，经不起挫折。一位湖南朋友石醉六（陶钧）先生（民五讨洪宪帝制为蔡锷将军参谋长）述湖南革命之际，秩序久不定，谭组庵（延闿）先生被举为都督，仍无法安纷扰之众。一日，他请出老母，除开太夫人养老，将家财悉数捐公；这一举动，群情感动，始平下来。李、谭二先生有此非常天才与气度，然江西湖南的基础并未树立稳固。安徽本甚脆弱，广东离中原远。有地盘者须计算全部实力和联络友军。慎于一掷，更属事理之常。

大概七月之初，李协和先生由江西到沪。他自被袁政府免职，延迟交卸，以待上海之决议，已数星期，北军日益进逼，乃亲自到沪。到沪后，见大势一无把握，上海仍是辛亥精神，仗零星鼓励，无通盘计划。当时，江西是实力最充足之一省，李亦是极豪气之一人，袁政府大借外债不由国会通过，李率先通电反对。最有胆有力之人以为无胜算，遂决定不战矣。一日，膺白夜深始归，言助协和先生写信，由赵厚生（正平）先生送赣，给在赣候消息定去留之同志。协和先生与膺白为丈夫团同志，其同僚彭凌霄、俞咏瞻、方韵松皆然。厚生先生与李为辛亥前同在广西工作之人。信共十余封，大意可留者留，不可留者出来共谋深造。辛亥幸成之局，形势至此，甚为沮丧。事仅隔日，协和先生匆匆匆返赣，但知受激而行，不知究竟。其后失败，不再言前事。亡命时，我家在新加坡，协和先生在法国，因欧战东归，抵槟榔屿函膺白曰："丈夫团之真丈夫，有几人哉！"膺白特由新加坡坐船往槟榔屿晤之。民十三（一九二四）膺白摄阁，与李晓垣先生商决，电邀协和先生为参谋总长，其与北方国民军关系由此。

自辛亥（一九一一）至癸丑（一九一三），英士先生逢大事皆决之膺白，膺白亦公私竭其忠诚。辛亥各省起义诸人中，军人多丈夫团同志，故沪军通电，英士先生往往以膺白名同具，则不烦解说。浙江独立，同志不知应如何组织，拟以上海为蓝本，曾邀膺白回浙主持，英士先生复同志电曰："此间事更重要，万难割爱。"此系英士先生自拟之电，"万难割爱"

四字，人以为笑谈。膺白亦以宁沪冲要，不能弃英士先生，宁为宾而不为主，无意回浙。南北和议成，沪军都督府取消，膺白肯转任苏督程德全之参谋长。在公为江苏地方谋复员编遣之功，盖辛亥以后，集四方之兵，无所归宿，以南京为最；在私为沪军都督府之善后，大部分须由江苏省政府承受。膺白以沪督参谋长而转任苏督参谋长，在苏督为资熟手，在沪督是便交代。当辛亥革命，沪督声势什倍于苏督，太平而后，则上海仅江苏之一县。苏督本驻苏州，南京临时政府撤销，苏省政府始移南京。其时南京承战事及一度设立过政府之后，人事及号令之烦，倍于他省，而驻军有二十六师之多（参看《感忆录》冷御秋（遹）先生文）。苏督以膺白任其参谋长，为之收拾残局，作其接受沪军后事之条件，故气味不同，名位不增，而膺白竟肯担任，在极短期中，完成复员编遣之功。我若论史，此乃膺白一生对国家最大之功。其先自解散其最整齐之廿三师以为倡，亦后无前例。所以如此，原为破坏时期已过，建设工作方来。

不幸宋案发生，更不幸在癸丑（一九一三）前后，对公事见解，膺白与英士先生日渐不同。英士先生视膺白如弟，不以为然，亦由他直说。膺白事英士先生为兄，不听，仍陈述己见。惟癸丑以前，不同，膺白终跟着走。癸丑以后，则对组党，对革命方式，膺白持独立意见。同情者谓为独立特行，不明当时形势，及后起之秀，不快而中伤之，大半由此而起。

膺白有几点性格，极不宜于革命。他反对从事暗杀，以为此风一开，社会不得安宁，即在革命过程中不得已之手段，他不预闻。他反对利用部下反上，团长反旅长而为旅长，旅长反师长而为师长，以为此风一开，三五十年军纪难整，即在革命过程中，不主张以权利为饵。更反对利用土匪，他终生不与帮会有关，虽黑势力有豪侠之士，他离之甚远。此辈素养薄而野心大，辛亥以后难于处置之事甚多。宋案之应桂馨即其一例。

廿三师本有四团、一独立营。解散后留得一团，番号为六十一团，已另有所属，团长姓陈，系膺白原来旧属。论关系，团长中本有与膺白私交甚厚之人，或将东渡，或愿入陆大，独留陈团，实未想到再要用他。陈团统三营，分驻上海高昌庙、龙华、梅家弄，而以高昌庙有江南制造局，地势更为重要。以辛亥经验，得制造局即得上海。陈团之一营，即驻守制造局，故计算上海实力，以为有此可不战而定。

以膺白性格之严守分际，不越级管事而言，他此时与陈团关系，只有一点法律根据。当宋案凶犯从租界引渡到上海地方法院看守所后，苏督程德全以案情重大，有手令指由六十一团派兵看守，而请膺白主其事。如此办法，是将责任交在革命党身上，而膺白则虽已无权指挥六十一团，却可以调六十一团士兵看守宋案凶犯。其与六十一团接触，不在情理之外。陈团曾表示：欲战宜速，乘袁尚无备，犹可为力。当时上海虽尚有杂军，但无如陈团之整齐者。通盘之计久而不决，忽然郑汝成以海军改装便衣，猝从天津船运到沪，突入制造局，从此与陈团主客易位。上海将举事前，军事实一把散沙，大言投效之辈，空无实际。一日，膺白亲往高昌庙观究竟，被傅墨箴（孟，廿三师团长）、徐成之（士镳，廿三师独立营长）二先生闻讯往中途追回。二君系膺白武备同学，厚私交，时正由陆军大学暑期假归，深知浙江当局态度，而陈团亦因利害而游移，此去无利且险。

湖口已经起义讨袁，上海将响应，钮惕生（永建）先生所统率的松江学生军，比预约早日到梅家弄，向驻军开排枪示威，驻军知系友军，不还击。消息到高昌庙团部，于是郑汝成下令驻制造局之陈团，许出不许入，陈团悉数退出制造局。故上海起事，有进攻制造局之举，攻者亦仍是陈团所部，此役蒋介石（中正，时犹名志清）先生实身临前线。战局虽小，亦有两次功败垂成之事：其一，前锋已至濠沟，天雨泥泞，枪口为塞；其二，当时只有几枚炸弹，有连长张绍良至勇敢，自携一枚冲前锋，而与部下约，听其令同时掷弹。前锋已到制造局门，郑汝成兵向后退，张连长呼掷弹，不幸一弹正中张连长。为首者身倒，众复后退，自此不再有锐气。张连长新婚甫月余，呜呼，这样的壮士牺牲了！

二次革命大体形势，与上海实际，略如此。克强先生并不主战，一日忽只身赴南京起事，"只身"系接洽第八师两个旅长时之约。第八师师长陈之骥系冯国璋之婿，其旅长则与克强先生有旧，克强先生如约只身而去，大势不顺，即被胁而归，南京情形略如此。后有何海鸣在南京，举事甚勇，我不熟悉其事。当上海事急时，英士先生数夜未眠。一日，膺白亦彻夜未眠之后，至中山先生家，告英士先生疲乏状，建议请中山先生嘱温钦甫（宗尧）与领事团商，由领事团提出，为战事扰租界居民不安，请南北双方离租界若干哩外作战，意在使北军不得以制造局为据点。当年外交之事，众都仰中山先生，而伍秩庸（廷芳）先生与温皆参与接洽之人。中山先生正与汪精卫早餐毕看西报，闻言即嘱膺白访温，传命如此如此。膺白正疲极，且年少气盛，脱口而出，此事请另派人。

癸丑（一九一三）二次革命，膺白因不主战，不肯担任沪军参谋长，然义与同志及英士先生共成败。英士先生以沪军名义讨袁，钮惕生先生为其参谋长，时间太短，文告不传。世人以历史关系，以英士先生之参谋长，必仍系膺白无疑，实属错误。亦有以膺白为代理参谋长者，更为错误。既肯代理，何不直当！癸丑七月下旬之一日晨，英士先生偕蒋先生同到福开森路吾家，沐浴，膺白取其自己白官纱衫请更换，是日陈、蒋二先生离沪赴甬。临行，有信数封嘱为转送，我见膺白与吴承斋谈此，未见信。英士先生行，上海战事亦止。七月卅日袁政府悬赏通缉克强、英士、膺白及李晓垣四人，此系第一张癸丑通缉令，有赏格，注明"不论生死一体给赏"，揭示通衢，遍登各报。我与膺白均亲见之，遂搬住七浦路我亲戚家，亲戚姓周，与沈缦云先生亦为至戚，先一日送缦云先生登舟赴大连，次日送膺白与我登舟赴长崎，均在夜间，由主人自开车，时在癸丑八月初旬。惟英士先生赴甬后，复归沪，由沪东渡，其东渡之日在膺白后，离沪之日则在膺白前。某某数君后作英士先生行状墓志等类，轻心下笔，实未参与实际。膺白守一死一生之义，概未置辩。今膺白逝世亦久矣，故述当时情形如上。膺白东渡，张岳军先生同行，船名八幡丸，有中山先生铁路公署秘书宋君和眷属同船，头等舱已客满，我们在二等舱。

癸丑（一九一三）八月以后，革命失败同志先后到日本，日本人称为"亡命客"。岳军先生回到士官续学，使馆秘书林铁铮（鹗翔）先生隐护之，仍维持官费。铁铮先生吴兴人，是一厚道君子，我手边还有他两页诗词，他在有名的词社——"南社"，笔名"半樱"，待膺白尤厚。我家先住长崎，有亲戚家的店名"升昌裕"，认系小主人，避免了警察注意。日本警察不是特务，但甚尽职，对人甚客气，然倘被注意，以后行踪将无可躲避。在日本读书是一好事，为政治工作则利害参半，不得不慎。膺白在亡命时，始终用化名，有其旧时日文教师江口辰太郎代觅东京寓所，他重新回到读书生活，跑书店，在家则自编文法，教我日文。我系初次到日，见日本社会无游手空谈之人，勤俭而努力，一般人具有必要之常识。回思在祖国所见，北京之霸气，上海之浮气，皆不足以言新兴建国。

膺白在东京，仍继续劝英士先生留心近代工商业建设，陪同参观横滨工业展览会。膺白游名胜，参观博物馆图书馆时，无不与我偕，而到横滨则只他和英士先生二人。十五年后，民十七（一九二八）之十二月，上海国货展览会之浙江省日，请膺白讲演，他有如下的谈话：

一生参与此种集会，此为第四次。第一次在民国二年，当癸丑革命失败以后，出亡日本，曾与先烈陈英士先生参观横滨工业展览会数度。第二次为西历一九一五年，在美国旧金山参观巴拿马万国博览会数度。第三次为一九二二年，在法国马赛参观殖民地展览会一度。大致皆规模宏大，搜罗极富，以今日本会情形与之比较，不无逊色。惟当军事甫定之际，政府当局即能注意及此，筹备时间又极短促，有此成绩，实属难得之至。

二次革命事先主张不同之两派，到日本后更显然异趣。一派主张革命再接再厉，责同志胆小而逃，谓将组织敢死队以革命，并拟改组国民党。另一派人在东京安排各地流亡出来的青年，曾办有文武两个学校：文者名

"政法学校",武者名"浩然学社";实地奔走其事者为殷铸甫先生。请得彼邦同情我国革命之学者来尽义务,我只听到名法学者寺尾亨博士在政法学校授过课。陈铭枢待殷先生甚有礼,似即系政法学校学生。膺白将离东赴南洋时,提起铸甫先生辛苦,不能留而多帮忙为憾。我因这印象,故民五(一九一六)返沪,独自先去找他,事详下章。民十三(一九二四)北方国民军,以二军最多麻烦,纪律亦差,但在紧要关头,派人与胡笠僧(景翼,国民军第二军总司令)先生本人接洽,他总持大体,他是浩然学社的学生。

民三(一九一四),第一次世界大战起,日本外利用国际情势,内利用袁氏野心,对中国提出"廿一条要求"。上述主张读书的一派,组织"欧事研究会",深恐日本挟亡命客以恐吓袁氏,曾有两次宣言,请袁一意对日,亡命者宁客死异乡决不乘国家之危。两稿一出章行严(士钊),一出赵厚生手笔。时膺白已不在东京,事后得稿,亦甚赞成。欧事研究会中人后在国会,一部分为"政学会",政学会者,国会议员小组织之一,原属国民党,但大概不在国民党第一次改组之"中华革命党"内,其后曾与非国民党之政府合作,在南方曾与岑春煊派共事,故后来成为异己之恶名称。膺白不是国会议员,与政学会无关系,亦未与岑春煊共过事,他的朋友各党各派都有。但在民十六(一九二七)后,被人荣以政学系首领头衔。

英士先生不因癸丑(一九一三)之失败而改其与膺白私交,但其急进方式亦不因膺白之劝而稍改变,膺白亦不因其听不听而改态度。在东京时,一日在英士先生处晚饭后将归,英士先生留他稍待,谓有人自东三省来,运用胡匪极有把握。待其人至,见膺白甚忸怩,实系一无聊之人,然英士先生终信其言而赴大连,到大连并不能活动。膺白不能阻英士先生之行,甚为苦痛,遂决定离东京而至新加坡。动身之前,留一长函给英士先生,函尽日本卷纸一束,中有要点:"勿使革命行动为国民所误解,袁世凯正多方宣传革命党为'乱党'，吾人不要真为乱党。勿上无根柢失意无聊者之当。以袁氏此时防范之密，爪牙之众，被派回国做局部破坏工作，其人如有心而真做事，势被牺牲。若属不坚定分子，则一离本营，鞭长莫及。前者驱有用之人，为无益之牺牲。后者将难得之财，供取巧者浪费。至利用土匪，或运动无宗旨之军队内讧，尤为国家无穷之患。"此系最后一次信，亦最后一次见面。

民国三年（一九一四）春，膺白由新加坡寄大连沈缦云先生函曰：

前田崎号转寄一械，谅已邀览。郭于三月廿二日到新加坡，匆匆又十余天，前蒙介绍林秉祥、丘国瓦诸君，均因事回国未晤，其余陆秋杰诸公在吉隆坡，尚未去过。现拟在此间暂作勾留，借资视察，赐示请直寄下列地址陈楚楠君转交为盼。顷阅报谓英士在连大病。确否？郭自新正以来，到处巡游，行踪无一定，故与伊不通昔问者几三阅月矣。闻讯颇觉不安，先生见闻较确，望即示知为盼。此间实业界大有活气，南洋乃先生熟地，想均在洞鉴之中，惟坡中房屋甚少，先生若决计南来，望早示知，以便代为布置也。四月四日。

民五（一九一六），云南起义讨帝制，膺白由美归，在沪接洽浙江加入护国军，下章尚须述及。浙江之实力者坚持不扰乱其秩序，有夏尔屿者，奉派赴杭运动下层不成被捕致死，此与膺白虽毫不相关，然不成总是不快之事。不久英士先生被刺，亦是接洽一件不可信之事，使刺客从容而入，悲夫！

十余年后，吾家居莫干山，距吴兴仅一小时车程。民十八（一九二九）的十月十二日，膺白与我同到吴兴扫英士先生之墓，回思往事，怆然不能已。以英士先生的雄才，倘不早死，对国家必有更大贡献，革命固不惜牺牲，这牺牲实在太过了。公子铣夫坠机惨死，膺白适返沪，往慰嫂氏，事已兼旬，嫂尚双目红肿，公子惠夫侍坐。嫂告膺白，大哥哥（果夫先生）拟为铣夫营墓为飞机状，以资纪念，此万万不可，皆因英士墓大耗费，故损后福，当俟他日"抱子葬"，蒋先生送款未启视原封璧还，亦为不敢多费之故。"抱子葬"者，他年母子同葬之意，当系吴兴风俗。膺白述嫂氏之言，不胜其钦敬。我印象很深，故膺白身后，亦辞公家丧葬而未受。民十九（一九三〇），岳军先生长沪市，时蒋先生正当国，与膺白皆辛亥革命英士先生僚属，三人联名以故人资格向社会局请地一小方，醵资为英士先生立塔纪念。其缘起、经过、纪念文、演辞，均详《陈英士先生纪念塔记实》小册中。

友谊聊可补，亦且无及。癸丑（一九一三）二次革命有两件很大后果，影响国家：其一，动辄以武力解决政治，拥兵即为政治资本，中国又经过一个"战国"时期。其二，革命由同志集议而变为领袖指导，且以教条为重，则去民主自由反远也。

如果当年与民国成立有关的革命前辈，思想能再进步一层，多以"民国根基未固"为重，知道"容忍"和"守法"是民主自由的基石，而建设必由"和平"开始，不将辛亥已成之局，掷于一旦，而培养国家胜于党派、理知胜于冲动、恢宏胜于狭窄、条理胜于攘夺的下一代，吾人闭目以思，中国为何如耶？半世纪中，革命的国民党成功三次：辛亥（一九一一）、民十六（一九二七）及抗战胜利。每次有赫赫之功，国民或抛除成见，或抑制恐惧，拥护而仰望，而终归再遭挫败。建大国岂能用小智？有圈子则见外于大众，而内争尤为国民所不安。当年坐而论和战的人，均早不在斯世，膺白是桌上最年轻的一个，当时思想亦并未成熟有系统，因其不主内战而对友谊遗憾终生，受无端谤诬亦终生。

九 亡命生涯

这里我所用"亡命"二字，是从日本报上看来。日本报纸对民国二年（一九一三）二次革命失败而逃亡到其国的人，称为"亡命客"，是政治意义的，和向来中国文字中所谓"亡命之徒"，含无赖意味，有关人格，性质略异。二次革命后，袁政府通缉大批革命党人。一年余来，与民国肇始有关的人，霎时不与同民国。且因当局处置严厉之故，趋炎附势或自图洗刷之辈，从而邀功。即使通缉榜上无名的人，凡与被通缉者共过事，做过朋友，亦难在本国立足谋生，不得不跟着亡命。袁世凯借革命党而得到政权，其对待革命党实非常残酷，不若革命党之对待所推倒之清廷。亦大不同于后来袁氏称帝叛国，而被"护国军"所推倒后，处置帝制余孽之宽大。这是事实。护国虽不尽革命党人所为，然革命党人纷纷回国参加，我与膺白均在其内。还有可记得的许多朋友与我们有关者，稿中或亦有涉及。

民国二年自秋至冬，大批亡命客陆续涌到日本。沿海交通方便的人先到，偏远辗转避地而至者，有在年底尚未到达。所以群趋日本的原因：一、日本乃距离中国最近惟一文化很高之国；二、中国革命党大部到过日本，或留学过日本；三、生活便宜；四、从上海到日本的船，差不多每天或隔天可有；五、当时到日本不需要护照。

忽然大批亡命客涌到，日本政府曾讨论是否容许登陆居留的问题。日本人民很多同情亡命客，政府亦赞成容许居留者占优势，故亡命而犹称为"客"。此系切身之事，是我到日本后首先注意的日本舆论。膺白与我相约，互相勉励，不使同情我们的人看不起我们。政治是一件事，成败不尽在己，人格是一件事，完全可以自己做主。在国际，人格当为国格的一部分，是我们念念不忘的事。

报端登载主张接待亡命客的日本要人，为彼邦国民党的犬养毅氏。虽然二十年后他组阁，并未能稍戢少壮军人侵略中国之势，中国人总认他是一位开明政治家，寄以改善中日邦交的希望。他亦是不幸在位被暴徒刺死的人。他的《木堂诗集》，不记得是其生前抑身后所印，有送给膺白的一部，我感怀前事，从头读过一遍，完全汉文，诗格朴古，系影印原稿。"木堂"是其号，日本人有号，是汉学气味很深的。

膺白名在第一张通缉令上，一共四人，不但悬有赏格，且注明"不论生死，一体给赏"，这样野蛮违乎法理人情之事，中国报纸没有见任何批评或议论。我保存一页影有该令的上海《字林西报》，中西文俱全，今已不存。其余三人都与膺白有深交，同为辛亥在南京、上海两处负责人物，首被注意，欲得而甘心，或者为此。四人中的三人，事先并不主张用兵，事后缄默不谇让，见解尽管不同，革命是整个的，失败或错误，共同担当。这点精神存有中国道德趣味，亦含有几微民主合作风格，应该是宝之勿失的。中国革命最初同志间，常有兄弟般友爱精神，在前辈烈士志士的信札中，常可寻出一二。与数十年后，得意时逢恶变本加厉，换一立场，即反唇相讥，振振有辞，人情不可同日语。统制法则下所养成人物，有绝对性，失意时极不易保住平衡。可惜二次革命后，有人憧憬这样组织，欲收一时之效。这趋势影响未来的国运，比二次革命本身损失更多。拟之以往，是"民可使由之"心理的复活。较之未来，与极"左"极右作风很能契合。改组亦近于极"左"极右的所谓整肃，剔掉不同的意见。

我们亡命时间，一共只有两年半，民二（一九一三）秋至民四（一九一五）冬。两年半中，彷徨心绪，寂寞异乡，仆仆道路，感觉日子很长，占可回忆的一段。尤其我，从此永不再见我的母亲，有终天之憾。出洋本是我们原定计划，膺白曾以此坚劝英士先生，并愿同行，如上章所述。然亡命滋味不同，原定路线和要参观访问的人和事，完全取消。见人家国民安居乐业生活，我们不胜羡慕。见人家国民奋斗而积之总和，累增其国之富强，我们自觉惭愧焦急。膺白日记里有"出国一步始识国字"的痛话，他不是第一次出国，亡命没有国家保护，遂更识国之可爱。我们一次闲谈：什么事可使胸怀一快？不约而同说出：跳上船回中国去。记起杜甫"剑外忽传收蓟北，初闻涕泪满衣裳，却看妻子愁何在，漫卷诗书喜欲狂"诗句，十分了解其情味。亡命朋友虽静躁不问，然没有人想象做异国公民，中国书里把"养士为何"意义看得很重，父母之邦是不可弃的。

两年半中，膺白和我一共到过三处地方：日本、南洋、美国。我们由上海到长崎，乃匆促的决定，为有上述亲戚家的店。我们改名换姓，店里经理预先得讯招待，警厅当作小东家来此，未加注意。长崎乃日本九州一个商埠，昔与中国通商，输入营口、牛庄出口农产品，形势重要而繁盛。自日本工商业突飞猛进，大阪、神户日趋重要，横滨成国际大港，长崎渐渐冷落。日本在我东北，自己有经营，运输采办都有自己的机构，中国商人件件落后，我亲戚家的店，生意十分清淡，只勉强维持几十年留下来的门面。经理周君指点我们到一处温泉山，其下靠海，地名小滨，两处都是温泉，有很家常式的旅馆，是在东方的西洋人避暑处。时近暑末，不甚拥挤而受欢迎，价亦便宜。如此我们避开了警厅日日注意的一条路线。我们虽曾在民元出北京沿平绥路——当时尚名京张铁路——到过张家口，一路山区地势甚高，坐轿骑骡游过关和山，还没有上过有汽车道的山。这次在山，将几个月来政治和战争的烦恼暂时搁开，有机会反省一下，十分有益。岳军先生和我妹性仁都同行。秋后岳军先生重回士官学校，修完其辛亥未完的课。岳军嫂由沪后至，她和性仁在长崎活水女学同过学。

同志多住东京，我们亦决定搬东京住。到后知中山先生拟改组国民党，积极再革命，谓欲组织五十人的敢死队。江西俞咏瞻君告诉我们，他口快，问先生在内不在内。当时袁政府通缉党人之令，都称"乱党"而不言"国民党"。当时北京还有个国民党占议席多数的国会，中华民国第一任大总统要从这个国会选出，以前中山先生及袁世凯，都只是临时参议院选出的临时大总统。后来国会投票选举时颇有不屈之士，袁世凯以军警包围国会，始得选出。选出后，他即解散国民党，而又解散国会。我不记得袁先解散国民党，抑中山先生先动意改组？"改组"与"积极再革命"，英士先生是很热心的。此与后来政治和党的掌握者，甚至内部纷争，都有关系。读史者曾发见中国几次开国者是黄河以南长江以北籍贯的人，为其性格足兼南北之长。本来我们想到中山先生，即联想其最切近左右汪（精卫）、胡（汉民）、廖（仲恺）诸先生，皆广东人，以后多出一派浙江人来了，此与后来民十四（一九二五）以后完成北伐，很有关系。

我们到东京时，几个曾经远行过，或有力远行的人，都在想离开日本。与日本人处，很容易谈到政治；弄得好，或者有义侠之士同情而帮忙，然是危险的；弄得不好，入其圈套，更加危险。日本人的性格甚矛盾，热情而又小器。对中国政策亦矛盾，以他们义侠之气，很要帮中国革命成功；以他们要蚕食中国，又很怕中国强盛。这点，熟悉其情的人并不少，不得不存"敬而远之"之心。在东京，一日膺白去参加一个追悼会，是李协和（烈钧）先生发起，一个日本人加藤君为中国革命而死，还是辛亥前后的事，大概协和先生始终和他的家属有联络。这日膺白回来，盛赞协和先生，说他称加藤的母为母，而加藤的子亦以父称之，不愧对邻邦一个为我国而死难之士。过了不久，协和先生从东京一路游逛到长崎，他出门一向有两个日本警察保护。一夕，他装喝酒大醉入睡，太太出来请警察回去，次日还是病酒不能起身，实则他称醉之夜，已登舟行矣。香港日本领事馆报告，过港舟中似有李烈钧其人，长崎日警始发觉，当事者且受申斥。此行动近于戏剧化，然可知一旦在日本公开，而得保护，离去很不容易，亦愈促成人之欲离去。

中国在日本学陆军的人，辛亥前只有政府官费，不若后来各地军阀各自派遣留学生。当时对本国只有一心。自第六期起，热心革命，膺白在第七期。六、七两期为"丈夫团"之中坚，其中江西籍有三人，三人皆在辛亥后任本省要职。李协和先生主江西省政，方面甚宽，不但本省人，福建方韵松（声涛）、广西林荫青（虎），均在江西任事。后者是膺白在南京办理编遣时，协和先生电调之人，带一团兵去江西。二次革命战事虽无几，而林虎将军战绩，在日本报纸为惟一英雄。亡命时，江西出来高级文武人员最多，而协和先生亦为特别受注意人物。膺白与之因"丈夫团"关系，又与彭程万、俞应麓二人同习测量，同在日本乡间相处，因此江西的朋友独多。学测量的人不入士官，但当时习军事者较为团结，故上述六期七期云云，均以官费学陆军为准。

我们初无远行之计，但感觉必须静定下来，不是消极，即积极亦须静定而后能知虑。我们悔悟在国内时生活昏沉，失败乃意中事，多数的人谈政治不看书，不求进步。在东京看见国内的报纸，称我们为"乱党"，舆论无力而无公道，是我们最痛心一件事。膺白劝人乘闲读书，自己关起门来读书。他自编文法教我日文，中国人学日文有方便之道，在日本买书价廉物美，欧美各地新书有极快途径到东京书店，或很短时间译成日文。他说放弃这机会是可惜的。他并不强我学日语，学日语与学其他外文同，需要时间与机会。他为我打算，能看书即不感寂寞，是自己安排自己的最好方法。我们的房东河田老太有一寡居女儿和一无母外孙女，住在楼下，楼上两间房让给我们。日本房间仅有纸障隔分，两间等于一间。家具只一矮几，供写字用。他们男女多能悬手写字，女人的字同样有笔力。室内最舒适的起居方式，是一盘茶，围炉坐在厚而软的垫子上。炉是一只磁质炭盆，水壶放在炭火上，烟灰头弃炉灰中，一坐下来，煮茗含烟，尽在方丈之地。我在二次革命前曾患极重伤寒症，病愈饮食不慎而复发，亡命后肠胃久不恢复正常。照日本式女子跪腿席地坐，姿势不惯，甚苦，遂买了一张书桌及两把坐椅。膺白很喜欢日本人每家每晨早餐的酱汤，故将早饭包给房东，有时午饭亦参加她们的烤鱼和煮黄豆，因此厨房的事十分简单。膺白深怕日本人看我们太讲究吃，他对饮食随便，而我比他更随便。老太的外孙女八重子，是一个十二三岁的中学生，每日放学归亦来招呼我们一声，叫我们伯父伯母，我非常喜欢她的安详。我和膺白亦称老太为伯母。后来我们离开日本，几年后再度经过东京时，老太定要我们吃她一顿饭，只烧一样菜，是照我在她家做过的火腿炖鸡，人情味同中国前一辈的人一样浓厚。

上章说过替膺白买书的江口先生，对我是膺白的助教，来一次总要讲些名人的家庭故事给我听，如山本权兵卫（海军大将，组过阁）的太太、广濑中佐（日俄战争封锁旅顺口而自沉，日人视为乃木大将以外另一军神）的朋友等等。他不知道我是从小已经受过这类刺激教育的人。膺白常怪他买书时选择太严，费时甚多。这种爱书而不随便化钱的穷读书态度，实是可敬。吾家日文书大半经过他手，在中国时，他来的信里常是书评，即不买之书，亦说点内容和所以不买的理由。这样的人在日本极平常，我看了认为很难得。他曾经告我，所识中国学生中，膺白是极爱书的一个。我当时还未到过欧美，拿上海望平街北京琉璃厂，和日本出版界相比，"读书人为中国社会中坚分子"一个观念，不禁惶惑起来。

那时日本还没有实行减简汉字，他们的中学里就有汉文教科书，我曾买一部看，而无机会听如何讲读。日本早期的学者和开国的元老，大都精通汉文。我见过的书上，伊藤博文、大隈重信等写的序文，都是很厚重文体。日本人亦多能汉诗，上面说过犬养《木堂诗集》。平常背得出几句中国旧诗，谈吐中不经意而出的雅人，在前一代的日本人中还不少。日俄战时的东乡大将有"一生低首拜阳明"之句，"知行合一"之学，在日本盛于在中国。攻旅顺的乃木大将全家殉国，日人尊为军神，他的"王师百万征强虏，野战功成尸作山，愧我何颜见父老，凯歌今日几人还"绝句，为国家杀敌制胜而归，胸怀若此！这些，在我们亡命时，都重新添一番感触，何忍再打算在自己国里流无辜的血！

日本人虽受中国哲学影响，他们没有取我们的"家族伦理观念"。他们的爵位传长子，财产亦然，家庭间有独立而不倚风气。但很重视我们的忠和义。武士道训练由此。他们一般人都守法，法不蔽亲，以此完成社会秩序。两千多年前我们孟子的一个学生发问，假定舜为天子，瞽叟杀人，皋陶为士，则如之何？这问题实在很好。皇帝的父亲犯了罪，舜是圣人做皇帝，皋陶是圣人做法官，如何处置这件事？孟子的回答分两段，他第一句说："执之而已矣。"而第二句说："舜弃天下如敝屣，窃负而逃，遵海滨而处。"他对法律主张严格，而对伦理亦婉转维持。日本戏剧里，有做警察的儿子对犯法的父亲，经过种种悲痛不忍的姿势，而终拿出手铐来。他们的教育，"法"与"情"之间，从"法"。他们的汉文书里有一课，大意如下：某某先生问弟子曰："如今彼邦用孔子为大将，孟子副之，来征吾国，如何？"弟子不能对。先生曰："凿斯池也，筑斯城也，效死，击退之。"此即孔孟之教也。他们虽曾崇拜过我们的孔孟，然时时谨防受麻醉，他们对国家大义分明。

我见过一册竹越与三郎著《人民读本》，内容是日本国情和国力的现状，和政治设施的意义、目标，与世界其他强国的比较差别，国民见之，可以了然世界及本国的现状，是对国家的常识初步。这正是中国国民目前所需要，我劝膺白写中国的《人民读本》。他说没有正确统计，没有已上轨道的事，将什么报告国民？比如军备，其时日本常备军二十个师团，添一个二个师团要经国会通过。兵是国家的兵，顾国防亦须顾财政，关涉的事要一一算得出，说得出。清末练新军尚有步骤，我们浙江至最后始成镇（师）。民国以后，南北都如不羁之马，聚集在江苏就有二十六师之多。膺白本人就是负责编遣这些军队的人，可惜只是片时片段的整理，不久军事又起，这番难得的工作竟成绝响。人只知其解散自己的兵，而不注意其编遣而整顿地方秩序之心。为写《人民读本》，引起了许多心事，他说何从下笔？我建议一面写"常"，一面写"变"，即照理中国应该如何，而此时则实际如何，把一篇烂污账请国民过目判断。民国五年（一九一六）我们回到上海，听到中华书局陆费伯鸿（逵）先生言，请梁任公先生编一《国民读本》，其用意甚相仿佛。我们觉得任公是写此书最理想人物，从此放下这一条心。

我们亡命时经济状况，有已得的出洋经费，可以维持生活，然还有缓急相需不容己的用途，因此我把饰物都变卖了，连结婚纪念品亦不留。这种心理解放，是从我母亲处学得。连累一对朋友夫妇，他们暗中立意要补偿我其中一件纪念品，是膺白送我刻有字的一只钻戒。二十年后，我真个接到他们这件高贵礼物，和超过礼物百倍的友情。我珍藏而不使用。又十余年，待他们的长子——我们的寄儿结婚，我拿出来作为贺礼。少奶奶初从四川到沪，带上这件有意义的纪念物来看我，我说不出的欢喜。这对朋友即张岳军、马育英夫妇二位。数十年的友谊中，这件特别为我的美意和深心，我不能不记的。

靠有限积蓄而不能持久的亡命同志，动念到南洋经营农业。听来的消息，以前许多不识字赤手空拳闽粤劳工，到这法治而有秩序的白人殖民地上，立过很大的业。以为吾辈读过书的人，当能团结作成更有意义的局面，而自己亦能借以生活。俞咏瞻上代是商家，说起来似乎多懂些，来约膺白同行。这时英士先生已往大连，膺白曾以所知东北情形，尼其行而不果。在东京热心组织的人，关照以后见中山先生称"先生"而不名，同志间在背后提到中山先生亦只称"先生"。民国初年，不崇官阶，而提起中山先生、克强先生，都含十分敬意，都从自发。

我们决定到南洋之前，买了几种日本人所作关于南洋的书，膺白看了叫我亦看。民国三年（一九一四）春三月，我们到了新加坡，这是英属南洋群岛中心点，欧亚往来必经之路。我们在旅缩小住，看形势后即觅屋居家。招待我们的陈楚楠先生能讲国语，他自己有一小型橡胶农场。我们参观其他农场时，亦坐陈君的车，每次他都陪行。后来我们时常遇见的还有一陈咏商君，是侨商家西席，丘文绍君是《国民日报》主笔，则不但通国语，且能国文，但不属产业家。

这里触目都是中国人，自巨富以至苦力，什九是中国侨胞。巨富大半由苦力出身，苦力中有自内地贩买而来的"猪仔"。"猪仔"者，自己卖身的奴工，有定期契约。其中聪明强干者，到卖身期满，出来向政府领地拓荒，以自己的经验，再从中国贩运劳力，种植橡胶椰子之类，五七年成熟，寿命甚长，出产源源不绝，遂以致富。其从事蔗糖咖啡，或开锡矿，办法相仿。当年凡急待拓荒的殖民地，鼓励人去开发，沃野千里，领垦不须出价，只要在规定的年限中垦荒成熟，不垦则地须收回。拓荒最要在劳力，此外则有银行可以周转资本。白种人怕热带生活，土人不够伶俐，中国人忍苦耐劳，遂成适应环境的骄子。这状况直到最近始成问题。然中国人在南洋的贡献功不可没，侨胞对本国贡献，亦始终是正号而不是负号。

亡命客到南洋站住而有成就者甚少，原因不一。侨胞大都为闽南的漳州泉州人，和广东的潮州人。语言比普通福建广东话更难懂。领事馆或社会组织无材料供后来者问津，指导与互助更说不上。有钱的人在自己愿意时，不吝捐款作善举，而很少肯指导别人成功，尤其与自己同类的事业。故请教外行人不得要领，请教内行人亦不得要领。人地不熟，名姓须假，虽殖民地，银行开户不能用化名，往往一到即将生活费交托侨商周转，后来整存零取，一事难成。去时以为略具知识，小有资本，成就较易，到后始知不然。做生意的人，必须对钱神经甚敏，利用不使一日空闲。这次亡命去的人不向侨胞捐款，然手头有限资本不能耽搁。据我所知，只一二不在乎耽搁的，交给所熟的人代为经营了。

膺白旅行马来半岛全岛，我只到过新加坡附近之处。我们都未到荷属，即今之印尼。不论英属荷属，先进侨胞有一件很可敬佩的事，他们很热心侨民教育。我们在南洋时，和我们同辈的大都不能国语，而下一代的孩子多入学校，学中文国语。那时还不知纾财归国办厦门大学之陈嘉庚先生其人，民十一（一九二二）我们由欧洲返国，经新加坡，始曾访他。

我买一本英文和马来语拼音的字典，对家里用的马来工人说话。然无法与闽粤侨胞的眷属通话。膺白劝我译手头携有的一册《南洋与日本》，以解寂寞。作者名井上清，我化名为黄率真，译成由上海中华书局印行。如此一大片在人种上经济上与中国关系十分深切的地方，那时找不着一本中国人的写作。我译完这书时，第一次世界大战已开始，我们听见那只有名的德国兵舰"爱姆登"，在一个早上经过新加坡与马来半岛间之海峡，从东口进而西口出，发炮如入无人之境。我们看见新加坡被召集义勇军演习操练，在热带的商人都没有体育训练，上操甚不整齐。我们看见日本海军到南洋，因日英同盟之故，英国人在东亚的属地靠日本代为维持。我们亦看见英国军人向日本军官举手行礼，日本军官那股庄严神气。膺白已见到而忧虑今后日本在东亚势力之增长。我译书完稿写序文之日，正是日本兵在我山东龙口登陆，占取德国人在中国的利益——胶州湾、青岛。这个举动应该由我中国人自己做而不做，日本人从此在我辽东半岛对面山东半岛立起脚根，而在中国本部滋事益多。本稿中有民十七（一九二八）的"济案"，廿年（一九三一）的"九一八"，廿二年（一九三三）的《塘沽停战协定》，皆由此起。不幸民三（一九一四）在新加坡作杞人之忧的膺白，后来先后充当应付这些事的要角。国人健忘而不肯深入研究造因之故，而多求全责备由于曲突徙薪而且焦头烂额之人。

膺白在新加坡，应《国民日报》丘文绍先生之约，写过几次文章。其最长的一篇名"欧战的解剖观"，作于战事初起，署名"以太"，连载四日。他以海陆军力和物资，双方比较，断定德奥利于急战，先胜后败，英法利于持久，得最后胜利。当地政府曾有人向丘君问系何人手笔。原文今已不存，其事记于民八（一九一九）所作《战后之世界》一书中。

气候常年热，人情只拜金，我们在新加坡，形势大体明白，经营力有不逮，同样坐食而没有进步，开始另转念头。本来我们因在英在法朋友较多，入境亦易，已经打听过在彼生活程度，准备赴欧。我的同学丁庶为（绪贤）夫人陈允仪（淑），夫妇二人在伦敦，以丁君一人的留学公费供两个人的读书生活。允仪来信告我，吴稚晖先生全家在伦敦，每日只吃淡面包，每星期尝一次白塔油。我们闻而起敬，有意效尤。然其时李协和先生等一批在法国的人已经东返，到槟榔屿即函膺白相会，我们不可能再到欧洲。克强、晓垣、醉六（石陶钧）诸先生尚在美国费城，我们拿这生活标准向他们商量，函去而请他们电复。他们来电说，估计不足，而不甚远，欢迎前往。驻新加坡总领事胡仲巽（维贤）先生大胆给我们一张赴美护照。当年只有美国入境最难，必须要护照。我们名字可假，照相是真，膺白深恐连累胡君，再三请他考虑。他说不是帮我们回国，而是离国更远，可无干系。胡君乃馨吾（维德）先生之弟，其谊可感，这是我们亡命时惟一为护照而往访的国家驻外机关。膺白赴美的名义为新闻记者，观光巴拿马赛会。

从南洋到美国，我们不得不走回头路，而且要到日本搭乘太平洋航路的船。太平洋航路的船通常以香港或马尼拉为终点，要经过上海。我们因有通缉令不能在中国海上停留，所以要跳过上海的一段，先从新加坡坐小型短距离的船，到长崎换船。这次恰巧同船的有方韵松先生，他是由长崎来晤由法国归来之李协和先生的，他们是在江西时同事。我们上船时，彭凌霄、余维谦两位来送行，各人从口袋里摸出一页写有送行诗的笺纸来。当时患难中朋友，行者居者，都有说不出的辛酸滋味，不但无国无家，连自己团体里少有可以谈志的人。彭先生的诗如下：

驿路明朝驶万千，白云深处水无边，劝君莫畏征途苦，重耳出奔十九年。

余先生的诗曰：

异乡送行人，行人还异乡，谁识此中苦？西风吹大荒，天池一掬水，为君作行觞，大醉三五日，一梦到扶桑。

彭先生是膺白同学中共认的好好先生，但有极坚强骨气。清末他们毕业回国，照例要入京朝见，然后授职。同班的人俱已到京，忽传彭君丁忧，后知他亲丧早满，报丁忧乃托故回避，宁可不要功名。他与膺白都是同盟会丈夫团同志，辛亥他在江西是第一个出来号召的人。在新加坡他一个人生活极苦，家眷在原籍，亲友避嫌，不敢公开照顾。二次革命后，膺白留在国内亲友家的书籍文件，凡有名字笔迹者，在所谓清乡时亦都毁去，报纸对失败者常尽揶揄之能事。一日彭君来吾家闲谈，这位向以浑厚见称的好好先生忽然愤慨说："社会若如此没有公理，将来不嗜杀人者要杀人，不贪财者更贪财。"虽如此说，他后来回国始终未改其恬淡无争态度。

方韵松先生邀我们到长崎住在他家，他夫妇定要让自己房间给我们。他家租的一间宽畅店面，门口挂着"厚康两替屋"招牌，原系一家停业的兑换店，他们顶来掩护身份，家眷即住在楼上，倒是地板而非席地。我们作他家的客，亦避过了警厅注意。韵松先生之弟声洞，乃黄花岗七十二烈士之一，我后来曾看见他夫妇——尤其是韵松嫂待这位烈士的一个儿子，爱护煦拂的神气，显然私的情感以外还有公的同情。我们与他家在一处时不多，这情形是常印在心头的。

民国四年（一九一五）二月，我们启程赴美之前夕，方家伉俪置酒送别，同座有柏烈武（文蔚）先生；柏家乃方家以外在长崎住家的亡命客。在这以前，我们曾到神户，遇见熊锦帆（克武）先生。柏烈武夫妇在长崎养鸡，冬天的海风将鸡棚吹倒，补苴辛苦，柏太太没有能来。几杯酒后，韵松先生硬要做"神仙诗"玩，我还是初次懂这规矩，是每人写一个字凑成的联句。起首的人写一个字，暗给下家看一看，下家以己意估量可联的一个字，把这个字照样暗给再下家一看。如此依次下去，每人只知上家的一个字，到五言或七言成句时，大家摊出手中纸条来看。我们那晚人数甚少，第一句后，容易猜出途径，闹不出笑话。酒量都还好，主人自己斟酒不停，嚷着"醉死他"，提笔将各人的字凑起来，喊"有意思"。当时这一桌少年，现在除了我，怕都已成古人。翻日记簿，还看见"相逢忽忽想当年，一醉今宵话旧缘""天边风月好，海外客途难"等酒肠热泪句。

一九一五年的五月，为巴拿马运河开通纪念，美国在旧金山的金门湾头，举行一个万国博览会。我们以观光名义而来，会里给膺白一张记者通行证。我们到南洋本想经营农业，后来仍作书生，义务投稿，天不亏人，到美国得此意外便利。堂舅葛仲勋（敬猷）先生是中国赴会代表团的一员，住在旧金山对岸卜忌利，地方清静，我们亦决定在那里住下。我自己到经租处觅屋，这还是生平第一次，运气甚好，经租人告诉我租价，我合意，他将钥匙交我，即此定议。我们租的是一所小小平房，在卜忌利街一九二八号，月租廿五美元，一共四间小房，附带厨房浴室，前后都有一点空地，家俱勉强可用，灶系两眼瓦斯，浴缸是铅皮涂上白漆。那时还没有冰箱和暖气热水设备，要热水时，到地窖临时用煤生火。右邻是黑人，左邻是初到的意大利人，环境并不算好，在我们只要价廉，已是十分满意。膺白做园内披荆斩棘工作，这屋大概久无人住，蓬蓬乱草，掩盖月季花丛，他一一清理拔除，月季干刺刺得他两手裂破出血，然立时红白花朵分明。我们后来回国，不论住山住城，园内修枝工作，常由膺白自做，这里是他初次学习。柴米之事由我担当，第一次上市到牛肉摊，柜上人问我要哪一种？我红着脸想，告诉他为煎炒用。我们每日吃两顿面包，早上牛奶和茶，中午煮点菜汤，无其他肴菜，晚上则烧饭，有一荤菜。此两餐冷食而晚上有饭之例，卅余年后我再在美国居家，仍沿用之，但饮食稍为丰盛而已。膺白喜欢吃鱼，是一件比较麻烦之事，淡水活鱼要向渥克伦定购，有中国伙食铺定期送货，吃不完保留为难，故亦难得享受。我自做衣服，用烙斗在灶火烧热熨衣，事倍功半。此时市上初有电熨斗，是最吸引我之物，而终未买。从我们有家以来，这小天地算是第一次可以"知止而定"下来的地方，比在东京时更进一步，我们开始打算一条更积极生活之路，把衣食住做到"苟完苟美"为已足。

卜忌利是那时美国西部有名的一个大学所在地，我们幸得安居于此，不可错过机会。那年的暑期班我即报名听课，我选的是历史和新闻学。前者是我自己的嗜好，后者是膺白所怂恿。美国大学暑假很长，暑期等于一季，有钱人读了，多拿学分以速成就。无钱人做一季工作贴补学费，中小学教员借假期进修。美国的中小学是公费，大学则很多人连父母之钱都不用，而靠自己工作。这一年卜忌利大学的暑期班特别兴旺，为巴拿马万国博览会，许多教者读者从远方来顺便观光。历史班的学生很多是中小学教员，有的看来年纪已在四十岁以上。卜忌利本无新闻一科，这年的教授是从堪察斯省而来。膺白常常同我谈，以后回国，无意从政，我十分同意。我很希望他教书，不因为我自己是一个教书先生的女儿，我觉得好的教师不仅要求学生举一反三，教师本身亦要做到教"此"而能启示"彼"。膺白注意一个问题时，常搜罗前后左右许多问题，他自己说是受军事训练之故，我以为是他一种性格，于中国新兴的教育，需要求多方面的了解甚合宜。但他自己有愿做一新闻记者，他说做记者的条件，要看事很清楚而比人早一步，要热情而自己没有支配欲，他自以为合格。他发见我有和他近情之处，所以怂恿我听新闻课，希望我做其记者的记者。卜大有名的露天希腊戏院常是我们坐谈处，共和党的老罗斯福到西美演讲，亦在那里听了。

旧金山有两份国民党的报，同志们过路都停留往访，有聚会，膺白都被邀参加。那里主持的是林子超（森）、冯自由、马礼卿诸先生，几次饭聚亦邀我，这时熙文尚在小学，不能让她回来一人在家，故我没有去参加过。我们在卜忌利期间，钮惕生（永建）、张溥泉（继）二先生都来过。溥泉先生系从法国来，重回日本，曾在吾家一宿。我们自己有两条毡子，一条被，没有用房东旧铺盖。溥泉先生至，膺白先拿鸭绒被给他，临睡怕他不够，再去问他，这位天真的客人躺着说："你再给我加上条毡子吧！"没有问我们还有什么。一直到民五（一九一六）大家回到北京，膺白当着溥泉夫人讲起这件事，他笑说："谁叫你同我客气！"

巴拿马万国博览会在晚春开到冬天，一直是加州最好时光。会场内分三个部门：一、以国家分的各国政府馆，是用建筑和陈设来表示各该国的特点。中国政府馆建筑做太和殿模样，里面陈设是大厅用的广东红木大几椅，惜因经费不足之故，连徒有其表的规模尚未做到。美国自己则每州有一专馆，各以特产或特点作显著表示。二、以赴赛物品而分的馆，如农业馆、工业馆、教育馆、美术馆等，每一馆里各国分区陈列其出品。三、游艺街，是饮食和游玩的地方。一处巴拿马运河缩影，电动船只过闸过河，看客座位自动绕模型一周，有耳机听各种说明，最吸引人，门票亦最贵。有一处做中国人吸鸦片聚赌之状，经抗议而停业。这年因第一次世界大战已起，欧洲参战的各国都未能如约参加赛会，仅有商人出品略资点缀，然美国本国的耀富，可以填补空虚。美国繁荣虽未如今日，而科学进步和机器生产已经甚为显著。从原料到制成品，经过阶段，可简单实地表现者，在大小公司广告中都可看见。参考说明书取不胜取，一本机器孵鸡说明书，我们藏到民十七（一九二八）上莫干山时。日本赴赛甚认真，他们的茶叶展览，附设品茗处，即在布景的茶田旁，采茶少女白衣白帽，洁而美的神气，宣传了表里一切。中国代表团先闹人事纠纷，携带难以解释的家眷，出品既贫乏，准备亦不够经心。有余沈寿的手工耶稣绣像，至夺目，陈列在美术馆。

暑期将过，美东的朋友们都想和膺白见面，晓垣、醉六二君曾西来小聚，同我们同往圣诺泽访一对美友琼司老夫妇。克强先生在费城，膺白颇拟往访。时中国国内，袁世凯在屈服于日本所提二十一条要求后，犹不知奋发，而叛国称帝。筹安会鼓吹帝制的六人中，竟有一半是以前革命党人，使人憬然于"权"与"利"之足以毁人而祸国。在国外，热心组织的人将救国大任集中在一点。辛亥以前，进同盟会准备革命，许多人在读书，这次，能静下来读书的人很少。世界大战尚不致于崩溃，而我民国已在崩溃。我要住下去读书，膺白彷徨不安。商量下来，留我与熙文在卜忌利，而膺白一人东行。有一关君介绍一位史小姐，曾在中国传道，其家住有另一中国女孩，可与熙文为伴，商将熙文寄宿史家。我觅得华格老太家一室，每月膳宿二十八美元，不但取费公道，其家有三女一甥，或在卜大读书，或已做事，均与我年相仿。史、华两家均系虔诚教徒，与当时西美歧视黄人态度不同。

这安排并不容易，机会算很好，我已经搬到华家，膺白正将动身东行。一日，忽得我母亲逝世之耗，晴天霹雳，我几乎支持不住。父亲曾病肺，中过风，弟妹中性仁最长，仅年十九，母亲乃全家最重要不可缺之人。我对膺白说："戊戌之后，康梁亡命十四年，辛亥始得归国，我们的机会不知在何时？若许我回家省父一次，分弟妹之哀，则与之终身异乡，亦将无憾。不然，若父再不讳，我其饮恨无穷。"他甚为同情，全盘计划作一大转变，立刻为我筹备起程。我顾不到我动身后他父女二人如何生活，后来时势促成他们亦提早回国。为我动身，膺白决定停止美东之行，他和熙文搬到旧金山住极简单的旅馆，到中国饭店常点一只酸辣汤，以其价廉物美，这是美金一角五分最起码的菜。几年来无可如何糟掉的钱不少，打这样小算盘无济于事。平常膺白笑我把美国鸡蛋看得那么重，三个人的菜汤只肯用两只蛋做蛋花，用手括蛋壳至干净，亦是只打小算盘。他后来告诉我，在旧金山候预定之款不到，熙文拿出珍藏的小金元给他，还问金项链是否亦可变卖。他说时犹甚得意，令我感动。至他自己，放我走得那么远，并不预料可以接踵回国，这些，都是难忘的人情味。

这时，美国太平洋邮船因工会排斥华工而停航。日本船因欧洲战事需要物资航运而改向印度洋，中国人亦因其提出廿一条要求之故，排斥日货，不坐日船。我等候到十月底，有侨商临时组织的航业公司，第一条船系买的旧船，改名"中国"，往来太平洋，始得动身。上船时赓白恐遇见熟人，于我回国不便，仅送至半程。华格太太母女携大束菊花来送别，甚为殷勤，我导观房舱等处，故不寂寞。以下是我动身前赓白几段日记，录以记岁月：

民国四年十月四日，仲舅传来岳母逝世之讯，予妻痛不欲生，虽尽力劝慰，终觉苦不胜言。研究结果，势不能不变更原来计划。

十月九日，偕仲舅渡海售皮衣，不料又为商人作弄。

十月十二日，欲渡海而石醉六兄来访，谈赴日不赴日问题。定妥予妻舱位。

十月十六日，醉六来访，言决计东返，已接克强先生详函。

十月二十日，渡海访醉六，知已为定妥撒克逊旅馆二十八号房，即晓垣上次住过之室。又定妥邮箱四九六号。五时访片桐，取得醉六等船票两张。予妻写好两函，一致岳弟媳，一致志弟，托醉六带至横滨付邮，图其快速。

十月廿三日，午前醉六来，同至新中国旅馆访溥泉，即此送伊等行。同志行踪皆不便，无人送至码头，仅在旅馆握别而已。

十月三十日，午前九时半，仲舅来，即携行李偕予妻登车，恐船上耳目多，送至半途。别后恍惚，呆立半时，缓步将乘车至渡船处，又遇仲舅正在寻我，因适间忘将船票交予妻，幸而遇到，否则窘矣。复近车边与予妻谈数语，举手作别。

张溥泉、石醉六二先生离美，决定在我之后，而起程在我之前，他们先到日本，且不得不坐日本船。十月廿日赓白日记所言片桐先生，乃在东京时房东河田家好友，服务船公司，故张、石二君托赓白觅他代购船票。

航线减少，当时购票是极不容易的事。膺白和熙文后来只买着一只日本货船的票而行。我坚持要坐中国船，宁多候一星期。托石君带寄岳军嫂和吾弟君怡信，是告诉他们我将回沪。

醉六先生名陶钧，湖南人，此去即为云南起义的蔡松坡（锷）先生参谋长。他诗文都好，极好学，由军人改攻哲学，为研究叔本华哲学而愿作一个老朋友资格不比他高的随员，到德国读书。他给膺白的信常有笑话，一次附一相片，背后题有诗，然诗与人方向颠倒，要翻过来从脚底看起，我现在只记得其中"与君相遇海复海"一句。又一次是不用年片而写信贺年，说了许多寄年片费时费事的话，末后亦附一首诗。膺白看了笑说："这岂不比寄贺年片更费力！"回中国后，我们和他见面机会很少。膺白无论何时不会忘记老朋友，我今无意中留着他一封信，并不足发笑的一封，是民十四（一九二五）段执政在北京召开善后会议，他的朋友李君代表云南唐蓂赓（继尧）兄弟到京出席，特介绍于膺白，函中"桑港分袂"云云，桑港是日文称旧金山，堪与上引日记相证，特附于后。亡命以后，朋友们借我名"英"或"云"称膺白者甚多，膺白自署亦有时如此，民十五（一九二六）后他发电还都署名为"云"，石君函上款犹沿此例。"朱志成"是膺白为石君买船票时临时拟的假名，当时亡命者到处用假名，我不知他为溥泉先生用的什么名。

至膺白日记所言"售皮衣又受商人作弄"，此事说来话长。民元（一九一二）我们北上至津，准备出国，膺白和我各买皮统做大衣一件，我买一件灰背，他买一件海龙，商人谓这件海龙极难得，怂恿再三而买。他这件大衣是我们到美行李中最好之物，他立意要卖去。一日，他接到一个在日本的朋友信说：拟回国见父母一面，死无憾，倘有不测，以家眷相托。膺白看信不胜凄怆，极郑重来和我商量，他说到那种偏远之乡，如何保得住不被人中伤？等朋友遭难而顾其家，为何不先顾朋友本人？添一两付碗筷不费多少，不如请来同我们一起用功读书，断其回乡之念。他说时惟恐我不同意，见我亦几乎下泪，他感动得说不出，随即起草发电给这朋友，请候他挂号信到再离日本。写一封极长而具体的信，务请其来美，怕其过虑，诳说我已经得到留学公费。我的一个亲戚其时为欧洲留学生监督，我们说诳以此为理由，其实欧与美风马牛不相及。这件事关系的几面都未知道。这朋友后来到南洋教书，未回中国，亦未到美国。膺白第一次拿了皮衣求售在此时，第二次为我动身。当时陪他同走者为仲勋舅，介绍侨商者有一关君。

后来膺白匆促登程返国，曾有克强先生帮忙，后章再述。

一〇　归国

我在归心如箭之际，固执要等候侨胞临时组织的船公司，究竟坐着了第一艘航行的"中国"号而归。虽是一条旧船，开行前升着当时的中国国旗，行掷瓶典礼，多少有一种安慰和满足。这条船甚小，载重量不过八千吨，冬季风猛浪大，我昏晕不堪，旬日始能起床。世界航路本以走大西洋的船最华美，吨位最高，我后来坐过一条四万五千吨横断大西洋的船，正如海上一宅钢骨巨屋。走印度洋经过苏伊士运河的船，因河道狭窄，大船难以通过，吨位最小，直至德意两国竞相研究，始有一万吨以上设备新而讲究的船。太平洋航路以日美两国为主，大都在二万吨以上，我们去美国时，坐的美国船"蒙古"号，其载重量为二万五千吨。我不但这次坐了"中国"号，民九（一九二〇）我们再度出国，还与膺白共同决定坐该公司另一条船"南京"号，亦仅一万一千吨，这个侨胞的船公司本与洋商合作，此时已近尾声，将停业，我们总算坐过他仅有的三条船中之二。第二次是眼前放着日美两国大船而不坐的。

　　"中国"号船上有不少由赛会回国的人，我在乘客名单上是黄太太，南方话黄王同音，我的英文拼音实在是"王"，大家只知道我是仲勋舅的亲戚。和我同舱是一美国中年太太，丈夫在陕西延长煤油公司任职。分铺位的时候，发见我买的是上铺，我要晕船，上落不便，和她商量将小零件安置上铺，而我搬睡榻上。榻甚窄而临窗，两人都嫌舱内空气不清，把圆洞窗掀开一点。一次，一个大浪将窗打开，海水扑我满身。后来她再要我开窗时，我说除非她肯和我换铺位，于是我们不开窗而开门。一个德国小女孩不过六七岁溜了进来，看见我喝剩的半瓶姜水要喝，我倒一点给她尝，她十分高兴，以后常常进来，跳舞唱歌，有时临走还要说一句"我爱你"。大浪的惊醒，和这小姑娘的讨人喜欢，医好了我昏晕之苦。后来知道同船有不少德国妇孺，从参战的国到不参战的国，她们想不到后来中国亦会参战，此时是到中国去安身。同是天涯沦落人，我不免对这小孩格外同情。

同舱的美国太太是初次出国，还没有久居东方的西人优越神气，她来自美国很偏僻省区，有点乡气，一路同我成莫逆，什处事都和我商量。她把带着的现钱挂在贴身，关照我钱要小心。稍为支持得起时，她先上甲板，劝我亦快离开房舱。船到长崎，我们知道这次航程是先到香港，归途停上海。船长通知乘客如要早到上海，可以换船，不另加费。恰巧当天有开往上海的船，同船的人都愿早到而换船。换船后，忽然这位太太又来找我，她向船主要求与我同舱，说话弄不清楚，要我代为解说，终究原定在我舱内的客，和她对调了。

我们的船离美国海岸若干路后，即不能收无线电，直到近日本若干路程，始再得到岸上消息。近日本时，有关中国的消息亦就多起来。我听到上海镇守使郑汝成被刺身死之讯，暗想国内必将有事。此人是袁世凯派到上海侦察革命党情形的第一人，名为祭宋（教仁）代表，实际二次革命前他船运便衣海军到沪，猝入江南制造局，决定了上海的成败之势。清末练新军，派留学海军到英国，陆军到德国或日本。郑汝成是早期留英的海军学生，上海租界英国的势力最大，袁世凯可说善于用人。

同船的中国人对袁氏称帝并不赞成，但提起革命党亦无好评。我碰着一件很窘的事：一日不知如何为新闻中有章太炎先生而谈论起来。太炎先生民二（一九一三）北上，即被袁氏软禁，他的女儿㸚（龚味生宝铨夫人）民四（一九一五）去探慰，他说了些刺激话，女儿不久自杀。这日我们船上有人论他学问虽好，对政治不免疯。我说中国人有状元宰相思想，以为读书即懂政治，其实懂政治必须读书，而读书不必定懂政治，严慈约（智怡，范老次子）先生大以我言为然。他是参加巴拿马赛会中国部门最出色的一个人，自己在天津办有造胰公司，在美聘了一个原籍荷兰的化学工程师回去。当时有这种气魄的人还不多，我曾经在天津见过当地新教育新实业气象而懂得。他月旦革命人物，提到浮躁，一批人中带着膺白名字。我力持镇定，装作无事，而内心甚窘。这真是难得之"监"，如醍醐灌顶，言者无心，而听者则益知进德修业之必要。若干年后，慈约为孟和来求性仁之婚。孟和之妹，系慈约七弟季冲（智开）前室，吾家因性仁故，与严氏间接成姻谊。膺白最后一次在北平，慈约兄嫂特由津来晤，距慈约去世仅数月。民廿五（一九三六）膺白之丧，七弟季冲到莫干山送葬。范老为膺白生平最敬慕之前辈，知己之感，永不忘怀。我故琐琐记此。舟中一席话，我亦曾告之膺白，同相勉励。

我在将到上海之前，与仲勋舅暗打招呼，行李勿放一起，登陆时勿相顾。他供职北京农商部，我不欲累他。我穿着西装而归，下船时一脚夫为我提皮箱，我见一辆黄包车即坐上，不讲价，挥手叫走。脚夫要我加钱，我在皮包掏出一把角子都给了他，我先所付已经逾量，他实在有点欺生，我不觉说出一句"便宜你"，他恍然曰："原来是本地人。"我的皮箱很小，搁在车上，一路到北四川路求志里张岳军嫂处，住在她家，受她母亲马老伯母的招待。

父亲得讯，由性仁陪侍到沪看我。本来我赶得上母亲开吊之期，其时反对帝制之势日甚，防范益严，父亲怕我回里不便，婉转使我明白，勿去嘉兴，他允我事毕搬沪同住。母亲吊期，父亲把性元送沪，使我感觉不仅是我一人未尽礼。接着膺白的大哥二哥都到沪。使我最感动的，我的大姨母——我母亲惟一同胞姊姊，向来不大出门，亦到上海看我。大姨母亦是我的寄母，我称她"好伯"。我有几家寄父母，都是至亲好友。亦曾寄名给观音菩萨，去上过一次幡，还在祖母在世时。有人同我讨论过"寄名"，嘉兴人称"过房"的由来，我只想出三点原因：伦常更加满足；社交减少拘束；和生肖相生相宜的迷信。我寄名给一个堂房舅母和我的七舅，都在他们病时。给观音菩萨大概在我自己病时。我的"好伯"是我出世后第一个寄母，适桐乡沈氏。我幼时代母亲写信，母亲口述"请姊禀明堂上，买棹来禾，盘桓数日"等话，然望眼欲穿，除开外祖家有事，好伯总不来。我母亲之死，她闻讯立着无言软倒于地。这次的来，她自比母亲以慰我，亦以见我而自慰，真是难得之事，非常之情。

上海的一般人都胆小。受二次革命影响，逃亡在外而不习惯久居的商人，有的经过担保或自首方式，而回沪蛰居。七浦路周寄母家人多，仆从口杂，我去信告知，而自己没有去。忠心的老徐妈，同吾家周老妈妈一样，看见后一代的人长大起来，愿在夜间来接我，直到寄母房内，我不愿如此。我由美国动身时，膺白等候到期的一笔款，以为已在途中，我到沪接他电告款仍未到。我甚急，请仲勋舅访周家寄父，我立刻需要汇美国的钱。次日一早，寄父送钱到张家，叫包车夫替我雇好车，到外滩花旗银行。嘱咐我这日是星期六，上海洋商银行开半日，我若赶到用电汇，美国还只星期五，膺白在本周内可以收到。他平常上午不出门，出门坐汽车，这日为怕汽车夫认识我，大清早坐包车冒风而来。我赶到银行及时电汇出美金八百元，这情形亦至今难以忘记。

膺白已向克强先生借旅费，信到费城，克强先生立刻如数寄款给他，我的电汇到，他先还一半而动身。临行通知邮局信件统转费城，托李晓垣先生有挂号信请拆看，汇票兑还克强先生。两个多月后接晓垣先生函言，只有一封挂号信，依言拆看，是我给膺白报告旅程推测时局的信，甚长，他说："即与克公同看。"膺白与晓垣先生后来交益厚，我亦入了共同朋友之列。本章后面附影克强先生亲笔一封信，信尾带着有我的一句，是在看过我家信之后，惜晓垣先生的信已不存，亦不记得当年批评我那封家信的话了。

膺白和熙文坐一条载重不到六千吨的货船，大寒天走北太平洋，白令海峡。风最大时，一日舵索急断，船身侧至三十度，幸而修好，然货物已倾倒一边，船侧身而行到横滨。这时云南已经起义护国，先我而离美的石醉六先生为护国第一军蔡松坡将军的参谋长。李协和先生为护国第二军总司令，与滇督唐蓂赓（继尧）都是丈夫团分子。我到长崎晤膺白，膺白决定赴港换船入滇，我无异议而回沪。

我第一次回沪时，未曾出访膺白的朋友。先住岳军嫂处，后来父亲搬家至沪，住在爱尔近路春晖里，我搬与父亲及两妹一弟住在一起。父亲十分关心时事，痛恶袁氏叛国和捧场的一批读书人。他愈关心时事，而愈嘱咐我行动小心，我几次试探膺白是否该回来，他总踌躇不放心。

从长崎回来，我问到了由日本及南洋回沪几个朋友的地址，开始去访问他们。当时与革命有关的人都住法租界，法租界比较对革命党宽松而同情，不像公共租界的祖袁。殷铸甫先生家住宝昌路（后改霞飞路）协平里，他从东京回来主持《中华新报》，我第一去访他，他给我报馆所有的新闻消息，极力主张膺白回上海，比到西南有效。他是浙江温州人，国会议员，与浙江文人较熟。举事要靠武人，而武人并不胆大，尤顾虑利害。我又到渔阳里访彭凌霄先生，他虽是江西人，但有个朋友夏钟伯（尚声）是浙江人，正在奔走浙江的事。还有嘉兴人徐忍茹等都在活动，都在焦灼。见我，众口同声要我电止膺白入滇，而即返沪。我估量形势，浙江倘能早日明示护国态度，则足以震动长江流域，缩短战祸而促袁之早亡。膺白于此，若可尽一臂之力，则不虚此归。遂将详情报告他，他复电即日返沪。

我后悔未劝父亲住法租界，后来可以省不少事。当性仁与我商觅屋地点时，我们想着父亲曾在商务印书馆编译所，熟悉北火车站附近地区，回嘉兴亦容易。看到春晖里，房子虽旧，天井厢房尚宽畅，父亲步履未复元，住楼下，此甚合适。还有那"春晖"二字非常打动我们，母亲去世后的父亲，慈爱真如我们的春晖，故此决定下来。

接膺白回沪讯后，我自己必须在法租界觅屋，瞒着父亲，瞒着弟妹，我每天一个人跑。为保密，出门先步行一段路，每次在不同地点雇黄包车，我本不熟路径，法租界有许多新开的路，车夫亦弄不清。我常谨慎，未到目的地而先下车，因此走得多，费时间亦多。铸甫嫂郑惠昭曾和我为先后同学，这次我得她帮忙甚多，亦常到她家里息足。我顶得协平里一个葡萄牙人的屋，不向经租处过户，由她接洽而成。初搬的几日不能自举火，吃她家的饭。她夫妇为瞒我们姓名，让孩子们呼我为"姨"，后来膺白到，只称"伯伯"。我们一生朋友中，只殷家的后一辈给我们如此秃头不加名姓的称呼，怕至今连他们自己都不知所以然。那葡萄牙人背约将水电割断，我不能不自到电气公司请接线。当时朋友们化名均用太太的姓，一猜即得，于是我不言姓沈而言姓孙，一个职员见我所开地址，说早上有人来过说是姓沈，原来铸甫先生已经代我去过了。患难中有这些友谊。

我把协平里的屋布置得像个家的样子，法租界虽对政治稍宽，然于治安并不放松，没有家具最易受注意。我想要连邻居都瞒过，到北京路旧货店把一楼一底家具买全，一百多元，吃睡起坐俱有。这点零落木器，后来我们南北搬家，都不忍舍弃，直至民九（一九二〇）再度出国，始全割爱。

膺白到沪，要与内地来客面谈，彼此都须秘密，我们又租了淮河路一所屋，离协平里不远，屋亦更小，我的堂姊景文夫妇允代管屋和传信。浙江军人周恭先（凤岐）由杭州来，在此相晤。膺白竭诚向本省有实力者陈说所见到的是非利害，劝其顺着人心，脱离势在必倒的袁政府。浙江早动则局势早决，缩小战祸。由他们主动，则一举手之劳，否则秩序一乱，地方受灾。他一再表示，只愿在外面为桑梓尽一点力，自己不想回本省做事。他所最希望的有两件事：浙江人团结——保持已有的实力，和地方秩序不乱。自二次革命失败以后，北洋军阀的兵节节南下，江苏、安徽、江西、上海，包围浙江的各省，已尽是北兵的防区。北洋军阀的坐大，和后此为祸中国的"北洋军阀"四个字，即在此时养成。南方的老百姓文弱，称为"北佬儿"，心怨而口不敢言。膺白略知南北形势，且由异国亡命归来，不由不竭力希望桑梓之邦，幸免入这腐化的武力圈套。

浙江省城杭州，有西湖，水平无浪，丽而不宏。五代钱氏在此保境百年，南宋赵氏到此偏安不思进取。地理和风物，影响省民性格，影响政治。当时的浙江军民两长朱介人（瑞）、屈文六（映光），久与袁氏相安，游移不定。朱生活腐化且病肺。屈曾表面独立，而暗中通款于袁，袁以明令加屈官，实揭穿其隐。于是浙江护国须另推新人，亦即实际掌兵的军人。民国五年（一九一六）的四月，浙江始明白加入护国军，其阵容为：督军吕戴之（公望），省长张暄初（载阳）；童伯吹（保暄）、周恭先各领一师；夏定侯（超）主全省医务。其中吕与童系保定军校出身，张、周、夏系本省武备出身。杭州来人都给这些人以绰号，我曾听说"辫子"如何，"天师"如何，"瘅子"如何，指的即是"屈"、"张"、"吕"三人。浙江脱离袁政府而独立，加入护国军，实系大势所趋，且有江苏影响，非膺白之力。膺白的行动和工作亦完全自动，未受任何方面指使或帮贴，个人更无所企图，几个朋友觉得他能如此做，他自己亦觉得应该如此做而已。下有克强先生民五五月十八日一函，略具当时之事，是仅存的一封，距克强先生去世不过五个多月。原函如下：

膺白我兄左右：自驾返东，音问时疏，小垣兄奉函中想能道悉弟状一二矣。兄到沪后苦心经营，时于同人函中得知，不胜佩感。兹浙省既团结巩固，对外自可发展，东南半壁非特以奠定之不可，亟盼补充实力，以全力先收复海军，庶声威可振。于输运械事一项，尤关紧要，已另函致戴之、文庆、伯恒各兄，请为特别注意。我兄深谋远识，当早计及。此事关系极巨，海军若来，袁势可去其一半，于外人视线更可改观。沪上于海军能接头者想不乏人，闻少用先生久已经营此事，可否与之接洽，望与浙当局一商之。弟本月九号抵东，小垣兄同行，去国既久，情形殊多隔阂，且现在时局，一日万变，请时赐教，以慰旅愁。浙中款械事，运隆兄已竭力与日磋商，当可有获，弟能力可及，自当尽量援助。手此即颂毅安。尊夫人归国后想佳适也。弟兴启（民五、五、十八）

函中王文庆、莫伯恒（永贞）均浙籍国会议员，运隆（张孝准）湘籍，似系辛亥南京临时政府陆军部军械司长。所云浙中款械事，膺白未预闻，他终生未参与向外借款或购械事。此函是来信而非答信，看文字可见，想另有人函托克强先生，而克强先生则以事关浙江，故一并以告膺白。海军独立，浙江负担三十万元，一张支票送由膺白交唐少川（绍仪）先生。当时海军只有闽系，平日生活甚豪，而在政治运动中讲价，膺白不与有直接关系。克强先生右手失去食指中指，函以三指写，书法健美，而文亦谦厚如其人。

五月间，两广云贵各独立省，成立"军务院"于广西肇庆，是集体制，而以岑春煊为都司令，梁任公为都参谋。岑春煊字云阶，为清末大吏中堪与袁氏抗礼之人，籍隶广西西林，大家称他西林先生。二次革命前他与革命党人友善，他曾公开电责袁氏，故后来亦亡命南洋。他不但是西南人，清末他任两广总督时曾招抚土匪投诚，即早期的桂系陆荣廷一派。北洋军阀势力始终未达两广，故陆荣廷一派在两广成了拥兵疆吏。岑西林之在西南，以有此聊可指挥之旧属。国民党人自反对袁氏帝制的护国军起，前后与岑共事者甚多，而多数为国会中之政学会派。自军务院而后有七总裁，似即由此国会所选出。这些，我们住在北方，但见国会忽南忽北，其间如何相结恩怨，我们在天津闭门写读，均不预闻。我第一次知道国民党与岑结欢在壬子（一九一二）癸丑（一九一三）之际，一日膺白不知由中山先生抑克强先生家开会回来，说袁氏无论如何不能与南方气味相投，岑西林足与相抗，有人疑岑终是官僚，有人以袁有实力，而岑则否，不妨相与。为前说者何人我不知，为后说者系汪精卫，汪的主张，当时是很有力的。

我没有见过西林先生，膺白亦没有做过他的僚属或与他共过事。民五（一九一六）以后，有一时期，上海的岑公馆常是人才会集之处，中有许多膺白的朋友，因此我们偶然南归，膺白亦常往岑公馆，常被留共饭。岑家的肴菜大概很讲究，一次膺白吃着一味不认识的菜，欲放手而西林先生固劝，他回来疑心是蛇，甚悔。西林先生送过膺白一副对联曰："其人如精金美玉，所居在让水廉泉。"何所据而如此许可，不得而知，我则不免很向这几个字向往。民九（一九二〇）我们出国，他托膺白带口信给他在美的一子一孙，并托照管。民十六（一九二七）膺白长沪市，接他一封介绍一个侄子的信，信送到我们家里，故我得看见其亲笔。信中有"惟足下可托"之句，知其晚景不顺。

膺白仅有的一次和西林先生公事接触，是民五（一九一六）他做浙江省的代表到肇庆，事属偶然。浙江是护国第六军，本来愿到肇庆的人并不少，忽然六月初袁世凯病故，黎元洪以副总统继任，北京成立新政府，即将召集旧国会，故原拟南游之人，纷纷北上，不再注意肇庆，于是膺白愿代表浙江前往，为本省完成宿约，毫无其他政治作用。浙江省政府给他带一秘书张焕伯（元成）。张先生后来做过一任县长。

我必须在此附带提起张焕伯先生，他是《感忆录》里作文章的张湖生之父。膺白同他到西南一度共事之后，久相阔别，一直到民廿五（一九三六）膺白病，他介绍一个中医，陪同上莫干山。他的夫人吾梦超，与他同留学过日本，后来夫妇均吃素信佛。膺白之丧，焕伯先生助念佛几天。抗战中在上海，生活甚苦，夫妇同出负米。王大纲与湖生交厚，湖生在渝，大纲得便常送点糖或油存问二老。复员后，他们另一少年朋友汪公纪（绩熙）返沪，凑款与大纲二人代表去省视两老。这几位少年的义气和行动，与我毫无关系，而焕伯先生见情到我。他要庆祝抗日胜利，送一桌功德林的素菜来请我，并且说如果我不喜吃素，他可开一次荤陪吃。他夫妇是吃长素有年的人。胜利后的局势并不令人快活，他们境况亦不好。我如何可掠人之美，而受他们的情！我固辞。一日我在门前散步，远看有一人似乎负重而来，走近见是张焕伯手提四瓶酒，这次我赶快接受他的酒，而坚请取消已定之菜。相约俟真胜利的时候，大家再叙。他的长子东生，父母嫌其不羁，在中美联谊社服务，复员时接收的敌产医院隶属于此，他知道我家其时有人找事，来问我有无他可为力处。这些人情味，都难以忘记的。

膺白一生到西南，只民五（一九一六）的一次，有一半地方，言语不通，他讲说粤督龙济光见客穿黑拷绸短衫，手臂带翠玉镯神气，出人意想之外。

护国之役，浙江虽整个起义，然不过半年，内部轧铄，久在上海之北军杨善德，奉命统兵入浙，是为北兵入浙江统治之始。吾家时已迁京，补救无术。自此以后，卢永祥、孙传芳相继主浙政，随北洋军阀本身分子之消长而更迭，本省人安居其下。民十五（一九二六）国民革命军自广州北伐，由武汉而东下，总司令蒋先生是浙江人，足以警醒本省。这时孙传芳为东南五省联军总司令，出境迎战，浙江省长夏超暗储精械，以警察起事，被孙军逮捕毒害而死。我手边有夏的一封贺年信，无关宏旨。其举事膺白未预闻，浙江交通便利而有终身未出省境之人，夏君亦其一人。后来浙军第一师陈仪，第三师周凤岐，均先后通款。关于辛亥及护国二役浙江之事，除我直接所知，《感忆录》中葛敬恩先生文可以印证，他与浙江军人大半系同学或师生关系。

从民五（一九一六）到民廿五（一九三六）膺白去世，恰巧廿年，他始终如言没有问过本省的事。廿年中，浙江在北洋军阀下和国民政府下各十年。膺白自己要留得乡里情缘，晚年终老，为下一代尽点社会义务，所成无几，我在《莫干山》章中当述及。浙江在国民政府下，亦有几位省主席是外籍人，本省人仅张静江（人杰）、朱骝先（家骅）两先生，静江先生的建设至今犹留遗迹。有一个时期，一位正直到近乎古怪的湖北张难先先生主浙，又有一位纯军人湖南鲁涤平先生主浙，多数的浙江人不解其故。有人嘲笑说：谁言浙江文物甚盛？如此借才异地！蒋先生曾两次征求膺白为江苏省主席，膺白未就，然没有征求过他到浙江。除开向中央保举，膺白向不介绍人，对本省亦如此，从不插嘴人事。从北方辞职后，几个僚属请政府任用，到浙江的有一人，已在他去世的一年了。一件有趣的事，膺白在民国廿五个年头中，首尾两年，有朋友劝他为桑梓服务。前章曾述民元（一九一二）有人要他回浙江，他自己不愿，英士先生亦不放。民廿四（一九三五）的秋天，我们在莫干山，一日膺白的总角交徐青甫兄来，适膺白有北来远客，青甫兄与我均不愿与此人见面，我们到铁路饭店午餐。忽然他说：劝膺白为本省做点事吧！很多朋友会帮忙。青甫兄从来不劝进，此日不知何故。膺白和我居城市常不合时宜，在山在乡则贩夫走卒都可亲。朋友们说若民选省长，膺白当为第一个被人想到，亦最可能当选之人。没有试过，谁敢代言民意？我在中国时，见一辈少年热心政治，愿入某人某人之门，以依附始，言某人系某人之人，不以为骇异，曾大为劝告。在这种机会，人与我商，不论劝人勉己，我都说若欲从政，由基础入手，若人民真要我们，连我亦不辞。至于膺白，早把选举看得很重，五四运动之际，他劝青年不可忘读书，假期回里向众讲演投票之义，这是民主初步。

我现在要说一点民五（一九一六）的上半年我做"跑街"情形。我是一个人跑，跑马路、跑码头、跑银行、跑电报局等。我到银行时，长凳上一同坐着等候的都是商行里老司务和出店们，这些经手银钱的人当都诚实可靠。但我是一个廿几岁女子，受大家注意，我亦拘束。几次碰着廖仲恺先生，颔首微笑不作声，他不知道我在窘，而我似乎有事可向他呼援，略为安些。我跑海关打听船期，到码头接客，不像如今一个电话，一辆汽车，顷刻了事。到了目的地还常常受冷搁一边，或不给切实的答复。膺白到沪，我们住定以后，我每天替他出去接洽，走弄堂，绕马路。法租界尚贤堂、巡捕房、兵营一带，要盘旋几次。我手里拿的食篮书包等类，是"信箱"和"钱袋"，请人往来的凭信川资，都如此传递。我的装束总是个学生模样。远客到沪要晤膺白，我总先行一步，认为无误而膺白入见。我访徐忍茹的一次很窘，我心里以为他家与帮会有关。事先岳军嫂代我约定时间，地址是法租界嵩山路十二号，她补告我一句：房子很小。我从春晖里坐黄包车到法租界，看见嵩山路即下车，专向狭窄的地方找门牌，有几个小女孩问我找几号，我说十二号，她们欣然带路，到了一家，门口确是十二号。我上木板踏步进屋，有一男一女在，我问徐君，主人颔首答我，我以为这是密示在内，坐而等候，久待不至。再问，主人仍颔首支吾，倒瓶中水饷我，我不饮，他愈殷勤固请，我慌忙夺门而逃。走出嵩山路大街，见车即坐，正拟回家，见嵩山路的另一头，还有不少人家，而十二号门口，主人正立而待我。原来我所遇见道旁的女孩们，是法租界安南巡捕家孩子，她们所指示者并未错，这是安南巡捕住宅区，而主人之敬我杯水，亦未必有恶意。在当时的我，则有点惊悸的。

我到海关问轮船进口钟点，膺白由香港回沪，我必须自己去接，海关办事员告我清晨八时到埠。膺白这次回沪，我瞒着家里的人，只在夜间告知二妹性仁，倘有不测，我亦不归，托以后事，事详二妹性仁章中。我整夜未睡，清晨七时即到大自鸣钟码头等候，其实小火轮十时始靠岸。今日思之，海关洋人在八时前不会办公，船如何能在八时开进黄浦江？我自无知，受此播弄。上海二三月天气尚甚寒冷，尤其在清晨，我在码头或站或缓步几乎三小时，偶尔在岸旁铁椅小坐，有人指说，"座位专为西人而设"，视之固有其字。有些西人在所谓殖民地或半殖民地作下许多可恶之事，使世界至今不安不平，惜潮流滚去，连带许多无辜的人。

办事的人无服务精神，不惜给人上当，这是中国人最急切需要加工勉励的事。

　　我琐琐述这些事，当时因有重大目标，不觉其苦。时过境迁，犹不惮烦，我有两点愿望：一为公，即上述之服务精神，亦即一个民族的人情味，这是文野之分，我们必须努力的。洋奴、官气害得我们久了。二为私，我的小辈们以为我是不辨菽麦不识东西，而受人捧的人，我不敢的。我不勤，但亦不懒，我是并不敢享福的人，留语小辈们。

一一　迁北京

膺白从肇庆回沪，我们决定搬家北京。我们选择北京居家的目的并不想与政府生关系，当时心思甚简单，流浪生活已久，渴望要一个自由安居的家。我与膺白都不大喜欢上海。环顾生活程度不甚高，动静咸宜，城内郊外有山有水，而是完全中国风味的现代都市，我们所知道的，除杭州外要算北京。北京以政治故，文物均集四方之英，非仅一州之所有，若不自寻烦恼，实为理想住家之地。这些，或者有因后来经验而倒补出来的理由，然当时印象大概如此。我们惟一较积极的目的，为民国元年（一九一二）到北京时所得观感，无论南北之见、新旧之见、官僚与改革之见，都是精神融洽之梗，非一朝一夕可以消除，要借日常生活与友谊接触，而渐渐了解。我们二人，地方观念、派系观念都不重，有志于此，愿在北方社会做北方百姓。这点想法，虽然过于天真，后来我们在天津几年，差不多都做到的。

　　北京的新政府是继承旧法统。袁世凯做了四年总统而要做皇帝，在龙袍宝座已经备好，封爵已出，御制的各地劝进书纷至之时，忽然民四（一九一五）十二月廿五日，云南一声起义，蔡锷提一旅之众，直入四川，全国景从。本来袁氏称帝以前，北洋军队和他的心腹文武，已满布全国要津，只余西南一角，地僻力薄。他用极相信的一个心腹陈宧做四川将军，足以镇慑。蔡锷率军入川如破竹，各处响应护国之际，陈宧亦电袁请取消帝制，这是袁所万想不到，痛心的致命伤。袁取消帝制而仍为总统，以后的争持是护国军要他退位，由副总统继任，而他和他的家族左右尚思恋栈。袁世凯是一奸雄，他是不肯示弱的人，无路可走，称病，中西医药杂投，如此内外夹攻而忽然病死。他死，顺理由副总统黎元洪继任，除通缉少数帝制余孽，一切实力还都在北洋系军人之手。北洋系军人有三个巨头，人称王龙、段虎、冯狗，以状其性格。王士珍无政治野心，后来常在紧要关头暂维局面，或任和事老。冯国璋不过贪俗，做江苏督军后做总统，没有自命不凡的抱负。段祺瑞在辛亥革命时，曾领衔将领劝清帝退位，事系受袁氏指使，然袁氏称帝他不赞成。后来还有一次张勋拥废帝复辟，迹近儿戏，是他就近讨平，以是有三造共和之称。他长陆军部有年，旧例，对后辈陆军学生可看作门生。他的性情有点刚愎，对民国由革命而成的观念甚狭窄。他与北方很多人，都以为民国是由北洋许多识大体的军人，请清帝让位而成的。

袁世凯去世以后，继任的黎元洪，有人称他朴厚，有人评为庸俗，然他身边亦颇有能文之士。袁欲称帝，封他为武义亲王，他没有接受，这点颇得护国军的好感。黎为总统，段为国务总理，大权由总统府移到了国务院。为召集旧国会问题，段第一表示异议，护国军争持而卒召集。这个旧国会即是民元（一九一二）所选出，民三（一九一四）为袁所解散的一个。由民意言，距选出已五年，且程度不齐，很少可以真正代表民意。以法统言，比后来的所谓新国会到底合法。

段祺瑞内阁里有国民党参加的三部：农商（谷钟秀）、司法（张耀曾）和半个财政（次长殷汝骊）。前二者总次长均国民党人，后者只一次长。当时各部均只一总一次，而财部有二次长，其一实为盐务署长。这个政府，总统府与国务院之间关系如此，国务院内有一部分国民党人，还有一个国民党议席占多数的国会，国会有八百个议员，其不平伏而参差可以想见。人情偏袒弱者，黎虽非革命嫡系，而国会与他自较接近。府院之争，国会是祖黎的，亦即国民党在黎的一边。我这里所言国民党，还是民元宋教仁奔走所成的党。

有人以为讨袁护国是南方，南方是革命党，亦即国民党，并不全对。护国第一军蔡锷是革命党，亦是梁任公的学生，他首义发难，经过极艰苦，而任公以文章反对，实开其先。任公且亲到西南，他是进步党即世称之研究系。蔡之参谋长石陶钧，则即上章所述先我离旧金山，而在美与克强先生同处之人。护国第二军李烈钧是很显著的革命党。当时，凡同盟会同志皆自以为是国民党，不一定有形式。浙江为护国第六军，主持的人曾否入党，我未注意。据我所见，反对帝制而护国，是"人自为战，人同此心"的一件事。

我们在沪准备搬家时，入阁和国会的朋友们都已纷纷北上。我不知平常本省对本省籍的议员如何照顾，这次浙江是似乎很负责任的。北上的朋友们都劝我们早搬，我们托在京的亲友觅屋，来信说觅屋甚难，议员有如此多，文武新官亦不少。帝制余孽仅通缉为首若干人，并不甚严，本人向天津租界一走了事，家眷不必全动，屋不空出。留在香港读书的熙文已经放假回来，我们急于在秋季开学前搬好家。松江一个族兄来说，松江的中小学办得认真，比上海好，几个侄孙女可与熙文为伴，本学期何不在松江入学，有本家照应，则搬家不必如此急。膺白在亡命时，曾自教熙文功课而不克持久，他觉得疏忽熙文学业已久，想到北京好好开始，不再移动。我亦坚持这次是真姓真名之家，要合家同住同享。民五（一九一六）的八月中，房子实尚未定，但已在进行，我们将行李交轮船运至天津，三个人和小狗"跋涉"坐火车到津。"跋涉"是我们新添的家当。膺白有犬马之好，我虽不喜，勉从其意，到站由熙文牵蹓。

到天津后，商定膺白独先赴京，接洽租屋，我们在津候行李到，入京进屋。不数日，来信言屋已租定，正拟入京，而膺白亲来接我们，我知他甚忙，此举似可不必。他拿出两份电报给我看，是二妹性仁发来，由绒线胡同殷铸甫先生转，第一电言"父亲病，盼速归"，第二电言"父病系中风，由德医克礼和江逢治二人诊治"。膺白告我，他已电复性仁，候其续电，无续电，父病或已有转机。他与我商，想不到此次未担任职务而亦很忙，殷先生曾将电报压住一个黄昏，待一件事毕而告诉他。他说，如果我能先到京，将家安顿好，决定熙文的学校，然后返沪，则可以从容多住，不须后顾，为日不会多，在他们则得到不少方便。倘我急于回沪省父，则由津折返，可少走一段路程，因此亲自来面谈。

此时一家尚在途中，实在还没有家，连一个得力的老妈妈，已经在我离沪前，回到父亲家里。搬家和用人，我在与不在将大不同。我对事务并不能干，但这次是需要我的时候。去年在美，我要回国奔丧省亲，膺白十分同情，让我远走，此次我不能为他们作旬日稽迟。我答允先入京安排家事，并催促即日动身。我们搬进翠花街住屋的第一日夜半，接我父亲去世之电。呜呼，距我在沪叩别不到半月也。我匆匆复返沪，租界章程，三日内必须出殡，我到沪之日，父亲已停灵锡金公所。由周家寄父的关照，公所特将三间房打通成一间，父亲停灵之处如大厅一样，衣衾棺木丧仪，均由寄父母指示弟妹，不丝毫疏忽。后来君怡独自坐船运父亲灵柩回里，亦由周家老家人蒋兆元到码头照料。父亲去世，母亲服尚未满，寄母想起俗礼，丧不加丧，夜间电话通知老妈妈，告弟妹等先除服而后再成服，一切周到仔细。

我回嘉兴奠母亲之灵，去年我为奔丧归国，实未回过嘉兴。这次在嘉兴，我们手足共商家事，决定父亲开吊期在次年清明，届时膺白当可同我南归。君怡在同济开学期近，我们不可久久沉埋在这伤痛环境，应快快努力前程。性仁最有担当，母亲丧时，她在悲痛中记得母亲合意的一件绸衫，亲手改作母亲入殓时贴身衬衣。这次她愿意留在嘉兴经营父母葬事。我要性元跟我北上读书，周老妈妈再到我家工作。当我提议性元北上时，尊长中有恐北京习气，于性元教育不宜者，亦有虑我行踪甫定，凭空添一弱妹，照看不易者。七婶表示妹在嘉兴，她可照料。七叔已故，七婶自己有儿女未成年，如何再加重她责任？我同性仁说，父母葬事了后，即性仁亦宜离乡外出，则性元一人将如何？父母一生最同情失怙恃的孩子，我与性仁幼时，常受教训，退让而友爱父母不全的叔伯姊妹，如何委没有双亲的弱妹于他人？至于我在北京的生活，纵不能如父母那样振作，亦决不至于腐化，遂决议带性元同行。

我们去谒见外祖父母，继外祖母已病瘫不能动，这年冬天与外祖父相差十日先后去世，这次是我最后一次谒见了。性仁在嘉兴经营父母葬事，嘉兴风俗下葬在冬天，还要顾到附近乡人的风水迷信，有许多麻烦之事，大寒天她亲自在墓地。在嘉兴，男人办这类事都有点为难，她那时还不过二十来岁。我父母坟上，有一地主留下来的废冢，答应搬去而未搬。我手足看法相同，虽在地下，何必不容人？父母的意思定如此，一直没有动它。

性仁有疑难，向外祖父请示，外祖父去世，则请示蔚南五外叔祖，她就住在五外叔祖家，尊长都爱护有加。外祖家、五外叔祖家和我父母家，本住在一条街上。性仁去看外祖母，一日外祖母叫她走近榻前，手不能动，神志很清楚说："二官，安姨你照应点！"敬安姨母比性元大不到一岁，是外祖父母最小的女儿。这时我母亲已经去世，而年长的舅姨们均不在嘉兴，舅敬中与姨敬和远在法国。性仁记牢外祖母的话，常常同我提起，我们想性元的前途，必同时想着安姨。我生平没有做过媒，独安姨与杨公兆丈婚事是我撮合。兆丈系君怡同学好友，始终称我大姊，安姨通信，称我"长小辈"而自称"小长辈"。她的手巧极，自建筑图样至各种裁剪均不学而能，今虽地角天涯，我还看见过报上一段性元的文章，记述安姨所设计的各种"人型"展览。性元三子皆患软脚病不育，生第四子时，从医院即将孩子送安姨家。因为小着两辈，不能寄名，故称"公"和"婆"，公和婆宠爱这孩子如己出。这孩子今已届成家之年，安姨夫妇带到他能走，将上学而后回家的。

外祖父有一次出门遗失一件东西，老人同小孩一样，盘旋不肯说出。被性仁知道，走去安慰他，外祖父想不到性仁已经这样成熟，眼泪直下，不出一语，只呼"声宝、声宝"。"声宝"是外祖父叫我母亲的名字，他一时拿性仁当我母亲看。

我的确亦曾顾虑到性元在我家有不便。曾函商天津竞存女学校长陆幼峰君，幼峰是我同学。竞存规模不大，有点家庭式，我过津曾住校做过客。竞存出身的学生，大概无问题考入女师。女师是我的母校，职教员中有好几个是我同期，我希望性元将来进女师。我与幼峰商，性元住宿竞存，她年仅十一，不懂国语，新遭大故，周老妈妈是从小带她的人，我请幼峰暂用作校工，若不在预算之内，工资由我另付。幼峰回我信说：当视吾妹如其妹，而不允用周老妈妈。我虽终携性元直到北京，然感激幼峰之不徇情。我平常议论堂皇，而轮到自己，即要求如此通融！与幼峰友谊始终如一。

我为搬家与父丧，一个月间，往返南北两次。将离沪时，到七浦路周寄母处辞行，寄母嘱大妹婉青陪我到克礼医生处配方吃药。克礼医生握手即言我有热度，试之果然，嘱快快回家休息。婉青一路埋怨，她疑我发热已不止一日，还赶来赶去，称我是个蛮人。我回到七浦路即住下，到退热，医生许我动身而行。

一个家甫成，而一个家则散，父亲最重祭祖，即避乱仓皇，不废礼。初搬上海，性仁忘携香炉烛台，父命开灯，用碗米炷香成祭。而父母之祭，则中断十二年，至吾弟君怡成家而继续。君怡结婚，由礼堂回其一楼一底之家，先祭祖。弟妇的母亲应家姻伯母预先关照弟妇，祭祀先请大姊，大姊不在场则请二姊。我三姊妹让家妇先行礼，均乐。君怡丧其长子，生五女而始得一子。我常劝说，我们这一代不应再有男女差别观念。对父母，则尽父母之礼也。

　　我到北京，急急安排熙文、性元二人的学校，没有功夫拜客，其间大大得罪了一个朋友。这朋友在爪哇教书，嫁一华侨，这华侨不是巨贾而读过中国书，夫妇二人回国谋差，住在同安会馆。北京的会馆很多，是同乡人组织，便利同乡人，不需房租。会馆的规模不同，依这一乡人在京的资力而分，大体皆不差，这是旧社会的互助精神。同安是闽南小县，亦有一个会馆。住处虽不需租金，伙食当由自备，夫妇二人谋事甚急。那朋友寻昔日师友，有人告诉她，这个新政府里有我家许多熟人，找我当最有办法。她来信约我见面，我在匆迫时回答，稍缓再约，来访，门房告诉她我不在京。她以为我势利不念旧人，将我去信退回，附了一纸骂我。我去道歉，说明一个月间所遭遇，她始释然。在北京居家，受托谋事，是最苦最为难一件事。

　　翠花街的屋不过一个中型四合院，因我家急于要屋，屋亦干净，以月租七十元租得，当时不算便宜。上房有五间装有地板的屋，向南，和一块铺砖的四方院子，最是合用。在花市买得盆景，夹竹桃、柑橘之类，皆耐久不费事，菊花种类尤多。北京有靠种花为生的人，亦有真能赏花的人。家里有几盆花，不算奢侈。我参观过"花农"的地窑，冬暖夏凉。想去而没有到过供给首都蔬菜花果的郊邑丰台。我们住定下来，已在秋冬之际，故第一期买的是耐寒之花。这样本地风光的四合院，我还是第一次，很喜欢它的安和静，很坐得住。北方少雨，常年阳光，负暄廊下，更属乐事。其不便处，佣人更多。我们后来搬天津住新式楼房，只用男女工各一，在北京则加倍尚嫌不够。

　　中央公园是我们差不多每日必到之地。民国以后，真个还给人民之物，不论其为点缀市容或为大众享受，这公园要算一件值得大书的大事，一天不知有多少市民进出，无须门票。那时的内政部，是袁政府时代的，功不可没。北京可流连处甚多，而公园则在中心，本是皇宫的一部分，贴近所谓"三海"。民国后清帝仍居宫内，即后来故宫博物院所在，是从前的"大内"。三海作为总统府，此外有定期开放的"三殿"等处。惟这公园是政府经营而人民享受的，内中亦有饭店、茶肆、球房商营之物，而花草树木是政府管理，管得甚好。我们最喜欢一入大门即见的柏树林，干逾合抱，而树甚矮，三四百年北风吹来的流沙，掩盖了地面树干的一部，故成了矮胖子。后面亦有一大片松林，早晨常有人在林下打拳练武。春天的丁香、海棠、牡丹、芍药，亦皆分林分圃，不怠人工。膺白每天要到一家球房打球，现在称为保龄球，那时都称"地球"。他不但是那家球房的常客，还是发必中的选手。可惜他没有寻着一人与之对垒，可怜我不能不勉强凑数。他的球如射火箭，我的球如踱方步。球房雇客中常常只我一个是女人，觉得这玩意甚拘束。近年美国这种球运大兴，在各种球戏中居第一位，女人不打垒球足球，而参加这种球的很多。在影片中所见选手，分数不比当年膺白更多，而我若迟生四十年，亦还可以加点勇气而充数的。

陆军大学将毕业的一个杨君，要卖掉他两匹马，希望用他的旧马夫王七，膺白如条件接受过来。一匹专作坐骑，一匹兼拉车，那时我们出入有一辆马车。坐骑和拉车性质不同，王七颇持异议。林烈敷（竞）君从西北旅行归来，他是江南青年中第一个有志于西北，只身游新疆的人，除他的《新疆旅行记》，还带回他的一匹马"昆仑"。后来他不得已必须卖马，希望保留"昆仑"名字，膺白亦照议接受。像林君这样志愿，我如今看美国西部拓荒影片，如果在美国，不是为国家开疆辟土，亦可为个人发财致富。膺白有机会总想助成这种志愿，无奈除开英雄主义率师远征，很少有人注意到边疆民族和社会的人。廿六年（一九三七）抗战初期，我在莫干山办临时中学，星期日请在山避难的人为学生演讲，曾请林君讲西北情形，讲到亲切时，他绘影绘声，几乎趴在地上学他们的拜。膺白曾经介绍林君于冯玉祥，开发西北，惜因时势未能久于其事，中国像这样少年有志而忽忽老去的人不知多少！我写稿时，尚接林君来信馈食物，复信时告他："宝马昆仑，已入拙稿。"现在林君已去世有年了。

我们在北京第一段时期是骑马、打球、跑公园，是亡命生活后的反动，自以为无拘无束，而且免俗，究竟是无业游民。膺白是民国第一批发表的陆军中将，那时的将官人数还甚少。二次革命后他的军衔被革去，黎元洪继任总统后又明令恢复。俸由本省支付，闲员俸有折扣，浙江省政府月寄三百元，北军入浙后亦未改，直至他后来入阁改文职为止。这点收入，家用已足，由我经手，有时积得剩余，供我二人随愿之捐款。手边还有一点钱，想投资实业而都不懂。我们有两点原则：一、不愿在钱的本身上盘重利；二、不敢利用别人之款，怕对不起人。如此，只是小本经济。书箱里检出在巴拿马博览会所得各种小册子，当时膺白最喜看的，农产加工和节省人力的生产机件。中国的人力虽便宜，但人是最不易安排的东西。这时我有两个堂舅在北京，五舅湛侯对农业极有兴趣，而还在陆大读书，他自己后来办农场事必躬亲，不劝我们外行人贸然放手。三舅仲勋能计算，但他的兴趣在金融而不在经济。谈来谈去，未有结果。为种葡萄，买了烟台张裕公司各种红白葡萄酒，张裕的出品永为我们自用和宴客之物，直到其歇业为止。人工孵鸡的小册，后来还带到莫干山，其时美国已经不知有多少更新的发明了。

浙江本省地丑德齐的几个人不相融洽，招致北兵入境。北京的政局亦是人事多于政治。一日，浙籍议员宴客于畿辅先哲祠，主客合起来有好几桌，主人不全认识所请的客人。膺白是客人之一，而他认识每一个远来的客，这天多喝了酒，大醉。想起了许多旧事，如英士先生当选浙江参议员，他劝其如约出洋，在宋案发生前不久，此时已经成仁。最远的来客广东姚雨平先生，辛亥时率领粤军，曾在徐州和膺白同住一室，隔壁是猪棚，猪叫不能成寐。许多故事涌上来，他醉后大哭，攻击政治。起初有人以为他借醉演说，后知是真，打电话要我去接他回家。我和仲勋舅及族侄尧年，三个人去把醉子哄回家。俞寰澄（凤韶）先生是席中人，次日一早就来看他，在《感忆录》文中曾提起这事，俞先生其时为中国银行副总裁。

这年十月底的一日，是我们结婚四周纪念，年来仆仆风尘，无暇记到此日，这天我们预定往西山玉泉。忽接黄克强先生逝世之电，电由谁发已不复记忆。膺白不胜凄然，意欲南下参加丧礼，即将皮包内我的行李取出，罢西山之行，而匆匆赶到车站。去年此日，我在太平洋中船上，今年他在南行车上。我失双亲，他丧良友，皆属可悲之事。

我们初以为在北京不做官，即是在老百姓一起，而实不然。我们往来的朋友都与政府有关，不但膺白，我的师友之家亦然。北京社会，就是在政府的人，和供养这些人的人所合而成。即教育机关，年年毕业出来的下一代，亦要在此中谋出路。这些，我们后来虽司空见惯，此时还属茫然。

有两件事，中产以下家家受影响，而时时发愁。其一是"中国""交通"两银行的钞票在市面贬值打折扣；其二是财政部开始不能如期如额发出各机关的经费。粉饰太平，帝制挥霍，与调兵遣将，三四年已将民二（一九一三）得到的五国银行团大借款吃空了。护国军起义以后，袁政府命令中、交两行停止兑现。中国当时有三种银行：其一是外商银行，其二是民营银行，其三是官商合资银行。中、交是第三者，政府以为有权可及。当时中国的币制系银本位，发钞票，而库存有法定之现银，随时可以兑现。发钞票不止中、交二行，外商及民营银行准备充足者，都有纸币流通市上。袁氏命令中、交两行停止兑现，可以增发纸币，信用一失，而中、交之票遂不复能与其他随时兑现之票格相等。我们在北京，听领薪之人，计较搭中、交票几成，商店标价，亦说明是否中、交票。此与后来抗战后一般的通货膨胀不同，即市面有价格不同之纸币，而受者发者都有伸缩争论之余地。当时的中、交票，大概六七折、七八折不定。

我要提起一位膺白的朋友，当时上海中国银行副经理张公权（嘉璈）先生，他与经理宋汉章先生议定，不奉令而无限制兑现。这举动使上海人民不受损失，使中国银行基础不动摇而益增信用，足以打击袁政府，而长护国军声势。膺白从此与之订交，二十年中，相助之事不一，而从不涉及私人利害关系。民十六（一九二七）后，国民政府与中国银行间有相成相克处，膺白屡在中间为双方所责成。下面两份电报，一为民廿四（一九三五）统制金融，公权先生被调离开中国银行时致蒋先生之电，系到莫干山请膺白代发，膺白在后面附加己见，说得极为婉转，与他向来自己率直态度不同。至撤退"大陆"时止，掌财政经济者为宋子文、孔祥熙两先生，而膺白犹思为朋友委屈求全，他下笔时甚为斟酌。另一电是汪精卫先生请张为实业部长，而公权先生未曾从过政，不知应迎应拒。两电皆膺白之稿，公权先生皆未见。公权先生为中国有数之银行家，国际亦如此认他，膺白论他为银行家中不营私产的人。他从此脱离中行而从政，似乎丧职得职，为国家则是可惜的。民五（一九一六），中行卓然有树立，民廿四，中行交与政府，皆在公权先生手。故将史料提早二十年，加入此节，似不兀突。

重庆蒋委员长勋鉴：顷接公权兄电稿一件，彼因无密本嘱代拍发，文曰"委员长蒋钧鉴：前在首都亲承训诲，归后秉承孔部长会同各银行，设法安定市面筹划财政，虽金融未见宽舒，幸未发生事故，堪慰廑系。孔部长屡以中央银行副总裁相属，只以璈与中国银行历史悠久，即时摆脱，深恐影响行基，踌躇未决，奈孔部长一再敦促，因思当此经济国难时期，苟利党国，捐縻在所不惜。顾又虑在金融尚未安定以前，设以个人进退影响行务，间接及于财政金融，益增钧座焦虑。万不得已或由璈暂行兼任中国银行总经理，一俟渡过难关，再行完全摆脱。曾将此意婉陈孔部长。嗣晤宋部长，承面告钧意，欲璈即时脱离中国银行。钧座既有此意，璈无不唯命是从，不日当即辞去中国银行总经理职务。好在宋部长已允担任中国银行董事长，主持尤庆得人。自惟庸鄙，中央银行关系甚重，深虑不胜重任，辱荷知遇，尚祈电示方略，俾有遵循。再孔部长传谕嘱璈与达诠作民相机赴日一行，现已函约一日友来华，先探询彼方经济方案内容，再行请示核夺，合并奉陈。嘉璈叩"等语。按上述电文，张对此次调任中央银行似已别无异议，惟彼致兄函内有：银行服务过久，精神倍感痛苦，早有相机别谋之意。此次以总易副，尤觉对中央行务，无从抖起精神去做之语。言外之意，似尚不免有面子观念。查此公自九一八后，态度尚称得礼，在沪言论，时以应拥护中心势力以渡国难为主张，自去夏牯岭返沪后，对于吾弟认识尤深，故如弟意决调彼往中央银行者，逆料彼必遵办。但兄意犹有顾虑值得事先审慎者，即在平时个人易一地位本属极平常之事，然当此金融界极不安定之际，彼与中国银行有廿年历史，该行又非一基础未定之小行，操之过急是否相宜，此应审慎者一也。夫国家当此极度困难之时，对于金融自不能不谋相当统制，但统制亦自有其道，兄对此类事项平素较少研究，向不敢谬参末议。自白银问题发生后，不得不搜集各种材料略加研究，觉统制金融与其着重人事方面打算，不如着重方法方面之较为稳妥，此应审慎者二也。愚虑所及，不敢缄默，但不过对弟个人开陈鄙见，借供裁夺时之参考，极不愿为外人道也。还乞察照为幸。郛叩。（廿四、三、廿七）

重庆蒋委员长勋鉴：公权昨忽来山，谈一小时即匆匆转京，谓汪先生电约赴京拟劝其就实业部事。彼因中央银行问题已极困难，忽又发生实部问题，实令彼莫知适从，特来商榷，兄因不知内中详情，未便妄参意见，仅劝其斟酌取决而去，特再电达参考。弟对此意思何若，能从速示及，或可稍稍代为授意也。郛叩。（廿四、四、五）

本稿写毕，以此节寄公权先生看，得其回信，且承同意发表，故将原函录在卷首，以代序言而相作证。

一二 天津三年

我们搬进北京翠花街屋时，有一希望，无论如何在一年内决不搬家，以打破五年来一岁数迁之例。很愿在这古朴城中作个太平之民，流连景物兴致略过，已在收束身心，务减少无谓的人事应酬。明令恢复膺白的军阶后，例应穿军服入见黎总统，没有军服，向陆军部蒋雨岩（作宾）次长借，试着大小不合，仍穿便服而去。回国后，他不犹豫做两条马裤，然斟酌未做一套礼服。不到几个月功夫，在政府的几个朋友，或公或私都受到了打击，欲效奔走而无能，对政海看得更可怕。我们讨论实业不成，又想回到读书之路。

　　黎段府院之争愈烈，无兵之黎，当然不及有兵之段。不知是谁的策划，黎召张勋入京。张勋是清末守南京之人，被革命联军打退，后来盘踞徐州，俨然举足轻重，所部皆留辫，示不从民国，人称他辫帅。二次革命后，长江流域虽已尽成北军势力圈，然经过徐州更令人有戒心。津浦通车过徐州站停较长时间，辫兵随意上车，人莫不厌恶。我们往来南北，所乘卧车包房有门，他们随意开门索报纸，与之则去。这样的将心与军纪，是凶非吉，不言可知。黎氏召张勋入京消息见报，我不假思索谓膺白曰："此董卓也，怕我们在这里又住不满一年。"果然复辟祸起。想不到张勋如此无计，亦不知其定计时上了多少人的当，不旋踵而瓦解身遁。然清帝复辟，岂容我们稍存犹豫！我们匆促离京到天津，并无计划，膺白即日坐船南行，亦无任何联络。只有一点信心，江南人民，决不赞成复辟，他拟在江浙二省努力，去处甚多，朋友亦甚多。在翠花街只住十个月，终未达到一年之愿。可惜院子内已经搭就凉棚，北京的凉棚最讲究，凉棚下歇夏是别有风味的。

这次，家里增了人口，还有牲口，我须维持后台，不能同行，拟在天津觅屋居家。我对天津虽甚熟悉，但没有住过租界。天津有八国租界，即庚子为拳乱而来之联军八国，各自为政，与上海租界不尽同。住租界诚可痛可耻，不得已而为之，我对之都茫然，而这次则不得不在租界觅屋。竞存女学校长陆幼峰君以暑假在迩，留我住她校内，可以从容选择住处。她们所在的日本租界，我不喜欢，毗连的法租界同样闹杂。膺白动身前曾与我往访他同学唐少莲（凯）先生，唐家住在河北区，我读书时唐家已在天津，天纬路女师大门上的门额，即少莲的大哥企林（肯）先生手笔，企林夫人是膺白母亲娘家亲戚，还小一辈。唐家提醒我看意租界，亦帮我到处打听空屋，这时由北京逃难到津的人甚拥挤，屋极难得。一日我居然在意租界二马路看到一排出租房屋，是两楼两底半独立小洋房，门前有小小空地，后面厨房，楼上亦有两间小房。七号的一宅正空着，月租七十元，与翠花街相同，然房少而间间合用，我立刻订一年合同，租下来。

意租界范围甚小，开辟亦甚慢，无商店市面，在天津称为河东区。租界当局禁赌独严，家庭打麻将亦在禁例，因此大员们在那里有很讲究意大利建筑式的大宅，而不耐久居。听说一个要人曾被警察请去面交罚款，毫不通融。出租的屋亦比较易空。这是我们在中国第一次住有自来水浴室的房子，把佣人减到男女各一，周老妈妈烧饭洗衣而外，做性元的鞋袜，男佣人蒋俊明买菜打杂，还时时喊无聊。俊明是北方有习气的听差，人很能干，在我家有点大才小用。我和膺白都是不轻易解雇佣人的人，他不辞亦就留他。周老妈妈不喜经手银钱报账，故杂用出入一概由他，还用他一个兄弟做做助手。意租界禁赌之严，他深知道，故亦不敢抱怨主人不应酬，如此一直在天津相安几年。

那时全家衬衣都我自做，有时亦做鞋袜。我能凭空剪当时最入时的两片尖口鞋样，常有人请教我，孩子们听了以为我做的一定更好。从搬到北方以来，我开始做手工，以做手工为定心养性初步，渐成习惯。有一次家里的电灯费特多，我怀疑电表有毛病，又以为公司记错了账。经老妈妈提醒，我改一件旧绸袄用电熨斗久久不停。又一次，一个朋友来访，我正在学绣一双花鞋，于是我能刺绣的风声亦传了出去。这些，我都是低能而竭力好弄，朋友们半奖半讶。在得不偿失和不虞之誉中，我得到的益处是耐得住闲，不怕寂寞。

几件旧家具由上海搬到北京，又由北京搬到天津，越搬越旧。客厅里五件小型黄杨木弹簧椅，是我在上海旧货店购来，原为临时局面，始终舍不得换去。在北京时添置两把橡木藤心大靠背椅，有很厚木棉垫，做上黄卡其布套，是最舒适的两个座位。凡初次到我家的客，事先震于我们好整好洁的习惯，常脱口而问，这是你们客厅？我的二妹夫陶孟和亦是发问的一个。我们的饭厅做过客房，床不够时，长餐桌上亦睡过人。这所小小房子，一搬进去就很热闹，有自北京来避难的亲戚。膺白不在家，而复辟亦眼看不会成功，大家的气已松，每日没有事做，有两组音乐。熙文懂点京戏，她同学中的旗族故家，家里都会哼几句，传授她一些辞句；那时老生刘鸿声的唱片大行，我家里亦都买有。一张《斩黄袍》的唱片，在唱机转盘上一遍两遍不停，连我听到烂熟，有时为唱片讨饶，让它休息一下。六舅敬钧刚毕业北大，找到顺直水利会工作，离我家很近，寻宿舍不着时亦住我家，他能吹箫和笛。嘉兴人喜昆曲，我的五外叔祖老年学曲，很少小辈愿陪他，只我二妹性仁陪着学过几段，性仁会的几段，我和性元亦听到烂熟。我学箫笛均未成功，有朋友送的玉屏箫更细而难吹，常在水龙头冲水，望其易于成声，北方天燥，因此破裂，六舅细细为我补好。这一组音乐比唱片更难听。

天津市区有两个车站，新站和老站。我家距老站甚近，往来京津或往来南北的朋友，很容易来看我们，吃顿便饭或住宿一夜。那几年是膺白身体极健康的时候，兴致常好，还没有生活古怪的名声，古怪实是身体不好之故。我们楼上两间卧室，一间我们自住，一间名为熙文的卧室，她一开学即为膺白用功之处，有一张七只抽屉的书桌和一书架。梁任公先生亦住意租界，他由欧洲回来，一日与范静生（源廉）先生晚饭后步行而至，要看膺白的书房和整理材料的方法。膺白请他们到此，看他一束一束形状不齐，套着纸卷，标上记号的参考品，他的方法是很原始的。膺白一切生活都极整齐，惟写文字最爱惜废纸，利用废纸，他以用全家破笔及残余抄本信笺为得意。这习惯使我现在整理他的遗墨十分不便，尤其他的电稿，有大可糊窗，有狭长如带，有正反面俱写，有不同性质而写在一起交给译电生的稿。这定是从小受了他母亲惜物和敬惜字纸之教。

复辟仅昙花一现，然北京、天津两处曾挂出不少龙旗。天津警察厅长杨以德，平日维持地方秩序不算坏。他藏有清廷龙旗，此时自诩有先见，不必临时张罗。有警厅为倡，商店自然不能不挂旗。小学生已看惯民国五色旗，嚷着何故满街"长虫"？北方称蛇为长虫。龙虽曾象征帝王尊严几千年，六个年头的民国，新生的一代已别有眼光，龙蛇不分了。

性元转学女师附小，合我们原来计划，以后升学等等，均不必操心。她的教师已多是我的同期或后期同学，我送她去考，避嫌不去问讯，过几日到门口看榜，看到性元名而放心色喜。门房不认识我，问，考上了吧？他不知我在这里时，性元还未出世。以后每星期六，不是我到女师访陈莲峰（翠琬），王迁怀（襄），顺便接性元回家，就是她二人与性元同来访我，成了定期必晤之客，每晤必共饭，几小时上天入地倾谈为乐。我不在天津时，性元的一切由莲峰代为照顾，性元始终敬事她的"陈先生"。莲峰是旧式冲喜做亲，嫁时夫已病重不治，一生事母又事姑，待人热心，有甚可敬之事。抗战后性元由渝归来，还四处找她，我知其在天津依一侄

144

女，辗转托人打听无消息，恐已物故。

我到河北天纬路访莲峰、迁怀，膺白常同行去访他的一位朋友张敬舆（绍曾）先生，张家住河北四马路。膺白不去，则敬舆先生来访，来亦必久坐。北方人有盘腿坐炕习惯，据说谈得起劲，他会脱鞋坐在那张橡木厚垫大椅上。我不参加他们谈话。他们谈到饭时，同去吃餐西菜，餐毕膺白回家，让他自去追求嗜好。膺白曾几次劝他，虽终未听，亦不以为忤。后来膺白写稿事忙，与他约两星期相晤一次，是他来而膺白不去，曾作一很可笑的约，倘两星期中不改所劝，则进门他鞠一躬，否则膺白鞠一躬。前者表示认错，后者表示敬佩。除私生活，他要算北洋军人中少有南北新旧之见的一个，冯焕章（玉祥）先生是其任二十镇统制时的营长。辛亥革命，二十镇驻滦州，有人论他优柔寡断，不能在北京之背树起一帜，有人谓其电请清室颁布行宪十九信条，甚有力量。膺白对同志或同学，不论派别，不论先后，极易生感情做朋友，张先生是留日早期同学。半世纪以前与今日不同，二者均属难得，我亦如此，朋友大概都从同学而得。敬舆先生亦有劝膺白之事，他劝膺白"和光同尘"，即使心里不以为然，勿使对面的人感觉，他写信给膺白后面请"谦安"。张家有一件难得的事，儿子收入都交给老太爷。老太爷很会计算，据说他在租界买地，租地造屋成了闹市，获利甚丰，而日用开支甚紧，车子坏了修理太贵，老太爷说不要修吧，敬舆先生出门就雇胶皮，胶皮是北方的黄包车。我偶然到张家，太太们都招待殷勤，各房要让茶让烟，吃饭定要添菜，诉苦说老太爷规定的例菜是难以下咽的。我吸纸烟是在张家情不可却时开始，频频喝茶以减辣味，很经过一段苦功，如此则尽礼而退。从此我吸纸烟廿余年，抗战时一日决心戒绝。

天津租界有一男一女的学校，我同膺白各人拥护其一，而亦互相帮忙。竞存女学在日租界芙蓉街，前面已经提过。浙江旅津公学在英租界耀华里，校长穆穆斋（耀枢），浙江鄞县人，自我介绍来访膺白。有事见商，膺白无不尽力，要他对学生讲演，亦从不推辞。"十年生聚，十年教训"是两千年前浙江所以自强之道，正是今日之教育和经济，他常对学生说及。他把租界教育看得极重，对在租界办学之人格外同情。一次我一木箱书忽然不见，是我父亲给我的《廿四史》，原来旅津公学扩充图书室，他自己捐赠一些书，亦替我送了一份。我赶紧从性仁处索回她借去的《汉书》，补足全璧。有一年的暑假，膺白想游泰山，他不要我陪，请穆君同行，他们上山下山均步行，来回坐三等车，请穆君管账，从天津往兖州曲阜，游泰山，谒孔林而归，规定旅费不得超过一百元。膺白以这次旅行回复学生生活，得意得很，坐在泰山顶照了一相，在山顶云中写信来家，给熙文信自称"仙父"。他给庙里道士写"泰山绝顶之印"六个字，叫他办点纪念品，盖上印章，卖给游客，胜于取出香火簿向人化缘。在经石峪拓了几张石刻，集句为联曰："有容乃大"，"无欲则刚"，后面四个字他后来在政治上颇为用功。要保持独立的见解，必先去自己的得失心。张敬舆先生看见这副对联，索了同样的一副。膺白在山顶写了"民国泰山"四个字，道士刻好拓片寄来，他的字本不好，刻的更坏，我见了句和字要笑。他另取纸写曰："中华民国七年（一九一八）夏，与鄞县穆耀枢君参岱，见历朝碑刻林立，独民国尚缺如，而其时国人正因青岛问题，呼号奔走，无有宁日，遂默祷于泰山之灵曰：愿民国安如泰山，愿泰山常享民国。祷既毕，书此四字，勒石巅右。"我看他写到两句的"愿"，知他用意，不禁叫好。他原意要写勒石山巅，被我一喊，脱落山字，怪我前倨后恭，分了他心，失落了字，我急问刻石方向，为想出右字补上，勉强可通。裱成横幅，亦有人看了喜欢。

从泰山回来，膺白开始写其《欧战之教训与中国之将来》一书。这本书一连写了三个来月，十一月初写完结论和作者趣意，由上海中华书局出版，颇风行一时，得到不少新的朋友和老的朋友来信鼓励。这是民国以后他初次写书，向国人申述当前的世界大题目——欧战，和他自己对国家的意见。想不到这一类书在当时是如此需要，得如此同情，虽然寄卖七折八扣，这本书是赚钱的。教育界如蔡子民、范静生、胡子靖（元倓）诸先生愿为他公开介绍，以下节录蔡先生的来信：

大著《欧战之教训与中国之将来》，详读一过，无任佩服。此大战争历四年之久，各国印刷品之关系战事者何啻千百种，吾国亦参战分子也，以弟所见国人关于欧战之著作，翔实而有系统者，惟大著及叶君景莘所著《欧战之目的及和平之基础》而已。立于吾国国民之地位，审观外界以往之动状与将来之趋势，而图所以自立，此两书所同也。叶君之著，以国际政策为范围，故尤详于国际间之宣言及所提条件，足以供关心和平会议者之参考。大著则广及政府与社会种种造因食果之实例，以定吾国努力改进之标准，故言约事赅，而义蕴尤为宏深，读者所受之影响必较叶君之作为尤巨也。抑弟尤所感动者，大著于"教育人才之养成"一条，提出国民具备两种相反对性质四种也。吾国承秦始皇汉武帝以来之习惯，于相对世界，持绝对主义，执一而排其他，凡政治之纷争，社会百业之停滞，无不由此。骛新与笃旧，学理与职业，干涉与放任，在教育断断然相持不决者，不知凡几，得足下之说而推暨之，其裨益宁有既耶？

这本书的内容，一半以上是叙述欧战，现在大家称之为第一次世界大战。这个战争虽开始于欧洲，而亚洲的日本、中国、土耳其，美洲的美国，都参了战，其他非亚各殖民地亦随着各宗主国而动员，在世界是差不多"总动员"的。书中首述战争之因，以及战时的"人荒""物荒"种种补足和救济方法，故战事的本身，亦不比从前之只在前线，而是后方全体总动员的。"总动员"三个字意义，从此给人一种了解。在叙述战事中，一章《各参战国之意义及其价值》我最喜欢。他强调比利时的抗战是德国失败第一原因。比利时系中立国，德国破坏比国中立，假道以攻法国，是一捷径，是法国防备的一个弱点，不料比国坚守列治炮台至两星期之久，比国虽全国沦陷，而法国可以及时调兵。膺白在其文中曰："春秋无义战，不图于廿世纪中比利时见之。"这位因沦陷而流亡而复国的比王阿勃脱，二十年后去世，北京的比国使馆举行一次吊仪，膺白往吊时还引用这段文字。

中国是最"可耻"的一个参战国，除一批华工，我们无一兵一卒出国门，当政的段祺瑞即世称之安福系，主张参战，借巨额日本外债，即世称之西原借款、参战借款，练兵征伐南方。我们的战线是在本国的长江向南，而借款则许日本以后来成种种纠纷的权利，亦即五四运动之所由起。膺白这本书的最后一篇名曰："吾国兴亡之关键"，中有"朝野共同之大责任"一和二两章，蔡先生函所言教育人才之条即在其中。五四运动后，学生罢课游行不读书，亦有眼光不远的人利用青年，时人称学生为"丘九"，以其势力比兵——"丘八"更厉害。膺白曾请蔡先生解铃系铃，只有蔡先生还可以劝学生回校读书。五四运动有文化与政治两面，我后面将有一段记汪伯棠（大燮）先生的事。而运动的中心则在北大，蔡先生是北大校长，不独北大学生敬服，亦全国学术界所景从。蔡先生一封公开的劝学生回校复课书，写得情理并挚。当时的人见到青年抛荒学业，是国家莫大损失，同有此心，不仅膺白一人。我只知膺白用"解铃系铃"四个字，和听孟和传述蔡先生"极以其意为然"的话。

老朋友徐青甫独责备膺白书价定得太高，要他减价，为读书的青年着想。严范孙（修）先生遣价送信购书一百二十册，膺白看信十分感动，楼下正有客，他叫佣人拿信给我看，带纸笔下去，他写回信。这时我们的饭厅常充临时书房和书店，我是包书的伙计。我看范老鼓励膺白，如同鼓励我，因膺白有客，为省他力，我代他拟了回信的稿。膺白用了我所拟稿，还拿给客人张敬舆看，张看了范老的信敬叹言："前辈风度不可及。"后来膺白给他的信，他常疑是我代笔，则是不然的。

膺白写第二本书《战后之世界》要吃力得多。改变国境或政制之国，从历史说到地理和政治，还有战后新发生各项问题。关于中国，如青岛问题、蒙古问题、西藏问题各成单章。其烦累与第一本大不相同，早起迟睡，差不多一年光景。膺白的草稿，其实十分清楚，但两书都由我誊录一遍。他写一章，我誊一章，我们在同一书房，我的书桌只是一张半桌。他要我誊，为让我做他第一个顾问，我见到须添须改之处，立刻告诉他，得他同意，立刻修改。我愿充誊录，以先睹为快，并且二人在同做一件事情，其他俗事不会因影响到我而亦分他的心。抄稿以外，我亦替他看参考材料，世界有许多未决的问题，疆界亦时常更改。报上一小段的电报，往往要修改一节稿。这些，虽然后来脱稿时尚未定局，而只能注明是哪一天为止的局势，但写的人总希望给读者以最新最确实的分解。他想将画地图一事交我，这是他自己的专行，比我快而好，我一试而即缩手，书中几章最详之图，均他亲笔。近年中印国界纠纷，颇令我记起那章"西藏"部分之图。我替他看同时人的作品，怕重复则劳而无功。报上预告汪精卫作《巴黎和会与中国》，我函托在上海的吾弟君怡，该书出版，用最快的方法寄我一本。收到时膺白正在北京，我一口气看完，次日上午膺白已接我快信，报告他汪书已看过，不足以夺彩，无事参考。

膺白草《战后之世界》甫到半程时，添了两件外务：其一义不容辞，在天津学界俱乐部作定期讲演；其二强而后可，应召往见徐菊人（世昌）总统，两事均出严范老之鼓励。范老是前辈中爱国最热诚，而持身最谨严淡泊的一位，膺白敬慕而心仪，常往谒，范老亦有时来访。南开其时尚只中学，正蒸蒸日上筹办大学。这个从严氏家塾蜕化而成的一个北方有名学府，范老实是倡办人。南开有话剧，膺白与我必为范老所邀而自陪之客。我第一次认识南开校长张伯苓先生即在戏台前，范老所介绍。伯苓先生说见过，隔一会又走过来说，见的是陶太太我的妹妹。我姊妹生得很相像，孟和早在严氏家塾读书，是范老的学生亦是伯苓先生的学生，所以他先认识我妹妹性仁。南开的话剧、乐队、童子军，都很好，在中国是初次看见，有戏时，出入都由童子军维持秩序。我还记得乐队中奏梵乐，和尚以外奏梵乐是罕有的。话剧系师生合演，似比职业家更多一种书卷气。

膺白草第二本书时，内外时局益坏，外面是日本在国际的邀功，里面是当政者误国的结账，吃亏的中国百姓，有些人还不知所以然。一日范老自己来，要膺白到学界俱乐部作定期讲演，目的为使天津全市中小学教员早些了解世界新形势。感于范老的热心，膺白欣然允诺，一共讲了九个星期日。战后的世界地理，天津最早改正，一张世界新地图，当时以欧洲改变最多，由天津中华书局印行，皆此讲演之结果。以下节录河北省教育厅厅长王叔钧（章祜）在速记讲稿上所作序文，以志其事：

> 杭县黄膺白先生素究心经世之学。……去岁曾著《欧战之教训与中国之将来》一书以饷国人。今年和议告成，复就各国改造大势，编排论列。……范孙严先生深佩之。以吾教育界同人生于此际，又有改进国家社会之责任。……乃嘱章祜及天津劝学所华芷舫所长，约集津埠各校诸同人，敦请膺白先生就其所已搜集编排者，于每星期日莅学界俱乐部讲演，计九次，历二月余，……听者历次有加。先生之意，切望听讲同人，以其所受者还以转输于多数之群众。……排印此编即本此意。

膺白每次讲演，费星期日整个上午，范老坐听，无一次缺席。学界俱乐部例不备茶与烟，膺白请守规则。范老说："在清季我反对鸦片，但对两个人通融：其一是严几道吸而译好书，其二是谭鑫培吸而唱好戏，都有益于大众。"坚请膺白自由吸卷烟，台上供茶水。讲演所用一张地图是膺白自画，以国产毛边纸两页凑成，钉在墙上，用毛笔及彩色随讲随画。这张亲笔地图我珍藏三十年，本拟与两书原稿及我的誊稿，俟"文治藏书楼"修葺完成改为公立图书馆时，一并陈列。时不我许，在我一九五〇年出国前一并忍痛抛弃了。

徐菊人先生为总统，提倡文治，范老是其旧交。一日范老来，要膺白到北京去见他，膺白已多年未到京，与东海素昧平生，写稿正忙，颇有难色。范老说："东海是民国第一次文人当政，无论如何他不至于主战，宜多输以新知识，促成其文治主张。"膺白入京前一日，范老嘱咐："东海健谈，喜打断别人说话，此去不管他接话离题与否，要说的话务尽量说出而归。"这是膺白识东海之由来。是范老在中间，把国家看得如此重，心如此热，受介绍与被介绍的人未必都对得起他。膺白一生亦常自动介绍他所知道的人才于当局，一个人起劲于中间，本人不定知道。此意或者从范老学来。我最后一次见范老在民国十四年（一九二五）夏，范老住北京西山卧佛寺，我家住香山玉华山庄，合家同去谒见，范老牵着熙治手，一路问话，送到大门。在此以前六七个月，为溥仪出宫，组织清室善后委员会，以清室近支人员和民国共同组织，划分清室和民国公产与私产，属于民国者即后来的故宫博物院及图书馆。这件事，开会通过明令执行由摄政内阁，清帝出宫后，即贴上国务院封条以昭慎重。摄阁是膺白所主持，但奔走此事组织善后委员会和人选，系李石曾（煜瀛）先生的努力。最初有人想到范老是双方所信服，拟请范老主持，范老不允。我看见范老复石曾先生的信，款称世仁兄，信说："人各有志，毋相强也。"汪伯老为清帝出宫，事先曾来信劝膺白，但我不记得范老有信，后亦从不提此事。范老曾为膺白书一对联曰："中令常读鲁《论》半部，将军惟喜《春秋》一书。"以孟和之故，亦称姻兄。民十五（一九二六）后，我家南归，有便人北行则函问起居，不久范老物故，知己之感，膺白终生不忘。前辈模楷，难状什一，因天津讲演及与东海关系，琐琐兼记及此。

东海欲将图治意见笔之于书，要膺白拟稿，意甚急，不及待膺白自己的书完稿。经吴世湘（笈孙）秘书长几度接洽，拟定一张分工起草的名单，由膺白总其成。膺白允隔旬入京一次，食宿于总统府集灵囿，专为书事，此书名曰《欧战后之中国》，有英法两种译本。我未见各人的拟稿，仅听有叶叔衡（景莘）先生的经济材料。关于教育部分，本请孟和，孟和给膺白信说：东海为其先人旧交，他到英国留学得东海之助，然不愿受任何名义，有所知当贡献。膺白将孟和信呈东海，东海喜曰："故人有后。"

东海自己只有女儿，没有儿子。膺白只受食宿招待，不受名义待遇。故有后来得东海助出国考察战后经济之事。

民国八年（一九一九）膺白同时写两本书。其中一本不是自己的口气，在我看来他甚矜持而不畅。又有定期演讲，又五四运动后各界请临时讲演，他亦务不推辞。学生会的代表，还有朝鲜青年，来访他都不拒。因此看速记，拟函稿等事，都交给我。两个人忙得寝食不遑，酬酢都废。膺白不复与张敬舆出吃西餐，我的朋友莲峰、迁怀，亦成为他的听众，而不作我的食客。膺白惟一的嗜好骑马，本来常在清晨，后来一早先伏案，把骑马放在午饭后，筷在手里就喊套马，吃饭极快，我力劝。他告诉我少年时吃饭，在碗内以筷画一十字，一碗四口。这些原因使他从此得胃扩张病。我们家在天津始终未装电话，亦有很久时期不用车，一半为俭，亦一半为静。后来那个能干的男仆有心要做成一件生意，他说家里有的是马，不拉车并不省钱，有一辆车一家人可坐在一起，经他的手，我们买一旧车。膺白不大耐烦坐这轿车，前面两个马夫，车里两个或三个人，一匹马的负担太大，走得亦慢。有时出门和我约好，我先坐车走，他坐电车赶上，半路相值，挥手得意。天津虽与北京相距不远，亦有很多退隐的大吏在此居家，但官气较少，洋化亦不如上海，这是我们前后三次卜居于此最大理由。膺白所骑马大半是蒙古种，由朋友们卖给他，或送给他。通常只保养两三匹。张敬舆先生送过他一匹阿拉伯马，因饲养太贵而卖掉。陕北镇守使井松生岳秀送一匹陕马，格最小，他教我骑过。

我家在天津住得最久之三年，自民六（一九一七）至民九（一九二〇），搭头搭尾是四个年头，这时国际是大战，中国则内战。北京的政府，人称安福系，安福系者，北洋军系中之皖系，当国时有他的国会和议员，所在地为安福胡同故名；皖系者，北洋军人元老之一段祺瑞是安徽合肥人，是袁世凯以后北京当政最久之人。皖系并非尽安徽人，实系北洋的一派。

民国八年（一九一九）五月四日，由北京大学生开始停课游行的一个运动，人称"五四运动"，发动时有政治和文化两方面。我和膺白虽未列名入队，我们是百分之百的共鸣。膺白书里叹息痛恨于内争，称为"万恶之内争"，记述安福时代中日换文，中国答允日本要求曰"欣然同意"，他说："我不知谁欣然而谁同意？"这几个经手签和约的人，就是五四运动开始攻击的第一目标。这年的双十节国庆，膺白被请至青年会讲演，这日当局恐群众滋事，将几处交通隔断。从我家到青年会须过一桥，天津的桥本可展开以便高樯之船通行，但开桥有定期不误交通。这日不在定期时间因戒严而断了桥，膺白到桥边而路不通，他出重价雇船渡河，及时赶到。这一次，他对众公开自承是革命党，以书生面目代表革命精神，与众相见。

我们都以为五四运动是从政治运动而到全国性的新文化运动，我们两人都不会写白话文，但膺白的文言文已甚通俗。我们以为写白话不是使文字降低，而要使语言提高。中国的文言文似不讲文法而实有文法，语言则有条理的人甚少。我们都随时想打破旧壁垒，但亦很留恋我们以为是的旧包袱。我们都有宗教意义，而始终不能迷信，因此旧书里的"天理良心""心安理得"是我们无可如何中的自修尺度。膺白在这时已认识太虚和尚，但他们不谈出世而谈人生。中国人有一种观念，不在新文化运动标题之列，而必须扫净的"封建观念"，我们觉其习气难除，影响至大，二人都十分努力，迹近怪僻。我们解释封建观念，为势力之空间扩张，与时间延长，私心因此不能已，权利更放不下。

五四运动的爆发，由于北京大学生攻击政治，火烧赵家楼某总长住宅，集矢于安福时代交好于日本的人，带头开口的实是比我们前辈的汪伯棠（大燮）先生。几年来，伯老每次由京到津，必通知膺白，膺白必到日租界秋山街其家相晤，每晤必谈数小时不已。叹息安福系坐失机会，不乘欧战图自强，而反专事内争；不乘金贱银贵之时以兴工商业，而反借折合大亏之日本外债；不乘势脱去帝国主义者所加我之枷锁，而反陷溺于野心勃勃之日本。他曾促伯老注意：英日法间有默契容日本在东方之坐大，指出其所见到的蛛丝马迹。盖自在新加坡见到日本海军的阵容，知日本将以日英同盟故，代英国维持其在远东势力，知日本必在未来之和会索其代价，而中国不自振作，必为牺牲。我还见过膺白给伯老的信。在《战后之世界》书中所提致某当局书，即是伯老。伯老是这时期内阁中，膺白惟一见面之人，见面均在天津。一次两人谈到焦急无法，伯老顿足言："老段跟又铮真是前世一劫。"这是杭州人最懊恼时一句怨话。老段即段祺瑞，又铮是段最信任之秘书长徐树铮，与膺白在振武学校同班同学。当时安福系当政新练参战军边防军将领，亦大半是留日同学，然都未相见，膺白与徐又铮仅民五（一九一六）归国后初到北京见过一次。九年后段任临时执政，事先一再表示不再重用安福系旧人，然安福系大半一一出现。最显著未出仕之一人为徐又铮，在段任临时执政初期，他周游海外，是公家所派抑私费旅行我未得知。他归京后，一日到糖房胡同我家，与膺白谈数小时甚欢，事后膺白批评他不复如从前骄气，甚进步，甚有条理，这是他在廊房被刺前一日。冤哉！怨乎？这种冤怨相报，我们一向反对，俟其失势而后报之，更为可鄙。唐少莲先生时为膺白秘书，是同学中最忠厚之人，报告闻有长途电话到京取上将礼服入殓，膺白为之嗒然若丧久之，与少莲先生唏嘘叹息不已。

膺白识汪伯老是在日本读书时，伯老为驻日公使，一次膺白得到有关军事的重要书籍，恐为警察注意，乘雨披雨衣挟书径入使馆，请见伯老，陈原委。伯老曰："此国家之事，请放心，必负责。"不但代为保存，且代为内运，由此相知。同学中后有知其事者，许膺白之机警，不知成就其事者实为伯老。民国八年（一九一九）五四运动以前，第一次世界大战后之巴黎和会，我国代表不知中国政府曾与日本有密约，允其在山东筑路，迨日本代表宣称其事，始来电问。伯老时为外交委员会主席，接电问有无其事，座中某总长垂首认其事，伯老愤极，谓必须通告国人，唤起觉悟。据此，前辈的爱国热诚与胆量，岂少于吾辈？伯老写的字与严范老一样工整拘谨，民国后一入仕一不入仕，其提携后进无界限，甚相似。膺白一生亲到船埠设祭，视灵柩登陆，只伯老归葬杭州的一次。民十四（一九二五），吾家在北京香山，伯老曾几度来做客，每住旬日，膺白在廊下散步，他端椅坐在一旁与谈。膺白出门则与我谈，谈过几点对历史的怀疑，老人见解之新，使人折服。伯老亦是一个居家持身极严肃之人，夫人早故，未续弦，家仅一子一媳。在我家他很快活，出入一小僮相随，吃素，厨子有时未备全素之菜，他欣然随意吃肉边菜，不让我起来张罗，一面说："好的！好的！"碗饭从容而尽。他的相貌与日本的犬养毅氏相像，日使芳泽谦吉的夫人是犬养毅氏之女，一次托人来照他一张相去。不记是哪一年〔似为民国十一年（一九二二）〕，黎黄陂要伯老组阁，伯老要膺白长财政，黄陂另已有人，膺白自动向伯老请退。过了几时，一日伯老遣价送来一包字画，附函曰："家藏浙省先贤遗墨转以相赠。"字画共十种，我只记得一幅奚铁生的花卉立轴。这些，都在抗战时与其他朋友相赠，我一并献之国库了。

我们在天津的几年是一生最快乐时期，有时两人同埋头斗室，有时分道努力。膺白对学生运动是赞成而又反对。上面述过他请蔡子民先生劝学生回到读书之路，他自己被请到学生联合会讲演，或学生到我家访他，都如此说。后来我们知道，开会和讲演，政府都派有人旁听，他们说膺白是当时被认为簇新之人，许多话若出于别人之口，要给青年们嘘下来的。吾妹性元参加游行讲演，她还在女师预科，我问她讲些什么，她告我同学们均就地取材，见十字路口岗警，对汽车伸臂导行，对黄包车则喝声"打住"，即责以欺贫媚富等等。我问膺白如何贡献青年们，她说，他劝他们要积极向国人解说国事，民主国的民要争一张选举票，天下为公，选贤与能，这选的权在吾民，有了选举权而后，千万要认清事和人，不可盲投，投下去国家性命攸关。然若对国事没有真个认识，即有选举权，亦将不知如何投票而不错，故增加学问、知识、修养，是爱国必经之路，岂有不用功读书而能得之者！故爱国要紧，读书也要紧。他的话大概是这一类。

　　我调停过一次女师的大风潮。一个国耻纪念日，学生要停课请名人讲演，校长说，愈是国耻愈要多读书。学生自由不上课，校长到宿舍一一催唤，此来而彼去，讲堂里终空无人，校长牌示开除全体学生，限期出校。性元归来，我知其事。校长的话本不错，而这举动有点冒失，女学生本地没有家的将如何？我请膺白往访教育厅长王叔钧，婉讽齐校长璧亭转圜。我是家长又是校友，我们集合在津校友出面调停，请校长收回成命，学生立刻回校上课，表示悔过。争执的一点是校长要学生先写悔过书，后来由校友会请求先回校上课，而后补悔过书。事实上，双方气都平后，悔过云云即不再提起。为这点，我几乎和一个十分要好的朋友陈莲峰发生误会。莲峰其时任女师舍监，她看得同学们不要读书，闹得太不像样，而我则自己是闹风潮打抱不平过来人，虽然闹得不同，不免同情少年。师生要每日面对，授受学识道理，非如法官问罪，白纸黑字写悔过书，何以为情？这是我坚持后补的用意，实系消弭于无形的方法。教育厅已很了解，校长不至于过分，别人没有知道，我则胸中已有数。卅年后我在上海，遇到其中的一人，我不认识她而她记得我，见面还提此事。

（原载《传记文学》 第五卷第一期）

一三　再度出国

民国九年（一九二〇）我们将出国之前，接张岳军伉俪从上海来信，他们自四川回沪，新搬了家，油漆过，要我们去小住。岳军先生回他本省做警察厅长，是在熊克武主政时期，这时熊已下野。岳嫂前年独自带着儿子去川相会，船在中途搁浅，受过很多跋涉之苦。我们已经几年未晤，接信欣然愿往做客。他们让新漆好的房间给我们住，自己住两面板壁漏风的一间。在沪的四川朋友常轮流请吃美丽川菜馆的菜，不每次请女客，然我与膺白都开始喜欢川菜的清淡，以后多少年我家叫馆菜请客，常用川菜。

　　膺白这次出国的名义是考察战后经济，路程是从日本而美国，而欧洲。所领旅费供我二人作半学生生活，足够有余。我们的旅行方式，在小邑预先约定一位在当地留学的朋友请作向导，大都市则烦劳使馆。这次与亡命时不同，要添些衣服治些装。亡命以前亦曾预定出国而治的装，都已用旧或尺寸不合。第一次世界大战以后，有许多礼节放松，礼服亦改样，晨礼服可从早上穿到傍晚。那时中国女子服装是黑裙短袄，还没有旗袍，亦想不出将裙袄做成同样颜色材料，这点直到我在外国方想起来。膺白对国际"歧视"——有些实是"奇视"异族异服——很敏感，劝我整备西装，我尽可能用中国材料。岳嫂看我仍穿民国元年（一九一二）的灰背呢面大衣，定要将四川带出的一件貂统送我，我感谢她，不敢受。我这次治装费很充裕，她乘乱离乡，仅带出有限行李，不为奢侈而为正用，我何忍据为己有？我问回来时要我带点什么，她要我在瑞士买一手表。瑞士的表店林立如美国糖店，美不胜收，膺白只注意实用和准确，他自己买一只银手表，而以重价买一只标准钟，为这只钟走过不少趟钟表店，在离埠以前，天天去钟表店对时间。这只钟后来带回中国并不特别准确。

我们又一次决定海陆并进的动身方式。民国二年（一九一三）与陈英士先生约定同游欧美，英士先生由上海坐船到日本，而我们由东三省经朝鲜到东京会齐，因二次革命而中变。这次决定我由上海带行李坐船到日本，膺白回天津取消租屋，坐车经东北、朝鲜，到东京和我相会。他不知何以与东北如此缘悭？在天津已经上了车，张敬舆先生送他行，张家的佣人替他提皮包，他要拿钱酬劳，一摸钱包没有了。时在夜半，立刻报告车站站长，站长认识他们二人，谓车上小偷有几路，案重而查得紧，三日内当有线索。敬舆先生知膺白所有出洋汇票尽在此包内，劝其下车改道。我还没有在沪上船以前，接其来电嘱向银行挂失，银行补给副票，但注明其作用要在正票未去兑现时。这点挫折使我们行旅生了戒心，而膺白重又由津到沪，与我同船东渡到日本。

日本的旅馆有两种：日本式席地而坐的称为旅馆，吃日本菜；铺地板而不须脱鞋的称为"霍的儿"。日本人用英文不像中国，他们对名称常译音不译意。"霍的儿"的食堂，西餐日餐随客点，为行动方便，我们这次住在"车站霍的儿"。日本人从前笑中国人喜欢吃，这次东京的陶陶亭中国菜馆，三块钱起码的一客菜常常满座。第一次世界大战后，日本特别繁荣，暴发户挥金如土，社会风气改变，新思潮流入知识界。我们无意中遇到一个在日本传道的英国牧师，能说很流利日本话，他出示我们一封过激派给他的信，我那时对这思潮还茫然，并不十分注意，事后方想起来，"奢侈"和"过激"两个气候，使后来有"极右派"抬头。

日本有两种与人不同欲改难改的生活：一是文字，一是房屋。他们的文字自唐代得到中国的汉文，实系汉文为骨干而和文作附丽。对文化工具，他们比我们更多一个包袱，他们比我们先谋改良。席地而坐的习惯或亦受中国的影响，日本式房屋建筑轻便则因其常有地震。这个"住"的问题连带到"衣"，使主客不易忘形。中国菜不分食，人以为病，现在多用一份公筷公匙很易解决。中国文则白话仅改文体而未改字体，我们的书法，言艺术则极美，言功用则废时。这点我常想看日本人如何改良其文字。

膺白这次到日本没有会晤什么军人。我现在想其理由有二：一、膺白这次旅行目的不是考察军事。二、到过中国的军人，自民五（一九一六）至此时，终安福系当政几年，膺白均未与见面。民六（一九一七）我们搬天津的第一年，日本天长节曾有帖子来，具名是"日光"，名字已不记得，膺白未去，以后即无往来。

日本女子与我们同辈的还很拘谨，她们即使学外国文，亦在学本国文以后。她们本国的礼貌太认真，尤其女人放在男人后头，故社交的活泼轻松，比中国人更难，我因此亦常被放在后头。膺白独自出去而放我一人在旅馆时候很多。来客和去访，都在上午。一日，膺白已经出门，水野梅晓先生来访，他是中国通之一，在中国教过书，是个和尚，日本的和尚是有家室，不异服异食的。他坐着同我谈天，谈天的资料易通，不得已时用笔补助，看去很自然。这时旅馆侍者陪进一个客来，我起身招待，鞠躬如礼。日本人的鞠躬殷勤，和现成的一套礼貌话，可以有一段时间，我不露马脚。坐下去后，客人滔滔地讲，我茫然无以对答，很窘，幸亏水野先生救了急，这个客人是个银行家。日本的银行家实业家，接物温和恳切。平常我与膺白同见日本人，他先替我说明不谙日语，不使我为难，这次无人先容，而有和水野先生坐谈姿势，以为我能招待从容，结果不但我窘，客人亦窘。我有很好机会学日语而不肯用功，一部分受政治影响，我不可以再加强国人的误会了。在当时的中国朝野空气，不亲日而屈于日，即是排日而鄙弃之，我懒怠了学习。膺白的日语当时人称为第一流，我更不敢在他面前尝试。

当时旅行世界，有几处地方，中国人绝对难于入境，如澳洲。可以去的地方，则以美国入境为最难。一半要怪美国，他们自己得到的新大陆，怕东方廉价工人去喧宾夺主。一半要怪中国，人口多而事业少，谋生的劳工没有国法保护，私自偷关进口。同样的廉价日本工人农人亦受限制，但日本移民由日本政府保证，不须美国特别防范，故日本人到美国，不如中国人受盘问之严。

我们同船到美国的，在头等舱有十几个留学生。留学生坐头等舱位，大概只有到美国，其不得不坐头等舱之故，即为入境不致发生问题。许多人到欧洲，坐二等三等舱，勤工俭学有坐四等舱或甲板的。蔡孑民先生夫妇到欧洲，坐经济二等，实即三等较好地位。以蔡先生的学问，一再出去看而学，以蔡先生的地位，坐经济二等，是堪作楷模的，后者尤很少人知道。蔡夫人周怒凌曾与我同学，故知道他们生活的朴素。

我们这次坐的船名"南京"，载重一万一千吨，在太平洋航路中算是小的。五年前我坐同一侨商公司的"中国"号回国，我坚持坐那条船，这次是膺白特意决定仍坐中国船。实际这船公司不全属于侨商，而且将近停业。但回想五年前，中国人抵制日货拒乘日船，美国船排斥华工以至停航，居然有侨商临时集资购买旧船开航，中国人在无可如何时，会努力以适应需要，亦居然持续了这几年。这条"南京"船身狭长，故颠簸得非常利害，连膺白不晕船的人有两天不能起床。同船的几个青年，和我们同样精神坐这条船，一二十天功夫大家相处很熟。将到旧金山时，有几个人似乎有点忧形于面。旧金山是当时的美国大门，不像现在以檀香山为入境处。到美国留学的学生，海关要查所携款项，至少为美金五百元。有些自费学生化了很大头等舱旅费，以图入境方便，或者身边带有教授的介绍信，希望到美后可以找得工作，不免冒着点险。膺白知道了这些情况，愿意借给所需的数目。同船最年轻一个王君只十八岁，是携款最足的一个，拿出他的汇票愿为别人担保。严格而受歧视，使同国人生共济心，宴安鸩毒是抖擞不起精神的。到埠之日，海关已得中国使馆接洽，我们可以先下船，膺白要等候每个学生依次检查无事通过而后登陆。在旧金山旅馆，有一学生来访，在船上时，我曾见他表链上挂一翡翠，赞其颜色好，这日他拿一小匣，有同样的几块，定要我留一块。我告诉他异乡读书，前程远大，有不时之需，请留着自用，而不敢受。当时由清华出来的官费生似不难，然这官费是美国退还的庚子赔款，规定用途而退还，仍是中国老百姓的负担。自费者如此苦，官费者是惩罚拳匪的赔款，这赔款使中国经济半世纪不得抬头。许多人学问以外，带着美国的物质生活和高人一等的自视方式，回献国人，对今日局势是有一部分责任的。

我们上次在美国，住在西岸的卜忌利，未到东部。这次不在西岸耽搁，到芝加哥小停即往纽约。在芝加哥下车即被新闻记者包围，我晕车尚未清醒，对开麦拉的光很不惯。到旅馆甫进房门，招待我们参观的电话由柜上转进来不断，即刻排定了参观日程，有些地方我和膺白不能不分途参观以节时间。招待我们"看"的人，没有注意我们"吃"的时间，上午陪到一点钟的人刚走，陪下午的人已在一点前到达。在美国，一切力量在民间，社会的活动远胜政府，美国人活泼直爽，精力充沛，非人所及。我们参观西北大学时，陪者是一欧战回来的少将，大约以膺白是军人之故。送我们上车时，知道我们还要到欧洲，高叫："不要忘记你们的望远镜。"美国人已经在巴黎和会有了经验，知道情形不简单。

孟和妹丈给我们介绍袁守和（同礼）先生，我们到纽约他适离埠，由他的哥哥希渊（复礼）先生招待。我们住在哥伦比亚大学附近一个家常式旅馆。每次出去参观，仍回纽约，天气渐渐热起来。我们本定秋后到首都华盛顿，从华盛顿出来就上船到英国，华盛顿是出名热的地方。纽约华昌贸易公司李国钦先生新在纽约的长岛买了屋，长岛其时还地广人稀，天气要比纽约市内凉快，代我们在他附近租得一屋，是一邮局职员的住宅，出租一季。我国驻华盛顿公使施植之（肇基）的小女儿，由一英国女佣人带领，在李家做客避暑，施公使亦常从华府来长岛住几天。华昌公司在当时纽约最高摩天楼的四十九层，李君是当时稀有读书留学的侨商而大成功者。我们到欧洲的船票由他代定，他定的最贵最舒适舱位，膺白觉得过分而踌躇，他说一共只一个星期行程，言下所费不过如此，就此定下。

因李君而我们另外常见的一家中国人：马素先生和他太太及女儿。马先生其时系中山先生派在美国的代表，他告诉我们所做各种宣传工作。当时在美国华侨最普遍生意是洗衣作，他说在洗衣账单的后面写了宣传标语，可以多方达到。我问他是否考虑在外国人前丑诋本国，他说无可如何，这是最能普遍的方法。我们到过他家里，他书房里的书是四壁达顶的，我没有见什么中国书。一次他告诉我："陈光远要反过来从先生了。"陈光远是北洋系，当时的江西督军，先生就是中山先生。我对西南情形不熟，大致的印象，这时是陆荣廷一派旧军人不合作之后。我对马君说："陈光远有何可贵？没有宗旨的人，得之何用？即使来从，将来亦是陆荣廷耳，宁不取。"事体后来如何，在海外离国愈远，不甚知道，当时年少言轻，但这个看法我始终难变。为政权，远交近攻，不容有宗旨而见解不同的人，但不惜重用投机而无宗旨之人，国家要吃亏。

忽然六月间美国报上载出召开华盛顿会议消息。会议的题目为：一、限制军备，二、太平洋问题，三、远东问题。邀请参加的国家为：英、日、法、意与美国共五国；远东问题加邀我中华民国。开会的日期为这年的十一月十二日，是第一次世界大战停战纪念的次日。膺白于七月中草一文曰《华盛顿会议发起之内容及将来之趋势》，寄上海刊载于九月五日至七日新闻报。会议主要目的为限制军备，实即海军军缩，尤其是停止英、日、美三强的海军竞争。美国召集，为美国没有参加当时的国际联盟。邀中国参加，为中国不承认日本乘欧战而协迫中国所得的权利，拒签巴黎和约。中日问题不决，即太平洋问题不决，太平洋问题不决，则军备无从限制。中国虽属附从被邀参加会议之一部分，然而是主要关键。

政府来电聘膺白为华盛顿会议中国代表团顾问，要他缓期赴欧。我们向船公司更改挪后了赴欧船期，在会期以前到华盛顿。膺白与袁守和先生商，请他作私人秘书，袁君答允挪迟读书一季，同到华府。我们的小公寓里，有一间袁君经常的办公室。半年中我除开照例酬应，就是在家当厨子。膺白喜欢吃鱼，而且要吃淡水鱼，我熟悉了华盛顿的鱼市，买得着近乎淡水的鱼。那时美国在禁酒时代，烧鱼不能无酒，我用五加皮及蚝油代替，五加皮可当药品进口，一瓶要价美金五元。袁君对时势及华会情形均极了解，我不须再当书记。膺白在国外，非常注意本国留学生，并不是想将来放在夹袋中，而是如何不糟蹋下一辈，使下一辈能尽量贡献于国家。我和膺白有同样感觉，尽管在国内，对国立大学这几年罢课闹学觉得有点过分，但在国外，国立学校出身的人显然不同。我们都有点偏爱国立学校，憬然于基础的国民教育，和本国文化涵养之必要。

膺白与华会，除他事先一篇文章，在他身后的《故旧感忆录》内有袁守和先生的《对于膺白先生参加华盛顿会议之回忆》，及王芃生先生的《我对于膺白先生的几点追忆》两篇文章。王先生是始终研究日本问题的，他的文中说："近年来日本对外的一切举动，也可以说是对华盛顿会议的一大反动。在华会闭幕以后的十年当中，中国若是急起直追，本有过很好的复兴机会，不幸不曾好好利用。……国力转遭着过大的消耗，坐视着旁人的强大，因此造成了近年来最严重的国难。"又说："在特别关税会议中，日本代表在原则上首先承认中国关税自主，听说是膺白先生的侧面策动和游说，感动了佐分利等日方要人，有过不浅的因果。后来日本虽然变卦，而终不敢公然反齿。"佐分利是华盛顿会议日本代表团的专门委员。关于这点，我在后文有关民十四（一九二五）关税会议，和民十六（一九二七）北伐时，尚有述及。

袁先生是中国留学生在国外学图书馆的最早一辈，图书馆属目录学，在历史系，他熟悉中日间山东问题。他的文中最后所列山东条约第七点，有淄川、坊子、金岭镇等矿区地名，至民国十七年（一九二八）济南惨案，日本犹据为侨民利益，而作出兵山东理由之一。我看见济案时前方报告及后方通知的电报中，有此项地名。

在华盛顿会议前，北洋军阀为欲征服南方，一次一次地达成对日外交祸因。膺白在其言论和文字中，大声疾呼"万恶之内争"，促国人警醒，而向世界大局看。不料这些恶因的后果，事隔十年，不可收拾。最显著者，当国民政府将统一中国而谋中国的建设时，日本加紧对中国的扰乱。民国十六七年日本在山东出兵，有济南惨案。民国廿二三年日军进入长城，有《塘沽停战协定》。这两件焦头烂额之事，皆由膺白当冲。

在华盛顿会议，中国与日本如原告与被告，被告强而凶，受人忌，原告弱不争气，受人怜。除公众酬应，两造交往极少。膺白在这时认识日本驻美大使币原，和日本代表团的佐分利。立于东亚地位，看世界，不期而有相同处。亦与日本朝日新闻记者神尾谈过，神尾还在我们小公寓里吃过一餐我烧的便饭。民国廿四年（一九三五）春，中日关系日趋险恶，神尾同着朝日新闻访问团到南京，他一个人特来莫干山访膺白，那日他比预约迟几小时到山，后知其由京杭国道到庾村，警察查无护照，未许上山，故折向杭州日本领事馆办得护照而来。他吃饭时还提起在华盛顿的一次。

我写稿时，听到电台里美国记者勃林克雷由日本归来的报告。他的报告：《朝日》是世界最大流通额大报之一，日本左派最近反美风潮，《朝日》足以左右舆论，《朝日》本身并不左倾，然因对政府不满，故不加指导。神尾颇似恂恂儒者，尤其他到莫干山的一次，半路被阻退回再来，未露一点不愉之色。这时膺白已为中日问题心余力绌，固辞其华北职务。惟恐天下无事之辈正在掀动风波，而两国有心人，颇忍耐不敢以小事化大，顺笔略举一例。

民国十一年（一九二二）的元旦，我们在大西洋船上，接到华府许多朋友的贺年电。这条载重四万五千吨的船，是从德国人手里交给英国，这次在冬季极大风浪中，不误到埠日期。我本极易晕船，亦仅卧息一日，照常进食。王宠佑先生和我们同船到英国，头等舱只我们三个中国人，被安排在一张小圆桌共饭。我点菜时说起昨日的斑鸠很好，他笑我晕船不出来还能细吃斑鸠，这是我生平旅行最舒适的一次。只有一星期，时觉来日苦短。船抵南安普登，有使馆陈君来接，同坐车到伦敦。火车与轮船大大不同，受战事影响，破旧不堪，此不但英国，参战各国均如此。

我们只在伦敦小住，顾少川（维钧）公使尚在华府，由朱鼎卿（兆莘）先生招待，应参观之处都有人陪伴。这时英国国家画苑正出卖名画《蓝童》于美国，《蓝童》出国以前，每日有许多人去参观惜别，买其照相。我同膺白都没有音乐艺术修养，但觉由美国而英国，而欧洲大陆，是一步进一步，不可言说，不禁神往。听说艺术品在战时都谨谨珍藏，第一次世界大战时尚无飞机轰炸，故战场外毁伤尚少。艺术音乐，是表现一个民族内心之美，美的表现是至高亦至公，中国从前艺人常有争高低之见，讲门户派别，这与美学相矛盾，希望以后不再有了。

范静生先生长教育部，曾与膺白讨论过社会教育，膺白没有什么具体贡献，却提到了两件事：其一是国民体格训练，其二是教科书。为百年之计，不可任营业者趋时投机，而准确尤为必要。一山之高，一水之长，几个书局或几种课本不同，读者将何所适从？他建议教科书国定，而分配各书局发行，则不夺其利。关于体格，他说学农的不举锄，学工的不动机器，师生以纸上知识授受，下一代还是一个个文弱书生。他说今后国民的标准体格，要能"负荷欧战全副武装防毒面具而跑步"为及格。范先生即托他注意这两件事，并要求买一套带归。我们在伦敦参观水晶宫时，那里正陈列有最新武装，即打听得其重量，函告范先生。关于教科书，各国有其立国精神，不相抄袭，我们亦到处买一套，寄上海中华书局陆费伯鸿（逵）先生。

　　五外叔祖家七舅敬新在法国学造纸，我们到法、比、荷兰、意大利，由他相伴。当时全世界卷香烟的纸法兰西最好，这与健康有大关系，七舅想要到他们的工厂去实习，托使馆介绍，迄未成功。王如玖先生在法国学陆军有年，膺白参观战场由他陪伴。凡尔登是第一次世界大战在法国最剧烈的战场，有一处全军覆没，全村焦土，德军炮火掩扑濠沟里兵士，这些兵士都立着而死，枪尖还露出一点在地面。巴黎的伤兵工厂，我亦同去参观，四肢残缺的人推动机器，脚趾穿针，和被猛烈炮声震得神经反常，种种惨状都看见了。法国有极精细地图，我们托使馆向陆军部请求，购得两套，一套送给在日本陆大的五舅湛侯，一套自留。巴黎仍是美丽而精致，我们看了一次莫利爱①的《理想夫人》。一进"渥配拉"的门，其建筑雕刻之美，不看戏已经目迷心眩。中国人自以为宫殿雄壮，然和欧美许多大建筑，积有各种艺术家之匠心与血汗不能相比。那年好像是大文豪莫利爱的百年纪念，故上演他的作品，是话剧，剧终还有一段戏中戏。幕起是看戏归来的男女各界观众，批评剧本，各有各的看法说法而不作结论，留得结论让看客自由评论。说到戏，我们的文学家、艺术家、音乐家尚须大大努力，园地正大。抗战后我们的话剧甚有进步，演员的程度亦进步。范静生先生与膺白讨论社会教育时，没有听见他们想到戏剧。看了各国文学家名作上演，修练的道白里有语学、辞学、哲学，和我们的《四郎探母》《二进宫》又怎么比呢？

　　一件使出国游子快慰的事，报上登载我们到埠消息，总有本国留学生来信或来访，不须有人介绍。在巴黎，上述的王如玖君不但陪膺白看战场，还为膺白画一张炭画的像。郑毓秀、褚民谊二位是知道我们与辛亥关系而来的。一次留法同学请茶，一个人手持膺白一本书，到我面前，指着序言里提着我的话，好像我还没有见过而要告诉我的样子，后来知他是吴

———————
　　①　现通译为莫里哀。

品今（统续）先生。可惜我们在法国日子不多，除开在日本和美国，中国留学生当时以法国为多。

欧洲大陆的语言，法比是一个系统，德奥一个系统，政治关系亦有点如此。传说德国干犯比国中立以攻列治[①]，因列治要塞的炮是德国克虏伯厂制品，德国人知道所造的炮，发弹数十小时后将自炸。但法比已预测诡计，早由法国另造同样形式的炮，安置列治而德人不知。德奥在政治虽同盟，在艺术音乐各自创造。维也纳之美，介在柏林与巴黎之间，生活舒适毋宁近于巴黎的。

我们到比利时，膺白定要去看列治要塞，他没有军事意义，只有崇拜心理。我们在欧洲所见，不论胜败各国，经济的萎缩相同。战胜国得到战败国的赔款，然赔款要从战败国人民的汗血摊还，非短期可以成功。与第二次大战后，美国"仗义"，大批援助欧洲复兴之马歇尔计划不同。我们旅行所至，到处有寒酸气，然到处见奋斗精神。

从荷兰到德国，荷兰我们到两处地方——海牙和阿姆斯登。看见这个"低地"国的海防，是堤防之防，而非国防之防，吾的弟弟君怡，这时正在德国学此。朋友黄伯樵、郑仲完亦在德国。我们决定在柏林多住一时，伯樵家房东的女儿女婿——育勃斯君家，一个公寓有四间大房，他们把最好的三间租给我们，自己搬在后面小房，和我们共用一个厨房。我们手里拿的美金旅行支票，一路愈走愈阔起来。德国通货膨胀，马克价值日夕变，他们的人民没有逃避资本之计，只有增加工作和减少享受。我们和房东间相处，竟像《镜花缘》里的君子国，他们甚为满意，而我们犹觉歉然。膺白最喜欢房东的小男孩"马滋"，见他推门进来，总要抱他坐一会，预备了糖、水果等类，想留他在我们处玩。他们的规矩，小孩拿到东西须先给母亲看，然后才吃，马滋得到糖果，反而急忙要回去。后来房东太太

---

① 现通译为列日。

知道膺白喜欢孩子，让他吃过再来，叫我们不要宠坏他。德国的儿童教育极认真。一日，房东太太带着三个孩子到医院割喉蛾，电车来去，回家时一手抱着马滋，一手牵着两个较大的女孩，孩子们自去睡半日，自到厨房嗽口，问他们好，都很有礼貌答谢。一日我买一条鱼，切中段一块送给房东，房东太太再三推让，接受后她告诉我，她的丈夫最喜此，然已几年未尝了。育君本在海军，战后德国不许有海军，改业玻璃商。这样俭省的一家，他们大女孩课外还请人教钢琴。我们离柏林之日，育君夫妇抱着马滋送到很远的车站，车开犹挥手不已。

我的老师贝安纳小姐一再来看我们，我们亦坐火车去过她家里，上文《到天津读书》章中已提过其事。这位贝先生始终对我存好意，我的事她总以好意估量。只有一次在柏林，她问我遇见了哪些德国人？有何感想？恰巧上一晚驻柏林中国公使魏注东（宸组）请饭，座中有德国外交部长拉脱诺，我提到其名，她立刻涨红了脸对我说这不是德国人。拉氏在战败后的德国政府，奠定德国工业复兴基础，许多普通工业包含着国防作用，一旦机会到时，很快可变为军需工业。《凡尔赛和约》限制了德国军备，解除了他们武器。他一次对军官们说："他们毁除你们的武器，这些武器在未来战争中都是废物，未来战争将有完全新的武器，淘汰废物是于军队有利的事。"这些言语和工作，在第二次世界大战时，都实现其效能了。因他是犹太人，一九二二年被刺而死，距我们见他不到一年。当时他看到使馆挂的一幅画而谈到东方艺术，我惭愧他比我们懂的多。贝先生的成见，当是德国民间一般反犹空气，后来希特勒利用此空气，做得惨无人道。我草此稿时，正值新建的以色列犹太国，在南美阿根廷捉到当年纳粹政府屠杀犹太人的一个主持人而审问之时。真是一件心理偏见，众生共业，冤怨相报，惨已！我在柏林时，一次与仲完同出购物，是一家犹太人的店，算账时发见与橱窗样品所标原价不同，女店主老羞成怒，且甚无礼，这是我偶然仅有的一次经验。

伯樵、君怡二人陪膺白出去参观，则仲完来陪我。一日接他们电报谓将坐飞机至某处，忽然又来电报说改坐火车。仲完笑谓当是上机时写遗嘱踌躇，故变计。当时坐飞机尚属罕有，而极慎重，故有此手续。后知他们并未胆小，因拟乘之机只容四个客位，除他们三人，另外系一对夫妇，必须让出一人，班机不多，故不等候而改计。我只在离德途中，经过德雷斯登①小停，看见君怡所读书的工业大学，到他寄宿之处。伯樵本在柏林，君怡则请假来柏林相伴的。

巴黎和会对德国的条款苛极，我们曾在一处展览会看见一张教育影片，上帝赐给德国一个孩子，随着这个孩子的长大，其身上的背负渐渐增加，均不过用数字表出，但很了解德国国民的负担。其与世界各国国力比较，亦只用图和数字表示。战后德国已没有国防了，我们所接触遇见的人，朝夕相处的房东，和我那个固执偏见的老师，都不露一句怨恨之声。惟其忍耐功夫之高，故第二次世界大战之再发，破了既往每个大战相隔四十年之例。四十年则前一代见过战争之惨的一辈已死去，后一代未有经验的人又有勇气。然最近两次世界大战之相隔不过廿五年，而希特勒者，亦足以鼓励德国人之报复心。

在德国的中国人，此时最受尊重，手里拿的是外汇，经费充足，使馆请得到现当局要人。我们旅行之际，有使馆处，常以得扰几顿中国饭为满足。驻德魏注东（宸组）公使不带中国厨子，反到我们家来吃便饭，屡次不约而来，使主人来不及添菜。除魏公使，章行严先生是另一不速之客，他在德国甚用功，似很研究"过激"学说，太太没有去，我们随时欢迎他来便饭。一次，他一到即问我：膺白昨日到某处？某处即是他所住方向。我问何以知之？他说，他的房东看见一辆汽车经过，一个中国人资本家似的坐着，当不是注东就是膺白！我不让他一步，回答说："回到上海，怕

---

① 现通译为德累斯顿。

你行严先生的资本家样子，要比膺白多得多!"一次不知谁发起，在柏林的中国人，先生们烧菜请太太们。有些人是太太烧好了交给先生，亦有真会烧菜的先生。不会烧菜的摆碗筷当差，聚餐在参赞张季才（允恺）家。据说行严先生上午十一时已到张家，我们到时大概已在下午六点后，见他满头是汗，穿了白围裙。他的作品是两碗汤：一是牛肉汤，一是木樨汤即蛋花汤。我常常与膺白怀疑，何以许多朋友回到中国就要腐化？我怪北京、怪上海，官气使人迷，黑气使人昏。几个有为的朋友，到了烟容不可掩盖惘惘然时候，常倒使我们难以为情，不敢向之正视。

在欧陆旅行，一夜可能经过几个国境，我们可以将护照交托车掌备查，但亦有必须起床经关卡检查之事。惟一长的铁路在一个国里的，只有意大利，我们曾到它最南端的拿波里①，看有名的大火山维苏维②。瓦解后的奥匈帝国，工业的捷克最站得住，农业的匈牙利经过几次事变。当时我们很替奥地利发愁，等于去了四肢，只剩脑袋。奥币克朗的跌价与德币马克同，主妇们都手提大皮包，装满钞票买不了什么东西回家。再想不到卅年后，抗日战后的中国比他们还要利害。

我们旅行到最后一个国是欧陆高原的瑞士，全世界的永久中立国和山湖洵美的国际公园。它不产钢，而它名闻全球的钟表，靠细细的钢条，用不着很多的钢输入，成其生产岁入大宗。在中国市场盛销的药品、补剂、颜料、各种化学制品，瑞士产品亦甚多。不但世界上许多国际会议在此地开，亦有许多逃避的宝货在此地存放。英法德三种语言，每个国民都能应对。这个国，好像用不着什么政府，他们的行政首长是一个委员会的人轮流充当，出入乘电车与其他职业同。那时只有廿几岁的我，不问详情，这一点够所忻慕。

国内政局已变而将再变，朋友们来信都望我们早归，看着国际亦确令

---

① 现通译为那不勒斯。
② 现通译为维苏威。

游子思归。我们回到法国，取道马赛，经地中海印度洋返国，上船以前，在马赛参观了法国殖民地博览会。

我要记此行两件痴得近乎迂阔的个人小事：一是我穿得最多的一套衣服是五年前的，一是我差不多没有到百货公司买东西。民四（一九一五）我们亡命到美，住在西部常年春秋的区域，那时市上最新的机织毛线上衣，几乎人披一件，而自制的绒绳衫则俗例只老太太上菜市穿，不登大雅之堂。我很喜欢这样的机织上衣，而未舍得买。我先回国，膺白后到，打开他的箱子时，发见不但有此类上衣，且有裙，不但是线织，且是丝织，颜色是黑白相间。据说我走后，他每出门见我注意过之物，都买一点，放在箱底。我感其意，在国内虽不能用，然都保存着。这次再出，时隔五六年，已无人穿此，为人情和经济，我穿用得甚为合意。记得游尼加拉瀑布时，有穿这衣服的照相，倘寻得出，当附一张于此。

这时中国还未有百货公司。我在美国，时时念着两国货币汇率一比二，回到中国有更多的用处，因此到百货公司而不敢买东西。到欧洲，见物资缺少，生活艰难，我忽动妇人之仁，不忍买便宜货，尽管商人欢迎外汇，而我固守我的同情心，不放手。膺白戒我勿添行李，而他自己的行李中，塞满德国的小钢刀、小仪器、战场炮壳、火山石头。我的朋友，得到我极薄的礼品。

船抵上海，殷铸甫先生带着大小姐静姑，坐驳船到大轮来接我们，静姑还不过十来岁，手里拿着载有我们抵埠消息有照相的当天报纸，指给我说："姨，你亦在这上头。"小孩子还没有见过相识的人在报上，我们不知道是谁送出的新闻。职业教育社对我们有一个欢迎会，黄任之（炎培）先生请我们在一家馆子吃素菜。其时南京和天津的朋友们函电催膺白去，于是膺白先行，在南京他停留讲演，我携行李直到天津与之相会。

天津的金融界邀膺白参加他们的座谈会，我只记得膺白提起有中孚银行聂管臣先生极热心。膺白谈到在欧洲见到通货膨胀情形，指着座边一罐三炮台香烟说："今天价五角一罐，可能明日变为三元一罐。"他岂料廿余年后中国币值的低落，比当时德国马克、奥国克朗同样惨，而三炮台香烟亦非由五角涨至三元的渐进方式。

张敬舆先生来接我们，问我游历感想，我说："中国事事不如人，所看到的都比中国好，但最可爱的还是我们中国。"出国归来，而犹你我彼此，自己打自己者，非人也。

一四　首都革命

我们很早听说冯焕章先生治军纪律严明，与士兵共生活，叫得出每一士兵的名字。在天津时，从张敬舆先生处知他刻苦慕学，很爱国，辛亥革命时在滦州有起义活动。这历史和风格颇引起膺白的好感和兴趣，首都革命之愿，像这样一个北方军人，该是最适宜的同志，可惜不在一处，无缘熟识。膺白所作两本关于第一次世界大战的书出版，冯看后甚为欣赏，买了几百本分给部下读，其中有人后来遇见膺白，背得出几段警句。这是冯从混成十六旅旅长到督陕、督豫，声誉最盛时期，我们正在欧洲旅行。

　　民国十一年（一九二二）的秋天我们从欧洲回国，正值直奉战罢，直系得胜，旧国会又在北京召集开会，黎元洪复职为总统，王宠惠组织内阁，张绍曾为陆军总长，政象似乎又有南北可以沟通的朕兆。膺白到了上海，被南京教育界的朋友请去讲演，被北京的朋友催去见面，只出席上海职业教育社一个讲演会，即比我先动身离沪，我在沪等候行李，约定仍到天津卜居。

　　在我们出国的期间，上海金融界出过一件事情，交易所的暴兴和暴落。这个风潮影响了中国当时正萌芽的纱布业，亦拖倒了我们几个弃官从商以有限积蓄在上海谋生的朋友。我们在纽约时，一天李国钦先生带来一大卷中国报纸，他指着满封面形形式式的交易所广告，很不屑而叹息，特别点出一个曾为内阁次长且在青年会服务的人，做一个交易所的董事长，说："你们看！你们看！"这是我们初次听到中国有交易所这件事。李先生是在美国经商致富，但颇不以上海这种投机做空事业为然。膺白对商场向少关系，我们亦不留心商业广告，闻言只有浅浅印象。岂知我们到上海之时，正值许多人因交易所而破产，非北即南，不得不回向政治谋生活。产业不发达本与政治混乱互为因果，然这次投机风潮，牵涉到商界以外的中产知识阶级，则在中国为初次，不独影响中国产业之正途前进，亦且加速中国政海变迁。

上章记我们到天津之日，张敬舆先生在车站接我们，张先生这时已有入阁消息，不久他入京为陆军总长。膺白同我商量，仍欲居家天津，我们在天津意租界五马路租定了屋。我刚刚布置好了一切，而膺白受命督办全国财政会议事宜，重又搬家北京，这是民国以来他第一次在京受职，岳军先生为其总务处长。王（宠惠）内阁为直系尤其洛派所支持，亦为辛亥南京政府之人在北京组阁第一次，其与洛派如何关系，我们海外初归，并不深知。膺白与亮畴先生是公谊多于私交。洛派是指直鲁豫巡阅副使吴佩孚，时驻洛阳。

这个全国财政会议并未开成，一因中国政治分割已久，各省与中央少休戚相关之谊，派出代表甚慢，江苏似系响应最早的一省；二因王内阁不久辞职。下面一封叶玉甫（恭绰）先生的信，是手边仅有的涉及财政会议材料。信长卷纸一束，由日本寄来，当是直奉战后交通系失败避居海外时发，并似来信得膺白复信后之再来信，其中颇有民初财政史料。膺白复信我未见，函中"远游感想"及末段"读书"云云，当为去信语。沈君即吾弟君怡，由交通部派赴德国留学，在叶长交通部任内。

奉诵复书，语长心重，猥承指导种种，尤切感荷。所云远游感想无人可以倾吐，弟前次归国，即满抱此种悲观，固不待今日而始有此现象也。至财政会议一事，论理本应早开此种会议，以为解决财政困难之方策，第今日各省曾有何人感觉有扶持中央财政之必要者！当局者无论矣，一般人民以平日感情太乖，亦绝对不欲问其死活。除少数经济界中人，知今日政府财政与国民经济亦有不可解之关系，未甚淡视外，他固绝不措意也。十年以来，吾辈枉负经济财政之重名，其实所怀抱者，何尝得尽百分之一。"无政事则财用不足"，此本金科玉律，乃自项城时即绝对不措意及此，徒以威权尚盛，勉得补苴，然虽不足以云理财，尚可以云筹款，且用度亦尚有节。（此语公当信之。项城时，中央每月五六百万为止矣，即西南战役，有如合肥时代之用巨资乎？至外传帝制用款，除军事外，实不过数十万元，以较今日种种无名之费渺乎小矣。）地方未尽虚耗，而筹备及整理之举，亦颇愿施行，盖项城所知者系无财不可以为悦，故凡足以裕财之计，无论治本治标皆愿从事也。（如整理币制一事，公知今日墨西哥之"光鹰"及"站人"所以绝迹之故乎？盖民二、民三时，梁三水力持先认定一种银元为标准，而逐渐淘汰其他杂币之说，乃选用北洋造之一种龙元，而毁其余模，并准商民自由请铸，不收铸费，仍于上海市面造出此种龙元之单独行市，使逐渐与英洋齐价，故不三年而外币几绝迹。逮周缉之继任，立即取销不收铸费之议，事为大阻，不然吾国银本位之根柢早已立定，或乘欧战时已可行虚金本位矣。）其时周氏以善于搜括，故颇得袁氏信任，其式虽旧，然犹欲力守前清末造之规模。（如对征收官则严定比较，对滞纳则力主清查之类，虽决不足语乎财政，然犹有彼之管理财政方策也。）逮洪宪以还，合肥当国，高掌远蹠，不亲细务，而财之与政，乃分而不可复合。自是以降，棼乱如丝。去岁靳氏当国，讨论财政，仆其时满腹新感想，如公今日，乃力陈须先活动国民经济之理由，乃同僚皆目笑存之。厥后仆屡言"无政事则财用不足"，靳屡言"有钱则万事皆有办法"，始终龃龉，遂成隙末。此段历史外间知之者稀。今日全国与吾辈差池者无论矣，其谬相推重者，或在乎能以筹款之一点，或竟以为"吾辈有钱，自己可拿出若干，以济公家之急"，乃绝无承认其对吾国财政整理之有特别研究者。吾侪之自炫固无谓，乃亦不必也。吴子玉去年使人以财政求教于三水，三水告以整饬直鲁豫三省吏治，以期收入增加，渠等乃大失望，盖彼等以为三水将教以如何借款及搜括之法也。彼等皆存一不顾子孙之计，如何能与言财政之正轨。彼等胸中又恒怀一"项城时代梁某能筹款之影子"，不知其时筹款之法，本非以搜括抢掠为事。即以公债言，三四年之公债至今成绩何如者？五年即非吾辈所办矣。且项城所出不妥之主意，经吾辈打销者，不知若干；且日日诱之进行治本之策，渠亦多所了解且愿从事。（盖袁因以天下为家，反而肯以天下为重，其动机虽未合，而事实却如此也。）如非洪宪之一番蹉跌，早已大有规模矣。今日各省长官及中央当局，肯为一年之计者恐已甚稀，如何能与言及此。故欲望全国财政之有办法，须中央与地方财政均有办法，欲中央财政之有办法，又须地方财政之先有办法。盖中央无土地人民，势不得不倚赖各省，各省自己先无办法，如何能不扰乱中央之财政。今试问各省财政何至于无办法，大约不外下列数因：甲、地方不安，乙、吏治太坏，丙、旧日财务系统之解纽，完全不知考核厘剔为何事。如山东之县知事，大抵皆由督军省长及省议会串合卖出，江浙之厘差等，亦强半皆然，否则副官差弁出而任征收，至兵匪之蹂躏，致负担力之锐削，更人所共知矣。河南一省依输出入之状况而论，每年民间富力必增二三千万元，而吴氏日日忧贫，豫人复怨声载道，此何故耶？即以上数因也。阎百川号为能治事，然不知人民经济及市面金融为何物，至今晋人不加富，而新政且以无款而穷于措施，实则山西何至是乎？故各省财政状况不改善，弥论其与中央如此睽乖，即十分拥戴中央，渠亦手足无措。今日欲各省财政之改善，只有二途：一、各省长官能专任一有识力手腕之人，使之理财不掣其肘，则本省之财政自裕，除自给外，不必定截中央之款；二、各省省民能进而监督用人理财各事。至二者在今日孰为有望，皆不易言也。至开一种会议，清清楚楚的分家，中央求各省之谅解，使知有存此中央之必要，及内外债之信用之宜保全，此其事迟早当办。但目下此种会议能否开成，及能否有效，殊未可必也。仆等向来主张加税裁厘，而以关、盐、烟、酒、印花与交通及其他官业收入，划归中央，其余统归地方，如此，则中央除每月支出官俸政费七八百万元外（官俸行政费军警费应不得过五百万元，余以充直辖之教育费，亦不甚俭矣），尚可以其余分年归还积欠，而于地方无损。至各省应用全力整理地税，必足自给有余。此种划分恐迟早必如此办法，盖地税非划归地方不能整理，而此一大财源如不整理，收入必无望大增也。执事苦心孤诣布置此事，极所佩仰，似不妨姑尽己责，不求近功，但使与会者能输入若干之智识于胸中，或转相传播，则其功能即属不小矣。至承示二端，第一事弟已行之，在此无事，惟读书耳。其二则夙怀至今，未敢稍懈，虽真龙无几，而好之自如。近日颇感觉宣传之必要，故恒作长函，述其所怀，尊意注重讲演，正合鄙意，盖无论何政策，不得一般了解，殊难实行也。沈君闻志趣向上，极慰。但报载德对外国学生增收学费至三万马克，恐受影响，如何如何，敬复，即颂大安！

　　膺白先生　　　　　　　　　　　　　　　　不知名上

　　　　　　　　　　　　　　　　　　　　民十一年十二月三日

　　这时直系领袖曹锟为直鲁豫巡阅使，驻保定，而指挥全局者为直鲁豫巡阅副使吴佩孚，驻洛阳。曹虽系不读书武人，然性忠厚，人言其为第三师师长时，某次战败，众已尽退，曹独倚墙从容，一部下促之始走。吴与张敬舆都主张在庐山召集国是会议，谋南北之统一。张寄膺白信言："庐山国是会议之提议，虽尚未见诸实行，已有披靡一世之概，中国统一之期，当在不远，深望大驾早回，共图中华之新建设。（十一、一、廿六、寄美国）"历来两系相争，未得手的一方常不惜迁就过去或未来的政敌，北方相争时联南方，南方亦然。王内阁、旧国会、黎氏复职，虽亦多少由此形势而来，然谓当时无人有心为善，亦未可言。无奈武人之气势，国会之卖弄，不择手段，每况愈下。少数之善，在野时几希之善，均入狂澜与共倒。

曹锟急要做总统，亦不择手段，以吴佩孚得其信用之专，而无可奈何，不能劝阻，终成贿选。最可惜者，吴并非主张贿选之人，却逼成拥护贿选之势，以声罪讨伐而穷兵为戏。他被人称为吴秀才，私生活甚严肃，自拟关岳，对曹锟始终不二。声言不入租界，确未见他住租界。膺白最后一次到北平，岁时存问，他绝不以国民军之故，略提往事稍露形色，与其他失意人物之悻悻然者不同。生活亦不裕，不失为胸中自古其道德标准而守之不失者。膺白认识他，亦由张敬舆而起，吴张结儿女姻，吴派迟程九（云鹏，实系真媒）来请膺白为大宾，先送兰谱。

膺白许愿在北方竟辛亥之功，然时时以国家为前提，不以革命为究竟。现在，社会不以他为异己，当局看他作书生，他可以加紧努力了。北洋军阀虽已分裂，然地盘广大，根蒂深久，对国家为祸不为福，去之却亦无法。皖系曾与日本结深缘，误国家众所周知。奉系则入关而争，不惜放任后顾之敌，退而自守，又厌恶其索偿与掣肘，忽视外敌，与我们根本难容。首都革命之愿，于是寄在直系，直系虽颠顸，而无国际背景。膺白与冯焕章先生共事时，除基督教，尚不闻其与国际有接触。

膺白到过洛阳一次，吴子玉先生邀与同饭，同往郊外试炮，听其言论，甚为失望。他说："科学吾国古已有之，格物一章而今亡矣，就是到西洋去了，老子出关西去，格致之学被他带走。"试炮时，自称其目测之准，遥指一点，说若干米，试之果然，左右叹服。这样自封自是态度，当大任是可忧的，与新世界亦距离太远了。十年后，他还告诉膺白：尧辟四门即国会。

吴甚厌恶冯，抑制其发展，冯两次失去已得之地盘，而队伍则反扩充，由陕西而河南，到北京郊外的南苑北苑，就陆军检阅使一个空名闲职，所部饷项无着，张敬舆是其在二十镇时老上司，吴抑制冯，张则帮他。在张组阁及陆军总长任内，准冯之队伍正式编为一个师，三个混成旅，并指定崇文门税关及京绥路局两处，为冯军饷项所出，冯于是反而得到在近畿练兵机会。

南苑与北京间汽车一小时可达，膺白与冯见面机会渐多，渐渐熟识起来。他请膺白去作定期讲演，膺白每两星期出城往南苑一次，每次讲演两小时，冯自己与全军营长以上官佐同听。膺白这时在北京很忙，在内阁、北大（膺白在北大讲军制学的稿系岳军先生代笔）、师大，担有职务或功课，但从不却冯氏之请。往南苑的路极不平，我们的车很旧，两小时往返路程，两小时不断讲话，他夙有胃病，颠簸而归，常捧着肚子叫痛，许久说不出话。我几次劝他告假，他说："这个集团可能为北方工作的惟一同志，彼此必须认识了解，且此中必有他日方面之才，能多认识本国及世界局势，或者少误国家事。"无论如何忙与累，南苑之行不怠，自然而然，与冯常常谈起时事来。一次，冯说到李汉老如何云云，膺白问其人是谁，冯笑曰："您老在阁不识此人？"盖曹之嬖人李彦青字汉卿，要人无不与之结欢者。冯亦请过膺白阅他的兵，黎明骑马越阜跃沟，同看操。膺白最后一次在冯军讲演毕，请冯开一名单，定一日期，他要请其听众冯之部属到吾家吃顿便饭。膺白一向不私下结欢有力者之左右，恐乱人秩序。这点，好处在有力者对之无疑虑，坏处其左右以为他目中无人。这日请的是晚饭，但客人很早已从南苑到来，且传述冯关照的话："黄先生不是空闲着的人，他为爱国肯来指导我们，北京城里有地位的人谁还像他那样，你们早点去，谢谢他。"这是仅有的一次，在我们糖房胡同寓所，请冯部属，从来没有请过冯自己。

北京城里通常应酬很多，打牌是常有的事。太太们请客更是请打牌，帖子上写着下午二时，我以为是请中饭，按时而往，上过当，闹过笑话。后知不打牌尽可迟去，然七点钟该是晚饭时候，不能再迟，到则见满屋一桌一桌的牌，人多则分作几间，往往到八点九点还不开饭。大家心在牌上，可怜燕翅全席大半敷衍了事，有庶务科算账。亦有放着鸦片烟盘提神消遣。混在其中，日日往来，话即好说。在势之家，素不相识之人，逢着拜寿道喜，只要肯随俗，即可上门，如此相熟。我本非怕出门之人，经过这些，视酬应为畏途，朋友说我生"怕见人"病。我家亦不能舍正事而款待多方。请客无此铺张，索然寡欢。心以为非，不敢表示，不参加之事须小心设辞，不然故意立异，在小节目上不随俗是非常得罪人的事。膺白应饭局亦务必周到，朋友告诉他：宁可到而不吃，不可不到。有一次赴五个饭局，空腹而归，此种生活，我们常常叫苦，觉无地自容。他僚友某君，一次很认真要我劝膺白从俗，他说："谁家谁家，来者不拒，宾至如归，厨房同时开得出几桌酒菜，议员记者随时光临，情不疏隔，自然攻击减少，笑骂不生。"他说："外面称膺白为穷总长，不请客，不联络感情，这样如何做得开，实大大影响其政治生涯。"我谢他好意，但说："乌烟瘴气必同归于尽，正想尽力维持一点清明空气，不拟劝也。"膺白在职时，除在署秘书外，家里有一人专为他答复介绍人事的信。他的朋友唐少莲（凯）先生素称忠厚，常常搁笔大笑，要求之离奇，与措词之幼稚，出意料之外也。参众两院议员之信尤多，不必相识。岳军先生在北京的一段期间，住在吾家，代膺白见客。岳军先生见客后，用小册记明事故，有许多人仍要见膺白自己，而事故亦多半为请托。一日早餐时，二人面红耳赤而散，我奔走其间相劝。岳军先生要膺白耐烦，人事周到，误会可少，原为膺白。膺白最不长于人事，无办法而敷衍，不肯。夙有胃病，饭桌上甚易动气。这实是民生凋敝到极点，群向政治机关谋生，而少数集团犹是杳无止境地醉生梦死。贤如蔡孑民先生，其介绍北大学生书信之多，不可胜数，青年出路之难可知。膺白回国初次任职，第一个引用的北大李君即蔡先生所介绍。

膺白在教育部时，一次不知内阁同僚中何人生日，同人公宴唱堂戏，事后庶务来收账，总计七千余元，每人摊派二百余元，门房问我是否送教育部。教育部是最苦的一部，薪水常欠，我愿在家里付出。不久，又来一份"同人公启"的堂会通知，请签名，我叫门房退回，说已另外送礼。我退回公启以后，正恐过分得罪了人。事有凑巧，次日见报载冯玉祥启事一则，大意言同僚有庆，分别送联致贺，时势艰难，不再参加公份等语。这是北京城里少有的话，颇煞风景，却令人称快。

民国十三年（一九二四）的秋天，又一次直奉之战正开始。此时直系当朝，奉系为敌，皖系赋闲，在南方则粤系为尊。奉皖粤有三角联盟之说，信使往还。

一天夜里，膺白回家特别迟，他告诉我在船板胡同冯先生寓所谈天。膺白没有到过冯的私宅，我亦初次听到冯住船板胡同。这日，他们先在另外一处地方晤见，冯邀他到私宅，谈话只他二人。从行将开始的内战谈起，膺白反对内战，"万恶之内争"一语，在其文章和言论中屡见不鲜，冯所深知。冯语膺白："吴二爷脑筋里没有民国的民字，这样穷兵黩武下去怎么好？"吴二爷即吴佩孚。于是他们谈到深处，渐渐具体，拟以一支精兵倡议和平，在北京完成辛亥未竟之功。冯又告膺白："胡笠僧（景翼）、孙禹行（岳）二人是辛亥同志，此时都带着兵，可商合作。"后孙以大名镇守使调入京，与曹兵分守城门，冯或与有力。

战事开始，直军分三路迎敌：吴佩孚由洛阳到京，任总司令兼第一路，向山海关；王怀庆任第二路，出喜峰口；冯玉祥任第三路，经古北口向热河，第三路乃不重要的冷门僻路。这时颜惠庆内阁新成立，膺白复被邀担任教育部，他已经与冯有约，自知不久将与直系为敌，不愿留此痕迹。他辛亥对军谘府几个朋友和长官，常觉耿耿，不欲再有一次公私不能兼顾之事，故坚辞不就。直系的人因其前次在教育部，调解部校罢工罢学风潮有效，此时前方有战事，后方更为吃紧，一再劝他。请他到总统府，曹当面告诉他：这是苦差使，知是委屈。以冯与有交情，挽冯再劝，膺白第二次担任教育部总长实出于冯之劝，其理由为在内阁消息灵通，通电通讯亦较便。故虽就职，尸位而已。

冯出发赴前线，留密电本一册给膺白，曰"成密"。约曰：此去前线，一路荒僻，诸事隔膜，请膺白随时打招呼，惟他的招呼是听。膺白问："在京谁参与秘密，可以相商？"冯答无人。问："何不告之子良？"子良者薛笃弼字，时在内阁为内政部次长代理部务，实系冯之代表。冯言："子良胆小，且留京有代他请饷请械之事，若预知此举，气将不壮，反为不妥。"

前方第三路总司令与后方教育部总长通电频繁，幸未被人怀疑，这是若干年来，膺白言论态度甚公，从未为一派一系献过私策说过私话之故。他虽南人，不存南北之见，北人喜其直，称为少有的南方蛮子。成密电本归我保管，来往电均我亲译。膺白复电大概都由我起稿，彼此例行报告之外，偶然有一二机锋暗示，措辞十分小心。自民五（一九一六）浙江参加护国之役，膺白又一次为主力参与决策之一人，而我先后为其保密之跑腿和录事。

在天津的段祺瑞先生，忽然叫袁文钦（良）送一亲笔信来。膺白与段向少往来，安福系当国之际，膺白在天津写作，未尝入京，其秘书长徐又铮及其参战军边防军将领，与膺白大都是同学，亦未见面。段的原函如下：

膺白总长阁下：关心国事，景仰奚似。大树沉默，不敢稍露形迹，是其长，亦是短也。现在纵使深密，外人环视，揣测无遗。驱之出豫，已显示不能共事，猜忌岂待至今日始有也？当吴到京之时，起而捕之，减少杀害无数生命，大局为之立定，功在天下，谁能与之争功也？现尚徘徊歧途，终将何以善其后也？余爱之深，不忍不一策之也。一、爆之于内，力省而功巨。二、连合二、三两路，成明白反对，恰合全国人民之心理。奉方可不必顾虑，即他二、三处代为周旋，亦无不可。宜早勿迟，迟则害不可言。执事洞明大局，因应有方，尚希一力善为指导之。人民之幸，亦国家之幸也。匆此布臆，顺颂时祉。

余由文钦详达。

名心泐　戌月一日

　　由袁文钦面达之语为：从前用人不当，以后不拟再从政，有机会则周旋各派，报效民国云云。（《感忆录》袁文，代表请段合作是答礼，袁识合肥在先。）首都革命事前的文字，为安全我都不保存，此信写得极露骨，当时膺白甚诧异，我更想不到出自一个自命不凡的前辈，故独保留。后来段复执政，则知政治之为物，即老成亦不顾一切了，诚需要特别修养也。段与冯系同乡，是否与冯亦有信，冯未提过，此信亦未给冯看。

　　战时，府院会议以外，尚有特别召集，每电话来，若只言时间地点，未言所召者谁，膺白应召我常捏一把汗，逾时不归心更惴惴，如此故作镇静地一天一天过去。直军前方不利，战事日紧，这时在职之家，家人不便离京。我想着在天津租界的慕川七外叔祖家，几位老太允为照顾孩子，遂托吾妹性元带着熙治及外孙女晓敏，同去暂避，说是客人回家，不露痕迹。她们三人走后，我身边轻松，减少牵挂。十月中旬，冯派一刘子云君来京，刘已知机密，看京津情形以为事不宜迟，而冯尚犹豫不决，要求膺白一封亲笔信带归，以坚冯之心而速其决计，膺白写信交刘。此事甚险，万一泄露，诸事都休，但毕竟发生最后效力。冯接函后来电，暗示准备就绪。十月十八日膺白去电曰："吾侪立志救国，端在此时。"冯复电曰："来电遍示同人，众意佥同，准十九日晚起程。"此日参加决定的冯军同人，有照相题曰："十月十九日滦平国民军起义"，后来送给膺白一帧，以作纪念。

　　行动既定，预计若无挫折，十月廿三日冯军前锋可入北京城，膺白约定先一日到密云县高丽营与之会晤。冯之班师计划系全军向后转身，去时殿军变为班师之前锋，鹿钟麟之旅首先入城。兵士昼宿夜行，四日而到京，一路无人知晓。四日中，留后之人，仍日日将预拟之战报发电向政府报告。

　　廿二日上午，膺白照常到教育部办公，出席阁议，回家午饭，饭后他照例要休息一小时。此日回家时，即嘱车子开回给次长用，两名侦缉队员随车同往。战时，警察厅的侦缉队派员保护在职大吏，每家两名，随车出入。吾家以住宅狭小为辞，而教育部与我家相距甚近，故两人食宿都在部内。我非与膺白同行，向不独用公车，教育部只有一辆公车，膺白常让给次长用。这点习惯，此时给我们以极大方便。侦缉队员和车子都不在家，膺白饭后不睡午觉而是换装，他换着平日骑马装束，外罩呢袍以当外套。我叫自家车子开出，声言要到东城买物。上车时，膺白要搭车顺道往北京饭店访友，车至北京饭店将他放下，当着车夫说明俟我回家候他电话去接。我到台基厂一家洋行，挑选羊毛御寒之物，故意耽搁时间，估计膺白已到预定之地，找着预雇之车，然后回家。一切经过顺利，只可惜雇车不知要走长途，屡次停车修理，膺白在半夜始到高丽营。一望无际的露营，幸有相识卫兵陪到其中一个篷帐，冯先生已经先在，膺白已十小时以上未进饮食。

冯先生出示预拟的文告通电，膺白看后表示异议。原稿仅将内战罪名加在吴佩孚一人身上，对曹锟仍称总统。膺白说："国民军倘不过为清君侧，未免小题大做了。"冯以为然，临时请另拟稿。帐中无桌椅，走向附近民居，敲门借座，世传之国民军三军通电，实半夜在民家土炕所写，其文曰：

国家建军原为御侮，自相残杀中外同羞。不幸吾国自民九以还，无名之师屡起，抗争愈烈，元气愈伤。执政者苟稍有天良，应如何促进和平，与民休息！乃者东南衅起，延及东北，动全国之兵，枯万民之骨，究之因何而战？为谁而战？主其事者恐亦无从作答。本年水旱各灾，饥荒遍地，正救死之不暇，竟耀武于域中！吾民何辜，罹此荼毒，天灾人祸，并作一时。玉祥等午夜彷徨，欲哭无泪，受良心之驱使，为弭战之主张，爰于十月廿三日决意回兵，并联合所属各军，另组中华民国国民军，誓将为国为民效用。如有弄兵好战殃吾民而祸吾国者，本军为缩短战期起见，亦不恤执戈以相周旋。现在全军已悉数抵京，首都之区，各友邦使节所在，地方秩序最关紧要，自当负责维持。至一切政治善后问题，应请全国贤达，急起直追，会商补救之方，共开更新之局，所谓多难兴邦，或即在是。临电翘企，伫候教言。冯玉祥、胡景翼、孙岳、米振标、张之江、李鸣钟、鹿钟麟、刘郁芬、宋哲元、蒋鸿遇、孙连仲、孙良诚、岳维峻等叩漾印。

这个漾电有两份膺白亲笔草稿，一份是上述在高丽营的原稿，另一份是他由北苑回家，路过无量大人胡同王（正廷）宅，邀王参加摄阁为外长，临时写以供了解国民军宗旨，为对外解释之用，系用王宅信笺，甚清楚，没有勾改。

我从东城买物回家，一心打算如何安排这一段紧要时间。这时在城内预闻真相的人，剩我一个，而膺白之已出城，尤不可稍露形迹。万一城中有备，不但事败，且将扰民。住在象牙胡同的仲勋三舅家，后园与吾家相连，只隔一座墙，平时两家同意，开一门以便往来。战事起，我提议将门取消，以资谨慎。我的用意，实怕万一连累。这日，住在三舅家的八舅梦渔，绕大门来看我，他是我家园艺顾问，种什么花树常请教他，年纪比我轻。他走时，我轻轻托他出去打一电话来，说膺白不回家吃饭。他信任我，不问理由。佣人进来报告电话，开饭我独吃。饭后，袁文钦君来访，膺白的车子是他代雇，他猜测必有事故，告诉我他家在六国饭店定有一房，随时可用。战事紧时，凡在天津租界无家的人，都在交民巷使馆区，不论医院旅馆，定房间备临时避难。我谢袁好意，答以无需。我舒坦其外、紧张其里的生活已久，此千钧一发之际，不可亏一篑之功。膺白已久出不归，车子在家候讯去接，两个侦缉队员随时可由教育部回来，我必须层层节节造出理由来搪塞，我安坐在家是很好一个局面。袁君行时已逾十时，我又托他来一电话，说膺白事毕搭朋友车归，不必去接，请我勿候。接电者进来报告，我关照大家休息，留一人候门，于是要回家要出去的人都离去，整个两层楼只我一人。添衣取暖，包好应用之物一小包，准备随时可以独自蹓出，与应付非常时的腹稿，这时我始想到自己。如此彻夜暗坐，时时试探电灯有无，以测城内有否出事。直至天将明时，闻远远军马声歌声，乃摸索至三楼屋顶，遥见穿灰色制服臂缠白布之兵士缓缓而来，知大势定矣。辛亥起义，各处以白布缠臂为号，国民军之白布臂章上写"爱国不扰民"字样。

我假寐片刻，电话门铃不绝。下楼，侦缉队员首来报告，"胡同口都站有冯玉祥的弟兄，一路受盘问而来，弟兄举动很文明"等语，北京话"文明"是有礼之意。教育部汤次长（中）我本未见过，问膺白不在家，定要见我。许多与政局有关无关的人，以为冯军之事，吾家必定知道，纷来探听，不见膺白都要见我，我不能说假话，但亦避免说真话。此事经过以后，我要用许多功夫，再回到一个主妇地位。膺白后来还有摄阁等事，我的工作则兴奋至此为止。

首都革命的经过，江问渔（恒源）先生曾在膺白去世后不久，民廿六年（一九三七）的三月，预先电约题目，到上海祁齐路吾家向我问答两小时，甚满意谓有新的闻知。惜其时我将迁居杭州，文件已装箱，未能取证，曾请其如发表乞先示稿，亦允诺。不久抗日战起，遂不再提。

一五　摄政内阁

国民军进北京城，曹锟去位，曹去以后如何维持暂时的局面，是当前不可缓的问题，而事先却未计议过。历来膺白与冯焕章谈论，只涉及大体的国事，没有听见过他自己对中央政权的意见，膺白更是一向只言政治，不言政权。此次在冯出发赴古北口以前所约，只有两点：反对内战；与完成辛亥未竟之功。如何完成？亦仅抽象的一句话。膺白在高丽营所见预拟的通电，系针对吴佩孚，是谁手笔？未曾问过，我未见其内容。膺白所拟的国民军三军通电，冯完全同意而后发。冯虽系苦学出身，是北方当过局面的人中，文字通顺的人，了解自己发电的内容。分析国民军通电内容：一、国家建军为御侮，非自相残杀；二、执政者应促进和平，与民休息；三、国民军为弭战主张，而将为国为民效用；四、如有弄兵好战，殃吾民而祸吾国，为缩短战期，不恤与之干戈周旋；五、至于政治问题，由全国贤达会商补救之方，共开更新之局。简言之，国民军是反内战，以武装求和平，军队应属于国与民，政治则待公开商讨，没有成见。膺白的心理和愿望是如此，而冯亦是首肯的。

　　膺白本是阁员，不必依附国民军以增禄位。他的官兴不浓，在中国做官，第一是敷衍人事，这是他最不擅长，最以为苦的一件事。这次单枪匹马，过着紧张生活很久，很需要休息。直系的人很忠厚，许多人虽系新交，没有对不起他私人，亦殊心有未安。在事先我们讨论到未来时，他常常表示，事成以后，决不担任政府的事，以明心迹，这亦是我所最赞成的风格。以膺白为国之忠，自处之淡，他效力的路子很宽，大可"有所为""有所不为"，自由选择其工作。这些，我们二人在园内散步，谈到而同意，不止一次。

国民军三军：一军冯玉祥，二军胡景翼，三军孙岳，在北苑会商：曹锟退位后，目前最简单的方法，是暂由现内阁摄政。第一个商之现任国务总理颜惠庆，颜不肯，且辞总理职。在冯玉祥《我的生活》书里，记有：事先很想与颜合作，曾试探几次，而颜不搭嘴。书中所记其他方面事实，角度亦有不尽恰合者，究竟如何不可知。当时颜既不肯，直系的阁员随曹以去，剩下的只海军部李鼎新，与教育部膺白二人。先商膺白，膺白不愿，遂请李，李已经答应，忽然变计，于是膺白不能不担任。吴佩孚撤前方之军，以与国民军作战。使冯军自古北口归来之后队，不得不越过北京而向京津之线迎敌，膺白更义不容辞须积极地为国民军支持后台。摄政内阁在仓卒中组成，于十一月十日成立，全体名单如下（有◎者系在京且到任的人）：

国务总理◎黄郛

外交总长◎王正廷

财政总长王正廷（兼）

交通总长黄郛（兼）

海军总长杜锡珪

陆军总长◎李书城

司法总长◎张耀曾

内务总长王永江、次长◎薛笃弼代理

教育总长◎易培基（署理）

农商总长王乃斌、次长◎刘治洲代理

参谋总长李烈钧

实际这个摄阁共五个总长，两个代部的次长，七个人所维持。参谋部之李烈钧在南方，得电即坐船北来，未到而摄阁已辞职，他后来往张家口为冯氏客。二李均同盟会丈夫团同志。张耀曾做过司法总长，是法制专家，辛亥旧识。王正廷是在京几位外交家之一，因中俄会议误会，赋闲在家，亦属辛亥有关的人。膺白请李石曾先生继其本职教育部，石曾先生荐易培基自代，易先生与膺白系初识。薛笃弼、刘治洲二位皆冯旧属。薛早在颜阁代理内务部，膺白曾询冯，拟以薛真除，冯言："子良年不过三十，前途正长，勿乘一时。"阁员中不论膺白新知旧识，冯未曾推荐一人，已在阁之旧属亦未许进阶。在人情上膺白甚为老实，而冯当时实亦极力抑制自己部属的。

摄政内阁第一件事，做得几乎起大风波，是修改清室优待条件与溥仪出宫。清帝移出宫禁，本属民国元年（一九一二）原条件中的事，民六（一九一七）复辟，更可为取消优待条件的理由。出仕民国的清朝遗臣，心存对故主的不安，要民国之民代偿这份缺憾是不合理的。亦有民国武人政客，贪图从废帝给他们封建心理上一些升华，更足以滋长废帝野心，而于民国不利。民国财政困难，元年条件中之优待费每年四百万元，积欠未尝照付，清室实亦未得实惠，以出卖古物维持局面，徒为一班寄生虫从中利用，于民国于清室两亏。故修改条件至可以照行的程度，是切实办法，而非过分。摄阁任内，其所订之优待费是照付的，在那时财政十分艰难之中，摄阁守信义，未丝毫延宕迟疑。

以下是张镕西（耀曾）先生记述修改优待条件情形，及他的草稿，和膺白的改笔，均见《黄膺白先生故旧感忆录》。

民国十三年，国民军实行首都革命，组织摄政内阁，这是膺公和我共同担负政治责任的第一次。我对于班师北京的计划，事前本未预闻，不过我当时极端反对曹锟的贿选总统，人所共知，所以国民军领袖诸公，主张邀我加入摄政内阁。我因膺公再三邀约，又因当时北京仍在曹吴兵力包围之中，革命前途尚未稳定，不可不努力赞助。当向膺公声明，须等曹锟退位，方可就职，膺公慨然允许。但是在改组内阁前，就邀我商询摄政内阁法律上各问题，托我草拟曹锟退位及摄阁等命令。在摄阁期间，关于法制的重要文件，膺公多交我起稿，内中最有关系的一件，就是修改清室优待条件，此项办法是膺公提出国务会议，共同商定原则，交我即座起草后，由膺公斟酌修改，发交秘书缮正，交李石曾、鹿钟麟、张璧三位先生携往清室交涉。后来公表的条件，就是根据这草稿稍加删减的。当时膺公笑着对我说："这个草稿必是将来可纪念的文件，请带回善为保存。"所以我现在将这原稿印在这里，作个纪念资料。阅者可注意旁边修改的字句，就是膺公的亲笔，其中第三条膺公添加"按照原优待条件第三条"几个字，我最为佩服。因溥仪出宫本是原条件已规定的，加此数字，所以表明此次之举动是要厉行原条件，而非特别苛待，大可缓和北方旧势力的急激反动。摄阁期间虽然不过一个月，但是关于统一全国和革新政治，膺公均有具体计划和我详细谈过，其抱负甚为伟大，可惜并无实行的时间罢了。

修正清室优待条件

今因大清皇帝欲贯彻五族共和之精神，不愿违反民国之各种制度仍存于今日，特将清室优待条件修正如下：

第一条　大清宣统帝从即日起，永远废除皇帝尊号，与中华民国国民在法律上享有同等一切之权利。

第二条　自本条件修正后，民国政府每年补助清室家用五十万元，并特支出二百万元，开办北京贫民工厂，尽先收容旗籍贫民。

第三条　清室应按照原优待条件第三条，即日移出宫禁，以后得自由选择住居，但民国政府仍负保护责任。

第四条　清室之宗庙陵寝，永远奉祀，由民国酌设卫兵，妥为保护。

第五条　清室私产归清室完全享有，民国政府当为特别保护。其一切公产，应归民国政府所有。

溥仪出宫之事，是冯所提议而膺白所赞同，其办法则经过摄阁会议。这件事有人骂为胡闹，有人论为过宽。下附章太炎（炳麟）、彭凌霄（程万）两位远方朋友的信，都是拥护而且有建议的。

北京黄膺白、王儒堂、李小垣、张镕西诸君钧鉴：读歌电知清酋出宫，夷为平庶，此诸君第一功也。优待条件本嫌宽大，此以项城素立其朝，不恤违反大义致之。六年溥仪妄行复辟，则优待条件自消。彼在五族共和之中而强行篡逆，坐以内乱，自有常刑，今诸君但令出宫，贷其余命，仍似过宽，而要不失为优待。再者：畿辅庄田，豪夺已久，虽似私产，其实非以金钱买取，即仍袭明代勋戚庄田者，其始孰非吾民之有？事实既为强占，土田应还人民。苟利百姓，岂宜屯泽？愿诸君勿恤遗臣誓言，而亏国家大义！章炳麟。

膺公总理赐鉴：摄阁成立，公膺总揆，成十三年改革未竟之功，建中枢和平统一之业，丰功伟烈，举国腾欢。国人苦兵乱久矣，公乃罢兵息民，首革武力万能之命。废帝隐患深矣，公乃废为庶民，永免复辟再生之患。此两大事业，功在国家，名垂后世。窃谓今日时局，百孔千疮，几至无从下手。管见所及：一在整饬官方，苞苴贿赂之风，宜严惩也；一在划分军区，使与省区不相混合，民政庶可举也。一斑之见，聊当刍荛。万乡居有年，聿观新化，中心愉快，不可言宣。稍迟拟来京进谒，多年老友，或不遐弃也。彭程万敬启　十三年十一月十二日。

近畿的旧势力则借故大哗。天津来人说，段祺瑞听到此事，气得将身边痰盂一脚踢翻，大骂摄阁不解事，将公开反对。一位未受请托而自动由京到天津向段解释的庄思缄（蕴宽）先生，写两个名字密示段说："焕章者此人，膺白者此人。"段始连说"前世因果"，怒气渐消。好事者研究这两个名字，有猜袁崇焕，有猜黄道周，问庄先生，他笑而不言，他虽精佛学，未必能洞察轮回，指出前身，当以段氏常与他研究佛学关系，以此平段氏之气，而消弭一时纠纷。唐少莲家与庄家同乡而有戚谊，这经过是他告诉我的。

一波甫平，摄阁又不自知趣，做了一件大起反感的事，卑无高论，老生常谈，却是当时迷不知返的实际状况，为在上者所风行，一般人思振起而不可能。摄阁拟了两道明令：一件是禁烟，一件是正俗。其禁烟令曰：

鸦片流毒，中外共知，迭申严禁，前据浙江山西等省呈报，肃清之功指日可期。近年国家多故，遂致奸商密运，愚民暗种，功止亏于一篑，事遂画于半途，蚁穴溃堤，殊滋痛惜。近据瑞士日内瓦万国禁烟会议中国代表电称"各国对中国禁烟现状极多疑虑"等语，若不迅速筹维，严定办法，外损国信，内戕民生，受害遗毒，永无底止。着责成内务部暨各省军民长官妥筹切实禁绝办法，克日施行，期于永杜毒萌，作新朝气。……

其正俗令曰：

国家设官，所以举政正俗，凡膺一职之守，允宜专诚服务，修身作则。比年习尚浇漓，纪纲陵替，往往身列仕版，不免沾染嗜好，赌博自豪，废业失时，显犯刑章而不顾，甚或冶游狎饮，玷辱官箴，自非痛与湔除，何以刷新吏治？各署长官当整躬率属，首厉清操，……务使弊绝风清。……十三、十一、十五

这两件极平淡消极的令，实切中当时在上层活动，兴风作浪，许多人的私生活，行政、立法、舆论各界都有之。即国民军本身，除冯约束极严，当时的一军将领生活尚勤朴外，二、三两军亦有难免。入关大吏每日用汽车满载雏妓，由卫兵陪着"花车"风驰过市情形，当年住过平津的人类能言之。进见大吏，最好是陪打牌，出入以万计，陪者总输，输则不得不付现，偶尔赢，则由出纳员付以支票，出门不敢去兑现，只能撕掉支票。这些都是目击者的传说，其情况令人难以置信。

以上两令，不过是一种清明振作之呼声，亦颇有人许为民国以来北京

未有之正气，而反对的人又骂说："这些小子们敢开玩笑，快抓他们下来。"庄思缄先生又去说了几句公道话，他说："这几个人诚然不识大体，但他们是书呆子，其心无他，平日亦确自守甚严，北京自有内阁以来，他们算是极想做好的人。"张敬舆先生从天津打长途电话来，叫脹白"少惹事，莫再提这种不急之务"，是他对脹白说话很不客气的一回。明令抽回，未登公报。这件事似非冯所预闻。

记到庄思缄先生，我要连带想到另外一位老者王铁珊（芝祥）先生，他两位在清末都在广西出仕，而掩护过不少当时在广西的革命青年，赵厚生君在广西办《南风报》是其一。王铁珊先生是民国第一次内阁唐绍仪所提出的直隶都督，袁氏通过而又失信以与冯国璋，唐阁因此全体辞职。王是革命党所许可的人，唐阁之辞为王之直督问题，亦即为袁与革命党破裂第一声。他又是民国第一次发表四个陆军上将之一。脹白是第一次发表的一批陆军中将之一。摄阁时，铁珊先生以息影已久之人，受任为京兆尹，他是北通州人，冯先生驻近畿时甚敬事之。以下是铁珊先生就职后一则广告，文曰：

王芝祥启事　芝祥忝任京兆，视事以来，衰老之年，应与各方接洽事项甚形繁赜，枉顾诸公，恐以忙冗，接待未周，兹订于每日下午二时至四时为接见来宾时间，如有要事面商者，随到随见，以资商洽。

老人之热心与敬事可知也。脹白亦有启事曰：

黄郛启事　鄙人勉竭驽钝，暂维现状，军事粗定，百端待理，辱承亲友枉顾，未能一一延见，殊深抱歉。再此次承乏各事亦出于仓卒权宜，值此财源枯竭，不得不力求减政，现承各方推荐贤才，一时实难设法，万勿远道而来，徒劳往返，如有机会，再行奉约，所惠荐牍，恕不作复，区区苦衷，尚祈曲谅为幸。

摄阁时，凡武职之因政变而空缺者，即将其职裁撤。例如热察绥巡阅使王怀庆去职，令曰："热察绥巡阅使一职，着即裁撤，其所率各军残部着热河都统米振标妥为收束。"又如"河南督理一职着即裁撤""特派胡景翼前往河南办理军务收束事宜""特任孙岳为河南省长"。虽都用国民军的人继任，然或转文职，或称收束，其用意亦可知也。

关于溥仪出宫，除上述修正优待条件，有二令：其一令警卫司令、京兆尹、警察总监曰："清室溥仪为履行修正优待条件，本日已移出宫禁，希饬属保护并出示晓谕。"其二为开放宫禁，实即故宫博物院之先声。《感忆录》马叔平（衡）先生文，记故宫博物院经过如下：

吾国博物馆事业，方在萌芽时代，民国以前，无所谓博物馆。自民国二年，政府将奉天、热河两行宫古物移运北京，陈列于文华、武英二殿，设立古物陈列所，始具博物馆之雏形，此外大规模之博物馆，尚无闻焉。有之，自故宫博物院始。虽筹备设施，由李石曾先生等负责，而创造完成之者，则为膺白先生。先生于民国十三年任摄政内阁时，以清室优待条件，经张勋复辟之后，实有修改之必要。因于十一月四日召集摄政会议，商讨此事。翌日由警卫司令鹿瑞伯先生钟麟，警察总监张玉衡先生璧，国民代表李石曾先生煜瀛，商请清废帝溥仪移出宫禁。遂以明令组织善后委员会，办理接收公产并保管事宜。其令文曰："修正清室优待条件，业经公布施行。着国务院组织善后委员会，会同清室近支人员，协同清理公产私产，昭示大公。所有接收各公产，暂责成该委员会妥慎保管，俟全部结束，即将宫禁一律开放，备充国立图书馆、博物馆之用，借彰文化，而垂久远。此令。"（十三、十一、八）于是故宫博物院之得以成立，遂基于此矣。清室善后委员会为副国民之期望，加紧筹备，于翌年（十四年）十月始得就绪，即以双十节为成立之日。先生于开幕时亲临演说。

膺白对故宫，除溥仪出宫时，国务院的封条及以上决议，及介绍前北平图书馆馆长袁守和（同礼）先生参加整理故宫书籍，其他善后委员会之人选，博物院之组织等等，均不与闻。博物院成立以前，我们都未到过其地，其后去过三次，我皆同往。第一次即马文所记开幕典礼。第二次系应请柬参观，浏览一周。膺白曾以玻璃柜所列溥仪笔墨颇无聊，陈列无裨文化，有伤忠厚，向招待的人提议。其人亦言最初颇费斟酌，后因中外还有人捧为帝王象征，故不得不公开以表示真相。第三次系关税会议时招待外宾茶会，我们只应酬而没有陪同参观。抗战前，凡博物院出版的影印品，我家都得到一份。张作霖进人参自称"臣"的一张相片，我们亦得一份。国民政府在南京，每逢北方多事，曾几次要膺白到北方去，最不露痕迹的名义为故宫博物院理事长，膺白对古物及艺术均无素养，谢不肯当。除决定以故宫供大众文化用，原则以外，他没有什么贡献。

不识大体之辈，群相造作，使溥仪走向极端，供人利用，无形中，都负有对不起国家的责任的。至于道听途说，以清帝出宫为有政治以外作用，则更是常识以外的想法了。摄阁又曾撤销民国九年（一九二〇）七月以后因政治而被通缉者的明令。内有一条"前军务处传令通缉吴敬恒一案着即撤销"之令，我不知稚晖先生几时在北方有此事也。

段祺瑞入京，时称"执政"，公布"中华民国临时执政制"，事系天津军事巨头会议所决定。安福系活动已久，奉张撑段之腰以抑制国民军，致冯玉祥到津不得不屈服。吴佩孚之宁释旧怨而不放新仇，冯部实用最大之力以迎击而打通京津之线，凡此均出意料之外。冯出京赴津，摄阁无人知。段将入京，摄阁见报见通电而始知之。冯在其《我的生活》书中所记"首都革命"有一节如下：

民十三十月二十三日我到了北苑，知道城中的事情业已办妥，这时胡笠僧和孙二哥（岳）也都来了。第二天便召开会议，商议正式组军之事，当决定推我为中华民国国民军总司令兼第一军军长，胡笠僧和孙二哥为副司令，分任第二第三两军军长。这时虽已收复首都，完成了革命的第一步工作，但知道洛吴尚有十几万可供驱使的部队，他必然不甘屈服而作最后挣扎。正当会议未散的时候，果然接到报告说：吴佩孚已从前线撤回一部劲旅，正在回攻杨村。因又念及山东督军郑士琦此时所处地位至关重要，他若被吴拉拢，则至为可虑，若我们能与之联络，则吴佩孚前后受敌，立可使之溃亡。郑士琦为段祺瑞皖系的人，为了应付当前军事上严重的困难，孙二哥便临时提议请段祺瑞出山，以示与皖派联络，俾使鲁督郑士琦出而截阻直系援军北上。大家亦以为一则目前困难非此不能打破，二则中山先生是否北上尚不可知，一时只看见了军事的成败，而忽视了政治的后果。孙二哥这个提议竟得全体一致的赞成，真是"失之毫厘，谬以千里"；哪知由于这个临时动议，竟断送了此回革命的全功。

这件事关军事，而孙禹行所提议拥段出山之计，当时我未听膺白说过。十三年（一九二四）十月二十二日与二十三日，正是膺白从高丽营与冯同到北苑，他虽不问军事，然若拥段之计已定，则不必再商去曹以后办法，京津之间朝发而午至，径请段入京主持可也。

段在天津所发通电说："各方袍泽，力主和平，拒贿议员，正义亦达。革命既百废待兴，中枢乏人，征及衰朽。……不得已于十一月二十四日入京执政。"这个通电是二十二日所发。段在十一月十八日有电给膺白曰："北京国务院黄膺白弟台鉴：文钦来，具道都中困难情形，执事苦心孤诣，力任其难，殊深欣慰。当兹国事未定之时，务望坚持镇定，勉维现状为盼，段祺瑞。"未有一语道及执政之事。实则都中困难之事，正无不由天津所领导发起者也。

段到京时，膺白代表摄阁迎之于车站，到他府学胡同私邸，报告他：国务院所保存的清室大小玉玺一共十五方，他的秘书长梁鸿志在旁应曰："送执政上房吧！"北京的上房就是内室。膺白回到国务院，与同人商决，这是国家之宝，有历史意义，全部送交教育部的历史博物馆保存，这是摄阁最后办的一件公文。

若没有这安福系临时出来的岔子，中国统一或不需要经过后来这场极辛苦的北伐。国力、内政、外交形势都要不同。膺白原是维持暂局，并无恋栈之意，但他曾对冯说："国民军若只为清君侧，未免小题大做。"今去一直系，而拥一皖系，对国家过去之责任，此有更甚于彼者，其有何说！照中国政治道德，膺白自己不得不避嫌，勿持异议。他后来还要为国民军，表示与之相安，在京浮沉一年，至国民军失败，始不敷衍而出京。

以下章太炎先生又一封信，看得甚为清楚的。

膺白我兄同志：周参议来，得诵手书，时事抢攘，不能为澈底改革，此亦形势制之。前者驱遣清茜一事，差为快心，曾有快邮代电，劝以庄田还民，惠布德泽。今闻各军已举合肥为临时执政，则斯事亦不可望。目下焕章诸君与雨亭并屯畿辅，势成两大，故使闲人得出而笼罩。行政委员之选，业已中止，而吴齐又横舟长江，以护宪军自命，且云尊段讨冯，则以段之背后尚有奉军，非齐辈所敢撄，而视冯为脆弱易胜故也。窃观冯胡诸军气象新颖，而兄等四内阁又皆民党旧人，新旧对峙，皎皎者易遭忌嫉，此亦人情所必至，愿努力向前而已。职位虽有屈伸，志行岂为变易！自今以后，北方数省恐与长江将分为二，西南本自为一区，殆如鼎峙，故鄙人早以分国为言，如欲勉强统一，非委员制无以翕聚，然今竟不能行，知天固不欲使中国混一也。唯可变者局势，不可变者吾同志之素心，丰城双剑，终当会合，愿勿因是灰心也。肃复，敬颂公绥不具。章炳麟白。

（原载《传记文学》 第五卷第三期）

一六　滞京一年

上海中华书局陆费伯鸿（逵）先生有信述其过去对制宪主张和政治意见，亦有对摄阁的期望。赓白和他因印书而相识，曾贡献对中小学教科书意见，这是国民教育基础，不可只顾目前而作营利看，出国所至，曾购其国教科书寄赠中华供参考，平常很少通信，这次陆君的信如下：

　　赓白先生道鉴：久不通讯甚念。阅报知公奋起颠沛之中，权摄大政，以公才识，必能于国家有所裨益，企望何似。客岁贿选声浪初起，上海总商会有民治委员会之组织，弟被举为委员之一。当时曾提一案，主张国会移就上海总商会开会，迅速议宪，宪成之后，每人酬一万元，预向税务司接洽，由关余拨付，盖与其任野心家贿选，不如由国民购宪也。不幸该会误入歧途，此案终未议及。今则宪法不为国民所承认，国会亦为国民所唾弃。解决纠纷，无从下手。说者拟用元年革命手段，仿元年约法成例，开各省代表会议重定宪法。弟意此事非不可行，然拟好之后，必用国民总投票手续，以昭郑重。否则甲一革命，乙一革命，甲一宪法，乙一宪法，他日扰乱必更甚于今日。至于政治方面，第一须行法，曹虽贿选，倘能逆取顺守，实行宪法，国民亦未尝不可恕之，盖恶法胜于无法，而多数巡督之为患，远甚于贿选之总统也。第二须坚壁清野，不畏强御。前岁黄陂之入都也，弟曾与某君谈：黄陂既为冯妇，须谋所以善后之法。宜不问事实如何，以一纸明令废督裁兵。就小朝廷之收入，自行维持，无论何方加以压力，决不接济分文。其拥有重兵者分命筹边，如各方不遵命，舆论自有制裁。万一危险及身，轻则一走了之，重则以身殉国。盖收入有限，欲壑难填，既不能始终讨好，何如严厉于始，或尚有几分之希望也。国事日非，救治不易，即以实业界论，纱业已坠深渊，汉冶萍招商局皆危如累卵，一般工商业之凋敝，地方之糜烂，民生如此，国将安傅？每读大著《欧战之教训与中国之将来》，辄觉不寒而栗。今公虽权摄大政，未知久暂，然不能不望公掌一日国事，为吾人谋一分福利，祛一分祸害也。弟陆费逵上。（十三年十一月九日）

当时文化界及关心国事之中间分子，寄摄阁以厚望，许为北京最清新欲有作为的一个时期。可惜摄阁只有极短时间，被旧势力烟雾所罩，不能与一般有心人多通声气，未曾谋得丝毫福利，亦未祛除多少祸害，这是无成见的爱国。从此以后，中国在"腐化反动"和"过激极端"的斗争下，前者固已成时代的糟粕，然犹能腐蚀国家，后者亦为势所必至，然甚为国民所恐惧。中国国力消耗在这两种势力下，选择第三条路的人，亦想不起他们的前锋还有这么功败垂成的一幕。国民军的本身后亦变质，为反动派利禄所引诱，为过激派行动所利用，以至毁誉不一，世莫察其经过，至今言之，可胜叹惜。

腐白自己从没有机会参加过选举和被选的事。我们对国会中不够分量而弄权的人痛恶，亦对砥柱中流而不可屈的人钦敬。民国第一任正式大总统袁世凯，是以军警包围国会，杂以公民请愿而来，然民五（一九一六）以后多少次政潮，曾几度委曲以承认此法统，南北都不得不一时同意。则民元之国会，不问其选举制度和选举经过圆满至如何程度，究竟为多数之国人所公认也。

民国七八年时，我家居天津，学生运动正盛，游行讲演之事甚多。青年们所攻击的目标：一是政治的，反对政府的卖国行动；一是文化的，反对吃人的礼教。二者我们都有同感，但不以仅仅反对为满足。"大法未立","无法之国，无教之民""没有法制等于没有法子"，膺白虽是一革命党，然急切盼望从革命达到有法有制。他应邀到学生联合会讲演时，首劝学生回到学校读书，下一代的学业无成，即欲报国，将何所恃？罢学罢课对国家是莫大的牺牲，可一而不可再。他曾建议青年们做一个工作，假期回里，到民间解说国民投票选举的权利和责任。一张票，举出我们的代表来参与国事，这个名字写下去是丝毫不可大意的。同时且要人民明白国情，这样的运动是积极的，人人觉醒，坏人有所顾忌，自然难列于朝。他自己在这时期正是做"明白国情"这一工作，虽是一个人独来独往，然国民军最早的动机，不可谓不由此工作影响而来。

临时执政系由一部分军阀拥戴，不据法统，亦非革命，其系过渡之局与摄阁同，其动机与对国家之心理则大不同，历史亦显异。其召集善后会议等等，不过为完成其政权延长及政权合法，并非真欲公国是于国民，故一开始，即为参加善后会议的分子问题，与中山先生龃龉，而不肯让步。中山先生所主张的国民会议和善后会议中加入社会代表等等，虽然后来在他自己的国民党，经过内忧外患二十多年而始实现，在当时我们是倾向中山先生的话的。膺白为国民军不能表示不合作，后来不得不参加这个善后会议，是他一生最守静默的一次，自始至终没有发过一次言。

为公我们虽颇失望，但为私如释重负，无有遗憾。膺白的交卸甚易，他有两个职务：国务院的交代如上述的清室玉玺送在教育部历史博物馆，交通部的交代曾得其后任批评为老实。交通部是北京内阁中最有积存的一部，当其后任叶玉甫先生发见积存丝毫未动时，言膺白即不自裕，亦尽可拨作冯军饷项以示惠市恩，而均未做。

膺白卸职时曾做两件事：其一，他建议冯先生柬请摄阁同人聚餐一次，摄阁同人不尽与冯相识，此番来去均甚倏忽，有此则共事之情似乎圆满些。其二，他自己发个通电，他用个人名义发通电向未有过，这次临时执政所接收者为摄政内阁，但他们并不如此说法，则膺白算交给谁何的呢？不能不有个解说。这个电稿是刘治襄（焜）先生起草，膺白所修改，二人笔迹还很看得出。尤其末段，"……消除兵氛……确立共和……不再种循环报复之因，不再留因循敷衍之习，使内争永绝于中国，建设开始于甲子"云云，都是膺白所添，是其宗旨和切望。治襄先生是《庚子西狩丛谈》笔者，在摄阁系袁文钦所介。后自动为膺白草辞全国道路督办之文，做得典雅极声色之致，意含讽刺，稿未留。下为摄阁解职通电：

郢自束发受书，以身许国，痛心国难，改习兵戎。辛亥之年，神州光复，江南驰逐，忝总师干，谓当翊赞共和，发扬盛治，不料政潮亟起，夙愿都非，异国飘流，三易寒暑。民五以还，旅居津邑，闭门却扫，屏绝外缘，著述自娱，从未一干时贵。前岁经历重洋，漫游欧美，复参与太平洋会议，默察世界转移之大势，环视友邦竞进之急潮，棘目刺心，忧惶万状；念吾国适当百川东注之会，若不亟追直起，万不足以柱此横流。自顾一身，不惜抑志屈情，重撄世网，冀竭可为之力，以效能尽之心。比两年中，三仕三已，无益时艰。目睹政象之昏污，纪纲之颓废，骄将强藩之跋扈，谐臣媚子之贪横；外而债台高筑，国信愈堕，内则时日兴歌，怨尤并作；重以水旱连年，四民失业，转输百道，倾国家兵，沦胥已迫于目前，支厦殆濒于绝望。权衡大义，万不容以匹夫之小谅，致沦宗国于危亡。数月以来，周旋杌陧，绥辑危疑，骇浪惊涛，备尝艰险。幸逢群帅协谋，各方响应，未逾匝月，兴复可期。兹者合肥段公，入京执政，老成硕德，万众响风，三奠共和，功在民国。在郢传栈之责已完，而当轴建树之功方始。回忆曩日忝参阁席，名位不可谓不高；躐长卿曹，知遇不可谓不厚；今公私虽未能两顾，而内疚终抱于无穷。除另电宣告解职外，谨当即日归田，遂我初服，既可安此心于寤寐，而迂回赴的之苦情，亦或可邀谅于友朋。所望全国贤豪，辅佐执政，迅断鸿猷，力更前辙，以消除兵氛为要务，以确立共和为指归，不再种循环报复之因，不再留因循敷衍之习，使内争永绝于中国，建设开始于甲子。敬布困忱，伏希垂鉴。

冯先生从天津回京，闷不作声，他有拿不起放不下之苦。国民军要抵挡撤回的直军，周旋进关的奉军和伺隙的皖系。杨村之战，以为一举可以得手，所部资格最老的张之江、李鸣钟连战都未成功，轮到新进的韩复榘始打通天津，战斗力需要再自估计。国民军三军各有弱点，而二、三两军为其累多而助少；二军的纪律与欲望尤可议。对方乘其弱点，弄得国民军本身秩序渐乱。

宴请摄阁同人一事，经冯同意约定了日期，在城内旃檀寺冯的司令部举行，本不过一种人情终始之意。不料及期客到而主人不在，膺白不得已设辞代为作东。隔日接冯来信如下：

昨晚本拟敬备薄酌，借谈衷曲，只以行色匆匆，竟至不果，不情之处，当蒙鉴谅。弟于昨晚八时安抵天台山，觉目旷神怡，有迥出尘寰之概，至为畅适。此间已为吾兄扫除房舍，敬候驾临，即请惠然莅止，共领山林乐趣也。（十三年十一月二十六日）

天台山平常写作天泰山，在北京西郊，山不甚高，可以步行而上。一座小小佛寺有二三十间房，老和尚之外只一两个小和尚，冯大概本与相识。我们体谅得到他说不出的委屈和苦衷，故不告而别忽然到此。膺白在城里亦甚不自在，遂应邀到山做客。我只去过两次，不是给膺白送应用衣服和药品，即是去接他回家，每次都只一宿。我极力避免参与他们的事，即以前膺白与之通电是我起草之事，亦未说出。我第一次到天泰山，冯太太尚在天津，她是婚后第一次生产，在战前已搬家到津的。所以上次冯的去津，大家以为他是回家，不想他去参与会议。在山与冯先生共餐，满桌都是素菜，每人一碗面条，面色灰黑，白水煮，上浇麻油，我和膺白向不择食，对此亦殊难下咽。有一盆白菜，带点酸辣，冯连连让客说：这个好吃，这个好吃。我佩服他的刻苦，亦甚同情膺白的做客生活。我第二次去时，冯太太已经分娩满月，带着孩子们到山，除新生之女孩，另外的是前房所出。这次的菜与前不同，仍是素食，而干净可口。素食当是守庙里规矩，厨子或由自带了。我和冯太太谈话之际，一个五六岁的女孩进来问曰："娘，我现在可以去扫地不？"冯太太答应说可以，她拿了扫帚出到院外游玩。冯太太告诉我，冯先生治家很严，要孩子们记苦，与儿女共饭，常常问：你爷爷做什么的？答木匠。你爸爸呢？答当兵。以勤苦教育儿女，故孩子们以工作为玩意。又说冯先生幼年没机会上学，故渴慕读书，看书往往到深夜。一次她见膺白穿件蓝布袍子说："黄先生亦那么俭？"我说："他一向喜欢如此，不是向冯先生学，他穿绸的时候很多。"一次我听说他们有出国之议，还贡献意见：多用丝绸，提倡国货。

膺白在天泰山住到冯氏全家往张家口，一日清晨主人到客人门口辞行，客人反而送主人走。这是膺白第一次在本国的山居生活，从此他对山发生更多情意，山亦屡次给他无言的慰藉。在北京时，我们租住香山的玉华山庄，回南方后，我们差不多以莫干山为家。

这时最不幸的一件事是中山先生北来中途即病，是一不治之症，国家正需要他，而延年乏术。国民军之起，事先与南方无接洽，事后欢迎中山先生北来，不但中山先生，所有革命同志均欢迎。这个意思膺白和冯焕章、胡笠僧、孙禹行都一致相同，三军如此，摄阁亦然，电请李协和先生参加摄阁是李晓垣先生向膺白提议的。

膺白没有参加过任何政党。他不赞成以人为中心，以宗旨为教条。吾人受圣庙教育千年，不能尽量发挥个人天赋之本能，已大违孔子"自强不息""举一反三"真义，岂可民国之民而先入为主，强以相从。他不以革命为换一朝代，主张相忍为治，以成绩博取民意。他始终爱护国民党，然与国民党以外的人亦多为友，尊重各人对国家的意见，他甚至希望中国暂时不要有党。

他对联俄、容共和党都怀疑，但那时若叫他投票举一治理中国的元首，他定投中山先生的票。中山先生是对建设中国有抱负，对国际有认识的人。我们同情中山先生颠沛数十年，年事日高，未尝一日能施展其抱负的情怀，亦了解其视国事日非的焦急。民国以来，论事务，膺白是较与克强先生接近的，然对中山先生的理想和眼光，深表敬意。民国七八年之际，膺白几次到上海印书，每次必到莫利爱路拜访中山先生。民八（一九一九）的除夕，中山先生知膺白一人在旅馆，邀他到寓度岁，席间有沈剑侯（定一）君与膺白辩论，几至争执，饭后中山先生请到书房看他的著作，以改变话题。后来有吴承斋君传说，此日膺白走后，中山先生曾对同志言：膺白到北方出于他的指示，又说：膺白还是个革命党。这实是十分的好意，而膺白对吴承斋说：他的住处和工作是自己选择的。

民九（一九二○）以后我们出国，民十一（一九二二）回来即到北京，没有再到南方，无缘再见中山先生。西南的情形和联俄、容共、改组国民党一段经过，膺白都不熟悉。他总觉得以中山先生这么一个爱国者，如果给他顺手一点，有个机会如意稍展其抱负，在他自己负责时，有疏忽处可能提防得早，改正得快些顺些，并且拉回一批党内意志游移的分子和爱国的青年来。这个责任后来交给蒋先生就难得多了。在这一线希望之际，中山先生突然去世，不仅是中山先生的大不幸，真是国家的大不幸。我这话似乎事后言之容易，稍为盱衡当时大势的人应有同感的。民十四（一九二五）上海五卅惨案后，章太炎先生来信以中山先生之反对他国之以不平等遇我者，为人心之所同，原函如下：

膺白我兄同志：改革以来倏逾半岁，时局犹昔而外患又起。昨者彭凌霄来，快睹手书，并及厚贶，因知北方近状。中山扩大民族主义，联及赤俄，引为同族……，惟反对他国之不以平等遇我者，是固人心所同。沪汉变起，全国愤慨，此非赤化所能鼓吹。斯时固当专言外交，暂停内哄。大抵专对英人，勿牵他国，专论沪汉，推开广州（两政府本不相涉），则交涉可以胜利。但恐当局借交涉为延寿之术，国民军特交涉为缓兵之策，惟以延长时日为务，此则但有消极主张而不有积极为国家计，则牺牲数十命，耗弃千万钱，皆付之虚牝矣。闻兄不肯就外交委员，为人格计，固应如是，但此次交涉，匹夫有责，督促政府，仍宜尽力，骑虎之势，无法苟全也。属书两纸，此种高丽笺想是中国仿造，不甚吃墨，为书一纸，并以旧书宣纸屏幅相饷，其语亦正与君合也。章炳麟顿首（十四年七月三日）。

膺白曾在民十三年（一九二四）的夏应《申报》六十周纪念征文，自己选个题目曰："中俄划界问题刍议"，文中表列中国历次失给俄国的土地，面积大得惊人，都是巧取豪夺，中国人应与理论交还的东西。这篇文章在《申报》登出，当时反应甚少。

五卅惨案专对英国，膺白的主张与太炎先生相同。其复太炎信曰"不图鄙怀，竟符高见"；但他为国民军辩护曰"缓兵之策，或不至斯，语非左袒"；对外交他是始终努力谋举国一致的。当时向冯进说者，均主电慰学生，派代表往商办法，膺白亦以为然，但云勿招东北之忌，必请其联名电沪，方较妥善；这是一个例子。

在这一段期间膺白发见了与章氏的戚谊。他与太炎先生相识已久，从未谈及家世。我家与章夫人母家略带些亲，但章家一向以为膺白是杭州人。一次，膺白忽然想起有个祖姑母嫁余杭章氏，在信尾加了几句："弟原籍松江，曾祖竹西公长女适余杭章鑑，不知系君家何人？"很快接到回信，鑑字避讳作○，言系其祖父，并举出好几个表叔行名字皆膺白的父伯辈，问膺白是何人之后。且言："原委既明，从今以表兄弟相称。"是一件家事插曲。

中山先生在北京去世，他力疾赶到当时民国的首都，似系归正首丘，算是国民军希微的成功。举丧之日，段氏临时托故不至。顽固者愈拒人于千里之外，激进者愈相率而追求幻想，浸至酿成"三·一八"执政府前军警枪杀学生惨案。据在场的人事后传说，当开会拟往执政府请愿时，已经闻有戒备，学生实颇犹豫，其时外面来一人，交一信给台上主席中之一，宣称系国民军李鸣钟之信，声言保护，众遂大胆出发，成此惨案。李函后无人得见，疑是借以激励，则"以百姓为刍狗"了。

随中山先生北来的同志，其时左派右派，各不相容。北京城里，从来未有如此多的同志，亦从来未有如此多的龃龉。其时蒋先生的北伐事业尚未开始，同志们遂格外寄希望于国民军，各以乡谊友谊联络一军二军或三军，北方的事更加复杂起来。国民军实际系有愿未遂，乃失败而非成功，但三军部属被人捧以向所未有之光荣，争权利亦无已时。国民军以外的北方各系遂互相结合，以击破国民军为先务。他们的说法，国民军与南方是一路，南方是联俄容共，是洪水猛兽。这时广帮、沪帮的资产阶级已一批一批避祸而到天津购地卜居。军阀若不是腐化而积恶有素，这号召原可动人，但国民已不能相信他们了。

膺白所知南方的情形，多半得之汪精卫先生，大概都关于蒋先生的事。节录其后来在《感忆录》所记的文章如下：

我第一次见膺白先生是在辛亥十一月，那时候我由北平、天津回到上海，陈英士先生和膺白先生都详细告诉我光复上海与光复南京之经过。

第二次见膺白先生在十三年十二月。那时候，膺白先生正协助冯焕章先生等扫除曹吴势力，欢迎总理北上。

总理于十二月四日到天津，卧病行馆，至十四年元旦始入北平。我在这一个月中，数数奉命，往来平津。

那时候，段芝泉先生为临时执政，膺白先生已退闲在寓了。我和他相见，并详细告诉他广州一切情形，尤其将蒋介石先生在黄埔办理军官学校的情形详细告诉，因为我知道这是他最关心的。他听完之后很感动，并很感慨的说道："许多年来，各位同志都在南方帮着总理，努力奋斗，北方事情不免丢下。因此我便潜在此间，尽其心力，稍稍布置，只是零丁孤苦的情味，真是说也不尽。"于是他把许多年在北方的工作，历历告诉了我，我听了十分感动，觉得这时候的膺白先生，比起辛亥年间勇敢负责的精神，还是一样，而操心之危，虑患之深，却与日俱增了。

　　第三次见膺白先生是在国难发生以后，自此常常见面，以至二十二年五月膺白先生就任行政院驻平政务整理委员会委员长。这两三年是我与膺白先生密切共事的时候，其中曲折繁重，决非片言能尽。当二十二年四、五月间，长城各口军事失利，北平危在旦夕，那时候中国所取的方策，只有两种，其一是继续抗战，其一是设法暂时停战。这两个方案各有利害。我们本于"两害相权取其轻"之义，所以决定设法暂时停战，而不顾一己之死生毁誉挺然担此责任的，膺白先生实是第一个人。

　　有一次，汪自己送蒋先生给膺白的电报来，系用汪的密码拍发，他说有两个字再三译不成文，疑有误。电言："北方有国民军出，知必系膺白在内。回念前情，不禁泪下，请毋忘打铁约言，并以事大哥者事中山先生。"所言有误的两字是"打铁"，膺白答言无误。膺白与陈蒋两先生换谱在上海打铁浜地方，约言是："安危他日终须仗，甘苦来时要共尝。"语系英士先生所拟，蒋先生赠英士、膺白二人宝剑各一，此二语即镌在其上。所谓"打铁约言"指此，大哥者英士先生。自癸丑（一九一三）二次革命而后，同志间主张不同，膺白与陈蒋两公工作亦分道，此寥寥数语，其中实含有无尽情意。膺白当即复电曰："八年苦志，一旦揭穿，今后生涯，复归荆棘。"亦托汪代译发。其时中山先生病已日重，而南北、新旧、左右之争，亦愈显露，国民军日趋下坡之路，膺白用不出什么力。

　　临时执政时，许多委员会中都列有膺白的名字，亦曾几次要特别安置他，第一件征求他同意的是税务督办，膺白一口谢绝，这是北京第一件无事而厚俸的优缺。中国海关权在洋税务司之手，督办不过一个名义，而待遇则因洋员而亦特高。膺白说：这差使无论在谁的政府，他不做的。连下去不征同意而发表他为全国国道督办，除治襄先生代草的辞呈，膺白在答内务总长龚心湛先生函中，建议并入内务部工作。其函如下：

　　接诵大函，备聆一切。国道为济时要政，诚如尊论，弟以材轻体弱，一再呈辞，虽经执政挽留，同人劝勉，而虚糜时日，徒歉私衷。素仰贵部于进行计划，筹议已有端绪，值此国币艰难要务停滞之际，可否归并贵部办理，以资熟手而策进行。尚乞明示，弟当再上辞呈也。

这件事有朋友劝他接受，上海的全国道路协会亦来电欢迎。彭凌霄先生来信有"今后建设首在交通，公能创立基础，事业亦至宏大"之语，他终无意使国家添此骈枝机构，而自缚于人事之烦。

林宗孟（长民）先生任宪法起草委员会事，膺白名亦在其间。林曾特到香山访晤二次，膺白答复他的信如下：

> 日前大驾枉顾香山，畅谈甚快。国宪起草一事，彼此为极诚恳之交换意见，备承眷注，心感无涯。别后独居深念，考虑再三，实为时间精力所不许，未敢贸然从命。所有前上执政请辞国宪起草委员一书，务恳即日代呈，幸勿再予延搁，以免旷职之愆。凤叨雅爱，谅荷鉴原。异日追随骥尾之机会正多，不必拘于此会，容俟我兄大业告成，再行负荆请罪。

这一年中，似乎每个委员会里都有膺白之名。他实际负责而且甚努力的是关税会议，以为这是国家的事，非一派一系的事，义不容辞。关税会议发动于华盛顿会议；一九二二年二月六日华会关税条约规定："本约实行后三个月内，在中国开关税会议，研究裁厘加税问题。在裁厘加税以前，许中国抽二五附加税及百分之十奢侈税。"因法国不批准华府条约，直至民十四（一九二五年）十月二十六日方在北京开会。法国不批准华会条约，系借口金法郎案，金法郎案者，法国退还庚子赔款的用途及条款，赔款以金价支付，经中国几任总统几任内阁议未实行，未实行之故为国会反对。

我必须补述一点各国退还庚子赔款的事。原来各国退还庚子赔款都规定用途，大抵用在文化事业，如美国庚款之用在派遣留美学生，早期清华大学即其一端。与其他中英、中法、中比等庚款基金董事会，均由中国人和退还国代表共同组织。名为退还，然中国国民并不减轻负担，款仍照出，不过由海关总税务司扣交董事会。在退还国似甚慷慨，在中国人仍担重负，惟中国方面董事大都在教育界文化界，比军阀用以打内战总不相同。第一次世界大战，中国系参战国之一，曾得缓付庚款几年。战后各国币值大跌，英美诸国仍照原来金银比价计算。德奥等战败之国则真的退还庚款，然中国政府用以作几种内国公债基金，亦仍照金计算。庚子条约对八国联军是同样利益而不同分配，折算有几种规定。中国国会，在条约中解说出以纸法郎付还法国部分的理由。以纸法郎，中国不难顷刻还清这债务，而所谓退还后之用途，则一事不能成就。法国退还庚款用途，除与他国之同样文化事业，有一条帮助已歇业之东方汇理银行复业案。金纸问题虽未决定，但海关已以金计算，扣出法款存储。

此事成为政治问题，在法国则庚款不解决，不通过华府条约；在中国则法国不通过华府条约，无法召开关税会议，加税以裕岁收而济财政之急，而海关已扣存之法庚款亦不能动用。当时中国系协定税则，不能自主，海关税务司系外国人，皆庚子事件之后果，其惨酷使中国经济无法翻身。

法庚款退还蹉商至数年之久，自民十（一九二一）之颜内阁始，至民十四（一九二五）之段执政始决定。法国于此年七月批准华府条约，中国于十月开关税会议。膺白是这个题目经过时外交部长（民十二〔一九二三〕）之一，曾送出当时经过院议府议的照会。误解的人亦拿他放在问题之内，我为此曾细看外交部关于此案的单行本。他既未经手法国退还庚款条件之商榷，亦非使用法庚款之人，他不与一个庚款法郎有关系。动用海关扣存之法庚款者，北京之段执政和北京政府势力所不及之南方独立各省；使用法庚款于文化事业者，中法间之董事会；均因本身或当时利害关系而反对或不反对，膺白无预于这些事。我们对庚款的看法，是国家的耻辱，国民的膏血，用之要如负千斤重担。我家在上海祁齐路相隔不远之地，有一日本人主持的研究所，是日本庚款所办，规模甚大，去参观过一次，不问其组织内容。至法庚款之解决，他不以其前任与后任之办法为错误。

民十四（一九二五）的关税会议开到民十五（一九二六）临时执政出走而中止。其所得成就为：（一）假定关税自主之期，为民十八年（一九二九）一月一日；（二）原则上许收两种附加税。膺白为关税会议全权代表之一，他所担任的第三股是对日。当时日本代表团的重心是其专门委员佐分利贞男，为币原外相之亲信，二人皆具世界眼光，而知日本的强盛，不可抹煞中国。膺白与佐氏的会晤，不但促成日本对中国关税自主原则之首先赞成，后虽变卦，终难反复。（见《感忆录》王芃生文）后来国民革命军北伐到长江时，佐氏奉其政府命南来视察，到南京事件为止，日本的态度是同情南方的。

当吴佩孚决心要与冯玉祥对抗时，冯曾电吴并通电全国，自己解除兵柄，请吴亦将所部交与国家，二人同赴欧美。此电系李晓垣起草，膺白改笔，原文如下：

子玉我兄大鉴：民国以还，内争不已，此兴彼仆，覆辙相寻。追本穷源，皆由一二贤豪自负太过，未解共和国主权在民之真谛。往往以一人之意志，强天下人以从同，稍有异议，辄以武力相加。败者固心有未平，胜者复气有过盛。于是相鼓相荡，起伏无穷，戕贼民生，斫丧国脉，目的何存，百思不解。本年两粤八闽，三湘四川，自杀经年，民无喘息。犹不知止，复倾举国之兵，以南征浙江，东逼三省。天灾之后，继以人祸，吾民何辜，遭此荼毒。窃念弟与吾兄，私情固甚深厚，然武力政策，无论为国家计，为人民计，实万万不敢苟同。此次陈师承德，目睹民艰，勒马悬崖，情难自已，故有旋师回都倡导和平之举。抵京以还，首捕李氏彦青，其余府中媚子，府外谄臣，亦早星散。凡此诸端，皆吾兄曩日痛心疾首，力足以为，而碍于情绌于势未能断行者，弟不过一一代行之而已。未蒙鉴谅，屡电严责，天下汹汹，祸将复作。现在合肥段公，以三奠共和之元老，受全国一致之推崇，翩然莅都，总执国政。善后诸端，复通电申明，由会议解决，与当年兄在汉口所主张之庐山国民会议，初无二致，想荷赞同！吾兄坚苦卓绝，廉洁自持，私心折服，不自今始。深愿彼此以国家为重，勿因区区一二人间之误解，使举国人民危惧而不能一日安。故弟已决定解除兵柄，除另呈执政准予辞职外，望兄亦平心静气，将所统部队完全交付国家，与弟共渡欧美，为异日效忠民国之备。牺牲一人之政见，服从多数之民意，不得谓之怯。解除兵权，为废督裁兵之倡，不得谓之耻。且从此和平可现，统一可期，循环式之内争可以永绝于神州大陆，则其智、其仁、其勇，尤足以昭示百世，吾兄明达，当亦谓然！剖腑陈词，伫候明教。弟冯玉祥叩敬。

此时坚决不肯放手，似乎吴甚于冯。至十五年（一九二六）春，冯在包头，遣人送信来曰：

膺白总理仁兄如握：张师长来，得读大教，敬悉种切。时局日乱，人心日坏。子玉以讨贼军而变为联贼军，真国之不幸，吴之不幸也。弟下野与出游均在必行，惟手续尚未妥耳。便中尚乞帮忙指示为祷为盼。弟冯玉祥拜启。（十五、一、卅一）

冯交卸国民军之后，段政府初未准其出洋，授以三省宣抚史，膺白为他拟致段吴两个电去，冯复电曰：

辱承关爱，铭感良深。时局鼎沸，已入混战时期，不惟自审才力毫无匡济之方，而在野闲云更不作出山之想。子玉刚愎性成，此次幸获胜利，其气焰熏灼必更加甚，决无为国为民之思想。拟不发电，以免自惹纠纷也，吾兄以为如何？冯玉祥元。（十五、三、十三）

这时国民军已成不了之局，冯若远离，更将不堪。十五年（一九二六）春，冯由包头经库伦到苏联去，吾家已由京迁居天津，与他消息隔膜。偶有旧人来津，传些生活状况，一次带来一白手绢，以水洗出有字迹，亦仅寒暄而已。冯行后，国民三军之失败如破竹，至南口失守而全体瓦解。其失败之因由于外者固多，由于内者实亦不少。我们私下论许多人如脑袋装了汽油，升腾无有止境。段政府本存异视之心，尽量敷衍，南来同志骤失中心，多方借重，使三军部属之受诱受捧，有非长官可以约束。冯之一军地盘在西北，所争尚不显著，孙之三军力量甚小，而必欲得河北，以得罪奉系。时奉系的李景林在天津，实颇有友好之意，韩达斋（玉辰）先生与有旧，奔走甚力。郭松龄之变，天津倘有表示，局势当不同。郭之失败，杀姜登选是首失人心；李之游移，终与国民军决裂为河北；皆小不忍乱大谋之实例。二军之事更多，胡笠僧先生未死前颇知大体，亦尚能约束。一次膺白为二军一件要求未成之事抱歉，请林季良（烈）向胡解说，得其回信曰：

膺白兄钧鉴，季良来，小事成否何必介介，惟望吾兄主持国是大政方针不乱，弟无论如何必为兄等后盾，余由季良兄面陈。敬请钧安。弟翼上。十三

胡死后，二军有关人员竟有为段政府作探者。冯在张家口时与各方议事，往往与议的人未归而北京均已先知，冯之机要室发电亦屡泄漏，后有陕籍某议员入阁即为供给国民军消息而得。有一时期，冯有一军用电话直通吾家，虽偶有来电，膺白终未使用去电，即张家口之行亦非请不去。以下是冯部刘参谋长菊村（骥）的一封信，他是刘杏村之弟，冯部中与辛亥有关的人。

膺白先生勋鉴：时局震撼日剧，非得一有定识定力之人，不足以烛利害于机先，而定危疑于俄顷。自在张垣规定召集会议，以我公肩此重任向前进行，国事泯棼庶几有豸，不料公甫去后，即有人纷来此间，乘间抵隙，几至发生变化。顷与督办竭力研究，仍照预定计划进行，庶善后办法克臻完善，幸督办嘉纳，原议不至动摇。所有与各方接洽情形，并望随时详示，以便进言赞助，稍尽一得之愚。骥以此举关系本军及国家前途者甚巨，故敢帨缕奉陈，惟垂察焉。清密电码一本呈上，祈察收是幸。苏孙、奉郭、湘赵，均已派定代表，原电已转尊处矣。刘骥拜启。（十四年十一

月三十日）

某次，二军的重心河南将有事，事先电告其在京重要代表，电须亲译，而接电者有烟癖，沉睡误事，电落人手。种种致败之道，难以尽述。

十五年（一九二六）之冬，冯已从苏联回来，派人送信到天津曰：

膺白我兄同志如握：别来渴念已极，朋侪中有真知识而志愿救国者，以弟眼光看来，我兄实为第一人。此非妄语，尤非谀词也。现在先将已往无知识之过失一笔勾去，而奋然不顾的努力革命，以三民主义为主义，毫无掩饰的作去。至对于时局，则惟有"击吴、和阎、联奉、亲日"八字作根本。我兄对于国内外大局知之极详，尤盼指示盼帮助也。现住包头，最近当往平凉，出潼关，知念密闻，并请为国珍重。愚弟冯玉祥拜启。（十五、十一、初四）

冯往苏联似与徐季龙（谦）先生同行，回来后，他自己和全军都加入了国民党。函中所言八字根本方针甚兀突，后来没有机会听其解说。膺白在天津，不久应邀南归，那是民十五（一九二六）年底，国民革命军时代了。亦曾周旋蒋冯合作，后章另详。

自民十三年（一九二四）十月至此，国民军首都革命由发动以至失败，事与愿违，疚心多于慰心。渔翁得利，以致全盘皆非；积习难除，国民军亦仍以自己为先。这段经过世莫知真相，甚或传恶不传善。虽然，几件事是明显的：因首都革命而中山先生和许多同志们到了北京，革命二字在北方不再生疏。北洋军阀愈分裂，多少为后来国民革命军北伐和统一减少阻力。清帝出宫，完成辛亥之功。故宫成为博物院，使中国文物最古最大庋藏，从此公开为民有，永为国家民族之光。则非当年故意造作以讹传讹"逼宫"等恶名所可一概抹煞的了。

（原载《传记文学》 第五卷第四期）

一七　南归

二兄大鉴：久未会晤，渴念殊深，如有公暇，务乞驾来一叙为盼。

弟中正手上（十五年十一月廿二日）

二兄大鉴：渴念既殷，欲言无由，特属岳军兄面达一切，尚祈不吝教益，共底于成，是为至祷。敬颂大安。

弟中正手上（十五年十二月廿八日）

以上是国民革命军总司令蒋先生由广东北伐，抵达长江，武汉已下，正拟东征，戎马倥偬之际，给膺白的两封信。那时我们家在天津，张岳军先生亲自送信到津后，面述蒋先生传语，并与膺白讨论当时国民革命军形势。膺白斟酌公谊私交，两不容已，遂决定南归。其时京汉、津浦、沪宁诸铁路线都在直奉军阀势力下，他坐船由海道到沪。在沪观察及准备几件他可效力之事，即换船到汉口与蒋先生晤面。他们之间，差不多十年不见了。

膺白这次南归完全为国家和朋友，他一点没有为自己。膺白深悉中俄外交关系，以及俄国所占我们自东北以至西北广袤千里的土地。前章记过上海《申报》六十年纪念征文，他自定的题目为"中俄划界问题草议"，列表举出失去的土地面积方里，意在提醒下一代。

膺白南归时北方的局势大概如下：

一、冯玉祥的"国民军"。被直奉联军所迫，向西北总退却。冯下野赴苏俄，全军瓦解。冯由苏俄归，整顿旧属，加入国民党，所部仍在西北。

二、张作霖的"奉军"。张宗昌等"鲁军"附丽之，举足轻重。"直军"吴佩孚部之在京汉线者正不利，不得不向奉张屈服。称霸东南之苏、浙、皖、闽、赣五省联军总司令孙传芳，自赣省为国民革命军所得，浙省内部不稳，内外受敌，亦向奉军低首乞援。沿津浦线之直隶、山东、江苏，都入奉鲁军之手。

三、吴佩孚、孙传芳如此，"直军"已成强弩之末。但不屈于国民军，亦不屈于国民革命军。

四、阎锡山的"晋军"向少出境，阎曾隶同盟会，在丈夫团之内，山西还有温静庵（寿泉）先生亦属丈夫团人。

五、其他队伍。或属于此，或隶于彼，即段祺瑞之"皖系"，亦已不成势力。

六、北京政府，仍为国际所承认的中华民国政府，用红黄蓝白黑五色国旗。段祺瑞为临时执政，其来由于几派军人势均力敌不相下，收渔翁之利；其去亦因几派军人势力之有消长，"赵孟所贵，赵孟能贱之"。有人论他梦想以往的权力，而未悟以往的错误，似近确论。北京最后一段时期，为张作霖所号称的"安国军"，他支配北京政府，号召反对共产。

我家在民十四年（一九二五）底已搬天津，先搬两个孩子：熙治和外孙女晓敏。腐白和我支持到国民军退却，无须再为国民军而敷衍段执政时，然后出京。我家仍住天津意租界。这时直隶省督军名褚玉璞，似为张宗昌一系人物，我们与这派人无一点关系。省政府的民政厅长柯君是《新元史》作者山东柯劭忞之子。柯君的太太无锡薛氏，诸姊妹与我及程远帆太太陶虞笙均同过学；程太太带蒋梦麟先生出京，即搭乘柯太太车上包房，有护兵守门，柯太太不知其为蒋梦麟也。此事经过前后均由程太太告我，梦麟先生到津亦曾来吾家。我们与柯家并无往来，然因褚能用书生，因此对省政府少恐惧心。腐白在天津有过几年历史，社会上人缘还好，我们都能静得下来，深居简出，在家读书，这次我有自己的书桌，不再为侍坐的书僮了。

我们并不知道直隶省政府检查信件的职员中，有一膺白辛亥时旧部徐季实（继奭）在内，一次他查到一封由上海来的信，觉得不妥，暗送在津另一旧同事朱达斋（豪）转到吾家，他自己避嫌不敢来。因此我们在津与外间通信很少，重要的信都专人送。以上蒋先生的两封信前后日期隔一个月，想见欲言无由之深意，以及当时通信之慎重，然"国民革命军总司令部信笺"，居然到了天津。

南军北伐，从来没有到过武汉，蒋先生实是第一人。太平天国时不过掠扫两湖，不如这次蒋先生之整军经武而至。我们看到这张信笺时，一切其他的顾虑全部丢开，不胜奋发，不胜期待祷祝。

膺白所直接做的准备工作，大概如下：

一、财政。北京政府已濒于破产之境，上章述民十四（一九二五）在北京所开的关税会议因政局而中止。民十五（一九二六）胡馨吾（维德）先生将组阁，曾派黄伯樵君到津，与膺白商如何完成关会，俾得实行定议，以解财政之厄。膺白托伯樵面答："关会所议定之二五附加税，为中国近时期内财政惟一续命汤，宜留作建设生产，不可用以维持残局。"馨老首肯其意；当时膺白写交伯樵的二页便条尚存，复影于后：

一、关会事务乃全政治之一部分。国家必须有根本一贯的大政方针，庶几一气呵成，厘可以裁，债可以理，而财政基础即于是乎定。否则厘不果裁，而自主仍托空言，旧债虽理，而新债不难继起，异日再发生整理问题时，将以何为担保？埃及惨祸仅六万万元之无担保债务而已。言念及此，寒心实甚。

二、为今之计，宜将关会经过及根本内容，彻头彻尾与各省共商，或亦促进和平联成一气之一道。合则并力进行，庶成固不必居功，败亦不至受过。否则事成以后，依然战争，依然起债，不出三五年，中国财政真正陷于绝地。尔时良心责备，其何能堪，且欲加之罪何患无辞，唱高调者或将以承认某种借款为我罪也。

三、一二两股进行过半，大致就绪。三股提案，弟出京前早预备草成。异日交通恢复，行旅自由，再当诣京请罪。

以上三条不过大概，望善为说辞。此二纸并盼掷还为幸。弟郛又启。

伯樵后南归任国民政府汉口市工务局长，此纸当属他尚在北京时事，我无从查出其的确日期。岳军先生与伯樵二人是膺白摄阁时首先电邀北来之人。岳军先生后任河南省警察厅长，河南是国民二军范围，他做到二军失守为止，与膺白亦已年余未见。伯樵在北京交通部，我们出京，他还留着。关税会议所议"附加税"，后来事实上在国民革命军北伐期中，先后在广州、上海各大埠征收，国民政府成立始并入正税，而为自主后之新税则。国民政府初期所发各种"库券"，亦都以该项附加税为担保的。

我家在北方几年中，人事上与中国银行关系较深，这关系从不涉及私人利害。上章曾述过民五（一九一六）袁氏称帝，令中国银行停止兑现，上海中国银行副理张公权先生独不奉令而尽量兑现，此举影响社会、经济与人民利益颇巨，膺白忻慕这行动，自此与之交厚。吴震修（荣鬯）先生清末与膺白共事军谘府，辛亥又共事于廿三师，民二（一九一三）英士先生预定出国考察工商，他是拟议的随行人员之一，已先到东京，后以冯又微（耿光）先生之故，服务于中国银行。又微先生系前清军谘府厅长，民国后为中国银行董事长。

每逢政潮起伏，银行界神经最锐敏，中国银行则总由吴震修先生来访膺白，膺白必尽量解说他所见到的来根去脉，往往不到一小时，吴君得到推演的概观以去。膺白第一次任教育部长时，教育部因欠薪太久，将公事装送国务院而关门罢工，已半年以上。隶属于教育部之国立八个大专，大半没有校长。没有校长的原因，是五四运动以后学生干涉校务，拥甲拥乙不同，旧校长不交代，新校长难到任，而欠薪亦然。许多难题中，发部与校之欠薪是解决办法之一。膺白颇拟向中国银行借一笔款以济同僚，以为凭他若干年来的"无私"人格，从未开过口要借钱，这次一定成功，结果弄得很僵。中国银行问：是膺白自己要借？抑为政府借？如为政府，须总税务司给以担保。中国财政靠关余，关余者海关税扣去外债以后的剩余。关余是中国输入超过一现象，财政筑基于此，近于自杀，言之可怜，而海关洋税务司操予夺之权，当时的总税务司安格联无异太上财长，更可伤心。膺白回答中国银行：个人用不着借钱，公家则急如星火。然终究不能通融办理。这次他赴汉口以前，中行允他在汉口中国银行可以信用透支壹百万元，供蒋先生饷项，他手里有给汉口中行经理汪翊唐（时璟）的凭信。

二、外交。膺白在关税会议熟识了日本币原外相之股肱佐分利贞男氏，他们深谈过不少次，我家搬天津后佐氏还来过几次。所讨论多关中日两国各自百年之计，膺白希望日本人在大处着眼，以中国之和平统一为利，勿再利用中国之继续内争，中国分崩日本未必有利；题目虽甚广泛而原则如此。国民革命军北伐，日本政府派佐分利南来视察，他是同情中国改革，颇存期望于革命军的一个人。国民革命军进南京之日，不幸有军队抢劫外人之事，在后面《宁案》章中当再述及。其时停泊在南京下关之英、美兵舰均开炮，独日舰奉命不许炮击是其一例。

三、军事。膺白反对内争，他自己屡说屡写，我复述亦不止一次，能缩短战祸最所希望。细察北洋军阀虽成尾声，然直奉合作，则北军势力尚在国民革命军之上。长江流域及近海一带人民，乡土观念较轻，且受北军驻防侵略有年，厌恶北军之心理，有助于国民革命军者甚大。出长江后，北上至黄河流域，这些有利条件逐渐冲淡，反之加强了北军的乡土观念，故用兵亦渐困难。膺白之意，在北方之阎锡山、冯玉祥两个力量，或思想、或历史、或友谊均可与国民革命军合作。若蒋先生能引阎、冯为同调，这个中心力量可以减少内争而早致统一，这是他一厢情愿的希望，对此亦相当努力，可惜仅奏一时之效。万不料后来为打阎、冯，耗去自有内战以来最大的国力，且引奉军再入关，糜烂华北，空虚东北边防，而有日本侵略满洲之事，这已是膺白居莫干山之时了。膺白亦早没有知道国民革命军内部粤、桂种种派系，派系是我们本性上厌恶的两个字。

四、社会人心。一般人皆渴望中国进步，而进步须从和平统一开始。北洋军阀为和平最大障碍，无法对之再存希望，亦众所周知，然同时畏惧恐怖国民党联俄容共政策之后果。国民革命军自广州北伐到武汉，军事节节胜利，但所到之处，人不安居，不乐业，于是招致其他各地之踌躇，反足以延长军阀之命运。民国十四十五年间，上海空屋日多，而天津租界地产价格，呈空前绝后之暴涨，初则广帮，继则沪帮，纷纷北来。我家在天津英租界墙子外有地数亩，忽然获利倍蓰，这笔意外收获后来经营成为莫干小学的基金，是我们亲身所历的一例。那时的北方，不但军事，亦是中产阶级准备的最后立脚处，那时的中国人还不知道逃避资本到外国为生之理。膺白觉得明示政策，使国民有所了解，是极重要的事。从汉口、南昌到上海，他一直努力这件事。他不是党员，不能在党发言，只能对蒋先生说。蒋先生几次要他入党，他每次拒绝，拒绝的理由即为不赞成党的办法。现在想来，他究竟何者为是：入党而发言作主张？抑只能对蒋先生说说；为社会人士留个公道？他自己和我都取后者。我们在汉口、南昌时，只知党内一派人如何使蒋先生为难，不甚深知党究竟是如何积重难返之势。后在上海，膺白有一次晚间到蒋先生处，临行关照带铺盖，预备坚决陈说，时间不够，即留宿在蒋先生处。张公权先生看见并还记得这件事。

膺白由天津经沪到了汉口，电嘱我南下。此时熙文夫妇已返沪任事，我携晓敏同行，而留熙治在津，托妹性元照料。我这次南归，海航江航都坐洋商船，这在本国还是初次，以前我只坐过招商局的船。我从天津坐"通州"轮到沪，放下晓敏，换船到九江，我已经知道膺白在庐山了。他下山来九江接我，我们看看市面，甚为萧条，在旅馆一宿，次日即上庐山。若干年后，我始知我在九江坐的轿子，原来是周静斋（雍能）先生借坐的，周先生其时为九江关监督。

国民革命军总司令部包租着牯岭仙岩旅馆全部，一所楼房，一所平房。平房除客厅饭厅外，有两组卧室，较大的一组本是蒋先生住，小的一组膺白住。我到山时，蒋先生已经搬住另一独立之屋，我们就住了他空出来的一组。和我同来的许静芝君住膺白原来的房间。因饭厅客厅都在这所平房，且有火炉，故在楼房的人常来聚在一起，蒋先生亦来同吃饭。旅馆里的侍者屡次将蒋先生和膺白的饭巾圈放在相接座位，蒋先生倘比另外的客人先到，总把已摆好的座位摆动，将一套饭巾圈搬到远处，这种小节上他都如此精细。膺白差不多一天到晚在蒋先生处，不能吃饭再坐在一起了。护兵或副官中有前廿三师的旧人，称膺白为师长，有人误会师长就是老师。几位老同志一点不感觉有异，新的人不免窃窃私议。邓演达每天坐在走廊里看书，我见的是本德文书，走廊是出入必经之处，他看见我总要问答几句，"黄先生在何处？在蒋先生处？"等话。众人游山，膺白未偕行，他时常招呼我上轿下轿。那时国民革命军妇女都不示弱，亦不是讲礼貌时代，我猜他或者听听我的论调和消息。在仙岩旅馆同住而常见的有谭组安（延闿）先生、戴季陶（传贤）先生、张静江（人杰）夫妇、顾孟余（兆熊）夫妇、何香凝和廖梦醒母女、褚民谊和医官秘书等。后来蒋先生和膺白不每次和我们同吃，有时吃了先走，故晚饭后大家留在饭厅谈天，那里有一只大火炉取暖。谭、张两先生有时到蒋先生处，不去而和我们在一起时，有说有笑，他们两位是在旅馆年纪大一点的一辈。季陶先生告我，在山与辛亥有关的人，以他和我二人年纪最小。他喜欢讲故事，有渲染，加一点工架，我笑说：倘入史馆，要写"戴先生世家"。有一次晚饭，邓演达闹酒，想闹醉大家，结果他自己大醉。谭先生的酒量最好，举重若轻，他告诉我们，少时陪长辈座，奉命喝酒，故训练有素。我那时还不大懂得汉口方面情形，虽然我有一点读历史方法，时事经过我知，可因前后线索而了解记住。我并不喜欢自己的便宜处，反而时时防范自己，膺白不说我决不问。

在牯岭过阴历年，不知哪一位发起，不要吃旅馆的西餐，请太太们做中国菜，那日每一个太太都出了力，摆一长桌的菜同吃。过年以后，渐渐的分批下山，第一批谭组安先生走，第二批张静江先生走。人们当时称谭、张两位为谭主席、张主席，称蒋先生为总司令，但亦称谭先生、张先生、蒋先生。张先生是行动不便的人，他已经坐上藤轿，蒋先生还赶到里面拿出一个枕头来，垫在他背后，我当时看了不胜感动。那时的蒋先生亦是世界上一个最年轻的革命领袖，不但英俊，而且在朋友间友爱谦虚。隔一日蒋先生自己亦下山。我们一批最后走的人，同车从莲花洞走的是孟余先生夫妇，季陶先生和邓演达先生。其时安徽、江苏、浙江还都在北军之手，正是劲敌当前，而武汉已开始内讧，蒋先生时时忧勤见于面色。我只知其下山系赴前敌，为保密规矩，连其他各人到何处都不相问。膺白与我是到汉口的。事先只知道一件事，季陶先生的任务是往日本。在车上，他和邓演达坐在一起，别人问他，他说和择生同往汉口，并说他的铺盖行李都是择生的当差代为料理，择生者，邓演达的号。我暗想戴先生东行的消息不确，难道要西至汉口再向东行？直到过了大半的路，戴先生忽然肚痛，将到九江，他说不能再走，请邓演达叫当差把他的铺盖行李放下。这段盘马弯弓之计，至此方才明白。

膺白在汉口一次演说称中山先生，次日报上大加攻击，谓为大不敬，我问该如何称，说称"总理"。膺白两个朋友的兄弟，后来都遇害的：李晓垣的弟汉俊，耿伯钊（觐文）的弟仲钊，此时都在汉口。汉俊死后，太太不白冤不肯出武昌城。仲钊死后，太太出家为尼。我们同情两个哥哥的伤心，痛惜两个弟弟的惨死。晓垣先生因此学佛，我们因劝他而反被他劝得亦学佛，这是后来的事。我们所住旅馆德明饭店，据说本来设备甚好，此时几乎水电皆不周，将关门情况。耿仲钊先生还是第一个来看我们，他问旅馆里有何不便，我几乎诉苦，忽然想起这是小资产阶级习惯，而即缩回不说。他请我到妇女会演讲，我不知应该说什么，而且我有偏见，男女同隶于四民，没有男子会何以要有妇女会，故亦逊谢了。李家的弟弟我没有见，膺白和他谈过。当时国民革命军每个军队里，都有政治部主任，大概是仿苏联办法，后来首被清除的是这批人。

我们在汉口先住旅馆，后搬市政府工务局的宿舍，伯樵、仲完是我们的主人。市长刘尘苏（文岛）夫妇原亦住在那里，他们搬出，空出的房间让我们住。苏联的一个歌舞剧团刚到过汉口，大概其中的女主角马露西很漂亮，轻松的谈天就是舞团和马露西的事，仲完还有其照片。街上常听到"打倒列强，打倒列强，国民革命成功，齐奋斗"之歌。有人听错广东音"齐奋斗"三字为"吃饭茶"，说革命成功大家有饭吃有茶喝。一个社会在穷则思变的时候，人们心理往往一面兴奋，一面恐惧。伯樵为市工务局长，常有人来报告"逆产"可以没收，其时大家正要觅屋，仲完很怕伯樵被引动，她曾不安而私告我："逆"岂可随意加人身上？没收私产亦不可随便。工务局到底没有做这些事。仲完自己却做一件极孩子气的事，她大概受苏联舞团的影响，买了一个广东货黑绸绣五彩花四围缨络的台毯，对合成三角形可作围巾。我一到她要我承认这是我送她之物，她当时亦在做事，自己有收入，不必用伯樵薪水，因伯樵不赞成这装束，故推作是我所送。

和我们同住在市工务局宿舍的，除伯樵、仲完夫妇，还有吾弟君怡，和尘苏夫人廖世劭之姊世勃。世勃是我北洋女师同学，且是好友。一日，她由妇女会工作回来告诉我，每次拟标语计无所出，该打倒的东西已都写了出来，这日写了几张打倒蚊子苍蝇的标语。打倒人类之敌，或社会之敌，要紧在行动不在写说，而行动的方法和后果，都要算计得有条有理。这些泄愤式的标语，打草不惊蛇，徒长自己虚骄之气，养成许多浮躁不负责任，以消极为积极的人，国家受累很久。

那时应酬场中，最时髦而显得重要是提起鲍先生、鲍夫人；鲍先生就是苏联顾问鲍罗廷。据闻政治会议最后的决定由他，他并不出席会议，开会要决议时，主席起来打电话给他，然后定议。有一次几个熟人坐着谈天，我不知如何谈到土耳其，膺白急用眼色止我。我少时读书，世界上有两个不可救药的老大帝国：一是中国，一即土耳其。对土耳其的革命，我一向瞻望着以卜我们自己国家的命运，老早看关于凯末尔的书。鲍罗廷未来中国以前，先在土耳其帮他们革命，土耳其革命成功，厌恶苏联压迫，将鲍赶走，所以提到土耳其是犯讳的。那时要人们纷纷送子弟往苏联去，不去的嘴里亦说着要去，没有儿子的想送侄儿去。市上百业萧条，一件小事我甚奇怪，色彩极"左"的妇女还要在被打倒之列强店铺买应用品，不禁感到身体力行之难。然国民革命军治下，妇女地位之提高，是一件大事。职业妇女亦日渐多起来。

蒋先生和总司令部在南昌，而膺白到汉口，他到汉口的任务为何？他没有分析告诉我，他的动作和方向，大概是外交和经济。此时国民革命军的方向是东征而不是北伐，一到上海，这两个问题不但不能避免，而须面对。且为国民政府成立最要紧的事。这两个问题亦分不开，国民党若要改变一面倒与苏联的办法，日英两国是不能不首谋谅解的。此事不但共产党和左派所不喜，即右派亦未必能统筹全局，注意到此。蒋先生是当家人，见到最早。上述戴季陶先生赴日之事，即转风试探的一例。有蒋先生要膺白到日本的信，已是到南京后的事，后将照录，膺白无暇，亦未肯去。办日本外交是外难应付，内不讨好的事，办之无益，不理则有害，而为国家，则系近在咫尺不可逃避的一个题目。在汉口，膺白见过日本总领事高尾。

我们将离开汉口的一日晚，世勃在寓叫厨房添做几样菜请我，平常，同寓的人各以便分吃，这日都被请同座，只膺白一人预有他约，他知世勃是我好友而难得相聚，坚请勿改期。吃未半，有人来叫伯樵出去，过一会伯樵回来又叫我出去，原来得到密报，激烈分子本日会议将有不利于膺白，决定动手。已问过市长刘尘苏，不能证为无事，请教卫戍司令陈真如（铭枢），亦表示无力。在此情势下，他要我整理一包膺白应用物品，赶往膺白席间，阻其归寓。我们商量到何处去，伯樵建议只有日本同仁医院。得我同意，他去接膺白住院，再来接我。世勃不知就里，难得叙旧，絮语甚欢。我到医院已近午夜，与膺白相见，不期说出一句同样的话："不料在北方多少年不肯做的一件事，今日竟在国民革命军下做了。"除亡命期间，我们没有临难托庇外人宇下之事。第二天早上，陈真如先生到医院来访。这天夜里我们坐船到九江，过了几日，到南昌，住在总司令部做客。

总司令部在旧江西督署，是一所散漫的大衙门兼住宅，我虽住过几个星期，没有参观全部。岳军先生为总参议，只在蒋先生处吃饭偶然见面。经过机要室，陈立夫先生在那里，我是初见。廖仲凯夫人何香凝住一风景较好花厅，时正病着，因此常走过去问候。她从汉口请来一个日本医生，自己应对说流利的日语。她告诉我：早年在日本，同盟会开会，她管进门各人所脱的鞋，藏起来防警察注意。我知她能画，请她画，她说仲凯先生死后无心动笔；我始终不知仲凯先生死因。我只出过大门一次，是访李协和、俞咏瞻两家，本地的膺白朋友家，顺便经过南昌市面。我们住在督署一个大厅，大厅的中间是开会所用，上面挂着中山先生和朱执信、廖仲凯几人的放大照片，在世的人只蒋先生一张照片。膺白以为中国规矩没有生人死人相片同挂的例，请将蒋先生一张除下。大厅的东边用板壁隔成两间房间，一作卧室，一为书房，归我们用。每日有三次丰盛饭食。自膺白南来，蒋先生拨给他两名副官，一队卫士；卫士经他几次要求，减为十人；副官不肯离他，后来一直跟到上海、南京。膺白每日在蒋先生处吃饭时多，早上总是里边开出西餐来，故我们的饭食大概是副官和卫士吃的。房间内四壁和书桌都用全新白竹布代替粉刷，用画图钉钉住，想见本来的不洁。我看见北方国民军生活，与此时比较，气魄是不同的。大厅的西边一间似系陈布雷先生所住，我见过他几次拿稿子来与膺白商看，字写得很小，人非常斯文拘谨，还很年轻样子。

蒋先生住的地方在后面，我看见的亦不过二三间陈设很简单的房，我虽然无须特别通行证可以进去，除请饭不大到后面。苏联顾问和党内的人逼得蒋先生紧的时候，静江先生和膺白二人常陪着他，有时膺白到很晚才回来。一次屋子里只有他们三个人，蒋先生在很气愤的时候忽然起身向里走，急得静江先生连呼："膺白膺白"，要他追进去，防有意外。

在南昌，来我们住处最多的，除北方国民军旧人，有蒋雨岩（作宾）、郭复初（泰祺）、陈果夫和五舅湛侯等；蒋、郭两位每次同来。坐得久的人，因地方小，我自然亦在一起。当时决定到上海后，郭为上海交涉使。我宿闻郭之名，此时始知其在北方曾参黎元洪幕，他几次提到民国十三年（一九二四）的"首都革命"，是称誉口气。后来他在中途因事耽搁颇久，不早到上海，蒋先生已到，他还未至，遍觅他的情形有人可证，不得已先发表一个属员代理。这件无心之事，弄到他一直和膺白过不去。果夫先生知道蒋先生要膺白先到上海，上海得到后安排人事，有空白委任状交膺白手，故在我们将动身前常常来，我当时未注意，后来想起是讨论人事。他说话声音很低且慢，亦很客气，不露骨说。人事这件事是政治上重要的棋，尤其在中国，人事重于一切，而膺白最隔膜，他的失败往往由此。五舅曾是果夫的教师，他好像比我们先到南昌，是蒋先生叫他来的，在此以前，他是浙军第一师陈公侠（仪）的参谋长。论历史，浙军第二师周恭先应该较易接近，此时大概亦已在接洽，于后孙传芳之溃败不为无力。我们在汉口时，伯樵深怪五舅不能使陈公侠早向革命军，陈之驻地似在苏北。我们在南昌，朋友来看膺白很容易，向蒋先生说话，或者代达，或者代约，膺白走了自然有点不便。我们动身到江边上渡船，看见五舅带了行李先在船上，膺白责他不可如此孩子气，不久蒋先生的信亦到说："请湛侯速归，不然与之绝交"云云。

一八　北伐时期

在军事将要东下以前，膺白受命先到上海，所经过还多属北军阵地，我和他分途买票，同船而不算一家，以防万一。自安庆以东，检查很严，过南京时，码头上正杀过人，枭首示众。到上海后，和浙江通讯，要由海道绕行。

在这段时期，膺白向蒋先生有过两个极平常的建议：一为"储才"，二为"任方面"。"储才"之说，他只贡献原则，当时并没有保举特别的人。才不够，他常为国家忧急。而那时的党，似乎紧筑樊篱，人才更分彼此而见得空虚。他说旧时政治家极重幕僚，新式政治家更需智囊，以补一人精力经验知虑之所不及。"任方面"之说，则他建议：信任当时已经成力量的人，似即在国民革命军分一二三四集团军之际。膺白自己反对中央集权，尤其觉中国之大，集权为不可能。他以为若不分工合作，必成多方割据，结果利害相距不可以道里计。他尝言：中国若只有如浙江一省大，已往的人或者已经做出个成绩来，而中国则数十倍于浙江，靠少数人是不够的。"士不可以不弘毅，任重而道远"，是他常背诵的两句书。

在上海，他的努力大约为两个目标：一是缩短战祸，早致统一；二是开放门户，人尽为国。前者的对手有国际、有军阀，后者没有成见和方向。他确是如此存心。

下面三封蒋先生致膺白的信：

二兄大鉴：林知渊兄（海军政治部主任）来务，关于海军饷项及交涉事，特请其来接洽。以后海军事不经惕先生（钮惕生永建）为妥，请兄与（海军）杨幼京（树庄）总司令及知渊兄直接交涉。每月饷项卅五万元务属（中国银行）蔼（陈蔼士其采）、震（吴震修荣鬯）二兄提先拨付为要。此请时祉。弟三顿首。（十六年三月十七日）

二兄大鉴：今日静（江）兄回沪，特请其面详一切，长崎人选甚难，皆以兄全权代表一切为宜，惟与某方说明，如有泄漏兄前往消息，即认为其有意泄漏也。如兄不便，则请兄代荐一人，来电保荐，可以此电示展兄（胡展堂汉民）也。许（卓然）、贾（士毅）二君当聘为财政与法制二会委员。朱君（炎，中法学校校长）事已与褚（民谊，新任中法校长）说妥，现不接事，以从尊意。弟中正顿首。（十六年五月一日）

二兄大鉴：弟决先赴日本，但须与其当局约明二事：一、对中正行动绝对严守秘密，新闻记者等及各团体概勿准招待访问；二、留日约一个月，即须游历欧洲。此第二事与其声明，不必约也。兄如赞成，或请兄先行更好，否则兄在沪主持一切，而弟预备作一年环球之游也。如行，则下星期即行，请代探船期，以便届时到沪也。并属圣禅（徐桴）兄预兑日金壹万元，随身带往。岳军当同行，其余只带一二人不另带人也。此请时祉。弟中正手上。（十六年八月廿四日）

膺白始终未赴日本。民国十六年（一九二七）秋，蒋先生下野的一时，与岳军先生同往日本，膺白遵嘱留在上海不远离。

在北伐时期，膺白致蒋先生电均借我名署曰"云"，朋友中他对蒋先生和岳军先生都称"弟"，而自称曰"兄"。以下是准备北伐以前，膺白与各方接洽报告蒋先生之电，大部分得之译电员所抄小册。年月日只有韵码，看文知系民国十六年（一九二七）春夏，大约三月至七月间事。抄录时初欲省略而后仍补足，故次序有颠倒。

蒋总司令：最近所得日本方面报告已托岳弟代陈。现袁文钦准十三日起程赴青岛，渠意欲得一军事外交代表名义以便接洽。此次日本出兵侵我主权，我无力制止，不得已而筹此救济，然总部方面如果正式派员与之接洽，是无异默认出兵。兄意表面只能以袁个人在鲁实业上之关系，驻彼处接洽，实际仍履行前在沪之预定方针。即日方岩松（武官）赴我前方，过宁时亦只能用一普通外国观战员资格招待。然仍请以真实作用之所在，密告前方可以信托之将士，默为接洽，庶免流弊，而重国体。此事已明告袁君接洽矣。云蒸。

民国十六、十七两年，国民革命军北伐时，日本出兵山东两次，本章所录各电均民十六事，上电亦然。民十七，袁良已任外交部亚洲司司长。袁在济南办有糖厂，故言鲁实业关系。所谓"真实作用"，指袁与岩松为双方联络员。民十六因北伐中止，山东日兵亦撤退。

顷接袁良复电文曰：冬电悉，即往外部见出渊、木村，将尊旨详为申述，并要求见田中，彼约鱼（六日）会面，先由出渊答复如下：黄君之精神为余等所深悉，极为感谢。现在青岛之兵决不入济，如万不得已入济，必先通知阁下。一面自当相机为自动的转圜，对于京（北京）增兵及中立地等，日决不为他国利用等语，特达，余俟见田中后再陈等语。特达，此电应否抄示梯云（外交部长伍朝枢），乞复示遵。云支午。

顷致袁良一电，文曰"来电俱悉。予意日出兵山东有害无利。（1）宁案本诚意求解决，已自动草方案，今因出兵风潮，宁政府陷于困境；（2）舆论谓出兵山东甚于英兵驻沪，因沪现尚租界，青岛已还中国，济南更属自辟商埠；（3）上海英兵为将来东亚之隐忧，日本有识者咸同此感，将来用外交方式要求撤退时，万一英人以出兵山东为口实，对日反唇相讥，日又何辞可以助我；（4）日当局屡言愿在国际为精神上之援助，今开此恶例，不独国民误会不易解除，万一各国援例自便，武力来临，是否东亚之福？务望切实磋商，设法转圜，勿使吾辈多年辛苦所筑成两国间好感之基础，归于泡影"等语，特达，希接洽。云冬亥。（此电系君怡笔迹）

　　顷接袁良东电曰：顷田中又招谈：（1）青岛兵非万不得已不赴济，如赴济亦不干涉一切，南军到即退；（2）希望南军得徐（州）后勿猛进，北部交与冯、阎，同时刷新政治，树立大计，俾得国际信仰，日必倾力相助；（3）奉张派人来离间，余确信蒋为收拾中国惟一人物，已拒斥；（4）希望良暂勿离日，以便联络等语，乞转呈示遵等语。又松井已赴青岛，留言岩松：（1）希望抵徐（州）后西向取郑（州），压迫武汉，日必倾力制止奉鲁反攻；（2）武汉解决后，蒋、冯、阎、张召集国民会议，蒋必为四派中最大重心，可以政治收功，不必全用武力；（3）蒋方震称彼正尽力国奉合作，不知是否得宁方同意或委托？（4）对于上海市意见恕不录。兄已将在镇（江）面谈各节斟酌答复，岩松允代电松井，得复再闻。云萧西。

　　前谈专人赴汴事，兹已与王儒堂（正廷）君、赵厚生（正平）君接洽，定明晨由沪起程，谨先电陈。云蒸。（注：此时冯玉祥已到河南。）

　　儒堂厚生准明晨偕钱次长（新之永铭）赴宁。前请儒堂为顾问说，能面交聘书最好。袁良准以个人资格行，惟为与总部联络起见，已由此间填发总部参议委状，并给川资电报各费二千元，希接洽为幸。云蒸。

　　顷王儒堂自杭归，代达我弟前电意旨，彼甚欣感，请即将聘书送沪，以便转交。彼拟下星期来宁，循例晋谒一次，希接洽。又李五（徵五）准明晨早车行，附闻。云沁未。

　　膺白在北方介绍王正廷参加国民军，延入摄政内阁，其时王正为中俄会议签草事罢职闲居。王与冯玉祥因宗教关系素识，但政治关系则自摄阁始。冯玉祥军由北方渐到中原，膺白自己不能分身，想到派人与冯接洽，王甚相宜。但王与蒋先生不但无关系，蒋先生且在民十六（一九二七）春初到上海时，在一次纪念周上指摘其在巴黎和会时，实由广东（南方政府）出动，而受北政府委派出席之事。演讲传单数百份送在吾家，王适来访，膺白示意我，尽投火炉烧去。后来渐渐向蒋先生介绍，聘为顾问，派至冯玉祥处，此其与冯蒋关系由来。王后因孔祥熙先生在中俄会议时为王会办，与国民政府关系，一时较膺白更深。民十七（一九二八）济案后，他接膺白外交部任，直至"九一八"沈阳事变，学生攻打外交部而辞职。

以下再续民十六（一九二七）膺白给蒋先生的电：

虞戌电敬悉。昨晚大内应坂西召乘轮北行，已以个人意思表示：（1）服从三民（主义），（2）承认宁都，（3）灭孙（传芳）。彼意：（1）当然，（2）可否改为待决于国民会议？（3）奉可免鲁张（宗昌）及孙（传芳）职，然仍要求派全权赴大连。最后兄要求：（1）先下免张（宗昌）孙（传芳）职令，（2）通电服从三民（主义），并主张召集国民会议，（3）在会未决以前，北（京）政府暂停止职务。大内对（1）（2）似极有把握，对（3）稍有难色，特闻，希接洽。又承询仍请百里兄（蒋方震）东行一节，兄无成见。袁良将于文日归，不如俟袁归后，询明东京情形再定，较为妥贴。本日夜车嘱君怡赴宁，面陈一切，盼拨冗接洽为荷。云灰。

蒋先生赴杭经沪，故君怡未成行。

蒋先生对百里先生甚有敬意，膺白代表致意不止一次。当时接洽唐生智方面，除汪翊唐，则希望百里先生，他是唐与汪之师。膺白自己亦甚敬百里先生，在前清末年浙江有两蒋，俱为新军前辈（百器先生尊篦是另一蒋）。张岳军先生在上海市长任，因不曾积极制裁几个人而受到不谅解，其一即百里先生。在一次孙传芳军渡江经政府迅速击走后，上海市场大家看好，忽有人大量抛出公债，数以百万计，不久唐生智反，引起政府注意，抛售者用百里先生的名。这是一件出乎意外的新闻。

以下再录致蒋先生电：

袁良已归，……嘱其本日晚车赴宁报告。……应否介绍袁于展堂梯云，乞酌夺，彼与梯云曾同在国务院（北京）当参议，系旧知，附闻。云删。

邺电悉。汪（翊唐）妹并未北行，业于元晚乘船西行，由兄出信带去，并将前日面谈各节，嘱伊详细转达乃兄，再由乃兄赴郑，将兄函亲递孟潇（唐生智），汪妹在汉候得复后归沪。连日过忙，忘却报告，恕罪恕罪。坂西昨日有电来，致兄与蒋、殷三人者，原电太长另函寄。蒋犹再三来商复电措辞，当遵嘱以冷静处之。云铣。（注：电中"蒋"似为百里先生。）

两漾电悉。汪妹中途遇翊唐，偕返沪，前托兄转唐之件仍未转去，惟彼报告汉情却有可供参考处。已嘱其即日赴宁，由宁乘轮西行递信。冯电已发报，明日当可登载，附闻。云漾。

顷凌冰兄由潼关归，述焕章（冯玉祥）意甚详，特嘱其本日晚车赴宁面陈一切，至乞派人至站招待。郑州之行，即派此公一往亦可，如何乞酌。云元十。

……昨晚嘱致冯电，顷已遵照尊意代拟一稿，由晓东（李鸣钟）发出，原稿将由晓东带宁呈阅。……云元十一。

前日在车中所谈对外派遣代表一事，兹代拟办法。……日派袁良、美派郭泰祺、英派王正廷、法派刘文岛、德派蒋方震，……以商榷态度征求外交部同意，……上列人选尽可自由斟酌，兄所举者不过供参考而已。……云元十二。

日领矢田奉命铣日回国参与会议，芳泽已于元日先返，因海州我军又有掠夺日侨之事，故矢田奉命于回国前一晤南京军政最高当局。并称对鲁日军正拟撤至京津，乃有海州事件，实为残念（日文"残念"乃遗憾）。……明晨一见吾弟及展堂梯云诸兄，……不误后日船期，嘱为转达。云寒申。

……昨致何亚农（澄）兄电曰：顷晤介公云：接焕兄（冯玉祥）电，意在调停，主宁汉同时北伐，彼担保汉方决不掣肘等语。此方复电请焕兄亲往坐镇武汉，则此间方可安心克期北进等语。现介公拟不日赴徐州督师，进取山东，嘱代催百川兄（阎锡山）从速进窥直隶，借竣全功。……云删。

顷接彭凌霄（程万）由太原密函言：京绥、正太两路均已出兵，正太路拟至相当地点暂止，张家口或可不战接防。百川现急盼亚农到，听取吾弟最后办法进行。至冯阎之间颇多猜忌，冯现立于国共间调停地位，……云删。

顷以袁良名义致电小村文曰："顷闻国民政府今后对于日本之方针，将视日本此次对华会议之议决为依据而决定之，故此次日本对华会议，实关今后两国之安危，务请密陈外务当局，实业界同志，充分努力，务于此时造成东亚大局永久和平之基础，无任切盼。"……云沁未。

山梨大将本日傍晚可抵沪，预定明日晚车或后日早车赴宁，兄晤谈后情形当即电闻。近日上海党部对日鼓吹经济绝交甚烈，据一亭（王震）先生言："总商会门口已备有木笼四只，下附轮盘，预备捉拿私进日货者入笼，曳之游行，且已发现一次扯破三井提单之事。"此种行动有五点可虑：（1）硫磺不来，兵工厂必将停工；（2）附税收入，日货居五分三，英货居五分一，其余各国五分一，若实行排日货，附税收入必减少每月六七十万元，影响于前发之公债；（3）西披（共产党）或乘机活动，且事实上已得有此种情报；（4）山梨等来，万一有侮辱情事发生，必惹起重大交涉；（5）上海秩序或引起重大纠纷。此事行政机关未便说话，应密请中央党部设法劝阻，严行制止，并请勿说明由兄报告至要。云沁未。

昨托静芝密呈王、刘二君函，计达览。查王刘皆士官生，旧同盟会人，王（似为王金钰号湘亭）与孙（传芳）为谱兄弟，孙之基本势力在鄂时系继承王而得，故孙部下大半为王旧属。刘号焕南，国民二军岳维峻之参谋长，与岳弟（岳军）在豫时同事，极相得。易次乾君亦在豫时同事团体中之一人，此次王刘派易持函访岳，职是故也。晨晤次乾，谈如下：（1）孙在扬（州）时，曾六电王，及王到扬，正我军进迫江北，王力劝孙退鲁，勿助效坤（张宗昌）；（2）孙现知大势已去，自身翻不转脸，故约王继承其职，刘副之；（3）入手办法：第一步与南军联络确实后，共先灭鲁；第二步与阎（锡山）合作去奉，惟孙要求对奉须先礼后兵；第三步共讨武汉；（4）计议既定，王刘于廿日由北京起程，往商阎，次乾于廿二日由津南来；（5）次乾言：孙直属有枪四万八，郑俊彦九千，周荫人二万六，每枪平均有弹三百五十发。另孙、周、郑三部合计有炮八十门，手提机关枪一千，迫击炮千余，人数约十一万；（6）惟次乾于昨日上午接王、刘由太原归津后来电，系廿八日下午五时发者，文曰"王款祈缓交"五字。王款指王、刘等之函而言，似其中或另有变化，只得再待后信，特达。云陷。

顷接青岛电，知山梨已由青返国，不再来沪，表面谓奉电召，实则因上海抗日风潮而中止，故对日运动，愚意可起风不可下雨，应请中央党部注意活用为妥。又前西北边防会办马福祥、前萧耀南时代焕章驻汉代表段其澍、前张之江秘书孙澐，由津来沪，代表张绍曾欲往冯处说以大义，非始终一贯切实与东南合作不可。查张绍曾为焕章旧长官，又系亲家，与兄交情亦厚。……彼等将于本日晚车赴宁，搭车往开封，过宁能拨冗一见最佳。云沁戌。

谷九峰君（钟秀）旧国民党员，定州人，与鹿钟麟同村。鹿女为孙传芳部下段承泽之胞侄媳，段亦定州人。谷在（北）京时，曾与段等沟通，劝其南附以图自存，现段派其最亲信人来沪访谷。（1）段等基本团体已成，计二师长、六旅长。（2）现驻地点在济南坊子一带。（3）因视南军对待冯绍闵白宝山故事，稍有顾虑。（4）因有鹿段渊源，愿归冯（玉祥）节制。（5）线索接上，即揭旗倒孙，并不另戴卢香亭、王金钰一流人。（6）冯（玉祥）军能进至曹州，彼等即袭许琨、徐源泉之背。（7）秘密符号旗号均已带来，欲与晓东（李鸣钟）面商，只要冯复电到，即可发动。按谷为旧政学系，自民六农长下野后，不问政者已十年，为人忠实老练，并非出卖风云雷雨者比，兄在（北）京时亦知谷鹿关系之密。……谷此次来沪，纯视徐州会议结果，以为国家生路惟此冯蒋澈底合作之一道。……因段承泽愿归焕章节制，恐起误会，来商于兄。兄思鲁方（张宗昌）既大言欺人，济南日兵又狡诈可虑，且北方之事交与北人，亦未始不是办法，如果接洽圆满，减北顾之忧，即所以增西向之力，故允为电商吾弟。如以为可，请即转知晓东星夜来沪面商，仍盼电复。云巧午。

"张敬舆（绍曾）为第一期同学，因有滦州革命历史，故兄在北十年，与彼私交尚厚。此人长处在有骨格，短处在无决断。焕章为敬舆滦州时旧属，兄意若能使……往焕章处说谕种种，必有裨益。……（1）彼对吾弟毅然清党，极为钦佩。（2）奉方知彼与兄及冯之关系，常派暗探监视行动，亦愿南来一游。……兄意冯处有徐谦等包围，终难使人释然，若弟同意——有一电促其南来过宁赴汴，多少可有补助，如何盼复。云巧未。（不久，十七年三月张在津被奉方暗杀而死。）

铣申电悉。现在焕章东行地点及日期尚未确实规定，来电嘱即赴宁，是否先到宁等候？一待晓东电到，即可偕李（石曾）、胡（展堂）、吴（稚晖）、钮（惕生）诸先生同行之意？盼再电示遵行。兄现正筹备一切，如赴宁老候，而会晤地点日期一时不能决定，此间各事又未免耽误。鄙意若时间许可，不如俟确实规定后，再行赴宁直转徐州，转为便捷，如何盼复。云篆。

篆日两电奉悉。准本晚十时抵下关，顷已电一民兄（朱绍良）代备津浦专车，如津浦线不耽误，预计明日午前八时可抵徐（州）。石曾、展堂诸先生，亦已电一民兄代约，届时齐集下关同行，附闻。云巧。

以上篆巧二电，当系蒋、冯在徐州会晤之事，蒋先生连电催膺白前往。膺白似已在筹备组织上海市政府，是民十六年（一九二七）六月间事。

孙发绪君由奉归，述要点如下：（1）认（武）汉为共产政府，唐（生智）为反复小人，宁为国民政府，蒋为热血同学，决不联唐反蒋；（2）不反对三民主义，然非赞同态度，因赞同有投降之嫌；（3）愿先统二不统一，俟国民会议开后，再谋统一之方。此外杂谈甚多，颇可以资参考，应否请孙再来宁面陈，乞电示遵办。又艮初已于本晨乘大连丸北返，前嘱电邀（李）徵五来沪，已托艮初转达。云敬未。

孙发绪是民国初年一位很具政绩的地方官，似在山西。这次到奉天所见何人，我不知，据电文口气，并称蒋先生为同学，当是杨麟阁（宇霆）。杨在张作霖时为最有力的新派，民十三（一九二四）冯玉祥在京郊天泰山时，他曾为张代表，到山相访，膺白亦在山见着。李徵五是早年安抚张宗昌者，张以为恩人。

我先解说以上诸电中，来与膺白接洽或派出去接洽的人。对日本，是北伐最顾虑其作梗之一方，到中国或在中国之日本军政人员，比较重要者，都会见他自己。这个时期在日本，亦正是"死硬军人"和"较温和外交派"分歧尖锐化开始。自日本要求廿一条以后，膺白对其军人一派极少往来。这次第一个派的袁良，袁在北方甚久，在袁世凯段祺瑞时代任国务院参议和农事试验场长等职，不是安福系，而安福系时借款的对手日本实业界，他多认识，与实业界有关的人亦然。这时日本当局的田中义一是一热衷冒险死硬军人，膺白不与相识。袁良不甚细心，但对国家是忠实的，对日亦熟。中国还有对内关系，派出去的人，倘不识大体而有二心，是危险的。这时岳军先生任上海兵工厂长，不能出去。出去，反对者会疑与军火有关系，除与蒋先生同去日本一次，他亦避之若浼的。对日是中国一个极大难题，中国人敌视日本，其咎在日本，中国人鄙视日本，则中国人亦有错。对日实系极重要不可避的事，但此时只先求寡过。

在国内与各方接洽之人，电中所言孙发绪、谷钟秀、易次乾、彭程万等都属正人，此时都非出卖风云雷雨之人。其事亦皆拉拢使国家早致统一。李晓东（鸣钟）是冯玉祥部资格最老者之一。何亚农（澄）是山西人，与阎锡山同学，此时代表在晋。

今再从以上诸电总括当时局势：

（1）民十六（一九二七），国民革命军过长江以后的北伐，要走津浦线。其原因为南京已成立国民政府，而原在武汉的政府不取消亦不合作。武汉在共产党与国民党左派势力下。（2）津浦线面临之敌人为孙传芳和张宗昌。（3）最可虑者为日本出兵山东，我方以他为侵我主权，彼方借口保护侨民。这些在山东日侨的事业，是民国以后两个政府——民元（一九一二）至民七（一九一八），袁世凯与段祺瑞——接受日本"廿一条"要求，经过华盛顿会议议决，由中日间开"鲁案"会商后，有的收回，有的以价收回，有的分期收回，留着的残余。中国虽然有租界，但租界外之内地，除教会，不许外人杂居。虽然一次一次的国耻条约，许外国在几处地方有驻兵权，但山东不在内。自第一次世界大战，日本借口攻取德国人在山东的势力，而派军队到山东龙口登陆。不争气的中国人，埋头内战，而坐视不动手，不开口。山东这块肉，日本尝过滋味而吐出，心中不甘。惟民十六（一九二七），日本虽已是田中义一当政，还有其温和派可插嘴，至民十七（一九二八），则死硬军人愈加抬头，此即济案，另章再详。上电中所提日方派至山东之岩松，不属后来的法西斯。"九一八"以后，则全是法西斯的世界，膺白为其对手，焦头烂额，以后再详。（4）其时国民革命军已不惜与北军各方面谋妥协，其目的为早致全国统一。其理由在于革命军内部已在分歧，其时武汉方面亦在与各方拉拢，蒋先生能用之兵亦不一致，政府更少人负责，一切责任在蒋先生身上。（5）这时，举足轻重其间的一个人为冯玉祥，宁汉两方都在争取他，汉方更有人包围他。冯军驻区在扼京汉、陇海两大干线的河南，进可以控制津浦线。他的个性很可能与武汉接近，冯若偏向武汉，南京即难以北伐。冯向南京，则武汉立不住。此形势武汉知之，南京知之，膺白亦知之。膺白与冯有民国十三年（一九二四）国民军历史，前首都革命诸章会述及。许多人批评冯很"伪"

很"易变"，膺白觉他对国家观念不薄，移风易俗之志甚切，做得过火，然艰苦从行伍出身，如他者不多。上面蒋先生连电催膺白，为与冯之会晤，要膺白参加。其他诸老同志，及南京政府和党的重要人，与冯关系都不深。

以下是徐州之会，冯玉祥表示态度的马日通电，系膺白的稿，膺白所写铅笔墨笔两稿俱尚在。如果天眷中国北伐完成，不再有内战而上建设之途，这份电稿当有极大历史价值。读者试看马电内容，最重要之点：是要苏联顾问鲍罗廷速离中国，和拉开当时反复无常之唐生智军队。参考前面几个与蒋先生往来电报，膺白是被邀必须参加会谈的人，他起的稿是代表南京政府意见的。马电草稿，我还有一份铅笔写的不在手边，当以公布者为准。

冯玉祥马电原文：

武昌汪精卫（兆铭）、谭组庵（延闿）、孙哲生（科）、唐孟潇（生智）、徐季龙（谦）、顾孟馀（兆熊）诸先生并转诸同志勋鉴：前在郑州诸兄所谈武汉情形：店员胁迫店主，职工胁迫厂主，佃户胁迫地主，甚至利用打倒土豪劣绅之标语，"压迫"出征军人之家庭，前方苦战奋斗之将士，力不足以保护其在乡之父兄。彼等阳冒国民革命之名，阴布全国恐慌之毒。他如别有用心之不良分子，挽入地方党部，擅行威权，杀人越货，中央党部屡加制止，竟敢充耳不闻，以致社会根本摇动，四民无一安宁。为今之计，鲍（罗廷）顾问已经解职，亟宜设法使鲍归国；在武汉之国民政府委员，除一部分可以出洋暂行休息者外，余均可合而为一到宁供职等语。抵徐（州）后，已尽情与宁来诸同志一一披陈，而宁方同志闻之无不悲喜交集，感慨无量。现在双方处境之苦，业已完全了解，值此风雨飘摇之际，千钧一发之秋，既异地而同心，应通力而合作。敢请诸兄速决大计，早日实行。俾国民革命于短期间内得竣全功，救吾民于水深火热之中，完吾党三民五权之业。国家安危，在此一决。迫切陈词，亟盼明教。

弟冯玉祥叩马。

下面是膺白致冯玉祥的两电：

郑州总部转冯总司令勋鉴：济密巧电奉悉。近日内外情势均有变化，为"我"军计，无论如何第一步须先解晋危，必先打通石家庄，方足以言攻守。此间情形，儒堂兄留沪日久，均尽情谈过。日本方针，伯援兄（马伯援，东京青年会干事）又新自日归，知之綦详。二兄不日赴豫，乞详询之。临电神驰，不尽缕缕。弟黄郛叩感。

开封冯总司令焕章兄勋鉴：济密徐州把晤，时短事多，蕴蓄年余，未得尽吐，匆匆握别，若有所失。正在驰念，忽奉养电，欣悉旌麾西指，安抵汴垣，此后如有所需，务望随时电示，能力所及，无不尽量效命。所望异地同心，一如曩昔，更盼东西提挈，借竣全功，临电无任翘企之至。弟黄郛叩艳。

膺白下笔若自其口出，感电改"尊"字为"我"字（原函草稿），甚见其细心，不使冯感觉见外。

下面是膺白发到山西的另一电，山西还在对奉张虚与委蛇之际。参看上面致冯感电，欲其先解晋危，可知他对山西之关切。

太原何亚农兄：删电计达，久不得复，深为系念。此次冯蒋在徐州相见后，所有发表文电均见报端，想已鉴及。本欲电商百川兄（阎锡山）共决大计，以时间局促，并恐此后难于应付奉方而止。弟总察时局，务使武汉不得借陕甘以通俄，为第一要着，此次在徐（州）并全力以促成之。幸冯认题尚真，态度亦颇明白，不得不谓为国家之福。今后冯军进展，非南下汉，即东出鲁，故（北）京（天）津一路，惟仗百川兄从速努力前进，以期早日大成。诸希转达，无任盼祷。弟郛勘。

这个勘电是我的稿子，"使武汉不得借陕甘以通俄"一段是膺白所加，为全电最重要的一句。

一九　对党和政的不同意见

膺白没有进党，在民国元年（一九一二）是自然的。辛亥以前他参加革命为同盟会会员。民国成立，以同盟会为基本成员而组织国民党，行两党对峙式的议会政治。凡同盟会会员实际都自以为是国民党党员。惟当时以军人不宜干政，故军人不入党，虽不入党，他们的精神和行动，都向着跟着国民党的。膺白是军人如此，与他同样的还有不少。那时，国民党、革命党、民党在一般人看来有同样意义。

癸丑（一九一三）二次革命失败后，国民党改组，参加者除宣誓还盖手印。有些人不赞成如此，未去参加，膺白亦然。他重法甚于人，重自由意志甚于服从领导。他的朋友在他身后论他：从此常持独立见解，革命方式与前不同，亦不朝三暮四，忽友忽敌。膺白没有入国民党，然亦从不属任何其他的党或派或系。

国民党经过十年的困苦艰难，在国内国外俱不顺手。在国内有军阀的敌人，亦有军阀的同伴。在国外，日本不愿中国之成功，欧美亦报中山先生以淡漠。而这时四出招徕者有苏联，中山先生遂采取了联俄容共政策，国民党再改组，近于苏联方式。

我至今不解，民国十三年（一九二四）左右何以中山先生会联络一向压迫南方革命党的奉张、皖段？又何以北方的国民军在酝酿时不早点告诉南方？南北相呼，彼此都加声势，不必落军阀之手，而对国际亦不必一面倒去！在膺白方面我所知道的，他埋头酝酿，而力不在手，事无把握。

在北方，我们不敢提容共之事。我个人只有两次经验：一次在北京，不知如何同我妹妹性仁，提到我们住屋的房地契，她说：这些都将无用了。她的屋是举债而得，夫妇二人积年卖稿偿债，成功比我的更辛苦。她言下甚为沉重。又说：现在还可能，多吃点鸡吧，将来没有得吃。她的身体比我坏，需要营养，有此感觉。我的说法不同，预料要苦，在不苦时先练习起来。这是仅有的一次我们姊妹间为未来生活而讨论到的话。又一次在天津，膺白已南归，我亦将动身，膺白来信有给张敬舆先生的一页，叫我面交，信内的话很简单，大意有两点：一、"洪水"有挽救可能，二、希望他在北方亦努力，使国家早统一。敬舆先生看信后，当我面，照膺白嘱，将信焚去。

民国十五年（一九二六）冬膺白南归后，蒋先生几次叫他入党，膺白不愿。蒋先生是十分好意，在国民政府下从政，必须是个国民党员。要发言有力，必须是个中央执行委员或监察委员，中执、中监都由党的全国代表大会选出。又国民政府以中央政治会议为最高行政决策机关，而中央政治会议系由中央执行委员所组成。不是党员则不能参与这些事。又膺白屡次言"法"和"制"和"党的组织"，他的意思：国家要立"大法"，政府要有合理的"制度"，党要有合理的"组织"。这些亦须是党员才有资格建议。

民国十六年（一九二七）春，我们从南昌到九江，正要坐船到上海，其时膺白离开蒋先生还不过一二天，忽然杨虎（啸天）匆匆赶到，面交一封蒋先生的信，信内别无他事，只是膺白的入党志愿书，上面介绍人张静江先生和蒋先生自己都已签了名，只待膺白自签。膺白没有签名，原件由杨带回。蒋先生初到上海，一日在亚尔培路我们家里，谈到政治，又谈到英士先生，叹息着说：如果英士先生不死，可以办党，蒋先生自己专心军事，而由膺白办政，可以合作分工。然英士先生究竟已死，而膺白始终只愿做一客卿，无意参预党的政治。那日何以有这段谈话我不如道，我因参加送客，在他们很闲散的神气中，听着上述几句。其时亦正是汪精卫、宋子文二先生一同到吾家来，他们二位以前没有到过吾家，以后亦未再到这所房子，匆遽进来是寻蒋先生的。我不大了解宁汉与左右派争执的真点，尤其人事上忽左忽右的变化经过。大概这是在汪与陈独秀共同宣言之际，只记得第二日报上登出蒋先生声明与汪合作之事。亦记得膺白看了报，觉得那日他和蒋先生谈话不是如此，颇惋惜这变化。当时汪从苏联归，宋从武汉来，都尚称为左派的。

民国十七八年之际，有一次报载河北省党部指导委员中有膺白名字，当时不解原委。后来闻知几位老同志以为膺白当然是党员，如此不必再经过入党手续。蒋先生如此容忍一个倔强的朋友，老同志如此要为他开方便之门，而膺白终不动心者，不是矫情。

膺白对当时党的组织、政治作风、政治制度，均有异议。这些异议他大概都对蒋先生陈述过。在北伐告成之后，他觉得蒋先生已经是全国数万万人共戴的领袖，不必以党自外于国民。在党有左右及地区派系之别，而在国只要为国家人民做事，可心无二用。他曾列举一个领袖的成功，国民要多少负担，民国以后袁世凯用国家多少钱，段祺瑞用国家多少钱，他当时说的数目好像是四五万万元。袁、段二人都错过了机会，没有导国家上建设之路。他劝蒋先生快准备对国民的成绩。他说之再三。依我印象，蒋先生对这类话都很倾听，不然膺白不会说而再三。蒋先生是继承中山先生的人，对中山先生有知己之感，革命党中尚有元老很多，他必须站在现有党的立场。膺白则以为清党而不改其组织，则有其短处而无其长处，失去可得之人心，错过机会是可惜的。

膺白对于国民政府下政治制度之异议：一为委员制，一为头重脚轻现象。委员制人多而不负责，结果不是被不负责任者误事，即是成就负责任者之独断，事无大小集中一人，多半是由此制度而养成的。中央政府及省政府组织复杂庞大，亲民之官——县长——愈无力亦无能。膺白主张"多级总揽制"，分层分职，而负全权全责。看后章他自拟的上海特别市组织章制，与他和国联政制专家晏纳克先生的谈话（见《感忆录》沈觐宜先生文）可以知之。早在国民政府建都南京之初，他和蒋先生讨论过改革制度如下电：

前在镇江所谈"改革制度"建议案，急需执行委员会及政治会议迭次议事录全部为参考，可否饬检一份寄沪？如系秘件，请借用数星期，即可归还也。云阳二。

电稿无月日，我记得膺白到镇江是民十六（一九二七）春夏之际，穿夹衫而去，单哗叽衫而归。他一件灰色哗叽单长衫，我不小心交洗衣作去洗，缩得甚短，未曾觉察，放在小箱内。回沪时我见他穿着不成样子的长衫，几乎失笑，他告诉我在镇江还穿着游行。他说：没有知道蒋先生有许多本家在镇江业商，这次欢迎蒋先生，蒋先生一路步行，推膺白前走，观者不知这样一个不伦不类的是何人。电中所谈当即是那时的事，后来不知有何结果。仅自上海特别市起，有非委员制之地方政府。膺白建议过省与县之间恢复府制，则后来之行政督察专员有其义而不尽同。

下面是膺白对国民党改组的建议鳞爪，见于日记：

十八年一月十二日　陈果夫君来谈党之组织，拟为三月间开代表大会之备，予仍以去秋所说各节为主张，即纵面改组取二级制，横面改组取分类专门委员会制，庶几地方之流弊少，而党员分类归队，则知识可以提高，团结可以巩固。

二十年三月三十日　徐佛苏君来函论时局，最后有三断案："（一）不反对党治，但欲以党治国，必先以才治党；（二）现制度凌乱错杂，当局无论如何奋发，决无成效；（三）不先谋经济建设，决不足以剿灭'共匪'。此断案如不决心改革，恐多则三年，少则二年，社会各方面必有群起决算之一日。"全函约三千言，均期望成功甚切者也。予故作函复之，内有"名言高论，无任敬佩，而尤以最后所列三断案，对于时局全般之观察，完全与弟相同。年来每与当局晤，必言及此，且言必尽量，言不一次。惟因缘——历史关系、环境关系——既由渐而成，亦必由渐而化，局内人之应付，当不如局外人进言之易，个中苦情，吾辈当深谅之也"等语。

日记里亦有蒋先生派陈布雷先生来谈宪法之事。膺白所为蒋先生代拟改组党部提案如下：

为请改善党部组织，借以顺应大势巩固党基案：

办法一：纵的方面拟改为中央党部及地方党部两级制（地方党部指各省党部，各特别市党部而言），但因特殊历史关系，得设特种地方党部，如海外党部是。

理由及说明：查世界各国政党组织，除俄美外大都采两级制。苏联之政治主张与吾国情势扞格，不能采用，姑勿具论。若言美国：（一）因非一党专政，各政党各须运用其在乡党部之势力，竞选候补总统之直接选举，故有采用多级制之必要；（二）因产业发达，教育普及，下级党部之组织又极简单，故耗费极少，人才易得，有采用多级制之可能。今吾国以一党治国，县市以下各级党部在竞争选举上之作用，不若美国各政党之殷切，即将来推行宪政后，似亦未能采取美制，由人民直接选举候补总统。而依农村衰败之现状观之，兴复地方事业尚非指顾可期，不特才能卓异之党员，无法使之屈居于乡野，即具一能一技识力比较充备，德行稍可称道者，亦往往为都市所吸收，以是乡区间所可容留之党委，自难望其尽为优秀之人才。驯至青年学子，才识未充，即抛弃其求学之光阴，滥竽其间，坐误岁月。谨愿者莫展一筹，同于冗吏之虚设，狡黠者不守分际，横召民众之怨尤。及时改善，实属要图。矧今训政结束，宪政开始，已有定期，吾党政策应力减公帑之资助，渐进于自给之一途。坐是诸因，各省党部各特别市党部以次之各下级党部，实已无永久存留之必要，亦似不必耗此竭蹶维持之物力。至所遗各下级党部之指挥联络监察事宜，可改由该管省党部或特别市党部派出委员或秘书干事巡回办理，以免偏废。或疑下级党部一经停止，将失本党在乡之实力，予反动者以活跃之机会，殊不知党治下之县市地方政府，自有其制压反动之天职，而在乡党员之报告，省市党委之巡查，均足以助政府之不足，彰显著之功能，固无庸作鳃鳃之虑也。

办法二：横的方面，拟于执行委员会之下，视事实需要，酌设各种专门委员会，为各项问题研究设计之枢机（如外交委员会、经济委员会等）。另设总务部，以总管党部各项事务，并得分处办理秘书、组织、宣传、编纂、财务、庶务等工作。

理由及说明：本党既为吾国惟一重要之政党，其对于国家所负政治隆替之责任，异常重大。全体党员自不能不于各项政治问题，有相当之训练，具真切之体认，实为从事政治工作者必须具备之基础条件。因此党部组织，自应注意于此，细察现制似尚无此项基本组织。偶有待决要案，辄由少数负责之高级委员开会商决，或更临时延致专家仓卒研讨，多数党员于实际政治上殊少研究之机会。纵于政治会议设有分组，但一人兼任二组以上者不在少数，且其分配标准亦未必依据学识经验。素习技术者或令预闻外交，专精财政者或令侈谈教育。一堂聚讼，于案情始末，事态趋向，难免有不尽洞明之处，致扼要中肯之谠言，每为似是而非之议论所掩，未由贯澈。欲求以正确敏活之手腕，迅赴事机，殆不可能。上述改组办法，乃系将本党党员各就其学识经验，并择其效力较大兴味较深者，分别各加入一个专门委员会。自经选定之后，无论服何公务，营何事业，其对党无可诿卸之职责，即为调查、研究、设计该委员会主管之各项问题。求知攻错，趋于一的，终身以之，不轻旁骛。诚以如此组织，每一专门委员会内均可以养成多数专家，遇事本其学识经验，从容不迫，相互为确切之讨论与判断，以资应付。肤浅之争既无发生之可能，纷纭之见亦必易趋于一致。如是分工合作，劳逸可均，丛脞可免。久而久之，党部本身，将因各种委员会对于主管问题体认之真切，益坚其信赖。同时各专门委员会又懔懔于党付托之专，职责之重，各奋忠忱，敬恭其事。整个党部之主张及设施，必渐见其完整而有力，利溥效宏，其有裨于国家盖非浅鲜。至总务部之职掌，纯为处理党内日常应行实施之事务，如秘书、组织、宣传、编纂、财务、庶务等工作是（如有特种地方党部之设置，应于总务部下增设特种党务处以管辖之）。惟关于宣传及主张事项，应依据各种专门委员会所提供之意见及材料，暨其提经执行委员会议决交办之方案行之。至其分处办法，应视实际需要而定。

上举纵横两方面改善办法，系为巩固党基，使组织更臻完密训练易著功能起见，先为原则上之建议。至将来实施之时，在纵的方面，应否于各省各特别市以下党部停止之后，每县设书记官一员，使任传达及联络之责；在横的方面，应否于各种专门委员会设置之名额，加入之资格，酌予规定；并应否遴选学问渊博经验宏富之人，任各种专门问题领导研究之责，拟请大会于通过原则后，发交中央执行委员会常务委员详拟实施细则，分别施行。是否有当，敬候公决。

这个代拟的提案，听说后来交给了陈果夫先生。

民国十九年（一九三〇）阎冯之战，是中国内战中最伤元气的一次。有人归过于这场战事，以为如果无此战，政府用不着请东北军入关，而后来日本侵略我东北，中国亦还拿得出几支可战的军队以御外侮。当双方苦战胜负难决之际，有人到莫干山要膺白下山调停，他痛苦得说不出，内战是他最反对的事，而这次两面都是他共过患难的朋友，看上章《南归》徐州之会，和他亲笔的马电、艳电、感电，他虽不是舌战群儒的诸葛，亦堪比惟愿玉成的鲁肃。事仅两年，战事又起，他无能为力，没有下山。战事了后，有人拟庆祝凯旋，膺白电政府直言不可，传说中双十节举行的凯旋式并未实行。蒋先生在国府纪念周且说："此种重大之牺牲，无论为敌为友。总是中华民国的国民"之沉痛语。

几个朋友为预防将来及祈求长久和平之计，有所商量建议，下面摘节膺白的日记：

十九年十月七日　李石曾兄到，乃继续昨晨所谈各节，复为具体之讨论，予允待蒋先生返宁，赴宁访问一次，石曾并同意我所提各点：（一）蒋先生兼全国剿匪总司令，汉卿（张学良）副之，欲变换方向，引导至有用之地也；（二）党部按照民十六予所提纵面横面两层改组法，切实断然改组；（三）为中央与地方之切实合作起见，予供献"参政院"办法；（四）为政府与人民之切实谅解起见，予以为可用"最高经济会议"机关解决之。果如是，则党政军三者均有相当之改良办法，或可渐引政治入轨，而保持较长岁月之和平。

十九年十月八日　李石曾、张公权二君先后到，共午餐，并商决：由予起草对时局改良党、政、军三项办法。又决议由公权担任调查内战间接损失，由予担任转托湛侯调查直接损失，拟编一册《内战之所得》，广为分送，为大大的和平运动，期以半年内完成。

这次膺白由莫干山回沪，系由石曾先生之电促。石曾先生是中央执行委员，他要膺白同往南京，以为膺白可向蒋先生说话。膺白拟行而终未行，建议稿交给石曾先生带去。

公权先生甫自海外归国，他看了世界情形，对本国有不少感触。在欧洲时，他有信给膺白历述所感想，及梦中与膺白剧烈讨论政治情形，他所看到是属于财政金融经济方面的事。从外国回来，对本国特别焦急而热心的人很多。可惜中国的政治和社会是一磨人洪炉，渐渐的大事化小，小事化无，终至壮气萧然而止。他们预拟的小册子一直无暇着手，不到一年，东北的外患就逼上来了。膺白在拟议的一个月中，作了一篇《祈祷和平》之文，因次日为第一次世界大战停战纪念，这篇文章交由石曾、公权二先生送登上海《申报》《新闻报》《时报》《民国日报》《时事新报》，同日登出，是从来稀有之事，可见当时一般人厌恶内战的心理，拥护这个主张。

艺员程砚秋正上演一个剧本，以"苛政猛于虎"故事为背景，初名"荒山泪"，一时亦改称"祈祷和平"。

以下节录膺白《祈祷和平》之文，原文见十九（一九三〇）、十一、十，上海各大报。

……本年国内战起，战线之长，在近代世界战史上，除欧战外无可与匹。战争之烈，在国内战史上亦少其例，双方死伤总数达三十万人之巨，而战地人民之伤亡流离者，当什百倍于斯。铁路交通一项，据专家估计，谓合营业损失与车辆车轨之破坏损失，当在六七千万元之谱。农产品中之烟叶一项，谓豫鲁皖三省，当烟叶收割之期，正战事剧烈之日，其损失当在二千万元至三千万元之间。其他津浦沿线之中兴煤矿，与平汉沿线之六河沟煤矿，均因军运频烦，无车运货者几半年。……呜呼，吾国自前清末造以还，外受甲午庚子两役割地赔款之巨创，内受二十余年或间或续之内战影响，举凡国家财政，社会经济，两俱枯竭。国力之疲，已如风前之烛，其犹赖以不灭者，实因不得已而放下一切进展政策，过极消极的苟延残喘生活。明知产业落后而无力开发，明知教育落后而无力普及，明知水陆交通不备而无力振兴，如斯而已矣！为问尚能经此巨大之牺牲耶？

若举此次因战事而死伤流亡之数百万兵民以充建设事业之工役，因战事而直接间接损失之数十万万财力，以充建设事业之经费，吾敢断言总理二十万英里之铁路计划，南北两大港之工程计划，至少已实现过半。言念及此，不能不痛心疾首于轻言启衅，任意挑拨者之无良。今幸军事告终，重告统一，国人经此极度之创痛，切望朝野共同觉悟，务保持全国之统一，以求得长久之和平。……

膺白十九（一九三〇）、十、七日记所言党政军三者改良办法，除上面已录其对党改组方案外，兹录其对政治军事办法草稿如下：

政治

（甲）中央与地方　扩充国民政府委员名额，除中央各部院最高长官为当然委员外，各省区主席得特保一人为委员。国民政府会议分大会常会两种：常会每周一次，限于各部会长官，得就各项专门问题从容讨论；大会每月一次，连各省特保委员全部出席，以便一切大政尽情公开，并求得中央与地方之切实谅解。

（乙）政府与人民　训政时期，国会未立，政府与人民之间，无一可以沟通声气之机关。似应特设一机关，由政府认为合理之组织团体，农工商学各界，各选代表，与中央党政两方所派人员，共同组织。举凡国政中最荦荦大者，如外交案件之解决，财政出纳之实情，经济建设之计划等项，悉使有共同讨论共同参与之机会。

军事

（甲）军费问题　前次召集编遣会议，拟实行节省军费，不料枝节横生，演成今次（阎冯）大战，虽原因众多，而编遣之不能急切施行，亦一明证。惟今日军费二十倍于政费，不能不设法核减。窃以此次大规模之持久战后，死伤逃亡为数必巨。政府对国家对国民之良心责任，似应速下严令，各师缺额暂不准补，然后由中央派员点验，实额实饷，所有师旅待遇及名称不妨仍旧，以安军心。如此则枝节不生，而军费最少当可减三分之一。

（乙）军纪问题　在长时期之极度紧张以后，一旦忽告和平，军纪必然弛懈，不知中国今日，同袍应尽之义务正多正急，现在杀人放火，掳人掠城之事，无地不有，无日不有，故剿匪问题已成为全国上下无南无北之共同切望。似应由中华民国海陆空军总司令兼全国剿匪总司令，中华民国海陆空军副司令兼全国剿匪副司令，划分区域，命各路总指挥分任一区，限期肃清。肃清后再有匪患，则各该区内之最高指挥者科以实际之责任。盖今日各地之土匪，既非一县长所能防，亦非一省主席所能了。全国标榜建设已二年余，而向建设方向开步走之第一步，即为此匪患所阻。同时内政设施亦宜相辅而行，所有农工运动、租税征收等等，勿操之过切而为渊

驱鱼，亦属切要之图。如此，军事动作之方向，一转移间，不独国家蒙其庥，而民心之归附必如水之就下。（十九年双十节草）

阎冯战后，各方粉饰太平，除文章系登报公开，其他建议无甚反应。

日本关东军在民国二十年（一九三一）九月十八日占领我沈阳，举国震惊而又束手无策，后面我还有专记之文。这时在上海的日本人，亦在积极酝酿扰事。膺白闻蒋先生有辞职之讯，平常他对蒋先生从不劝进，他自己更是一向难进而易退。这次国难当头，出乎意料之外，他写了一封极长的信劝蒋先生不可辞职。他建议：取消训政而早行宪政，与全国人共负对外之责，函曰：

东省事发，举国震惊。两月以来，苦心焦虑，冀得一策，以纾国难，而减弟忧。乃内审国情，外察国际，战固不能，和又不可，亦只有外赖国际之制裁，内图国家之统一，然后徐觅出路，以图补救之一途。默察中央步骤，正复相同，故遂无言以贯左右。顾旬日以来，时闻人言弟将以一去示为国之公忠，而促成内政外交之解决。初以弟素负责任，未敢轻信，然今则某主国府，某长行政，一切皆已内定，只待发表时机，果尔则兄不能无言矣。窃谓今日之局势，非弟一人去留问题，实全党能否打开难局之问题也，全党而能打开难局，弟不去亦未始绝对无办法，全党而不能打开难局，弟去何益？露骨言之，弟去而日本能立刻无条件撤兵，东北完全无恙，则弟决然而去可也。弟去而日本之军事行动如故，要求条件如故，则不能允许于代表国民党之弟者，谓可允许于代表国民党之继代人乎？此一而二，二而一者也。若曰丧失权利之交涉，宁可成于他人，不忍成于弟手，则后来之成此交涉者为弟之代理人乎？责任固仍在弟也；为与弟无关之继任人乎？则责任仍在全党也。故外交之困难未必因弟之去而稍纾，而国内之困难势将因弟之去而加甚，此不可不深思熟虑者也。兄建此言，非谓今日之难局仍可泰然处之，亦非谓结束东省事件之约，可泰然由弟亲订之，惟为弟谋，为国家谋，觉尚有胜于去之一途耳。其道安在？则惟有以解决外交之责任，不以一党负之，而与全国国民共负之是也！以兄观察，今国民之不顾国力，漫然以收回失地责弟而主一战者，或由于血气冲动，或由于局外不明实际，或另有作用而故为高调者。是故在党的政府之下而言解决外交，计惟有战，战则举国家为一掷之孤注。然不战则外交之终局势必出于让步，让步则国民之责难纷起，反动乘之，内乱将更甚矣。故于此中觅一比较安全之路，惟有令党外之国民共同负责。然此非可以望于一时之国民会议或国难会议，以一时之会议，国民必不顾代政府分谤也。诚欲令国民共同负责，计惟有稍稍举宪政时期之权利畀诸国民耳。夫训政之必入宪政，仅为时间问题，揆之中山先生建国初心，亦未尝不欲早成宪政，故于《建国大纲》第廿二条有"由立法院议订宪法草案"之规定。以今国民之不满于党治，乃至党内之无限纠纷，即无国难，犹宜早日开始宪政，况国难当头，欲实现举国一致之时乎？然完全脱去训政以入宪政，或虑过早，则有折中之法焉，事在以训政与宪政参酌行之。其道宜由立法院议订宪法草案，或称临时宪法，规定民选国会为下议院，而以今之中央党部为上议院，并规定元首对宣战媾和之大权，应得上下两院之翊赞，而审核预算决算之权，则举而专畀诸下院。同时除国民党外允许组党自由，俾国民得借以练习中山先生之《民权初步》。如此，则弟可以不必去，即去亦可为中国之华盛顿，且可收大效如下：

（一）由军政而训政而宪政，由弟一手贯澈完成。

（二）举国民对党之嫌怨与党内之纠纷，一扫而空。

（三）对目前外交问题，民选国会既与中央党部共同负责，则和战之责，国民自然与党共负之。

（四）下院有审核及通过预决算之权，全国必真切有效的拥护政府。

（五）因组党之自由，不特党外人才有机发表政见为公开之讨论，即党内人员亦感于网罗人才之必要，而党务可不致腐化。

解决外交，匡济国难，兄穷思累日，以为计无逾此。或虑议订宪法草案与民选议会需时过多，非可应急，则亦似是而非之论也。今日本态度顽强，国内民气激昂，国联方有调查委员团之派遣，距解决之时尚早，而按照德国在欧战后建国之先例，则其临时宪法，仅仅以十五日时间由起草而议决采用。今由立法院议订草案，尚可急就，由此以召集国会，以最大之速率行之，当亦不出两三月。国会成立之日，国民将欢欣鼓舞，庆得民权，以稍慰其在外交上所受压迫之苦，而中央党部仍居于控制地位，与训政之精神毫不相背。弟且将为全国国民信赖之领袖，较之飘然一去，得失悬殊。一国安危大计所关，兄不忍再事缄默，尚祈斟酌采纳；如大计既定，对于入手办法有所垂询，兄仍当续为研究，借供参考，临颖仰望，不尽欲言。两知。二十、十二、四。

得蒋先生复书如下：

二兄大鉴：手示敬悉，是否能见诸实施，尚待考虑，而弟之去留问题，决不轻易断行，要以党国之利益为定也。余托乙藜兄转达不赘。顺颂近安。弟中正手上。（十二月五日）

膺白在十二月六日的日记曰：

六日早餐后乙藜由宁来，带到蒋先生手书，对昨陈大计谓能否实施，尚待考虑。而另一问题，乃将去春之旧话重提，要我出而长苏，予觉非其时非其地，以缓词复之。又熊天翼君亦奉命由宁来，与我及岳军商量外交方针，谈三小时未能决，约晚间再谈。午后三时半至总商会演讲《努力之方向》，五时归寓，七时天翼岳军再来，商定大体方法，由天翼专差赴宁报告，十时散。

在这次日上海学生欲赴南京请愿，北站夜车被学生所阻，未能开出。又次日天翼、岳军二位来，出示蒋先生函电各一件。又次日，学生三千人包围上海市政府一日夜，在市政府开"民众法庭"，李烈钧入团调解未成，膺白与君怡偕往市政府，在门外鹄立一小时未得入。学生退后，岳军先生细述此案经过内容，膺白以为可叹可悲，起因由南京来，出自好弄小巧几惹大祸之辈。这月十五日各地学生在南京打毁外交部、中央党部，击伤劝解之蔡孑民先生和陈真如。膂白曾告何敬之先生上述四日致蒋先生之长函，并以为此法尚可救济目前难局之一部分，请其返宁再询蒋先生，并言：如蒋先生已下野，不便有所主张，则膂白愿以国民地位发表之。这些均散见于其日记。

膂白对政治说得最多的有两点：（一）国事应由全国人共议共定之，民十三（一九二四）他所手草之国民军通电即如此主张；（二）国家须有一定之法。"不有一之，国无宁日，一之之道，法而已矣。管子曰：'上以公正论，以法制断，故任天下而不重也。'读世界亡国季史无不起因于法纪之败坏。"（见民七〔一九一八〕所作《中国之将来》）。在民十八（一九二九）、一、廿一的日记里言："晤宋子文先生，请其转达蒋先生，在三次代表大会中，规定几条'法源'，使政府得依法产生，一可以安人心，二可以绝恶例，盖政府能有一定之'时间性'，则万事始可着手，且以民元先制约法为例。"

这极起码之步骤，而当时均难做到。膂白对党和政的不同意见在此，我完全了解他的意见的。

下面两段民国八年（一九一九）膂白在天津学界俱乐部的讲稿，关于第一次世界大战战败的德、奥二国收拾难局情形，说得很详。大概是他最憧憬的政策和开国人物风度。不嫌陈腐，节录如下：

去年十月，德国战败消息传播国内，一时人心慌恐，秩序动摇。在基尔城之海军，受劳兵会之鼓惑，于十一月三日首先谋叛，柏林汉堡同时响应，德皇威廉第二出奔荷兰，联邦君主亦相继逊位。内忧外患交迫俱来，四面楚歌，已陷于无政府地位。社会民主党之爱倍尔①氏应运而出，经众举为临时行政首领，惟时南部巴威、瓦敦堡、巴敦②三省，纷纷独立，北

① 现通译为艾伯特，指德国社会民主党领袖、魏玛共和国第一任总统弗里德里希·艾伯特。
② 现通译为巴伐利亚、符腾堡、巴登。

部劳兵气焰，又异常猖獗。爱倍尔氏默察全国情势，以为欲收拾此难局，第一须得列强同情，第二须潜移劳兵之势力，第三须维系南部之人心。此三项内以第二项为最难，亦最要。盖欧洲各国方畏过激主义如虎，若赞成劳兵，势必招列强干涉，反对劳兵，则彼之政治地位立刻推翻，而国家要无法维持。十一月二十五日爱倍尔氏乃召集各联邦代表，开协议会于柏林，力述内外情势之逼迫，全国统一之必要，结果遂得议决三条：（一）各代表立誓，嗣后必倾注全力，反对分裂；（二）速开国民会议，取决政体，且须在柏林以外地点行之；（三）国民会议未召集前，人民意志暂由劳兵会代之。总观三条，第一条足以打消南部独立，第二条可以避去劳兵干涉，第三条可以暂安劳兵之心，不使其立生反动。从此局势渐定，彼乃决定召集国民会议于巴威、瓦敦堡间之韦玛①。韦玛为德国文化发祥之地，历代硕彦大半产此，其因习与柏林之醉心物质文明及铁血主义者，绝对不同。一则对外可表示新政府已采取文治政策，而弃曩时之武力政策；二则全国代表集此，使之追念前哲，以激发其爱国心，巩固其团结力；三则可使独立气势最盛之巴瓦两州人民，日闻韦玛议事消息，深知国步之艰难，打消分裂之祸于无形；四则不受劳兵干涉，俾各代表得以自由意志从容议政；五则国家大事均由该会议决施行，得减小自身左右之攻击目标。一举而数善备。嗣后数月，政府基础渐固，劳兵会不甘屈伏于爱倍尔势力之下，为铤而走险之计，与政府军巷战于柏林，适其时近卫军由战地撤回，加入战线，遂一击而败之。于是爱倍尔之内外信川益形坚固，韦玛之国民会议公举彼为第一任大总统

　　奥大利②民族复杂，战败之后，奥皇退位，社会民主党势力弥漫全国。今奥总统萨易志③即兼奥国国民议会议长者，非常人也，幼为孤儿院之孤

---

① 现通译为魏玛。
② 现通译为奥地利。
③ 现通译为塞茨，指奥地利联邦第一任总统卡尔·塞茨。

儿，长肄业于裁缝学校，出处虽微，而抱负绝大，时为各种政治运动，此次国民会议成立，周旋于各政党之间，崭然露头角，并以国民议会议长资格，被选为总统。萨氏所擢用者，大半皆社会民主党中之贫贱出身，而经过若干年之苦战奋斗生涯者。如国务总理凌额①初为图书馆书记生，外交总长保威曾为印字馆排字匠，内务总长哈斯邱曾充工厂艺员，陆军总长施也治曾充商铺生徒，然皆刻苦勤学，得有学位，著作宏富，而尤以凌保二氏之著述为最多。凌额曾著匿名书十余种，率皆宣扬民主主义，保威曾著《民族问题与社会民主主义》一书，风行各国，脍炙一时。今年三月十二日凌额被举为总理后十五日，至议会宣布大政方计谓：对于由奥分离成立之各邻邦，当永久维持亲交；对于内政问题亟须整理紊乱已极之财政；裁减军纪败坏之军队；改良贵族中心之教育。末谓欲救新奥国之危亡，端在全国民之"自由"与"劳动"，盖惟自由可以免全国之纷扰，惟劳动可以复国家之元气。故自组织政府以来，半年于兹，内则制定大法，外则签订和约，人心日见安定，不若匈牙利之忽而过激，忽而复辟，尚在风雨飘摇中也。或谓奥之不流于过激，实因其外交总长保威氏曾被虏于俄，深知过激主义之弊处，回国后，力将俄国过激政府经济上之失败原委，告之国人，引为炯戒所致。据吾人观察，奥国当局既系由贫贱而奋斗，而得学，而成名，且皆为服膺社会民主主义之人物，不仅民间疾苦，专制流弊，世界潮流，社会思潮等等，知之素详，而一种励精图治之精力亦必倍于常人。况所谓社会民主主义者，一切设施，悉以社会为前提，民主为基础。以民主为基础，则少数专制无由发生，以社会为前提，则过激思潮不灭自戢。故就表面论，奥国创巨痛深，欲言恢复谈何容易，而探其实际，反使奥人四顾彷徨，知非自觉自误，不能自拔自立。盖异民族愈分离，同民族愈团结，此人情之常，有不期然而然者矣。

---

① 指卡尔·伦纳（Karl Renner）。

"以民主为基础，则少数专制无由发生；以社会为前提，则过激思潮不灭自戢。"是膺白在民国七八年对德奥两国战败复兴的评语，他大概是向往的。对几个领导人之"由贫苦出身，而经过奋斗"，亦如中国历史上开国或中兴之主常出自民间而深知民间疾苦的。

读
行
者

从阅读走进现实
knowledge·power

读 行 者

傳記文學 書系

亦雲回憶 下

沈亦云 ◎ 著
唐德剛 ◎ 協助整理

編委
賴某深 龔昊 蔣浩
李郑龙 于向勇 秦青

主编
彭明哲 曾德明

傳記文學 書系 編委会

岳麓書社 · 長沙

博集天卷
CS-BOOKY

二〇　上海特别市

中国有"市"的组织，自国民政府始。上海是国民政府第一个"特别市"，膺白做了第一任上海特别市市长，亦是他第一次接受国民政府任命。这时中国还没有过民选的行政官，故市长系由政府任命的。所谓特别市是直接隶属于中央政府。另有普通市则属于省政府。

上海的繁荣本只在租界，中国地区等于附庸，后来人口增加，有识之士渐渐注意到吴淞、江湾与黄浦江对岸之浦东的重要。孙传芳时代曾设有淞沪市政督办，丁文江先生担任过总办，规模不大，后来上海特别市所接收的"淞沪警察厅"及"沪北工巡捐局"，乃由此而来。首先注意到上海的重要，要将上海筑成东方第一大港，且拟有大上海建设计划的，是孙中山先生；这计划载在中山先生所作《建国方略》书内。

蒋先生对上海注意得很早。我们在南昌，那时上海还在军阀手中，一日晚间膺白从蒋先生处回来，手里拿着《建国方略》一册，说蒋先生叫他看，其中特别折出的一章，是大上海建设计划，膺白并未十分留心。民国十六年（一九二七）的春天我们正回杭州去，在灵隐寺山门口，一个朋友赶来送交蒋先生由南京发往上海吾家的一份电报，要膺白担任上海特别市市长，膺白立刻复电辞谢。待我们事毕回沪，政府明令已发表，蒋先生亦又一再来电，并嘱膺白草拟《上海特别市组织法》，送中央政治会议通过。这个时候"宁""汉"犹未合并，北伐还未开始，政府忙乱如上"南归"

章所述，膺白实在不愿为一件地方职务所困，如果担任，他要认真做，而此时不可能。他复了一份火气十足的电报如下：

南京蒋总司令：昨返沪读纂荟各电，感慨万状。兄南归五阅月，自问未尝避艰险，辞劳苦，表面虽未居名受职，实际上苟能力之可及，几于无职不居，无事不做。所以然者，无非为遵守"共尝甘苦"之遗训，期以慰大兄于地下，并以完吾侪二十五年来纯洁精诚之情谊而已，他无所求也。兄以为今日吾弟之所急，莫过于对国际则运用某国，箝制某国；对国内则缓兵东北，联合晋陕；对内部则改良组织，搜罗专材；如斯而已矣。兹数者，兄虽不自量其绵薄，却无日不竭我智虑，尽我全力以为之。今若再益以局部事务，则上述种种，欲兼顾而时间精力有所不许，不兼顾而事实历史有所不容；此中之轻重缓急，切望吾弟一衡量之。弟若疑兄在沪安居而闲逸者，深愿赴宁与弟朝夕同甘苦，较之在多数翁姑下充当媳妇，终日周旋来客，敷衍人事，既不能办事，又无裨公私，实觉彼善于此。兄年近五旬，性犹如昔，戆直之处，诸希原谅。所有上海市长一职，务望代请政府收回成命是幸。云漾申。（十六、四、廿三）

膺白怕居职位，不是鸣高，亦非虚伪。他不肯入党就是不预备在政府做事。他对国家对朋友很热情，而为自己很冷淡。他最得意的事，是对来请教他的人，说了很心平气和的话，或出了很合理的主意；对请教他的事，从各方面观察，而有个近情的答案。还像一个学生对一个考题一般，交得出很好的卷，心里满足。我曾经对我的朋友说过，我的朋友大概亦都以为我是个热情人，我说做朋友先取他。我逢人有急寻我，先怀疑其人究竟对不对，要先明经过而后有勇气答复。曾有他两个部属，位均中等以下；一次，一人在南京被拘，太太哭到吾家，诉说去探监看见丈夫坐在地上，罪名不知；又一次，一人被上海巡捕房拘留，太太哭诉丈夫被剃光了头冷水冲浴。两个太太来时实系找我，我还在盘算时，他已经站起来作行动。在南京的一人平常说话粗心，恐其在清党时受何嫌疑，他立刻电问原委。在上海的一人，他立刻出去请律师为之辩护，他请的律师是章行严；他自己到行严先生律师事务所大概生平只此一次。这二人都案情得直而出，经过法律程序而未专靠人情，他的奔走使当事者少吃苦而案早了结。至于愿意为别人而低头之事，随时皆有，不像他本性之骄傲。

中国政治上最要紧的一件事，他所最怕且最不擅长，是人事。人事弄得好，其他马虎些亦可圆转如意，否则会无端荆棘横生。每次发表一个职务，介绍书雪片飞来；不安插则得罪本人，失欢介绍者；安插则冗员浮于事，慷国家之慨。进了衙门的人亦永远圈子兜不出来，患得患失，前程老去。尤其不安插旧人，一般人视为人情最薄。政治饭如滚雪球，愈滚愈大，如绕葛藤，难得解开。每次做事，想延揽的人无机会请到，而推不开者必须安排；从政第一关要经过此。在北方时，膺白常临时吃情，事后向我发牢骚。一次，一个预约说有公事建议，在极忙时消耗他一个多钟头而结果是谋差使，他回家将一卷说帖履历向我丢，我立正对他说，"小的无职，请与贵部下讨论"，始一笑而罢。有胃病以后，他这脾气更厉害，故我亦不望他担任用人行政的事。

上海特别市市长之职毕竟明令已颁，未收回成命，而且先令膺白草拟《特别市组织法》，送京通过照行；这亦是稀有之事。不仅蒋先生对朋友的信用，还信用他所拟的"章则"能合情理，更可证几个月来膺白随时提到之"法制""制度"等问题，蒋先生很是有意。可惜其时军事既扰攘，政府亦纷纷，没有许多人想到"法"和"制"是建国第一步，有了法和制始可纳一切"人"和"事"入轨范之中。一个市的组织法不过局部又局部而已。

膺白所拟上海特别市组织法，在当时有特点二：其一是市长制，不是委员制；其二是分权制，不是集权制。这两点初看似乎矛盾，且与当时一般情形相反；当时一般组织无有不是许多委员，而实际则一人或几人集权做主。为解说膺白所以既主张分权制而又不取委员制之理由和经过，我先节录当时上海特别市两个局长在《感忆录》里的文章，再述膺白对地方行政制度"多级总揽制"的主张。

公用局长黄伯樵先生（写文时为京沪、沪杭两路局长）《怀黄膺白先生》文曰：

民国十六年国民政府成立。（膺白）先生任上海特别市第一任市长，余承邀与筹备，旋被任为公用局局长，是为余第二次在先生属下工作。在职中有特别感想两点：（一）国民政府下特别市之成立以上海市为始，其组织法未有先例。方拟组织条例时，有主张市长集权制者，以所属各局如中央各部之各司，但守承启之责；有主张各局分权制者，以所属各局如院之各部，有各就范围议政处事之权；先生独主后说，使专家可充量设计执行各专门性之事业，无与于市长之进退。（二）上海特别市各局皆系新创，所属职员自秘书科长以下数百人，市长未尝推荐一人，一任各局长全权选拔；余之公用局如此，其他各局亦如此，局长中从先生多年者如此，与先生初识者亦如此。以上两点，深感先生处事无私，立法纯公，权责严明，相从者不致有越级掣肘之患。

农工商局长（后改称社会局长）潘公展先生《想到初次会见的膺白先生》文曰：

民国十六年的五六月里某日下午，膺白先生托友人带了口信，约我去见他，我遵约于次日午前往谒。膺白先生说："果夫兄曾说起先生在上海工作多年，情形熟悉，而对工潮蔓延更有处理的意见，愿闻其详。"我作如下的答复："中国民族工业的一些薄弱基础几乎全在上海，如果让劳资冲突的事实，长此推演下去，不加挽回，深恐民族工业摧毁殆尽。惟如何使劳资双方互相协助，各得其平，不得不有赖于政府担负这个责任。国民政府今方奠都南京，军事倥偬，尚无余暇及此，如果市政府成立，实不能不先代中央负起这个责任来。"膺白先生说："非设法使劳资间相安无事，则其他一切市政建设都会受到影响，你看市政府应该怎样办？"我说："本来普通所谓市政，大抵指些路政、警政、捐税和水电等等公用事业而言，关于劳工问题的实际行政，似乎是属于中央政府机构所职掌的。不过上海既称特别市，眼前劳资间形势又如此险恶，中央又急切间无专职处理的机关，且感有鞭长莫及之苦，则市政府不妨专设工商局处理工商行政。"膺白先生不等我说完，说道："我们不但要使工商业安定繁盛，同时要它成功一个田园都市。一个都市的繁荣，不仅系于它范围以内工商业的发达，同时还要使它周围的农村一样生产发达，才有希望。我以为不但要有工商局，简直可以有农工商局。"我受了他的感动，自告奋勇说："我愿意为先生草拟一个农工商局的组织大纲，同时写一篇处理劳工行政的计划。"却不料膺白先生后来，竟责成我这个没有行政经验，同时与他向无深交的人来担任农工商局的事务。

膺白不取集权而取分权，不取委员制而取市长制；他对地方行政制度主张"多级总揽制"。以省为例，他主张：（一）提高县长地位，加重县长职权，这是亲民之官，人选极为重要。（二）恢复府制，以县为地方行政单位，每省至少数十县，省政府鞭长莫及，顾不到。他亦赞成旧制的"贫富均筹，互相倚赖"制，例如浙江有金衢严之贫乏，有杭嘉湖之富庶，上级兼筹并顾，则可以有余补不足。分区的意义如此，省与府之间然，府与县之间亦然。后来的行政督察专员制相似而不同，他不尽同意。（三）省政府简化，所司仅 1. 考核，2. 调查督察，3. 研究改革方案，如是已足。以上意见，《感忆录》沈觐宜先生文，纪录膺白与国联政制专家晏纳克先生谈论中国地方行政改革问题都有之。二人所见很相同，晏纳克先生且以欧洲情形相证，以他在德国所治理之叙来西恩州相比。膺白批评当时制度的纷乱，头重脚轻，地方官无可负责，则只有传递公文，敷衍了事。他的"多级总揽制"实系"分层负责制"，头小脚重，如此以渐进于地方自治之意。

他对上海市之受命虽极勉强，而所拟章制则十分慎重，完全为上海市久远计。他见到上海将属首都屏藩，在民选市长以前，市长的进退要受中央政局影响，所以把重心放在各局。他对各局局长人选非常重视，延揽以后，惟恐爱护之不足。把人情上不可却之冗员，都安置在自己身边秘书或科以内，绝不以各局为尾闾；有以他身边人手不够精彩者，则真不知其用心之苦也。膺白自己一生，从来没有像当时上海市任何一个局长的用人自由过。他所延揽的局长如下：

财政徐鼎年，教育朱经农，土地朱炎，工务沈怡，公用黄伯樵，卫生胡鸿基，农工商潘公展，港务李协，公安沈谱琴，公益黄涵之。

除港务局李协（宜之，亦称仪祉）先生道远未到，余均与他同时就职；李先生是中国有数之水利专家，后在其故乡陕西极有治水之功。当时上海市各局长中，除农工商与公安二局长外，多数尚非党员，黄伯樵则系辛亥老同志，虽都经他慎重考虑而定，半数非所素识。其中公安局系蒋先生推荐，膺白先请淞沪警察厅长吴礼卿（忠信）先生转任，曾数度亲往征求屈就，未能答允。沈谱琴先生已决定后，蒋先生又来电保杨虎；膺白于杨、沈个人均无关系，惟上海人正有养虎成群（杨虎陈群）之谣，谈虎色变，相与莫可奈何。膺白自草的复电火气甚重，有请蒋先生作最后决定俾定去留之语；这去留是他自己的去留。君怡适见此电，力劝修改，始改成后列之陷电。其实为处理当时由党部自发之扰攘，杨比沈更相宜亦未可知。沈谱琴虽属老革命党，且为国民党员，后与教育局朱经农最为党部所攻击。膺白这时还未想到清党以后之国民党，亦是向各学校插手，而必须出于同一系统的。教育界受或明或暗之麻烦，言之伤心，在抗战时之上海倒反觉无人管，可以纯为教育而教育。上海市有两个局长是我亲戚：土地局长朱炎，上海人，留比理学博士，在此以前为上海中法学校校长，由北京教育部而来。膺白从天津到沪，又从南昌受命先到上海，秘密工作时期都住朱家，朱家即在中法学校校舍。国民革命军到沪，中国文化界的法国系统，亦即主持法国庚子赔款的一派，自然注意到中法学校，派了褚民谊为校长。膺白始以经过说出，上章《南归》中蒋先生一函所言"朱君事缓接"云云即指此。工务局长沈怡是我的弟弟，留德工学博士，归国甫及年，伯樵任汉口市工务局时邀为科长，他未成家亦未订婚，不急谋事，南京杭州两处都有人约他。他自己和我不但未向膺白求差，而且请求不要用他。我的话曰：我弟倘有用，不在乎一时，如不中用，不可累他。君怡的话曰：未有家累，不拟即离姊丈而他去，尽另求贤，不必位置。他知道膺白非常喜欢他，珍爱之无异于我。在柏林时，我们与他同住，我与膺白对问题看法有不同时，我说话甚急甚直，膺白常说：同样的话，倘以君怡的婉转态度出之，就使他受得下，反而易于接受。上海市成立时，君怡很想彼此避嫌不参加，不便离膺白，愿留左右；我甚至说，还到伯樵处帮忙则仍在近处。

伯樵甚冤枉，他说他无法不姓黄，他跟过三个人共事都姓黄，人都以为是一家。克强先生湖南人，任之（炎培）先生上海人，膺白杭州人，而他自己是太仓人。杭州市曾邀伯樵为工务局长，另一个不知是哪一局的科长亦为杭州所邀而留在上海不去；杭州是普通市。因这两件事，市长邵元冲先生来信大责备上海吸引他的人。

下面是几份上海市筹备期间的电报，都是膺白给蒋先生的。蒋先生催促膺白早日就职甚急，膺白则必欲章制定后定人事，然后定地点，定日期。

蒋总司令：微亥电悉。沪市组织，拟全体布置就绪后，赴宁面商妥贴，即作一次发表，较为稳妥。谱琴事，请暂缓四五日再定夺为幸。又麻未电谅达，尊意如何乞复。云阳四。（十六、六、七）

宥午电悉，一号实来不及，已与各局商决赶紧筹备，准七号就职。盼弟及中央党部政府代表于六号来沪为幸。翊唐如有话说，可嘱其再赴宁，如何盼复。云寝。（十六、六、廿六）

俭电陷午二时始到。公安局一事，以啸天（杨虎）与谱琴比，兄亦以啸天为宜，惟谱琴发表多日，骤令骤改，是否相宜？且谱琴已通知警厅，明晨十时会同礼卿（淞沪警察厅长吴忠信）实行交接，离此刻仅十数小时之隔。好在谱琴亦系吾弟动议，兄于二人之间，毫无轩轾，究应如何办理，还请酌夺飞电见示为幸。云陷。（十六、六、卅）

关于市政府筹备事，报告如次：（1）房屋现决定单用旧道署，竭力避免与他种机关为难，惟道署亦仅接收半部。连日接洽，尚须三四日方能搬尽，故前电请展限至七号就职，实系无可再早。（2）印章大小廿四颗，就职之日亟须启用，屡催未蒙颁发。昨日闻已铸好，急派专员赴宁请领，不料枝节横生，谓奉政府谕："上海市印章不准用特别市"字样。现已铸好之印系按照颁布命令而刻，文曰："上海特别市政府之印"，所辖各局之印亦然，故一律须改铸，是则又不知何日改铸完竣矣。此不过一二小节，然无屋无印即可使我不能就职。其他如财政如何划分，前在宁时曾面请财政部厘订清楚，而迄今未蒙见示。仅见政治会议中通过张处长寿镛之提案，谓"上海特别市区域未经确定以前，所有一切税收机关向归江苏省库者，应维持原状"等语。又如外交如何沟通，前曾拟市政府虚设一交涉局，即请复初兼任局长（外交部驻沪特派员郭泰祺），谓须请示梯云（伍朝枢）部长，尚无确切表示。益以小部队林立，各不相属：二十六军有两团驻闸北，一团驻吴淞；二十二师蒋光鼐所属两团驻沪南；总指挥部特务团周济民所属二营，驻南车站及高昌庙一带；总指挥部宪兵一营陈颖所属，驻龙华及十六铺一带；总司令部炮兵团四营蔡忠笏所属，驻江湾；警备司令杨虎所属宪兵二连，步兵未详，驻沪西；而浦东方面尚不在内。再加党部、工会、政治部等等，亦尚待切实之联络，与严格之权限划分。否则近日之对日经济绝交问题，房租减价纠纷问题，各种团体注册问题，工厂歇业问题，均亟待解决而又无法解决者。此种琐屑情形，本不欲一一渎弟听而劳弟神，因弟屡次电催速就，不得不将各种困难摘要奉闻，尚希谅察见教是幸。云勘。（十六、六、廿八）

上海特别市成立于民国十六年（一九二七）七月七日，膺白与各局长同于是日上午十时就职，政府除派古应芬先生监誓外，蒋先生亲到参加；其演说辞提到辛亥（一九一一）在沪与英士先生和膺白共事，称英士先生为先都督，谓膺白为屈就上海市长等语。我从未参加过膺白任何就职典礼，这日将近十时，家里有关的人都去了，差不多只我一人在家，忽然岳军伉俪来，知膺白已行，问我为何不去？硬挽同走。我们到枫林桥市政府，正见新闻记者在拍蒋先生和膺白的照。我始终躲在来宾后面，我一向怕听熟人演说，尤其是膺白。中国人同我们同辈的，大概都未有长篇公开演说训练，膺白算是说话很流利而有组织的一个，我还是不肯向台上看。那日如有人看见来宾丛中一个穿白夏布衫黑绸裙者是我。我在美国见太太或儿女陪同竞选、就职或游行，知为与世人共见本人和家属；家属是很要紧的一件事，亦即看出其人私生活和背景。在中国时，我未了解到此，只是怕沾丈夫的光。

膺白凭空手创一个地方政府，从辛亥（一九一一）帮英士先生组织沪军都督府以来，这是第二次。在攘攘中找出秩序来，向一理想和目标努力，是他长处之一。辛亥，英士先生对他言听计从，沪军都督府不可无他，可惜那是革命时期而不是建设时期，沪军都督府亦只一临时机构，而不负上海地方建设责任。这一次，他是上海市长，有这个责任了，但除开蒋先生，党政军三者他都不熟；三者各有派系不相统属，即对蒋先生亦有面从心不从的。没有法而只有党，又无所适从；膺白只凭蒋先生的交情信用，许多事要多费周折而事倍功半，且起人误会的。一点小事要烦到蒋先生，又好像一点小事要蒋先生从高压。在这种情况下谈建设不是容易的事。蒋先生亲自到上海参加膺白就职典礼，说那样客气的话，他非常重视这件事。膺白对上海市，筹备设计期间多于他在职期间。人都知上海为国民政府下基础最稳的一个地方政府，这基础连后在江湾的市中心区计划，都倡之于他；关于这些计划的文件都在市政府，我未见过。到抗战为止，继任的四位上海市长：张伯璇（定璠）、张岳军、吴铁城、俞鸿钧，都对他有过纪念的文章；前三者在《感忆录》，后者在"七七"纪念刊。其他同人之文，两次均有之，我不能再加一辞，亦不能一一摘录。他的就职词，不但提起辛亥沪军都督陈英士先生和沪军同僚，而且称道北洋军人卢（永祥）、何（丰林）之军工路和丰林桥亦足留纪念于沪民。这态度是公平的，当时风气不都如此。下面是他的就职词：

上海为中外通商巨埠，轮轨辐辏，商贾云集。近且密迩首都，资为屏蔽，于军事、政治、外交、金融各端，莫不居全国中心而为之枢纽。中外观瞻所系，关系实至重要。特别市计划，一般学者与多数市民早有提议，论著具存，可以复按，匪始今日。向使无军阀官僚之种种压迫与障碍，民意早得实现，或已草创一种大规模之市政，使吾中华民族建设之精神与能力，由上海一隅开始而表现之，亦未可知。乃屡议屡辍，迄未能粗具规模，实为憾事。然因此愈见我国民政府与全上海市民所负责任之艰巨也。

鄙人受国民政府任命，忝膺市长一职。自审智识材力，深惧弗逮，数辞不获，谨于本日宣誓就职。按照政府所颁上海特别市条例，分设十局，局有专责。鄙人自当督率各局，就本市范围内，参酌既往及现在情形，量地方财力之可及，为着手兴革之准备；并当尽量公布市政设施之内容，务使市民多得参预市政之机会。值兹就职伊始，更愿就左列四点，为简要之声明：

（一）市政设施，纯系建设事业。中山先生毕生研究，多属建设。当民国七八年之交，中山先生在沪，闭户草建设方案时，曾对郐言：革命事业，其目的原在建设，破坏特其手段耳；盖不图建设，革命为无意义。伟哉言乎！惟建设事业，类多艰难宏远。世界各国完美之都市皆非一朝一夕之功，所有各种事业均有按年兴筑逐次进行之计划，可以稽考图籍，详细追寻。甚至最初之时，因全部关系或财政影响，能办之事不能有多量发见，此为创办之始，实际情况使然。盖所重在规划之妥善，效用之远大，并有无逐步进展之希望与办法，而不宜遽绳以近功；是以鄙人对于上海市政，决不敢以急于见功自欺，尤望一般市民于此能予以充分之谅解。

（二）鄙人于地方行政事务素少经验，而所可硁硁自信者：凡事必以躬亲为原则，财政尤以共喻为旨归。军阀时代，假施政之名，行敛财之实，不满人意，理所固然。但在国民政府之下，铲除贪官污吏，建设廉洁政府，著为标语。鄙人不才，从政十余年，对于操守一层，差堪自信。凡所延揽各同事，亦必能共谅此怀，构成一体廉洁之政府，并可保证此后地方之所出，必悉应地方之所需。而同时希望市民，于正当租税，均应踊跃输将，助成其美。盖欲造成繁盛之都会，优美之环境，不能仅仅责善于政府，而最健全与稳固之进步，仍在全市民之自致其力也。

（三）凡事非人不举，然欲求真才，必先除私见。此次市政府组织，用人标准，纯以专门学识与办事经验为衡，而因上海环境之恶劣，同时尤不得不注重于德性。故各高级职员之选定，有多年深知者，亦有素未谋面者，但求合乎上述之标准，决不敢稍挟成见于其间。惟市政范围有限，对于专才之延揽，当然有不少遗漏，而经验一层，尤必其人从政较久而后得。吾国近年政治变迁过速，凡从政较久者，虽尧舜或不免有所指摘。关于此节，须视其将来之工作成绩以为断，万不可预有所责难。况市政府中，自信多数均为忠实有为之同志，与学识经验德性兼备之前辈，此则当可得各方之谅解者也。

（四）上海市民经多次兵事之余，人人心目中均暗悬有一秩序维持问题，此为不可掩之征象。不知中央政府对此已早有筹划。政治会议中且通过陈委员果夫所提出之整理上海计划案二十余条。今后市政府成立，中央为昭信全国起见，对此整理案必分别实行。鄙人亦必上体中央意旨，极全力以注意此一点，故秩序维持一事，敢请市民可十分安心。回忆辛亥之岁，随先都督陈公英士之后，勉参戎机，兼领师干，前后一年有半。鄙人所属各部，沪人士能举出一例，有一兵一卒骚扰地方否？今日在座各位中，尚不少当年共患难之同志，谅能证实其不虚。此后当视能力之可及，督率同僚，益加勉励，以副市民之瞩望。

虽然，十六年来之上海市，虽不能有大规模之设施，却亦有相当之成绩。回忆民国元年时陈都督毅然下令拆城，至于今日，不独城内外交通称便，而"民国路"一带，繁盛异常。鄙人虽无寸土尺地于其间，至今每经其地，必起今昔之感。嗣后卢何时代所筑之军工路丰林桥等，亦足留纪念于沪民。只因所谓全国第一巨大之上海商埠，其精华悉在租界。界外各地，商业既极萧条，居民又不甚多，以致集款进行，实力有限。故所谓大上海市者，细细分析，实属有名无实，非政府与市民全体动员，加倍努力不为功。外则勿使对吾领土主权欲久假不归者借为口实，内则勿使嫉视党政之成功者，谓党国种种标语，种种主义，悉属一张不兑现纸币而资为挑拨。言念及此，不禁凛然于上海市责任之重，关系之巨影响之大，而有望各方当事者之互相策勉者也！

膺白何以席未暖而即辞职，为蒋先生下野。那日正是八月十二日，他就职只一个月零五天，诸事略有头绪，他入京报告，亦有向政府请示之事，临走告诉我要二三日方归，忽然次日一早已回了家。原来在京到蒋先生处，正是桂系在外间，蒋先生在里间，何敬之、张岳军二人代表双方中间传话，蒋先生决定下野；此即世传所谓桂系逼宫。此日在外面者何人？中间人传话几次？所传何话？膺白均未提过。他自己是个一攻即退之人，对蒋先生下野是所赞成的。不但这次赞成下野，后来还极劝蒋先生勿再出。最早有下列一函：

兹托岳弟（岳军）带上协和（李烈钧）来电一通，剪报一页，乞誉阅。事已至此，大不足以经纶国家，小不足以整理地方，万无轻易再出之理。处此局势，惟有力持淡泊宁静四字，以与各方相周旋。语云：收帆须在顺风时；此次下野，弟享为党国牺牲之名，人受篡窃犯上之罪，幸喜保持此令誉。否则方寸稍动，外诱即来，草率再出，试问外交、财政、军事、政治有何把握？天授忠实笃挚者以好机，然亦仅能一次不可再也。幸自重自慎，拿住一个定字，一个静字，千万勿为甘言所惑，捐客所诱为要。余请岳弟面详。（十六、八、十七）

当蒋先生决定下野离京时，膺白亦立刻提出辞呈，与蒋先生同坐夜车到沪。他告诉我与蒋先生同坐汽车出城至下关上车，一路见居民家家插香，知为阴历七月十五日中元节，在车上以佛语慰蒋先生。

在汉口时，一日膺白会同我讨论这次国民革命军成功之理由，我告诉他说："照你的做法是不会成功的。"我们相喻无形，不敢冒联俄容共之险。再看以上膺白的信，其对进退观念更为守旧。他看争夺的人都以为浊。他自己对部下很客气，视作朋友，但对为权利而犯上，非所赞同。他称蒋先生为"忠实笃挚"，如此力阻其再出，他的做法又是不会成功的。蒋先生后来再出山，为军事委员会委员长，他没有什么主意在内。

上海市经过长期极郑重之筹备，而成立未久，市长突然辞职，事先各局长都未知道。在中国，文官制度不确立，事务官没有保障；平常新旧长官交替，是人情最恐慌，政务最受影响时候。上海市当草创之际换长官，后任市长且系接近新与蒋先生对立之桂系，而基础不动摇；后来亦始终为国民政府下比较健全的一个地方政府，应归功于"分权制度"和各局局长人选；这两点膺白的主张和用心算是不错的。此外，有三个人的态度颇生影响，不嫌烦琐述其事如下。三人者：后任市长张伯璇（定璠）先生，他的秘书长周静斋（雍能）先生，和膺白自己是也。

张伯璇先生就职颇突如其来，事先未预通知各局。照一般人看，这样大概对前任的事不卖账。他就职前，亦未与膺白通消息。在他就职后几天，五舅湛侯因与张家在金神父路为紧邻，又曾做过张在南昌时总司令部参谋处长的后任，一日受张之托，来约膺白相见；膺白约以次日上午十时，在亚尔培路朱宅，他一向借以见客之处。大约过了十一时半，张犹未出门，五舅是知道膺白向来严守时间的，而且在这段经过中，以个人论，不约则已，既约，则不该过于唐突的。于是一面到隔壁张家提醒其预约，一面电话告膺白有事不必老等。膺白回答是日上午无他事，午饭前不离朱宅。及张市长到，他诚恳坦白解说市政府成立经过；制度的所以然；各局设置的意义；以及局长人选；识与不识，他所取才的标准；他没有托一个人或一件事。他这态度很得到张市长的认识，以后他们做了朋友。数年后膺白得病，医者断为肝病时，他来访候，还叹息说：像这样肝胆的人，如何会生肝病！

据说张市长左右初有两派主张：一派主张全班调动，一派主张完全不动。主张完全不动者，即是张所请作秘书长的周静斋先生。所有上海市膺白所延揽的各局长，除徐青甫先生（鼎年）自动必欲与膺白同辞职，后来留任的各局，都与张、周两位维持极圆满的交谊。而周之助手俞鸿钧先生，后亦经过张岳军、吴铁城两市长，而升任秘书长，终为市长。上海市可称人事上有十年"善始善终"历史。

在岳军先生任市长以前，蒋先生曾再三要膺白回任，膺白坚决不肯。蒋先生派岳军先生来，并嘱我劝膺白；我笑曰：我是劝退之人，如何劝也？磋磨不少日子，膺白举岳军先生以自代。

膺白在上海，及其在上海市长任内，与外人接触，除日本，以英国人为多。可记忆者：驻使馆领馆之人，从北方来之海关税务司，到中国视察之人。我只见过一位怀德爵士，同吃过饭。倘有文件可寻，当插入有关各章。下面有一关于英军撤回印度，飞机练习限于租界上空，及租界问题的电稿附后：

日前英人卢司系朱尔典时代之参赞，特约英军司令邓铿及其参谋长等会宴于其私寓，所谈军事上两点：（1）印度调来一旅准本星期起开始撤回；（2）飞机练习已令限于租界之天空，惟空中界线，技术上不能过于严格乞鉴谅等语；已托（叶）楚伧兄代陈，计已接洽。惟同时尚谈到租界问题，兄谓工部局董九名乃按照六十年前之人口规定，现人口激增，当然应扩充名额；愚意最少须扩大一倍即十八人，华董应占半数，董长须选华人。昨午卢司来说，华董名额可否改为三分一以上，二分一以下，董长或即以上海市长为当然董长，惟三年内可否让英人轮充一年？并谓租界近日因抗纳加捐风潮，形势甚严重，然其原因仍在租界无解决办法之故，何不趁此时一谈根本问题，庶几一解百解等语。彼虽声明个人意见，似上次谈话后，英人间必有一种暗中商榷而来；以后如再有此种机会，应否逐渐酝酿进行？惟事关外交，职权不属，从前误会尚未全消，究应如何应付之处，乞示遵办。云漾戌。

此时在上海排日运动及对日经济绝交甚为激烈，前章《南归》所录诸电中已有述及，以下再抄致蒋先生电：

对日态度中央党部既有密令，政府又有宣言，弟莅沪时对日领谈话极恳切，讵近日排日运动益形激烈。据公安局报告，徐家汇有扣留买卖日货人民，议站木笼情事，并有区党部人员在内。又据银行公会报告，对日经济绝交大同盟会正式函告该公会，令各银行与日人断绝款项往来，并有日人购米，查出后强行索还之举。民众固惊扰不安，而银行营业，若强迫断绝往来，必致全部商业立行停顿，社会上将现极大之恐怖。兄甫任市政，整理未遑，而政治外交忽起重大纠纷，制止苦于无权，责任亦所难负，设因此酿成国际交涉，社会动乱，于国民政府前途影响实大。特飞电驰陈，可否由弟商之政府及中央党部，特派重要及有力之专员到沪，严重监视，免生轨外行动，以保治安而维秩序，敬候施行。云寒。（十六、七、十四）

此间对日空气日益紧张，有称为对日经济绝交大同盟者，以私立之团体，颁布惩办奸商条例，内容苛烈，商民称艰；近复派员查封日商东洋棉花公司，及在纱布交易所交割之棉花二百七十余包；复命银行钱庄两业对日商一律拒绝汇划及兑换，甚至强迫商民不卖米菜等日用品于日侨。现闻上海日纱厂因银行拒绝兑换零钱，以至不能发给工资，谋将工厂停闭，而海军陆战队则以无端查封日商商品，有以武力强行启封之说。万一实现，日厂内华工人数七万余，连其家族二十余万人，将何以支持生计，维系治安？且武力启封之说实行，默视则主权何忍，阻止则衅端以开。再四思维，决于十八日上午十时在市政府召集商会、党部、工会，以及杨司令（虎）、陈主任（群）、斯副官长（烈）等，共为一度恳切之会商，或可得通力解决之方法，务请中央亦派要员于星期日晚车来沪参与此议，借昭郑重而收实效，伫候电复。云铣午。（十六、七、十六）

建设不是难事，但建设须从秩序和治安。帝国主义者侵略中国已久，日本是更新的侵略者。吾侪从民国四年（一九一五）日本提出"二十一条"，至民国七年（一九一八）第一次世界大战终了，始终反对政府屈从，亡命时宁客死异乡，不作妨碍当时当局者之活动，归国后专心用笔，唤醒国人；爱国岂敢后人？对日本亦岂忘敌忾？事有先后本末，北伐未成，一也；不可自扰后方，二也；更不可先害本国人，三也。党政军要人均住租界，即吾家自己及市政府同人亦然。膺白倡议以江湾为市中心区，不为附庸而图自振，其意甚深。君怡告我，膺白指示建筑的一条大道，具有包围租界，使租界不能再扩展的意义。向来有所谓"越界筑路"，路成而主权即入租界，地价涨而治安与租界同，人亦安之。后来江湾市中心区成立，市府同人迁居江湾者甚多，君怡首居其一。排外无准备而徒叫嚣，是刺激敌人之更多准备，于国何益？以前之排日运动，是在无可理喻之军阀亲日政府时，或在联俄有苏联为后盾时。今为国民政府，且清党后已失苏联之助，作此排外运动的后果是要国民政府负责的。

有一件事，朋友们很幸膺白在沪不久于位，以他性格，何以处与全市社会道德有关之法租界黑势力？另一件事，吾家祁齐路住宅之基地，系由世俗所重外国律师出面之租界"道契"，改为上海市土地局的"土地证"，且用地主本名"黄郛"；这在上海为稀有之事，是膺白卸任后之事了。

二一　我印象里的日本

我没有在日本进过学校，二次革命后亡命在日本小住，及以后过路二三次，为时均不久。勉强看日本文，并不深入，不敢说对日本有何认识。但在我的《回忆》里要写"济案"和《塘沽停战协定》等事，这完全是对日关系。这两个问题影响我的国，影响我的家，我不能不写。不容我不想一想：日本究竟是如何一个情形，而如此欺我中国？膺白在世时，直接当济南惨案及塘沽停战之冲：为这两个问题，前后受大谤，为国家故，他愿过则独受。在当时折冲之苦，与事后隐忍不言，真是"打落门牙带血吞""万箭穿心""腹背受敌"各种成语的滋味都尝到。为国家，我不敢怨；然"国家"今如此，我岂能忘！

　　中国革命受日本明治维新影响甚大，亦得到日本志士的同情赞助。但一般人不甚研究日本，国交愈恶时，愈不屑研究。下两章《宁案》《济案》，我以性质不同之事相联而论，为宁案时的日本态度，比英美两国均温和而忍耐，可知日本政策亦有伸缩不同，而我们更有了解其国情之必要。我所知道的日本真是微乎其微，我只有一个笼统的印象，得之普通书报或耳闻的零星片段。怕一般的中国人连我这点印象都未加意，故不管肤浅，我说出来。我并不能代表膺白：膺白对日本，时常在佩服、疑惧和期望之中，与我随时在无意中片段谈及，而没有过具体的整个讨论。兹述我的印象大致如下：

三百年前，清军入主中原，我浙余姚朱舜水先生（之瑜）到安南，到日本，心存乞援复国。安南人对他无礼，他不能留。日本人准其登陆，且破例准其永居；知他是中国儒者，敬礼有加，向他问礼问学，有的还分俸养他。日本最有势力的诸侯——实摄国政的源光国父子——事以宾师之礼，留他住在他们的采邑江户（即东京），到他晚年特许招他在中国的子孙一人来侍奉他：他的孙子快到日本时候，他怕这孙子已经没有明朝衣冠，叫他宁穿日本衣服来见，不愿睹清廷胡服。他死，源氏葬他在平素爱好的樱花园里：源氏——就是日本明治维新"诸藩归政，尊王攘夷"的领袖诸侯，世所周知的德川公。在朱舜水集中有不少他答弟子们的信，比洙泗之风，且饶有人情味。朱舜水先生在异乡做了王者师，影响日本人情政治，而三百年前中国人还拿日本与安南等量看。

一百年前，日本还是闭关自守的封建国家。

一八三〇年代，（美国）屡次与日本进行通商不成。在北海捕鲸的美国渔人遭遇风险到日本海上，常被当作盗贼治罪，或被禁锢。一八五三年七月，比亚士总统遣柏利提督，[①]率兵舰四艘，到日本东京湾，日本高估柏利实力，于一八五四年三月与之订约，开二小埠。从此日本终止其锁关政策，立意步武西方强国，为黄色人种在世界抬头。以珍珠港事变论，柏利做的或是错：在当时，美国是得到通商之益的。

以上节译巴克教授著《美国通史》。

美国几只小兵船的示威，打开了日本闭关政策，更警醒了日本上下人心，于是有"尊王攘夷"口号，于是有日本维新。中国人何以被更多的兵船警不醒？警醒而又麻木呢？明治维新（一八六七至一九一二年）是改藩设县，诸侯归政天皇，亦即是全国统一。从此定宪法，立国会，兴工商

---

① 比亚士现通译为皮尔斯，这里指美国第14任总统富兰克林·皮尔斯。柏利现多译为佩里，这里指美国海军准将、美国东印度舰队司令马休·佩里。佩里前往日本，是受美国第13任总统米勒德·菲尔莫尔之命，并不是受皮尔斯之命。

业，普及教育，装备海陆军。不到半世纪，日本的工商品推行世界，日本的邮船航行全球，日本的教育吸收几万中国学生，日本的武器足以供给强大海陆军，日本的海陆军在十年内击败两个老大邻邦——中国与俄国。俄国割送半个库页岛，中国则琉球、台湾、旅顺、大连，加上赔款。我生在甲午中日战争之年，中日战争是我对近代史很敏感的一页。膺白在日本学军事测量，熟悉库页岛割分故事。中国庚子拳匪之乱，八国联军进我北京，光绪母子仓皇西狩，"拳匪"固幼稚，联军亦极野蛮。当时的日本军队，号称最守秩序，日本力自尊重，而表示文明和纪律。执世界牛耳之大英帝国，与订《日英攻守同盟》条约。欧美人从此发见天之选民，不定是白种人。这是日本不世出之天皇明治，以及无数忠君爱国的人民，和维新时代许多有建国精神的政治家合力奋斗之结果，言之令人忻慕。

膺白在日本读书，正当日俄之战。他学测量常在乡间选点，一日要走几个山头，寄宿民家，见日本人民之勤俭、耐劳、好学、爱国。不论车夫使女，工余人手一张报纸，他们用不着政府或特殊组织来训练或指导，自然而然了解其国策国情而能合作。我记述过膺白的日文教师江口先生，后来做他很好朋友，是他寻书的同伴，亦是他买书的代办。穷读书人逍遥书店之乐，男女老少均然。膺白译过《旅顺实战记》，原名《肉弹》，是日俄之战一个中尉樱井忠温所作，战争毁去他一臂，这书是左手写，还有左手画的一张战画。这书不但在日本再版无数次，欧美都有其译本。以日本武职"将""佐""尉"各三级共九级而言，中尉是第八级，比他再低只有少尉的一级，程度如此！此人后来再到旅顺凭吊战场，著书名《铳后》，江口先生寄来请膺白再译，膺白未暇为之。译《肉弹》时在前清，意在振励吾人。《铳后》出时，中国已勇于内战，不能再扬人武功了。即在《肉弹》，译者亦重在："此何地也？而有此战！"旅顺是中国的土地呀！

江口先生曾为我讲日本两个军神的故事：乃木大将和广濑中佐。乃木是日俄之战攻旅顺要塞的统帅。俄国人在旅顺筑的要塞十分坚固，要塞之外满布通电的铁丝网，一道道深厚的濠沟。日军屡进不能越过。当时的日本是悉索敝赋，倾国家力，不能旷时日久，必须急战速决。乃木两个儿子——胜典、保典——都在攻旅顺的部队里。他第一个命令给大儿子的一队向前攻，全军覆没，儿子死焉。第二个命令给小儿子的一队，又全军覆没。两个儿子相继牺牲，两次全军覆没的尸身填满了濠沟，于是人人感动，效命当先，攻下旅顺。这是半世纪前的人海战术，主将首先丧其爱子。凯旋之日，乃木有诗曰："王师百万征强虏，野战功成尸作山，愧我何颜见父老？凯歌今日几人还！"他岂但难见父老，他难对他的太太，他们绝了后，他郁郁想自杀。明治天皇识其意，对他说："我活着，你不可死！"请他做"学习院"院长——学习院是日本皇族及勋戚子弟读书的学校：请如此一位为国家立盖世功勋的名将做校长，使这些生而安乐的青年知道国家的光荣是如何拿国民的血肉生命换来的。乃木活到明治天皇死，灵柩出宫发第一响礼炮，在家切腹自杀，室内放着两个儿子的照片。简单的遗物，有遗嘱托太太送给指定的人。太太静子亦早识其意，等他死后亦自杀。

另一军神广濑中佐的事：日俄战时，日本海军力远不及俄国。传说在一个酬应机会，一个日本海军军官在俄国军舰上故意在不经意小地方碰一碰，回来察看白手套上有小污点，知道俄舰并不如表面之洁净。日本陆军仿德国，海军仿英国；洁净是重要条件之一，他们是事事侦探过而准备的。俄国海军分开在东海（旅顺口）及北海（波罗的海）两处，相距甚远，日本海军当局设计阻止俄国两个舰队之会合，要先将旅顺口封锁，以分其力：封锁的方法是拿船来沉在海口。有名的三菱造船厂主捐献旧船四十艘，广濑中佐自告奋勇率领着沉没在旅顺口外，完成任务。这不是"敢死"而是"必死"。旅顺口铁锁横江，俄国的东海舰队困住不能用，远来的波罗的海舰队遂被日本海军一击而破，决定了日俄海军胜负。

不但日本军人如此献身，和资本家如此献财。维新元勋之风格，如西乡隆盛只有外衣一袭；一日，开御前会议，候他不至，急足往催，他正在家里张衣烘火候干。伊藤博文到朝鲜，有人警告他可能遇险，他甘心拿最后的生命作日本合并朝鲜主权土地的代价。不但知名之士如此，日本女子、日本小学生，宁走较远的路，出较多的钱，买较劣之日本自制货品，不贪价廉物美的外国货。

这样上下一心的"建国热"，究竟把日本建国成功了。看我中国，岂曾有一于此？亡命时，一日膺白与我倾谈，我们许多有建国抱负的人，生活均不足示范于人。当时我们自责，甚至归罪到上海租界，租界生活五光十色，足以销人志气，与一般内地实在太不相同了。我们见得到先进国家之"建国蓝图"，而不知各人须自备之"建国精神"和自经之"建国路程"。

在日本合并朝鲜以前，中国人对之大都有好感，存敬意。日俄之战，所争是中国的土地，但多数中国人同情日本，帮助日本，对日本战胜喝采，把"甲午""庚子"之事忘记。中国人固自不争气，对日本是不念旧恶，仁至义尽的。所以然者，中国当着殖民主义之洪流，欲图自强，不论戊戌维新，辛亥革命，都须步武日本，得日本之好意援助，且以日本为有色人种争光之先锋。弄到中国人厌恶日本，崇拜西洋，是后来的事。

一九一四年第一次世界大战，日本明治天皇及多数元勋均已死去，但日本武力和产业经济，基础已固，因缘时会，他不战而胜，陈兵海上，辗转运输，大发"世界难"财。对中国积极实行其侵略，不但遏住了中国一线自兴之机，他自己的成功，亦即为其后来之祸患。经过如下。

因日英同盟之故，第一次世界大战中，英国在远东属地都赖日本海军保护。一九一四年秋，我们在新加坡亲见日本将校"以天下为己任"的尊严态度，和英国下级军官向之敬礼情况。参战国家的物资输送亦由日本海军护航，直至地中海；日本海军的气势大张。又因参战各国无暇东顾之故，不得不默认日本在东亚行动。于是日本对中国为所欲为：二十一条之提出，操纵安福系政府，占领青岛，武力承袭德国在中国的权利。日本在中国欲独霸，山东成为问题，均自此始。日本的陆军从此亦跃跃欲试。

日本海陆军人，因欧战之故，正轻心以掉天下事，而战后一般空气——一般想望，以为：德国战败——黩武者缩头，世界从此不要战争。华盛顿会议决定英美日海军军缩，比例为"五·五·三"，国际联盟又提示普遍裁减陆军。巴黎和会中国不签字，华盛顿会议议决日本归还山东权益，在日本以为列年徒劳，受国际挫折。又加军备受限制，职业军事减少，军人失去重要性，拥护天皇万世一系的日本皇军，向来成仁取义白刃可蹈的，忽然伤了自尊心。这是后来军人出轨的第一刺激。

日本工商业应战时各国需要，又填补各国平时市场，生产骤增，获利无算。社会上新添不少资本家暴发户，财无处用；这些暴发户生活奢侈，举动若狂。我和膺白在欧洲看见各国在战后生活之苦，不论战败的德奥人民饱暖为难，即战胜的英法亦家家寒酸。接到在日本一个朋友信说"成金举止若狂，一夕吃五百元一客的饭"；"成金"系日语暴发户。此种豪奢举动不但大违日本向来勤俭之风，为有识者所侧目，金钱万能还影响日本政治。到后来，各国工商业渐渐恢复，这些新兴的资本家市场减少，寻求市场与保持已得势力之心愈切，他们本身亦成问题。

明治维新是西方技术制度与东方道德精神的结合品。日本是圣君贤相的领导政治，多于人民代表的政党政治。日本当时有两大政党——政友会和民政党——他们代表资本家的色彩重。资本家生活引起社会厌恶，于是政党亦不受重视。后来政友会做了军阀工具，与侵略中国大有关的田中义一，即以大将而为政友会总裁而组阁的。政党徘徊在军阀财阀间，后来被所谓少壮军人一脚踢在旁边。

苏联革命以后，共产主义社会主义学说流传日本，学术界与知识青年亦有"左"倾思想，不像从前之单纯国家观念可以克服一切。

日本是通国皆兵制，除特别免役，男子无不当兵，大部兵源在农村。

他们面对着矛盾，以他们生命换得的国家光荣，为另一部人所享受，所恶用。因工商业特殊发展之故，财富集于都市，人口亦向都市集中，农村甚形困苦。他们心下不平，很易听少壮军人指使。

日本虽同英国一样——君主立宪，皇室不问政；然日本天皇系半神半人，平日不问政是超人之故，国有大事则仍决于天皇御前会议。直到其政变时止，日本是元老政治。元老是维新以来一脉相承的重臣，已退休而负重望，为一般人所知晓，天皇所信任。元老平日住在与实际行政有若干距离的乡庄，身虽闲散，心以国家大事为常课，左右有各种问题的专家，他自己对国际及本国过去未来的事能密切注意。他的门生故吏满天下，但不利用为个人利害。元老要做到"宁静致远"，亦须保持"淡泊明志"。国家养成了这种人，在要紧时征求其对问题的智慧和公正意见。不是崇德报功，亦非优游林下，更不可作土豪劣绅。这种元老要靠本身，亦要有机会，要靠社会容许他能公正，是可遇不可求。在最后一个元老西园寺公望以前，日本的政治一直有赖于元老的贡献。即使平常更换一次内阁，旧内阁向天皇递辞呈，报上立刻见到元老奉召入京，天皇听取他的意见后，他立刻离京回家，不再逗留。

这种家长制度——重臣制度，维持日本政治的安定和维新的完成，使国家有充裕时间提高社会各方面的水准，在日本是成功的。吾人在中国书上见到的政治修养和社会憧憬，在散漫辽阔的中国未生效力，在日本是实现了。

第一次世界大战后，世界秩序有大转变，日本亦然。日本原来的政治重心动摇，而新的重心还未诞生。海陆军人是日本建国柱石，靠他们，日本扬威武于世界。日本海陆军出自两个藩族系统：陆军由"长藩"，海军由"萨藩"；虽然各由一个系统包办，却不像我们的割据把持，贩私运土；他们有不可摇的中心信仰——天皇和国家。日本天皇是万世一系，故天皇与国家不可分。日本军人虽不结党营私，但他们有强烈的功名心，他们的功名心亦与他们的国家观念不可分。原有的忠君爱国观念，加上对政治现状不满而欲刷新，和个人强烈的功名心；这三件事骨子里暗含有极右的国权主义，是日本法西斯运动的主因和主力。日本国民性向来能服从，尤其军人所受军事教育，故其法西斯运动虽以佐官阶级的少壮军人为中心，必须推戴较高地位之领袖以号召，而执行其政策与办法。他们的政策——初只是空洞的"刷新政治"。他们的办法——内则"发动政变"，外则"实行侵略"，以武力造成他们所想望的事实。推出来的领袖不给他们满意，立刻挥之使去，另戴他人，故日本法西斯有无数立功酿祸的人，而始终没有坚强的领导人。他们与德国、意大利不同，没有希特勒或墨索里尼；他们是从下而上的。这些被推戴被利用的一时领袖，只有替他们支持政局，替他们在国际圆谎，替他们将既成事实合法化，替他们将错误作为功劳。佐官阶级的人在很短时期都成大将。野心的人借法西斯以自重，平凡者不敢开罪。内阁、政治家被刺者踵相接，莫敢谁何。

在日本从有纪律的"建国热"到无拘束的"侵略狂"，首当其冲者是我中国。自华盛顿会议以后日本是蓄意要报复的。他们的军备物资，准备不止一个战场的作战。日本亦有不少自由思想的人，亦有比较在世界大处着想而同情中国的人，但到他们为自己立国生存，则不论朝野文武，没有不思向外扩展，到这分际，将不惜阻碍中国的成功。

中国与日本国交，不拼个你死我活，即须在此夹缝中谋两全。两国间能见到此而努力的人不很多，而阴错阳差的事实，则往往随时随地而生。大隈重信是自由主义的人，他办的早稻田大学吸收过不少中国学生，然而为中日间致命伤的"廿一条要求"出于大隈内阁。犬养毅是中国革命党几十年老友，他对二次革命后纷纷亡命渡日的人，极力主张准许居留，然承认伪满洲国却在犬养内阁任内；距他被暴徒刺死前不久。中国方面亦然，中山先生是最早见到且得到日本同情的人，而中国最大的排日运动出于国民党。

本来日本在中国久已染指的是我东北，其理由为他们国防、工业和移民的主要线。大隈重信组阁时，日本驻英大使加藤高明回国任外交大臣，向英相格雷辞行，谈到日本与我东三省关系的重要，加藤提到日本在东三省投资，培植了不少树林。格雷答以"日本不但植林，还浇过血"；一言丧邦，格雷此语实启日本从此积极侵略中国之主因。日本原来所希望者旅顺大连租借之展期，各国在中国租界地大都是九十九年为期。旅顺大连，乃甲午中日战后日本已得而由俄国从中欺诈以去——日俄战后日本再从俄国手里夺得之物；租借期只廿五年，日本亦想做到九十九年。加藤提出植林，表示此非朝夕之功，格雷承认日本洒过血，是默契其特权。这个消息带回东京，于是野心者更加小事化大，此即"廿一条要求"所由起。读者知此时中国为何时乎？民国四年（一九一五）袁世凯称帝前数月也！袁氏签此丧权辱国条件，从此辽东半岛外，山东半岛亦招来了日本势力。

袁氏称帝不成而死，继之者在中国是段祺瑞当政，此即世所周知的"安福系"，勾结日本，借日本大外债，名为参加欧战而实未出一兵，练兵仅为内战征伐南方。"廿一条"中一部分在袁世凯时所保留者，段祺瑞时又默许之，此五四运动之由来也。

华盛顿会议以后，日本人处心积虑以准备，中国则倾心欧美，鄙视日本，而并不自求振作。中国人倾心欧美，咎由日本自取。然鄙视日本，影响日本大多数人心里，使他处处要做到中国人所崇拜之欧美无可奈何他，而使中国人心服。这点，中国人虽错，日本人是更错了。

北海之熊之俄国，昔为普鲁士铁血宰相俾斯麦所恐惧而诱之东向，日俄之战日本以地利、人和幸胜。共产苏联实为日本肘腋之患，国民党联俄容共，与日本是不相容的。这一时期的日本，对中国欲纵又收，忽收忽纵，知中国统一运动不可遏，亦知中国倒向苏联于日本不利。中国若在清党以后，各派不相争而相合，不但中国有复兴之机，对日本亦自有主动周旋余地。苏联是不喜中日弃嫌隙而合作的，共产党更不喜。无乃日本终无其度量，一着着做得使中国无与可亲之道。中国亦不求诸己，不归杨则归墨，欲利用日苏而终为日苏所利用，坐待痈之养大，不可收拾。

济南惨案以后，日本派佐分利出使中国。关于佐氏与膺白间谈话，和二人对东亚的看法，我大概零星已经说过。膺白认他为能见远处，知道中日间亦须相忍为治之一人。当时日本以为田中在济南酿了大祸，使中国了解日本的人不能立足，派佐氏使华以求转圜。但膺白已经去位入山，中国民气益愤慨而无可解说，日本亦并非真有觉悟。佐氏在短短使华期中，颇得中国人之认识，向来不求了解日本的人甚喜其态度。佐氏欲来莫干山晤膺白，膺白再三推辞，请各到杭州灵隐参佛，如此相值，膺白亦不肯。佐氏归国述职，忽以自杀闻；自杀被杀无人知，但几希之有心人又弱一个。

重光葵继佐氏任，具体而微。其时日本法西斯军人已开始行动，在东三省之陆军酿成满洲事变，而在上海之日侨与海军陆战队亦肇成淞沪之战。据重光氏自言，在沪经过中国排日分子道路稽迟及查问，均忍耐不使酿成问题，而淞沪开火前数小时，上海市长吴铁城实已接受哀的美敦全部条件，日本野心者必欲肇祸明矣。重光葵解职回国时，曾告膺白："日本军备始终为两面作战准备，实力直在十年前之上"；他解说此乃友谊，非外交官的话，暗示我们勿低估日本实力，"十年前"即华盛顿会议。淞沪停战，他在医院待签约而后割去其伤腿，恐生事之辈横生枝节。我见过当时一个中国新闻记者的纪录，因这次接触而发见对方的人情。听过人说起一个宴会席上重光葵的演说，他指着桌上鱼翅谓："日本出鱼翅而不会烹调，经过中国厨子之手乃成美味。"这外交辞令以示合作有道；然其时他们的外交官已经只有"从恶"与"补苴"之二途了。

塘沽停战后，政整会委员之一——南开大学校长张伯苓先生说："日本人除开侵略中国之外，样样都好，事事可佩而可学的"；此话中国人未必听得进，亦已经太迟了。

膺白常常以"英美""德奥"关系，想望"中日"，虽有争，各相尊重，而事适相反。试想中日间如能结善缘，互利而利人者，今日之亚洲为如何耶？斯世人道之责任，岂不可以分担一部耶？

第二次世界大战后，日本由战败而复兴，有大转变。中国亦有大转变。今日之因，又将为他年之果，殷鉴不远，一切看彼此及各自的努力了。

（原载《传记文学》 第五卷第五期）

一二一　宁案

民国十七年（一九二八）二月八日，膺白在沪，接南京谭主席延闿电曰：

上海黄膺白先生：同人推公出任外交，望速命驾来京，共商一切。延闿庚。

上年膺白受命组织上海特别市政府时，他曾有致蒋先生代请收回成命之漾电，很勉强而后受命。这次他并未推辞，于二月廿二日到京就职，我未同行。此时正当开始北伐紧要时候，政府要使国际改变观瞻，他愿意充此转圜之任。从英雄外交回到常人外交，从打倒列强回到条约束缚，而这些条约又实是不平等的。这个使命难以有功，我甚恐惧；于膺白的性情不相宜，而他亦不是一个职业外交官，我希望其不做，但未参加意见，只是心里有点不安。

"宁案"一般人称为南京事件，是一年前——国民革命军进南京时，一部分兵队抢劫各国领事馆和伤害侨民的案子，在膺白手里公开磋商办理。"济案"一般人称为"五三"惨案，是他到任后两个多月，北伐进展到山东，日本兵在济南开火屠杀的事，他因此去职。二者我都将在后面略为叙述，先说我心里为他不安的理由。国民革命军攻下武汉至此已经一年多，势力还只到长江，此时正二次准备大举北伐。北伐停顿的原因：一为整顿内部，上章述过宁汉分裂左右派之争，和南京桂系对蒋先生之相逼，是非不论，其非团结一致可见；二为改正国际和国内视听，北京犹存在一个相延十余年的中华民国政府。新成立的南京国民政府为内外所属望，亦为内外所恐惧；属望为对北京军阀之厌恶，恐惧为虑国民党之偏于过激。国民党这时已放弃联俄容共政策，开始清党；虽已清党，而国民党犹留有联俄时之组织，和容共时的习气。加以上年八月桂系之事，十二月蒋先生之新婚，人事之消长，感情之出入，均别具一番面目。国民党高唱打倒帝国主义与买办阶级，现在面临着要脱离苏联而不得不向老帝国主义者谋缓和，而一个后来总握中国财政经济的新阶级已经渐渐形成。这些都使新任的外交部长，尤其是膺白与蒋先生的公私关系，十分为难。他竟没有想到，也没有为他自己利害一想。

他面临着与前不同甚至相反的任务，骤然间从"打倒列强"口号回到依照国际公法，要国际乐成国民革命军之北伐，统一中国，其中最重要是对日外交。长江以北，尤其山东，是日本最易借端借口的地方。去年要北伐时，日本曾托辞保护侨民而出兵山东，这次难保不再出兵。出兵是易燃之火，这时的日本，侵略派正得势，田中义一主政，膺白与之没有渊源。两国间奔走的人，第一希望其不出兵，第二希望能约束不生事端。去年中国方面，蒋先生亲自到过日本，这最少是一种友善的表示。日本方面，还没有军人清一色。上海总领事矢田在宁汉对立时，与汉口总领事高尾都同情南京的。

膺白就职的当时，国民政府秘书处已抄送到两件电稿：其一是福建省方主席声涛的，其二是广州李总指挥济琛的。方主席电曰：

南京国民政府李协和（烈钧）兄：现准漳厦海军林司令国赓电：铣日英蓝公使密谈云："赴宁极表同情，惟旧年三月廿三日宁案甚望到沪时可圆满解决，即可如约赴宁，并经电沪英总领事与黄部长从速接洽"；又云："宁英领署现仍有中国军队，亦望政府妥为办理"各等语。查英使在闽时，与弟亦曾谈及宁案，据云英政府对我政府极欲表示好意让步，并不愿有所苛求；谈话要点如下：一、惩凶。英使之意，严缉凶手，依法惩办，所有案内带兵长官，如有在逃，不在国民政府管辖区域之内者，须以明令布告以后不再任用。二、道歉。英使之意，此案在中国人方面咸抱歉忱，两方意思业经接近，只须正式履行道歉手续。三、赔偿。英使之意，两方各派委员会同调查事实，一如财产被掠房屋被焚等件，如被害负伤等，然后决定赔偿办法。谨以奉陈，希与国府诸公裁夺办理。方声涛巧。（十七年二月廿一日收到）

李总指挥电曰：

南京国民政府钧鉴：治电奉悉。英使南游，日前曾得方主席电告，当令汕方欢待。顷得报告，蓝使篆晨自厦（门）汕（头），即午公宴，宾主甚欢，席间演辞对我极表美意，定巧日下午离汕赴（香）港，留港三天即到广州等语。至时当遵令款待，增进邻谊。谨复。李济琛巧未。（十七年二月廿二日到）

宁案不过结束一项事件，不是一个条约。在国民政府欲开睦邻之路，观上两电亦甚显然；不但是外交的，亦关于财政的。中国财政筑基于关税，本反经济常例，而此关税尚操在外籍总税务司之手。以下膺白致蒋先生之电可参考，原文如下：

蒋总司令勋鉴：本日易纨士来谈：（一）按照前关税会议中、英、日、美等国修正之七级表，实行加税。（二）由南北两政府各发同文通知书于各国。（三）增加数目全国约六千万两，以一千万两留抵担保不确实外债基金，余按照三七或六四比例分配于南北。（四）以兄计算，除抵补二五附税及其他杂税外，南方可净增年额一千七八百万元。（五）惟第一次南北委员会议地点，彼要求在大连，以后各次在上海，兄反对之。此事关系财政外交，于我均不无益处，惟内容复杂，国际间恐不如是简单容易解决，拟谈有头绪再入京讨论，在未入京讨论以前，决不定议，请释念。英使已往香港，约须廿号后来沪，附闻。又田中派公森、武田、小贯等一行来交涉汉冶萍事，并有训令与矢田，嘱伊同至宁正式递公文，此事发动于交（通）部组织汉冶萍公司接管委员会，及军委会电令沪卫戍部派兵占该公司码头二事，以致引起误会。顷与矢田细商，拟至宁先口头陈述，愿彼此筹商整理复业办法，暂不提公文，以避去严重之形式，俟开谈时再在沪补递公文，其苦心孤诣不能算无诚意，望善遇之。余请交部许秘书长代达。云阳。（十七、二、七）

兹略述宁案本身如下：

民国十六年（一九二七）三月廿三日国民革命军抵达南京城后，出所不料，一部分穿制服兵士大肆劫掠驻宁各国领事馆及侨民，英、美、日三国人数及财产较多，被祸更甚。物资生命以外，遭受别种侮辱。英美两国停泊在南京下关江面的兵舰向岸上开炮，乱兵即时扑灭。劫掠之兵士查明系第六军程潜所部。英、美、日、法、意五国驻汉口和上海总领事，分向武汉国民政府外交部，及国民革命军总司令提出抗议。

宁案五国宣言，及汉口外交部长陈友仁向英代表面诵之宣言，附在后。膺白办理宁案，不取集合方式，而系与各国分别办理。

宁案五国宣言书

三月二十四日民军入南京城。同日午前午后均有正式服装之民军组织的军队，对于外国之领事并侨民之生命财产为组织的暴动。因此英、美、法、义、日五国人民，或有杀戮或伤害者，或有受残虐暴行生命濒于危险者，亦不在少，其所有物被抢夺，且受极端侮辱之待遇，妇女受不可说明之暴行，美、英、日三国领事馆被侵害，其国旗被侮辱，侨居南京之外国人家宅营造物，受组织之掠夺，多有被烧毁者。

英、美、日、义、法五国政府，对于其代表官及平稳合法从事于职业之本国人民所受此种暴行，出于明白预定计划之下，因此不得不要求负有责任之民党官厅，与以满足之匡正。于此关系国以一致要求之条项竭力容让矣。无论何等政府，苟于国际团体之中，自觉其对于友邦人民，有自己本身之威信与责任者，对于以上三项之处理，其为正当之匡正，盖所有条件不过包含最小限度之当然措置。此等要求并非为毁损中国国民之主权或威信而提出者。中国国民之友谊为关系国政府所确信，同时继续和衷协同之睦谊且更增尊严，乃关系国政府所切望者也。

汉口外交部长陈友仁之宣言

（十六年三月三十一日在汉口向英代表面诵）

最近南京发生之事件，已有委员会正式从事调查。兹据该委员会初期报告，足以确定一显著之事实。盖南京之骚扰事件，实为反动派及反革命之所为。彼等乘北京及其收买之白俄兵士被击败退秩序未定之际，煽动逆军余孽（内有多人衣国民革命军之制服，盖事前取自被俘之革命军兵士身上）及地方流氓，对于城内外侨有袭击及劫掠之行动。当程潜军长部下之军队尚未将南京秩序完全恢复之际，英、美、日本诸国之领署已被袭击，并不幸有伤害外侨生命掠夺财产情事。程军长于三月廿四日下午五时半进城后，参加劫掠外侨之暴徒多人，即由程军长下令处决。据报告此次骚扰中外受伤者六人，死亡者约自四人至六人，而与华人方面被害人数，约略可得一比例。（确数尚待证实。）而外人遭死伤者一人，适当于华人死伤于英美炮舰者百人以上。国民政府一方深加痛恶于南京之骚扰行为，致英国及其他领事馆之被袭击，并表示甚深之歉意，于外侨生命之丧亡及英国领事及其他外人之受伤。一方对于英美兵舰炮击户口繁盛之南京之举，特提出严重之抗议。

国民政府在武汉时，尚与苏联合作，为革命外交。收回汉口及九江租界，甚得国民之满足；英国人最顾实际，很爽快放弃其鞭长莫及之权利。陈部长这段革命外交是办得极好的。革命外交是根据革命立场，依本国目前利益，不必用谈判方式，亦不必为事实所束缚。在种种不平等条约压迫中国门户洞开，政治和经济都不能自主，连文化都失去自尊心的中国人，这类心弦之刺激是痛快的。

中国最不幸是国际共同谋我，国际本身的利害不同，而谋我则一。"门户开放，机会均等"八个字为尊重中国领土主权的交换，见于不少对中国的条约，中国人侥幸于这"均势"而生存，然均势岂能长保？世界局势变了，中国亦不得不变了，不幸中国在变的时候，束缚我们之结，方面有三：苏联是一，欧美是一，日本是一。欧人在中国，领土和政治欲望已渐趋下坡，经济势力较看重。美国人常有推己及人，对人类自由幸福的崇高理想，但在中国，除商人经济利益外，有教会及文化势力。教会无论如何替天行道，在中国本身有甚深道德哲学，传道者不了解中国原有的哲学思想，是很难得到中国人的心悦的。教会在中国兼办学校，用美国的教育方法教中国人，使中国人得到极新的科学知识，同时羡慕西洋的物质生活，有的还看轻本国文化。这点使中国人起反感，而美国人所不能了解的。中国和美国，还是同样彼此隔膜。欧美人之在中国者，亦能左右他们本国的视听而影响其国策。欧美人在自己紧要关头，不惜牺牲中国，第一次世界大战时纵容日本，第二次世界大战时姑息苏联，均是一例。欧美人亦有优越感。欧美对中国，虽不要求新的利益，然亦不慷慨放弃旧的利益。

日本是第一次世界大战时，想狼吞又想支解中国的国家，与中国相互看不起，是中国最新一个怨恨交织的敌国。他们所利用的中国人，亦正是中国人所不容或鄙视的人。这个怨恨，乃吾辈及吾们后一辈尽人而知之事。膺白曾与当局论对日、苏两国邦交，他说：中国两个邻居都不善；若是个家，我早已搬，如今是个不可搬的国，只得先顾缓急轻重。他自己不能完全知彼知己，但究竟认识本国，亦比较知道日本。他以为中日关系与中苏关系比，无论如何不应该放弃日本这一条路。他近年不肯到日本，是避嫌，人们分不清"知日本"与"亲日本"之大别，故对外先要对内。欧美人和欧美留学生均相当狭窄，特别对于中日关系。日本欺侮中国，欧美远水难救近火，事后高压日本，中国人并无所得而戴德，日本人并无所失而怀恨。这情势下，使冷静深思的人结舌，使兴风作浪的人抬头。

膺白就任即办宁案，为国民政府需要政变对外政策。这件案子已经过三任外交部长。陈友仁部长在汉口，他的宣言认系反动分子反革命行为，最为简单。伍朝枢部长在南京，知道"事实"系共产党所为。劫掠者是穿制服的兵士，然外交部尚不直接与有关使领馆接洽，仅由司法部长王宠惠在沪与英国公使蓝浦生拟有讨论宁案基础六项。六项基础的内容大旨为三部：（一）中国惩凶道歉赔偿，此系本问题重点。（二）英美兵舰开炮亦应道歉赔偿；此在中国必须提出，对方不过表示不得已发炮之理由。（三）修改现行条约；中国人排外为有不平等条约，修改条约所以开新纪元。膺白凭此原则进行。细则由金问泗、何杰才、袁良三司长在沪与各团分别讨论。在"沪"，为国民政府尚未与各国通使节，各国使节都从北京来，而不到南京。

英使蓝浦生系在中国最活动，而得中国人好感之一人。金司长所议条款，亦实为一年后中英解决宁案之张本，稿已定而伦敦坚持（二）（三）两项不能同列，临时推翻成议。

美使马慕瑞由北京到上海，条款由何司长与驻沪美总领事克宁瀚先议定。签字之日，膺白由宁到沪，以为与马使大体讨论，即可换文签字，预定此日晚间在亚尔培路吾家宴请马使，会谈则借极司非尔路张公权先生宅。与英使晤亦借张宅。不料这日马使逐句逐字重新推敲，晚餐时陪客都在吾家坐候，而主人主客一行，至午夜三时始毕事返宅，举行形式上之聚餐。当时世界已不是庚子拳匪时代，然与今日比，尚不同。欧美人心头优越感不能去，不早迎合中国在大转变时所需要，不"大开大合"而仍"小刀细工"，诚为憾事。美使因南京领事馆国旗被毁，欲隆重行升旗礼不果，签字而仍未赴宁。

日本对宁案当时情形，与英美不同。日本所遭劫掠与英美同，在下关亦有其兵舰，然当英美兵舰开炮时，日舰奉令不许开炮。据闻当时曾三请命而三不许，致有军官荒木愤而自杀之事。日本在宁案时是客气的。我曾述过币原外交时派佐分利视察长江形势之事，佐分利的报告是同情国民革命军，希望其成功，故不使宁案扩大。膺白认识币原在美国，一次晤谈有相同感觉：难道中日之间没有其他方法打开僵局而谋两利？必欲原告被告在西方人面前请裁判？如果两国有识之士反其道而行之互助，中国供给日本所缺乏的物资，日本助中国建设，脱去帝国主义羁绊，岂非东亚之福？以过去关系说，日本应先戢止相逼，则中国自然会改变其排日心理，日本应努力在先；这是膺白的主张。民十四（一九二五）北京所召开的关税会议与法权会议，膺白是关税会议全权代表之一，他主持的第三股系对日，对手是日本代表团的专门委员佐分利，实是日本代表团重心，币原的左右手。中国提出关税自主，日代表首先赞成原则。这时候，佐分利常来吾家，吾家出京搬天津后他还来过；他是个很沉静的人。后来知道他亦信佛。一日佐分利在吾家与膺白讨论到两国关税互惠问题，他手里一张互惠货品单，七十余种，膺白看后说：玩具亦在内了？玩具实是日本出口大宗，但膺白心里以为是不急之物。他说：以现阶段中国工商业，互惠不过原则，事实是日本独惠。日本必须放大眼光，若斤斤目前小利，不放松一步，恐三十年内不免一战，届时彼此尚及身看见，必悔今日努力之不足。我始终未问膺白何以说三十年，他向来重视统计，对数目字不像我之糊涂的。这句不幸的话，后来推演比这更不幸。中日之战，距此不到三十年，而有心想努力避免一战的他们二人，均已先此去世。虽然，在这同时，上海日本纱厂工人罢工，引起英国巡捕弹压而枪杀中国青年一案，即所谓"五卅"惨案，北方的国民军当局约同其他疆吏，将责任集中在英租界捕房，撇开日本纱厂不提；这是中国方面的表示，前章亦有述及过。佐分利南下视察在其后，其时膺白亦已南归。

对日本宁案，由袁司长良与日总领事矢田接洽，双方都似不急。我曾见日使芳泽谦吉到沪来吾家，没有听到请他赴南京与否，中日间正有更重要事在后。

不幸在日本，"币原外交"为人所不容，接下去完全为田中一派之强硬政策。民国十六、十七两年，日本先后出兵山东两次，均以保侨为名。十六年之出兵，在伍部长任内，因北伐中止，彼亦撤兵。中国曾派袁良赴日，见上"南归"章。十七年出兵之前，由外交部及驻东京特派员殷汝耕迭次向日本政府交涉无效，这时已在膺白任内。下面是膺白致蒋先生之电：

徐州蒋总司令：昨傍晚得确报，知日政府已令熊本之第六师对鲁出兵，当与组安、稚晖、静江、楚伧诸先生商至半夜，除连名奉上弢电陈述对维持后方秩序办法外，本日晚车拟即派员赴沪，正式提出严重抗议，立论要点如下：（1）侵害中国领土主权，违背条约，责有攸归。（2）破坏中国统一，扰乱东亚和平。（3）在鲁日侨既日方自行保护，万一激动公愤，其他日侨发生困难时，中（国）政府是否已解除公法保护之义务等语。原文较长，摘要奉闻。此件赶于今晚车送沪，如尚有意见，请于傍晚六时前电复为幸。再去年出兵系五月廿六决议，廿七出动，廿九抵青（岛）；此次十九下令，乃限廿六至廿九抵青，是前后共十一天，而第六师（团）未到以前，又先由津派三连到济。此中是否尚有别种用意，而不碍北伐之一线希望或即在此，合并附闻，还望酌夺。云马。（十七、四、廿一）

徐州蒋总司令：昨晨返宁，亟拟赴徐（州），乃奔走终日而不得车，现另请湛侯设法，何日得车即何日行。兹先将对日情形奉告如下：（1）最初与岳（军）商，乃电邀松井（石根）来沪，嗣得复电称："松拟下济（南军下济南）后，径赴济晤总司令，并望岳随往。"又言"鲁（张宗昌）与日关系甚深，下济后何人当局甚悬念，盼能密示预拟人选；若得岳（军）当此任最佳，否则亦盼以总司令有密切关系者充之"等语。（2）亦农（殷汝耕）勘电称晤松井云："据报我军有（廿五）占莱芜，宥（廿六）到镇阳，鲁布防明水，该处无日侨，作战无碍。"又天津日军部派胡

政之赴济与我军联络，熊本派出军亦请华人到前线与我军联络等语。（3）
矢田谈谓"据彼所得训令及情报观之，在济日兵决不袒奉：（一）（日）
政府既有声明，对欧美信用有关；（二）近日（本）与奉关系极不圆满；
（三）此次出兵，陆军与外务之间有严重约束，倘在鲁日军有挑战或偏袒
情形，请以事实见告，以便纠正"等语。由上记三点观察，鄙见如下：
（1）日与鲁关系之密切，并非鲁全省，乃在胶济沿线，若任命岳（军）充
胶澳商埠督办或胶澳特别市长亦是一法，所难者沪兵工厂人选耳。（2）亦
农勘电称"明水战无妨碍"，今闻我廿六军已于艳（廿九）占明水，似松
井之言尚非欺我。且胡政之非政客，系有独立政见，独立生活，而在津办
《大公报》，其持论极赞助我方者，日军部请其赴济，或亦有委曲求全之
意。（3）矢田之言虽未敢深信，然彼有"以事实见告以便纠正"语，或亦
非全部虚伪。现为格外慎重起见，岳（军）准本晨乘上海丸行，遵吾弟意
旨前往办理，姑俟其到东谈判后电到再议矣。兄则得车即行。又前线情形
盼常见告，以便斟酌应付。弟之行踪，亦盼随时见示，以免相左至要。云
陷。（十七、四、卅）

在这以前，还有报告蒋先生在鲁敌方的消息电如下：

兖州蒋总司令：顷据养（廿二）日离济来宁之武官堀内一雄言如下：
（1）张逆（宗昌）马（廿一）夜回济，残兵不过五六千。（2）孙逆（传
芳）不知下落，残部亦仅五千。（3）上述两部残部大半无长官指挥。（4）
鲁东如祝部等，调来救急者约二千。（5）现日军在济南商埠区域内，集合
侨民于三点保护之：一为庚辛俱乐部，一为日本小学校，一为棉花会社。
（6）希望我军先进至长清、箇山、中宫、西营之线，由前派赴济之乡君前
来接洽，其办法先劝张逆降，不听则由日军缴械。（7）进至上条所述之
线，同时可在长清上游渡河，直趋禹城，断敌归路。（8）胶济车辆日军扣
留军用，张逆窜鲁东一层，日必不许。（9）日虑冯（玉祥）之骑兵先到，
难免误会启衅，因北方据逃回俘虏报告，冯部内有俄人及蒙军云。（10）

驻济英（国）领（事）言：我军在金乡、鱼台、徐州、台庄一带，对教士教产依然虐待占领，认为不澈底，希望注意。（11）亦农径（廿五）电称："日当局对四军缪部及前六军（即宁案之第六军）改编队多怀疑。"以上第六项所述，希望得一答复，兄意此事只能顺势而行，未便明言，如何盼火复。云宥午。（十七、四、廿六）

日本人实在知道我们太多了，比我们自己知道得更多。至于英国领事所言，驻沪美总领事克宁瀚传美使之言亦有类似。

美总领事克宁瀚来信

敬启者：鄙人现奉美国公使电嘱，将该使所致贵部长下开公文转请察收。"关于保护济南美侨一节，五月七日业经本使电致贵部长表明悬念。嗣准贵部长五月八日复电，对本使确实声称勿庸挂虑等因各在案。但依本国政府经常政策，凡实行战争地点，敝国人民或因有国内战争发生意外，或因有不负责兵丁攻击之虞者，均劝令其离开军事区域，退往可以保护之地方，至于劝其退出战区之合理，有过去事实可以证明。一则谢慕尔医士在济宁业被残杀，其被杀情形，本使已有机会通知贵部长矣。再则和琶师母在泰安身中来福枪弹，以致毙命，其中情形，尚未知悉。三则沃思本医士被人掳去，扣留数星期，不知何故。当兹危急之秋，按中国境内军事之进行，此处势将波及。本使兹有应请贵部长注意者：即天津有数千名美侨躲避之中区，敝国政府派有保卫队驻在该处，或有保护其人民之责。今各国侨民杂处天津所设安全区域以内，如有危及前项区域之安全，即危及区域内一切人民，并无分别，此乃各国侨民杂处一安全地点所造成之形势。贵部长必认为实情而无疑义者也。因对于保护区之不可侵犯一节，美国军队因实际上所必需，应与他国军队分担确保之责。但美国军队将求谨免阻碍中国任何军事行为。且本国陆军总司令所望切者，即担保本国人民之安全，而勿用兵器，此贵部长当然所可信任者也。至于不法以及无管束分子，或武装军队，不得准与特定区域内美国人民逐日接近，此节本使若不明晰声叙，则本使之直言，不及认为时机所必需之坦白无怀矣。兹因避免冲突之虞，本使为格外慎重起见，不得不将天津紧急情形函致贵部长察核，甚盼贵部长可保天津附近地点，如有军事行为，只得用确然尽忠图谋贵国幸福之官长兵丁，至于美国军队在前项区域内认为所必施武装保护方法之确实性质以及宗旨，亦希详细通知各司令官查照"等因，准此，相应照转，即希贵部长查照。

　　　　　　　　克宁瀚　（一九二八年五月十八日）

日本田中义一内阁不顾中国抗议，决定派第六师团长出兵山东，沿胶济线到济南，声言为护路与保侨。原来日本所谓在山东的势力有两种：其一是第一次世界大战时夺之于德国的，其二是根据"二十一条要求"而经营的。经过华盛顿会议，日本交还德国权利于中国，但若干他所经营的事业，由中日会商决定实行交还期限及办法，即世所称"鲁案会议"（民十一，王正廷主持），此时尚有在他手中者。以下膺白致蒋先生一电略可参考：

　　徐州蒋总司令：查胶济铁路沿线，除青岛、济南外，尚有章邱、张店、博山、周村、潍县、淄川、金岭镇、坊子八处，为中日约定自开之商埠，日侨极多。又有地名"四方"者，日人亦夥，且为胶济工厂所在地，与青岛关系尤重。胶济铁路对于日本亦尚有债务关系。至淄川、金岭镇、坊子三处，更有中日合办之矿业。是等处所，于军事进行时最易发生事件，除饬知战地政务委员会（蒋作宾主持）外交处蔡主任（即后被日军惨害之蔡公时）特加注意外，应请通令前方将领，借备参考。黄郛巧。（十七、四、十八）（此电由外交部发）

　　日本虽在山东尚有未了事业，然不像北京、天津之因辛丑和约有驻兵权，日本出兵山东是违法的。这次带兵到山东的福田师团长，即后来酿成"五三"济南渗案的要角，临时及事后，蛮横无理，直接在军前向蒋总司令提出惩办肇事人，及总司令向他道歉等条件。其本国政府先有野心，纵容在前，临时抑制不能。中国外交部除提出严重抗议，并请将前方祸事移归外交部办理。日方反劝中国为大局姑容，仅允外交事件归后方办理，而军事事件必须给福田面子。号称中国革命朋友的头山满、佃信夫、水野梅晓，代表日方同志来电，请"双方各自认其曲于理法之下，以诚相见"。其文曰：

谭组安、张静江、李协和、于右任、蔡子民、黄膺白、何敬之及诸同志并转蒋总司令介石、冯总司令焕章勋鉴：此次不祥事变，诚不胜痛恨。日本国论：以为华人积年对日侮蔑，已达极点，故暴戾横加，一切行动皆出于预定计划。华报议论：则似谓日本于山东有野心，故意启衅。双方议论如此背驰，距离益远，长此相互煽扬，则恶感更深，圆满解决难望，必至不可收拾。为今日计，惟有贤明不加丝毫诬妄掩饰，双方各自认其曲于理法之下，以诚相见，方有转机。临电不胜迫切之至，伫待复音。头山满、佃信夫、水野梅晓代表诸同志上。阳。（十七、五、七）

我方复电曰：

头山满、佃信夫、水野梅晓及诸同志先生勋鉴：阳电奉悉，诸承指教，铭感无已。双方舆论过当，所见悉同。延闿等之愚，深愿如诸公所示，亟为纠正；理法之事，以诚相见，先求相安，后谈是非；勿因一时而忘久远，勿因一部而忘全局。介石、焕章两同志亦同此心，故肇事之日，即严令所部离开日军所占区域，继续渡河北伐，力避冲突。惟前线紧张特甚，贵国军队长官于七日提出要求五条，限期答复，而路阻期迫，至难融贯。万一误会扩大，妨碍多年彼此之努力，且与投间抵隙者以好机，凡关心东亚大局者，沉痛何如！诸公道高望重，久为两国人士所钦崇，务恳与贵国政府一述此状，有以赐教，延闿等无似，当继续以尽心力也。谨电奉复，伫候佳言。谭延闿、张人杰、李烈钧、黄郛、蔡元培、于右任、何应钦叩。真午。（十七、五、十一）

凡注意过中国革命以前的日本社会热心人物，当熟悉宫崎寅藏（别号白浪滔天）和头山满等名字。宫崎已经去世，我们癸丑（一九一三）亡命时犹见宫崎之妹，在东京郊外黄克强先生寓所照料事务，看去已在中年以上，是十分安详的一位太太。日本人个人的义侠心能见诸行事，但不能改其爱国心。蒋先生初到南京，亦曾立刻记起日本的老朋友，派人到日本存问头山满。这件事系膺白经手，由一与政治不相关的读书人——他的女婿沈义舫（璿）前往。两国关系和各自的政治社会皆已大变，非几十年前可比，这几位老者的电报，在我们看来，胆小不敢认错。在他们当时，呼吁理法至诚，还是东方道德相处之道。惜其时日本军人已经出轨，政治家外交家都无办法，这种民间运动更无效力了。

膺白以外交部长名义对田中提出严重抗议如下：

日本东京田中外务大臣勋鉴：贵国出兵山东，侵害中国领土主权，业经国民政府两次抗议在案，并声明如不幸引起误会，贵国当负其责等语。不幸五月三日上午，在济日兵无理启衅，对我驻军及民众肆意射击。当由国民革命军总司令严令我军离开贵军所占区域附近，并令高级军官驰往日军司令部磋商防止冲突办法。乃迭遭侮辱，迄无效果。日军并以机关枪四出扫射，又屡屡开炮轰击公署民房，派队侵入交涉公署，对山东特派交涉员蔡公时割去耳鼻，与在署职员十余人一同枪杀。本部长办公处亦遭有组织的射击及搜索。中国兵士人民死者不计其数。并侵入我军驻地，勒我缴械，我军隐忍不与抵抗。三日晚十一时，当我高级军官与贵国黑田参谋长商议善后办法之时，日军竟放大炮五次，并派兵毁我无线电台。四日，日军所占区域已无一华兵，尤复不断射击。迄今交通阻隔，全城辍业。似此暴行，不特蹂躏中国主权殆尽，且为人道所不容。今特再向贵政府提出严重抗议，请即电令在济日兵先行停止枪炮射击之暴行，并立即撤退蹂躏公法破坏条约之驻兵。一切问题概由正当手续解决，国民政府并保留所有应当提出之要求。想贵政府决不愿对中国全民族有不堪忍受之敌对行为，且与世界人道正义敌对也。特此严重抗议，敬希急复，须至照会者。中华民国国民政府外交部长黄郛。（十七、五、四）（此抗议发于济南，并寄上海照发。）

以下是十七年（一九二八）五月七日，膺白由济南返沪公布所经过的情形：

（一）余赴前方之行程

我军于十七年四月三十日午后占领济南，蒋总司令于一日夜深到济。余因事先得蒋总司令迭次电约到徐州一行，商洽各种要公。至徐后，蒋已前进，乃追踪往。至二日晚十时半亦到济，惟时已夜深，暂寓商埠津浦路局办公处。余之同行诸君及卫队二十余人均寓于此。蒋主席作宾率战地委员会诸人在徐州同车北上，故多同寓于此。

（二）肇事前之情形

三日晨入城，晤蒋总司令，沿途商铺多已复业，景象极好。及抵总部，询悉日兵在商埠所布沙包铁网等物已于昨夜搬去，谈顷，适日本驻济南总领事西田，驻在武官酒井，及天津派来之驻屯军队长小泉，与其参谋河野等，来总部谒蒋，谈话颇洽，小泉队长并辞行云：拟即日率队返津，因津浦北段不通，故已请胶济（铁路）局备车，将由青岛返天津等语。余以我军入济两日，中外相安，正深欣慰，不料至十一时左右，由总部出城返寓途中，忽闻枪声四起，路人奔走相告，谓日兵已到处对我方军民射击矣。

（三）余在寓所之经过

余车冲过火线返抵寓所，是时步枪声、机枪声，时杂以炮声，断续发放，各处交通断绝。但时得电话报告，谓路上被击毙者甚多。余在路局所设之临时办公处，其短栅栏外，亦有日兵围立，余正在用电话与各方面筹商先行止射，再查实况办法。栅栏外之日兵，突向余寓所猛烈射击两次，一拥而入，寓中数十人麇集，全场大乱，窗上弹痕极多，点点可数。余乃上楼开窗，劝令停射，然后下楼至庭园中，与其宪兵富田真一谈，出示予之名片，并说明余之职位，及此处系余之临时办公处，请其考量。惟彼声称有枪弹发自余寓，要求将卫队军械交出，余不之许。并告以余之卫兵，自始即经告诫，不许出外，不许放枪，其纯属误会无疑。于是富田宪兵要求入室打电话请示。彼遂乘间察视一周，见卫队枪枝搭架聚于一处，且有列队长负责，日宪兵旋亦退去。

（四）余与日军司令部交涉之经过

未几日宪兵富田复持河野参谋名片来，谓目下两军互击，联络全断，恐酿大变，拟邀我面商办法。同时总司令电话亦请余就近与日方先商联络方法，方可以谋息火，遂不避艰险赴正金银行楼上，与日军参谋菊池、河野寿商定双方各派两人沿线巡行，阻止射击，虽未能完全收效，而枪声自此即渐渐稀少。

余复一面由电话与总司令随时商议。知已严令我方官兵不准射击，并限令速与日军所占地域隔离，并由总司令电托与日方交涉，为便利联络计，凡总司令派员往来时，规定一种特定旗号，以资认识，要求日军通饬全线日兵，对此旗号坐车，不得加以射击，交涉毕，予乃重冒火线入城，至总部，已傍晚七时，是夜遂改寓总部。

（五）各处缴械之情形

余在津浦局之临时办公处，本在日兵警戒线中，自余行后，日兵即勒令军装人员一律迁出，所存枪枝则以保管为名，遂亦携之而去。同时我军小部分之驻扎商埠内者，悉被包围，甚至津浦局所属铁路巡警之械，闻亦被缴，现在确数尚未可知。

（六）无线电台之被毁

三日之夜十一时，蒋总司令派熊师长式辉再赴日军司令部商议善后办法，正在筹商间，突闻炮声五响及炸弹声甚厉，探报知系日兵毁我无线电台而去，守台兵士亦被炸死。

（七）蔡交涉员之遇害

四日上午八时，山东特派交涉员蔡公时之仆张汉儒来部，报知昨夜十一时，交涉署突来日兵二十余人，将蔡及合署职员十余人，一律捆出枪杀，并将蔡之耳鼻割去。张仆乘间越墙逃，日兵射之，肋旁受有弹伤。现在死者姓氏，已嘱战地政务委员会外交处调查中。

（八）离济赴党家庄

五日晨，得电知冯总司令（玉祥）已过泰安，将到济。余与蒋总司令乃于上午十时乘马赴党家庄迎之。及冯到后，蒋总司令与冯总司令及各路总指挥商定继续渡河北伐事。并由蒋致福田师团长一函，告以我方力顾大局之意旨，其函已另见报载，不赘。

（九）启衅之原因

启衅原因，其说不一。日人方面当然专为有利于日方之宣传。但我方所得某有力之报告，确系日兵先行开枪，现为周密起见，当局已责成卫戍司令部、公安局长、外交处长及历城县长等，分别详查，并竭力从事搜集证据，以为异日交涉之根据。

（十）死伤与现状

此次事变，双方死伤不少。惟我军自总司令严令后，并未还报一枪，而日军仍时时发枪，故我方死伤实多于日方数倍。且因日军在市街开枪，并非野外射击，故毫无抵抗，不及躲避之行人，死伤尤多。现在我军已分别渡河，济南城内仅留相当部队，以维秩序。商埠附近，已无两军对峙之形势。至其他各国外侨幸均平安，而前方将领又均一致，以继续北伐为重，力持隐忍与镇静态度。故此后事态，或不致扩大。予因在济交涉，究属临时应急办法，电报又多阻碍，故于六日晨乘车返都，以便就近秉承政府，继续交涉。惟连日所受精神上之痛苦，至难言状，而回想在济种种经过，真令人感慨万分。上面所述，仅能言其概要而已。

这个稿子以外，我补充三点：（一）决定不撄蛮横日军之锋，绕道渡黄河以完成北伐，统一中国，再图其他，是膺白的建议，他当时的看法，为国家只得如此。（二）膺白在济南正金银行与日参谋商议如何先谋停火时，拟得一法，中日各派二人，各持旗帜，坐车冒火线前进，各向自己的一方呼止射击。派出之四人乘车巡行回来，不幸其中日人一名中流弹身死，此流弹出自中国方面，其余三人同作巡行报告如此说；报告呈膺白，他看过写一"阅"字。这件事后来有人造出甚大谣言，谓膺白签了承认济南肇事责任之约，消息传得比任何国事都快。膺白未回家，我先见报，至为惊讶，此系后话。（三）在津浦铁路办公处共两批人：一批是与膺白同行的外交部职员和卫队，外交部随行之人极少；另一批是战地政务委员会主席蒋雨岩（作宾）和委员们，人数较多。一时听到枪声，秩序很乱。膺白独自上楼开窗呼止日兵射击，然后出到园中对话，是极有主意而甚勇敢的举动，免了全部同人之艰。无论过硬或过懦，挑其怒或使其鄙视，均非应付日本军人之道，应付稍一不当，很可能与交涉公署蔡公时同一命运的。此外电报中所提到的高级军官同向日方参谋交涉者为熊天翼（式辉）先生，当时日方参谋均在正金银行楼上。

济南惨案的当时，张岳军先生正往日本。当四月间日本决定出兵山东，而国民革命军正节节胜利将到山东时，蒋先生实非常顾虑，连电膺白赴徐州前线面商，亦连电要岳军先生赴日。下面几个为岳军先生东渡事，膺白致蒋先生的电：

兖州蒋总司令勋鉴：新元密。宥辰电奉到，当复一电，计已达览。今晨到沪与岳军商，结果认为此举颇有审慎之必要。一因尊电所示方针，吾弟在东时对政友（会）及政府要人曾经表示，彼辈亦深信弟确能本此方针进行。惟对我党部政府及焕章态度，始终怀疑，且虑弟因对内关系，不能贯彻主张，岳军以弟个人代表名义前往关说，恐无效力。二因岳军以现任职务关系（时任上海兵工厂厂长），无论用何方式及理由前往，人必疑其与购械或订约有关，倘因此引起内外之误会，则于外交内政双方均有影响。未识尊意以为然否？明晚回宁，一切容到徐（州）面商。云沁申。（十七、四、廿七）（注：原电系岳军先生手稿。）

徐州蒋总司令勋鉴：新元密。本晨会商结果已电达。顷接昨日酉电仍催速行，不知前方所得情报如何？乞酌示以资应付，并请参照晨电决定行止，电示遵办。惟本晨另已电东请松井来沪，如能办到，较我方事急前往迁就更佳。如必须行，船期最早星二。（注：以上系膺白亲笔，下为岳军先生稿）又顷据上海重藤武官云"福田师团长到青（岛）后，已发声明书，大致谓胶济路与日侨之生命财产及日本之经济均有关系，不许任何方面军队破坏，并来电嘱重藤转达我军"云云，务祈转令东路军队注意。云、岳同叩。感亥。（十七、四、廿七）

徐州蒋总司令勋鉴：新元密。昨二电计达。顷奉感电，又详细研究，以为田中昨已奏明天皇，自本日起停会三天，因对内相弹劾案政友（会）缺五票，拟在此三天内挽救；照向例挽救无效则倒。而据日人之善我者言："此三天内在鲁日兵或与我寻小衅，以便彼张大其词延长内阁，宜力避勿中其计。"并以为"即岳军代表前往，亦应俟三日后再电告松井、佐藤，否则彼等亦将利用此电以号召，谓中国方面将有重大进展，蒋已派最亲信人来日开重要谈判，如此则于彼延长内阁之生命反加助力"等语。总之此间毫无成见，欲行即行，惟上述情形，确有考虑价值，故再电请斟酌见复，以作最后之决定。云、岳同叩。俭午。（十七、四、廿八）

十七年（一九二八）的四月下旬我已经到了南京，住在蓝家湾外交部官舍。膺白仍往来沪宁，我均不同行，其时的外交实多在上海，报告政府则须回南京。以上关于岳军先生东渡和究竟何日成行，当时我均不知。奠都南京后之北伐，显然最可虑之障碍在日本，除日本，北方旧军阀实已成强弩之末。一年来，国民党清党是实，一般人对苏联与共产党之恐惧心已减少，而对国民党，尤其是蒋先生个人，期望心日增。在这时期，中国和日本，双方都未尝不努力，然因日本对中国的积恶太深，而中国的党亦不为日本所信任。日本不容有对中国眼光稍远之人，中国亦然。膺白不肯到日本去；在中国，他为一部分人所侧目；在日本，急进的人亦不喜他。岳军先生不能不去，他内外都可代表蒋先生，去年他跟蒋先生一同到过日本。

五月三日傍晚，南京已得济南惨案之讯，满城惶惶，消息甚隔膜，谣言纷起，电报多被耽搁。膺白四日由济南发致南京外交部唐次长悦良之电，报告同行诸人平安，送到已在两日后。电曰：

外交部唐次长：昨晨日军无理启衅，蔡公时以下职员十余人被杀，电台被毁，射击一日夜，兵士民众死伤甚多。现已电东京田中，提出严重抗议。同行杨畅卿、罗家伦、钱昌照、王大经诸君均无恙，乞分别转告亲友。黄郛支。（十七、五、四，由济南发。）

以下是膺白回部后致前方搜集证据之电：

济南蒋主席（战地政务委员会主席）雨岩兄：蔡主任（公时）以下遇害者名单，乞速电示。又蔡之仆人张汉儒一名，请先设法遣送来宁，至感。盼复。弟黄郛齐。（十七、五、八）

兖州总司令行营邵力子先生，并转蒋雨岩先生：蔡仆张汉儒消息如何？最好护送来宁。至交署遇难人名单，商埠地图，各方面报告，各种证据影片及纪录，概祈设法搜集，从速寄宁至盼。外交部铣。（十七、五、十六）

行营蒋总司令：篠电奉悉。昨据崔（士杰）交涉员篠电称："泰安内有飞机来，间有投下炸弹事"，本部当即面告日领电日政府查禁，乞饬将日飞机投下之炸弹壳片及毒面包等，设法搜得，专差送部，以凭交涉。再日机再来时，能设法摄影尤妙。外交部效。（十七、五、十九）

当时应付济南惨案之方向有四：（一）在前线面临日军福田无礼要求之蒋总司令；（二）在后方听取前线报告而交涉之政府，外交部是重点；（三）往日本向其政府交涉之张岳军先生和原驻东京之特派员；（四）原在巴黎之胡汉民、孙科、伍朝枢、王宠惠、李石曾诸先生。我将以往来电报证明且解说其事于后。

膺白应付济南惨案之方略有三：（一）对日本政府抗议，并请阻止福田在军前提条件，一切移交后方由外交部办理；（二）搜集证据向国际公布；（三）不在他职务以内而是很重要的一件事：安定后方人心，解说事态真相，免北伐后顾之忧。（一）（二）两点非旬日间所能见效，第三点当时少人注意，是他首先向军政当局及社会各界领袖，陈述当前利害而决定态度。他愿将丛谤集于一身，而分政府和蒋先生之责。我见其奔走京沪，废寝忘食，曾劝其辞职让贤，他答我："待北伐完成，中国统一，当辞职以谢天下，将一切办理不当之过失，归于一己，今如何临阵脱逃！"

下面是蒋先生报告政府的一封明电：

国民政府谭主席、外交部黄部长：日兵种种挑衅暴行，早邀洞鉴。中正力求保持和平，严（戒）部队避免冲突，本人亦于微（五）日离济，率师北伐，当时曾通告日军福田师团长知照。乃福田明知中正不在济南，于虞（七）日下午三时，特向交涉员赵世瑄提出要求条件，条文已详另电，限中正即晚十二时以前答复。事前日军百计破坏我方交通，无线电台早被炸毁。赵交涉员至晚十时方得以福田之要求，报达朱总指挥培德，朱总指挥一面转达中正，一面电复福田，告以万不能如期答复之理由。中正接阅该要求后，即派高级参谋熊式辉驰往济南，向福田谈判，顷尚未知结果如何。（又）据战地政务委员会主席蒋作宾前来报告："是晚十二时以前，日方已不待我方答复，迳自占领辛庄、张庄，并为种种炮击之准备，至本晨四时，突用大炮向济南猛烈射击。"蒋主席（作宾）于晨六时离济，直至正午，沿途亲闻所放炮声至少在一万发以上。中正因服从中央训令，力求完成北伐，江（三）支（四）两日，日军虽以密集炮火向我射击，仍严令部曲不得还火，并调各军团一律渡河，仅留少数部队在济垣维持秩序。乃日军节节进逼，既提出妨碍我军北伐之要求，复明知我不能如限答复，遂用大炮轰击人烟稠密绝无抵抗之城市，蛮横惨酷至此，直已灭绝人道，其以前所借口之各种理由，益可证为任意诬蔑。中正至此，虽欲对福田继续谈判，亦恐无从着手，应请钧府立向日本政府提出严重抗议，并以此事实宣告全世界。除将福田所提条件另行呈报外，谨电奉闻。蒋中正庚西。（十七、五、八）

次日膺白在沪，接政府修正电如下：

上海黄部长：顷接蒋总司令电云："庚西电中蒋作宾所述一节，事实尚未证明，请勿发表。"公所携稿中"发炮万余"诸语可删去，即改为"（向）我军（进）攻"，希改正发表为要。元培、右任、烈钧佳酉。（十七、五、九）

上海黄部长：本日会议拟派各国代表：梯云驻美，亮畴驻英，石曾驻法，已内定，请公先向沪领表示，得复再发表。日本拟派展堂，未归以前派人代办，俟得展堂同意再定，尊意如何？延闿文。（十七、五、十二）

国民政府尚未得国际承认，对外派代表事，蒋先生去年曾与膺白商过，膺白有建议见上《南归》章，但似未实行。此次在巴黎诸先生皆国民党元老，胡展堂先生尤自负，且与蒋先生不同趣，伍梯云先生接近胡，其他诸人折中其间，亦常变化。每逢一次国难，要人之间总谋一次团结，这是第一次。有来电八通如下：

巴黎李石曾先生电曰：

日本外交无妨让步，俾速取北京，免蹈（郭）松龄故轨，弟意与孙（哲生）相同。煜。

石曾先生乃北方人，深知郭松龄功败垂成，由于未得日本谅解，日本转助奉张之故。又下面电中所谓"北外罗""北使陈"，为北京政府外交部长罗文幹与驻法公使陈箓。"组安电"云云乃谭主席向国际联盟之申诉书。另巴黎来电如下：

静江兄：微（五日）电悉。转介石、组安、膺白暨政委会诸同志鉴：

现当党国最大危机，同人决定推宠惠佳（九）日赴英，朝枢真（十一）经英赴美，科文（十二）往荷、比、德，汉民暂驻法，分头运动。急盼以日本挑衅详情及当局对付方针见告，以后内外方针必一致，消息必互通，责任必专一，庶可收效。汉民、煜、科、朝枢、宠惠阳。（十七、五、七）

静江、膺白先生：日使对美外部宣示日人死伤详情，我方急宜搜集挑衅事照片。当日首先开枪何人？对日残辱活埋有无其事？请实告，俾宣传有分寸。枢青。（九日）

静江、膺白兄：美政府未得伍代表国府赴美通知，请速知照美领并复。汉民、科、煜瀛、宠惠青。（十七、五、九）

组、静、介、膺诸兄暨政委会诸同志：昨得蒸电，弟等即以私人名义电罗文幹，请其亦任陈箓提议国际联盟，因如此方生效也。石曾、毓秀两同志与法专门家讨论，以为南方向未承认，假权北方有为彼张目之嫌。联盟素为大国把持，英为秘长，日掌政治股，我无胜诉希望。且六月初开会结果，不过派员调查，无救于急。又虑美国因此不愿过问，不如只作宣传作用而止。言甚中肯，合并以闻。惟弟等觉与强国争，一切运动本无把握可言，此举胜于束手缄默。既经中央决定通电，势须继续进行，陈箓可为我用，如何仍候公决。汉民文。（十七、五、十二）

组、静、介、膺诸兄暨政委会诸同志：灰、蒸、真各电均收。亮畴蒸已赴英。各重要事实经此间尽量发表。观察形势，日似早对西方舆论有布置，对英有谅解，为占鲁准备。彼对各国，以宁案比鲁案，谓护侨外，无野心，我宜多方破露其伪。国际联盟陈箓为行政委员，已与有接洽，请电委其提出，当可受理。惟华府条约，美为主动，梯云决乘删（十五）日船迳赴美。但外患若此，我内部宜定应付全局方针：（一）对日镇静，以外交解决鲁案，所见皆同。惟民众应自动和平的行经济绝交，并宣言愿与日民亲善，共维和平，但日兵一日不撤，鲁案一日不决，只有停止经济关系，静候圆满解决。但对外侨生命财产，应不侵犯，以免口实，而博同情。（二）对英法亲善，宁案速了。怀德赴华，此人对华颇有眼光，宜与联络。（三）奉张宣言息兵，似应向奉提出和平办法：甲、奉军退关外，满洲归其驻防；乙、内政统一，由国民会议解决；在定期筹备以前，我方应乘外患正剧之际，严厉"清共"，统一财政，改编军队，开始建设。如何？盼复。汉、科、枢文。（十七、五、十二）

张静江先生并转黄膺白先生：梯云力主在国际联盟进行，并拉胡（汉民）、孙（科）与北使陈（箓）、北外罗（文幹）接洽促进，弟事前不知。事后阻止，因此事害多利少，且多阴谋，详函。组安电不合手续，不能生效，仅可作为宣传，望向此路勿再进行。济事宜注重华会九国协定，诉诸美国政府，以免美国误会。伍等联名致电北外罗，及主张亮畴代表南京赴瑞，均未得亮同意，并闻。煜元。（十七、五、十三）

组、静、介、膺诸兄：阅报日又提要求三项，我方应付亦应提出要求：一、占鲁日兵应即撤退；二、双方是非损失，应请国际联盟调查决定，或请美、英、法派员合组审查委员会调查判定，我方均愿遵守。右条件如向日提出，同时应通告美、英、法及公布，以利宣传。如对日谈判直接解决，应俟北京克复后进行，较为有力。如何？盼复。汉民、科铣。（十七、五、十六）

与日本交涉情形，以电报依日月次序记之，以下是岳军先生由东京来电：

南京蒋总司令、黄部长：与田中谈结果（一）不袒奉，至北伐将成时，彼当助南统一中国。（二）根据华府会议，说明胶济路之担保权及济南侨民关系，不得已出兵理由，求谅解，并不妨碍北伐之进行。（三）关于目前护侨护路问题，属于军事者福田现负其责，当由其办理，此外交涉统由双方外交当局办理。济南择留优秀部队维持治安，注重在先求相安，后谈是非。（四）万勿因此事扩大风潮，益增纠纷，致使彼此处境困难，无法挽救。（五）群明晨离东回沪。特闻。群庚申。（十七、五、八）

田中义一是个军人，是一大将，以政友会总裁身份组阁，兼主外交。他任令师团长福田在中国负前方军事之责，实亦纵其自由。日本人性格，当冲动之际，失去理智，军人尤为蛮横。田中不久因张作霖从北京撤退时，在皇姑屯被炸死案，动了天皇责问，以是辞职，但日本军人之"行险"可见一斑。福田在前方扰大乱未成，于是枝节泄小愤，其对手方为我总司令。下面是蒋先生致谭主席及膺白之电：

南京国民政府谭主席、外交部黄部长：日师团长福田，虞（五、七）下午三时提出条件，译文如下："与贵总司令屡次声明之意见相反，今次由贵部下正规军实现不忍睹之不祥事件，本司令官不胜遗憾之至。对日帝国军队及居留民所加之一切损害，并关于国家名誉损毁之赔偿，容俟他日由帝国政府交涉。本司令官暂对贵总司令要求下列各项：（一）严峻处罚有关骚扰及其暴虐行为之高级武官；（二）解除在日本军前抗争之军队武装；（三）在南军治下严禁一切反日之宣传；（四）南军应离隔济南及胶济铁道两侧沿线二十中里以外；（五）为监视右项执行起见，在十二小时以内开放张庄及辛庄之兵营。右诸项望在十二点钟以内回答。昭和三年五月七日午时临时山东派遣第六师团长福田彦泅二。"中正当即派熊高级参谋式辉、罗委员家伦代表往济南向福田谈判，谨电奉闻。中正庚申。（十七、五、八）

国民政府谭主席、黄外交部长：昨各电计达。日兵抵党家庄时，适第三军第八师正开路渡河，日兵突来腰击，该师损伤甚重，不得已还枪自卫，激战一小时，日兵退去；该师亦离党家庄，本日日兵向党家庄开炮。熊式辉等今晨回报福田态度甚强硬，中现又派总参议何成濬往交涉，已允以下列六项："（一）第四十军长贺耀祖因不听我令，未能避免冲突，业经免职；（二）胶济路沿线及济南周围二十华里以内，我方暂不驻兵，济南城内概由武装警察维持秩序，其在城内现有驻兵，撤退时得安全通过；（三）本军治下地方，为维持中日两国睦谊起见，早有明令禁止反日的宣传，亦已切实取缔；（四）辛庄、张庄之部队已奉命开拔北伐，该两处暂不驻兵；（五）本军前为贵军所缴之枪械请即交还；（六）八日贵军立发重炮袭击我军部队，为维持中日两国睦谊及东亚和平起见，请立即停止军事行动"等语。请立电岳军，嘱其转请松井注意，倘福田仍进迫，则中已至无可再让之地也。特电奉闻，并请暂守秘密为祷。中正佳未。（十七、五、九）

黄部长：昨电答复福田之条件谅达。何总参议携函赴济，因党家庄被形似土匪者占领，不能通过，现在令设法绕道前去，惟能否达到目的地，殊无把握。若派兵往剿，又恐引起冲突，请即将此情形并答复条件，先行设法由沪拍致福田，并与商以后通讯方法，并将日在济电台名号见告为要。中正灰午。（十七、五、十）

黄外交部长：下电应与矢田，或电汝耕转达，请酌之。其文如下："昨答福田条件一电谅达，惟党家庄被土匪占领，与日军交通阻绝，何雪竹至今尚在箇山站，不能提交，请酌告其代达福田。顷接岳军与田中晤后电，彼言不妨碍我军北伐，如其能不妨碍我津浦交通，予以自由运输，则对于反日运动，中正可以极严厉手段阻止之。如此，则向来关系依然继续，且益加厚，中正为增进睦谊计，亦可以向日军道歉表示真诚也。"希与前途先以非正式详告，盼复。岳军兄到沪时，即请其速来前方，勿延缓。中正灰未。（十七、五、十）

黄外交部长：前上一电，即请托矢田或汝耕转达之意，最好以兄之名义电告，可代表弟办到多少程度，不必用弟名义。如何？请酌，总以速了为宜也。中正灰未。（十七、五、十）

膺白为国家尚有何事不肯做？何况这次是他的职务，未出兵前，阻止其出兵，既出兵后，尽可能期其不出事。出事后，几经通知日政府移归后方办理，无乃日人狡诈，且缓不济急。以下系膺白致政府及蒋先生电、蒋先生来电及抄送之电：

南京国民政府谭主席并转静江、稚晖、协和、右任、子民及国府诸先生：在沪接洽情形：（1）美允半劝告式的询问，命驻东大使问田中三次出兵之真确意旨，命驻济美领问福田能否适可而止。（2）现拟酝酿组织调查团，外人亦可加入，要求日允许赴济调查。（3）昨午钱、张（卫戍司令钱大钧、上海市长张定璠）出面宴请英、法、美、日、意领事，关于上海治安，组织一临时联络机关，各派专员每日定时集合。（4）梯云赴美，已由美使电美政府知照。亮畴赴英，石曾驻法，哲生赴荷、比、德，均已将济案详情摘要电告。（5）亦农真（十一）电称："参部佃俊、陆部香川、外部中山，奉命赴鲁慰问日侨，并收束侨事，政友会派永田、今井等同行；田中往送云：阁议决由陆长训令日军，在鲁军事行动不出护侨范围。"（6）商界、中外舆论界连日分批接见，酌告真相，咸知形势紧张，颇能与政府一致。惟反对派攻击外交，集中个人，甚觉困难。（7）岳军本日下午可到，到后即令赴徐（州）。（8）头山满电由郭根据原稿，酌加润饰发出，日、美、法三方代表处亦将逐日经过情形电告。（9）英、法宁案仍在进行，惟尚未能即日完成；英方有二点要待北京英使回电。知注特达。郭文申。（十七、五、十二）

蒋总司令：岳军庚（八）电称："晤田中谈如下：（1）决不偏奉，至北伐将成时彼当助南统一；（2）根据华会说明胶济路之担保权及护侨关系，不得已出兵理由，求谅解，并不妨害北伐进行；（3）目前护侨护路，属于军事者福田现负责，当由其办理，其他交涉统由双方外交当局办理。济垣酌留优秀部队维持治安，注重在先求相安，后谈是非；（4）万勿扩大，益增纠纷，致使彼此处境困难，无法挽救；（5）群青（九日）离东，文（十二日）可到沪；（6）面允派松井往济；（7）留日陆军学生退学不少，本党学生应否准退，盼复；（8）佃、水野意对头山等老同志亟应有所表示，以便鼓吹。"等语。亦农庚电称："（1）本日阁议决派名古屋第三师出动；（2）午后田中在外部邀集各国驻东大使，声明派兵不出事实上护侨护路必要程度，别无他意；（3）闻此次兵不尽至青济，将分一部赴京津；（4）闻驻济第六师将调青岛休养，恐兵心嚣昂，再滋事端"等语。顷矢田来，面示其外部训令如下："（1）第三师团出动专为护路护侨，绝无膺惩之意；（2）济案除军事由福田负责，其余当由外交办理；（3）希望不扩大，仍继续北伐"等语。特达。谭、吴、张三公不另电。云灰。（十七、五、十）

徐州蒋总司令：顷电亦农曰："前兄寒（十四）电称田中已命将济案移归外交交涉，今谏（十六）电称松井谓全案固归外交，然两军间必须有临时协定，是否田中与松井不接洽之故。请再见田中，如彼元（十三）日所谈，果属望总司令为收拾时局之中心人物者，（1）应免除其现处地位之困难；（2）应不伤其对国内之威严。将临（时）协（定）一说，统归后方并案办理。此节将试验彼元日之谈诚意否也，盼速进行见复"等语。特达。顷矢田电约明晨来会，有日政府觉书一通交我，内容似不许我、奉两军出关，俟接到再详达。果尔，则奉军无退路，必将在京津间死斗，又一毒计也。云篆亥。（十七、五、十八）

兹先插入最近（一九六四年五月）张岳军先生所示"济南事变交涉经过有关密电"一件，系抄自美国所有盟军占领时摄取有关日本对华外交档案密件胶片，可见日本政府说话，与福田在济南行动之各不相合，原电如下：

上海来电（张群电 五月十四日下午六时到，即转出渊次官、有田局长、松井部长、佐藤先生并请代呈田中总理阁下勋鉴：群在东承诸先生掬诚指示，八日在首相官邸，承首相面示各节，均已先后电陈蒋总司令及黄外交部长。昨晚到沪，除详细报告国民政府外，正拟电蒋总司令，一面与福田师团长妥为接洽，从事调查事实，开始交涉；并一面严令防止排日风潮，以释悬念。而政府当局意旨，因鉴于两国根本之利害，并遵中山先生生平之主张，亦极不愿事态扩大，使国民受激剌太深，影响及于东亚前途。即蒋总司令复群八日晤首相后去电，亦云果如首相所表示，日本出兵护侨不影响北伐，中正当本初衷尽力完成中国之统一，以符友邦之企望。如济案查明，其曲在我，我将表示真忱对日道歉，决以光明磊落出之云云。至福田师团长提出之条件，如撤辛庄、张庄之兵，胶济沿线及济南周围廿华里不驻兵及处罚肇事长官等，均已大体照办。乃代表赴济之何总参议成濬十日由济回报，福田师团长坚持必须在日军之前，将曾抵抗日军之方、贺、陈三军团全体解除武装，并将肇事军官处以严刑，如不照条件承认，此后不再接受我方代表云云。十二日青岛总领事转来福田师团长十一日电，亦催询我方是否完全承认条件。查福田师团长此等态度，与首相及诸公对群之表示，大相迳庭，不知何故。且当日群与首相面谈后，复承佐藤先生赴参陆各部传述首相意旨，想福田师团长必已接洽，何尚坚决若是，群意拟请松井先生遵照首相意旨，克日首途，一面电达福田师团长静候和平解决，两国幸甚。迫切陈词，伫候电音。张群叩寒。（十七、五、十四）

以下是政府致蒋先生之电：

蒋总司令：弟等讨论济案及觉书应付方针：（一）前方临时协定，既经多次接洽，日方坚持不允免除，惟有由前方速派代表前往办理，以便结束；（二）道歉，以我方虽曾有令保护侨民，仍不能避免冲突引以为歉为辞。至向何人及何种方式道歉，已电亦农非正式探询；（三）觉书，因含有确定日本在满特殊地位之关系，拟以简单答之，大意连年用兵为求统一，东省日侨自当保护，同时以口头告以若张（作霖）能下野，退出北京，自无用兵必要。延闿、人杰、烈钧、右任、元培、应钦、郭荦。（十七、五、二十）

以下是陈立夫致蒋先生电，我所有的一份，系用总司令部信笺抄送来。

蒋总司令钧鉴：矢田提觉书时，曾将该国政府对此觉书之说明书，出示黄部长，内含四点：（1）南北和平谈判有可能否？（2）如不能则对奉取两种方法：（A）不战而退，准出关，但不许南（军）追；（B）战败而退，则须先缴械始出关，然仍不准南追。（3）张（作霖）出，不准再进。总之，日欲保持其在东省特殊利益，无论张败或胜，南军不许出关；张如欲出关则应立即保持其实力而出，不然留关内作死斗。今议之答即根据此点。昨得京电，芳泽访张谈八小时，无结果。谈判大意：（1）张下野；（2）京津交（杨）宇霆、（张）学良；（3）败卒不准退关外。芳泽出，张即召学良、宇霆入府紧急会议，结果未详。昨电派员与福田商协定一层，多数意以雨岩为宜，惟组公稍有异议，似有避责之意，谨闻。职陈立夫叩。哿亥。

以下是答复日本觉书的我国声明书：

五月十八日贵总领事面交黄部长觉书，内有"战乱波及京津将及东三省时，日本为维持东三省治安起见，或将采取适当有效措置"等语。查贵国之一再出兵山东，侵犯我国主权，引起不幸之事，致使我国全国人民激昂愤慨，对贵国政府抱无穷之遗憾。我国民政府为顾全两国素来之睦谊，竭力劝谕民众保持向来亲善态度，静待外交解决，我方所以如此者，非仅为敝国计也。刻在我军将达京津之际，贵国又有所谓对于东三省采取适当有效措置之议，此种破坏公法，以武力干涉中国内政之事，我国民政府万难承认。且不料贵国竟有如此言论，将来我国民革命军勿论进展至何处，自有妥善方法，可以解决各国侨民之生命财产，决不至陷于危险，可并确保其安全，深望贵国政府万不可有侵犯我国主权之举动，以维两国固有之邦交。我国此次用兵，为谋统一，奉军苟能及时觉悟，则军事进行，自可适可而止也。

以下蒋先生来电，我所有的系用建设委员会信笺抄写，末尾附批有"子民、静江、膺白议决不公布"字样。

南京谭主席、上海黄部长：元子电计达。雪竹（何成濬）晤福田时询济南情状，被拒绝谓非尔等所应问，并禁止访问，即日友亦不许。雪竹归，途遇由济南逃出之乡人言，日兵对济南用炮火猛轰，西门大街起火，全街灰烬。又闻有一德人被害。俘获我方在城维持秩序之官兵皆杀死，虽伤兵亦不免。日人似惧雪竹探得其暴行证据，故绝对监视其行动。以上所述应否公布，希酌裁。中正元丑。（十七、五、十三）

以下仍是蒋先生由前方来电：

黄部长转静江、子民诸先生：组公盐电敬悉。对福田交涉，若并许其将贺、方、陈三部全军解散，绝无再接受我方代表之酌前方情形全权主持以求速了也。目下惟有二法：一由政府照会日政府，以上午中正电谭公所称者，由政府直接交涉。一由我方先与田中以非正式谈妥。如惩办高级长官以贺耀祖为限，解散军队亦以贺部为度；如其能承诺此点，则解散军队亦可允许，甚至中正道歉亦所不辞。否则与福田交涉，虽允其解散军队，其要求亦无限量。此事当以军事移归外交为主，不可再以斟酌前方情形了之也。中正寒亥。（十七、五、十四）

黄外交部长：松井不起程，飞机及斥堠骚扰不已。彼方竟无诚意，请注意，弟已认为绝望也。中正巧戌。（十七、五、十八）

以下是谭主席由南京致膺白元子、元辰、盐、盐亥电及蒋先生致谭主席及膺白巧巳电，膺白在上海。

黄部长并转蔡院长（子民）、张主席（静江）：介公来电文曰："顷接青岛日领转来福田真电文曰：对本司令官之要求，不知是否完全承诺？请赐复，赐复以后再决定派遣贵代表云云。强暴若此，应如何对付之处？仍乞示以方针为祷。"弟与敬之以为迁延愈久，牺牲更愈大，请三公速商密复。岳军到否？延闿元子。（十七、五、十三）

黄部长：介石来电如下："顷何总参议由济南回报谓：福田所坚持者，须于日军之前，将曾抵抗日军之方、贺、陈三军团全体解除武装，并将肇事军官处以严刑。且谓我方如不照条件承认此层，则以后亦不接受我方所派之代表。似此横蛮，如何应付？请即电示，以便遵循。美政府既电嘱美领事调停，即乞膺白兄将福田条件及今日报告速交美领，从中调停如何？中正文亥"等语。盼复。延闿元辰。（十七、五、十三）

黄部长：顷接介石电云："昨电公请托矢田代复福田谓：对彼要求已电政府请示；如此项复文已送去，或以外交方法缓和之，或仍暂拟不复，宜速决定"等语。介石意暂不欲政府露面，留回旋余地，乞酌裁电复。延闿盐。（十七、五、十四）

黄部长：介公来电："日方利于以武力扩大，不利于以外交解决，故日政府避与我政府交涉，而阴使福田与军事当局直接威逼。今拟请我政府正式通告日政府谓：福田所提条件，蒋总司令已报告政府，且为力求和平，已令军队撤离距济南卅里，而免复生冲突。据此，对日本既无军事可言，我政府愿与日政府以外交方法解决之，督战前线之蒋总司令，专责北伐之军事，未便兼顾外交等意。鄙见如此，不知当否？即请钧裁示复。"公意如何？适奉寒（十四）电与日报所载岳军所言皆合，已转介公。延闿盐亥。（十七、五、十四）

谭院长、黄部长：冈本转来电称，催中正派正式代表往商各节，想已詧及。此节请代酌复福田，其措辞大意，总以济南交涉，已奉国民政府命令，移归外交部交涉。并请外交部照会日政府，此案准归政府办理，不在军前交涉。并催松井速往青岛，岳兄亦住青岛；如其不来，则请岳兄赴东京接洽为宜。中正巧巳。（十七、五、十九）

以下张岳军先生致蒋先生电：

徐州探送蒋总司令：松井答复如下："（一）因满蒙问题发生，遄难来华，如必待其来居间调停，恐旷日过久，徒失事机。且近来日方论调渐趋强硬，政府颇难处理，华方恐亦有同等困难，望速了解，免滋枝节。（二）交涉统移后方，恐难照办。福田因首相及参部先后去电训示，已改变态度，彼可负责保证；近且有电表示，仁盼华方派员前往接洽。（三）道歉一层不含十分严重意味，与其派人郑重约定道歉，反露痕迹，不如总座迳与福田一晤，口头酌量表示，即算了事。至处罚肇事长官一层，可照群意除贺军长已免职外，仅处罚其下直接长官以应得之罪，惟须形诸公牍。其交还枪械通过津浦路各项，亦可一并规定。去时日方可先派西田或酒井居间，先至途中接洽妥帖，再行赴济"云云。又头山满大意相同。可见日方主张不能再有让步。群赴日于事无济，应请钧座酌量办法，速派雨岩或儒堂代表前往接洽。雨岩去，可同时磋商成立政府，接收政权办法；儒堂去，可灭日方对焕公之猜疑，可分钧座之责任，各有其利也。决定后请电示，以便转达日方。群号未。（十七、五、廿）

济案至此不过十余日，膺白由前线归亦仅二周，文电之多不能尽以入稿；凡入稿之件均有原底。这一次与平日情形不同处是：平日蒋先生听取"前哨"报告而作决定，故中间有缓冲之人。这次蒋先生自己在前哨，凡对方的要求，都先到蒋先生手，亦只有蒋先生能作主决定。膺白则这次的职务在中央。蒋先生不在南京，中央靠诸元老，诸元老均肯为国家负责，然事实很难负责。由于外者，国民政府尚未得国际承认，而日本军人行动实在太越乎国际常轨以外。由于内者，政府组织散漫，只蒋先生一人能提纲挈领。膺白极力要移军前谈判至后方，以他向来肯负责任之性格，决不吝分蒋先生之忧。他可能努力之事，不待指示。惜日本方面有"将在外君命不受"之势，而本国方面，他亦仅一独立之人。当我助译电员译至蒋先生"佳"（五、九）"灰"（五、十）各电时，颇疑文句有错，翻密本至再，此较外传膺白所承允者为甚也。此前人积业与世人共业也！

政府极力否认前方情况，附十七、五、十八，上海《中国晚报》剪报如下：

十六日本埠报纸载有电通社东京电谓：南军对济南事变，已正式回答日方所提之五条件等语。国府驻沪刘秘书即电宁询问，录其原电如下：

△刘秘书去电　南京国民政府吕秘书长钧鉴：沪报载电通社十五日东

京电："对于济南事变，南军方面之正式回答如下：（一）免贺耀祖职；（二）济南及胶济铁路二十华里内不驻华兵；（三）被解除武装之华兵及武器速行返还；（四）使济南城内之华兵安全退出城外；（五）不许便衣队入济南城"等语。畏疑此系日方反宣传，真相如何？迅复，免淆听闻。刘民畏叩铣。

△国府来电　上海刘秘书民畏鉴：铣电悉。电通社所列消息系彼方宣传，请勿信，并转各报为要。国民政府秘书处篆印。

就此两电观之，足见彼方宣传南军回答日方所提条件之不确，国人幸勿为其所惑也。

上海女界同人听着谣言，群集蒲石路博文女学开会。博文校长黄绍兰君原是我的朋友，她请仲完劝我出席。仲完极怂恿我去，陪我同往。我先开口向在座众人说："凡中国人都在同一立场，具同一心理，我愿意回答在我范围内的事，我们分途为国家努力。"大概两个多钟头，答各人的问，被认为满意。临别，我又说："如果各位所听谣言是真，则起来反对者我在各位之先，而决不在各位之后，请各位随时指教我。"大家叫着"我们放心"而散。我从来不于膺白在位时做公关行动或发表谈话，这次，绍兰与仲完的热心和关切，结果她们亦很满意。我诚恳答复膺白的行动，政府的机密则不在我范围内。我的妹妹性元来邀我到她们的朋友家，记得有徐志摩先生和一个教授——后来做外交官的——他们一句话都未问我。这教授口衔烟斗，踱来踱去，仰头以英语说："打电报到美国，签名……签名……"似系指由学术界签名向美国控诉之意。我因家里事忙，未久坐而归。

五月底的一日，蒋先生由前方来电，请膺白改任外交委员会长，而以王儒堂（正廷）先生继任外交部长。膺白立即遵嘱辞职，政府照例挽留。蒋先生又来电勿辞兼职；又来电言，如政府坚留，勿再辞。膺白不是一个"一日无官，皇皇如也"的人，如释重负，不稍瞻顾。

当时无意中接到上海《密勒氏评论报》一位美国主笔的信，亦无意中保存，附于后。①

稿毕，复检出上海《时事新报》记者如音所写《济南收复考察记》，是一中立客观之简明叙述，堪作济案一个总结。特借录于此，以便读者。

济案之发生及其解决之经过

济南今日已由我国正式接收，为读者便利明了前因后果起见，一切经过事实，殊有一述之必要，兹略述其经过如下：

十六年五月，国民革命军既克复东南，继续渡江北伐，乘势而进取山东。当大军逼近鲁境之时，日本帝国政府为谋保障其在胶济一带侵略所得利益之安全，乃借护侨为名，出兵山东，迭经我国外交当局提出抗议，未久遂全部撤退。十七年四月，国民革命军再举北伐，日本帝国政府于我国军四月十九日占领兖州之后，阁议又通过二次对华出兵，保护其在山东居留之侨民，外长黄郛当即提出抗议，而日政府竟置若罔闻，借口于自卫措置，擅自派遣日兵五千名来华。两度严重抗议仍未发生效力，故我国军五月一日进驻济南之时，济南有日本军队驻扎也。

济南惨案发生于五月三日上午，在济日兵无理启衅，对我徒手军民用枪炮肆意射击，我士兵市民被惨杀者不计其数。一面并派大部军队，至我国军驻扎地点包围勒逼缴械。总司令蒋介石为避免荼毒地方计，严令士兵不准还击，因被日兵缴械俘去千余名，不准坐卧，不给饮食。又轰毁无线电台，横断津浦铁道，占据电报局、邮政局，阻隔交通。并深夜闯入交涉公署，将特派山东交涉员蔡公时与在署职员十余人一同杀死。至五日我方军队悉数退出济南，仅一团兵士留守城内，而日兵司令官福田，于七日复向我提出无理之条件五项，要求：（一）高级军官之严峻处罚；（二）在日本军面前将与日本军抗争之军队解除武装；（四）南军治下一切反日宣传

---

① 本信为图片，本书从略。

及其他之严禁；（三）南军须离开济南及胶济铁路两旁沿线二十华里以外之地面；（五）为监视右述事项之实行，在十二小时以内，即开辛庄及张庄之兵营。讵福田竟不待答复，于八日清晨下令实行轰击济南城。一面并破坏我新城兵工厂，炸毁火药库，占领白马山、党家庄，并遣骑兵袭击洛口、齐河、长清一带，妨碍国军渡河。日夜攻城三日，城内房屋烧毁，死伤枕藉。十日我方守城之士兵一团奉命退出，十一日晨日兵入城，大加屠杀，死伤不知其数，据济南市党部调查，死伤约计一万一千余名，物质金钱上之损失更不知几何。此种惨剧实为我中华民族有史以来之空前的浩劫。

济案发生后，外长黄郛即根据事实照会日本帝国政府抗议，而日政府毫不悔祸，横行如故；盘据胶济一带，扣留津浦车辆，强占胶济路二十里内行政机关，干涉我内政，蹂躏鲁省同胞，蔑视我国主权，国人茹痛迄未一日忘怀。旋黄郛辞职，王正廷继任，复屡次提起交涉，至七月十八日日政府外务省始训令驻沪日总领矢田，与我外交当局开始会晤，交换关于此案之意见。十月间矢田复奉命晋京会谈济案，我方以提出撤退驻鲁日兵为谈判之先决条件，矢田终以废然而返。至十一月中旬，矢田复进京谈判，我方提出条件：（一）即时撤退日兵；（二）津浦通车；（三）交还胶济路二十里内行政机关，挂悬党国旗；（四）负责保护日侨。矢田提出我方须严厉取缔各地反日运动，并对于撤兵一事，借口南京事件（即宁案）我方未能保护外侨，不肯即日撤退。双方因意见甚远，无结果而散，交涉遂告停顿。

至十八年一月，济案交涉死灰复燃，十七日驻华日本公使芳泽奉其政府命令，于二十三日进京会议。双方会见三次，卒以芳泽对我方所提出之撤兵一项，尚须向其政府请训，仍无结果而散。二月四日，芳泽得训令后，与王外长在沪会晤，因日方表示有撤兵诚意，双方意见渐趋一致。当时大体议定：（一）日本无条件撤兵；（二）济案责任问题及赔偿问题，组织中日联合委员会赴济实地调查，再定办法，赔偿以对等为原则；（三）蔡公时被杀事件，日方另行道歉。讵至八日再开会议，芳泽忽称奉本国政府命令，对于前定办法将有所更改，遂致将已谈定之草案全部推翻。经此波折以后，日政府以各国对华外交均日见进展，日本非急起直追，势必孤立，乃逐渐让步。二月十五日阁议允与中国互相道歉，十七日阁议对于赔偿一项，允与双方抵消。至三月三日，田中训令芳泽，谓共同调查委员会之组织可不反对，但两国委员须各自实地调查。其所得结果，中日两政府仅能采用两国委员间意见一致之事实，就其范围决定赔偿额。至此双方意见接近，旋经数度之非正式会议，各事让步，商定细目。至二十八日，形势急转直下，此万目睽睽之济案交涉，乃由我国外交部长王正廷、日本驻华公使芳泽签定协定，正式解决。

三月二十八日济案正式解决，其文件当日下午即在南京、东京两地同时发表，计日使致王外长照会一件，王外长复日使照会一件、议定书一件、声明书一件。照会内容：山东日兵自签字之日起，至多在两个月内全部撤去。撤兵前后之措置，两国各派委员就地商办。议定书内容：济案两国损害问题，双方各任命同数委员，设中日共同调查委员会，实地调查决定之。声明书内容：两国政府与国民现颇切望增进睦谊，视济案不快之感情悉成过去，以期国交益臻敦厚云云。又关于协定上所载各项进行之步骤，席上王外长与芳泽亦曾谈及，决定第一步接收济南，第二步津浦实行通车，第三步组织中日调查委员会实地调查。济案解决后，中日两方当各派定委员四人，磋商日兵撤退前后之种种措置，名单如下：

中国方面接收委员

崔士杰（委员长）山东交涉员

吕秀文（委员）山东省政府建设厅厅长

李庆施（委员）山东省政府秘书

郭　桐（委员）

　　日本方面引渡委员

　　谷寿夫（委员长）日军第三师团参谋长

　　中尾忠彦（委员）第三师团中佐参谋

　　鸟田隆一（委员）第三师团少佐参谋

　　和知鹰二（委员）第三师团少佐参谋

　　我写本章后意犹未尽，适因欲补足电报中几个日本名字，函问在台北之张岳军先生，蒙答示有关济案之一段如下：

　　松井即松井石根，民国十六、十七年时任日本参谋本部第二部部长。十七年膺兄任外交部长，国军继续北伐，逆料过山东时必遭遇日方军人之阻碍，故中央派群前往日本先事疏通，并透露拟以群为青岛市市长，以缓和日方紧张气氛。及群抵日之日，而济南事件已发，日方情绪甚为激昂。时我总司令部设徐州，日驻济南者为第六师团，欲迫我为城下之盟，我方则坚决主张循外交途径解决。群当商之松井第二部长，及外务省有田八郎亚细亚局长，未有结果，乃迳访田中义一首相，得其了解，派松井赴青岛向军方疏解，群亦即返国赴徐州报告。松井初邀群赴济南或青岛磋商，未允，旋折衷约会于党家庄（在济南之南三十华里），几经商谈，始决定归外交方面交涉解决。膺兄旋亦辞职，而由王儒堂兄继任。

　　据此，则济案之解决，半系时间到了，即日军扰乱已足，无所再施其技，半系日政府自己派人到前方疏解，而双方最后之重要人，乃张岳军先生与松井石根也。

二四　莫干山

我见青山多妩媚，料青山见我应如是……知我者，二三子。

这辛稼轩词句，我拿来安慰膺白，勉励自己。我二人和女儿熙治，亦就是在山的二三子。我生长河滨，爱水不爱山，为膺白故，我迁就他。我们与莫干山成生死之交，一家三口，走遍山上可走的路，认识每一个同时的人。提起"五百〇九号"或"黄部先生"，附近的人无有不知，而且带点亲切感愿意做朋友。黄部先生是许多山中朋友给膺白的名称，他们不知道什么部长不部长。

浙江多佳山水，然莫干山既不秀丽，亦不雄壮。我们到莫干山是偶然的事，非经选择，而莫干山占了我们各人一生很大地位，很久时间。熙治还在小学年龄，我自课其读书，她没有同辈作伴，非常孤单。膺白在民国廿五年（一九三六）秋病重，从莫干山到沪进医院，旋即去世。我则在一九五〇年，等候我们莫干农村工作同仁年假到沪，商量我是否应该离去，而后决定出国。莫干山占我一生最好时间，从我卅五岁到五十五岁；亦占我和膺白夫妇生活最后一段，从民国十七年（一九二八）到廿五年。在此地，盛暑严寒，风天雾季，殷勤晨夕；在此地，尽忠补过，得理安心，孜孜岁年；此地给我的记忆太深。有人以为我们享"高蹈隐居"清福，我们是很寂寞的；有人以为我们有"离群索居"怪癖，我们是始终热情的。抗战前后，我已孤身，为它锲而不舍。一九五〇年，人劝我尚有可为，我为它掉首远行。我的行和止，丝毫不敢先为自己打算，念兹在兹为莫干，迄今莫干山的人和事，云树依稀萦我梦寐。

关于莫干山我要写前后两章。前章即本章，我先述匆促到山经过，和立愿在此为农村工作情形。后章则在抗战后，如何谋复兴这些工作，俟下文再见。

民国十七年的五月底，膺白辞去外交部长本兼各职。如此，一般人更觉得济南惨案责有攸归，他无论如何愿为国家受过分忧，他究竟受了委屈。正在"彷徨不知所之"之际，他的总角交徐青甫先生已从杭州赶到，立刻要我们跟他同走。这正是需要朋友的时候，我虽然一向称青甫为大哥，这时他真是一个大哥了。我收拾简单行李，与膺白随他同到杭州，嫂嫂已在他们龙兴路住宅为我们安排好了房间。不久，浙江省政府蒋伯诚先生为我们备好游富阳的船只；我们认识伯诚夫妇由于伯樵、仲完；仲完是青田人，比我们更熟悉浙东情况，特地从上海来陪我们同行。青甫兄嫂、仲完、膺白和我，溯钱塘江一周回来，到过严子陵钓台，那钓台其实离水甚远，我们记起"江河今日下，愈见钓台高"和"子陵有钓台，光武无寸土"的诗句。心里徘徊，不知向哪一处走！总之不想回上海。忽然记起几个月前曾到过莫干山，于是再作上山之计。仲完在上一年的夏天，到莫干山住过一星期，回上海后告诉我山上情形，有铁路旅馆，有西洋传教者避暑房屋。其时膺白正忙于组织上海市政府，我们不敢作游山之想。不久，蒋先生下野，膺白立即辞职。蒋先生偕岳军先生往日本，嘱膺白勿离沪。我们偶有游兴，只到杭州为止，电话可通，当日可返。直至这年十一月底，在沪无事，由仲完陪往莫干山一次，时已冬季，旅馆已停，借住莫干山疗养院隔壁一所空屋，由疗养院厨房供给我们伙食。恰巧遇见疗养院一个沈医生，是以前总司令部军医，曾在庐山相识，招待我们十分殷勤。我们白天走山，晚间在屋内生柴火取暖，谈闲天。其时山上家家屋空，管屋的人都肯开门给看。西人避暑设备简单，而皆清洁可用。据云最近二年，因中国排外口号，西人皆不敢上山，故夏季屋亦空着。这次所得印象甚好，因十二月初蒋先生婚礼，我们必须回沪参加，仅小住不到一星期。

从富阳回来，我们决定再上莫干山。这是十七年的六月初旬，旅馆已开，每日有从杭州拱辰桥开往三桥埠的小火轮，约三小时可到，由三桥埠坐藤轿上山，约一小时半，一切联络组织均甚便利，是沪杭铁路所主持。小火轮每日接候由上海来的快车。中国人自办的旅馆，我们住过山海关及莫干山两处的"铁路旅馆"，皆与外国普通旅馆相仿，且价廉物美。

我们住在莫干山铁路旅馆，朋友们陆续来山访问。凡和赓白共过事的人，很容易和他成为朋友。他在职时，不肯慷国家之慨，未必尽如人意，事后则人常想着他的个人热情，和没有门户之见。他尽可能留用前任留下来的重要职员，亦决不鼓励和他关系深切的人跟着他辞职。"入我门下，不可再入别人门下"的那种狭窄态度，他从未有过。他在外交部不但留用伍部长时的总务司长陶益生（履谦），几年后政府发表他兼任内政部长时，他还保荐益生先生为内政部次长代理部务。有人以为"陶履谦"名字和我妹夫陶孟和（初名履恭）相近，是亲戚，其实一个广东人，一个天津人，毫无关系；赓白和他系初识。

赓白觉得我们必须静下来，安居一地，勿再累朋友们为他不安。我们商量在山上借一空屋居家，他本来爱山有癖，我极力赞成。这一年，西人业主尚都不上山，空屋极多，许多愿出卖。我们在铁路旅馆卧室远望的一面，一堆树林中有一所屋，我同赓白每日望见，甚为合意。去看，一块梯形园地最高端一座屋，屋内一卧室一起坐间均极大，朝南有甚宽畅阳台，后面有储藏室，上面假楼亦可置榻。业主去世，太太在沪急等钱用。于是赓白留在山上，我独返沪成交，即带行李，携熙治到山；无论如何，这个夏天决计全家住在山上的了。

我下山之日，逢大雨，衣履尽湿，到沪即做雨衣两件，为自己与赓白各一。不料返山又逢大雨，小火轮原定下午四时可抵三桥埠，因河水高涨，几处桥洞不能通过，绕道而行，至晚八时始到埠。膺白亦向朋友借了雨衣两件，下山接我们，我们冒雨登山，坐着藤轿，轿夫涉水而行，以树叶掩护手提灯笼，行路甚慢，到旅馆已午夜十二时。熙治坐我怀中，一路早已睡着，次早醒来，见山头屋宇都在眼下，以为"与天已近"，她时年六岁。

莫干山一共三个山顶，都在一望之中。五百〇九号英人"琼司"家的屋在东顶，种有不少枫树，入春满园红叶，原名"春园"。这些枫树，我们进屋时小者二三尺，大者身高，迨我最后一次到山——民国卅七年（一九四八）八月，已荫可蔽园。屋内器具都现成，床榻碗盏俱备，我们喜其简朴，一切保存使用。若干年中，仅添藤沙发椅一套，各人书桌一张。其后吾家在山上添筑客舍，山麓建藏书楼，向上海搬来用具均较新式，但自用之件始终是琼司家旧物。我们不能不除去琼司家原有门牌；这旧主遗物，后来我们以之砌入园中一处石座，以存纪念。膺白同我商量给这屋一个新称，得来全不费功夫。在这以前几个月，我们在上海，整理由天津运来的书箱；一向我们书放在书架，搬家则装大木箱，书架已一再放弃，书籍装卸亦苦费手续。膺白想起旧时以小木箱置书之法，平时叠叠如橱，搬动时原箱加上夹板。伯樵介绍其素识利通木器店，价目公道，主人颇有匠心。膺白和他讨论，他建议在书箱门上标明书类，并刻上一个斋名。膺白没有用过别号或书斋名，忽然想起我二人有过一个宿愿："他日终老山间，读书为乐"，不期脱口而出"白云山馆"四字，遂即以此四字刻在书箱。此时要为山屋易名，一索即得，故"白云山馆"是先有其名而后有其处。

人不难有淡泊之志，而难有宁静之心，我同膺白时时互相勉励。君怡有一年送过我几种商务书馆出售的石印对联，中有一幅康有为写的"天爵自尊吾自贵，此心无怨亦无尤"，我很喜欢。山上雾多湿重，普通字画易霉易蛀，我们舍不得用。这幅石印的对联我拿到山馆挂着，挂在膺白书房，亦即在我们卧室门口。我们已把大卧房隔分为二，成为一间书房，一间卧室。后来又把假楼改为真楼，则我亦有一间和熙治合用的书房在楼上。熙治在课卷里天真的写出：她所最不喜而我所最喜的地方。

膺白的一个朋友李晓垣先生，自己研究佛学有心得，常以此来慰藉我们。在他以前，膺白曾有两个佛门朋友，那还在我们居天津时，一个是太虚和尚，一个是韩达斋（玉辰）先生。太虚和尚并不向膺白说法，膺白因他而略知经典的事，我似乎知道他解说《四十二章经》。韩先生来吾家时常讲"瑜伽""因明"，膺白听得不耐烦而托故退出，往往客厅里剩我一人，我并不懂，只为礼貌而陪客。到上海后，李先生送给我们几种佛书均未开看。我们在沪之日，每至傍晚有点寂寞时，膺白常问我："叫车去接菩萨来谈谈如何？""菩萨"是我们给李先生的绰号。李家的佣人传述李先生如何孝事老母，每晚要陪老太太，等老太太睡好，摸摸盖被，然后退出；遇着自己迟睡，或风雨之夕，还要进去看看。这些话由我家佣人传到我们耳朵。膺白虽和李先生有数十年交谊，但不深悉其居家情形，闻此，我们二人都有点感动。李先生口才大不如前述二人，但我们对他所说法，因其人而渐渐听受。任何宗教是双轨的，以佛法言，一条是"上求菩提"，一条是"普济众生"。前者亦称"自求解脱"，得心境之平安是也；若学佛而只为此，佛家称为"自了汉"，远非究竟。

我们上山时的心境，幸亏有过这点因缘，一日一日平安起来。我记山馆之事，曾有"东顶频添舍利座，春园买作维摩室"，"更年年携手白云中，尊天爵"等句，都是写实。我们一年一年在山上住下去，大概每年清明回乡扫墓后上山，冬季下雪后返沪。山上没有生产，食品都从三桥埠肩挑而至，冰雪载途之日，贩夫不能按期而来。跟我们的佣人亦岁晚思归，故每年最冷几个月不得不回城里住。

在山日常生活，我以教熙治书为主；我以自己幼年新旧参半的读书方法教她。性情不同，我讲得好点的功课，未必她所喜欢。时代亦不同，我有机会读书是很幸福，等于有伴娱乐；她的时代已经学校林立，同学成群，而我将她与我困在一间书房，我们师生成绩都不大好，我成为严师而非慈母。膺白独在楼下书房，他每日早餐以前，已经跑过一回山。"塔山"是莫干山中间一个山头，亦是最高点，他通常晨起出绕塔山一周而归早餐。我和膺白开始学静是临帖，他写隶书，我临魏碑。他书法并不佳，我的字是性急涂鸦，无可再糟，用功已来不及。康有为《广艺舟双楫》中言"我心有神，我手有鬼"，我看了憮然，写字，我岂只手有鬼，心亦然。包安吴和康南海的书都看了，所述碑帖路数，有机会亦买来看了，终是无用。我们写了一时字，手依然故我，然心境则大为改变。我常常在熙治放学后还不出书房。熙治放学，膺白带她跑山，和她玩车马炮，她还不会下象棋。这玩意是二人手中各捏一只二只或三只棋子，摊出来比，车大于马，将士相赢过车马炮。输几次吃几记手心。熙治输，当然伸出手心来；膺白输，问她："你打我么？"熙治觉得不好意思，愿代受打。她贪图这玩意，不论输赢都挨打。前廊阳台上我们用粉笔画成格子，叫木匠做木棒木饼，做轮船上的甲板高尔夫，这运动有时我亦参加。我其实颇能走路，但他们父女出门常流连忘返，使我不敢同行；走了出去，没有他法，累亦只有仍走回来。膺白惯走崎岖的路，像他在世时的命运。春天花开，和秋季稻熟，是我们合家坐轿游山时候，经过各个山村，有时借农家一席地，吃我们自带的干粮，烦农家煮一锅饭和菜，请轿夫们。逢山路曲折，轿夫走得气喘时，膺白总自下轿步行，轿夫一再催他始再上轿。几年以后，这些木匠、农家、轿夫都成了我们莫干小学学生的家长，我们在学校的礼堂、饭厅，都有与他们同座聊天机会。

白云山馆正面前即是那个梯形园庭。莫干山多竹，但我们园里竹不多。除枫树外，有松有杉；杉有柳杉、刺杉两种，我同膺白都喜柳杉之似柏树而不喜刺杉；后知刺杉方是有用之材，始恍然树亦不可以貌相，遂谨谨培养。白云山馆是山上最整洁一个园庭，主人自任花匠，他从书房出来，即在园中修枝剪树，高者搭梯而上，亦不假手他人。石工木匠是膺白最喜接待之来宾，上门必有生意。可能一不知二不晓，工人来拆某一间房顶，或改某一处行道，我欲参末议而已不及。建筑是膺白最喜的消遣，亦即我家最大漏卮。白云山馆楼梯下空处做成壁橱，有三个方向，分七个门，放碗盏、报纸、雨鞋、煤油灯、蜡烛台，各有定所，均其得意之作。

浙西的农村有丝茶之利，本称富裕，但我们所居属武康县——武康是浙江省一个三等县，所属山乡皆地瘠民贫。我们每次游山所遇乡村老小，大概都不读书。上面述过我们一个宿愿："终老山间，读书为乐"，这次竟在无意中做到。一日，膺白又和我谈到我们另一个志愿：这志愿形成于民十四（一九二五），我们在北京郊外香山，熊秉三（希龄）先生请参观其所办"慈幼院"，慈幼院的学生都是孤儿。膺白那天演说第一句谓自己是个不满七岁丧父的孤儿。参观回来，我们讨论慈幼院，念着这许多孩子和将来他们在社会上的立场，如何成家立业？我记起一件事：清末我由母校派在保定教过半年书；保定府仓门口的女学校，即后来河北第二女子师范，最初是以育婴堂的女孩子组织而成。那时河北省还称"直隶省"，保定是省城，一个方伯（藩台如后之民政厅长）增韫，将自己的女儿送到这学校读书；他是旗人，有氏无姓，育婴堂的孩子亦无姓，他的女儿和这些孩子同以"钟"字排行，不分彼此。在那时女子不定入学校，入学而与孤儿排行取名，这位方伯是非常人。我们固主张革命排满，对这样的事与人，应超出政治种族一切而起敬的。这位增方伯在辛亥革命时正为我们浙江巡抚。幸而膺白告诉我，当时问其自愿，一家平安送出省境的。

我同膺白曾经商量过：我们将来做些什么事以贡献于社会？二人都同意"不拘一格"。因此我们立了一愿"受诸社会，报诸社会"，但视需要，没有成见。至此，他提议在乡村尽一点力，从义务教育着手，我立刻赞成怂恿，乘自己健康，可多加一分心力。我们决定尽量用自己的力，方符报答之意。在开始进行时，我向膺白表示我的决心和服务方法：他空闲，不需要我时，我不插嘴；他无暇，事情需要我，我决不卸责。这工作在二十个年头中，四分之一时间在膺白生前，一切宗旨规模由他手定，其余四分之三时间在我手。经过抗战，力不从心，事倍功半，我将在后面《战后之莫干农村》章中自白。此处记膺白所开倡之事，先节录感忆录中郑性白、张镜心二先生文，说明他躬与其事的经过。郑、张二人都是我们工作同仁。

郑性白《黄先生与莫干小学》如下：

"我从小没有父亲，家境困难，除母教外，全靠国家和社会的培植。近年常居莫干山，每次经过乡村，总看见许多小孩，或逗留道旁，或嬉戏山间，一无所事，这当中不知耽误了多少聪明有为的青年。我国自古以来，成功的将相以及各种大学问家，多半是穷乡僻壤的农家子弟，在这样山清水秀的莫干山四周的乡村中，正不知蕴藏着多少聪敏可造的儿童，但是他们的父母都无知识。在国民教育还不能普及的我国，眼看着他们又得学着他们的父母，岂不可惜。把一个国家建设在这样的国民身上，又岂危险。回想吾幼年曾受社会的帮助，现在也应做些社会事业，这也是应尽的义务。所以我在购买山上五百零九号房子的一年，同时在山麓的庚村也买了十几亩园地，想将来在那里办一个小学，同时做一点改进农村的工作。在一年以前，因为中华职业教育社在徐公桥主办乡村改进很有成绩，就托黄任之先生物色一位办学并主持农村改进的人，但至今尚未找到，无形中又搁了一年多。不意'九·一八'和'一·二八'事变相继发生在南北，邻国的谋我愈急，国事日非，所以我想要为社会尽一点义务，也得趁这还有可为的时候了。"这是吾们故主席校董黄膺白先生在"一·二八"事变定后对吾一番很恳切的谈话。四月下旬开始选择办学的适宜地点，因为庚村已在一年前设有乡村小学一处，想在山麓其他方面另择一未有学校的地点，但多是山村，人口稀少，交通又不便，后来查得庚村学龄儿童有一百多人，而在学的只二十人左右，曾去参观了一次，在上课的不过十一二个学生。据校长说，开办时也曾有三十几个儿童入学，后来都中途辍读了，家长都不明了子女求学的重要，实在没法办理。从他的说话里，可以知道这个学校还没有适合于村民的要求，我把这个情形报告先生之后，先生为审慎计，决定亲自做一次视察。在隔日我陪着先生步行到庚村，走进西面山谷里的一个小村叫做莫干坞的，看见许多天真烂漫的儿童在溪边玩着，先生问他们空着为什么不去读书，他们只低下头去微微一笑。后来碰着一位老者，先生就和他谈话起来，知道这个小村子里也有三十几户人家，大约有二三十个儿童，都还没有上学。先生问他为什么小孩子都不读书？他说："庚村虽然有一个学校，但是在汽车站外面，小孩子走过车站总不大妥当。况且我们农家的孩子读这些洋书也没多大用处，要想自己请个教师来教他们又没有钱，也请不到好教师。"先生问："那么要是我请一个教师来教他们怎样？你们村子里有没有房子可以办学校的？"老者说："那当然好的，那面这个庵（手指着一箭路外的白云庵）倒是六开间门面的房子，要是可以用，那么学生上课和先生住的地方都够了。"说到这里他才想起问："先生你尊姓？是哪里来的？怎么这样好？肯请教师来教我们的孩子读书？"待我替先生向他说明来历之后，那老者惊讶地叫了一声："原来是黄部长先生。"一种虽未见过面而景仰已久的神态毕露在面上，就此到庵里去商量着怎样修理校舍，怎样招收学生等问题。后来先生对吾说："你看他们望儿女读书的心是如此之切，我们赶紧筹备，决在最短期内开学，你一个人先教授起来，让他们早一天有得读书也是好的。"第二天清早，先生手里拿着一张图来对吾说："我昨夜半夜睡不着，我想办学校总得建筑几间校舍起来，一方面兼作将来改进农村的办事处才好。我已拟了一张校舍草图在这里，你把它誊清一下，就给营造厂估价，我想最好在举行开学典礼的一天，同时行奠基礼。"一所五年来很觉适用的校舍，就是这样脱稿在先生半夜的不睡之中。

张镜心《黄先生之农村事业》如下：

自民十七以还，黄先生频岁山居，常以暇日遍访山陬村落。以深入民间，故于农村生活见闻亲切，目睹村人知识之幼稚，身体之羸弱，道德之窳薄，与夫生产手段之拙劣，益觉乡村为国家之本，以如此之乡村与人民，何以兴建近代国家，而抗敌图存。于是决于莫干山麓之"庚村"，手创农村改进事业，以为实验而资倡导。黄先生所以以莫干山麓之庚村为初期实施改进之区域者，因于庚村之自然的与社会的情形有明晰之观察也。庚村四围皆山，修竹茂林，经冬常绿。西有莫干山，满缀近代建筑，不啻一幅风景油画。然而蚩蚩者方冻馁之是虞，比年交通愈便利，汽车可以直达京杭，而农产山货之运输，依然惟人力是赖。呜呜汽笛，传来近代消费之风，硁硁农人，不改中世生产之旧。五年以前，成年者仅二三人曾受旧式教育，儿童则皆失学，风俗浇薄，苟安懈怠，侥幸自私，复多染有饮酒赌博之恶习。故庚村实为崩溃中之典型的中国农村。黄先生既决定以庚村为改进区域，即根据以学校为中心之原则，于二十一年六月设莫干小学于地点较为适中之汪家村（组成庚村之一小村），其始僦民居为教室，辟荒地为运动场，继即自建校舍，半年而落成。廿二年三月，借一通力合作之事件为动机，组织"莫干农村改进会"，组织既具，村人亦以学校为一切活动之中心，于是按步骤实施预定之计划：

一、自教　关于儿童教育，设有莫干小学。成人教育，由学校辅助改进会办理之，设有农民夜校、农民教育馆等。

二、自养

（1）改良蚕种之推广　前数年来，丝价惨落，蚕业大衰，经改进会提倡新法推广新种后，黄先生授意，特许以土种掉换新种，如有损失，照土种预计收获赔偿，收入大增。

（2）改良麦种之推广　村人向少冬作，勤勉者略种芸苔蚕豆。廿二年冬提倡种麦，特约农家试种金陵廿六号种麦，成绩甚佳；乃收集麦种，贷与农人，推广面积。

（3）提倡造林与植桐　莫干山建筑繁兴，原有林木纷纷砍伐，未成新林多为人偷作燃料。改进会四年以来，提倡造林，先后所植松杉苗木几三万余株。去年复提倡植桐，先由学校植桐二百余亩以为之率。

（4）信用合作　庚村信用兼营合作社成立于廿二年春，办理放款、储蓄及购买等合作事业。

（5）公共仓库　廿三年冬，黄先生在山见村人新谷初登，即尽数贱价出粜，以偿夙逋，不留余粮，越年青黄不接，势不能不高价籴入，因指示改进会设立押米仓库。

（6）旱灾救济　二十三年大旱，先生夫妇见灾情严重，斥资救济，并详示办法，务本自食其力之原则，分贷赈、工赈、急赈三种。工赈结果，开池二，筑闸二，修堰三，疏溪修堤十余里。此次救灾历时百五十日。

三、自治　地方自治事项中之户口调查保甲组织等，本有乡长负其责。学校及改进会辅助其进行。此外另组调解委员会以处置纠纷而避免讼累，立山林公约以尊重产权而保护林业。至婚丧礼俗之改良，亦有相当效果。

四、自卫　包含警卫、卫生及消防等事项；其中卫生事业开始于学校初立之际，余则发端较迟。上述为五年来见诸事实之一般情形。自去岁起，黄先生见改进区内各种事业渐就轨道，乃先后辅助邻近乡村（孙青乡、何村、莫干山）。组织阜源、何村、剑池等三小学。于是邻村人士就"以学校为中心发动农村改进"之观点，而确信黄先生将扩大其改进事业于该数村矣。

在膺白手里四年多时光，除上列工作外，有"文治藏书楼"是纪念其父亲友樵公讳文治而名的，其他工作皆冠以"莫干"地名，实际是在莫干山麓的庚村。庚村是由三桥埠上莫干山必经之路。"文治藏书楼"是未来的"莫干图书馆"，已经附有公开的阅览室。建筑时为思亲，膺白作有《怀抱思亲图记》，事先请章太炎先生作有《文治藏书楼记》，门前"文治藏书楼"五字横额，是吴稚晖（敬恒）先生写的篆书。

《怀抱思亲图记》略如下：

我生未七岁而孤，先父友樵公声音笑貌均不能记忆。少时见他人之有父者，辄羡而慕之，则琐琐问先姚陆太夫人以先父在世时事。先姚为言予三岁时，偶溺，婢为更衣，不慎，痛予足，予大哭，不令更。时值严冬，父恐予寒，亟解襟纳予怀抱，指门上联句使读，意在止予哭也。隔晨，予忽自指门联成诵，先父大奇，自是日课以字。呜呼！此予一生受教之始，乃在亲恩无意之中。五十年来，每一回思，泪涔涔下。民国二十五年丙子春，予年五十七，距先父弃养正半世纪，爱筑藏书楼于莫干山麓庾村，莫干小学之前，以先父讳名曰"文治藏书楼"。楼成，予妻亦云议作"怀抱思亲图"，以志永慕，友人许君修直为请贺天健君绘之，悬于藏书楼之堂。瞻对画图，缅怀当日，悲涕随之。虽然，父之事实，母之传语，妻之同情，友之推爱，至性所集，可谓得伦常之独厚，宜足以慰忧患之余生也已。中华民国廿五年正月黄郛谨志。

《文治藏书楼记》如下：

项王有言"书足以记姓名"，人至没世而名不忘者，书持之也；故知书则知荣辱之分矣。庄周欲绝学捐书，以溃其名，世终弗洵，宝玩之未尝衰。甲者侈其博赡，期与中秘书竞胜；乙者亦随所嗜，以为庋藏。上以承其先人，下以求自补过者，众矣！情固有不能恝然者也。华亭黄氏者，余先王姚家也。清嘉庆中，徙浙之嘉兴。逮今百余年，而膺白始以朝官著户籍于杭。膺白于先王姚为弟之孙，宦既通，俄而倦游，则上述其先人友樵丈之志，入莫干山，树楼藏书，以无忘世德，而为反初服计。楼成，属余发焉，以志其事。余少时闻黄氏尊属子周丈者，尤好书，家贫，每得银十两，辄造书肆尽之。性朴拙，亦不尽通其义。尝以杂职待叙浙江，人或诫之曰："初谒抚院，宜自饰容止，无喋喋作简明目录语为也。"遽大言曰："皇帝尚当见，何抚院也！"以是人点焉以为戆，卒落魄不遇以终，亦不遗乡里恶声，顾其好书不可尚已。今闻友樵丈之风，乃知黄氏勤学敦古，世相渐濡久矣！后之人诚不可以无继也。自坟籍之兴，仍世逾富，今佚书时出四库外，非其材亦无由遍观。当友樵丈存时，亦时戚戚不足于财，虽好书，因弗能广致，今膺白有其力矣！材又足以周览之矣！所谓胜其任而愉快者非欤？虽然，人固有一患，非读书难，周用难；周用非难，求令闻难；求令闻非难，完之则难。吾视膺白非廓然忘其名者也。当今之世，道衰人浇，求点焉以为慧者固罕；如膺白者，于仕宦得聪慧名，顾亦自用其慧，不自驯伏于强有力之人，以是拒邻援，故位不极尊宠，名亦不至于大辱；由是日进碌碌然，以朴拙自将。盖所以上思承先，下思补过者，固非有他道也。余老病且入墓，异日称与无称，固弗计，独念与黄氏三世异姓之好，惧膺白需于去就也，故如其请，作是记发之。章炳麟。

《怀抱思亲图记》写成立轴，至今尚存；《文治藏书楼记》是一横幅，不幸在抗战时失去；太炎先生与膺白均在作此文一年内去世，二者可能都是绝笔。

当我们无意中到了莫干山，万不料与此地结如此深缘。膺白初以我每日与熙治在书房时间太多，陪他太少，我说：我们想避俗，万一我不耐闲，则岂能久安于此！熙治还不能住校，又不便延师来山，则只有我自己任教，此不专为孩子，各人忙起来，使有妨山居的问题都自然解决了。

膺白因国难而提前实行他报答社会的心愿，开始在庾村的工作。后亦因国难而不得不受命往华北，焦头烂额，无济于事。每抽暇回莫干山，辄加紧工作，他自己所想到或同人所建议，说做即做，毫不踌躇。我无不竭力赞成怂恿。朋友们不知我们有多大抱负、多少力量。仲完看我一心一意跟着忙，一日私下问我："好像在急急要了一件事？"她的话直中我心坎，我见膺白体日瘦形日惫，种种劳而无功，深恐来日不长，让他尽量在这里了他一个愿——报答社会，得到些微心里的安慰。

二五 『九一八』沈阳霹雳

在莫干山住到第四个年头，我们已习惯"静"之乐，而少感"寂"之苦。年年十一月下山，在杭州访晤亲友，游览西湖，到膺白的三哥叔汀家，探望大哥，然后返沪度岁，习以为常。民国二十年（一九三一）我们忽然提早返沪，为九月十八日沈阳变起，日本军占领我东北，这是大大的国难临头。消息得自九月十九日上海市长张岳军先生电告，电曰："昨晚东北军与日军在沈阳冲突，日军乘机占领沈阳，事态极为严重。"

膺白已经渐渐的与当局疏远，函电务少，对岳军先生亦然。他自己有诗句"隔院着花不可攀"；私交尽厚，分际应严。尤其上海市政府里旧人甚多，他在沪之日，自市长以下，不免常常要来看他。为彼此方便，他甚至提早上山，延迟返沪。

这年的夏天，李晓垣先生自动到山做客；李先生在津在沪做吾家客不止一次，吾家上下大小都欢迎他随便而又与人无犯态度。这次他的来山，情绪稍有不同，略带些自质意义。阎、冯之战，他与阎系同学，与冯有民十三（一九二四）国民军关系，最后曾不远千里赴晋劝慰，因此阎、冯败后，他被点嫌疑。无论如何，膺白绝无反中央、反蒋之事，这点，中伤他的人，亦造不出谣言。与膺白共处，态度自明。下面是十八年（一九二九）八月五日李先生从山西晋祠来的一封信，信中"百兄"为阎锡山，"焕兄"为冯玉祥，所言"往事"即济案；剪报则解释当时冯之态度，邓哲熙、韩复榘、石友三俱是冯的部下。所云《今天新报》亦附于下。

膺兄惠鉴：别后瞬逾数月，时以为念，近维动定佳良为颂。闻沪上热度颇高，想此时正与英嫂避暑山中，在万竿绿荫之下领略风趣也。弟本在香山习静，随缘而至太原；尔时风云正急，又亲闻灾区惨状，竟为悲愿所驱使，驰行千余里，以佛说说焕兄，焕兄知旧友非挟他意而来，立允放下一切，此未始非佛法因缘也。焕兄语弟，十三年冬本已约兄游日，愿竟未遂，此时兄远处东南，恐难偕行，遂约弟东渡以遂昔日未竟之志，弟以义不容辞慨然允诺。本拟抵太原后即可首途，嗣因百兄被留，展期三月。现百兄忙于编遣，焕兄暂憩晋祠医治宿疾。弟固随遇而安者，有人邀至北平，即在北平修法，现闲居晋祠，地颇幽静，泉石胜境亦不多得，即留在此间修法，幸尚无一日间断，足慰厪念。在华阴时，曾以往事面询焕兄，何不对兄明规，而在暗地责毁良友，渠闻之殊为愤慨。其所述当时情况，与邓君哲熙近日致《今天新报》之函略同。项披阅各处报纸，见此新闻一条，颇触旧怀，特为裁下寄上一阅。吾人处世数十年，不过如空中之鸟迹，若有若无，仅存印象，兄阅后亦不必萦怀也。焕兄经韩（复榘）、石（友三）之变，态度转趋消极，对旧友愈深感念，特于兄尤然。闻今年四五月间沪上修法同人，已有数十人成就，兄修法未间断否？若法未学全，沪上当有代授者。此为吾人根本问题，此外一切世事，虽一时轰轰烈烈，不过如梦幻泡影，转眼即空耳。弟在此颇闲适，拟俟秋凉略加精进，或当有少许进境也。兄近状如何？至以为念，暇祈略示一二为荷！专此敬颂暑安，嫂夫人安好。弟晓圆上。十八年八月五日

北平《今天新报》代论（十八年八月一日）　　　　　　　郭增恺

本报第一版社论，《作者致王儒堂先生一封公开的信》中，曾有以次之语："昨岁八月，走方漫游皖苏，某日至宁，值故人包志拯兄，悉先生将于次晨十时，长国民政府外交部。时黄膺白先生以济南惨变，离职适沪。冯先生倡议于先，蒋先生裁可于后，因之先生得为黄之继，当其时之

巨艰大难矣。"孰知此短短几句，乃大与事实违。兹特据关涉者来书及告语，声明更正。

增恺先生大鉴：顷于七月十三日北平《今天新报》，获读先生致王儒堂先生书，其中关于儒堂先生继黄膺白先生而为外长之记载，与事实不符。查去岁五三惨案发生后，蒋先生与冯先生会于豫东之李坝集。蒋先生当谓"膺白外交办失败了，一般老先生均不满意，中央拟以儒堂继任外长"，征询冯先生对此意见；冯先生答称"弱国无外交可言，若无实力为后盾，无论谁去办外交，均难有成绩。膺白、儒堂都是多年老友，个人对此，无丝毫成见，应请中央主持"云云；此当时蒋、冯两先生会谈之经过也。哲熙朝夕追随冯先生，关于此事耳熟能详。先生致王儒堂先生书中，谓"王先生继任外长，系冯先生倡议于前，蒋先生裁可于后"云云，显与事实不符，应请先生自行设法更正。又冯先生现系下野之人，对于实际军事政治，略未过问，亦毫无表示，嗣后关于冯先生之言论行动，亦请根据事实，慎重记载，至所盼祷。专此顺颂暑祺。邓哲熙拜启。（十八、七、十六）

晓垣先生有八十余岁老母及太太儿女在武昌，此次闲谈中曾提起，如何嘱咐太太，如何拜托朋友，老母有万一，临时如何处理等语。膺白和我知他平日事母之状，甚同情他的远来做客之意。九月十八日之晨正在早餐，佣人送进由武昌来致李先生电报说："母病速回。"他立刻准备动身，膺白立刻为张罗车轿，为欲赶上最早的赴鄂江轮，电沪请岳军先生代定当夜赴京的车票，准备到京可以立刻上船。故岳军先生十九日之电，我们都以为是报告李先生的行程。我译电至"日军在沈阳"，已惶恐万状，看完全文，与膺白相对，欲哭无泪。

自济南惨案以后，膺白不愿见日本人，尤避外交官与军人。松井石根、芳泽谦吉等赴欧过沪，均托人来约，只谈友谊不谈政治，膺白都婉辞。佐分利贞男为日本人中对东亚看法最与膺白接近之人，济案后出使中国，实其文人含补救之意，一再要求晤谈，膺白均却之；最后请到杭州灵隐寺相见，膺白亦未肯下山。佐氏之死，膺白日记曰：

十八年十一月廿九日 日本驻华公使佐分利贞男氏本晨在箱根富士屋旅馆自杀。予与佐氏多年知好，深知其对东亚有极大之抱负，对中国有极热烈之同情。方为中日关系前途庆。未发表驻华以前，今关（寿麿，日本名汉学家）君曾来莫干山访余交换意见，余力主佐分利君继芳泽来华，今竟以自杀闻。余脑海中一种冲动真是无可形容，闻彼自前年丧妻后，即皈依佛法，佛必有以渡君也。

十八年十二月廿八日 重光（葵）历述经过，最后对小幡使华问题要求有所转圜，完其面目，予允间接传述，不能负责。（佐氏死，日方拟以小幡继任，小幡系交涉"廿一条"之人，故中国不予同意。）民十四，予与佐分利及重光游北京西山，乘驴入城，重光不善骑，每每落后，不料佐君已成隔世。

小幡使华未成，中国未扩大其事而不接受，是近年中国理胜的一事。重光葵继任公使，虽具体而微，然其本国，武人益抬头。中国方面对日本不注意，对东北边疆亦不注意。

我补述一点膺白在莫干山与政府的关系。几次征召他都没有接受，只有一件导淮的事，他虽不就，而赞成其事。北伐完成，南京开编遣会议后，拟以所遣散的兵士致力导淮。组织导淮委员会，蒋先生为导淮委员会委员长，膺白为副委员长。蒋先生说因事关军旅不得不自居其名，请膺白为其实。与冯焕章、杨畅卿、张岳军正面侧面来电或派人速驾。膺白有不得已之苦衷。节录以下几段日记：

十八年一月十六日 李仪祉（协，水利专家）兄来谈导淮事，有"淮水易治，人心难治，真专家不多，半专家太多。水是活物，局部形势变更，全部均有变化，不能拘执一说"。实为针针见血之谈。

十八年一月廿一日 宋子文君来，请其转达蒋先生，在三次代表大会中须设法规定几条法源，使政府得依法产生，一可以定人心，二可以绝恶例，盖政府能有一定之时间性，则万事始可着手，且以民元先制约法为例。

十八年一月廿三日　市党部常务委员冷欣介绍曹树铭来谈导淮。予以"经费""计划"二项，本可大可小，并不在意，所以不决然担任者：（一）政治变更，机关即根本易人，近年恶例，将至一事不能办。（二）数万工人统率不易，万一工会再去指导？

膺白不就之电，当时立刻复出。六月间该会成立，蒋先生又来电，他下山赴京，俟蒋先生就职而归。日记如下：

十八年六月十六日　晨七时抵宁，岳弟来接站，下榻鼓楼头条巷一号。十时顷介弟来访，午后偕岳弟同游陵园，答访介弟。四时半介弟又来寓，详谈导淮计划及述我不能就职之理由。总之，此事实属国计民生均有益处之根本建设事业，予极端赞成，惟非所素学，且在此环境下，雅不愿再挂任何名义也。

这年的一月廿四日，一个曾在日使馆任事，后在奉天办新闻事业的文访苏（宗淑）君，由东北到沪，来访膺白。我家昔在天津时，此君曾来谈过，系东京青年会干事马伯援君介绍。马君虽热心宗教，然对日本社会和政治情形，相当留心。文访苏君这日报告东三省情形极详尽，膺白录在日记，我今摘要如下：

（一）日本对东三省拓殖，从前只注意外交军事，二十年中移民不过二十万，今则沿铁道附属地，水道房屋路政均大致完备，鼓励移民久居，并奖励朝鲜移民。鲜人在日本在朝鲜均受虐待，而向东三省移殖，则不独舟车得补助便利，亦享受领事裁判特权。（二）日本对满蒙铁道网势在必成，从前五路要求，规模太大，招中国反对，列强嫉视，今取断断续续短距离之路（如吉〔林〕、敦〔化〕路等），有事时，用轻便方法，一联贯即达其本来目的。（三）内地杂居由不良中国人代为购地，植棉牧羊造林，片段告成，始行揭晓，当局慑于日威，亦无可如何。近更在新邱购地，为新邱煤矿计，该地矿质虽逊于抚顺，量实百年不尽云。（四）日人在奉天有特务部，主其事者有秦少将，勾结要津，津贴中下级职员。某要人曾挂名教长，而其住宅即系日人所送。（五）日人荒部少佐，曾充模范团团长，易名黄慕，入中国籍。及张作霖被炸，在滦州一带黄慕力劝张学良杀杨麟阁（宇霆），张不从，黄愤而辞职，仍用荒部名往大连去矣，故当时沪报有杨在小山被杀之说。（六）至麟阁被杀原因甚复杂。小张自父死后，挥霍无度，欲提用铁路及兵工厂之款，而杨、常（荫槐）均不予通融。杨管理兵工厂，常管理铁路；当张作霖在日，经数年经营，完成打通（打虎山至通辽）铁路；此路与日人之南满路平行，可由京奉直达齐齐哈尔，故大招日人之忌。杨、常自身亦欠检点，生活较奢。杨大唱开放主义，谓欲保全东三省，惟有对内开放，对外开放；对内广揽各省人才，对外联络英美以牵制日本；前者招旧派之反对，后者招日本之反感。（七）杨、常既死，当局年少多欲，而田中西进政策日进不已，东三省在今日实可谓危机四伏，一触即发。田中去年炸死张作霖，本有整个计划，意在解决满蒙问题，只因时机未准确，此一年中，田中之对华政策可谓一无成就，若明年议会开时再无成绩，则军阀政治命运将终。闻其毒计：在本年中，中国政局如起纠纷，全部或局部有战事时，彼将借口保侨，占领奉天，此则我当局不能不警戒者！

　　膺白记此毕曰："惜乎今日局势，无论朝野各方，均未足以语此，奈何！"又言："文君谈毕，予乃作一介绍片，请其往宁晤岳弟，冀得转达介弟，或可以供参考。适何敬之兄来访，因文君亦贵州人，介绍一见之。"

　　读者疑阎、冯战时，中央请奉军进关，何以东三省无事乎？此时日本，正田中义一受天皇责问，辞职而又身死故也。然日本军人的侵略野心，亦仅延迟两年，而其野心则更大。

　　民国二十年（一九三一）九月十八日沈阳事变以前，中国北伐完成以后，两年之间，最不幸的事有二：其一是民十九（一九三〇）阎、冯之战，其二是共产党在江西之"坐大"。我在所作《膺白家传》曾言：

时统一甫告成功，而内战又起，战事激烈，甚于曩昔，乃于事定之始，作"祈祷和平"一文，同日遍登上海各报为社论，胪举：国力耗于内争；建设因以停顿；同类相残，胜亦不武之义，期朝野之觉悟，事在十九年冬。共产军久踞江西，而日本少壮军人亟于思逞，密请中央注意东三省大吏，匆使逗留关内，生后顾之忧，事在二十年春。

这所谓内战即指阎、冯，"祈祷和平"文见前章。

至于东三省，在中国早似禁地。对外，因条约而有"中东""南满"两铁路，前者属俄，后者属日，平分势力。罗钧任（文幹）先生一次与膺白闲谈，说到东北文化，北满的家庭多挂俄国风景画，南满则挂日本名胜，从小节窥一斑而叹息。对内，则有事奉军入关问鼎，无利退守称孤。其间又往往不免有外交关系，给外人以可进之路、可乘之机。自阎、冯之战，中央获奉军袖手之功，因而致胜，将奉军主帅捧上九天，为蒋总司令以下第一人。我们久居北方，即在北洋军阀时代，一般人对奉军亦视作可怕中之更可怕。新闻记者邵飘萍、林白水，抓到不加审问而枪毙，在北方的人应都知之。即以一般局势看，阎、冯纵有不是，不如东北之对内对外均有极大危险。

阎、冯战后，思为大大的和平运动，在上海有三个人：张公权、李石曾和膺白。石曾先生迭电膺白促下山返沪，张、李二位常常来吾家；具体的计划和文章由膺白写，国际情形之可虑，他们所见相同。在这前一月，由膺白草成对党政军三者改革案，事已记在前章。

二十年（一九三一）的四月，我们还在沪，日人土肥原贤二大佐、田中隆吉中佐，一再托人来说，要见膺白。土肥原是号称中国通的军人，在北方久混。膺白触动起对东北的不安，见了他二人，这是三四年来偶然之事。自佐分利死后，膺白颇悔当时之拒不接见。在山见过今关寿麿（今关后来有挽膺白五古长歌，记其事），重光葵到任，派秘书林出到山，亦见了。然在上海，还是可避均避。见军人最没趣，这次实为时局担忧而见。土肥原的话大略如下：自张作霖死，杨、常被杀，张学良逍遥平津，对日本悬案取不理态度，对日本人取避不见面政策，日本已到无可再忍阶段。又日本曾经战事的军人，此时都已到将官阶级，佐官以下少壮军人，均不知战争之险，而功名心切，急望立功。二者凑合，东三省情势十分严重。

这段话危言耸听，但事实确有可虑，不由人不着息，膺白寄了信传了言。此时政局适小康，关外之事，中央鞭长莫及，不以为燃眉之急。一般人粉饰太平，闻此毫无反应。这土肥原即后来携溥仪出关，制造满洲伪国之人。我们后悔当时不将他的话，更加严重解释而后传达。膺白在廿年九月十九日（沈阳事变之次日）的日记，不免说有几句沉痛的话。这天夜里，他彷徨无主，提着灯笼去看张静江先生，适已赴京，回来转侧不能成寐。

静江、岳军二先生同具名由沪电促膺白下山。伯樵受社会上和新闻界朋友之托，亦电促我们即日返沪。杭州、上海各地关心国难的朋友陆续来山，见面都不胜忧和愤。一向不敢批评政治的人，露骨开口责备。责备有何用处？冲动只有偾事，无补于国。我们先力自镇定，经过两个星期，十月五日始由山返沪。

在诟诲责骂无济于事的时候，上海是人才荟集之处，一改几年来言论沉默情况，开会聚议，拍电主张，无可阻止。最踊跃而可能做的事，是捐款援助东北义勇军。一般人都在热烈和冲动之中，怨恨敌人，指摘政治。国家的真实情形，人不尽知，不知的原因，为没有健全的舆论指导，由来已久。舆论不健全，养成中国人爱道听途说，而少用理知思索。培养国民用理知了解国事，本须积之以渐，而我则反其道而行之。至于对日本情况，则知者更少。此不知的原因为不屑知，不屑知为中国人不想自己解决自己的事，而想望侥幸，想望靠外国人。这点，连知识阶级都不免，许多人以为中日闹起来，英美就会出来制裁日本，很少能看到国际情形的人。政府则不堪苏联压迫而谋与日本温旧。济案之后，曾谋亲英，后来又曾报聘苏联。

"九一八"空前国难，而政府仍苦于对内，其难处：中国统一，而国民党不统一。两广始终与南京对垒，小之又小，成为反蒋。谣传两广实予日本以可乘之机，不可置信，然"九一八"以前，两广有要人赴日是事实。中日之间不圆满已久，两广同为国民党，派人赴日何为者！中日问题是一件历史积债，然大难临头，仍不能外御其侮，至为可痛。

各地学生在南京打外交部，打中央党部。上海学生欲至南京被阻于车站。沪市公安局处置群众不当，平津学生代表来沪被殴捕，三千学生包围市政府，开民众法庭，李烈钧入团调解未成，岳军市长被困在市府。膺白偕君怡同往市府欲劝说，在门外鹄立一小时未得入。事后知起因实自南京来，又知由于好弄小策之辈，不知究竟为何？

南京政府改组，二十一年（一九三二）一月一日，孙科就行政院长职。蒋先生已于廿年十二月十五日去职了。膺白连接蒋先生电要他到杭州相晤。在号召团结下，恰巧冯玉祥到沪；冯在一月二日来吾家拜年，对膺白说："都是您老不在京之故，您如在京，蒋先生有误会，可代解释几句，我冯玉祥不对，您亦可责备，何致双方被人挑拨，酿成内战，耗此国力，以致无法应敌！"话说得很漂亮。那日我亦看见他，穿着蓝布袄裤之状，以后他每日借吾家见客。吾家楼下有两间客厅，中间有一穿堂，电话所在，亦有坐椅一排。膺白自用客厅和书房见客，冯借用后客厅，随从秘书等在穿堂。冯要到奉化看蒋先生，蒋先生的哥哥介卿先生代复电，谓兄弟游山出门。这时膺白正接蒋先生电，准备到杭州，在一所屋内，很难措辞，电话定车位，大家听见。我不得已造诳说，膺白的大哥有病须赴杭探视。大哥的确有病已久，这次是托他的名，他从来没有如此多的人关心，这次听见电话的人一一传出去，大家来问讯。马云亭（福祥）先生常与冯先生共事，知道冯的弱点，夫妇都和我们很好。闻讯定欲同往杭州，谓大哥病礼宜探候，膺白固辞，不料上车他已先在。

廿一年一月十三、十四两日膺白在杭州。十三日记曰："三时半在孤山散步，见天空飞机越山而过，落于澄庐门前湖面，知介石已到，四时何云（杭州公安局长）来接，谈至六时一刻始别，对外交、内政、财政等项，分别供献意见。"十四日记曰："何云来接至澄庐，与介石共早茶，谈彼目下应取之态度，与今后应留心新人才。未几，子文来，又谈论哲生等最近有停止公债本息之议，及对外有宣布绝交之说。子文新买美国皮船一只，三人同至楼外楼登陆；舟中介石颇多感叹，谓国家情势或将回到民国十三年以前各方割据之状，予谓外交财政恐较十三年以前更加危急。"（澄庐系蒋先生在杭住宅，楼外楼系西湖边有名饭馆。）

在上海虹口一带的日本侨民，和日本海军陆战队，前者不安本分，后者想效其陆军在东北之立功，酿成淞沪之战。这时上海市长已是吴铁城。廿一年一月廿八日，上海市政府实已得政府允许，接受日本人所提全部条件，而日本海军陆战队仍于此夜攻击闸北。中国军激烈抵抗，为国难以来极光荣的一举，出捐慰劳，妇孺咸奋。廿八日的整夜，吾家里电话不停，合家都未好睡，后半夜都是我自己接，各方面消息不延误传通。这次战事接近首都，远方军队不能应调来援，尤其在江西的大军不能撤开。政府迁洛阳，这是南北统一以后第一次迁都。一部分中央委员欲在上海办公。吴市长与外交团接洽调停战事。膺白廿一年一月卅一日日记曰：

至公余社应铁城之召，铁城报告："在白利南路英领事公馆，会同美领克银汉，与日领村井及日司令盐泽，并我方区寿年师长会议。英领提议日军退原防，我军退淞沪路线西二千米，另由中立军队维持秩序。决定停战三天，由日领请示其政府。开会时盐泽颇失态，英领颇公允。"在座有蒋光鼐提议战区内人民，应设法使其搬出，由市政府办理。议毕在庸之宅晚餐。

我当时曾私自提议，闸北监牢里的犯人亦应迁居，这些犯人没有死罪，在战火下被监禁着是惨痛的。

膺白廿一、二、一日记曰：

至静江宅会议，各报告奔走经过。最后庸之报告与哲生谈判经过：哲生本拟在沪组织临时政府，诋迁洛为仓皇出奔，经解说后始允不组政府，改为"中央委员驻沪办事处"。

淞沪之战，尽东南精锐，自廿一年一月廿八日起，至三月二、三两日，我军撤退上海，放弃淞沪。国联调查团抵京之日，淞沪停战会议，已正式通过停战。在战事期中，南京、上海间火车不通，往来以江轮。最后日军在浏河登陆，抚上海之背。膺白日记中言："浏河宜注意，予说过十余次。"我不知其对谁所说，他每日出去开会，当是那时说的。

前章《莫干山》中，曾述及国难以后，我们在莫干山麓庾村，开始了我们的农村工作。在这同时，膺白另还发起了两件事：其一是"莫干山住民公益会"，其二是"新中国建设学会"。庾村工作是膺白独力负担的，公益会及建设学会是朋友合成的。

"莫干山住民公益会"，是中国人在山上有组织的第一次。由住民集款做公益，全体住户为会员，出的钱做的事大家看得见，带点自治意义。膺白被举为第一任董事长，他的后任为叶揆初（景葵）先生。抗日战时，山上有过一个"中外难民救济会"；中国人方面，在山有我莫干小学校长郑性白主持其事，在沪由揆初先生向各业主募捐，山上还有几个忠实管屋工人，几种凑合，战后的莫干山算是保存得很好的一处。莫干小学在山上，终抗战八年，弦歌不辍，性白夫妇之功，后章再述及。

国难以后，在上海常到吾家的张公权、张镕西、黄任之（炎培）、江问渔（恒源）几位，提议有所结合。其中有人已参加过救国十人团，凡十人成一组。这次提议的动机，为见"社会堕落、国事艰危"；所欲励行的精神，为"高尚纯洁、博爱互助、侠义勇敢、刻苦耐劳"。膺白一向主张

"计划"和"方案"，以此集合和分配才力，治而不乱，实而不空。他仍旧主张如此入手，提议组织"新中国建设学会"，研究"广义的国防中心建设计划"。

他以为对当前国难，用兵——以现代战规模，决非淞沪肉搏巷战可比，我们的武器和训练，相差甚远；抵货——日本货的市场不只中国，中国亦有不可缺之日货，应诉之长期的国民爱国心。以政治力干涉工商业，则先吃亏者是中国人。诉之国联，犹涸辙之鲋鱼待东海之大水。大邦援助，倾国仗义，史无先例。一部分日本人已丧失理知，如疯狂，愈刺激愈疯，而我正为其壑。中国所吃之亏乃积蘖与共业，亦只有从培养国家元气做起，使一般人心力向建设之途，不再自克而相消成负。此固缓不济急，但属必经之路，七年之病，求三年之艾，苟为不蓄，终生不得。

国难以后，到过东北的人回来，述亡国之惨，闻之痛心。有人述土肥原一段话，土言：中国人纷纷向之包税局，他说此系中国苛政之一，岂日人主政而犹如此。我们的国与人，真都需更始和更生！

廿一、一、廿一膺白日记："晚与公权、熔西等商新中国建设学会事，直至十二时始散。"这是学会名称之初见。这年四月膺白曾往南京，我节录日记：

四、十四　乘车赴莫干山，发箧整顿书物，而岳军电到，催赴宁。

四、十五　复岳军电，明月准赴宁，请在汤山候晤。傍晚石曾、稚晖到山，在静江宅谈叙。

四、十六　早八时与石曾、静江、稚晖诸君同下山，乘长途汽车赴宁，下午五时抵汤山，岳军、雨岩来接。

四、十七　早八时介石偕岳军来谈：（一）对党、对外交，有亡羊补牢说；（二）根本分期建设计划。未几雨岩亦来，谈至十一时别去。午后三时介石又来，单独谈至五时一刻别去，系继续午前之说，加以详密讨论。

四、十八　赴建设委员会访石曾、静江、稚晖，又同至铁道部访精卫。谈外交，分对沪对沈两层；内政，分对哲生、展堂、焕章三层。午后因知予不在寓时介石又来访，故偕岳军赴军委会答访；彼赠我日人金谷所著《侵略满蒙计划书》一册。又同车至中央党部，彼与岳军往开会，予独乘车游后湖及孙陵二处。傍晚五时介石会毕又来访，谈未来之国防计划，及希望我共同澈底研究。此等为公为私均应为之事，毫不踌躇慨允之。

四、十九　晨离京，午后七时抵山，性白与陆叔昂君在焉（陆为办理徐公桥新村主任，膺白与我都到过徐公桥参观），谈新村事。

四、二十　与陆叔昂君谈莫干乡村改进方案。

我们六月一日参加莫干小学开学及奠基礼后，回上海参加十九日新中国建设学会成立大会。几年来膺白对当局建议，他有两点原则：为国家，为国民。建设学会的事，他都陈说于蒋先生，请赞许和帮助。学会不但为问题研究，且须实地考察，其中可能有不少非党员，甚至不赞成党治而亦是爱国有识之人。几年来，这是膺白自动积极的一件事。

学会先租屋于福履理路，后在江湾自建会所。除会员专著单行发表，入新中国建设学会丛书，另有定期刊物曰：《复兴月刊》。会员研究分：政制、财政、经济、外交、交通、教育、社会、技术八组。膺白当选为第一任理事长。当发起诸君每次在吾家商量时，除吃饭我并不参加。一日闻室内拍手声，膺白出来邀我，谓同人通过请我入会，我甚为荣幸，报名在教育组。教育组曾推举七人分别研究各书局出版的小学教科书，我受派看开明、世界两书局的书。我们的计划，先纵面以书局分，再横面以性质分，如专看历史或地理或常识等。小学看过看中学。惜不久膺白受命北行，我亦跟走。《复兴月刊》曾有《全国小学教科书之检讨》一文，系初步研究之结果。

学会发起之初，曾赢得不少有心人的赞同。在党而眼光远大的人，以为多几个研究的人，有利无碍。不在党的人是初次可以结社研究国家的问题，有人甚至说：对国事焦急而无所适从，如此有一目标，亦可以研究出一个目标来。然进行之际，并不如预期之顺利：（一）学会成立之时，政府亦新设"国防设计委员会"（即后来资源委员会）。不但同样研究广义的国防建设计划，且是可以执行的机关；不但待遇优厚足以网罗一切专家，而且可以派出国考察或留学。诚早知有此，学会可不办，或改变途径，而章则宗旨已出，临时欲罢不能。（二）学会拟聘请之秘书长王光祈先生，同人认为极理想，君怡与之有旧，由君怡函邀，知其必来。信到，适王先生在欧洲逝世，既惋惜而又失望。王光祈先生常作沪报通讯，读过其文者当知其人。（三）长城战起，北方事日紧，膺白不得不受命北行。

膺白在学会的若干谈话，见《感忆录》王家楨先生《黄膺白先生在新中国建设学会之言论》一文。《复兴月刊》发刊辞是否为膺白手笔？我已不复记忆。同人著作，在他未北行前，或正返沪时期，大概都读过。他自己之文，我记得有《东北问题我见》一篇。日本驻英大使吉田茂过沪来访，膺白讶其论调很与相近，许修直君代表回拜，见吉田氏案头有载此文之《复兴月刊》。彼系过路，任务在欧洲，而关心我邦言论如此！

此时使中国人多知道日本和日本人之看法与想法，实为重要。学会拟多译这一类书，以下是膺白在山上寄给孙伯刚君一封信，膺白身后，孙君刊在杭州报上的。

伯刚仁兄大鉴：昨函计达。日前面谈各小册子，近日略加阅读，大有从速译印之价值。山中天气较凉爽，拟请兄于二、三日来山工作，庶几朝夕晤谈，较为便利。如蒙允诺，弟处可以下榻，只要带薄被与毛毯各一条，枕头一个足矣。盼即见复为幸。此请大安。弟黄郛顿首。（廿一、八、四）

我写过一篇《匹妇有责》在《复兴月刊》，极迂而浅，稿已不存。傅沅叔师见而奖许，赐函中摘有原文三小段，兹将原函附后，以见前辈对人心世道之关怀，不止鼓励一个后进而已。

亦云夫人阁前：昨蒙赐《复兴月刊》，归而检大作诵之，为之悚叹不已，不图十余年来进德修业如是孟晋也！其言："吾国存亡之关键系于人心，吾国复兴之机会操于人心之转变，而心理建设之枢纽，归纳于妇女应负其责，而力行勤俭以为之基"，此真药世之金针，警迷之木铎。其中精粹之语，如曰："恶相得而益彰，祸相因而无穷，以成此百孔千创支离灭裂之局"；又曰："彼千法以求余财，悖德以侔非利，苟享用之无地，诤谏之有人，何尝不可挽薄俗于万一！"此皆老朽心中所欲言，而夫人乃抉其弊而痛切以道之，且挽其失而强力以行之，与膺白先生之"革心论"，如桴鼓之相应，使国人睹此而幡然憬悟，复兴其有冀乎！敬佩何似！增湘频年闲放，耽书嗜游，重以人心世道，闻见日非，益复自甘颓废，及诵贤伉俪之高论，不觉意气奋发，隐隐然有振厉之机矣。现定于后日赴杭，往金华一游，俟返棹后，再诣莫干山，计时当在月半后矣，未卜彼时台从能还山否？连日因往瞿氏家中校书，未复诣谈为怅。手此即候撰安。同学傅增湘拜启。五月六日。

学会后在江湾自建会所，是两层楼，形式甚简朴，主要有一间会场，一间图书室，抗战时屋与书全毁掉了。

二六　最后北行

民国廿二年（一九三三）热河之战，大军溃败，战事到长城以内；平津危急之际，膺白受命北行，名义为行政院驻平政务整理委员会委员长，其主要目的实系：对外缓和日本，对内绥靖反侧。这件事，当局与社会都知难有奇迹，却都希望一"彼善于此"之路。膺白自己亦望能竭其最后之力，他估计国家支离破碎之局，如何足以言战？希望有一个生聚教训准备的机会。朋友为他担忧此内外不能讨好的工作，我则阻之不及。他这次是"好汉低头"，我则不得已而"弱妇亦强"。

政府要膺白到北方去之动议已久，动议不止蒋先生一方。汪精卫先生在国难后从海外归来，未到南京前，曾在上海来访膺白。膺白虽然和他相识颇久，但并不相熟，这一次国难临头，他们讨论内外形势，说得很多。汪将到南京时，曾要求膺白遇要事能入京面商，这个"随时可以到京"的约，在膺白是几年来没有做到过，此次很爽快地答应。

阎、冯战后的北方，大部成为东北军（奉军）世界。"九一八"后，自北方归者，论晋军尚属可望，奉军不可救药。然中央无法亦不敢开罪失土之疆吏。最初提议膺白北上的名义为故宫博物院理事长，政府以为此事表面与政治无涉，不遭疑忌。膺白却不欲担任此事。岳军先生曾笑谓膺白乃最适当之故宫博物院理事长，以其对古物不懂，且无嗜好。屡次口头或文字的提议均经谢绝，手边尚存下录亲笔一件电稿：

洛阳国民政府魏文官长（怀）：夏间政府欲任郭为故宫博物院理事长一节，当中央初动议时，郭因不能北行，此席关系重要，又万不可虚悬，故曾恳电中央辞职在案。乃昨由山中返沪，得读贵处洛字第三二九三号公函，知政府仍令郭担任，在郭未到以前，由张群代理。又读贵处东电，知北平政务委员会因张群未允就代，电请政府转催郭北行主持。查院务重要，应任能常驻北平者继任为宜，郭南归多年，宿疾未愈，一时万难北行。用再沥情上请，务恳转达政府，另简贤能，以重要公，无任感幸。黄郭微。

淞沪停战以后，北方局势毫不见松，而且加紧。日本在满洲造成伪国，用同样的手段扰乱华北，中国不但有外患，而且有内忧。失意政客为不择手段之活动，他们的设辞皆为不满一党专政，统治不公，实则酝酿生事之辈，皆惯于内争，朝三暮四，敌我之义久泯。真正爱国国民，纵不满统治，大都自爱以爱国，此在后来抗战时可以见之。

民国廿一年（一九三二）的秋，我们在莫干山接到蒋先生致膺白的电报：

莫干山黄膺白先生：汉卿（张学良）辞职，拟即照准，并取消绥靖公署，另设军委会分会以总辖之，大体已商妥洽。惟今后华北时局，无论外交、军事、政治方面，均益加重要，特恳请吾兄北上匡助，代为主持。

兄受名义或暂时不受名义均可。国难方殷，环境日恶，公谊私情，谅兄必不忍恝然也，即盼电复。中正元。（廿一、八、十三）

自民十七（一九二八）济案以后，膺白虽不以一言自解，但决心不再从政，屡辞征召，如：外交委员会长，使德、使英，导淮副委员长、浙省委、两度江苏省主席。王亮畴先生来劝使英，膺白答以素乏渊源，王言英人喜其诚实，业已同意；殆为宁案时与英使折冲，英使已经承诺之项，而伦敦反对，膺白宁谈判中止，而不用为宣传。此事在若干年后英使卸任离华告别时，尚默示忆及。导淮之事，蒋先生自任委员长，曾嘱畅卿、岳军二先生从旁电劝，电中有"为三十年友谊勿却"之语，膺白复电："欲保三十年友谊于不敝，故不必共事也。"蒋先生言，其他政治皆空，导淮乃关国计民生，愿共成之，因与编遣相联，故自居其名，请膺白为其实。膺白为国计民生之说所感动，特从莫干山赴京，俟蒋先生就职而归，自己终不就；且建议编遣不必与导淮并为一谈。此系上山后，"九一八"前，惟一入京的一次。江苏省主席事，第一次派乙藜（钱昌照）到沪征同意，蒋先生嘱膺白全权推荐各厅长人选，并嘱乙藜不得膺白同意勿归；膺白坚不考虑，请乙藜当日夜车返京复命，此正在阎、冯之战前一日。膺白后言，幸亏催乙藜早走，不然以为因战事而怕负责。第二次则已在国难后。吴稚晖、李石曾等几位老同志，以为膺白不愿在京，则在镇江与京密迩，进言机会较多，颇怪膺白固执。膺白并非故意鸣高，官场得失无常，他一向处之泰然，经过很多。他有致岳军先生信，曾略吐衷曲，节录一段如下：

　　济案所受刺激，公私两项皆为生平未有之伤心事。其时三弟统率各军在前线，未便轻易回京，而后方政府因未悉前方细情，又未能决定大策，以资应付。兄念时局颠危，间不容发，遂不自量力，偕三弟同出险境后，即赶回南京，与政府诸公商定大计，力持镇静，使日人拳拳落空，不能遍放野火。又赶至上海，与钱司令、张市长说明各项情形，指导上海各界取同一态度。后方部绪既妥，正拟偕静江兄再往前方，与三弟细商善后，而小人之运用已成。兄在政治上勉有廿年之经验，决非量窄之人，惟此一段内外交迫之伤心史，实令我没齿不能忘……始终咬紧牙关而不发，非不能文也，非示人以弱也，盖投鼠忌器，有违兄南来之初愿也。幸勿再以名位相加，使外人之不明内容者，视我为南北鬼混之一小官僚，后世之评我者曰：此借革命以投机者也。呜呼！人生二十年以上之朋友能有几人？不为利合而以义聚者能有几人？历辛苦而不变者能有几人？异日如有兄欲为而力有未逮之事，仍当毫不客气自动地要求三弟之助我，来日方长，固不必亟亟也。（十七、十二、廿六）

膺白尝言若非日本人肇此大祸，蒋先生口袋里不小心漏了一洞，将他这一颗棋子漏了出去，他不想再上棋盘。他接到蒋先生上述"元"电后，嘱我起稿复电如下：

汉口行营蒋委员长：元电敬悉。国难方殷，何敢自逸，分弟之忧，义不容辞；惟各方形势不明，事实毫无把握。此事从一方面看，兄去于弟有利，从另一方面看，或反于弟有碍。容稍加考虑后，再行确复。有壬并未来，附闻。郭寒。（廿一、八、十四）

膺白虽然不是一棵了不起的大树，但是相当招风，蒋先生用他是相当吃力的。电文竟是真话，非只推托而已。汪先生大概要派唐有壬君来，故电末有未来之语。次日又接蒋先生电曰：

莫干山黄膺白先生：寒电奉悉。兄能北行，有裨大局者甚多，似可不必顾虑。弟顷赴牯岭，应林主席电召，约汪会谈，但汪能否即来，仍无确报耳。中正删。（廿一、八、十五）

这一年，膺白终究未北行。自此以后，蒋先生时时将驻日公使蒋雨岩（作宾）往来电报转给膺白，亦嘱膺白有机会与日方可接洽之人接洽，见下列诸电：

莫干山黄膺白先生：梗（廿三）电奉悉。兄下山过沪时，如日方有可与接洽之人，不妨先与接洽，再来汉面商。前日弟曾电告雨岩，谓本庄去，武藤来，新旧更替，如日本当局有稍变方针，借此重谋中日亲善之转机，中国可与逐开谈判，嘱雨岩设法间接表示探询，倘日方有诚意，弟可出而办理此事，但迄未得复耳。中正有秘。（廿一、八、廿五）

莫干山黄膺白先生：有电谅达。顷接雨岩敬（廿四）电复称"秋山旅行未归，俟其归时，当以尊意间接转达。军部虽仍主张承认伪组织，但不似从前强硬，议会闭会后或见缓和。然宾意总求其能取消伪组织，始便于商议其他，否则吾等目的难达，世界大战亦不能免"等语，特闻。中正宥。（廿一、八、廿六）

上海黄膺白先生：昨接雨岩有（廿五）电称"宾月余来即本钧电尊旨进行。吾等惟一目的：一、须日本放弃满洲，二、须放弃破坏中国统一政策。现荒木等对第二点已同意，并愿援助我公统一。第一点颇感困难，或须向联合国各方同时并进，始易奏效。现宾仍积极进行，务求十一月前得一结果"等语，特闻。中正感秘。（廿一、八、廿七）

上海黄膺白先生：致畅兄函夹密电已阅悉。铃木如来，诚关重要，请视其表示之诚意如何，善为应付，仍照原定方针进行，不必顾虑。（国联）报告书意见，弟拟俟南京及各方讨论结果汇齐后再行决定，届时当另陈商榷，卓见盼开示。中正尤秘。（廿一、十、十一）

八月廿七日的电已经拍到上海，因膺白正拟应召赴汉口，我留山未曾偕行。这几个月来，膺白为山上住民公益会，山下莫干小学，上海的新中国建设学会，忙得少有余暇，常在奔走之中。在山"奔走"二字是名符其实的步行。为学会，许多书籍和文稿，他都仔细过目，有的须自起草，我即偶然帮忙，并不省他的力。他久已不见日本人，日本人之狂于"自忠其国"，而昧视"人亦忠其国"的态度，见之令人寡欢。政治圈内蒋先生的左右对膺白猜忌，反蒋的人更连带存恶意，造起对外谣言来，总有膺白一份。常识以外无稽之谈，正为中国人缺乏对外常识故，很易乱社会观听，连中国人亦不解"人亦爱其国"之义。我实在希望膺白不要再问中日之事，免去"无益于国而徒自增苦"不必要之责任。致全力于学会和公益，虽涓埃无补于事，总亦稍尽心力。在家庭言，这些事我均竭力随喜，颇似民国七八年在天津写书时，是我们生活中最有意义的一段。以个人言，我是提到日本而恐惧的人，上述膺白为济案所受内外刺激，我所感觉并不比他少。我的度量不如他宽，然对此，我不但自藏其刺激，还须做得十分泰然以安慰他。当时我是仅仅三十几岁的人，与他常住在山上，从来没有一次他不想回上海或到杭州而我一个人提议要下山入城的事。我刚刚费几年之力，感谢我们有一点藏书，磨练成功了另一种积极自处之道，见膺白又将为国为友而"入瓮",我是十分不自然的。这是我们上山以来几年中,第一次我没有跟他同行返沪。

事有凑巧,廿一年八月底膺白过沪赴汉之际,何亚农君来言,有日人内田敬三由东京来,托一刘石荪君辗转访他,他正北行来返,内田在沪坐待。何并不认识内田,见面始说出此来为铃木贞一送信,铃木要来访膺白。膺白不识内田与刘,何君则曾任廿三师参谋长。民国十三四年我们在北京时,铃木系日使馆驻在武官松井之副。段执政时,张作霖入京,时国民军之势日蹙,一日铃木来吾家,突然献非常之策言"张作霖可以杀也",膺白拒不令其辞毕。膺白向来反对不择手段之举,对外人更存戒心。不久吾家出京,后又南归,不闻其人已久。日本政变前,铃木曾居欧洲有年,此时系法西斯组织中重要分子,为荒木首相所亲信,人言其足以左右极右派政策。

若无以上蒋先生嘱与日人接洽之语,膺白可能不重视其事。因有上述"有"电,这次突如其来铃木要求来沪之议,他遂迎而不拒。铃木在抗战后虽是大将阶级的战犯,此时还是一个大佐。中国人彼时还照旧以阶级分轻重,以为高级的人总是有力,膺白已经懂得日本当时形势权在下级军人。后来有一次坂西利八郎,他原算一个早期的"中国通",到吾家来,正巧碰着根本博出去,根本其时还是个中佐,坂西想不到膺白认识他,告诉膺白:"路子对了。"

铃木贞一于廿一年十月十五日到沪,膺白纯以私人资格晤谈。这一个多月中间,膺白到过汉口晤蒋先生,回上海后放宽限制陆续见过坂西、冈田、船津诸人。自十五日至廿一日,铃木前后到吾家五次。第一次由刘石荪同来,系礼貌拜访,片刻即行。十六日铃木单独来访,与膺白纵谈世界大势,东亚将来,归结于中日问题如何解决,他希望蒋先生,希望膺白,膺白觉得事已至此,各有立场,非普通方案可能解决。十八日李择一陪铃木贞一、冈田有明来,这日谈到满洲问题。膺白对东北问题,在上年十二月有《东北问题我见》一文登在《复兴月刊》一卷四期，他说："东北沦陷，荏苒年余……不独东亚和平受其影响，即世界前途，其为黑暗抑为光明，亦莫不系于是。吾国始终遵守联盟会员国一分子之义务，诉之国联，以求公道和平之解决，乃…年复一年…在日本借口民族自决，建设傀儡之满洲伪国，在国联则日斟酌事实，主张高度之自治政府。前者固为吾国民所万难忍受，后者亦尚非恒久和平至善之谋。"文中他告国际联盟："公约威严必须保全，此次东北事件，吾与日本，均未宣战，两国使节均未撤回，事前既无通牒，临事又仅仅借口自卫，乃自卫复自卫，北则长春、哈尔滨，西则锦州、山海关，其结果囊括我东三省全部以去。……此等蛮干成功之事实，国联如认为有斟酌之必要，则今后……小国弱国固随时随事可招覆亡之祸，大国强国亦将敛物敛财以作攻防之备，是则人类前途虽欲不成黑漆一团之世界而不可得矣。"他告日本国民："东三省土地与关内节节相连，东三省人民百分之九十九与关内有血统关系，其血液中实流有中国四千年旧文化，旧历史之痕迹，而永远不能磨灭。此绝非一'力'字可以解决之。"他告四万万同胞："消沉不足以兴国，呼号亦不足以救亡，此种巨大规模之外力压迫，非有巨大规模之内力膨胀，不足轻言抵抗。"他说："年来一误再误，对于国权恢复运动，不内求而外求，对于仅有之国力民力，偏又不外竞而内竞。自今以后，当咬紧牙关，抽紧肚带，痛自忏悔，力图振作。……邻邦而觉悟也，则国际原无不解之仇，晨撤'满洲国'之旗，以启和平之门，夕可举香槟酒之杯，以现提携之实。邻邦而终不觉悟也，则吾国固不幸，而不幸者亦绝不止吾国已也。"

他与铃木谈话原则不离此。他亦始终希望中日提携，在东北中国国防需日本之助，而日本资源亦需中国之助。他以为东三省可作中国主权下之永久中立自治区域，中国不驻兵，日本亦即撤兵；中国劝伪满撤销独立，日本不干涉；为此永久中立自治区域之繁荣，中日经济防御互助。他主张中日派员会商，国联派员参加，以协商此事。这日铃木在吾家便饭，席间大谈其东洋政治哲学观。

二十日下午铃木又来，提出他的方案：东三省设立外交调整委员会，由中日共同派员组织，对中国本部则放弃一切特权。这个不伦不类意见，显然不肯放弃满洲，本来并非谈判而不过一种意见，遂不再谈下去。

膺白的主张实系顾到东北国防，亦顾到日本，调子甚低，着眼则在两国大处远处，在当时，不但日本军人做不到，即中国国民亦未必放心而甘心。廿一日铃木来辞行，并偕根本博来，当面介绍，根本博当系他同组织中人。后来膺白北行，塘沽停战之事，铃木大概在后方出点力，根本博后亦调到北平。

膺白于十九日、廿一日两次报告蒋先生与铃木晤谈情形。他告我此次与铃木晤谈感想：日本后起军人之政治兴趣及科学知识提高，使其前辈威望减色，故秩序已乱。又：以农民生活为准之勤俭风气，是针对工商界暴发户生活之不满。铃木曾举其外家每人每月廿元之例；五口之家，百元小康，此与膺白平日理想相合，惟中国尚难达此水准。又：亚洲为一经济单位，此亦膺白所看到且以为当然之事，但必须合作，而不可独霸，独霸则不平，而必不安不久。另一件事则所述近年在欧洲所见，当系德、意"法西斯"情形，膺白一向主张分权，对极权不感兴趣。

我似乎提起过膺白对东北的忧虑甚久，阎、冯战后他曾请当局注意，勿使东三省大吏久留关内，生后顾之忧。远在此以前，民十七年（一九二八）他在外交部任内，他曾有提案，如何保持且引伸英美在北方的经济事业；他是国民政府第一个正式与英美谈判，借解决南京事件而复交的人。这件提案内容我未见过，我知道这件事在济南惨案后，是乙藜告诉我的。乙藜自济南回来，交给我膺白的公事皮包时说，所有行李全部遗失，然始终谨持此一皮包，只在紧急时抽出一件公事毁去，即上述的提案，恐万一落敌人之手，更增疑忌。膺白本是应蒋先生召到徐州，不是到济南，乙藜是他机要秘书，这件公事是否带给蒋先生看，已否通过，我均不知。我闻乙藜报告后，不久上莫干山，亦不再向膺白提以往之事。因中国的东三省问题，为世界大战和世界大变起因之一，我不禁又想到这点。如何当时朝野，把这块介于两强之间的沃土，大家看得那么轻？

民国廿二年春，华北局势又紧，时何敬之先生已经北上，代理蒋先生所自兼的军分会委员长。四月间，蒋先生重提膺白北行之事，当时局势如下列各电：

上海张岳军先生并转黄膺白兄：顷接蒋雨岩兄阳电云"秋山谓日本对华方针，全由海陆军青年将校团主持，荒木、真崎颇能代表，倘中日不早携手，恐第二第三满洲国将发生，介公有解决中日纠纷之实力及机会，何以今坐视不出？宾谓介公最希望中日携手，如日方肯合理合法解决满案，甚愿出而负责。秋山又谓荒木问何时与宾会面？宾仍请稍缓，并请善为说辞。又杨廷溥晤柳川、本庄、铃木等，谓中国依赖国联，将来满洲与华北发生冲突，日本则负攻守同盟之责，不能坐视"等语。又另据报告，山海关、秦皇岛等处，日人又已挑衅，热河亦甚紧迫，时局艰危至此，兄等有何卓见？盼即详示。中正佳。（廿二、四、九）

黄膺白先生：畅卿抵赣，面谈各情，不禁歉然于怀。日前原欲赴杭与兄面谈一切，不料南昌告急，仓卒西行，不克如愿。举世处境最艰苦者莫弟若，层累曲折亦太多。深盼兄即日命驾来南昌，详商一切，下星期当移驻他处，以愈速为愈佳也。中正真。（廿二、四、十一）

南昌蒋委员长：奉读真电，不禁歉然。弟处境最苦，兄深知之，兄用心亦苦，弟当能信之也。承邀面叙，至所心愿，容稍事拊挡再行。大旆移驻后，以何地相见为宜，还盼电示。郄文。（廿二、四、十二）

黄膺白先生：文电奉悉。待弟驻地定后，当即约晤。兄如不愿任北事，能否以私人名义赴北方襄助？盼复。中正寒。（廿二、四、十四）

民国十五六年北伐中途，膺白均以私人名义襄助蒋先生，他乐于为之，且十分努力。蒋先生欲他任上海市长时，他犹以私人努力之彼善于此，辞不肯就，事见前章。此次则与民十五六时情势大不同，外有强敌；内有一把散沙能退不能进之疆吏军队，人言庞杂之党，情感冲动之国民。他如何以私人名义到北方襄助？襄助谁？助些什么？这是国家应该拿出办法来的时候，谈判虽可秘密，宗旨必须给国民知道。向来不愿居名的膺白，这一次不考虑以私人资格北行。无论受名义与否，他甚为迟疑，我更极力劝阻。这时岳军先生已到北平，膺白电商之如下：

北平张岳军先生：寒电悉。昨复介电谓："稍加考虑，再行确复。"总之，此事公私固两不容辞，事实却毫无把握。今尊电云云，甚是甚是，准稍缓视各方形势如何，再行决定，仍盼电复。郅咸。（廿二、四、十五）

又致畅卿先生电曰：

汉口总司令部杨畅卿先生：元电悉。岳对弟北行意见，想接洽。弟考虑结果，对内既尚待运用，对外又毫无转机，委实不能轻决，拟俟介归后，弟即来汉面商再定。兄参与密勿，明了各方形势，极望详教，资参考。郅巧。（廿二、四、十八）

与岳军先生商，因他知道日本情形，亦熟悉东北军、党部及各方人事。东北与膺白向无关系，此时失败之余，少自责备而多致憾于中央。党部夙视膺白为异己，给以"政学系"首领之称。除辛亥关系较深几位老友，其余对他都隔膜，反对蒋先生者更连带无好意。大敌当前，而内情若此，膺白何能为力？岳军先生则为蒋先生谋，亦深知膺白性情脾气的人。畅卿先生曾共患难于济南，曾为济案拟请蒋先生在纪念周有所申明；膺白在廿、四、廿五的日记曰："畅卿来访，谈及'五三'纪念，拟请介石在回想中有所申明，免后世不明真相。予恐妨碍国家，妨碍介石地位，主张不必。"膺白能知此，我则余悸在心。

民国廿二年五月二日膺白由南昌返沪，到家适其总角交徐青甫先生在座。他告诉我与青甫先生已经答应蒋、汪二先生北行就政整会事，一切已定，明令明日发表，将尽可能速即北上。青甫先生对他苦笑说："这大木梢遭怎格办？""遭怎格"是杭州土话"这遭如何"之意。这时北方局势已经非常不好，我恐惧其死里求生，必定焦头烂额。他对我说："勿以为我们长可在山中做'事外逸民'，国家垮下来将无山可入，不经努力，他日必悔，尽最后之力，则心安无怨。"

匆匆受命，急急准备，既经决定，连我亦忍着心，赞成他早日就道，不但如此，我还壮起胆来，存着希望作乐观语。几年来，我虽然常常权充书记和译电员，此时我不便同行，他亦不要我同行。临时请何杰才君为秘书，傅墨正君办庶务，王大纲君译电。一切准备须在上海。而到南京亦须耽搁，与政府各方面人见面，此事他后来请汪先生代决定，代安排，使他可以早日动身。比他先行出发北上的有两批人，似不重要而属必要。一是刺探敌情的人；凡办过对日交涉的人，都多方网罗。二是对内怀柔敷衍的人；凡与旧军阀政客有过交谊的人，均去代为先容。如上驻日公使蒋雨岩电言，第二第三伪国正在酝酿，昧大义者非正常百姓，而是军政失意大员。膺白以为此辈能悬崖勒马，不但国家多存体面，事实亦比事后收拾要容易得多。这一次，他一改从来不敷衍态度，甚肯卑躬，亦不惜慷国家之慨，多揽冗员。中国从未着意培养外交人才，对日尤甚。外交须先有国策，以国策为中心，而中国从未达此境界。对日关系之恶，尤令自好者望而却步。膺白一向对以上两种"人"和"事"少注意。此次网罗对日人才，非甚忠厚过时，即近浪人一流，理想的人才极为难得。为国家与时局，他不敢以心中之是非为是非，处处说之以义，结之以情，尊为好汉，相与爱国。日本人性急而量窄，中国人与之相习，急窄更甚，莫不自以为功，此皆事先想象不到之事。这次在膺白已经兼容并包，然亦不免有漏下之人，他有意无意我不知，因我留在上海，他们来找我。我在膺白面前，对国事和其他看法，要保持独立的见解，虽然我们的看法大都是相同的。我在人事一端，极少插嘴，我守公私分际甚严。

我想不到何亚农君从北平回沪，告诉我膺白身边人才太少，被人包围，要我速到北平，他自己愿在膺白办公桌旁摆一桌子帮忙的话。我回答他，人才太少是的确，老朋友关心他，为何不开张名单给他，让他延揽？问他心目中的人才，他没有说出一个，末了说出一个他所认识办过庶务的人，该到北方去。膺白不会受人包围，想包围他不会成功。这次膺白有一件认识很错误的事：他对某几个老人，以为是热心而不是热衷，甚表敬意，后来都知不然，这亦是想象不到之事。不能拥他成一小的或大的系统，可能为许多人所失望而不喜；但为此行第一个姿势，他光明坦白，除开对国家，任何事引不动他。

膺白到南京之日，平津已危在旦夕，先他北上准备住处的人，特又赶回南京，候他于正在会议的门外，要他再往南昌，不出一星期局势可决，若平津已失，无再北上之必要。膺白五月十五日日记曰："在铁道部（汪之官舍）午饭，墨正由北平来，报告北局危险，岳弟托转达意，要我缓行，予思国家危急至此，不能再为个人打算，断然北行。午后访钧任（罗）、果夫（陈）、楚伧（叶）、觉生（居）、哲生（孙）等，六时渡江。"

岳军先生虽为膺白打算，嘱其缓行，但他自己在平，直到膺白抵平，塘沽停战议定，然后返沪。凡膺白所落落而疏忽的人事周旋，岳军先生足以代他弥补，在党亦有其地位。青甫先生早岁在东三省银行界服务，与前一辈的东北文人多相识，故亦毅然先膺白赴津；老朋友这次亦几乎总动员。青甫先生一次叹息告我天津情形，围坐打牌闻门外爆竹声，相顾曰："是了吧？来了吧？"论为人心已死的现象。

以下录膺白离沪前所收到有关华北军情的几份电报：

上海黄膺白先生：总座顷致黄（绍竑）、何（应钦）电要领四则，文曰"（1）敌军全线业已撤退，当不致独向古北口一路深入。惟中央各师之在该方面者，连日苦战不停，又无单独反攻驱敌出口之实力，此种无企图之兵力消耗，殊属不宜，似应相当隔离，俾便得暂整理。如此路长此纠缠不清，甚或惹起全线战事之再发，亦难预料。请兄等特加注意，亟谋适当之处理。（2）多伦既失，全察动摇。该地屯兵七八万，竟为伪军张海鹏、刘桂堂辈所攻陷，不胜诧异。欲图挽救，自以统一该路之指挥为最急最要。阎（锡山）、徐（永昌）既不允就，惟有仍请（黄）季宽兄以参谋长代行委员长职务，速赴张北负责指挥，以图恢复。（3）此次敌兵自动撤退，本非我军战胜之结果，中外共知。我军乃据为通电报捷之资料，如雪片纷飞，内长国人之虚妄，外召友邦之嗤笑，致外报竟有我国军人奇不知耻之讥，实可痛心，应即切实纠正。一切标语口号之政策，徒增倭寇之敌忾心，于我毫无实益，亦应概予停止撤销。（4）我军实力不充，只能妥择阵地抵抗，此种战略策定后，宜使全线一体恪遵。怯者固不得擅退，勇者亦不许轻进。论者每持以攻为守之说，欲乘敌人薄弱之点，贪图小利，轻于突击，徒为局部一时之快意，固于事无济，且最易牵动全线。请兄等与各将领分别面谈，切实申明此旨，共同注意为要。即希查照办理，并盼确复"等语。（杨）永泰鱼申。（廿二、五、六）

上海黄膺白先生：庚申电计达。顷接敬之虞（七日）戌电称"（1）古北口方面，连日正由陈次长（军政部次长陈公侠）与上海根本（博）交涉中，拟俟后方阵地构筑完后，再复酌办。（2）察哈尔方面，冯占海、刘翼飞、汤玉麟三部，因经费困难，每部仅发给养十万元，若每月能各加发十万元，则士气一振，即可应战。季宽亦极愿往任指挥，惟渠要求先将经费增加，且加派中央军一师随往耳。上官云相能开往否？乞示。（3）无谓之宣传已迭严令各军停止，但因宣传可得社会捐赠，故仍有不遵者，当再申诫。（4）小部出击之事亦迭令各军停止，并曾召集主要将领面告一切"等语。再（陈）公侠在沪与日人往还，纯赖王长春，此人甚谨厚，而说话颇急乱，去年沪市府用之曾著小效；其人奔走能力及路索似均在（殷）亦农上，希收之为用，以免两歧，彼与弟及岳军均交好也。永泰庚酉。（廿二、五、八）

上海黄委员长膺白兄：真电计达。今日战事激烈，死伤甚大，已退第二防线。如敌继续进攻，一二日内败退密云，亦意中事。此间均盼兄迅有办法，并速来平，否则形势转变，一切进行，当更棘手矣，如何盼复。（张）群真二。（廿二、五、十一）

上海黄膺白先生：顷接敬之、季宽两兄致汪院长真未电略称"古北口方面战事激烈，似此战事延长，实为双方之不幸。此时可否由钧座嘱膺白或公侠再与对方商量，在双方默契之下，以整理战线为言，指定某一线上为双方同时撤退地区"等语。弟意如此要求恐难办到。对方必以武力将我前线击溃，乘势追击至密云、玉田、丰润、滦州之线；乃时如我方不敢再战，彼或仍撤回长城之线；如犹不屈，则将波及平津。请兄酌量情形，再与对方一谈，补救得一分是一分。汪院长因无密本，特嘱代达。尊意如何？请电复。陈仪真亥。（廿二、五、十一）

上海吴市长铁城兄请转黄膺白先生：本日有友人与日使馆武官永津密谈，倘得双方默契，停止作战似有可能。闻我公在沪已有运用，不审经过若何？前方自今辰起在苦战中，如能寻得和平途径，俾免重大牺牲，此间同人均所切盼。尊处接洽情形如何？乞即电示。何应钦真戌。（廿二、五、十一）

南京军政部陈次长译转黄膺白先生：顷接刘次长崇杰由北平元电称"（1）日方宣传我军挑战，故复进攻，外人颇为所惑。日前特约英、美、法三使馆武官，与何柱国分别做非正式晤谈，由何按图说明前后军事及维持地方治安各情形。各武官皆言，经此说明益证日方缺乏诚意，杰并请其详达各使。（2）自日飞机来平后，英馆某参事来称：蓝使病医院，嘱其来询近事。并谓个人意见，华军倘不后退，战局或将扩大，只须两方军队自行接洽，深知文字规定中国政府办不到。谈及国联，彼谓国联于完成议案后，其任务可算告一段落，况日本今已脱退国联乎？杰言除非各国明白表示不能履行应尽之义务外，中国不变其政策，如日本果有诚意则战事必可避免。(3) 美使谈称：倘日军进攻平津，个人观察美政府与国联相同。言外之意，似亦只能予道德上后援，不欲卷入旋涡。(4) 各使皆查询黄委员长北来是否已有准备？与日接洽结果？现在局面与新设政委会各委有无合作之可能？当经逐条说明或申辩。(5) 各外人谈话，首须切实研究，是否可视为各国政府意见之暗示。惟国人一般所推测，倘日本扰及平津，必引起国际干涉。证以日来敌机迭次盘绕平空，旁若无人，各国态度沉寂，以前之推测及希望恐成幻影。当此危急之时，事实法理，益须兼顾，似应电嘱驻外代表，以日机飞平为题，切实探询各国态度，并令各持意见详复，以备政府商定国策之用"等语。特转达以供参考。中正删戌。(廿二、五、十五)

以下为膺白离沪前所发有关华北军事的几份电报：

南昌蒋总司令勋鉴：真未电已转咏霓。连日与银行界接洽，大体就绪，惟二个月光阴甚速，七月以后之财政，仍盼中央能豫为筹划耳。真申电亦奉悉。兄本定今晚入京，因敬之、季宽昨有真戌电来，谓古北方面战事极烈，嘱再与对方商寻停战途泾，本午即约对方谈话，结果似非进展至密云不可。明晚或后晨，另方面或有消息可来，故极迟寒日必入京，转车北行，知注特复。郭文申。(廿二、五、十二)

南昌蒋总司令勋鉴：德密极密。本日……相符。兄意锐锋应避，我军经苦战之余，亟待补充及整理，不如仿欧战时兴登堡在东普鲁士对俄作战之故事，由尼缅撤至瓦萨，敌锋虽锐，而因后方接济兵力配备关系，不能不止。故古北方面之中央军，若能撤至密云后方牛栏山前一带，或可减少巨大牺牲，而于华北政局亦有裨益。弟如谓然，务盼共同负责，切实主持，庶几军事外交两可立于不败之地。除摘要另电敬之、精卫外，特闻，盼复。兄准明晚入京，勾留半日，即渡江北行，决不改期，希释念。郭元午。(廿二、五、十三)

此电首行"本日……相符"，即下面致军政部陈次长并转汪院长元午电原文。所谓关东军某似系冈村宁次，其沪友或即根本博。

南京军政部陈次长公侠兄烦译转汪院长勋鉴：极密。本日得关东军某要人致沪友回电，略谓"承询军之行动，全属机密，恕未能告；惟可明言者，绝无进展平津之本意；但华军务盼能撤至离日军守备区域炮程不及之地点为要"等语。此间复研究所谓"守备区域线"究何所指，由战略地形推测，佥谓必指前次所述密云、玉田、滦州、滦河之线，证以文日荒木在内阁之宣言谓"必须待华军确实反省后，再撤回长城"之语，似与关东复电大意相符。为今之计，应请参照文申电所陈，共同负责，切实主持，或可有济，如何盼复。再连日飞机威胁平市，岳军电催速行，拟明晚车入京，在京勾留半日，即渡江北行。京中应行接洽之事，及应行接谈之友，均盼代为安排，俾省时间，而利行程，至感。弟郛叩元午。（廿二、五、十三）

北平北京饭店张岳军先生：真二电悉。宗密。亲译转敬之、季宽二兄同鉴：二兄真未电及敬兄真戌电均奉悉。连日及本晨谈话：（一）据云前次自动撤至密云、滦州线之议，未蒙采纳，而关东军侦察报告，反有兴隆军仅退城后一千米突，新开岭军对南天门日军阵地试行炮击，滦东建昌方面日驻兵仅一连。忽被大队我军夜袭，日军损害奇重之故，以致促成战事之再发。（二）彼个人因此之故，对关东军已失信用，故其政府有中止交谈之训令。现公的报告虽不可能，私的陈述仍继续未断。（三）由兵力、地形、后方接济、最近情报四方面，种种推敲，预料日军必进展至密云，今日所当研究者，即节节战退与速行自退，孰者于我为利是也。若节节战退，势必波及北平近郊。若大胆下一决心，用极速度撤至密云后方约二十里炮程不及之地，如牛栏山一带，从事整理，则无益之牺牲可以减少，对外之运用较为便利。若能就近再与永津接洽，更可不失时机，如何乞酌，并盼速复。弟明晚或后日必赴京，稍事接洽，即转车北行。弟郛文未。（廿二、五、十二）

二七　塘沽停战协定

民国二十年（一九三一）九月十八日，日本关东军占领我沈阳，中国对侵略的日本取不直接交涉政策，而诉之国际联盟。直接交涉在国民是不甘，在政府是不敢亦不易。事经两年，除淞沪之战，中国不抵抗而失去辽宁、吉林、黑龙江三省，抵抗而失去热河一省，东北四省都成为日军控制下的伪满洲国。中国虽失去了极大极富的东北四省，然在地理上，这几省向称关外，有长城相隔；在政治上，素为中央势力所不及。中国丧了主权，失了富源，还可以等待国际机会，暂以不承认敷衍一时。廿二年（一九三三）长城之战，则日军长驱直入到了华北。我军事内容，在上章几个电报可以略见一斑。人人知不能战，而不敢言不战。不负责任者唱宁为玉碎之高调，而存希图侥幸之心，事实上是"日蹙国百里"。

　　华北非东北可比，立刻要影响到全国。而华北的得失，系于平津之守不守。斯时的平津，已不是军事上能守不能守问题，而是政治上欲保不欲保问题。实逼处此，欲保平津不能不停战，停战必须与日本人交涉。《塘沽停战协定》——即是长城战后，在华北前线的中国军，与日本关东军间的停战条款。全文五条，当时各报都有登载，并无附件，其大意要点有三：一、中国兵撤至延庆、昌平、顺义、通州线；二、日本兵撤至长城线；三、日本兵退出之地，中国接收后以保安队警察维持治安，不驻兵。此条款系民国廿二年五月廿二日彻夜由膺白在北平与日方商定，与军事委员会北平分会（以下简称军分会）代委员长何敬之（应钦）先生共同主持，秉承政府，五月卅日在塘沽签字；签字者日本关东军代表冈村宁次，吾国军分会代表熊斌。日军退出而吾国接收的地方为河北省十九县如下：滦县、昌黎、乐亭、抚宁、迁安、卢龙、宁河、丰润、玉田、遵化、宝坻、通县、三河、平谷、怀柔、香河、蓟县、密云、顺义。另都山、兴隆二地设治区。《塘沽停战协定》原文如下：

一、停战协定：关东军司令官元帅武藤信义，于中华民国二十二年即昭和八年五月二十五日，在密云与国民政府军事委员会北平分会代理委员长何应钦所派军使该分会参谋徐燕谋，正式接受停战提议。依此，关东军司令官元帅武藤信义关于停战协定，委任全权于该军代表关东军参谋副长陆军少将冈村宁次，在塘沽与国民政府军事委员会北平分会代理委员长何应钦所委任停战全权华北中国军代表北平分会总参议陆军中将熊斌，缔结左列之停战协定：

（一）中国军即撤退至延庆、昌平、高丽营、顺义、通州、香河、宝坻、林亭口、宁河、芦台所连之线以西以南之地区，尔后不越该线而前进，又不行一切挑战扰乱之行为。

（二）日本军为确认第一项之实行情形，随时用飞机及其他方法以行观察；中国方面对之，应加保护及与以各种便利。

（三）日本军如确认第一项所示规定，中国军业已遵守时，即不再越该线追击，且自动概归还于长城之线。

（四）长城线以南及第一项所示之线以北以东地域内之治安维持，以中国警察机关任之；右述警察机关，不可用刺激日本感情之武力团体。

（五）本协定盖印之后发生效力。以此为证据，两代表应行记名盖印。关东军代表冈村宁次印，华北中国军代表熊斌印。

二、觉书：万一撤兵地域有妨碍治安之武力团体发生，而以警察力不能镇压之时，双方协议之后，再行处置。中华民国二十二年即昭和八年五月卅一日，关东军代表冈村宁次印，中国军代表熊斌印。

平津之应否保全？我借山西省主席徐次宸先生（永昌）给行政院汪院长、军事委员会蒋委员长的两份电报，及胡适之先生在《独立评论》的一篇文章说明。徐先生的电如下：

南京汪院长赐鉴：自热河失陷以后，一般人颇冀抗日战线立定脚跟，进一步编成较有把握之抵抗线，同时交涉方面亦将得有相当进展。乃月余以来，各方团结未能实现，不惟较有力之抵抗线未能编成，而所谓立定脚跟之初步亦未做到。睹芳泽之来去情形，似交涉亦尚在绝对僵局。近且寇入益深，军力将竭，平津之失与不失，只恃敌之来与不来，情况如此，断非依违不决所能渡过。先生于国事万分严重之时，由欧返国，毅然以国家存亡为己任，牺牲精神洵足以昭示国人。惟念时不再留，需为事贼；昔人云："议论未定，兵已渡河"；前事不远，可为殷鉴。今日和战大计，亦惟有及吾人之身，乘可为之时，决然自负，一切毁誉皆所不计，个人利害亦所不计。抱全民忍辱一时之决心，以求伸于他日，战国时之勾践，其先例也；欧战时之德意志，亦其先例也。不然，则须根本计划破釜沉舟，与敌作殊死之抵抗；盖昌以为现今之所谓抵抗，仍在轻描淡写之径途中。顾名思义，先生为中枢之责任者，假定平津失陷，华北沦亡，千载后记史者，必书为先生执政时事，甚为先生惋惜也。事急矣！先生宜如何断然处置，或协同人以为之，尚祈早日裁酌。永昌夙夜忧虑，不暇择言，冒昧奉陈，惟希鉴宥是幸。徐永昌叩号。（廿二、四、廿）

徐先生电末附言："曾于四月十日上蒋先生一电，意思略同此。"后又有上蒋先生电如下：

南昌蒋总司令钧鉴：日敌反复进扰华北，实已入于最严重时期，昌曾就一得之愚，迭向何部长诸君言之。兹更撮陈，幸赐垂詧。今日偏重外交者，咸言国际颇倾向我，我若一旦与日妥协，必致尽失与国。永昌以为国联之一时不能解决中日纷争，犹之我中央日前不能解决川刘之争，其势正同；使当日刘文辉不自挣扎其自存之计，此时已入枯鱼之市矣。故军事不必恃有外交，同时外交亦不必以军事为可恃，所谓两恃之则两失之。日人今有宣言谓将进至密云、玉田之线，而揣测者即谓为不到平津之表示，此真无异于张仪之欺楚，绝不可靠。今专就军事言，我军今已不胜敌人之压迫，渐撤至密云、玉田之线矣。即以前日所规定固守平津最近之白河线言之，屈指可战之兵才七十余团，而阵线长过四百余里，以屡经挫折之兵一团守六里战线，昌以为决不胜任。如中央决守平津之线，则最后之打算，不可一日再缓，所以昌主白河线万一不守，平津两处须早为守城准备也。虽然，我大军若退过平津之线，即等于华北整个沦亡，人心失所依据，其促成第二满洲国亦意中事，所以决不放弃平津者此也。或谓日人得平津无办法，不知我失平津更无办法；盖仅就收入一项言之，已足制我死命，正如杀人者固不得了，而被杀者先不得了也。总之，平津失则华北亡；或谓平津纵失，亦不过一时，然数十万败兵一旦退下，人心何以维持？财政何以敷衍？昌以为其困难将万倍于不退平津，尚祈钧座千万注意。昌为此事，在平日夜焦思，昨于平绥车中属稿，篆日回并拍发，合并附陈。徐永昌叩篆。（廿二、五、十七）

以上两份电稿系抄稿给膺白，膺白看到在何时我不得知。徐次宸先生是政整会（行政院驻平政务整理委员会，简称政整会）委员之一，十余年后他充当盟军在密苏里军舰接受日本投降的中国代表。两个电报对当时实际军事政治情形，说得很为透彻。

胡适之先生的文，题曰《保全华北的重要》，载《独立评论》五二及五三合期（廿二年六月四日），我录自黄君坦所作《塘沽协定始末记》（未刊）。曾在纽约获得胡先生面允引用，文曰：

我们的国家现在已到了一个十分严重的时期，不能不平心静气的考虑我们所处的局势，然后决定我们应该采取的步骤。

我们所处的局势是这样的：第一，整个的中日问题，我国政府在这时候绝无解决的能力，也没有解决的办法。此时的解决，无疑的，就等于放弃东北四省承认满洲伪国，这都是全国民众所不许的，也都是政府在道义上、在责任上所不能接受的。第二，现在的战事已由热河榆关进到长城以南，不但北平、天津有陷落的危险，连整个的华北都有被侵吞的可能。喜峰口与古北口两处我国军人的奋勇抵抗，南天门的八日八夜的应战，都是全国人与世界同声赞叹的。但现在长城以南已无险可守了。我们的最精良的军队的血肉牺牲，终不能长久支持敌人的最新式武器的摧残，终不能撑持这个无险可守而时时刻刻有腹心之患的大局，这也是我们都不能否认的。

在这个局势之下，我们不能不承认两点：

第一，整个的中日问题此时无法解决。

第二，华北的危机目前必须应付。怎样应付这平津与华北的问题？这一点上至少有两种根本不同的主张。一种主张是准备牺牲平津，准备牺牲华北，步步抵抗，决不作任何局部的妥协，虽有绝大的糜烂，亦所不恤。还有一种主张是暂时谋局部的华北停战，先保全华北，减轻国家损失。现在北平的军分会与政务委员会大概是主张这第二种办法的，所以从五月廿二夜以来，有停战谈判的进行。

我个人是赞成这第二个主张的。此时华北军政当局所进行的停战谈判，因为没有正式的记载与报告，我们至今还不知道详细的内容，但我们观察今日的形势，深觉得华北停战是一种不得已的救急办法，我们应该可以谅解。同时应该监督政府，使他不得逾越局部救济的范围，不可因谋局部的保全而放弃整个问题的奋斗。

我所以主张华北停战，有几层理由：

第一，我认为这是为国家减轻损失，我不信失地绝对不能收复，但我深信此时单靠中国的兵力不能收复失地。这十八个月的经验是失一地便丢一地，失一城便丢一城，失一省便丢一省。敌人的野心无穷，而我们的疆土有限；即使敌人不能久占华北，而我们决不应该不顾虑到敌人占据华北来威胁中央，来做承认东北热河新局势的代价。我们看了最近几十天之中两次滦东大崩溃，看了长城南面各县人民的流离痛苦，我们深感觉政府在此时不能不为国家人民谋怎样减低损失的方法。到了华北又成了第二热河，那就太迟了。所以我们说，如果此时的停战办法可以保全平津与华北，这就是为国家减轻了一桩绝大的损失，是我们应该谅解的。

在这一期的本刊里有徐旭生先生从西安来的信，有一段是反对华北任何停战的协定或默契的。他说："像上海那样的停战协定，我们虽然未见得怎么样反对，可是如果现在有人再草那样的协定，或定同样性质的默契，那我们一定是坚决反对，因为上海协定，无论怎么样，敌人总算把我们的地方退出去了。我们虽受巨大的损失而未得赔偿，可是敌人也没有得着我们的什么。至于现在，敌人能将我们的东四省退出来一尺一寸么？无论协定，无论默契，那是不是就算承认我们对于我们的东四省没有说话的余地了？"

旭生先生这段话的论理，我不大能领会。我看不出上海停战和华北停战有多大的不同。如有不同，只是华北的停战更为迫切，更为需要。旭生先生说："上海协定，无论怎么样，敌人总算把我们的地方退出去了。我们虽受巨大的损失而未得赔偿，可是敌人也没有得着我们的什么。"如果这几句话可以辩护上海的停战，那么，我们也可以说：华北停战的目的，至少应该做到：（一）使敌人退出已占据的河北各县；（二）使他们不能再在华北"得着我们的什么"；（三）使国家人民在土地与生命财产上不致受更"巨大的损失"。华北停战虽不能使敌人将东四省退出一尺一寸，至少它应该使他们不得在东四省以外多占一尺一寸的土地。这不是放弃我们对我们的东四省说话的余地，这正是要留我们对东四省说话的地位。倘使整个华北也沦陷了，我们对东四省更没有说话的地位了。

第二，我们必须充分明白平津，与华北是不可抛弃的。现今许多短见的人，住在东南的都会里，看着平津、华北好像不很关心。有些人至今还相信平津、华北是可以糜烂牺牲，而决不应该委曲求全的。这见解是绝对错误的。我们必须充分认识：（一）华北是中国的重要富源，是供给全国工业原料与动力的主要区域：冀、鲁、晋、豫四省占有全中国百分之五十六的煤矿储量，也可算是世界煤矿最富的区域；（二）中国已成的铁路的绝大部分都在华北；（三）天津的关税收入在全国各口占第二位；（四）北平、天津是整个北方的文化中心，尤其是北平，六七百年来，北方的文化所以还能维持着一个不太低的程度，全靠有个北京做个政治与文化的中心。在那里集中着不少学者才人，从那里放射出来不少的文化的影响。近年政治中心虽已经南迁，但北平的文化学术机关则继续发展，设备格外丰富，人才格外集中，成绩也格外进步。北平在教育上的影响，一面远被西北，一面远被东北（民国初年至今，北京各大学的学生总数中，东北各省占第一第二的地位），实在是北方的唯一的教育中心。而在北平学术研究上的地位，则不但影响全中国，并且引起世界各国的注意与承认（参观本期翁咏霓先生的《中国的学术中心就此完了么?》）如果我们让北平沦陷于敌人之手，如果我们坐视这个文化学术中心的摧毁，那么，将来整个北方的文化事业，恐怕只有全盘让给日本外务省的东方文化事业部来包办了！

这些话本来都是人人应该知道的。我说这些话，也不是说投鼠应该忌器；不是说因为平津与华北的重要，就应该牺牲国家民族的整个利益而谋局部的幸存；我这是要说，华北是应该守而勿失的，如还有可以保全的办法，我们应该尽心力去保全他。如能保全华北而不至于签东北四省的卖身契，我们应该赞成这种办法。万一政府尽心尝试了这种保全华北的和平努力，而结果终不能不使平津糜烂或华北沦亡，在那种形势之下，政府才算是尽了他的责任，他的失败或许可以得华北人民与全国人民的谅解。第三，平津与华北的保全，在国际上的意义是避免战事的扩大而不可收拾。

现在还有一些短见的人，以为中日冲突越扩大越好，越扩大越有办法，所以平津的占领与华北的糜烂都是值得的。他们妄想这样扩大可以引起世界的注意，可以引起国际的干涉或制裁；这种见解是错误的。现在欧美各国都用全力去对付他们最切身的几个大问题（经济问题、军缩问题、欧洲和平问题），在这几个问题没有解决之前，他们决不会有余力来应付远东的问题。国联的小国会员国的心理，也许希望中日事件扩大到列强不能不制裁的地步，但我们知道，在这时候远东事件无论扩大到如何程度，几个有实力的国家决不会因此用武力来干涉日本。世界大战也许终免不了，但现在决不是世界大战起来时机。我们试看苏联在北满受了日本多少威胁，然而苏联应付的方法，只是节节避免正面的冲突，甚至于不惜抛弃新复交的中国人民的同情，而提议出售中东路；与日本利害冲突最直接的苏俄，加上日本军人的种种有意挑衅，还不能不努力避免对日作战，这不是应该可以使我们深省的教训吗？苏俄之外，在远东有利害关系的自然要算英国了。稍知英国政情的人，都可以明白英国决不会因他在华北的利益有被日本侵占的危险，而出来向日本作战。民十四五年，南方的排英运动几乎毁了香港，而英国坚持镇静；民十六年武汉政府夺回汉口的英租界，而英国不报复；河南的军人党部直接毁了中原公司，间接毁了英人的福中公司，而英国镇静如故。"九一八"以后，北宁铁路的西段成了伪国的奉山铁路，英国人也只有微愠的外交的抗议而已。华北的英国利益，最大的莫如开滦煤矿与天津的英租界，证以最近六七年来的历史，我们可以预料英国在今日决不会为了保护此种事业，准备向日本作战。英国如此，别国更不用说了。

我说这番话，并不是说日本可以横行无忌，而不至于受世界的制裁。我深信日本的行为若不悛改，这个世界为了整个世界的安全，必有联合起来共同制裁日本的一日，但今日决非其时。今日即使有世界大战起来，我们也决不能利用。何况纵观全世界物质与心理的状态，我们决不能妄想世界各国为我们出多大的死力（天津一家英国报纸曾问：国联若真执行盟约第十六条的经济制裁，中国能和日本完全断绝经济关系吗?），我们可以断言，现时几个有实力的国家（国联内的英法，国联外的美俄），无不希望我们能做到对日问题的一个暂时的段落。上海的停战是一个段落，今日华北的停战又是一个段落。军事做到一个段落，即是使敌人的暴力暂时无用武之地。暴力无用武之地，然后敌人国内的和平势力可以渐渐抬头，而国外的正义制裁也可以有从容施展的机会。战事延长，局势扩大，则军人的势力可以无限的伸张，国中舆论决不敢与军人背驰，而一切国际制裁也决不能发生丝毫的效力。

这篇文章是否已经全录我不记忆，其中都是我们要说而不能说的话，故不嫌其长，把我所见的全部抄下。这是当时最透彻亦最大胆的理论，我佩其谋国之忠，不仅是借以解释政府的政策，以及膺白的工作为无误。

塘沽在天津前站，实与城下之盟相去不远。膺白亲笔的电稿中有不少"心酸胆裂""泪内流"字样，我今见之犹泣下。停战本属军事范围，以言政策属于整个政府，以言临时局部责任则属北平军分会，然由膺白为之者，颇与政府为表里，而分负国家之责任也。膺白自己亦因当时内政之分裂，外交之寡助，军事财政均无办法，各项估计和看法均觉不能战而不可战。上章言几年来政府曾几度要膺白任职，亦几度要他北上，而他均推辞，终于在大军溃败，平津危急之际而受命，其主要目的对外系缓和日本，对内系绥靖反侧。反侧实亦日本所支持制造，民族之羞，而百孔千疮，来源是一。吾人从极度内省，则物必自腐而后虫生，自己岂能辞咎？而过去历届以来政府之责任尤重。"甘棠召伯"之所以可思，而遗大难于后人者为可痛也。此次国难严重，内外指责，不免集中于政府与党治。膺白息影有年，与革命有甚长历史而非党员，日本人中思想较自由者对他略有认识。他的朋友称他为从不"忽友忽敌""朝三暮四"。他是这个时期中，政府可以相信，敌人可以接受，惶惶不定者可与相安的一个人物。他没有什么特别本领，他爱国，爱朋友，爱爱国的朋友，希望大家以国家为第一。这是他最后一次受职；最后一次与日本人交涉。他的忍辱图强，为东亚和平，为亚洲民族复兴基础，一个愿望，完全失望且失败，是"知其不可为而为之"一段惨痛之事。他亦希望华北在停战以后，力图内政上之振作，更力不从心。我在这段时期，出入于前台观众与后台执事之间，有时站在国民立场，忍不住喝倒彩，向演员抗议。亦有时知剧情紧张，不如此则如何？亦向演员致同情和慰藉。"死而后已"一句话，真的看见了。

廿二年（一九三三）五月十七日，膺白车抵天津，河北省主席于孝侯（学忠）先生早一站去接他，同到省署，急欲知中央有何办法，且声明他必服从中央意旨。膺白亦听到许多军事实际状况。十七日在平参与军分会会议，重要将领俱出席，前线支持已不能以日计，而以时计。宋哲元将军言其兵在喜峰口进时如虎，退时如狗，此时则如绵羊，驱之不动。商震将军允在某翼支持一日，为全场最能负责之人。形势如此，已准备撤退，弃平津矣。据当时随膺白在平之张寓锋君言："二十二年五月十七日，黄公北上，驻南海丰泽园，日夜筹谋，席不暇暖。至廿一日情势更紧，公终日在外开会，至下午五时归来。时在丰泽园者，仅何克之（其巩）、何杰才（其伟）、傅墨正（孟）及余四人耳。公曰：'此间恐难保全，初步拟退定兴，克之可随余行，杰才可返上海，墨正与寓锋同办善后。'随以一单交墨正，而以行李属余曰：'七时我再出去，汝等可先预备。'七时，公外出，至十二时李择一君来电话，余接电正答公不在家，忽闻履声笃笃，急属稍待，而以电筒授公，只闻电话声：勿带一人，速至某处。公返身即出，至次晨六时归来，精神极疲，面含苦笑曰：'可不走了。'从此六十余日，公则早七时即为奔走者所困扰，夜十二时犹未休息，余等朝夕相待，日见其瘦，与下山时判若两人矣。"

塘沽停战协定后一年的《大公报》有短评曰："五月廿三这个日子，至少平津的人们应该还没有忘记掉。去年的五月廿二日，北平眼看要有街市战的最紧急一天，北平官署已经准备移保定，几列专车在车站升着火，从北平开出的火车都满载着避难的人民。但同时在晚间起，开了休战谈判，到天明二十三，决定了大纲，本报在午前七时发出报告形势急转的号外。今年今日，游公园看花的市民们，想一想我们这一年毕竟做过些甚么工作？得到了甚么进步？"实际，岂但准备移保定，一部分已经到石家庄。岂但火车满载难民，载不了而等候在车站者更不计其数。惟最后两句是真的：过了一年，丝毫没有进步。

一般人以为要停战即停战，但看中国人肯不肯；亦有人以为膺白与日本不知有多少关系，他要如何便如何；亦有人以为日本人要他如何便如何。此皆过于简单，缺乏常识。膺白这次匆促受命，系由军事委员会委员长，及行政院长，蒋、汪二先生之邀，他亦以蒋、汪二先生为代表中央，他的报告、建议，请示都对蒋、汪二先生。与他工作有关的中央部会，亦由蒋、汪二先生联系。不知者以为他不买别人的账，国民更以为中有秘密，都是误会的。在北平，凡与日本人会商之事，无不与何敬之先生共同，派出代表亦军分会、政整会各指定而相合作。政府希望《塘沽协定》不超过上年《淞沪协定》，并不用文字规定。淞沪之战，尽东南精锐，国际亦利害所关，日本是孤军登陆；然首都仓皇迁洛阳，浏河一失，不得不谋停战，停战亦终以文字规定。华北毗连伪满，日本关东军可源源而来，不受其本国节制。平津且有《辛丑条约》许各国驻军，日本驻屯军可以自由出入。淞沪当时不至有伪组织，华北则酝酿伪组织者比比皆是。内外情形非一般人可以想象，亦难与淞沪比拟。

以下是膺白到平以后，五月十八日至五月卅日《塘沽停战协定》签字，与政府往来之电：

北平何部长敬之兄、黄部长季宽兄、并转黄委员长膺白兄：闻膺白兄在天津遇险，至念，祈加意珍卫。美总统申请书想已阅及，国人或又将兴奋，以为得此声援，无须对日缓和。但远水不救近火，此时务须依预定政

策，保全平津，徐谋转圜，于各国未以实力共同作战之前，不易方针，是为至要。兆铭巧。（廿二、五、十八）

北平何部长敬之兄、黄部长季宽兄：马未、马酉两电敬悉。（1）军费自当尽力筹措，政府存在一日，决一日不放弃责任。其筹措方法，容与财政部商定再告。（2）我军应付方案，政府实难遥制，兹授权敬之、季宽、膺白三兄便宜处置，安危荣辱与兄等共之。即使国人不谅，只求无忝于职，无愧于心，一切皆非所计也，敬复。汪兆铭马亥。（廿二、五、廿一）

北平黄委员长膺白先生：马亥电计达。欲谋停战，须向对方问明条件，由负责长官决定其可答应与否。弟以为除签字于承认伪国、割让四省之条约外，其他条件皆可答应。且弟决不听兄独任其难，弟必挺身负责，乞速与敬之、季宽、岳军诸兄切实进行为盼。兆铭养。（廿二、五、廿二）

南京汪院长：马亥电奉悉。近日对方态度骤变，本晨已另电详告，想蒙钧阅。连日专制造小问题迫我，并无条件提出。略取平津虽尚未必，而包围平津迫我接受严酷之条件，不可不防，现正在慎重应付中。电稿未毕，闻天津日司令要求北宁路备车，明日要运兵五百名来平护侨，按《辛丑条约》无法拒绝，敬之兄约晚间召集会议，商筹应付，附闻。郭祃。（廿二、五、廿二）

南京汪院长、南昌蒋总司令：抵平五日，危疑震撼，不可言喻。自美国申请书发表后，日方态度骤变，既往工作尽付流水，赵敬时案又适逢其会而发生。昨晚敬之兄召集军事会议，已决定在白河线作最后抵抗，但平津若动摇，则前在沪所商定之六百万，事实上又成空话。财政如无新途径以资接济，而维军心，则全部华北情形将不知纷乱至何程度，应请中央预为注意。郭等进止，尤须请示。北平既入战区范围，政整会自无工作余地，现虽尚未成立，拟至必要时即随军事机关转进，或即南旋面陈经过，如何盼复。郭养。（廿二、五、廿二）

北平黄委员长膺白兄：效（十九）辰电悉，多日未接尊电，得此甚慰。接敬之哿（二十）亥电："敌军仍向我三河撤退之宋部猛攻，飞机频来北平威胁。"就昨今两日情况观察，敌人进攻平津之企图并未停止，未审实况如何？已送电敬之，凡熊哲民等与前途一切接洽，均须与兄遇事相商，妥为应付，措辞之间，切勿稍有两歧，想兄与敬之亦必常有晤商矣。一切情形切盼日有电示，以慰远念。中正养。（廿二、五、廿二）

南昌蒋总司令勋鉴：时局至昨日极险。军心不固，士气不振，内幕又不堪问。日方决定本晨拂晓大举进攻，故一时不得已预备军政两机关移驻平汉线。兄思平津一失，中央政局亦必动摇，财政无办法，粮饷接济之源绝，平汉、平绥、北宁、津浦各线之交通枢纽尽落敌手，国土变色，地方糜烂，溃军且将波及豫鲁，种种不堪设想之后患，均意中事。且昨日得精卫电略称"只要不涉及承认伪国割让四省问题，一切条件均可商订"，并称"决不使兄独任其难，弟必挺身而出，共同负责"等语，故于临出发移驻之前，思为最后之努力。于昨午夜十二时赴一私友处，不露声色，与中山代办、永津陆军武官、藤原海军武官彻夜讨论，天明始归，商定结果已与敬、季二兄联名另电详达。想蒙接洽。事机迫切，间不容发，未及事先电商，至为惶惧。好在交涉仅以停战为范围，条文上能加意审慎，当不至受大指摘，然而兄泪内流，兄胆如裂，想吾弟亦必能想象也。特闻，盼复。郭梗。（廿二、五、廿三）

何部长敬之兄，黄委员长膺白兄：今晨国防会议议决如下：（1）外交方面——近来英、美意见日益接近，对日斡旋，俾我得较有利之解决，当可做到，但恐缓不济急，于我目前平津之危，恐来不及解救。惟外交既有此希望，子文今日来电力请注意，不必灰心。（2）军事方面——江西军队不能调开，其他军队则不听调。例如两广高谈抗战，但至今迄未出兵。中央对于华北各军苦战三月，不能不急筹援应，但能做到若干，诸兄已不难洞悉。（3）财政方面——子文赴美赴英，正在接洽，即使有望，亦缓不济急。平津若失，则海关收入骤形短缩，其他一切筹款办法，亦惟有更形拮据。根据以上外交、军事、财政情形，对于应付平津危局，决定原则如下：（甲）如日本来攻平津，我将士惟有尽力应战，不可轻于放弃；盖平津情形适与去春淞沪相同，极系世界之观听，我若示怯，从此国家人格，更不堪问；且战事愈烈，愈易引起各国之干涉也。（乙）如暂时休战，希望尚未完全断绝，仍希继续进行；即在交战中，此种接洽仍不妨并用。以上两项切盼两兄相机办理，一切行动中央当共负责任也。以上决议谨达，乞鉴察为荷。兆铭漾。（廿二、五、廿三）

北平何部长敬之兄、黄部长季宽兄、黄委员长膺白兄：漾辰电悉。弟决同负责任，请坚决进行为要。兆铭漾未。（廿二、五、廿三）

北平何部长敬之兄、黄委员长膺白兄：今日国防会议议决"与对方商洽停战，以不用文字规定为原则，如万不得已，只可作为军事协定，不涉政治，其条件须经中央核准"等语；此为中央自负责任，俾不致有第二《伯力协定》发生，请查照为荷。兆铭敬午。（廿二、五、廿四）

北平何部长、黄部长、黄委员长：漾辰电悉。事已至此，委曲求全，原非得已，中正自当负责，惟停战而形诸文字，总以为不妥。且将来协议条款必有种种难堪之苛求，甚或东北三省及热河字样亦必杂见其中，无异割让之承认，尤为可虑。顾停战协定，即非议和条约，最宜题界划清，极力避免，此则惟赖兄等慧心运用耳。日人狡猾成性，当谈判进行之际，且恐波折层出，忽软忽硬，乍阴乍阳，极威迫诱惑之能事，尚盼趁此时机，激励士气，重整军容，以备最后之牺牲为要。中正回申。（廿二、五、廿四）

北平何部长敬之兄、黄委员长膺白兄：敬之兄敬（廿四）辰电敬悉。对方如此刁难，想别有作用，现在情形如何？请续示为祷。唐有壬兄今夜通车来平，并闻。兆铭敬未。（廿二、五、廿四）

北平黄委员长膺白兄：赀（廿二）电悉。事已至此，非决心守城，站住脚步，不能徐图转机。平政整会虽未组成，盼兄协助敬之应付一切，非至最后关头不可离平。尤盼从中鼓励，以振士气。今次强兄出当难局，日处危疑震撼之中，心殊不安。惟国事如斯，备尝艰苦，本吾人之素愿，惟相期共为最后之努力耳。中正回酉。（廿二、五、廿四）

北平何部长敬之兄、黄部长季宽兄、黄委员长膺白兄：今日国防会议议决如下："现在前方停战谈判已经开始，逆料对方进行方针，不出两种：（甲）对方以强力迫我屈服，承认伪组织及割让东四省，如果出此，我方必毅然拒绝，无论若何牺牲，均所不避；（乙）对方鉴于我牺牲之决心，与列强之环视，此次停战目的，在对方军队退出长城以北，我军不向之追击，保留相当距离以免冲突。如果出此，则我方鉴于种种情形，可以接受，惟以不用文字规定为原则；若万不得已，只限于军事，不涉政治，并须留意协定中不可有放弃东四省，承认伪组织之疑似文句。"等语，谨闻。汪兆铭有。（廿二、五、廿五）

南昌蒋委员长：回酉电奉悉。承嘱非至最后关头不可离平，观于廿二日夜之事，弟当能见信，无庸兄再加详释。本日徐燕谋奉派赴密云，我方有李择一随行，对方有永津陆军武官、藤原海军武官陪行，约傍晚可归，知注先闻。郛有。（廿二、五、廿五）

北平黄委员长膺白兄：梗电敬悉。忍辱周旋，为国苦心，实深感佩。惟弟始终不信倭寇有休战诚意，尤在威胁吾人使之自动撤退，俾其唾手而得北平也。至于协定一节，总须避免文字方式，以免将来引以为例，其端由吾人而开也。否则万不得已，最多亦不可超过去年淞沪之协定，绝不能涉及伪国事实之承认，以及东四省之割让与界限问题，故其内容及字句必须加意审慎。鄙见所及，于昨复兄等漾电业已详述之，惟赖兄匠心独运，使之得当耳。以后周折必多，应付甚难，故于谈判时期，城防设备尤应加紧，最高无上之决心不可须臾忽忘，弟以为不有一北平死战，决不能满倭寇之欲，亦不能得国人谅解也。中正有申。（廿二、五、廿五）

北平黄委员长膺白兄：梗、有两电均悉。忍辱负责，临难不苟，固佩

公忠，尤见交谊，感何可言。中正宥酉。（廿二、五、廿六）

南昌蒋总司令勋鉴：有申电奉悉。停战协定，岂兄所愿，因廿一晚开军事会议，听各将领所表示，知危机已间不容发；廿二日晨日使馆又由津增兵两连，而前线各路急报频来，城内反动团体复跃跃欲试，津埠暴动相应而起，一时人心恐慌，秩序大乱。其时环境之险恶，较之当年在济南退城时之程度，有过之无不及。在平同人见大势已去，认弟电所称"最后关头"已至，决定一面守城，一面将军政最高人员暂移驻长辛店，然犹虑离平以后，华北局面必至不堪设想，故迟迟未发。延至晚间十时，得汪院长养电略称"欲谋停战须向对方问明条件，其可答应与否，弟以为除签字于承认伪国割让四省之条约外，其他条件皆可答应，且弟绝不听兄独任其难，弟必挺身负责，乞速与敬之、季宽、岳军诸兄切实进行"等语。得电时敬之兄正与徐军长研究城防，岳弟未在侧，乃与季宽兄密商。时已深夜十一时，不容有蹰躇之余地，遂决然偕李择一君，电约中山代办永津武官至某私人宅会谈，直至次晨六时始散。彻夜周旋，心酸胆裂，勉获缓和，重留北平。今后谈判进行，自当遵嘱认定以停战条件为范围，伪国承认问题，双方均非疯狂，深信决不至涉及。盖局部军事长官所派之代表，其资格并不足以代表国家，何得议此种有关领土完整之政治问题？所当注意者，条款文句之间，彼等或用偷关漏税之狡猾手段，插入满洲国境线等之字句，为将来交涉东北本问题之伏笔，此则当时时防范耳。总之，弟既强我以肩此重任，弟必给我以同等信用。兄山居六载，虽不敢谓已达悲智双修之域，然自信悲愿决不至卖国，智慧决不至误国。深盼彼此把握住既定之方针，勿为外来蛊惑之词所蒙蔽，更勿为南来不稳之消息所动摇。盖国际援助一层，以兄平素所具之国际常识判断，敢断其不过一片空言，让百步言之，其实际之援助为时必甚迂缓，远水不救近火，为量必甚微薄，杯水无补车薪者也。至南部情形，彼等早已决策，所谓"你东我西"，无论如何无可避免，惟有用种种方法以图应付。至尊电谓"应下最高无上之决心，以求得国人之谅解"一语，则兄尤不能不辩。两年以来，国事败坏至此，其原因全在对内专欲求得国人之谅解，对外误信能得国际之援助，如斯而已矣！最高无上之决心，兄在南昌承允北行时早已下定，无待今日。兄至今迄未就职，弟如要兄依旧留平协赞时局者，希望今后彼此真实的遵守"共尝艰苦"之旧约，勿专为表面激励之词，使后世之单阅电文者，疑爱国者为弟，误国者为兄也。赤手空拳，蹈入危城，内扰外压，感慨万端，神经刺乱，急不择言，惟吾弟其谅之！并盼电复。郭感印。（廿二、五、廿七）

北平何部长敬之兄、黄委员长膺白兄：本日下午偕哲生、钧任诸兄在牯岭与蒋先生会商结果，对于河北停战，弟等本不主张文字规定，惟前方有万不得已之情形已签定觉书，弟等自当共负责任。关于成文协定，至关重要，能避免最好；若不能避免，祈参照国防会议决议：（1）限于军事，不涉政治；（2）不可放弃长城以北领土之类似文句；（3）先经中央核准。弟等固知前方情形紧张，但觉书签定后，我方不挑战，对方自不进攻，则时间稍宽，讨论从长，宁迟勿错，实为必要，尚祈裁察为荷。兆铭俭亥。（廿二、五、廿八）

北平何部长敬之兄、黄委员长膺白兄：俭亥电计达。协定条件须经国防会议核准，此为中央负责之表示，决非对于两兄有掣肘之意。权衡轻重缓急，存于两兄之运用，弟无论如何，必与两兄共进退，决不致使两兄有后顾之忧，乞坚决进行为荷。兆铭艳辰。（廿二、五、廿九）

北平何部长敬之兄、黄委员长膺白兄：承示代表已派定，明日在塘沽开始谈判，请两兄查照国防议决坚决进行。倘因此而招国人之不谅，反对者之乘间抵隙，弟必奋身以当其冲，绝不令两兄为难。区区之诚，祈鉴察为幸。兆铭艳午。（廿二、五、廿九）

北平何部长敬之兄、黄委员长膺白兄：俭戌电悉。协定内容，承认伪组织放弃东四省或类似影射之文字，既彼此交换意见，绝不至参杂其间，至为欣慰。地点时间既约定，自不必变更，即希照常进行，放手办理。惟文字之精神及词句应如何审慎妥订，尚希悉心斟酌，并盼急电预告为荷。兆铭、中正艳申。（廿二、五、廿九）

北平黄委员长膺白兄：感（廿七）电祇悉。谈判经过，独具苦心，公谊私情，既感且佩。弟斤斤过虑，欲慎重进行者，盖鉴于敌人生性最狡，而我国内部又复杂万分，不能不统筹兼顾，特率直陈述，供兄参考，欲兄益加注意耳。"共尝艰苦"之宿约，必始终不渝，诸事弟必负责，相见以心，想可共信，幸兄有以鉴谅之，并祈积极主持，随时示教为荷。中正艳申。（廿二、五、廿九）

北平何部长敬之兄、黄委员长膺白兄：艳酉电悉。自汪先生偕哲生、钧任、雪艇各人到牯，初对协定形式内容及手续均多怀疑，嗣经一再讨论，并充分告以前方之实情，季宽兄昨夜复赶到牯岭，面报兄等之孤诣苦心，众意均已谅解。今晨汪、王、罗已回京，明日下午国防会议，季宽、哲生当由此间乘机飞京出席。经此多番接谈之后，但求能确守国防会议有（廿五）日决议之原则，中央内部当可一致。惟盼文字斟酌，打磨干净，不可有影射，纵属同一意义，而用语必须堂皇，则电呈核准，自亦可不成问题也。中正卅亥。（廿二、五、卅）

北平何部长敬之兄、黄委员长膺白兄：艳酉电敬悉。请两兄负责进行，弟当负责报告国防会议，请其追认。兆铭世辰。（廿二、五、卅一）

《塘沽停战协定》如所公布，无附件。为接收被占领之十九县，日本人颇不痛快，且无信义，日韩浪人及伪军始终盘踞为害。前后有过三次有纪录之会谈——长春、大连、北平。长春、大连会谈均由中国方面主动；前者在廿二年六月廿二日派雷寿荣、殷同，与日本关东军商接收手续，接收北宁铁路尤其首要，参阅下附北宁铁路管理局报告摘要可知。大连会谈在廿二年七月三至五日，继续接收事件外，重在改编战区内之伪军。改编伪军之困难，内外均须用力，软硬兼施，一言难尽。以下系汪院长来电：

北平黄委员长：航空寄来"大连会谈记事录"，诵悉。以前尊处关于此事各电，弟均已摘要报告国防会议。昨在中央政治会议又概括报告，众无异议，经纪录在案。是此事已告一结束，是否尚有发表"大连会谈纪事录"之必要，尚祈察酌示复为荷。兆铭元申。（廿二、七、十三）

最可恶者是关东军参谋副长冈村宁次到北平的一次，在廿二年十一月七至九日，会谈纪录初稿至末稿均报告请示汪、蒋两先生。政府的指示如下电：

黄委员长、何部长：此次谈判最要两点：（一）至多只用纪录；（二）纪录中声明此事为《塘沽协定》未了事件之一部分，毫无承认伪国之意；此两点必须坚持，当否乞酌。兆铭蒸酉。（廿二、十一、十）

至会谈内容为以下四项，名曰关于停战协定之善后处理：（一）不含长城线以南及以西之地，从速且完全接收；（二）毗连长城地点，容认暂时设置为处理交通经济等诸般事项，关东军所指定必要之诸机关，并予以便利（限于山海关、古北口、喜峰口、潘家口、冷口、界岭口）；（三）同意日军在接牧区内租用暂时驻屯所必需之土地房屋（限于山海关、石门砦、建昌营、冷口、喜峰口、马兰峪、古北口）；（四）谋长城内外之交易、交通、通讯等之设定起见，派员与关东军从速逐次协商。所谓通车、通邮、设关、联航，问题即在此。兹录最后报告之电如下：

南京汪院长、南昌蒋委员长：佳（九日）二电发后，仍与继续磋磨，几经曲折，将（一）项"同意"二字改为"希望"二字。（二）项"满洲诸机关"字样，改正为"关东军指定之诸机关"八字。（三）项"航空之联络"句删去，而于"交通"字样之解释为含有航空之联络意义，另作为谅解之事项。全部就此定议，但容认我方提出三项希望要求，以示缓和。其文曰："关于某年月日在北平之会谈，兹为免除将来之误会及纠纷起见，对于左列各项特请查照（一）在接收区内暂驻之日本军队及关东军指定之诸机关，对于所在地之中国行政一切，不得有干与或妨碍情事；（二）除在本会谈中已得华北当局同意者之外，任何正规军队不得开入接收区域之内；（三）为完成察东地方及多伦诺尔之接收起见，关东军同意华北当局自由剿办该地方之抗命部队及土匪"等语。（一）（二）两项已由彼方切实承认，（三）项亦允回长春请训后即正式答复。郭等殚精竭虑，仅乃获此，欲为国家多争尺寸之失地而未能，彷徨午夜，相对凄其。冈村已定明晨离平赴津回长。除将全案整理后另派员赍呈，并详陈经过外，谨此电陈，伏祈钧鉴电示祗遵。郭、应钦佳三亥。（廿二、十一、九）

此会谈意义乃关东军抵赖不撤长城诸口如上举，而责我以恢复关内外交通便利。我方之失望而犹希望者，接收之战区十九县人民，在日韩浪人及伪军土匪下，直如人间地狱，若关东军减少作梗，使吾当局能行使职权，勉纾民困，则不仅国家之体面而已。

关于塘沽停战，及后来通车通邮诸事，赞成反对，以地域言，愈远之处愈唱高调，故两广始终反对，而华北则切身利害所关，多持平之论；以性质言，负全局责任、局部责任、不负责任，与反中央反蒋，而不同其程度。国家大难当头，犹意气用事，视当冲之人存心卖国，又责以万能。中国政治场中，为公谊而尽指臂之助者，甚为罕有。通车通邮，内外煎熬年余，本问题不如传闻及想象之恶，可恶者关东军之得寸进尺时时想制造问题。通车通邮之事实、理论及利害，我借舆论分述如下：

廿三年（一九三四）六月廿八日《大公报》社评：

按北平沈阳实际久已通车，所不同者，从前旅客在山海关有换车之烦，今后则仅易机车而客车直达沈阳耳。吾人因战区善后万端，民众急待救济，为两害取其轻计，对于通车问题主张速办。盖以为山海关内外，交通原未断绝，又何必争此转车手续？至于此举能否不陷于事实承认伪国之嫌疑，则纯视办法如何。此次当轴决定由中国旅行社会同日本国际观光局，另组织机关承办，实即吾人去冬所谓委托第三者经营之主张。因政府之当断不断，致地方多遭蹂躏。通车予以决定，自应趁此时机，促进其他善后问题之处置。举凡长城各口之完全收回，保安警队之开入防区，日韩浪人之非法活动等等，胥应向日方督促交涉，澈底解决。

国人对于外交，往往拘束于一二名辞。即如"直接交涉"一语，闻之如见蛇蝎。中国乃独立国家，对外应有主权，交涉当然直接。所应注意者，关于东三省问题，既已接受国联决议，则今后该案不应违背国联意旨。

通车通邮，国人每视为事实承认伪国，此亦一种错觉。中国银行乃中国公法上有特殊地位之企业机关，"九一八"后，该行东北分行概仍旧贯；彼等在东三省营业上不能不与伪国机关或私人相接触，一切款项出入不能不收受印有伪国正朔之条据，然此固不能作中国银行承认伪国解，尤不能作中华民国承认伪国解也。

本年五月十四日，国联为东北邮政问题亦郑重声明：各会员国纵与满洲国发生邮政关系，不能视为国家与国家间或政府与政府间之关系。

故中国与"伪满"交通实际本未断，中国银行未撤退。邮政隔绝亦仍绕道，徒使关内外中国人民不便，关外直鲁移民，家属多在关内，后来通邮办法，系另订邮票，不用伪满年月而用西历，以后随文陆续另详。

至停战以后接收北宁路情形，以及通车以后对中国的利害，录取下列北宁、平绥铁路在"华北政务报告摘要"原文，可知梗概。北宁路影响其他全国各路，平绥路在此期间整顿债务，使"债权者""债务者"都因清理而有前途。下附膺白致汪先生效电（廿二、四、十九）、蒋先生沁电（廿二、四、廿七），铁路虽不在膺白所司范围，但亦在其"政务整理"地区以内。终沈局长任内，经过整理而应摊偿之债欠，按月不爽。

北宁、平绥铁路管理报告摘要：

（一）北宁铁路　二十二年初，日军侵入榆关，渐越滦河而西，达于唐山。北宁路沿线复有杂军盘踞。故北宁行车仅由北平起止于天津，唐山机厂未能收回，机车损坏无法修理。平津外侨甚多，各国使领商民每于夏季赴海滨避暑，揆诸《辛丑条约》，不容间阻。是年恰为日本值年，中日双方均负维持交通之责。六月二十三日，北宁车由北平试开唐山，日驻屯军附北宁护路队以行，使（伪军）李际春部退开路线二十里。同时与日关东军交涉，俟北宁线日军陆续撤退到长城线，即完全将关内段交还我方，是为关内段通车最初之交涉。嗣七月三日车开至唐山，为平唐间战后初通车，当时由日兵及护路队护行无阻。日军一部分驻唐山，一部分驻塘沽，其唐山以东至榆关仍有日军，盖是时李际春部编遣未蒇，有所借口也。七月五日，"战区接收委员"与日关东军交涉，对于北宁路接收关内段一节，所有技术会计诸问题本已解决，中间日军以遵化一带尚有伪军数千须悉数输出关外，以故通车有待。展转至八月四五六等日遣送完毕，七八两日，日关东军之在榆关以内者，与之俱东。是时关东军部又以行车条件多方要胁，连日僵持，直至八月十二日二十四时，始将关内段完全交出，我方于十三日零时全部接收。先放车由唐山东行，届时北平榆关间对开列车，关内段北宁车始通。至北宁路整理情形，因东北失陷，路线既丧其三分之二，滦东之役复首承其冲，重遭蹂躏，其时全数车辆尽供军运，路用材料仓卒迁移，损失尤多。及停战以后，经局长殷同补苴罅漏，力谋整顿，先收回唐山榆关间路线，恢复煤运，其后逐渐收回站房电线，整顿车辆。补充材料，修理线路，加紧唐厂工作，修整破旧车辆。数月之后，渐有头绪，机客货车勉敷运用。嗣因全国各大干路车辆缺乏，遂将北宁供给军运车辆五十列之机车五十辆，货车九百六十四辆，分拨陇海、平绥、津浦、平汉、道清、潼西各路。其余南浔、湘鄂、江南各路，亦并由北宁协借客货机车，以资补助。客货运输整理以后，收入亦渐恢复，除路用额定资本营业支出之外，自停战以后至本年九月，解部及协解军分会经费、潼西局协款、湘鄂路借款、接收战区协款、军运处经费、党部公会经费、邮件借款等，约共九百万元。于人事方面，则安插因事变由关外撤退之失业员工，明令革除内外一切陋规，励行新生活运动。建设方面，则沿线植树，协助沿线农民植棉，测绘沿线地形图。并因北戴河海滨区，年来受战事影响，中外人士咸裹足不前，河北省府乃委托路局负责经营，设置自治区，锐意恢复。本年夏季，北方中外人士麇集，已屹然为战区中之惟一乐土。此外如整理债务，扩充医院，建筑滦河铁桥等重要事项，亦已次第兴办，渐举成效。此为北宁路残毁以后，一年来之整顿情形也。

（二）平绥铁路 本路经行北平及冀察晋绥五省市，为北连热蒙，西通新宁甘青最要干线。迩年经军事破坏，事业衰落。二十二年六月五日，经铁道部改委沈昌充任局长，任事以来，督饬整理。（1）属于工务部分者，抽换枕木，筹购钢轨。（2）属于机务部分者，除扩充南口机厂另案筹办外，妥装货车风闸，修理机车，扩充车房。（3）属于车务部分者，则客货两运，减少运费，负责运输，加开客车，招徕游览。并筹设长途电话及电汽路签，业已分别次第实行。所需洋二百五十六万余元，分三十个月，按月平均付给，预算二十四年即可付清。又该路负债总额，如短期借券、国内银行借款、外商借款，及所欠外商料费，截至二十二年年终达七千六百余万元，经拟具整理办法：（1）除少数借款六厘单利外，其余中外大小各债务，自整理之日起止息；（2）欠息一律削减，最高不得过半；（3）确定每月摊还金额。整理结果，计减少二千六百九十一万余元之负担。至营业收入，计沈局长到任后，十六个月内共收入一千二百七十五万余元。按之历年比较，除民国十四年外，较往年多收三分之一，以本届为最高。此为平绥路一年以来之整顿情形也。

南京汪院长：皓电计达。昨晤东京来之内田胜司，此君与弟为旧识，去夏弟初抵平时，在日机翱翔示威之下，彼曾由东亲至北平，执相当斡旋之劳。彼为须发斑白之老经济学专家，现充东亚兴业会社重役，然凡对华各项债务，均在彼一人之手。此次因平绥自动整理债务，前彼派代表到平，与平绥商谈至四阅月之久，尚未能得有结论，故特来沪亲自与沈局长讨论；昨谈要点如下：（一）彼抵沪后，中日各报均载彼挟有方案，拟迫我整理全般中日债务，彼谓真是无中生有。除平绥既自动欲整理，极愿得一结果外，余均非其时，请勿信报纸谣传。（二）平绥款为五百廿万，而利息已积至千二百万，现可情减六或七百万，作为本利合计约欠一千〇四十万。沈局长原案分八百个月偿还，月摊一万三千元，亦可接受。惟焦点在此后利息如何，沈主张无利，万做不到，原合同为一分利，彼拟照现在日本各银行通常利率减为六厘，沈未能允。但彼谓彼自出马如无结果而散，恐政府与银行各方面均有极大之反响等语。（三）彼拟赴京一谒孟余部长，然仅为说明内容。（四）日政局虽可少安，然现内阁系杂凑，有政友会、有民政党、有军部派、有老人派，决不能有一综合之对华意见，只因铃木总裁宇垣总督均提不起，后继无人，故斋藤赖以延长；质言之，在半年内不至于倒，亦不能有为也。（五）弟询其后继内阁最有望者究系何人，彼谓必落到近卫公爵身上；惟近卫决定五月中旬赴美，负有日美间相当任务，预计归朝在八九月之间，故内阁问题将延至夏秋间解决也。特达参考。郏效。（廿三、四、十九）

南昌蒋委员长：有电敬悉。平绥对外债务多年不理，以致本利相盘，为额极巨；其中对美部分，去冬曾已根据下列三点原则与美方定约整理：（一）利不超本，其超本之利概予豁免。（二）一本一利之总额，自定约日起分八百个月偿清，约六十余年。（三）此一本一利之总额今后不再付利，此约定后，深恐日方猜忌以为对美债务已有整理之方，对日债务乃置之不理，遂由沈局长自动请东亚兴业会社派人来谈。去年底彼方派峰十郎来平，一谈三月未得结果；此次该社重役内田胜司亲自来沪，铁部电沈局长南来与之续谈，几经曲折，始约略定议，然尚待铁部之核准也。内容要点如下（一）日债原本为五二〇万，利息已积欠至一二〇〇余万，共欠千七百数十万，今仍按"利不超本"主义，定为负债总额千零四十万。（二）此总额亦分八百个月摊还，月由平绥路付一万三千元。（三）今后不再付利一层万做不到，彼方最大让步只能将原合同九厘息减为六厘，因六厘为彼国银行通常利率故也。此议于本月十九日在沪商定，现正请示铁部审议中。据沈局长言，平绥内外总债约共八千万，果能照此整理，则今后负债额将减为四千万云。兄对该路所知之范围如此。汉卿所报告各节，兄虽尚未前闻，然某国为对俄军事打算，欲自承德通张垣，或更延至多伦，此亦彼方意计中应有事也。知注特复。郭沁。（廿三、四、廿七）

　　以我个人所见，再看本章所录各电报，塘沽停战协定当时，在前方的膺白和何敬之先生，在中央，不但蒋先生，汪先生亦然，均苦心孤诣，不辞疑谤，为国家负了责任的，世人都知蒋先生对膺白的私交，集矢膺白就要累及蒋先生，对西南、对党、对不甚了了的爱国而冲动者，膺白的事，蒋先生对内外左右都要更担一部分责任。许多地方蒋先生是不得已的。膺白有时火气甚大，他亦是不得已的。黄季宽先生在军分会与军事有关；张岳军先生与军事无关，与华北亦无关，他不辞艰险先膺白而往，俟停战而归，为国家而外，他为膺白，另章有述及。行政院来电同时授权诸人，对膺白亦是好意。我曾看见为华北事须向政治会议国防会议报告，蒋先生愿返京亲自提出负责，汪先生愿先独负责，往来之电，不管以前以后如何，这一短时期，看见各人的血性。

　　至于政府所顾虑，国人所怀疑承认伪满云云，不但自始至终为当冲者所切切注意，敌人无须亦不能在此时此地提出，固绝对无其事。

　　我补充说明一事，国人不能分别："北平政务委员会""行政院驻平政务整理委员会"，及"冀察政务委员会"，三者范围、时代均不同，前者为张学良所主持，在膺白前；后者为宋哲元所主持，在膺白后。膺白主持的"政整会"，自廿二年至廿四年（一九三五），后将另述。北平"军分会"为何敬之先生主持，与膺白同时；只这一时，北方的政、军两机构不由一个人主持，主持人系由中央派来，而非在当地有实力与地盘的人。

（原载《传记文学》　第六卷第一期）

二八　政整会

"政整会"是"行政院驻平政务整理委员会"之简称，是民国二十二（一九三三）至二十四（一九三五）年，中央设在华北的一个最高政治机构，亦即抗日战前两年，华北局势及对日情形。有时称作"政委会"，则很易与在其前的"北平政务委员会"（张学良主持），在其后的"冀察政务委员会"（宋哲元主持）相混。这三个机构是一个接一个，范围不同，前者包括东北，后者只察冀二省，都设在北平。

　　首都虽然南迁，北平仍为华北重心，华北最大军力掌握者，常为北平的主人。西北军（冯玉祥）、晋军（阎锡山）、东北军（张学良）都先后做过。惟前二者后来分散于其部属而力小，后者始终属于张氏而力大。九一八事变后年余，国人责难不已，张氏辞文武兼职而出国。其武职"绥靖公署"撤销，代之以"军事委员会北平分会"，简称"军分会"，由军政部长何应钦驻平代理。

　　二十二年（一九三三）春华北十分危急之际，政府决定设立"政整会"，意在收拾蔓延之战火，及时整理暴露在敌前的几省。其范围为：河北、山东、山西、察哈尔、绥远五省，北平、青岛两特别市。除以膺白为委员长外，委员有上述五省二市的首长：于学忠、韩复榘、徐永昌、宋哲元、傅作义、袁良、沈鸿烈，及各方面有关人士：李煜瀛、蒋梦麟、恩克巴图、张伯苓、张志潭、张厉生、汤尔和、王克敏、王树翰、王伯群、王揖唐、刘哲、何其巩、萧振瀛。

政整会和其前后的机构不同处是主持人由中央而来，不是当地有力的军人。这时，中央不是去削地方之权，而是不得不去筹防护之责。前前后后华北负责人中，膺白是最无实力毫无实力的一个。他自比为前站拉杂交涉员。最初在南昌拟组织政整会时，蒋先生之意欲将党政军合于一，以筹统一之效，膺白以不胜任辞。又拟膺白自兼北平市或河北省，以收指臂之功，他亦推却。他后来告我：倘兼地方行政之职，他日辞去更粘手放不下。

膺白北行的愿望是"先求安定"，"继图振作"。政整会第一件工作是"接收战区"和"救济灾民"。成立了两个机构："战区接收委员会"及"战区救济委员会"，因战区均在河北省境，故均请河北省主席于学忠主持。"接收"由政整会军分会同派员参加，"救济"有中央拨款指助。一年后救济会结束，蜕化为永续性之"合作会"，所延聘的人与政治关系少而与社会关系深，后面有电报参考。

张岳军先生在北平为膺白周旋许多不熟悉的人情。他回沪告我：这次膺哥脾气很好，对各方都能忍耐。六月中我到北平，拿他的话安慰膺白，膺白说：能受敌人的气，与本国人还有何不好说处。其实杨畅卿（永泰）先生正来电戒膺白火气，说膺白肝火太旺。

我到平第一次走进膺白书房，听他正与天津于主席通长途电话。膺白说：腹地成了边疆，战区十九县县长，及公安局长，非常重要，必须精选适才适地之人，希望选定后先到北平，以便面谈。又说：战区一部分保安除不得已将以伪军改编，故省政府所开入之保安队，务选精壮。

我们当时远在南方比较安稳地区的人，不曾体会到：从东北退到华北，华北又经过战事，许多人的情况和胸怀。尽管有人应负守土之责，尽管有人生活地位仍比一般人好，然他们有的失家乡有的失财产是真的。人总记着自己有所失，甚至怕再有所失，不会想别人因他们而所失更多。在这时候，行常道犹难，如何希望其立刻变为奋发有为！然而为国家，我们又如何能不存此希望！不存此希望，国家终究要吃大亏的。我这段回忆是就事述事，情理常觉矛盾。

下面有关接收战区，及改编伪军诸电，什九系膺白亲笔，报告蒋先生者有同文致汪先生，致汪先生者亦然。接收战区最大障碍是"伪军"，有土著，有流窜，无不与日本军勾通。

南昌蒋委员长：养（二十二）机电奉悉。接收战区，因李际春、石友三各部杂处其间，迟迟无法实施。查李部系关东军卵翼而成，石部系天津驻屯军卵翼而成。现关东来养电称已议决四项："（一）停止平津间无意义之飞行。（二）关于接收及难民回乡，极力援助。（三）李军三千乃至四千改编为保安队，余听遣散，关东军允派幕僚襄助。（四）铁路接收事件即可与铁路当局直接接洽实行"等语。本日午后钱慕霖（宗泽，铁次兼北宁路局长）由津来电话请示谓："日本派宪兵队长森木酌带卫队，并请我方带护路队一队，同开一列车，准明日开唐山，先迫李部离开铁路线，然后推进至滦州，终达山海关"之办法，此间已允照办。对于接收战区，俟车通后即可开始。知注特复。应钦、郭漾。（二十二、六、二十三）

南昌蒋委员长：战区接收委员会人选及组织，业经另电报告，谅邀詧及。今日永津武官由关东来，述及关于实行接收战区及北宁路通车事已得有端倪，最后决定派员赴大连，为具体之商议。已派接收委员雷葆康（寿荣）、殷同（桐生）二君即晚赴津，明日乘船赴连，七月一日可在连详商，如能顺手，大约十日内外当可见诸实行也。知注特闻。郭漾。（二十二、六、二十九）

南昌蒋委员长：卅申机电奉悉。此次一切交涉兄决定两原则进行：（一）除停战协定系正式签字外，余均口头商榷。（二）对手方为日军，商谈地不越旧时南满铁路区域，故一切可请释念。现逆军收编谈判已有相当进步；交通恢复——昨晚约定于本晨九时由天津驻屯军协助酌派宪兵，随同北宁路护路队一六〇名，先试通至唐山，然后再由唐山推进至滦州，惟滦河桥被大水冲断，修理约须十日，此亦意外之阻碍也。郭讲午。（二十二、七、三）

南京汪院长、南昌蒋委员长：江未机电奉悉。江日在大连，殷同、雷寿荣两员与日方冈村、喜多会商：（一）允解散（伪军）六千人，徒手每名二十元，步枪四十元。手枪五十元，官长平均每名一百元，已复电交涉减半。（二）上项交换条件，保安队改编四〇〇〇人，复电允三五〇〇人。（三）驻地丰润外，希加永平、滦县、昌黎三处，复电仅允加永平，然均以县城为限。（四）李（际春）希望给保安督练名义，复电俟本案完全办竣后，视其努力如何再酌。（五）取消（伪军）政务、财务各厅及抚恤等等，日方劝出善后费五万元，复电允许。（六）铁路交涉以恢复榆变前原状为归，惟修理滦河桥及炸毁各处，闻须有二十万元方可速了等语，此条已电慕霖询问。（七）如商妥，约定尽七月内实施完了等语。再此次交涉，严令赴连人员遵守下列二条办理：（一）无文字交换及签订。（二）认定关东军为对手方，不得涉及伪国人员，请释念。交涉进行报告在事实未表现以前，概请严秘以免对方责言为盼。郭支机。（二十二、七、四）

大连殷桐生兄并转葆、松二兄：歌（五日）十、十一两电均奉悉。款已有着请释念。惟战区事是否李军解决即包括全部？始终未蒙明答，殊悬念。又平北无李军能否提前接收？盼复。郭微。（二十二、七、五）

大连殷桐生兄并转葆康、松坪二兄：支（四日）九号电奉悉。（一）第一项系兄等力争而得，弟与敬之兄均甚感慰，惟因财政至窘，能否酌减至二十万元，连解散政务处等全部用费拟二十五万元为度，请再与对方细商电复。（二）战区全部内，切盼能以李事解决更无其他部分之纠纷，此点前电已奉告，尚未蒙明答，盼查明见复为要。（三）平北如密云、怀柔等处，并无李军关系，能否先允接收？乞交涉见示。（四）铁路交涉内容盼详示。郭。鱼。（二十二、七、六）

关于对外交涉，不独政、军两会彼此同意，即派出代表亦完全一致，电中殷桐生系政整会所派，雷葆康系军分会所派。松坪名薛之珩，曾任京师警察总监，吴佩孚所住什景花园之屋即是他家，他与伪军李际春同乡，故任为接收委员，曾到大连向李劝说多次，惜其不久因病去世。停战前，膺白一心应付敌人，停战后立刻注意到"杂伪军"，其中名目繁多，而以李际春部为最大，盘据地方在其故乡，俨立伪组织，电中所言财务政务等厅皆是。对杂伪军，即使日本人不再支持，亦未必真肯出力说降，更决不会代为消灭，故向关东军交涉外，犹不惜疏通其本人。当时处置杂伪军之办法，一部分剿办，一部分由日军带走，余者改编与遣散。谈判人员须坐船到大连，因北宁路尚只通至天津。膺白对杂伪军之注意虽早，然一则军事不在其所辖，二则敌人包庇下出没无常，故始终为战区整理之梗。一年余后他有致殷桐生电，尚以此深自引咎曰："战区清理事最痛心者为冯寿彭部，此事完全系弟措置不慎，遗害地方，至于斯极。今仍得移驻开平而不受处分，从对方言，视冯（冯寿彭杂伪军）重于黄（黄守信察省军），使我难堪到极度，从我方言，此种部分可许存在，其余团队绝无严格整理之余地。"（二十四、二、十五）

我们自己亦有糟不可言之军队，可以想见。以下再录关于接收战区之电：

蒋委员长、汪院长：连日进行接收战区，所有平东三县如通州、三河、香河伪军已退各处，业已完全接收，余十五县现正并力进行，拟本月底一律办竣。关东特派喜多高级参谋于本午驰抵唐山，负责协助，事先曾电邀此间接收委员亦于是日赶到，以便如期了事。本日雷（葆康）、薛（松坪）、李（择一）三委已出发，郭拟接收办有头绪后，由平汉回南一行，详报经过及商讨将来。至期能仍在牯岭一同会晤，尤为企盼。郭删。（二十二、七、十五）

牯岭蒋委员长、南京汪院长：连日继续进行接收事宜，截至本日止已接收之县如下：通县、香河、顺义、宝坻、三河、宁河。其余各县长本晨在平召集，亦将先后出发，务期于月底办竣。郭洽。（二十二、七、十七）

牯岭蒋委员长：（一）前因弟对孙（殿英）部西移情形亟欲知其真相，故命平绥路切实调查。顷得确报，截至本午止共开出三十五列车，除辎重不计外，人数共三万七千人。（二）日前因滦东电报未通，一切接洽殊多不便，由会派刘参议率同交通部派来彭专员同赴秦皇岛接洽，去后本午得电称："唐山、滦州、榆关、秦岛各电报电话等局已一律接收妥竣"等话。（三）前奉洽酉机牯电，当即照尊意通告去后，本日柴山来说："已得复电，我方意旨非常谅解"等语。郭马。（二十二、七、二十二）

蒋委员长、汪院长：顷接前方通知"李际春部应遣散部分，现定第一列车一二〇〇名准宥（二十六日）由安山装运，第二、三两列二〇〇〇名感（二十七）日由滦县装运，第四列一五〇〇名俭（二十八）日由胥各庄装运，仍照原定计划概运至马厂遣散，余一三〇〇名系本地人即就地遣散"各等语。再接收平北各县人员准明晨出发。郭敬。（二十二、七、二十四）

牯岭蒋委员长、南京汪院长：顷刘（石苏）接收委员由秦皇岛来艳电称"临榆县今日午前接收完竣"等语，是北宁路线各县已全部接收，恢复一月一日榆变前之旧状矣。郭艳亥。（二十二、七、二十九）

膺白急欲接收竣事，使沦陷人民早日恢复生气，他自己亦欲南归述职，并请示以后设施办法。河北省于主席兼战区接收委员长，对遴选县长、公安局长，及以军队改编保安队开入战区之议，初一口应承，屡催亦屡言诸事俱备。膺白希望与县长有见面谈话机会，直到出发前一日到平"禀辞请训"，则纯系礼貌，失去原意。于主席要求新编保安队九千人，膺白以为河北军队已如此之多，为减轻人民负担，不能再添，主张以旧有军队改编。此事迁延尤久，耽误很多，事后方知于之苦衷。盖于为旧直系，民十五（一九二六）后直系失败，始附东北系，故主客军力必须保持平衡。此时抽调他人之军不应命，抽调自己之军不放心，故欲另编。这点难解心理，很失快刀斩乱麻机会。据当时护送县长到任之人言：沿北宁路等于旧式送亲，迟迟不敢下轿。

正规的保安队始终不开入，致叛军肇事，县长亦难以安居视事，以下是河北省主席请缓接收战区之电：

政整会委员长黄、军分会委员长何钧鉴：磋商接收战区办法所得结果仍觉未能澈底，兹分陈于下：（一）交通一时未能恢复；（二）接收员警共只限九百人；（三）唐山日军仍无期撤退；（四）迁安尚有李凤文部占据；有上四点，即令收回各县，仍然不能行使职权。且沿边各县遗留李部残余甚多，以及北戴河避暑期间治安重要，保安队既受限制，均属无法着手办理。职意拟暂缓接收，以免徒生枝节，仍请转令妥速交涉，以期进行无碍为叩。再今日有四列车遣送东北籍之李部千五百名至（马）厂，处置极感困难，合并陈闻。职于学忠叩。宥申秘印。（二十二、七、二十七）

请缓接收，此直难于置信。八月初膺白由平汉路南下赴牯岭，我由津浦路返莫干山。临行我劝他，焦头烂额无济于事，请向蒋先生求准辞职。这次他甚坚决，他说：烽火甫停，路尚走得一步，责有未尽。以下二电有关处置叛军肇事如下：

北平殷桐生兄：个（二十一）电悉。请一面告石苏兄转告中野、武田二君，令胡部将肇事人员缴械解省严办，一面请兄与省府接洽，准备优势保安队前往监视；再一面告柴山武官要求事态如扩大，须允许我方得派军队前往将胡部解散。并盼与省府协力，将办理情形随时电告。郭。（二十二、八、二十三）

南昌蒋委员长：顷接何其巩有电称"顷接于主席电呈……等语"。查保安队编制问题，自协定签订以后，六月初旬即面请于主席从速准备，今事隔四阅月，直待祸患再作，乃有"现正编组保安队分往平北剿办，理合电呈"之语，阅之只好长太息。郭有申。（二十二、九、二十五）

汪院长欲将战区直属政整会，膺白不欲，其往来电如下：

黄委员长：微（五日）午电敬悉。现时滦东冀北一塌糊涂，固由对方之牵掣，亦由我内部之组织未善。大抵号令两歧。则不肖者从而生心，贤者亦彷徨无所适从。最好以战区十九县完全直接受支配于政整会，则绝无今日之骚扰，否则至少亦当使河北省政府能以政整会之意思为意思，使地方长官及保安队意志专一，秉承有自，方能使此破烂之局，归于完整。此并非不信任河北省政府，乃必如是始能助之为理也。芨筹所及，亟盼见示。弟兆铭鱼午。（二十二、十、六）

南京汪院长：鱼午电敬悉。尊见极是，但在此情况下，尚未能求之过急。此次因弟南行，彼等自身担当之结果，颇知应付之确实不易，似已稍有悔悟，姑视今后成行如何，再定办法。好在此间困难及组织欠妥之处，中央尽知其底蕴，如有芨筹，仍盼随时电示为幸。弟郛虞未。（二十、十、七）

政整会最初组织，大概系仿曩日华北政治机构之旧，有"政务处"掌地方文官，有"财务处"掌各种税收、各处各铁路协饷而发政费军费。华北情形始终在半独立状态，一为其拥有重兵，二为其财政之不恃中央。华北军费平时每月四百五十万元，由华北自收自放，战时约七百万元，不足之数须中央补助，膺白第一次南归，拟改组政整会为完全"讨论""设计"机关，首将华北财政划归中央，其致蒋先生电如下：

牯岭蒋委员长：齐电奉悉。关于华北财政问题，佳日与子文（宋财政部长）晤谈，蒸日与叔鲁（政整会财务处长王克敏）子文晤谈，昨今两日兄与叔鲁再谈，已完全决定遵照来电，归财政部直接办理。自民十七国民革命军奠定华北后，财政迄未统一，能趁此时划归中央，亦一幸事。叔鲁对此颇为谅解，拟请弟来电嘉慰之。郛文。（二十二、九、十二）

蒋先生即日来电嘉慰王氏，王在吾家草复电曰：

牯岭蒋委员长勋鉴：元电敬悉。克敏代办华北财政年余，愧无成绩，时以饷项不继，重劳荩虑，至为惭感。全国财政应归统一，此敏素所主张，惟此次实未敢居功。现财部与黄委员长尚在熟商办法，仍候政府决定。奖饰逾恒，不胜惶愧，敏年将六旬，一目失明，以后对于国家深恐无多贡献。敬复。王克敏叩删。（二十二、九、十五代发）

二十二年（一九三三）十月膺白北归后，即将政整会内部改组，取消"财务处"与"政务处"，而改为"参议厅""调查处""华北建设讨论会"，王叔鲁为参议厅主任。此改组顾名思义，一望而知为不欲插手各省市实际政治，而拟作华北整个建设计划。与膺白一向主张的调查、设计、改良、倡造步骤相合，用意亦是积极的。两年后膺白辞职，政整会撤销时，《大公报》有时评如下：

查行政院驻平政务整理委员会系于民国二十二年五月三日经中政会议决设立……以黄郛氏为之长。黄于十七日到平，时日军飞机方盘旋于平市上空，炮声震于四郊，黄氏标"安定人心"之义，忍辱负重，周旋日方，成立《塘沽协定》……保全平津，办理战区救济……功不可没。其后再标"振作"之旨……尤以二十二年十二月内部一度改组，似将奋发有为，然因权责混淆……环境牵掣，推进为难。先后虽曾开过大会五次，而到会地方长官几同拜客酬应性质，以言提纲挈领之整个工作，直是无从说起。……黄氏废然思去，亦属当然。……（二十四、八、三十）

"华北农业合作事业委员会"系从战区救济工作蜕化而成，前曾述及。以下是膺白第二次南归述职时，致战区救济会秘书长夏颂莱（清贻），及政整会秘书长何克之（其巩）之电：

北平夏颂莱兄：支微两电俱悉。（一）伯樵之言尚未决定，请告元善兄依旧进行。（二）河工既由他机关经办，但将农赈蜕化为合作社，本会即可如期结束。（三）合作社组织，作民兄在沪时曾主张弟与冀察二主席均加入，鄙意弟以不加入为宜，但居监督地位；请代提阳日常委员，将人选及组织拟定电示，由弟转政院核准施行。郛鱼巳。（二十三、七、六）

北平夏颂莱兄：阳电悉。呈院请示电稿可即发。再合作社人选中，史靖寰君为何人？盼电告。又察省府有秦（德纯，民政厅长），冀省府无人妥否？盼再与叔鲁先生一商。郭庚。（二十三、七、八）

北平夏颂莱兄：十四日函悉。所拟八项结束办法均尚妥洽，即盼照办。惟合作会尚未成立以前，应移交该会款项，仍请由兄保管为要。再合作会人选以何时发表为宜？盼复。郭效。（廿二、七、十九）

北平何克之兄：战区救济会本月二十一日届满结束，合作会组织条例前经本会呈院核准在案。现该会亟待成立，请即发表聘任张伯苓、陶孟和、蒋梦麟、周诒春、史靖寰、秦德纯、夏清贻、周作民、章元善等九人为该会委员，一面呈院备案为要。郭号。（二十三、七、二十）

膺白自兼两个短期训练机关：一曰"地方行政人员训练所"，一曰"农村指导员养成所"，实际皆由副所长主持。前者为新自美国归来之赵才标君，我家住莫干山时，他正任武康县县长兼莫干山管理局长。后者为陈觉生君，曾在日本学农，新近由人介绍。

蒋先生关心膺白在华北之出入便利与居处安全，嘱膺白保荐两个位置：一为北平市长，前任已自动去职，二为北宁铁路局长（本由铁道部次长兼任着）。膺白保江西保安处长袁良为北平市长，战区接收委员殷同为北宁路局长；袁系旧属，殷为新识。前章述过因中日关系恶化，一般人羞言日本，国家亦未及培养对日外交人才。膺白此次北上，求对日人才之难，几乎罗掘俱穷。其新识而存期望之一为殷同。上文提起北宁路"通车"，通车实前后有两个不同意义：一是停战后由天津通车至山海关，是中国要求通车，战时的北宁路已经全路沦陷，欲接收战区，须先接收铁路；二是日本人要求通车，中国接收了北宁路的关内段，日本要求与关外段往来不必换车。殷同是谈判和接收关内段的人，接收得甚为完整有效。后来关内外通车，亦由他会同铁道部派员共同办理。北宁路不但收回此次战事所失财产，且收回昔时军阀扣在关外的无数车辆，分润全国各路，整顿经营之后，铁路岁入亦为全国各路冠。

自民十五（一九二六）我家南归，与平市已一别六七年。以前军阀虽腐化，然一般人生活相差不过巨，民风淳厚，足掩官邪。此次所见上层之豪奢甚于往昔，而道路失修，垃圾堆积市内各处空地，与屋檐齐。除汽车所经之孔道，民居大小胡同多半凹凸其底，尘沙厚积，行路为难。其中最严重之一事为吸毒。在昔吸鸦片病中国已久，然究须有闲。吸吗啡手续至简，而毒尤甚。吗啡制成白粉，俗称白面，吸之者自贩夫走卒至读书青年，一入其中，无以自拔。战区日韩浪人与奸商为之，获利多而且易，而北平市亦有营此业者，此不但亡国且将灭种。

袁良就平市长后，革除包税，整顿车捐；以前车捐仅收之于最苦之人力车，自此乃有汽车捐收入，人以为小节，而市府得以稍稍整理失修之路。其扫除积秽系与平绥路合作；市府将已风化之垃圾填市内各露天市场，未化之垃圾由平绥路出市之空车带出市外，舆论称为"平市市容一新，而市民未加负担"，乃实情也。惟禁毒必先取缔制毒之人，公安局碍于情势，则警察无从行使职责。膺白南归，除报告外交，陈述振作之旨。中央亦将所得报告，告之膺白。调换北平市公安局长一事决定于此，人选条件为一外来生脸孔。新任局长余晋龢，原系青岛市公安局长，同属政整会范围，与膺白并无渊源，亦非袁良所荐。旧任局长鲍毓麟维持地方有功，调升军分会委员。明令既下，东北军人群起抗议，便衣队阻止新局长到任；以下略举当时京赣平沪往来电报：

上海黄膺白先生：鱼（六日）电奉悉。弟今日回鄂（张岳军先生时为鄂省主席），顷接敬之来电文曰"近因平市公安局易长问题，各方不免啧有烦言，盖鲍毓麟在过去维持平市治安，颇得地方人士及外交界之好感也。据弟所闻，新任局长余晋龢以种种关系不能来平，但为保持中央威信计鲍又在必去。经弟与启予（商震）、（蒋）伯诚、志一（鲍文樾）、庭五（王树常）、寿山（万福麟）诸兄熟商结果，已电委座建议，以（军）分会第三处处长黄师岳与鲍对调。黄为皖人，过去曾任一一七师师长，与各方均有关系，人亦守正不阿，调任斯职，洵属洽当。盖平市华洋杂处，关系复杂，若骤易一生手，使军警时起纠纷，实非安定地方之道。如能照此办理，鲍亦得一适当位置，可免因些小问题又别起华北政治上无谓之纠纷。但弟因分会负责关系，此意殊不便迳向膺白兄明言，务祈吾兄便中婉达，俾知弟之一片苦心，并非对此事有何成见也。盼复。弟应钦虞（七日）"云云。应如何应付，请赐裁复。又闻叔鲁此次南来，对华北危机及谋兄之策，言之甚详，弟已于有壬函中悉其概要，兄已尽知否？盼复。弟群阳。（二十二、九、七）

上海黄膺白先生：顷接袁市长真一电，知东北将领反对去鲍，以致余（晋龢）未能接事。此等反动本在意中，弟意宜一意坚持，贯彻政府明令，彼等亡东三省热河不足，又欲亡华北，若不惩创，无以继后，恳兄同下决心，以救华北，无任盼祷。弟兆铭真。（二十、九、十一）

上海黄委员长膺白兄：真（十一）午电及致畅卿尤（十一）真两电均敬悉。顷接何部长真酉电称"现鲍毓麟本人尚无问题，惟第三者仍阻其交代，若必坚决由余晋龢接任，恐于中央之威信仍难保持。顷与季宽（黄绍竑）熟商，最好余本人呈请辞职，此间另提一与各方有关系之人选，由膺白兄荐请行政院任命，似于各方均能兼顾。可否？乞裁"等语。当即复以"余晋龢明令已发，且已到平，乃必迫令辞职另选，不特中央威信有关，且今后华北财政军事之整理，中央是否从此不再过问？华北祸变再发之危机依然潜伏，是否尚需膺白兄在平协助处理？此中关键有识共明。区区一平市公安局长之去留亦必小题大做，任其自由选择，不许丝毫更新，国家体面及各方关系是否可以一概不顾？凡此均应郑重考虑者也，中意鲍既不能再留，余辞另选亦太难堪。为安定人心维持秩序计，惟有查照齐（八日）午机牯电，应以中之名义，由分会暂派蒋孝先（宪兵副团长）代理，即日接事；然后徐待时机之推移，兄则剀切劝导，以矫正各方错误之观感，而从中调护之，此为最贤明之态度也，盼当机立断，勿令益滋纠纷为幸"等语；特并转达。彼辈借小题以起大纷，殊堪浩叹，惟盼兄暂行忍耐，再作后图为荷。弟中正元申机牯。（二十二、九、十三）

上海黄委员长膺白兄：顷接黄部长（内政部长黄绍竑在平）文（十二）电称"公安局问题内容复杂，除东北军人出面外，内中尚有党中委、省委、市委、政客、商会。竭其目的，不仅拒余，而市长、政委长皆为其反对目标，拒余实乃借端耳，而政客更欲扩大风潮以逐私图，若不早为收拾，则中央威信更受影响。职与敬之熟商，拟由敬之另荐一人请中央任命，使双方面子皆过得去，中央威信亦不损失。此种办法实不得已，请为裁夺。膺白先生处尤恳婉为解释，请其迅速回平，此后种种亦可消灭于无形。至各方对中央均无恶感"等语。当即复以"若由敬之另荐一人，匪特中央威信有关，则一派捣乱分子，加以奖煽，愈形嚣张，已电敬之用中名义由分会暂派蒋孝先代理，即日接事，请兄切商敬之切实主持，即予照办"等语。特并转达。弟中正覃亥机牯。（二十二、九、十三）

上海黄委员长膺白兄：关于平公安局长问题，弟等一再考虑，认为（一）整理华北应由军事政治上着手；军事上现取逐渐缩减办法，昨已议决裁减军费五十余万元，共裁士兵五万七千余人，各将领意见均极一致。如因此小事横生枝节，妨碍大计，殊属不值。（二）余晋龢既遭反感，如勉强接事，必致纠纷扩大，余亦必无法行使职权。现拟请兄另荐门炳岳接充：门系河北人，陆大毕业，曾充师旅长，现任军分会高级参谋，学问道德均为军界所信仰，相信其必可负责主持，且由兄提请任命，于中央威信亦无损伤。（三）政委会、军分会名义上虽系两道机关，内部步趋实系一致，自宜互相维系，以求政策之实现。此事如能照此办理，使风潮平息，则今后华北军政或较易于进行也。如何？即乞卓裁，并盼示复！弟应钦绍竑寒午。（二十二、九、十四）

上海黄委员长膺白兄：有（二五）酉有戌两电均敬悉。余晋龢已定俭

（二十八）日就职，华北袍泽亦迭电促归，已往纠纷小题大做，自可作一结束，不复探问。吾人纯为挽救华北大局及维持中央威信而奋斗，绝非与任何方面尚意气、较短长，经此波折，所受教训良多。即彼阘茸误事者，想亦必有多少之觉悟。故兄固不可灰心，实应因此益壮其气，而坚其信。无论日军是否感（二十七）日再进怀柔，兄之北行均不宜再缓，能及时阻止固佳，否则亦应设法补救、责无旁贷。吾人以共赴患难，非争夺权利而来，悉本光明宽厚之态度以临之，实亦足以愧兹末俗矣。弟中正感机。（二十二、九、二十七）

蒋先生于另电中又复加勉："中央既尚无整个应付之余暇，偶不戒慎，牵其一发，遂促全体弱点毕露，实由吾人轻心掉之，于人何尤。命令贯彻之后，即自动易以妥协之精神，为顾全华北大局，并非优悦取容于恶势力可比。明达如兄，益以连年致力修养，想必谓弟言之不谬也。"膺白亦自觉人情确有未周，书生之见，求治太急，未顾环境，原有不是，故北返后格外周到，各方亦与之相处无间如前。后此对于察冀以平绥路官车运土之事，只听报告，不敢复注意。

华北正在日军势力下挣扎，翻不过身喘不过气之际，而华南的福建，即在其年（民二十二）冬发生所谓"人民政府"，世称"闽变"，传闻与日本及当时尚属日本所治的台湾，暗有联络，令人无法置信。此事似与华北不相干，然非全不相干。华北社会对此并不关切，而当事者之中不免震动。膺白在平，大约有两周光景，极为紧张。其所经过，大略如下：

闽事初起，中央电华北调李择一赴台，时日本驻台湾总督为松井石根，李到台如何接洽，均直接报告中央，膺白不与闻。膺白曾请在平之根本博武官回东京陈述，大意为：日本若在华南别辟途径，使中国永不统一，决非日本之利，亦决不成功，请看列名事变之人，皆在政治上反复不止一次。根本博由东京返平报告，膺白转陈中央之电如下（括弧内人名系作者所补）：

南京汪院长、南昌蒋委员长：本晨根本（博）由东京回平来晤，据称：此次往返月余，在东京十六天，余在关东及在途。在东京时见荒木、闲院宫、广田、牧野、西园寺诸要人，尤与荒木八次晤谈为最多，要旨如下：（一）闽方事前曾派国家主义青年党人分赴台湾、东京两地求谅解，当时仅持两义：一曰党治不良，一曰独裁不堪。日方答复谓：此系贵国内政，本无须吾人置喙，惟既来商，吾人之意，以为党治数年实鲜成绩；至独裁一说，质直言之，无非反对蒋氏，事实上贵国并无适人能继，似应忍耐等语。及闽变既起，始知含有联共、反蒋、反党三义；嗣因台湾对联共稍持硬态，闽方乃解散第三党以搪塞之；复因香港（粤系）对反党表示不赞同，闽方又表明仅反南京之御用党以拉拢之；现所持三义只剩反蒋一义矣，是完全为权位之争，如此无定见、无主张，认为政治上不够格。日方且探悉陈（铭枢）、蒋（光鼐）与蔡（廷锴）并不一致，陈、蒋对日主求谅解，蔡因沪战关系不赞成，而蔡幕中闻有美人二员为之策划，故日方决不能予以援助云。（二）汉民发表宣言之前，曾托人间接与驻港武官接洽谓"南华立场不能不标抗日，但反蒋成功后，必仍可彼此合作，谋根本亲善之道"；港武官据以电告，荒木阅电大笑曰："只是冯玉祥第二。"（三）对汉卿回国提出二点：一不来华北，二不掌军权。末尾并有恫吓之词，不堪入耳。根本（博）历叙上述各节毕，并称临行时荒木一再嘱伊将此三节详为面告。根本（博）并附带说明曰：荒木历来标榜"信义本位"，故平时常以"言行一致，前后一贯"勉其部属，闽港两方此种办法，如何能得其同情。弟综观所述，觉其言过于甘美，不无可疑，然亦可资参考，特为密达，希密察为幸。郭世亥。（二十二、十二、三十一）

抗战后，黄伯樵告我一段故事：有广西某君（似系姓罗不记其名）与言闽变时，先说有一船军火运到，众甚兴奋，后来渐无声息，最后运到了一批白糖。他以为日本先勾搭而后放手，以台湾白糖塞责也。

华北各省当时确亦震动，鲁省最为活动，使者四出。来说膺白者曰：

中央倒，华北推他为盟主。膺白极婉转诚恳以答，舌敝唇焦者数日，说者意解，膺白约定互忘其事；此事始终不见其有报告之电。下附致蒋先生艳酉电，可觇一二：

南昌蒋委员长：俭戌秘赣电敬悉。（政整）会常会，组织令上规定每月一次。兄北来后，五、六两月因时局紧迫未及召集，七月开第一次常会，八、九两月因公南旋亦未召集。十月开第二次常会，在此会时，石曾（李石曾先生）来告：向方（山东韩复榘）、次宸（山西徐永昌）等似有主张，若不澈底一谈，散后必生误会。其时公安局问题尚新，兄对贴身环境不能不有所顾忌，若对晋、鲁再起误会，则华北局势将非兄所能应付，故竭诚与彼等周旋至一星期之久，每晚必至深夜一时。始则韩（复榘）、徐（永昌）、于（学忠）、宋（哲元）外，有石曾、（周）作民，继又加万寿山、鲍志一，最后二夜又加敬之。所谈内容，一言以蔽之，对中央感觉不安而已。故联省自保之说，安定华北之议，皆从此不安之一点出发者也。经兄广征博引，晓以内外情势，总算勉强安心归任。经此教训后，十一、十二两月遂不敢轻易召集，不料向方两次派人示意请求开会。维宙（王树翰）寿山由南北返，过济（南）时向方又托其代传斯旨，乃以年内彼此皆忙为理由，拟挨过年关于四日开会，作为明年度正月份之常会，实仅第三次召集也。所以为此者，因闽变初起时弟曾有电谓一月内可了，以为能挨过年关，离闽局解决之期当不远矣。现汉卿八号抵沪，纵有策动，亦须有相当期间之运用，逆料会期决不能延长至如此之久，连日刺探各方内情，（于）孝侯主张少事，次宸亦尚慎重，向方亦未必拿得出具体合理之办法。或可乘此面谈之机会，作一度澈底之解释，反有裨于时局，亦未可知。总之，兄自当谨慎应付，今后情况何若，再当详闻。郭艳酉。（二十二、十二、二十九）

冯玉祥在泰山，闽变曾列其名，其旧属察哈尔主席宋哲元来函说明曰：

委员长黄钧鉴：谨肃者，顷见各报登载关于闽变之消息，中有冯先生亦参加组织之纪载，不胜骇异。因冯先生对于闽事之酝酿，事前既未与闻，事后亦未参加，哲元知之甚确，用特肃函陈明，敬祈钧詧。宋哲元谨上。（二二、十一、二十五）

冯在泰山生活费，每月由宋及鲁主席韩复榘合担，常感不足，二人皆其旧部，极思中央为之负担。膺白尽力向蒋、汪二先生说项，并请照前议发表其"西北林垦督办"。关于款事，曾几次先自汇出。下面复岳军先生电，实系见电而急汇出，"来不及"云云乃托辞。此时不欲开罪韩、冯，不快之事延迟一日好一日也。电如下：

南京张主席（岳军）：敬（二十四）辰电奉悉。冯款因约期已届，昨午又汇出二万元，来电嘱勿另拨已来不及。兄意仅汇一次似太落痕迹，现已勉汇两次，人情上既足以交代，而闽变既平，事实上又已缓和，此后当可拒或延一二月。故由三弟电令韩于所扣盐附税内月拨两万一说，似可延至下月底边，韩再有请求时行之，较为得策；盖此项附税既为韩所扣，彼已视为囊中物，剜其肉而补其疮，韩虽无法反对，逆料不甚乐闻也。乞转陈示复为荷。郭。（二三、一、二十五）

以下系闽变时膺白致蒋、汪二先生之电：

蒋委员长：承示闽变背景，读之无任感喟。此间所得情报，任潮（李济琛）对人谈话约有四点：（一）打倒独裁；（二）取消党治；（三）反对外交；（四）联络共军。中国之大，各省区之不听命，实无人能实行独裁。反对中央外交乃一笼统口号。彼暗中既与日方勾结，故并未声言抗日。惟取消党治还政于民，实为政治上鲜明之旗帜，频年人民对于党治缺乏善感，颇易号召。联共云云，据闻任潮因军事上之策略，不得不与赣中共产军暂时联络。（二）（四）两点，亟应对症下药。愚意制宪还政于民倡之已久，似可乘此时机，明白宣布宪政实施时期，对于临时人民代表全会不再延期举行。对于联共一层，宜力与宣传。至于华北局面，当与敬之兄协力

谨慎应付。郭。(二十二、十一、二)

汪院长：闽变既已爆发，最要在不令其扩大，华北方面弟必与敬之兄共同谨慎应付。关于通车等案，当遵命暂缓进行。郭个未。(二十二、十一、二十一)

南昌蒋委员长：马(二十一)申秘赣电敬悉。此间日人方面有李在镇南关与法督交涉借款之情报，不知确否？兄意此种局势惟一活路，在用全力将闽事速决后，速自动在可能范围内容纳各方意见，颁布改弦更张之道，以系人心而安反侧，或亦为挽救危亡之一法也。郭感戌。(二十二、十二、二十七)

南昌蒋委员长：寝(二十六)戌秘赣电敬悉。闽事起后，各方人心思动，南北代表往还无处不有。惟华北环境事事均居于被动地位，苟主动者不整个策动，彼等即有联络，亦难实现。韩再三要求开政整会例会，已决定四号开会，开会后当可探知各方究竟，届时当再详告。郭感戌。(二十二、十二、二十七)

民国二十三年(一九三四)的一年，为与日军谈通车、通邮问题，内外夹攻，积极工作一步不能行，而扫垃圾之事永不完了。膺白向政府，总是求多预备一步，莫待临时无回旋余地。对敌人，希望如其意一件，亦如我意一件。更希望中国对日是一致的国难问题，失败是大家的失败，成功是大家的成功，各方都要负点责任。"通车"上文已有述，属铁道部主管，部长顾孟余。事先对问题有怀疑，这原则既定，派员到平共同交涉，事后对成绩颇许可，膺白甚佩公谊。通车之办法系请上海商业银行所办"中国旅行社"，在榆关设一"东方旅行社"司往来结算之事。"通邮"属交通部主管，部长朱家骅。因中国曾有封锁伪满邮政之令，不若关内外车之本未断绝。又国际联盟虽议决与伪满通邮不作承认解，但在中国而任伪满邮票通行，究属不可容忍之事。故商谈原则，系不用伪满而用特种另制邮票，地名不用伪名用西文，年月日用西历。磋商八十余日，几次在部示原则接近以后，又加挑剔。电部请教，或候复延期，或答非所问。最后请行政院派外交部次长唐有壬到北平决定。其后交通部自允日本接通上海、福冈间海底电，不但华北一无所闻，舆论亦竟未知，此事有惠于对方，不给华北作交换讨价还价之材料，至为可惜。闻蒋先生后在纪念周有责言，然事既过去，说亦无用。其他方面，亦有视对日已成不可免之事，而各自与日本人接晤，以为日本人亦如中国人之可以人事拉关系者，更乱步骤而已。

关于通车通邮，其缓与急，华北看日方之催逼，然可缓亦尽拖；中央看中政会议空气，可了亦愿早；都懊恼而无成见。以下是膺白致汪院长电，致杨畅卿先生电：

南京汪院长：篠（十七）电敬悉。通车问题，尊意拟从速进行，恐愈久愈糟，惟照在南昌时所商定之程序办理，最早恐须在五月下旬，不知先生在京应付上有感困难否？在予等三人赣中叙谈后，惹起内外双方之注意，此为当然之事，故一时必有种种揣测，但按沪情观察，逆料一二星期后，或可复趋沉寂也。京情如何？盼常见教。弟郅皓。（二十三、四、十九）

南京汪院长：江（三日）电敬悉。通车延至十四日后再办，当然可能，惟国联所议为邮务问题，万一国联与伪国之邮政关系得一相当解决，恐进行通车时，彼方或乘机要求通邮问题同时解决，反于我不利。弟意在十四日前，先密电饬殷局长与对方交换通车办法之大体意见，俟十四日后再为最后之决定。（一）可免通邮问题并为一谈之虑；（二）可勉符尊旨；（三）可免对方久待无音而起怀疑。如何盼复。再介公江电复弟艳电，有"日军部对华政策或采刚柔并用主义，应仍按照面谈办法，自动的表示为釜底抽薪之计"等语，合并附闻。弟郅支。（二十三、五、四）

南京汪院长：佳（九日）电敬悉。承示各节，至佩苦心，曲体下怀，尤深感激。惟一星期前，京友中有人约略电告，故弟已早知有此酝酿。只因先生处境亦甚困难，不忍使先生重加苦痛，遂佯作未闻，以静观推演。

今幸两案均已否决，而办事之难，于此可征。在外人方以为进行曲中第一步，而我已困心衡虑，至感不易，瞻念前途，不寒而栗。本晨得介公青电，亦有"此时提出中政会恐难通过，不如不提出为宜，一切由弟与汪先生负责可也"之语，足见介公亦深知京中实情。为今之计，弟以为只有二项法办：（一）提出时请介公到京一行，多方疏通，务获谅解，以免事后责难。（二）如不提出，敢请政院给弟一训令；此训令决不发表，惟弟可借此以稍鼓余勇耳。如何盼复？弟明日赴杭，后日返沪，附闻。弟郭蒸。（二十三、五、十）

南昌行营杨秘书长畅卿兄：感（二十七）申俭（二十八）申两电均奉悉。辱承关注，感佩同深。现此案昨晨中政会已通过，惟介公另来一勘（二十八）电略称"案已照提，然实行仍希望展至八月底"等语，想系对粤困难之故。惟弟闻中政会中人多流杂，昨午后弟尚未得京电，而此间商界与反动派，甚至日人方面已尽知其详。于是商界乃大做公债。反动派闻亦有集会。事实如此，岂尚能严守机密至两月之久？一面既无可掩，一面又反使生心，甚非计之得也。现已另电殷局长，嘱伊在事务方面设法尽量展延，如车辆油漆未干，公司筹备未完等情为理由，惟究竟能延至何时，未能预测，总以不另生枝节为限。盼代密陈示复为感。弟郭世。（二十三、五、三十一）

南昌行营杨秘书长畅卿兄：灰（十）文（十二）两电均奉悉。依迭次报告判断，是通车案发表当无重大反响，不如提早公表。盖既经提出中政会通过，而京中当局犹复秘不承认，是徒启社会之猜测，疑为真有不可告人之隐。弟处其间，左右为难。此间新闻日载讥诮个人之词，不曰'由后门出密会殷同'，即曰'早出晚归，密议进行'。欲表明态度则忤中央意旨；欲缄默不言，则含沙射影，似假渐真。前日炸弹之来，或即因此。现两粤既无顾虑，能否提早实现并公布，以免内外两方之猜疑，乞密陈见复为感。弟郭元。（二十三、六、十三）

以下是膺白致唐有壬次长电：

南京外交部唐次长有壬兄：前奉漾（二十三）电，适值介公到平，客多事繁，延未作复，至歉乞恕。通邮谈判，就公言，多争一分是一分，弟亦国民之一，岂甘自外？就私言，吾侪同舟共济，痛痒相关，中央若受责难，弟亦何能自全？年来大局有折一足而全体不稳之势，至为明显，故中央之不能不体谅华北环境，亦犹华北之不能不兼顾中央立场，二者一而二，二而一者也。明知吾兄处境亦甚困难，然久僵终非至计。万一不欢而散，第一今后之影响如何？第二是否能从此永远回避通邮？若发生种种恶影响以后，而仍不能回避通邮之事实，则国家所受无谓之苦痛，吾人良心上能否不负责任？吾人此次出而任事，敢信彼此均系肝胆相照以救国，与一般互相结合以做官者之见解，当有不同。现在形势日紧一日，敢请切实与精卫先生细商，谋一打开之道，若能得大驾来平一行，尤信于大局必有裨益。临电无任迫切待命之至。弟郛鱼申。（二十三、十一、六）

南京外交部唐次长有壬兄：昨晚上汪先生一电，谅能阅及。此次局势之闹僵，约而言之有四端。（一）不利用国联原则，致成步步荆棘。在牯议定之步骤中，本有此一项，而高、余（高宗武、余祥麟皆系交通部代表）所受之训令中，不知何故却无此项？（二）各方穿插太多，闻见不一，故情势之缓急，彼此遂异其看法。（三）承办者为顾全自身权责起见，其着眼点不免囿于问题之本身，通邮以外之连带影响，未能兼顾。（四）外交技术太差，前后枪法亦乱，致双方因冲动而猜疑，因猜疑而更冲动。查自月余以来，高、余二君每遇困难，必来陈商，前后不下二十余次，弟则知无不言，言无不尽，但始终未蒙采纳一辞半句。然弟仍会外协助分别疏解，自信已竭我智能。至昨晨会散，彼此已图穷匕见，又分来请见。当即先约高、余二君来谈，知问题仍在第三者居间之一点。彼方可默认如"邮务代办所"等不甚明显之名称，视为第三者可，视为非第三者亦可。我方必须加入纪录，标明为确实之第三者，而用"东方民信局"之名称。弟斟酌各方情报，恐影响及于全盘大局，则所争者小而所失者大，为国家计决非至策。然仍体念高、余二君难以独负重责，乃下决心对于改用"邮务代办所"名称之一点，许以由我负一切责任，而仍未能得其嘉允。其时柴山仪我早继踵赶到，在别室已等候逾时，不得已出往晤见，而彼所言又如彼（请参阅致汪先生原电）。昨宵彻夜未能成寐，反复思维，弟自身究竟是何身份？谓为局中人乎？则一字半句无置喙之权。谓为局外人乎？则最终责任，彼方仍视我为行政院之驻平代表人，课在我个人身上。呜呼！此情此景，吾兄其代我思之，其将何堪。前数星期见情势不佳，逆料有此一日，因经过复杂，非笔墨所能尽，故始则电请（吴）震修兄北来，冀得托伊转达，而彼不来。继复电请吾兄惠临，而兄又未能离京。现在时机已迫，铃木由粤归来，语调大变。上海关东又分别有会议，预料今后大局之推移，必在此三五日内种其因。即不为国家前途计，而吾人同处漏舟，不能不互关痛痒。究应如何应付之处？敢乞火速见教，无任盼企。再正属稿间，柴山来电话谓"又得沪电，知沪会开议过半，等待柴山参加已来不及、电命不必再行"等语，故柴山南行说已作罢，乞转陈汪先生接洽为感。弟郭巧未。（二十三、十一、十八）

下面是中央各部与华北有关事，与膺白接洽电，财政部宋部长电如下：

北平黄委员长膺白兄：顷接王运使章祐蒸（十日）电称"据临榆尹县长电称、秦皇岛商会长面称、据日军远藤参谋面告：关东军将以食盐在永平七县放赈，每县一千包，已运到二千包，即日运往各县发放等语。查永平七属为长芦重要销岸，此站一开，税收将不可问，除电复该县长设法阻止，并电北平政整会派员与日军交涉阻止外，敬祈钧座切电黄委员长即日派员从速办理，以维税收"等情。兹事不独破坏税收，影响饷需，且关系国权綦大，应请吾兄克日交涉阻止，除电王运使趋谒接洽外，特电奉达，敬请速办为祷。弟宋子文真。（二十三、十、十一）

膺白复电如下：

上海宋部长子文兄：食盐放赈事，经去电交涉后，已得复电，允为查禁。兹又得临榆尹县长报告称"前已运到之二千包，已扫数运回锦州矣"等语。弟郛寒戌。（二二、十、十四）

实业部长陈公博电如下：

南昌总司令部转黄委员长膺白先生：昨电奉悉。开滦事态日益扩大，若此矿受日人诱致以兵保护，华北实业政治不堪设想。弟本日请汪先生电孝侯，加派保安队至矿保护。先生虽不在平，尚请电饬所属，加紧处置。弟昨电开滦，在可能范围，接受条件。今日之计，惟有先使复工，则浪人汉奸无所施技。弟陈公博鱼。（二三、四、六）

据滦榆区行政督察专员陶尚铭报告开滦矿区工潮如下：

查唐山开滦矿区工会，曾于事变前被伪军李际春宣布解散。上年冬间，旧工会不良分子以大利所在（原注：工会系剥削工人者），意图活动。党方复以指导民运为名，派员赴唐，潜谋进行，于是马家沟等处群起罢工，要求恢复工会。此等举动本属非法，而以党为号召，尤不宜于战区。迭经开滦矿局在津与党方暨工人代表协议，允许工人有代表办事处之组织，为变相之工会。倘使匿迹销声，未尝不可苟安一时。不意上月东四矿忽有党方命令，分派整理委员之举，遂起反感，奸人乘之，于是有新工会之发现。工潮变幻，相持兼旬，正在外交方面排除障碍，适奉省令饬即断然执行，经即布告解散非法团体，旧工会一致停止活动。查此项工潮，始因旧工会勾结党员，意图复活，继因一般奸人视工会为利薮，冀另立一帜，以相兼并，而浪人汉奸，一炉共冶。方工潮汹涌之际，华新纱厂、启新洋灰公司亦曾发生纠纷，幸防范得宜，而外交方面开诚相洽，均无异词，俾得顺利解决。今者中央及蒋委员长迭颁电令，停止工会，已剀切宣示，俾一般工人晓然于地方形势特殊，均当安分守己，力图生产。至民运机关停止活动期间，遇有劳资发生事件，已拟具滦榆区劳资事务监理办法，经由实业厅提出省政府会议议决公布矣。

我草上章及本章至此，三十年前悲剧，历历如在目前。材料纷繁，不能作纯客观之探讨，且必须略为休息。下面引用一件另一方面的材料，是外交部转来杨将军（杰）赴苏联的报告。这种不负责任，而缺乏判断力之见解，足以误国。但很可能掀动一部分的人，原电如下：

黄委员长：顷接莫斯科来电，文曰"连日杨将军在此参观，俄方招待极为殷勤。七日俄外交副委员长 Sokolrikon 午宴。席终谈话，提及日俄冲突，S 称将来日俄如有战事，苏俄军人深信颇有把握，非特须排除日本军队于苏俄领土之外，且将驱逐其出东三省，故苏俄今日军事准备，不仅在击退敌人，且在追击敌人。惟须声明者，苏俄寸土不予，尺土不取，苏俄必将东三省奉还原主。又称中国今日所处地位，极所谅解，惟须早日决定政策，急起准备。苏俄所恐者，中国态度犹豫不决，将来日本对俄发动时，必将先对中国威迫利诱，中国若持策不坚，就其范围，则铸成大错，在苏俄固深可愧惜，在中国将莫大损失。盖日俄接触结果，苏俄苟能小挫日本，第三友邦（意指美国）即将出而调停，斯时东三省送还中国，当然为调停条件之一。然若中国袒助日本，岂非为亲者所痛，爱莫能助。况大势所示，中俄两国若能合作，胜日之数可操左券。惟中国若不助俄，俄亦自信甚有把握，故合作之利，惟在中国自择之耳。其言甚为坦白爽直，且出诸外交负责当局之口，时俄参谋部长亦在座，故尤堪以注意。昨日上午杨将军又访晤苏俄军事委员长兼红军总司令 Voloshilov，渠表示希望中国能迅速组织自己军队，排除侵略之敌人。又称中俄若无一九二九年事件，何致有今日溥仪僭号之事？故对于今后中俄合作亦极为注意。杨将军定八日晚离莫赴波兰，在此所得印象甚佳，深觉苏俄有与我接近之诚意。驻苏联大使馆齐"等语。外交部总务司佳。（二三、三、九）

二九　余事

据我记忆所及，与检视膺白在政整会任内，他与蒋先生及行政院汪院长往来电报，完全为国家，文字中寻不出一句不谅解之言与一件不谅解之事。国难要比民十七（一九二八）济南案件严重得多，但政府搭配得分工合作，比济案时散漫情形不同。济案时，蒋先生是北伐总司令在前方，日军所提无理要求都送到总司令部。南京国民政府尚未经国际承认，国府主席谭延闿向日内瓦国际联盟申诉不受理，外交部长黄郛对日本外交部的抗议亦无效。日本军人已开始不受其政府约束，而我们是前方后方责任都在蒋先生。后来是蒋先生派张岳军先生到日本，日本派松井石根，同到济南，劝制日军师团长福田，福田亦见旷时并不能持久，搞不出更多的祸患，而下场的。

　　这次，是北平、南京、南昌一个三角架，不是民十七的一直线。可以分责任，亦有伸缩。这个形势倘支持多几年，能够：一待蒋先生国内大业澈底成功，二待国际上其他国家的冲突在中日战事之先，则中国元气之伤不致如此。可惜日本军人不容等待；中国政治不能等待；连膺白的健康亦不及等待；廿四年（一九三五）起他病了，廿五年（一九三六）冬他去世了。

　　我必须回头记几位关心膺白的人，第一感谢胡宗南将军，廿二年（一九三三）五月膺白离沪北上的次日，吾家来了个陌生客人，持有胡将军的介绍片，门房告以已经动身，乃留地址而去。我忽然记起去年膺白从蒋先生处回来，告我在长江轮船遇一少年军官，自我介绍为"胡宗南"，言济案时在总司令部，亲见膺白的决断与勇敢，有甚深印象。这正与一些歪曲宣传相反，我不胜知己之感。见片即请一朋友回访来人，知系戴雨农（笠）先生，受托照顾膺白。后来由膺白指定一秘书，随时与通消息，廿三年（一九三四）我们南归，在杭州与戴先生同过一次席，同座系本省军警界人，对膺白的工作均了解，膺白这日感动而喝醉了酒。胡宗南将军，那时似系第一师师长。

在华北有两师中央军，我知道蒋先生都写过信。一九六四年在台湾承黄达云（杰）摄赠原函如下，黄是当时驻华北师长之一。

杰弟同志大鉴：驻平环境复杂，应时时谨慎，膺白先生为中患难之交，弟等应事之如事中，诸事须随时请教，得益必非浅鲜也。顺颂戎祉，中正手上。廿三年八月廿二日

我必须记一对可敬爱的老朋友：张溥泉（继）与崔晢云（震华）伉俪。溥泉先生是发表为政整会委员辞而不就者之一，不知何故他到北平未告膺白。一次蒋夫人到平，无意中提及溥泉嫂去看她为故宫博物院事，我始知溥泉嫂亦在平，回头即去看她，她是我天津女师同学。溥泉嫂是一热情心直口爽的人，甚为念旧。民国七年（一九一八）天津大水灾，我们两家恰巧都住天津，溥泉先生正在广东，膺白骑了马去看她，她已回避高地，但佣人告诉她膺白涉水而往水到马腹之事，以后她每见我或膺白总要提起此事。这日我到她家，她说溥泉先生在何敬之先生席上遇见膺白，回家告诉她"黄膺白黑瘦黑瘦"，她说："我回答他当这个差使还能白胖白胖？""一个待朋友肝胆的人，会对国家不肝胆？如何听几个后进之言，而疏远一个老同志？"这时溥泉先生进来同坐，这些话大半听到。我禁不住说了许多实情与苦楚，尤其对国事的焦急。他二位静静听我，我告别时，他二位同时问我次日下午是否在家，我答有空当再来，他们说不是答访而

是看看膺白。次日我们四人相叙半日，便饭而别，溥泉嫂对我说过的话，又对膺白说一遍，说得很多，最使我感动的，饭后我去看茶之际，溥泉先生特意走过来告我："今天虽然我内人说的比我更多，但她所说我完全同意。"这样早期革命同志的天真态度，令人永不能忘。

膺白当华北之任，他本人有两个弱点：一是"真"，他真而日本少壮军人毫无诚意；二是"想解决问题"，而日本人正时时处处制造问题，永无止境。但他亦有其强点，其强点在"守正"，无论日本人中国人不能向他说私话小话。他对日本的认识，使走江湖式的人骗不了他。他对本国的忠诚，使"人"或"派"的恩怨利害动不了他。他对朋友尽直接建议之责，而从不在他方面作责备之语。我检视他对部属的电报，都甚客气，处事有错，常自认过。对蒋先生电反最率直。他不赞成一党制，屡建议改良，然从不在外唱高调，以博社会之同情。他从来没有借过日本人之款，与日本人从不谈"钱"字，亦从没有插嘴或经手买任何外国武器。用外国人废炮废枪杀本国人是他最反对之事。日本人从不敢请他聘用日本顾问，他始终独立而不倚。

我尝想，膺白对日本军政两界用的精神，如果用到经济界企业界，是否还要实际？膺白自己在日本留学时，所得其上下一心之"建国热"印象太深，以为任何一界的日本国民无不与政治有关。个人且守中国旧说"官不营利"之训。日本人与中国人一不同之点，与日本人谈到国事须处处存以戒心，然个人则人情味极浓，商人尤守法重德。《塘沽协定》后，膺白标"安定人心，整顿生产"之旨，有日本实业家愿供资本，谓如不愿借款，可在中国银行存款供透支，以二千万至三千万元为数。膺白答以：华北首在裁兵，然后兴利，略计项目须五万万，不敢零星浪费。这是他临时以大计划来推托，阻其好意。事曾面报中央。

停战后，膺白第一次南归在廿二年（一九三三）八月初，他往牯岭，我回莫干。临别曾劝他辞职，他态度甚坚决，以为接收尚只初步，祸根尚多，责任未完，不可贻难事于后人。第二次南归在廿三年（一九三四）四月，则有"力薄难回劫后天"之句，求去甚力。这年的六月，在杭州与蒋先生相晤；蒋先生住澄庐，我们住钱王祠葛宅，岳军先生住西冷饭店，均在西湖边。一日，膺白从澄庐深夜归来，欣然告我蒋先生谅解他不再回北平，态度如释重负，我们决定次日一早上莫干山。就寝不久，电话铃响，主人听后转告，系岳军先生的电话，请膺白明晨稍迟动身，尚有要事面谈。杭州的夏天甚热，我们所住客房在三楼，热气紧逼，入夜未散，经往返传话，我怀疑膺白辞职事又有变，心事提起，一夜未能入睡。次晨不到七时，岳军先生已至，谓昨夜别后，蒋先生重又电西冷饭店请他去，问膺白究为何事坚决不肯回任。岳军先生答以种种内外困难之外，恐我之劝阻亦一原因。蒋先生嘱其先留住膺白，当再来面谈。是日一早，蒋先生出席航空学校典礼，礼毕即来钱王祠，入门呼我，坐定问我为何阻膺白北行。我当时有点火气，答言：辱国差使，宜派人轮流充当。蒋先生说我学佛，当知"我不入地狱，谁入地狱"之旨。我谓华北有一片亡国景象，蒋先生说：惟其如此，吾们更不可放手。终叫我勿阻膺白北行。上一晚，蒋先生当比我们更迟休息，这日晨当比我们都早起。其时他穿军装，主人欲开电扇，他止不用。我穿着蓝夏布衫，还摇扇不已，膺白见这情形，示意我勿再多言，他无言再上征途，虽始终无补于国，其不得已之情可见也。

膺白曾几次向汪先生口头或书面请解职，汪先生总言"三人共挑一担，一人息肩，余人亦只能放下"，与蒋先生联名来电亦如此说。一次曾言，如膺白定不北返，则请担任其所兼之外交部，膺白只得哑然而行。廿三年（一九三四）九月廿日陈博生先生之北平《晨报》有《黄郛氏返平与华北》一文言：

氏之出而主持华北外交也，尝以跳身火坑自喻。年余迄今，备尝艰苦，对外则看尽强敌之狰狞面目，对内则听尽国人之冷笑热嘲，而国论纷哎，幼稚病深入肤理；政府决策，负责心每虞动摇。氏处内外夹攻之中，……焦虑腐心，不言自喻。战区接收问题，保安队开入战区问题，察变与后此之察东问题，方（振武）、吉（鸿昌）之进扰平郊问题，层出不穷，横生枝节，人之所以破坏我玩弄我者，无不各尽其极，而国人不竞，又复甘为利用……执迷不返。年来华北种种不幸事件之接幕连演，皆所以加重黄氏对外因应之困难。氏之一再南下，一再言辞，……每次……于千呼万唤中返平复职，此中消息，……氏纵不言，固应为识者所共谅也。……羽毛之爱，贤者所同，乃竟出此，以身许国，设非对国家有真挚之热情，谁为之？……黄氏过去，职在以外交求安定。自今以后，则应以建设求繁荣。去岁黄氏……曾以力求振作为言，……今兹北返，度外交内政乃至个人所处地位之种种困难，当已获得中央当局之充分谅解，而赋以负责处理之权，……黄氏其挟曙光以俱来乎？懔华北关系国家民族之重，翘企望之！

同日《京报》《华北对黄郛之期望》文曰：

前年榆关失守，……平津岌岌，……黄郛奉命北上，……国中虽尚有不能谅解之人，而华北则无不感其出死入生之德。……窃以为黄氏最初北上，虽为应付华北外交，而其官职实为整理华北政务，政务外交……两者皆其分内事。顾人属望于黄氏者多为外交，吾侪则属望其整理政务尤切。黄氏尝言今日华北最大危机，为一般人在心理上先将华北放弃，认为已无可救药，我们应先除去此种心理。……昨对北平记者谈话，欣幸华北丰收，可以积极努力，无负天惠，并举江西行政制度与工作人员……实例相勖。华北今为国防第一线，冀察两省尤为情形复杂，外有浪人横行，内有汉奸捣乱，加以贪污土劣之敲诈，溃兵土匪之骚扰，民不聊生，已达极点。为政者首当选任廉正刚果之长官，……于各县县长及公安局长尤宜特别注意。……至于溃兵土匪，半由生活窘迫而来，半由官府放任所致。倘军政长官严约部曲，努力清乡，保卫民业，增加生产，……外国浪人上无贪污土劣为向导，下缺溃兵土匪为爪牙，……则其势孤理缺，虽欲横行，岂可得哉？……今日华北最大危机，确如黄氏所言，在于人心陷溺，官吏多存五日京兆之心，靡有极力振作之想。寇未至则搜括私财，敷衍公事，寇至则弃民而逃耳。民疾首蹙额于苛政匪祸之下，生活毫无保障，寇至则纳款投降耳。似此情景，华北如何一日能安？黄氏既首识其症结，……则发摅雄图，以救华北，吾侪皆当引领以待之，诚意以祷之。黄氏将如何从事实上慰我华北诸父老耶？

《大公报》廿三年（一九三四）十月六日《北平政整会第五次大会》文曰：

……查华北自《塘沽协定》成立，地方粗见和平，而满目疮痍，民生早穷于救济。中央既力与愿违，……就财政言……华北之有补于中央，而地方之整理善后几乎纯赖自力。政整会成立于军事倥偬时机急迫之会，当局者无量精力悉以对外，若夫循名核实，整理政务，则当自今日始。据传黄氏提出之案，有训练行政人员及养成农村人才诸端，并为切合实际需要之举。吾人居恒主张国家刷新政治，救济民生，须从慎选地方官吏入手。近年东南各省，业已着眼于此，……华北各省，则人力财力莫不相形见绌。而吏治之不修，人民之望治，……至于乡村情形之凄惨，农民生活之不安；……其在河北、察哈尔两省曾经兵祸或邻接战地之处，民生困苦直不啻人间地狱。……且有许多地方，迄为外人势力所及之区，政情特别，……若无常识丰富、机警干练人员，承乏县长及公安局长，……则随时、随地、随事，皆有发生交涉，扩大问题之虞，而事实所限，不特此类特殊地方难得合格之才，即通常内地亦不尽有循良可用，是则训练行政人员，……实为不容再缓之事。其农村人员，则职在启迪民智，指导生产，……如近年河北、山东改良棉产……成绩已著，亟待扩充，有赖于农村工作之普遍深入，而养成人才当然又为一迫切问题。……黄氏此项计划，盖为当务之急。……今日华北大势，外患方兴未艾，而国防难遽布置，计惟有借安内以攘外，以经济代国防，是则改革地方之政治，收拾将失之人心，……缘此以富民而卫国，尚不失为自力苏生之一法，此吾人赞成黄氏提案之又一义也。

以上是华北三份在当时没有派系的大报社评，皆平心静气，求国家之力自振作，对当时地方实情亦能深切见到；此乃抗日战前华北吏治民生现状，可作历史观，我不仅借以自白自重。文章作者为谁，我均不知，无论为谁，均谨表示敬意。惜根本切要之图，当时政府尚不能顾及，诚如前章蒋先生电所谓："中央既尚无整个应付之余暇，牵其一发，促全体弱点毕露。"膺白在这方面，未有如其所预期之贡献，人仅见其对外交是失败的，不知其对内政同样的失败。

廿三年（一九三四）膺白第二次南归述职，要求准其辞职。国民党中央党部曾派居觉生（正）、方子樵（觉慧）、陈立夫三大员视察华北，方子樵先生对北平市政府工作甚为赞许，亦有函致膺白述其意，以后对政整会苦衷常了解，留平之日较久，与袁市长常保持联络。居、陈二先生均有电致膺白如下：

上海黄委员长膺白先生：弟在平候驾久矣！此间同志与人民亦均望公如望岁，何日启行？能电示否？居正鱼。

上海黄膺白先生赐鉴：顷者立夫随同觉生先生等北来，得与各方详谈，深觉党政军各方精神上均能融洽，尤感先生维持危局之苦心，无任佩慰。报载先生不日北上，若然，则当多留数日，借聆教益，仍祈示复为祷。晚陈立夫齐。

下面是唐有壬先生转来的一封何基鸿（号海秋，曾任北大法律系教授）函抄稿：

有壬次长仁兄左右：久未通候，维起居安胜是颂。前闻左右患手疮，想已痊愈矣。阅报知藏本失踪一事已告结束，方为国称庆，不料北平西郊竟发生土匪枪杀美教士盈亨利之事。旅平外人对于斯案甚为注意。平郊所以盗匪猖狂若是者，全由官吏之养成。盗墓之匪，初时不过数人，继则集合数十人，持械实弹，警察闻风避匿。初则盗无人看守之墓，继即有坟户多人看守之墓，亦公然强行盗掘。因是距平郊百里内外，如昌平、大兴、宛平、良乡、房山等县之前朝亲贵、世家、名宦、太监、高僧等之坟墓，无一不被掘，至今日可盗之墓已尽，而变为土匪实行绑架矣。当前年盗墓之风方兴时，被害之家，当然均会一致报官追究，乃破案者百不一二。官厅不唯不努力查究缉捕，且有不可思议者，官吏与盗墓为首之匪，勾结分财。前任宛平县长陈广荫，与盗墓匪首换兰谱，前任北平公安局鲍毓麟之戚姻、公安局科长之张某，亦与匪首通消息。弟初尚不置信，继则人言啧啧，弟友在北平地方法院任推检者，亦云确有此事。去年六、七月间，宛平县人控陈广荫者至再至三，弟彼时亦备位河北省府保卫委员会委员，亦愤陈之溺职，力主撤任严惩，乃于两三月之后始调任，而仍畀以省府参议。陈去任，继之者系现任县长万某，尚不敢袒匪，惟对于办理地方民团，仍不尽力，而匪势已成矣。北平警察，旗籍人居多，素善于敷衍规避，每谓吾辈焉能以每月数元之薪津，而与匪拼命，畏匪如虎者耳。阴历正月，匪掘卧佛寺附近之墓，墓距警察住所不过数十步，警察不敢干涉，匪反将警绑于树上，哀恳始将警察放下。以后每至日落，即撤退岗位以避匪，匪视警如无物，故横行更甚。北平四郊归市府所辖，地面颇广，而市府从来未为任何设施，一切行政规划侧重城内，四郊乡民徒增税捐之担负（县辖地方如房捐、牲畜捐、车捐，市辖地面均有之），不能享受任何利益。警察人少械缺，除遇事威吓乡民之外，无维持治安之能力。道路失修，学校不设，故都近郊，人民风气之闭塞尤过于外县。沈鸿烈氏在青岛之治绩值得称赞者，尚在其对于青岛市以外之乡村行政有办法。北平以文化故都，反从未注意乡村行政，不能不谓之大缺点。今后亡羊补牢之计，端在对于近郊乡村行政速为妥善规划，否则如盈案之事将迭出不已。转瞬青纱帐起，四郊治安益难维持。内政与外交本息息相关，不整理内政，而欲求外交上不贻人以口实，诚缘木求鱼。中央若仍使河北省政府、北平市政府，长此因循废弛，不为更张整饬之计，华北决难维持现状。鸿南游归来，闭门读书，不愿与闻外事，以人微言轻，纵肯饶舌，亦于事无补，徒惹人忌。（鸿屡暴露河北省府之短，省府当路云"再饶舌，当通缉"，我静候之。）惟耳闻目睹华北内政之腐败状况，愤慨不已。有鲠在喉，不得不吐。复借盈案惹起中央注意之机会，一述其积渐之由来，若得于内政有所整饬，则实国家之福，而期盼祷祝之者当不止鸿一人。辱在至交，敢布区区，如不以弟所言为迂腐，请向汪院长转陈之。肃此，祇颂　公祉。弟何基鸿上言。（此函抄来无月日，当系在所谓盈亨利案后。）

河北省政府之事，膺白不能越级而行，建议甚客气，后知无效，亦遂不作主张。北平市政府之事，新市长袁良颇欲有所作为。袁本亦谙日本情形，但此次在平，专心市政，绝不参与对日外交。在平市除整顿市容励行禁毒外，一件"四郊小本生产贷款"于平民最实际有益。举行几次生产比赛，鼓励改良种子和办法，款由金城银行借贷。华北必须从生产纳"游民""游兵"于正轨，膺白在提议合作会时已见到。合作会委员中除社会知名之士和地方负责人员外，有周作民先生，即为他与金城银行热心合作事业之故。此外北平市已设计"故都文物整理"之事，目的在将北平建设成一世界文化都市，而冲淡政治性。膺白与袁市长讨论这件事时，北宁路局长殷桐生常参加。他们第一步计划为修理名胜古迹，添设旅馆，甚至以一部分宫殿改作旅馆，以吸引国际游客。此举在北平旧有各种条件下，均不难实行。路局提供了有关交通的意见。他们亦谈到北平水利之事，有利于发光发热，亦可以增添山水游观之乐。

"故都文物整理会"。由中央与地方合作，已经通过成立，惜经费尚无着落而时局已非，未得如愿进行。在此以前，北平市政府曾修理明永乐长陵。修墓之意向有二：其一因何基鸿君之信，拟扩展平市精神至四郊，而长陵为明十三陵中规模最宏大之一；其二表示必守华北之决心。膺白重修长陵碑文之一段曰：

明成祖经略朔漠，……燕都逼近边疆，首当其冲，……独毅然建北京而定鼎焉。……盖岩疆也，而视为全国首要之地，竭全力以副必守之决心。故终明之世二百七十有七年，燕云十六州不致蹈晋、汉、周、宋之覆辙。

此文非膺白亲笔，然"必守"之意见是膺白的。

廿三年（一九三四）五月，日本东京有铁道展览会，我铁道部派北宁路局长殷桐生前往观光，政整会请其顺便考察日本政情。膺白对日本外交，常与殷桐生谈，大意先安军人之心，使文人渐渐抬头，外交入于常轨，中国争取主动，可让者不待其拔刀相向，不可让者虽拔刀无用。我听到他们谈过植棉，从前清张之洞督鄂时沿平汉路散发农产物种子，利益农民，至周馥（玉山，清末官津海关道，直隶藩司，并护理直督及北洋大臣，其子学熙任民初财政总长）在华北植棉致富各种掌故。华北植棉与日本为两利之事，但不能在侵略计划中行之。经济开发之事正多。殷到东京，所见各界要人较任何使者为多，自军政实业各界以至社会各种座谈会，及于妇女界。他曾对我述其在妇女界一次座谈会的谈话如下："主妇们一定听到报告，中国人如何排日，日本在华投资皆失败，而欧美人皆成功。举一事为例，英美烟公司在中国，除重要执事数人从外国来，此外河南、山东种烟叶之农民、工人、商店之店员、公司之职员，中国人靠此生活者不知凡几，利益共同，故成败互助。日本在中国所经营之事业，人事自经理以至门房，用品至职员所吃酱油，无不由日本来，一切与中国人无涉，如何能获得中国人之合作与拥护！"殷动身往东京前，膺白曾与谈将华北与关东军间纠纷一扫而空，然后取消停战协定，外交循正常途径，而两国有识之士方得谈亲睦之道。以下为膺白致殷途中的一封电：

上海京沪路黄局长转殷桐生兄：号（二十）电悉。弟意（一）取消协定。（二）协定如未能取消，最少亦应要求善意的互守，勿时时为扩大解释；如此次派舰至北戴河护侨，海兵并未登陆，而彼等仍欲提抗议，谓为违反协定。似此一再利用协定，扩大解释，其内侵之势，北及于多伦，南延至海面。若并此而不能做到，是国家主权将为我等希望和平主张提携者断送殆尽，我人将自谓之何？以双方地方当局各自发一宣言为替代，当无流弊。（三）联航问题，好在兄前已有"黄先生根本不预备办此事"之语与对方说过，此番不妨继续前次态度以测验之。（四）通邮归地方办，可依照前定原则进行。如能推归中央办，原则当然可另议，但我等仍愿从旁协助。惟战区纠纷，如保安队之无理限制，沿边日伪军之久驻不撤，李（际春）石（友三）残部之无法整理，日鲜浪人之无法取缔，多伦、沽源之久占不返等等，为我辈在华北感受最苦痛之事。盼兄勿馁气，勿灰心，破釜沉舟为最后之努力。郭马。（未注年月，应为廿三，四，廿一）

殷在东京有一长函派人送归，节录要点如下：

膺公赐鉴：（一）日本政局暂可小康，大致可维持至明年议会改选时期。内阁国策审议会之作用，仅在防止极右派之抬头。军人高唱改革，趋势已渐由中级干部下移于下级干部，表面似势力膨胀，将来反映于政治者必为一种暴力行动。现在有识者几无一不以此为隐忧，但无一敢出诸其口。关于政治谈话，极端在恐怖状态之下，无论何人，座有生客即噤口不敢言。凡有实力之任何政党及法西斯，均无获得政权之望，如床次、宇垣、若槻，均为阿私者所揣摩，其实毫无把握。

（二）对华政策仍不统一，广田虽努力标榜亲善，军部仍未肯一致行动，甚且南辕北辙，表示其反对方面之动作，在在与以难堪，惟广田暗中与军部仍保持若干联络。前晤谈时，广田曾暗示将率先为中国提高国际地位，殆系指交换大使问题而言，但军部仍表示反对。

（三）对华北一切问题，中央各部均异常隔阂，殆完全委之关东军及驻屯军处理，故一切情报亦均似是而非，彼等如何说，中央便如何听，屡以缓和或废除停战协定之说试探各方空气，对我所陈述，几无人不共鸣，但结论总不外"不妨与关东军商之"一语。各方均提及航空问题，一致主张应速容忍解决。广田、重光等则对上海、福冈线亦主张甚烈，谓中国事实上能与美、德合办航空，为何不能与日本联络？无论千言万语，难使彼等释然。

（四）东来后行动，除列席第一日之会议外，余日均努力与各方面接触，说明我方现状（如本日与近卫文麿公爵谈话记录之例），探询彼方趋势。计已经单独晤谈者，为驹井、加藤、币原、大仓、松井、重光、广田、阪谷、尾崎、水野、床次、铃木、若槻、内田、冈部……数十人。

（五）此次东游感想之最著者，莫若此间人士对军部之慴息。欧战后产业膨胀，某一时期军部备受轻视，未几有大正十二年之大地震，幸赖军部有统制的维持首都治安，未使社会受紊乱之影响。嗣后满洲事变发生，乃将政治经济社会舆论全部置于军部统制之下，开疆拓土，打破随从外交窠臼，予国民以自尊心之满足。对内揭发政治黑暗，对各政党以迎头痛击，得国民多数之同情。形成军权特重之势，要不外乎一种反动现象，虽非朝夕之间所能消失，但日趋缓和，毫无疑义。我国此时，无论如何应极力容忍，认定危机之所在，努力避免触发。

（六）深觉应速努力将此间一切情形介绍国人，俾国人先有深切认识之后，方可与谈对日问题。如国家感此必要，甚愿抛弃一切，同适当之士，专任此项艰巨之工作；即不然，甚愿私人肆力研究，期以一年，必能稍有所得，以资献替。

（七）自抵东以后，每日均六时即起，深夜方息，喉舌枯竭，形神两惫，而日志整理，更须时日。北方如无特殊变化，拟请给假数日；其实北方纵令有紧张消息，亦无非为末梢神经之作用，无关大局也。附上与广田、近卫谈话记录各三份，借备分陈关系方面一阅。殷同再拜。（廿三、五、十三）

殷回平后，曾以其当时所记拍纸簿一束，边看边报告膴白。所记甚简单，报告甚详细，最同情的为币原前外相，最起敬的为高桥藏相。币原是日本近代外交家中有世界眼光的人，沈阳之变，他比拟日本吞满洲如吞炸弹，急欲中止收篷，中国人未能应，日本军人更恶之，以此下台。谈话外，曾传语膺白为国事勿灰心，膺白是为日本而牺牲的中国人，伊是为中国而牺牲的日本人。高桥是清其时年逾八十，为日本国民所钦敬，其谈话之条理清晰，非急功短视之辈可比。我们叹中国人不肯研究日本，实则日本人亦为少数野心之"支那通"所蒙蔽，真了解中国者亦不多。以下照录殷君拍纸簿上所记币原谈话：

1. 日本人想吞并满洲实不可能，彼处大多数人民其根源均在中土，日本枉在彼处为生命及金钱之牺牲，结果仍是一场空也。

2. 中国政府应以公使为交涉对手，不可只顾军人。蒋招铃木谈话，在彼认为看轻日本政府，故以后凡事应努力与公使接洽，由双方协力使外交归于常道。

3. 中日具体的合作，当自经济始，合办汽车工厂如何？

4. 航空问题甚严重，是殆中国有中美、中英（彼原语如此，当是中德之误）合办之航空公司，最刺激日本人之感情，故日本要求合办，亦正所谓机会均等之主义。中国当局仅一味为不顾事实之拒绝，感情焉能不尖锐化。

5. 本人当局时，中国不肯接受其提议，实为遗憾。中国对日本政情太缺认识奈何？凡此种种，均为已死之儿，再絮絮数其年龄，已属无益。今后对满洲问题，愚意应采极端慎重态度。

6. 军人干政状态，当可逐渐改善。

至币原当政时，所提五点基本原则如下：

（一）互相否认采取侵略政策和行动。

（二）尊重中国领土完整。

（三）互相澈底取缔妨碍通商自由及煽动国际恶感的有组织的活动。

（四）对居留中国东北的日本人民的一切和平业务，给予有效之保护。

（五）尊重日本在中国东北条约上权益。（廿、十、廿八）

以下照录殷君与高桥的问答：

殷：本日得亲教益，殊为欣幸，在百忙中与以谈话时间，尤为感谢。

高：在新闻中知君到京，颇愿一见，以面谢年来为两国尽力奋斗之努力。现在蒋先生如何？黄先生如何？

殷：此次为观光会议而来，但甚愿借此机会，与贵国朝野诸君彼此交换意见，以资联络，并甚愿阁下与以率直之指导。黄先生现在因剧劳之后，在乡里之莫干山上小休，蒋先生则在云南省城。

高：闻阁下已与各方多有接洽，能彼此赤裸裸交换意见，最为好事。我亦愿稍知贵国情形，亦望见教。现在双方空气好转之说甚盛，民众真正意思究竟如何？

殷：如说民众真正意思，一言难尽。但综合而论，总觉年来所造恶因太多，欲求善果决非朝夕所能期成，我等惟求注意现在勿再造将来之因，阁下以为如何？故我国真正民众之意思，谓为不再恶化则可，真正亲善则尚须努力。

高：为贵国人设想，当然如是，但日本近来亦渐趋稳定。余以为以前种种，贵国民众固然有若干不是处，日本方面亦未能泯除蔑视心理，致引起贵国民众之不快，此为重大原因。回想自日清战争当初以至今日，日本人民对中国人民始终不免有轻蔑态度，至今未能改也。

殷：此种优越的观念，当然为一切亲交之障碍，甚愿阁下遇机指导贵国人士。

高：余始终以为贵国地广人众，且文化历史上（日本）有负于贵国者甚多，不宜凶终隙末至于如此。近来广田外相等始终在此方面留意努力，愿诸君亦予以共鸣。

殷：广田外相之政策，多得阁下之支持方克实现，我国朝野深知其然，故对阁下尤十分致敬，尤其以八旬以上之高龄，尽瘁国事，真所谓国之重镇，尚祈老谋深算，纠正一切浅薄之功名思想，是为至要。

高：诚然诚然，余之信念不独对贵国不应轻启衅端，即对俄对美亦非可轻率从事者。军部方面之陆军方面，前数年即声言为对俄作战之好时期，而海军方面亦以为对美作战机不可失，彼时只求战争即在目前，曾不念及战役之善后如何？在当时谈虎色变，何尝不如临大敌，今日时过境迁，岂不哑然！总之，日本军人胆子太小，神经太敏，对国际间稍有变动，即极端张皇，近来已稍平静矣。

殷：近来确已日见和缓，惟每每尚有各种夸大之情报到达中央部，望阁下勿庸轻信。

高：此点我等亦颇知之，顾天下事不外情理，故我等常以情理判断也。余深欲知贵国人民对帝制观念如何？

殷：对帝制则颇为厌恶。

高：余以为贵国应从速设法开拓富源，尤其对于农村之振兴应加意指导，否则国家财政、社会经济，永无办法。日本近来对于此点努力注意，但亦尚未达理想之境，贵国或不无多少可以借镜之处。农村为国家一切之根本，不可忽视。又贵国金融币制之整理及统一发行尤为要着，日本现在对朝鲜银行等之发行权，尚觉有非整理不可之势，贵国当益感必要。止须政府有信用，固无须正货准备，但办理财政人员非绝对清廉洁白不可。若张学良辈，人民之利害不顾，专为一己聚敛，则其弊甚大，不可不注意。至对外国银行，余意贵国政府可从严取缔，以求金融上之统制，彼等决不能因此而与贵国为敌，因现在状态不合常理也。顷闻美国罗斯福总统对全美各联邦亦已着手统制整理，而英国最近亦将有所改革，余现正注视此经过，以期日本亦或有所参考也。

殷函中所言送归之广田、近卫二谈话纪录，亦在拍纸簿中抄录简要速记材料。广田之言如下：

一、早一日，好一日，恢复外交常轨。

二、本人就任在立东亚大计，对英尚一事未办，因不愿在紧张空气中徒劳也。

三、欧美已逢最大难关，日本非拉中国共同前进不可。中国拒绝固为中国之不利，则不即不离态度亦难保和平，甚望中国识者顺应时势。

四、本人抱有宏大愿望，拟尽力为之。第一步增加中国国际地位，先予中国国民以满足，而助长其发达。

五、对外羁绊，日本饱尝，如中国能与日本协调进行，必逐次脱离。

六、中国不脱羁绊之先，欲求自由设施，甚感困难。（如币制问题，中国如果有具体案，日本不吝援助。）

七、两方应充分助长民间经济，使军人无从启衅。

八、近年日本青年思想逐渐变化，咸以努力为群众谋共同福利为最神圣理想，个人功名心利己观念已有消沉趋势，中国应设法善用此思潮。

九、福冈与上海之航空。

十、以后中国如在国际间有所企图，无妨与日本相商，必能为力。

十一、暹罗近来日见觉醒，印度仍无朕兆，但仍望暹罗人勿过躁急，因恐其易于招致悲惨之结果故也。

十二、盼中国有真正建国运动（志士）。

近卫公爵之言如下：

现在世界形势，论中日两国，非同一经济集团不可，中国国民如能了解此层，则排日可不成问题。

此外如马场恒吾之言：

有吉（驻华公使）此次回东之后，曾激辞陈请，中国交涉若不归渠办，中央方面无法统制在外军人，则渠不归任。中国对日交涉必须信任现在之中国当局，而对华外交必须归渠办理。

又言：

自由主义者如沙，军人如泥；沙虽多不能敌泥，然最后胜利当仍在沙。例如此次小原法相大举收捕暴力团体，举国赞助；军人中之猛者如板垣、石原等，已转向为议会主义者；满洲移民，东京识者已认为行之无效之举。对于中国再欲借口有所举动，但中央当局极力镇压。

尾崎行雄之言：

中日融和之道，一合资开发实业，二杂婚。军人当权之局，恐暂时尚须继续。

床次递相之言：

1. 极端同情中国现在担当外交难局之人。2. 日本外交固有根本方针，但在前方之发言人过多，且无统制，此当为对方诸君最痛苦之点，亦最难处之点，日本当努力纳之于轨道。3. 希望中国亦能团结一致，日本亦正向此方面用功夫。下克上之局势，如操之过急则激变，故只有潜移默化之一法，但并不悲观。4. 南次郎（关东军此时司令官）为稳健人物，惟部下不免有所计谋，军司令官有无可如何之时，但渠对大局固甚明白而取稳健方针者也。5. 希望中国应认清日本政治之趋势，及其本流之所在。

在战后的日本组阁甚久，使日本从美国占领下获得独立，亦使日本经济回复繁荣之吉田茂氏之言：

中日两国间最好各派员商谈，各言其所要求，及所可让步之点，订一协约，以资永守。

以上均属日本第一流文人或重臣的谈话，其他实业界、军人乃至左倾者，不能备记于此。日本自己在一大变动之际，而以中国为壑，中国当应付之任的人，所面临者为行险贪功之少壮军人，与附丽的浪人。殷在东京见的人虽多，找不着一个可能负责的对手，正如床次①所言自由主义者如沙。

我尝遗憾，为何当年膺白不亲往日本走几趟，谋朝野各方之互相谅

---

① 根据前文，此处当为马场。

解？我没有怂恿过他，他亦不曾考虑过。事实上国民政府尚未到南京，蒋先生曾提议要他赴日，前有述及。在袁世凯、段祺瑞二时代日本对中国的政策，他痛恨万分；他以为日本铸此大错，中国人的怨恨将几世难复。他甚至说过中国两个邻居（日俄）都不可交，如果是个"家"，他早已迁地为良，今是个"国"，只得权衡轻重。其对日本虽存戒心，然而希望亲睦。自民九（一九二〇）游欧美道出东京后，他没有再去过日本。

民国廿三年（一九三四）冬，行政院发表膺白兼任内政部长，汪院长来电曰：

北平黄委员长：黄季宽兄调浙江主席，日内发表。关于内政部长继任人选，经与介兄再三商榷，借重高贤兼任，以维内外之望。本日提出中政会议以前，原欲先征吾兄同意，嗣以为期已迫，介兄主张先行提出，然后奉闻，经已一致议决通过，万恳吾兄俯赐屈就。当此驻平政务吃紧，吾兄只须统筹兼顾，自可措置裕如。部中政、常两次长，原拟即日提出辞呈，弟嘱其暂维部务，听候尊裁。特电奉陈，敬祈鉴诺，并指示一切为荷。弟兆铭歌。（廿三、十二、五）

后来知道这是为便膺白往来南北，欲行便行，对外不落痕迹，而发表的。膺白虽未曾就职，政府对他如此用心周到，是可感的。

廿四年（一九三五）初，膺白第三次南归述职，这时一般人以为形势稍已缓和而不急于自图振作，亦有人以为日本人杳无止境，不耐烦而更唱高调。在廿三年时，办了"通车"及"通邮"，如上章所述。日本人还要"联航"，膺白表示暂时不能办，实际与蒋先生及行政院都商量过，蒋先生主张中国自辟航线，如何联络由中国主动，下面有电报可知大概。

廿四年（一九三五）二月，王亮畴（宠惠）先生赴欧，蒋先生拟请其在日本小留，探询日方究竟，有汪先生来电与膺白复电如下：

上海黄委员长：顷接介兄佳（九日）晨秘牯电如下"王亮畴兄不日离国回任，拟请其取道日美转欧，便在东京历访日当局交换意见，以探明日方之真意，较之另派他人为最无痕迹。兄如谓然，即请就近劝驾，亮畴兄眷念祖国，当不惜此一行。倘承慨诺，则东京方面应如何略为布置，并祈与膺白兄妥筹速办，如何盼复"等语。请吾兄就近先与亮畴一商，弟元夜车来沪面罄。弟兆铭真。（廿四、二、十一）

南京汪院长：真电敬悉。本晨专访亮畴谈悉：（一）彼准于铣（十六）晨赴日；（二）在日约可住八日；（三）彼直接已与有吉说明顺道访日之意；（四）见人范围及谈话程度颇费斟酌。至东京方面布置尤应慎重，因过露恐被利用，扩大宣传，然些微不露，又恐彼方作为纯粹过路之游客接待，则失去访日之意义，而杳无可得。适本晚有吉邀宴，拟微为密露，余仍俟大筛元晚来沪共商后再定，知注先复。弟郛文。（廿四、二、十二）

中国与欧美谈经济援助，行政院提出七人研究，往来电报如下：

莫干山黄委员长膺白先生：关于经济援助问题，昨日英使来谈，详细情形当托有壬兄来山面陈。现时各方皆相注意于日本态度，弟意第一步为公开，第二步为专责，拟于下星期三中政会议提出，于蒋（中正）、孙（科）、宋（子文）、孔（祥熙）、汪（兆铭）五委外，加入兄与张公权，共为七人，负责研究，并闻。弟兆铭删。（廿四、三、十五）

南京汪院长：删电敬悉。关于经济援助问题，鄙见三则如下：（一）提出中政会特组专责机关，恐惹起内外之误会及揣测，不如交经（济）委（员）会负责研究，俟有相当把握时，可公开者则公开之，较为稳妥。愚见所及，敢贡刍荛，乞垂察。（二）弟对经济问题平素最少研究，万不敢滥竽充数。如下星期三必须提出中政会特组机关时，务恳勿列弟名，另以识验俱富者补之为感。（三）如有会外效劳可供奔走之处，弟能力所及无不尽量援助也，诸希察照为幸。弟郛篆。（廿四、三、十七）

上面已经记过华北财政在膺白手统归中央。他亦不拟置喙财经之事，本来政府有个最高经济委员会的。膺白不愿插手财经问题之故，他未与我提过，我推测：（一）他的性格，为全盘计划，却不事事插手，尤其财政与经济有专门负责人。（二）他对国际援助是有怀疑的，彼时国际援助绝不有二次大战后那样，他未及见。（三）恐欧美经济援助尚未得，而先遭日本之忌。

廿四年（一九三五）春，政府已明令给假膺白在家养病。平常他离平，会务由秘书长代，而责仍他负。明令给假则代理人负责，代理人为王克敏。政整会在华北，做好不可能，但做坏很容易。膺白不肯再去北方，不去又为国家懔懔然。下面有关联航之电：

南京汪院长：华北联航问题久延未决，近闻关东已于篠（十七）日起对华北自由飞航，定每周二次。果其事属实，放任之则空权被侵，而默不一言，将来群起效尤，国将不国。抗议之，则彼方既决心为此，空言可决其无补。若以实力扣押，或取妨碍手段，则事态必日益扩大，循至不可收拾。三者均非至计。查华北联航事，数月来对方固时时催促，我亦一再讨论。且吾二人与介兄间往返电商者又不下四五次，推敲至为详尽，利害至为明显，均以为惟有从速自营之一法较为得策。乃迁延迄今，始终因其他各方见解不一致，未能与对方开始商谈，演成今日狗急跳墙之局。万一将来无法补救，或至事态扩大，将何以对介兄？更何以维大局？又查两年以来，对方每有军官飞平，然事先必请求军分会之许可，因事关军事，例不与政整会打招呼。现军分会虽尚无正式报告，究竟此次飞航一如向例作为临时飞航每次事先均求得许可？抑或径情直行作为定期飞航？未敢遽断。然闻须磨已在京明言，决自篠日起自由飞航，似与普通传闻不同。此事关系至巨，中央究否决策？心所谓危，不敢不陈，尚祈垂察电教为荷。弟郐皓未。（廿四、四、十九）

重庆行营杨秘书长畅卿兄：有子渝电奉悉，别久至念。现在综合各方报告，似局势颇有变化。（一）东北以张于为中心，积极拉拢日方，于在津大事联络，张亦派员参加。（二）日方看我无力，且与介有历史关系，彼所希望之造成华北独立政权，已决不可能，故亦转向迁就。（三）于宋有联合运土利益，且同系鲁籍。前因察东事件，宋部又已慑服，且已密聘日籍顾问。故于宋自然而形成一气，日方视为较政整会易于利用而有力。（四）联航问题虽承介公明确主张，负责主持，然京中仍各自顾立场，或仍互相推诿。屡次函电商榷，终是指东划西，话不对笋，大有去秋谈判通邮时之旧感。（五）因此迁延又迁延，未能与日方切实谈判。现日方不能再待，已于篆日开始片面强制通航，每周二次，由承德而平津而榆而锦州。现中央尚秘而不宣，然日久暴露，恐无以善其后也。（六）最近日方急进派有公然主张驱逐黄郭政权及暗杀殷同者。（七）京中政局又现散漫与颓唐之象，有壬等暗中时为其退休打算。（八）金融恐慌潜滋暗长，日甚一日，近上海已倒钱庄三家，闻尚有继倒者。以上各节，理应详报介公促其注意者，一因是非太多，关系太大，未便形诸笔墨；二因"匪势"猖獗，危及成都，不忍以此扰其神，分其心；故除联航问题简略的交换意见及情报外，余均未报。兹将最近所得确实情报一份，另航快邮寄；此报系与我有关之一日人秘密送来者，如兄以为可，盼与此电一并用最速方法密达介公为要。承邀川游，弟亦本有此打算，下月内或可实现，介公如能于此时回渝，则面商种种，尤可详尽。兄处如有消息，盼速电示。再综观上述情形，弟之不再北返，已无讨论之余地，惟待何时机，用何方式发表较为相宜，切盼有以见教。弟郭宥。（廿四、四、廿六）

成都杨秘书长畅卿兄：昨接汪院长侵（十二）电称"辞呈已由府……惟垂察之"等语，当复以"拳拳之意……幸曲加垂察"等语。查事态至此，再叫我去，不啻驱我入穴，等于专制时代赐巾令自缢，未免太不近情。徒以近日介公亦必焦虑万状，不愿以个人进退之私，再劳其神，故特转兄参考，乞相机进言为幸，弟郭元戌。（廿四、六、十三）

成都杨秘书长畅卿兄：陷（三十）辰蓉电奉悉。连日与岳军、公侠、有壬诸兄谈，万全之道实不易求，盖不能防患于未然，必待事后而谋补救，实有来迟脚短之嫌。现闻季宽兄本日飞蓉报告，兄当能详悉一切也。

弟郭江。（廿四、七、三）

成都杨秘书长畅卿兄：皓（十九）亥电奉悉。（一）季宽在蓉商谈经过，昨得岳军电告大意，与兄皓亥电所述大致相同。惟闻岳军因鄂灾严重，死亡达数十万，财产损失未可数计，仅棉花一项约在一亿元以上，事实上万难离鄂，已电兄代陈，请改由敬之、公侠担任。岳电并称"季宽飞沪转青（岛）晤汪，最好俟季宽回杭后觅机一谈，因非文电所能缕陈"等语，故内容仍未悉其详，至为焦虑。（二）今日国内政情，华北囿于"一时局部之利害偏见"各动其所动，中央困于"多头横议之组织环境"各静其所静，故已形成"中枢无主，地方忘耻"之现象，若放任过久，前途实不堪设想。（三）日本政情，最近因林陆相免真崎总监职。中央统制派与地方便宜行事派之冲突益尖锐化。如果真崎派败，则八月间之人事移动，酒井、影佐等或将与真崎同一运命。果尔，则形势或可稍缓（但缓亦有限），所虑者，真崎派尚欲借林铣之弟受贿一案激起反动以倒林耳。（四）政会令王代理原属至不得已之举，可暂而不可久；因王年老失明，不独批阅公牍诸多不便，甚至与客周旋步趋亦赖人扶持；且语学不充，对外尤赖人翻译，故一切对内外，全赖其左右之耳目以为耳目，口舌以为口舌。若此局过于持久，小则端拱无为，徒耗巨额之经费，大则为人挟持，酿成甚大之流弊，至可忧虑。叔鲁受命时原与汪约，有此行不过代为结束，多则两月，少则一月，希望政府对该会存废问题速为决定之语。今中枢无主，此题恐将无形延长。弟对该会，法律上已无责任，因政府已直接下令叔鲁代理故也，但道德上之责任，不免尚拖着一条小尾巴耳。此事就弟今日之立场而论，本不便明言，但对三先生则良心上不能不切实一吐，使彼了然于此局拖延之非计。望兄相机密陈，并请其密察后，速电中央断然下令结束为宜。弟郭养午。（廿四、七、廿二）

京中有欲鄂主席张岳军先生赴日之议，岳军先生有电如下：

南京中央政治会议唐秘书长有壬兄：删电敬悉，并转膺白兄：昨日与松本晤谈，对汪先生之质疑极力解释，并表示"日本对华外交方针，今昔方式虽有不同，而精神自币原以来仍属一贯。我方对日军人方面，如能妥善应付，则外交仍易入于和平正轨。对高桥所提觉书，认为个人行动，不难解决"云云，所谈甚为漂亮，而事实未必尽然。关于回复郑州领馆事，渠决交此间日总领酌定时期，弟允查明郑州情形再告。渠定明日（十八）赴湘，号日（廿）返汉，马日（廿一）北上。又据言京中有命弟赴日之议，现在对日外交，重在先定国是，并负责实行，如仅以人应付，纵有苏、张之才辩，绛、桧之请盟，昭君、文姬之绝色，亦无济于事；则李鸿章奉召议和，亦先电清廷，请定国是。现在全国意态分歧，枝节横生，如仅在用人上着想，而不从办法上打算，纵再牺牲数人，复何裨益？以兄等之贤明，当不出此也！来日大难，敢安缄默，尚祈垂察为荷。弟张群篆。（廿四、六、十七）

下面给殷桐生三份电报：一是膺白病假中嘱他注意事项；二是天津日驻屯军司令梅津返国，托来告别的回电；三是北方局势愈棼乱，焦急的人要膺白再去，膺白的回电。

天津北宁路殷局长：漾（廿三）、敬（廿四）两电奉悉，（一）有壬一再催办事，彼直接从未与弟提及半句只字，现叔（鲁）究如何应付？（二）多田与兄历史如何？其他人员有无更动？（三）高桥对平市谈话请密告文钦参考，但末尾请叔（鲁）继任一语可不提。（四）两年来弟之经验，彼方屡用连环套式之交涉，切须慎防。即谈通车时偶在会场外略露一二通邮希望，谈通邮时又或在会外得机询及联航意见。此外电话电报等要求，又均用偷关漏税等方式出之。此次与兄谈沧石、龙烟、植棉三事，又开出一张账单，将来又可宣传违背口诺。弟意彼在此时而为此语，或为联航办法某条某句让步之交换一也，或探兄之口吻以定对兄态度二也，或欲兄示意于叔（鲁）传达于弟，以试探空气三也，凡此皆不可不防也。弟以为兄能于场内少主张，场外少会晤，仅以消极的充当舌人态度临之最佳，惟因

两年来之历史关系，恐做不到耳，亦只有随时谨慎而已。郭有。（廿四、七、廿五）

天津北宁路殷局长：元（十三）亥电悉。梅津司令官态度敦笃，主张公正，素所敬佩。且在弟任中，承彼同心相印，遇事斡旋，故虽时有局部纠纷，而大局卒赖以维持，尤深感谢。满拟逐步改进，达圆满提携之域，不幸两国各有内情，中途顿挫，至为可惜耳。现彼将荣转回国，犹愿一闻我方率直之意见，足征关怀东亚大局，至深且挚。弟山居已久，与外界极少接触，不敢代表一切。惟弟个人见解，以为今日决非高谈是非之时，亦决不可再为刺激感情之论。幸司令官驻华日久，一切经过亲见亲闻，但能以超然事外之眼光，据实敷陈，曲者曲之，直者直之，不偏袒，不顾忌。至于我方固有应觉悟而不觉悟之过失，亦有应申辩而未便申辩之苦痛。果能得两国忧时之士，共同努力，互信互谅，各痛改其非，各保持其是，庶几彼此均得虚心坦怀，以讨论大计。果尔，则任何事件敢信不必在炎日之下相争执，而可在春风之里谋解决也。高明以为如何？郭删。（廿四、八、十五）

天津北宁路殷局长：蒸（十）元（十三）寒（十四）三电均悉。（商）启予兄期待过殷，愧未敢承。彼现居地位之困难，弟乃过来人，实甚同情。昨辰晤（张）水淇兄，又谈悉兄对北情之复杂危险，焦虑之余，继之以泪，弟何人斯，能不感奋。惟蒸电所述各节，为华北计，确属天衣无缝之上策，然一观全般局势，则又觉距离甚远。（一）西南有同时并开五全会之酝酿。（二）京中五全会对选举问题无法一致。（三）旧中央委员多数要拥护党治。（四）机构改正问题，恐须推诿至五全大会后之一中全会。（五）昨汪来谈，对蒋使报告广田于四相会议后所提示之三条，苦于无法答复。（六）意阿事起（意大利侵犯阿比西尼亚），国际形势统于中国不利。在上述六项情形之下，兄之计划恐非一时所能企求。不独弟息肩未久，又作冯妇，出处之间未免过于轻率，而对内之无把握一如往昔，且尤过之。故今日而谈救国，非良心上之肯不肯问题，乃事实上之能不能问题也。余托水淇兄北返代达，诸希密察为幸。郭删。（廿四、十、十五、）

何敬之先生在膺白病假中一再来电促膺白北返，膺白复电，及来电如下：

北平何部长敬之兄：号（廿）亥、马（廿一）一、马酉、马戌四电均奉悉。（一）辱承勖勉，何敢自逸，且两载以还，与兄同处危城之中，相依为命，更不忍遽言放手，惟默察内外局势，今后对日问题，枢纽全在中央，地方交涉，业已十完八九。若中央对国际形势认得清，弟即小憩亦无问题，否则即遵命重返，亦无济于事。吾兄高明，当亦谓然。（二）联航事，两月以前介公已一再有明确之主张，惜关系各机关未能步调一致。今兄所提五点，事实与立场兼顾，在今日实状之下，恐亦只有此一途。除加电蒋汪两公共同主张外，知注先复。弟郭养。（廿四、四、廿二）

莫干山黄委员长膺白兄：弟于昨日遵照中央执行委员会秘书处灰电暨汪院长蒸巳电所示中央决议意旨，以下列四点用口头答复高桥：（一）河北省内党部之撤退，已于今日下令，即日起开始结束。（二）五十一军已开始移动，预定自十一日起用火车向河南省输送，大约本月廿五日输送完毕，但如因车辆缺乏，或须延长数日。（三）第廿五师、第四师已决定他调，预定一个月运毕。（四）关于全国排外排日之禁止，已由国民政府重申明令等语。弟应钦真巳。（廿四、七、十一）

莫干山黄委员长膺白兄：此次河北纠纷，虽已如对方希望，一一照办，而前途问题正多。弟本军人，才疏肆应，身当外交之冲，窘苦莫可言喻，拟请吾兄早日命驾北旋，主持一切，弟当竭尽心力，从旁匡助也，除电委座暨汪院长请代速驾外。谨电欢迎。何日启节，并乞示复。弟应钦真酉。（廿四、七、十一）

莫干山黄委员长膺白兄：昨日高桥交来觉书稿一件，文曰“（甲）在中国方面对于日本军曾经实行之事项如下：（一）于学忠及张廷谔一派之罢免；（二）蒋孝先、丁昌、曾扩情、何一飞之罢免；（三）宪兵第三团之撤去；（四）军分会政治训练处及北平军事杂志社之解散；（五）日本方面所谓蓝衣社、复兴社等有害于中日两国国交之秘密机关之取缔，并不容许其存在；（六）河北省内一切党部之撤退，励志社北平支部之撤废；（七）第五十一军撤退河北省外；（八）第二师第二十五师撤退河北省外，及二十五师学生训练班之解散；（九）中国内一般排外排日之禁止。（乙）关于以上诸项之实行并承认下记附笔事项：（一）与日本方面约定之事项，完全须约定之期限内实行。更有使中日关系不良之人员及机关，勿使从新进入。（二）任命省市等职员时，希望容纳日本方面之希望，选用不使中日关系成为不良之人物。（三）于约定事项之实施，日本方面采取监视及纠察手段，以上为备忘起见，特以笔记送达"等语。嘱弟照缮一份，盖章送去，弟当加拒绝，并谓"以前系双方口头约定，由我自动实行，不能以书面答"等语。弟应钦文。（廿四、七、十二）

莫干山黄委员长膺白兄：弟今晨抵京。北方局势日趋紧急，非速筹根本大计，无以济目前艰危。盼兄即日命驾入京，共策应付，无任企祷，并乞示复。弟应钦删。（廿四、七、十五）

敬之先生离平，华北不再有中央的人。这时蒋先生亦到京，膺白奉召由莫干山到京，政府决定撤销政整会，膺白请以未就职之内政部长缺，安置王克敏，政府不欲。在决定取消政整会后始召王来京，王到浦口闻讯，甚为愤慨，本已定期召开大会也，甚至迁怒膺白。行政院聘王为经济委员，膺白电汪先生曰："闻公已聘叔鲁为经济委员，使弟略减负疚之心，深为感慰。"

三〇　分手与身后

自有莫干农村工作而后，我们除"白云山馆"外，又多了一处乡居的家——庚村的"文治藏书楼"。藏书楼一共四楼四底，是庚村建筑物中惟一请正式工程师设计，且是砖墙之屋。民国二十四年（一九三五）的冬，膺白最后一次度岁在此屋内。我们日常用其楼上一间卧室，楼下一间书房，和一间宽长大阳台。这间大阳台有门、有窗、有壁炉，光线甚好，是我们用得最多的坐起间。炉架上挂有大幅"怀抱思亲图"，两旁有膺白的《怀抱思亲图记》和章太炎先生的《文治藏书楼记》，两文均录在上面《莫干山》章中。另外有庄恩缄（蕴宽）先生书赠的一幅立轴曰："诸葛武侯曰：吾心如秤，岂能为人作轻重！"膺白甚喜此语意，亦挂在一边。

　　阴历正月是吾家俗事最忙期间：初七是膺白父亲友樵公忌辰，初十是我生日，二十八是膺白生日，三天都有亲友来聚。其他的日子我们过得很呆板。自民七（一九一八）在天津，我为膺白抄书，同在一间书房，我没有书桌而在茶几上誊稿。以后我总有一间自己的书房，一张习惯的书桌。这次在藏书楼，我们又回到十几年前情况——一室对坐。有一张大书桌，两面抽屉，可以各用。上午不出门，午饭后膺白睡午觉，我同郑性白接洽学校的事，与王大纲斟酌可以代复的函电。膺白睡醒，我们同出散步，到莫干小学和先生们聊天，或看学生们比球。庚村的壮丁训练，包括学校教师在内，膺白看得很认真。在他心里，有事时可以人自为战，无事时锻炼体格，保卫乡里。一次野操，他自己当指挥，走了不少曲折山路。郑性白、王大纲每日最少同我们吃一次饭，有好菜则开酒，多邀几位先生聚餐。我和腐白喜爱的书不同，习惯亦不同，这次似有天意，他最后看的一部书《朱舜水全集》却与我同时同看，且同属第二遍。以前我们看过汤氏刊的铅印本，这次是日本木刻版，书系张水淇君所赠。其中《阳九述略》一篇，痛述明末秕政，以古喻今，不胜懔懔。文中有"有无土之粮，有无粮之土"的话，我们身在其境的藏书楼基地，即是一块苦游兵斫柴，无出产而须纳粮之地。当时性白提起地主要卖，彼意二百元可以买得，岂知问地主只索价一百五十元，遂照价成交。

腐白每次入山小住，体重必稍有增加，这次在庾村几个月，不加重而反日形消瘦，有时胸部忽然剧痛。去年，二十四年（一九三五）的暑假在山上，有人兜售健康常识一类书籍，我买了一本，见有两种病症，患者十分苦痛，求速死不得，一为吸血虫，一为癌。我曾私向莫干小学校医陈君问癌症现象，陈君告我无端消瘦是一种。至此我非常忧疑。二十五年（一九三六）四月初，熙治放春假来庾村，假满我托辞送她返沪，实在是去与十年来常为腐白看病的冯五昌医生商量。临行我请腐白到杭州候我，作西湖几日游。我到上海见了冯医生，他在第一个星期日同我到杭。车上我问他倘属癌症则如何，他说只有延缓其进行。我要求他如病情严重，勿告本人。不知我如此暗托冯君，后来君怡、伯樵、仲完等亦私下托他，连我勿告真相。冯君要腐白返沪检查身体，几个星期的检验，由冯君与沈成武医生主持。须化验之物，均由我亲手装置，每次预先接洽两处化验所，以防误时误事，常天不亮起候。

二十五年（一九三六）的夏天，我们仍到莫干山，腐白已不能出门散步。他平日并不易动感情，病中忽然神经锐敏。我与大纲约好：报章、函电不愉快的消息均藏不令见。心知其念某人，则辗转暗示请通消息，有不便，则假为设辞，移转其目标。我不能治其病，务尽力慰其心。不同境者，不能知也。山上的人，闻膺白病，各以信仰为之祈祷。有一老工头王有芳，是山上安庆工人中最年长最成功的一人，一日，手捧清水一碗，走到吾家，说是集若干人若干日供佛之水，请膺白喝。膺白感其至诚，煮开后喝下。八月下旬的一日，膺白忽发热，我电请冯五昌医生来，冯力主回沪，他陪我们同下山，黄伯樵先生为准备一节由杭州到上海的小包车。伯樵时为京沪、沪杭两路局长，我们得到人情的照顾，从来没有坐不买票的车，这次以及后来送膺白灵柩回来均然。杭州城站站长借自己的洋车，免膺白走车站一段长路，洋车直拉挂车门口。五舅葛湛侯闻讯，在杭州上车同行。在火车上，膺白不肯躺下休息，一路和冯君及五舅谈天。他知我连日栗碌，要我在车上卧房小睡，我岂能睡着！静静中听他们谈话，膺白说话的条理清楚，仍如平日一样。

我家平日不大请外籍医生，我们都有心将健康信赖本国人，亦有点拥护本国医生心理。上海、北平等大埠，自然形成外国医生是第一流现象，而本国人则居次要。这一次，到家的次日，张公权先生请来他所熟知的中外名医。有的独诊，有的会商，其中德医诺尔、美医米勒、中医颜福庆均疑为癌，事系绝症。伯樵的朋友熟识一个奥国医生普鲁士，请来诊断，问病者是否爱好犬马，近时期中有否跌交之事？恰巧膺白爱马亦爱犬，他骑马屈左手拉缰，年来左臂患关节炎，数月前在庚村骑马，忘其左手之无力，控制不住而坠马，与普医所问相合。普君断为一种泡虫病，犹可医治，我切盼其然。遂即日入宏恩医院，准备割治，请普医主治，由冯五昌、沈成武两君同诊。我住院相陪，我的房在病房紧邻。医生遍觅泡虫反应药不得，得北平协和医院劳克斯医生著《泡虫症论》一册，遂电协和讯问，得复本人尚在北平。于是电请劳医生来沪。发电的次日下午五时，劳医生已乘飞机到了上海，不休息，直到宏恩医院。这次向协和请劳医生之事，由袁文钦（良）先生请他任北平市长时的卫生局局长方善夫（颐绩）所办。方君原系协和医院副院长，他知道福开森先生与我家的友谊，福的女儿马丽正服务协和，故同时加电福先生，敦促劳医生之行。

劳医生到宏恩医院即入病室，他的看法不是泡虫，仍决定次日上午开刀，由我们新在宏恩医院认识的沃哈拉医生为助。开刀的结果，确定膺白所患系肝癌症。冯五昌君先出告我，他是我家医生而兼朋友，说话不胜唏嘘。劳医生邀我到别室，告我肝癌系不治之症，生命在三个月至六个月之间，他后来补给我一份书面报告。当时他对我说：膺白是个重要的人，对于国有贡献之事，对于家有关照的话，宜明告之，使有准备。我谢其如此不耽误一刻远来应诊，且如此为病者着想。然斟酌之后，我决定暂不将真相告知膺白。且要求他助我隐饰。他留沪三日北归，以后的诊治由沃哈拉君继续。我虽然在严重刺激之下，仍能体味出一个良医的"服务精神"和"人情味"，感激不止。我问劳医生：病者尚能有如平日之神志清明时否？曰：能。遂要求他三件事：一、请他北返前告诉膺白，病情复杂，相当严重，而勿言不治；二、有可减少病者苦痛之事，请与沃医生接洽，尽所可能；三、请与沃医生约，病者神志渐衰不能复振时，给我暗示，至此我始绝望。劳君一一如我言而行。其来之迅速，其去之殷勤，其为病者在大处着眼，可惜我懦弱，不能尽以告知膺白，这种精神是膺白一生所最忻慕的。

我所以坚决不欲将真病告诉膺白的理由：对于国他应该算已尽所可能了，对于家我还有何事比失去他更重要？未了之事，我愿代了。他的生命还有数月，数月之期在聚首为太短，在告别则甚长。我与他共崎岖、忧患、寂寞二十余年，紧要关头，相知相慰，实维二人。尝不信二人去一，另一人犹可独生。我无论如何达观，对景必有难以掩饰之时，愈说穿将愈不能自制。留者如此，去者将何以为情？在我未有定力，能把握心神之前，不愿他对我有"放心不下"之苦。膺白于生死固看得开，但完全绝望之事，总是一桩打击。其最后在华北一段努力，创痛甚新。尝自言：此番煎熬，至少减寿五年，只求大局稍安，则问心略慰。乃大局愈益混沌，前功尽弃，后患无穷。今知自身已无报国机会，亦将何以为情？故对国事尚无法向之解释以前，亦不愿其有放心不下之苦。

沃哈拉医生每日早晚到病室两次，体贴关切，亦无微不至。早上他要讲点新闻供病者消遣；杨畅卿（永泰）先生被刺消息，他几乎出口，我急以目止。出病房后，他要同我商量，如何使病者快活，我们如何圆谎。一日，他对我叹息说：事有不平，使此人患此不治之症，恨不相识于十年前，犹可与之为友，为之效劳。他是澳洲人，故与英大使馆相熟，一日他在英大使馆饭后回来说，闻大使馆人言：中国此时尚不能无此人，此人是最认识日本的一个。又问我，大使馆人说：膺白与中山先生在同一年龄，患同一病症，确否？我答言不确，膺白年纪轻些。我每日含笑入病室，出则忧且急，我总是存一线之望，最了解又最助我者为医生。我不得已而辞退普鲁士医生，又不得已而辞退冯五昌、沈成武二君。我患伤风，冯医生闻讯即来看我，他是一向知道我伤风症候的人，绝不因辞退他而稍存芥蒂。

沃哈拉医生请医院给我种种便利，可以自由出入配食间，自由早晚煎汤煮药。朋友们送来洋参、石斛我都在那里煮汤，虽仅治标，口干饮石斛甚有效。除病者自己，亲友们见报已都知病状，各方介绍医和药。岳军先生时为外交部长，日本大使馆曾几次推荐医生，此事膺白早经拒绝，屡次试探，他都摇头。一日，黄任之先生电话到医院，告诉我：他听到日本人有法治此症，定要我设法作万一之试，我据实谢绝了他。膺白心中不能平恕日本，这点我不愿再加重他精神上苦痛了。任之先生自己十分反对日本，然电话中反复劝我一试日医，不肯放下电筒。其情是可感的。伯樵的侄儿在俄文报上见有治癌新药，我们百计去求购，此事俞鸿钧先生和君怡都奔走，俄大使馆人回答俞先生，他们想得到，药系为谁，实未上市，不然，岂有不急设法之理。外交部向国际防癌协会接洽一位比国癌科专家，得来电，问中国有无镭锭设备，他可以来沪应诊，以四个月为期。此时南京一个德国医生，由段茂澜先生陪来，我将以前各个医生的报告、医院的纪录，甚至中医的药方，都给这位德医看了。此人懂中文，识中药。我请岳军先生，由这位德医将详情电告那位比国医生。倘以为可治，则不讲诊费，我先尽所有以应，不足再乞助于朋友。倘不能治，则徒劳其往返，且耽搁彼地病人四个月，于心不安。当时我听见南京在讨论这位比国医生出诊费用，故作如此建议。此人接到详细报告书后，亦言无法治疗而罢。各方人情真无有不尽的了。

开刀伤口结好而病不见轻，是病人最易起疑之事。沃医生每日助我说谎。这个时候，在病人面时挑剔医生，是最使我苦难以解释的事，然病不见好是事实。我辞退冯、沈诸医即在此时，只留沃哈拉一人。然沃医生亦将有技穷之时。庐山管理局长谭炳训说起，有范石生医生医道甚好，在牯岭为蒋先生蒋夫人处方治病。我与沃哈拉商，他不但赞成去请，且代我向膺白进言。这次是蒋先生请来的医生，无可再挑剔。范先生虽未能根治癌病，但膺白最后两个月的精神颇好，实得其调剂安慰之功。范先生是膺白最后一个朋友，膺白神气渐弱时，无意中不呼我，即呼范先生。膺白一生热情，未必每个人了解他，但到他自己无力时，真见到无数朋友对他的热情。

有一天的傍晚，膺白听从范先生之言由医院回家。此事沃医生已向我提起多次了，沃医生暗示我，在医院临终，事颇草草。膺白大概是久劳而后息下来，住医院觉得很清静不烦。我劝他回家，他说在医院连我都可以休息，他真不知在病房以外，我一刻不安之状也。从医院回家时，天适雨，膺白背一句《易经》曰"往遇雨则吉"，问我在哪一卦。沃哈拉君自己抱他上担床，在病车与我和护士三人同坐相伴，到家又由他抱上床。他说明自此以后，天天由伊自来，作为朋友，不受诊金。膺白离宏恩医院时，欲赠一免费病床以谢沃君，沃言：此举在彼诚光荣，然宏恩医院三等病房不收中国人，宏恩一个病床之费，在别处可惠及数人，何不送在别处，而用于本国人身上？这话深中膺白心坎，催我速办，我知沃君亦在圣心医院看病，送了一只一年病床之费于圣心。膺白最后几日，沃君除早晚两次来吾家，他所在之处，时时以电话相告，可以一请即到。而二十五年（一九三六）十二月五日整夜，沃君在吾家随便吃了一点东西，终宵不离病人一步。膺白弥留之际，他兀坐在旁陪着。六日晨，启手启足毕，他报告膺白辞世时刻，将我叫到另一房间，拿着水杯给我吞药一粒，盖安眠药也。过几日，沃君又来看我一次，我送他膺白书桌上常供之磁花瓶一只为纪念，遵其言，不再送诊费。

范石生先生俟膺白丧事毕离沪，行前为我开了药方，送诊仪坚不肯受，乃检出字帖一部，田黄图章一方，赠作纪念，并命熙治叩首拜谢。一月后，范君以他家诊事到沪，又来看我，并为开方。我闻范君有老母，取出膺白病中朋友所赠人参，请奉老人服用。范君仅取一支，而将余者尽裂为碎块，使我不能再以送人。他所开给我之药方中，每日有大量人参。我一天一天渐渐又振起精神来。都是这些友谊和人情，如黑暗中光明，一点一点增加我前走的勇气。

从膺白入医院，蒋先生每日或间日有电报来问病状，我复电报告均大纲代拟。一日何敬之先生来访，膺白一见忽然泪簌簌下，此乃平日少有之事，我知其对华北事回想，禁不住刺激。这次，我自起电稿将实情报告蒋先生，暗请蒋先生来电安慰他。时在膺白开刀前几日。蒋先生来电曰：

上海宏恩医院黄膺白夫人转膺兄：近日尊恙如何？至为盼念。兄病实由积年为国劳瘁所致，苦心匡救，致累尊躯，在弟尤深歉感，万望善为珍摄，早复健康。现桂事粗定，国事渐趋光明，兄病中闻之，当亦喜慰也。中正手启佳秘粤。（二五、九、九）

我将这份电报进到病榻前，膺白看后口授回电，我用铅笔一字不改照写，交大纲译发。原稿尚在，其文如下：

广州黄埔蒋院长：佳电敬悉。贱恙蒙曲加慰藉，至深铭感。此次桂事解决，国家前途，曙光已见。吾弟始终以相忍为治之心，委曲求全，以政治手段贯彻初衷。对国可庆，对弟尤佩。病床闻之，不胜雀跃。贱恙得之既久，亦非短期所能奏效，内子前已代陈大略，俟有进步，当随时奉闻，希释悬念。郭灰。（二五、九、十）

这是膺白与蒋先生最后一次直接往返的电报。他已久不看报，不阅函电，而对大局还甚清楚。"相忍为治""用政治，不用武力解决纠纷"，念念为国家，都是他平日一贯主张，病中仍脱口而出。后来蒋先生返沪，到宏恩医院探病，面告膺白：抗战准备已过半程，再一二年可全就绪，以前种种委屈，未曾枉做。事后膺白告我：果能如此，死且无憾，何况于病！我忍泪而笑。桂事、大局、准备云云，我实久不开心，已毫无所知，不知真个如此，抑系蒋先生对症下药慰情之语，那时蒋先生已确知膺白所患系不治之症了。

我先要记出一封一个极可感念的朋友之信：

亦云嫂夫人赐鉴：顷接补晓岚医生航快来函一件，暨药丸一包，即请察阅，并祈交膺兄试服，功效如何？乞随时电知。弟已再电复"补"，请其偕成都友人持同秘方，即日飞沪研究。"补"函中所谓第二次惠书者，即嫂夫人详函惠示之件也。余再陈，即候双安。弟杨永泰敬上。（二十五、九、二十九）

这是畅卿先生绝笔，不到旬日，他在武昌被刺身死，他正在湖北省主席任上。他在湖北地方之治绩，称道者不止一人，后来抗战时我到武昌汉口，还看得到他在短短时期中所表见的地方建设。为膺白的病，朋友们百计求意外的得救，有人介绍秘方，我虽十分希望，然亦深恐烦劳无谓之跋涉，故每次必将详细病情，及已经用过之方法，报告清楚，使关心的人有所根据，函中所谓"详函惠示之件"则是。这位补医生后未来沪。

蒋先生初闻膺白开刀结果为癌症之电曰：

上海宏恩医院黄膺白夫人：寒戌电悉。二兄病情，不胜忧惶之至。如天相善人，当可出险，现在先应竭尽人力，期得速瘳。务请达观旷怀，勿过忧抑，使病者精神安泰，以期得有转机也。并请随时详电为盼。弟中正手启铣。（二五、九、十八）

岳军先生来长函说："闻讯天旋地转，脑痛欲裂。"中外朋友来函问病，来宏恩医院探视者，难以尽记，我无不铭感于心。蒋先生所嘱"使病者精神安泰"是我最后努力的事，实因有这许多亲友们给我安慰和鼓励。下面是我十余年前旧稿"彻悟"与"归山"两节，分录插入此文。"彻悟"一段如下：

居医院日久，病不减轻，病人不免焦灼。中外医生助为饰辞，时虑技穷。亲友劝我以实告，我坚持不肯。每日自早至暮，我甚少有单独谈话机会，我在外面做点什么，病者亦不知，晚饭后打针入睡，人散而病者亦无力说话矣。一日傍晚，膺白忽告侍病者早散，言之再三，数十分钟后，我问是否要与我谈谈？曰："然。"是日晚间膺白叫我："今日勿念佛。"我一人坐病榻侧，他问："你看我的病如何？"我曰："医谓甚复杂，须再经手术，虑君不支，故试以中药。"遂紧接曰："君知我近来茹素念佛何为？半为君祝福，半为自己求解脱也。山中方七日，世上已千年，自君入院，故旧之遭变故者已几人矣。段芝老数日前在此照 X 光，今已谢世，畅卿兄正介绍四川名医为君治病，而忽被刺身故。"他听到畅卿先生噩耗，几动感情，我紧接曰："人事无常，于兹益信。我曾有一念，君此番病愈，我将出家。"他插言曰："此何可者！"我又接曰："生老病死，无人可免，亦无人能代，若可以代者，君之病我必一力任之矣。然君此次病愈，必更有最后一次病，我不忍见君之病，亦不忍君见我病，故欲出家，恩怨一齐解脱。"至此，膺白目闪闪有光，神气活泼曰："生死事曷相谈谈？"我曰："待君小愈。"曰："照现在情形我必先去。"我曰："我虽无病，然忽然先死，未尝不可能。"至此他问曰："尔若先去，有何嘱我？"我曰："凡须留待我做之事，我去，盼君急急自做。"曰："我去，尔将若何？"我曰："请一人为我管家，埋头急急料理笔墨事。"曰："何故？"曰："不忆廿五年前在焦山，他日尔为我传之约耶？萦于怀者久矣。"乃从容述所拟写稿之章目内容，大概取材，及每个问题拟就商之人名。膺白静听我言，偶加可否，有时言："此事太小，不足挂齿。"我所以不惮烦琐言之者，欲探其意思，有何嘱咐之语也。言毕，他不反对亦不热心，默然良久曰："无论如何达观，半年内决难动笔。"我曰："约须两年完工。"曰："两年后如何？"我踌躇未应。曰："归心如箭耶？小的苦矣。""小的"者熙治，尚未成年，我知其恐我厌世，故以儿女情动我。曰："对儿女如种花，尽灌溉之责，彼自有福，然我亦有我自己，决不暴弃。"至此膺白忽从被中伸手出，紧握我手，曰："我幸福，我安慰，得此伴侣。"又曰："尔何时养此勇气？"我曰："不忆授我《军人之妻之心得》一书时耶？二十余年来时时作此准备也。"此时膺白喜极，二人如在另一世界。我结束我言曰："君常诵纳尔逊最后语：感谢上苍，我已尽我责任矣。请亦作如此观，国家自有后来的人。自今以后，将健康托之医药，生死付之天命，静以待其至如何？"膺白连呼曰善。自此日起，绝不复道医药病苦事，相见彼此一微笑。

劳克斯医生的建议，多少朋友的关怀顾虑，经我两个多月的固执，虽始终未曾说穿膺白真病，然有此谈话，去者留者，都打破了生死一关，是我一生较少遗憾的一件事。次日仲完来，见膺白忽然活泼，诧为天意。仲完每日为病人煮一锅粥，为我烧一素菜，亲自送到医院。她与性白姊弟二人，陪我吃素，到我开荤之日为止。袁文钦夫人代煎中药，范石生先生所开汤药，每日由袁家送来。亲友们种种分劳分忧之事，难以尽述。一日，膺白指明要请几个朋友面谈，嘱大纲邀请；其中一人是张熔西（跃曾）先生，熔西先生笔录且保管膺白的遗嘱。

廿五年（一九三六）十二月初，膺白逝世前三日，时醒时昏，我已筹备其后事。岳军先生由京来，与我讨论丧葬事宜，言：时局紧迫，葬事宜速，问葬地有何计划。我忽忆一日在庾村，散步过一王姓废坟，膺白对我言："他日尔我亦葬此，为黄坟如何？"遂告岳军先生：莫干小学附近有地，最为便利，不必新买，乃决定葬地在庾村。身后之事，膺白与我皆不看重。他曾经与我提起美国的阿灵顿国葬场，和英国的西敏士厅堂。人六尺地耳，中国人身后糜费太大。故我遵从他平日意旨：少费钱，少费事，少累人，不以无益耗有用。附身之物，全用国货。中央银行衔蒋先生命送来治丧费，我谢不受。蒋先生来电曰："筹备二兄丧葬，聊尽后死者之责，请勿外视。"我复谢曰："膺兄在日，屡蒙厚惠，今所贻我，足以了后事，不敢再受。"其后孔庸之先生亲送支票至，责以如此交情，不可辞，乃作为奖学金。奖学金后来积成三万元，托新华银行办理，有年息三千元，分为十个奖额。抗战后币值日落，终至不值一文，至为遗憾。

膺白最后所知道的国事，是百灵庙捷报，在前线指挥者傅宜生（作义）先生。他曾经向范石生医生谈过华北地方政治，其称道博宜生先生在绥远省主席任内，改良马畜，奖励生产，是最能在艰苦中积极求生路的一省。故范先生将捷报消息告之，令欢喜。当岳军先生与我在隔室商量，膺白在昏迷中忽然呼我。我走至榻前，他正闭目演说军事。自民初他交卸军队以来，他的注意力很少在军事的。我急请岳军先生同听，听他断续言："第一路……第二路……进……退……"等句。岳军先生高声告："百灵庙大捷，气象甚好。"膺白应曰："此小事也。"至此不复能言，我必须将他最后的精神达到前线，曾发下电：

太原阎主任百川先生：外子膺白不幸，辱蒙电唁，感激莫名。外子弥留前犹屡念绥远前线将士劳苦，谨遵遗意捐助洋三千元，聊表慰劳。除已交《大公报》汇请转拨外，谨此电达。（二五、十二、十一）

吾弟君怡代我至庾村相度墓地。我请他与莫干小学校长郑性白二人决定地点。用本地工人，照土法作穴，由性白监督工事。这时莫干小学校董会已推我继任董事长，莫干小学校董会是我们农村工作的重心，如此，乡间热心的人知道工作决不中断。性白提议将我的墓穴同时做好，将来不再费事，并加强我对庚村生死系之的表示，候我回音，我电复遵办。民国廿五年（一九三六）十二月廿七日，膺白逝世"三七"之期，归葬于莫干山麓庚村。我旧稿"归山"一段曰："墓制务小，遵遗志也。旁植松柏海棠丁香若干株，生前所爱好者也。附近隙地数亩，为莫干小学实验园圃。其南数百步，为小学校舍，弦歌之声可达，魂兮所乐闻而呵护者也。其西数百步，为文治藏书楼，纪念亲恩而筑，亦庚村书卷中心，我他日将读斯居斯以终余年者也。推窗相望，葱郁可接，虚左待我，宜无憾也。不置表铭之属，天日可表，心版可铭，无须尔尔也。碑曰：'黄某沈某之墓'，聊以志其处而已。"

蒋先生在西安事变后归来，遭其令兄介卿先生之丧，我去电慰问，得复电曰：

艳一、艳二两电均悉，承慰唁至深感激。此次旋京，竟与膺兄永隔人天，尤切悲感。知灵榇业已安葬，稍缓当往展奠也。

蒋先生、蒋夫人后来同到庚村扫膺白之墓，我去信道谢。又请求二事：一、膺白之殁，政府有治丧公葬明令，我以遗言既戒铺张，事实上在三星期内，丧葬俱已毕事，而财政部与浙江省政府还来公文催我派员会商，故特另备呈政府请辞荣典文，以了手续。二、近十年中，膺白对国事有所见，大都倾陈于蒋先生，我请求如有其亲笔文件，或口述之足录者，赐我以抄录机会。我说二十五年前，曾有"他日尔为我传"之约，不幸已成谶语，敢竭余生，以践宿诺。

我只顾践此生死之诺，忘了那时国事的烦忧和紧急。我不料几次大难中，天给我迄今三十载的余年。

蒋先生蒋夫人给我复电曰：

上海黄膺白夫人亲鉴：七日尊书，今在庐山始奉读。弟经沪以时间匆促，行动不便，又恐病中相见，徒增悲感，故未奉谒，不胜歉疚，待再到沪奉访也。中正、美龄同叩真牯。

我不能忘记膺白丧中，蒋夫人给我的安慰和鼓励。平常我不是山居，即远在他方，并不多与蒋夫人晤面。这次她参与膺白的大殓，一天晚上来祁齐路吾家，坐得很久。我还说不出什么话，但心知她的好意。她说我帮膺白忙已久，今后自己"一步向前"，一步向前几个字她用的英语，我知道叫我不再躲在后面。她问我要不要出国走走，不去从前曾经到过的大地方。以免感触，到小一点地方去。临走她告我快要离沪到蒋先生处去了。

当时我心中有一件犹疑之事，未与她说明。膺白大殓之日傍晚，我回到家里我的书房，先后进来的连我一共四个人。大纲来向我告罪，这几天电报太多，他以为都是吊电，没有译亦没有复蒋先生问膺白大殓时刻之电。君怡已在我书桌边。仲完匆匆从楼下赶上来说，好了好了，放心放心，手里拿着一页信给我看，是聂云台（其杰）先生的信，信里说：这日黎明五时左右，在似梦非梦中，个人报告膺白去辞行，匆忙未下车，他问去那里？说去"潼关"。云台先生说潼关在西，膺白往生西方（极乐世界）无疑，托仲完转告我放心。我很清楚，若言三千大千世界，岂上海与潼关这点距离还分东西？大纲尚未离开，我问他蒋先生电报从何处发来；说洛阳，君怡随口说："看蒋先生去！"我们说话即此终了。

我不信灵魂之说，看过几本书终怀疑，自己没有过一点经验。以膺白临终犹念念不忘国事，故蒋夫人临行我除托问候蒋先生外，含糊的请便中问蒋先生近日有否异样感觉，而未说何故。不日西安事变发生。我恐有"惑众"之嫌，与仲完相约，不再提云台先生函事。

云台先生为中国纺织企业先进之一，他是上海第一个有新学识而做总商会会长的人。家世精医，膺白之病，极承关注。其尊人仲芳（缉规）曾为吾浙巡抚，母太夫人为曾国藩幼女，自著有《崇德老人年谱》，笃信基督教。云台先生信佛，他家各信所信，而乐人之乐。膺白在医院，一日他托仲完来请我去，吃一次午饭素餐，客人是印光法师，陪坐是他妹妹其德（张子武其锽夫人）、仲完和我。我先以为介绍我去求佛，后来印光法师谈话，尽是儒家做人之道，与佛家悟生死之义。这是膺白病中我仅有的一次出门吃饭，这次谈话增加了上述"彻悟"一段中我对膺白说话的勇气。我最后一次离沪出国前，曾请仲完陪到聂家去辞行，时云台先生已病卧在床很久了。

蒋夫人从庚村归时，告诉我看了膺白的坟，曾对蒋先生说更认识了我。又说我太知趣。她溢美之言，我有则守之，无当加勉。我体谅膺白，亦该体谅膺白的朋友，这是我仅仅做得到的事。

国民府政在膺白去世前不久，发表他为国民政府委员。我知道是准备为他"饰终"。膺白每次辞职总很澈底，他没有"恒为仕"的观念。他最后以及后来明令上他的头衔，他是不知道的。膺白弥留的一夜，岳军先生整夜在吾家，膺白去世，他立刻返京，为参加行政院会议，对膺白后事主张。朋友们类此之事，他们不言，我无不意会而心感。然膺白已死，我所求者为"是""非"。是非不明，我不敢以虚荣耗人力而麻醉自己的。

我要感谢数不尽的朋友的关顾，还有外交使节的夫人，都给我亲笔慰问信，有说家里的门永为我开着；有说知道我此时决不见客，但信是亲自送到我门口的。膺白归葬庚村，过杭州，朋友示我一篇膺白去世次日，十二月七日的《东南日报》社论，论他：能以澹泊宁静之怀，致其任重道远之守，在并世达官贵人中，论其经验之宏富，眼光之远大，与夫抱负之卓荦，要不能不膺第一流政治家之称誉。虽提及他有用人不当处，此无庸讳言，我已心感溢美之言，与难能之公论万万分了。

我又要感谢写纪念文章的六十四位朋友，不知多少位还在世？在何处？其中大半不是平常写作家，而当时送来的草稿大半是亲笔。这些文章集成一册《黄膺白先生故旧感忆录》，成为一部分可参考的史料。可惜当时仅限百日集稿，未能征及远方朋友，而纯韵文亦因分类未曾收入。所以急于集稿，实因时势日非。此书发起者新中国建设学会编辑部，最后负责校对印刷者吾弟君怡。二十六年（一九三七）四月初，我迁居杭州，我在上海祁齐路寓所最后一件工作即整理此稿。一日，君怡由学会持稿来，与我对坐斟酌排列，且加标点焉。

是年八月，中国全面抗日战起，我不复用心个人事。越八年而草成短篇《黄膺白先生家传》。以下是抗战胜利后我托人带稿赴渝给君怡、性元的信：

志弟、平妹手足：日月重光，普天同庆，闻讯之日喜极欲狂。数月来此间局势虽紧，总无法行动，每自恐来日不可知，乃于夏间匆匆草姊丈《家传》短篇，稿成拟设法送出一份离沪，则不得已中，吾事毕矣。天幸胜利实现，所顾虑者皆属多事。月之九日南京受降，曾举行家祭以告在天之灵，并在传后补记其事。昨日五舅见而大哭。而岳兄来函，亦有姊丈不及见胜利之憾，与姊言若相符合。爰将《家传》草稿带给弟等一阅，晤岳兄时乞将详细转陈，不另作函。大姊云启。（卅四、九、十二）

这册《家传》草稿，我托五舅湛侯带回重庆，他是从重庆来而复返。起初他不肯带，说此时大家忙于复员，无人看此。我甚为伤心，请他费半小时工夫先自一看。舅母陶君辉（蕴玉）是最热情的人，坚嘱我交她，故仍由五舅带渝。不到几日，君怡忽然由渝飞沪，事先我并不知。他从机场自雇三轮车到吾家，熙治见舅舅至，狂呼大叫，我们相抱喜而泣下。下面附他带来岳军先生给我的信。胜利后，沪渝电报始通，及上海市长初到，岳军先生已经有过几次函电给我，这次君怡之来，亦出于岳军兄之意，这种体贴是我不能忘记的。

蒋先生在膺白《家传》前面作了一篇情文并茂的序，亲笔写好，"序"与"传"均已另见。膺白最喜吴稚晖先生篆书，这次仍请稚晖先生用篆书题签。这年十二月六日膺白第十周忌辰，我将《家传》定稿付样。岳军先生对《家传》十分关心，看几处指点。君怡告我：岳军先生看《家传》时泪下泣失声，素所未见。他问君怡说："你还不回去慰她？"代君怡请假回沪。他又谦让不作序文。下录之函及种种关心，岂止一序文？

岳军先生函曰:

亦云吾嫂赐鉴:湛侯先生回渝,奉读手书及《膺白先生家传》,并得详悉吾嫂近况。追维八稔以来,吾嫂一身独处寇氛之中,申张正气,扶树人伦,教授之余,殚心著述;其艰贞不拔之操与诲人不倦之意,求之古人尚罕其比,何况今世,敬叹无已,转增伤痛。反复来札,声与泪俱。膺兄奇才伟节,自任天下之重,其生平行事,无不与国家大计有关,举其大体,当世尚多知之。至于操危虑深,忍辱负重,从容委曲,以求济天下之事,而不尸其成功,匪惟世不尽知,即同志之友,虽知之而亦不能委悉言之若此。惟吾嫂与膺兄同心一德,共致力于国事,故能将膺兄毕生志事,隐微曲折,一一传出,又能以《左》《国》之笔,写管葛之心,此固非后世史家之所能为也。此传为古今有数大文字,且为膺兄千古之所托,拟再从容寻绎,如于微言剩义尚有可补充之处,当再附加笺注,送呈采择。内人自割治后身体已渐康复,家母与家岳母以次暨儿女辈均托远庇平安,可告雅念。兹因君怡弟飞沪之便,敬托代候起居,惟冀为国珍卫,以副远祝。此间一切由君怡弟面陈,先以奉复,敬颂时绥。弟张群拜复。(卅四年)九月二十六日

以下是膺白又一朋友,他学测量时同学彭凌霄先生信:

亦云夫人赐鉴:抗战以后,交通梗塞,未曾致函候安。复员后养疴田舍,鲜与外间往还。昨来南昌,接蓝军恒君寄来《黄膺白先生家传》二册,《莫干小学十五年》二册,比分寄俞君咏瞻二册。细读一过,心与神往。膺白先生智勇仁爱,富于革命性而具有创造力,其一生事业均在革命过程中建立。成功不小,痛苦亦不小;乱世多才,乱世毁才;整个政治环境如斯,可为叹息者也。晚年建立莫干小学,与东鲁圣人学《易》删《诗》,归裁狂简,同一意义,弦歌声起,亦足自慰。夫人以滂沛之笔,写此光荣而具野史性之《家传》,社会人士读此传时,同情景仰之心莫不油然而生。文字感人由来久矣,往古立德立功之士,吾人恍如亲见其人,向

往不已，风微人往，何以信仰之诚历久不衰，此文字记载之力也。膺公一生事业，夫人知之甚悉，膺公存心立愿，夫人知之最深。以优美富丽之文，经长时缜密之考虑，写此伟大艰难之事迹。且处处客观，哀感沉郁之语绝少流露，非胸怀旷达，学养兼到，不能写此长篇大文。膺公传矣，夫人之文亦传矣。万尝三受膺公推荐而未能报其德，今膺公已逝，万年亦老，将永无答报之时，感怀知己，愧恨绵绵。今承惠赠《膺公家传》《莫干小学十五年》，谨当珍藏。精神好时，常常取出细续，不啻晤言一室；好友来时，取与共读。纪念前贤，留示后人，如是而已。书不尽意，祇颂春安。弟彭程万敬启。（三十五）四月二十五日

我借这些朋友之言，以证所述之无大误，然亦因以自重，不胜感激而又惭愧。

自民二（一九一三）"二次革命"至此，我所"回忆"无不与膺白共同，且大部是膺白的事。膺白自己能说能写，他说的写的均不少，独没有写一点自己的事。我写，比他自写难得多，亦差得多了。他虽聪明，然对国家是小心翼翼，不自负而且自视欿然的。当他受着有意或无意的疑谤时，我不能平。他告我：从政不是为己，应有受得起委屈的雅量。尝指一佛经故事语我："有一人面指释迦牟尼而骂，骂不已，释迦默不一应。此人走后，弟子阿难问释迦曰：'师父岂真如此！何不一答？'释迦曰：'有人送礼不受则如何？'曰：'拿回去。'释迦曰：'骂者亦如此。'"

膺白有一次和我说"心境"，他说：世人不了解他不要紧，朋友不了解则要反省；朋友不了解犹可，太太不了解则要深切反省；太太不了解犹可，若自己而不了解，则无地自容了。承他拿我放在他自己与朋友之间，使我义不容辞而写这些。违我心者，为写他而不能不带着我自己，并且还要写下去，因为我做的事还是循着他的路。

三一　抗日战起

民国廿六年（一九三七）七月的一日，我从杭州上莫干山不久，接庐山管理局局长谭炳训君快信说，他奉命为我寻了寓所，我将被邀参加在牯岭召开的庐山谈话会；此会议中有不少膺白的朋友们参加，张岳军先生夫妇不日可到云云。同时范石生先生由牯岭致书上海徐鹿君先生，请其送我到九江，他将下山到莲花洞接我。

朋友们的不弃和想得周到，令我感激。我这次上莫干山是怀着极沉重的心情，踌躇趑趄而后至。半年来为膺白葬事，和陪亲友去扫墓，我虽已到过庾村几次，上山这是第一次。白云山馆一草一木，片纸只字，都有深长历史，其滋味只我二人知道，若不为庾村工作，前途尚远，我实在无勇气面对这些情景，再至其地。我既已在膺白病榻前说过壮语，这些壮语言之容易，我内心曾几次怯弱退缩，究竟是生死之盟，我不能不守。我将以庾村工作为我后半生的寄托，则这个山顶是我无法逃避之处，我是不得已而来，既来即不想再走。且我还有什么意见可对政治贡献！政治二字，我见而生畏，闻而厌之。陪我同住在山的计仰先（宗型）夫人汪吟霞，虽一再劝我不妨一行，她的好意是劝我不要离群索居。我斟酌而后，不离群的道路甚多，此路我不再走了。写信谢了谭、范二君盛意，并请代将我的愚忧陈报所有关切我的人。

芦沟桥事变起，中国对日本，除抗战已无他途。在此一年多以前，膺白和我在庾村，他亦看到局势已无可挽救，一日忽问我："如果大战爆发，我二人将做些什么？"我请他先说，他说："我们夫妇年代不算太短了。中日开战是中国存亡关头，我不想要自己看见战争结果，任何事，任何去处，只要为国家有一点滴之用，不惜拼此一命，不能顾你。你则如何？""拼此一命"四个字，他用极沉重之杭州音说出。我回答他："奔走呼号的事我不擅长，我将在有缘而方便之地区，对壮丁们留下来的老弱，做点安慰鼓励工作。倘有机会教书，愿从史地二门激发下一代的爱国心。年来国、英、算三门功课占去读书大部分时间，其中国文实亦徒有其名，不被重视。史地二门钟点既少，青年不感兴趣，时空的观念模糊，对事看不准确。有什么方法对此有点贡献，我极愿为。"这一席话成了我们最后一次的"各言尔志"。膺白已经没有机会再拼其一命，剩我一人，循此心愿摸索，抗战八年岁月，我战战兢兢依着这条路走。

八月初，战事快到长江，上海市银行经理朱达斋（豪）先生来电话，劝我返沪为个人生活作个安排。他的好意很动我心境。我一向不负经济责任，社会上真的赤贫和暴富滋味，都不了解。我亦不善理财，买国家公债存在本国银行，由银行代管公债还本付息的事，极方便且亦极安心的一件事了。膺白在时就这样，我不必操这条心。现在家已破，国濒危，在一面说，我理财何为？有何法？又一面说，我不但须对自己负责，肩膀上，志愿里，还有其他责任需要我负，我不能逃避。我只得匆匆赴沪。这是我搬家杭州后第一次到上海，住在善钟路赛伏公寓伯樵、仲完家。依照达斋先生建议卖去公债，照一般人当时布置办法，从金子、美金票到银元、银角，我每样有些。莫干小学校董朱炎之（炎）先生是我姨夫，与我同行到沪，曾提醒我应否将学校基金换成外汇。我考虑而后，这学校基金是膺白颇费心思的一个布置，用国家公债作教育基金是双重的爱国观念，我当时参与其事，赞成其主张。我如何在此时忘记这点精神？这点愚忠后来吃了大亏，弄得一文不值，我对不起学校，自己亦十分颠倒，以求补过而难能。

仲完极劝我租屋留沪，她为我着想，租界总较安全，出路亦容易。我的想法，只有在前进中求安全，安全的本身是不安全的。吾人过一日有一日的交代，于心可安，时时在忧愁中过日子，有何趣味？我无论如何解说，她不放心。这时各地到上海觅屋的人日多，托她的人亦不少，她甚至先急我的亲友，而搁后她自己的姊妹，我甚为感动。恰巧她所住公寓的下一层，有屋空出，她是七楼两间卧室，空的是六楼一间卧室，我即租下，她放了心，我仍回莫干山。

我返山不久，八一三沪战爆发，大家明了这是延长持久的全面战争。山上的人都镇定有秩序，不随便说话，每日下午到邮局门口候信件报纸。邮局一个胡姓职员最先看到报纸，常对众演说战况。他叙述宋哲元军队在廊坊与敌争持的勇敢情形，如同身在其境，大家以为他所知独多，心焦的时候就去访胡大海。"大海"是人们给他的绰号，听他说说亦好。可惜山上的人正欲募捐慰劳，而敌人已在平津成席卷之势。

我家有收音机一具，每日许多人来坐听广播的战事消息，熙治随听随录出，分送给听不到消息的人家。一日，听到政府募集救国公债消息，我家大小主客都踊跃应募，学校师生更集款输送慰劳品、救济品，有人想到秋尽冬来需御寒之物，能做针线的人开始缝棉背心送前线兵士。一日又听到政府提议捐献不动产为救国捐，这消息立刻打动了我的念头。我愿捐献我惟一的住宅，并其中所有比较值钱之物，我亲自起电稿曰：

南京蒋委员长蒋夫人勋鉴：连日闻前线将士奋勇杀敌卫国情状，心血为之沸腾。残生有终天之恨，兼人之愤，无以报国，谨将杭州住宅，除书籍及一部分纪念品日用品外，所有房地器具字画陈设，一并献之国库，以供抗敌之用。现居莫干山，以上捐件应与何方接洽？谨候示遵。沈景英敬。（廿六、八、廿四）

不数日接回电三通曰：

> 杭州周市长探转黄膺白夫人：敬电诵悉。毁家纾难，为国牺牲，高义热忱，足以振励国人，而慰膺兄于地下，无任钦佩，容确定办法后，再行电告，以副隽意，中正俭京。（廿六、八、廿八）

> 周市长探转黄膺白夫人：兹电朱主席骝先接收台端所捐各项房地器物，即请台洽，中正艳京。（廿六、八、廿九）

> 周市长探转黄膺白夫人：敬电诵悉。吾姊热诚救国，慷慨毁家，义声所播，不但女界同胞人人感动，而我将士亦必闻风兴感，奋勇救国，以慰膺白先生地下之志也。感佩无量，特电奉复。妹美龄艳京。（廿六、八、廿九）

我已经毁弃从前密电本，亦久不发电，我的去电系托浙江省政府代发，送交浙江省财政厅长程远帆先生。远帆先生曾把我的电报压住一日，亲自到山劝我再考虑；他说："自己立锥之地总须顾到。"这意思实可感，另外的亲友知道了亦有同样好意相劝，我不复瞻顾，电仍发出。这时，我体会到文字中"义不反顾"四个字的意味，明知朋友们是好意，终将自己一个痴愿冲过这些好意，是要点勇气的。

从此以后，我个人亦有一件小事改正，我的名号划一，以后我只用"亦云"二字了。

我捐屋的决心，有积极消极几个理由：其一我与膺白，为其职务故，所感所尝日本军人滋味最多，隐痛与敌忾心比人更甚。其二亦为其职务故，被一般人所误解，以为不主战即是主和，主和即是甘心屈辱。今烽火既起，国家的政策已定，战只有向前，各样的力量愈大愈对国家有益。"人心"是极重要的一点，我为膺白代表此意，首先提倡，以示抗战决心。此外，有些人不知吾家平日生活状况，以为总有点家藏珍物古董，我借此公开，与社会共见。自在山发出电报后，我自己即未再到此屋，不但至战后，即到现在，我未尝再经过此屋，进过屋门。膺白为我喜欢杭州西湖，且与庾村往来方便而建此屋；我为膺白喜欢建筑，建筑是他最磨功夫之娱乐，而鼓励成此屋；这所屋是吾家南南北北前后住宅中自己购地建筑，亦是最讲究的一所。设计既定，膺白对我说："离家乡数十年，一无成就以报桑梓，乃造屋以炫后辈，中心惭愧。"于是我们决定用此屋时，尽量改变我们闭门孤僻习惯，务多开门与当地人接触；不用此屋后，赠给地方作公益之用。膺白遗嘱还提到我们此约，我今不过提早，用在当前更紧要关头而已。

我得到许多亲友的赞许；吾弟君怡在沪见报，首先来信说："此举，虽在手足亦不能不表敬意。"在庐山几个朋友来信说："闻讯，只有默然叹服。"我离上海时，有新银洋一包，是每年新岁用作儿童压岁钱之积存，托仲完代为随缘作有益之事。她来信曰：本拟代作救国捐，今戈戈者不再充公，已送银行入我户内；其时政府重申禁令，不得私藏银币也。吾家所有字画，大半系年节生日亲友们的赠品，我一一报告："所惠赐，襄成义举。"江浙撤退匆匆，未有机会善用此屋，当时我所交出器物，列一清册，今尚保存，签名者七人：我的代表人王大纲，接收保管者中央银行行长张忍甫，主任翁云生，监点者民政厅长阎幼甫，科长夏翀，财政厅长程远帆，科长汪筼。昔日空负痴心，今日絮絮记此，不胜惭愧。抗战后我见过浙江省主席黄绍竑的《回忆录》，提起住过此屋，一若不知此事不识其人者，故述经过。还有后来的事，下章再记。

莫干小学每年暑假在山上开暑期班，用公益会房屋上课。公益会是莫干山中国人的一个组织，全部住户分担造此会所，第一任理事长是膺白，第二任是叶揆初（景葵）先生，是住民公选的。暑期办学原是公益事项之一，由莫干小学校董会担任。这一年的八月底，正要结束山校而回庾村开学的时候，发见许多在山避暑之家不拟离山，孩子们需要继续上课，不但小学，还有不少中学年龄的男女学生。于是我与校长郑性白教导主任张竞心二人商量，拟在山上设立莫干小学分校，且添设临时中学。这"临时中学"四个字，后来在抗战八年中，以浙江而论，各地都有，然最先发起者是莫干山。山上不但有许多学生，亦有现成的教师。除性白、竞心，还有校董徐青甫、朱炎之、葛湛侯几位在山，我们商量之下，用莫干小学校董会名义筹备临时中学。这是连我六个校董的决议：由竞心担任教务，性白担任事务；一面通知在山各住户，一面由莫干小学校董会呈报浙江省教育厅，为学龄儿童紧急必要而如此办法，请求承认学生在临时中学之学历。住户的反应极快，不但读书的学生，亦有愿意担任功课的教师。教育厅的复文不得要领，大意不以临时办学为不当，但说明不能承认学历。官厅不设身处地在战时民众的一边，而只拘泥平时条文。幸亏家长和学生都不在乎承认不承认其资格，在山之家无人不来。从提议到开学，用极短时间完成。

莫干山临时中学共有初中三班，高中一班，校址即在吾家白云山馆毗连的三宅房子。莫干小学虽仍回庾村开学，山上亦附设了几班，借芦花荡小礼拜堂上课。小礼拜堂与"临中"相隔仅百余石级，如此照顾容易。所用桌椅，除庾村现成多余者外，临时由山上工人制造，白木不加油漆。我们凡可俭之事务求其俭，不可省之事丝毫不吝。向来各校用的教科书，均不一律，我们用两个原则决定：其一从多数，其二征求主任教师的意见。我们在油印的报名单上，请学生填明其原来学校所用教本。如此先得一个多数概观，商之主任教师，然后到杭州购买。后来亦有因杭州书店缺货，而从便改变之事，此时的交通应以供军用和难民为主，我们不再求全转向上海采购了。原来在山上的有英文教师二人，数学和地理教师各一，张竞心自己在文理两科都能担任些，暂时只缺高级文史及生化教师。帮我们请教师最热心的是浙江大学的郑晓沧（宗海）先生，就是译《小妇人》的一位，他介绍国文教师张惠衣、历史教师柳定生；张先生请到来山；柳先生系名学者柳诒徵先生女公子，我慕名甚久，当时顾到战乱情形，对女教师我们需要更多责任以爱护，故未及远道邀请，柳君本人大概始终不知有此事。生物教师章子琨系由浙东请来，能自己走山挑行李，授课甚重实验。

我们所有简单设备及仪器都曾应用了。据学生言，都市中的学校未尽有此。自有莫干小学以来，每逢吾家年节有事，亲友馈赠都以学校用品，故莫干小学虽在乡村，而图书仪器均比较完备，这次都借给中学用了。我在此附带向这些亲友们致谢，我们都一一用到在来学的孩子们身上，未负盛意。"临中"开学之日，师生群集在白云山馆东面广场，竞心致辞，勉励学生用"最后一课"的精神读书，我介绍教师从文史先生开始。

这里我要特别提起几个人，都帮我们不少的忙。计仰先夫人汪吟霞，在膺白去世后即来吾家相伴，她的儿女晋仁、德容原是我们寄儿女，计先生做过嘉兴中学校长、浙江省教育厅长，与郑晓沧先生相熟，故托请教师及赴杭买书，都由吟霞、德容母女担任。那时我在庚村还有一辆车，我家一向乡居时不有车，有事则临时向杭州雇用。年前膺白由北方归，政整会撤销，汪院长饬将膺白在职时坐车送庚村使用，膺白谢不受，将上海家里的车开到庚村，以原已有车，为不受的理由。后来膺白卧病，时时要到杭州买药，车子很需要，以后我一直把它留下来。

吟霞母女正要到杭州采买书籍文具，我临时接到一封信，是曾在上海允中女学任教的楼文耀先生寄来。熙治曾在允中读书，我与楼君见过几面，未通过信。她这次的信是由杭州一个尼庵寄来，大意说：国难中拟有所效力，而不知何所适从，问我庚村工作中有无她合宜的事，并言她是单身，不求待遇，此时正在尼庵教小尼姑书，倘数日内不得我信，即随众他徙云云。我将原信交吟霞嫂，请其往访楼君，告以办"临中"之事，倘合意，即偕来。楼君带了洗而未干的衣服，当天傍晚即到山上，住在吾家，担任初中文史功课。

湛侯五舅母陶君辉，长于事务及会计，住在山馆东面之屋，此屋楼下后来作了讲室，我们将账目之事尽拜托她。我们的中学是收费的，但以月计，以便学生中途随家长离山。若月底入学，则由下月起算，月初来则扣去未到的几日，务便来学，不使因学费而荒一日之学。学生中途退学，书籍照价收回，如此后来者不缺书。舅母能唱歌，兼授唱歌课。

"临中"的学生每晨八时上早操，唱《义勇军进行曲》，住得最远的学生步行到校，从不后时。离校最远的一家是浙江兴业银行蒋益之先生家，他家儿女孙儿女都很用功。在山有屋避暑之家，大半家境很好，在"临中"所见，无不愿意克己，爱国心热烈。上海闻人杜月笙、张啸林家孩子，与他家司机的孩子同来上学，主人出钱。杜家一个儿子在楼先生班里，经楼先生循循善诱的教导，从卅几分考到五十九分。我问楼君何独惜此一分，不与及格？楼君说，使知前程极有望，而努力尚不足，张家的孙女品学俱佳，询知其母教甚好。有一男生在高中，年事已长，最不守规，其家与张家有素，由张女暗告其祖父，警戒该生自动退学，不结怨于学校。募救国捐，缝制慰劳品，全体男女学生俱出力。

我每日早晨向窗外望着一个个"小壮丁"步上石级进学校，课毕看他们跳跃而去，亦有时到操场看早操，他们的体操姿势并不像受过认真训练。近年的学校对于体操，尤其团体操和步伐姿势，似乎比我少时的学校更不着重，不知是否因学科太多没有功夫？抑或都市地贵没有操场？熙治知道我在看操，往往特别卖力。对着这些年青学子，我相信中国否极泰来，复兴有日，寄以无穷希望。我的情绪这时尚甚脆弱碰不起，然心里亦在准备能参加一课两课的书。平常国文教师张惠衣请假回家，他的功课由竞心代；一次，适值竞心自己有课，我知道他很希望有人代完一篇《左传》"子产坏晋馆垣"；这是我幼时父亲为我讲得声容并美的一篇，我很想告奋勇去代，吓得熙治和我一个表妹朱西牧百计恳求我勿去，说她们一定自己读之烂熟。我如此不受欢迎，以后遂未再尝试。

我们这个临时中学虽然没有校长，但是人人效力。我住在隔壁，每天有一定时间，等候师生来问讯。每星期六的中午，全体同人在吾家聚餐，厨子总预备大碗可口的肴菜。届时各人提出应兴应革之事，经众同意者，次周即实行。国文教师得意而背《孟子》"未之有也"，楼先生说生平未有如此痛快之事。我觉得是我们规模小、人少而集中之故。莫干"临中"气象之好，在乎教者读者和家长都能"合作""认真"。因这个学校，许多人延迟离山，亦有认莫干为桃源而特来避难者。"临中"曾请他们到小礼拜堂讲演，各自择题，这讲演会每二周举行一次；记得有顾寿白医生讲"传染"常识，林烈敷先生讲"西北边疆人民生活和风俗"等。本校教师及学生亦有参加过讲演的。

五舅湛侯是一位业余自我学成的农业家，我们称他为"多九公"。以前膺白同他谈农牧之事，是选购精种，不惜工本，成就在远处大处，我无此气魄和力量。庚村的地，土层极薄，产物瘦得可怜。几年来仅在山坡植了松林，开垦过一片桐园，由严州聘来工人指导。浙江不是产桐油的大省份，但严州的漆与桐油亦算有名。我们种的是"七年桐"，还是膺白手里的事，此时尚无出产。

我同五舅商，我们先"小做做"，从畜牧着手，畜牧从本地羊和猪开始。我说，十块钱一亩荒地，加工加肥四十元，当地熟地。他惊奇我能懂得到此，他说我肯如此，事便不难。仰先嫂是崇德人，崇德的羊很好，她听见崇德农人的话："养在棚头，赚在场头。"棚头饲畜，其肥料利及土地，是盈余。我就想如此做，五舅不反对。管庚村农场的潘雪超，原是五舅在闸口农场的工人，娶仰先嫂的使女，仰先嫂待使女如家人，将来当可替我照顾几分。我已经备款要叫潘雪超到崇德买羊，金华买猪，绍兴买鸡，性白赶来表示异议。性白的看法是对的，战火眼看要延到内地。岂可再拖开场面？而且这些场面，将来责任都要搁到他身上。我的想法亦不为无理，地方一日在手，一日需要有活力生气；庚村的工作基础，人和地皆现成，并非突然多事；失败有限，成功则更增我们"知其不可为而为之"的精神。但结果是我尊重性白的意见，而中止这个计划。

秋收期到，农民照例来"公共仓库"押米。我们的米仓在庚村公路车站对面，可容一千担米。每年秋收以后，农民押米于库，资以周转，明春待价而沽，他们最以为便，是我们无意而成的一件实际工作。性白、竞心来与我商：米仓地处冲要，万一因乱被劫，不但亏本，还须赔米。又战况不利，米价大跌，而农民需款更急，宜如何办？我们商讨而后，觉平时向通有无，何况此际？决定照押。且因米价下跌之故，往年押六折七折，本年加成受押，值五块钱的米，以九折四元五角押付。这年的存米地点，由性白与农户商，不集中于大仓，而分储在各小处。有性白的安排，和农民的合作，这件事后来结果甚好，毫无损失。仓库押米，只取极低手续费，不收利息，我们开始是战前的法币五千元，收回亦是此数。

提到我们这个米仓是无意而成，我要得罪一个或几个并不知名姓的公务员，浙江省公路通到庾村以后，有了一个车站，这车站离莫干小学不过百步，顿成一个热闹区域。安庆工人出身的王有芳得到"公路局"许可，在车站对面沿河自己的一块地上造了一间大停车房，四间小车房，供往来旅客洗车停车之用，经营一年，获利颇厚。照原合同，试办一年，可以继续，条款中须有救火清洁等设备，亦未违章。不料一年期满，王有芳一连接到几个公文：初责以设备不周，不准继续，次责以估价呈报，公路局将收买其车间。王有芳决定停止营业，不愿作价被收买。最后的公文是其年九月底以前，不准停业；此因秋季海宁观潮，各地来浙江游客可能转到莫干山，需要车间。王有芳年事已高，在安庆工人中为前辈，受人尊重，他的后辈虽已读书，本人识字无多，对这些公文不甚了了，但知不是好意。来见膺白，看前后公文，显属有意为难，问他意欲如何。他坚求莫干小学收买其地。膺白问："既肯出卖，何妨估价让公路局收买，或者并不吃亏亦未可知。"他意有未平，言即使高价亦不愿让，于是膺白照其价买归学校，将四间小车房无代价借给公路局使用，以一年为期，而以大车间改成仓库。吾家在乡间不管公家闲事，只此一次救王有芳之急，然仍借给小车房，不使公路局难堪。这仓库与车间，抗战时毁为一片瓦砾，我迄无力恢复之。

浙江大学竺校长藕舫（可桢）夫妇到山来访，他们正在打算浙大迁徙的问题。我自己在山虽未萌退志，然莫干非可久安，于大学不宜，据实以告。他们想把孩子送"临中"寄宿，我答应照顾，后来局势急转，未成事实。我想起杭州的"图书"应早搬开，请其向有关的人陈述。他谈起我所捐屋，谓闻有人提议发彩票出售，问我意见。我说："为抗战用，已经提出，但凭政府处置。个人则不取赌博方法的。"

同学赵佩文（懋云）由她家乡四川荣昌县来信，谓江浙恐不守，请到她家避难，这是第一个来邀我的朋友。后来还有武汉方面膺白的朋友，都令我感激。我函谢佩文，我以为江浙驻有重兵，且筑有极坚固之防御工事"兴登堡线"，不想半年的坚守都不能的。

白云山馆石砌前有一棵大枫树，为全国最大的一棵，入冬叶褪深红色，以前我们在此时都已返沪，故未见过。这一年满树红叶，扶摇上天，婆娑盖地，景色正对着"临中"高年级的讲堂。我常常想，这小小山头，能作"避秦的桃源"，亦能作"亡秦的三户"。同居的计太太、楼先生渐渐以避地之说打动我，她们听到几家人家的远行计划。一日我对她们说，在山我还可以做一点自己以外的事，出门将何之？人地生疏，累朋友于心不安，无人照应，寸步难移。于是我们心又定下来，不作任何准备，但我从不劝别人留在山上。即我们学校的安排，亦只使人在山一日有一日书读，始终给人以流动自如的。伯樵、仲完曾来山上，伯樵为京沪沪杭两路局长，已在夜间疏散重要物资，暗渡钱江大桥。仲完想留在山上，又想劝我走。他们离山赴杭，我又清静下来。浙江省政府决定撤退之前日夜间，财政厅长程远帆偕王大纲到山，告我明日将离杭，在杭与伯樵等谈过，恐我出门无人照顾，与大纲商，愿否再来吾家，大纲一口答应，故立刻请他携铺盖及一小皮包，随同上山。危难中许多故人不忘我，令我感激。从此，大纲等于吾家一个子弟，助我各种事务，在抗战时及抗战后，我所经手之公私各事，无不有其一臂之劳，到一九五○年我全家离香港到美国为止。

廿六年（一九三七）十一月的一个深夜，庾村来电话，说话者是吾舅葛振民（敬康），他刚由南京到庾村，有卡车一辆来接我，是伯樵等所安排。他告诉我，白日有空袭，在京杭国道上车须夜行，他们深夜到此，拟次日夜间回京，要我在傍晚以前下山到庾村起程。他另有小车来接敬安姨母返京。我斟酌之下，时势至此，不再以无用之身，仆仆道途。与仰先嫂商，请她携德容，并代我将熙治带走，我仍留山。康舅再来电话，我不下山，他亦不归，请勿固执。我的妹夫钱乙藜，与仲完复由南京来长途电话，谓此系最后且难得借通之军用电话，请勿负朋友之情。仲完说话等于哀求我离山，她们在乙藜家候我。一日之间，仰先嫂代为整理各人行李，女教师无家在山者均同走。性白、竞心都主张我走，减少山上目标，说我可为之事他们必继续为之。遂与性白商必要时学校、农场种种措置，我告诉他，同人安全为第一，身外之物请勿顾惜，属于我私人者更勿措意。我坚守此约，抗战八年中，性白夫妇及其他往来山沪之人，我从未干以私事。对于文件，托以不能保则毁，此事性白夫妇为我辛苦妥善保存，使我今日还有一点可贡献的史料，连装置藏山的工友，我终生感激不忘。性白夫人名李雪钧，亦属莫小教师，后亦参加我们校董会。终抗战之世，她夫妇坚守岗位，直接保全了莫干小学，间接保全了莫干山。

在夜色苍茫中，我们一行人到庾村"文治藏书楼"，此时吾家在杭州的书亦已搬到此地，我曾与浙大竺校长谈杭州图书馆的书，而我们自己的书我一点未有安排。这时莫干小学的小朋友们已放学回家，都未得见。经过膺白的坟，我默念：万一被炮毁如何？继思普天之下，何处非先人庐墓！膺白若不死，正欲"拼此一命"，则何惜此白骨？忽然一个奇想涌上心头，我托性白：此地若为敌占，临走请用泥土掩盖石碑，不留名姓于沦陷之区。

三一　重回上海

我在一日之内决定离莫干山，离山之前，闻讯者识与不识，纷来看我。有的想留我，请共患难，有事必先顾我。有的要搭车同走。我自己本有小车，可容计嫂、楼君、德容、熙治和我。大纲坐卡车，我们的行李很简单，遂以剩余座位请先接洽者先坐。蒋益之先生一家是日与我们一同到南京，说明到了南京，他们自有办法。说到这辆卡车，我又要想着伯樵、仲完，他们得此不易，而且车顶装有树叶之网，以作掩护，车上坐着两个路警，原是膺白的卫队。这些安排，使我触动旧情，不感生疏，而不得不走。

计仰先嫂为每人缝一布袋，分藏现款，挂在贴身，相约倘遇警报，各顾自己，分散而不集中。我们黑夜行车，车行甚慢，时时停车让兵车先过。京杭路上所遇小队士兵，大都身材短小，神气镇定，据说系广西兵。对这些以血肉性命捍卫国家的同胞，我们贡献甚少而期望甚大，每次低头默致敬意。进南京市，天尚未明，路上车辆纵横，已不如平日之有秩序。这是我最后一次到南京，以后十余年至我出国，没有再到其地。

我们的车直驶上海路我的妹妹性元家，性元已带着孩子们到上海，她家里住有过路客人甚多，伯樵、仲完亦在那里。乙藜让自己卧室给我，我们五个人只有一张床；仰先嫂辛苦又晕车，她与楼君年纪都比我大，我请她二人睡床，楼君谦让，计嫂知我脾气，在吾妹家，请从我意；我与熙治、德容打开铺盖睡地板。这几日乙藜家外户不闭，人出人进，似一家没有账房的饭店，这风格我很合意。楼君本吃净素，我们劝以前路正长，请随缘便人便己，她从言开荤。

乙藜指衣橱书架，叫我要什么取什么。我离山时弃一切如敝屣，与熙治各穿着黑哔叽棉袍，我们还都在丧中，御寒有物，除铺盖外只携短期替换衣衫。我看书架，取《苏长公诗集》一部，《十五年前之蒋介石先生》一部，后者在汉口看毕留下，前者带到上海，战后仍还之乙藜。仲完见橱内有羊皮统两件，口中念念嫌我行李单薄，取了一件，到汉口即为购料做成皮袍。这是抗战期中我惟一裘衣，后来常在大冷天穿到"南屏"上课。

江浙不守与首都撤退之事，以中日军事实力比较，原非意外，但不料如此之速。大家以为修筑有年的"兴登堡线"上，至少可支两三个月，岂知这条线未曾用着。我身逢过民国元年（一九一二）南京开国之盛，亦略知民国十六年（一九一七）国民政府再建都南京曲折。民元南北和议告成，中山先生已在南京辞职，让位袁氏，袁借口兵变不肯南来就任。我在学校曾参加过一次辩论，题目是："首都应在南京抑北京？"我是在主张南京的一边。我的理由之一：海通以来，中国与国际关系海上多于陆上，建都东南，风气早开。我是被"祭明陵""昭告光复"的一股兴奋空气所影响，实际所知道的南京比北京更少。有人说历史上南都往往是短局，我以历史并无重演，冀其不中。亦有人言"九一八"沈阳之变，政府若在北方，不至于事先茫然不察，而事后犹视作边患，不以为心腹之忧。事后先见，言之者易。然民国二十六年长长岁月，勇于内争，各不相让，致招外侮，无可讳言。今南京又是仓皇辞庙之日，不能不令人回忆当年，伤心不已。我没有在南京住过家，每去都不久留，常比膺白先走，似与南京少缘。此次京沪沪杭铁路皆中断，我之逃难初步，偏要到"与历史有关，而人事无缘"的南京开始，实始料所不及，情怀至苦。仲完和我，都是民元参加祭明陵典礼的。

我仍在转念头要回莫干山，山村角角落落容身之处甚多，已经着手之事多做一天是一天。终以德容尚在大学，熙治还只高中，莫干山与庾村不可能有其读书长久之计，而他们亦决不肯让我一人回山。仲完告诉我，他们已拟之计划，铁道部名下一条江轮，他们和我各得到一间舱房，不日西行。此事得之不易，出自张公权先生好意，公权先生时为铁道部长。朋友们临难不遗我，使我感动，然增加我心上的困难。这预定的一间舱房是两个铺位，显系为我与熙治，我母女弃同行者于半途而走乎？与我相处者一向以我为可靠的人，我良心能如此？我在山时，见报载杭州省当局谈话：敌人决不能来杭州，当局必与杭州共存亡。后来敌未至而省政府仓皇撤退，船车俱受统制，老百姓欲走不能，望钱塘江而兴叹。此种不负责任之壮语，与临难不顾人民的行为，我曾愤慨痛心。今事未兼旬，我得到公家的方便，易地而即忘怀一切乎？我终于谢却已得之舱位。伯樵、仲完因我而亦留在南京不走。

许静芝君系大纲的姊夫，第一个知道我到京。我因不愿烦有责任朋友的神，尚未通知岳军先生。静芝见他还在设法叫莫干山的电话而接不通，代我报告已经到京之事。战事起后，岳军先生曾与我通过长途电话，叫我安居在山，候他指示。膺白在时，我们没有通过长途电话的。岳军先生到乙藜家看我，见面彷徨，不知语从何起。辛亥以来，我们失败而共患难之事不止一次，这次是大大不同。我问起蒋先生，知蒋先生时时叫人请他，到后又无话说。谈到行程，他劝我到重庆，四川是岳军先生家乡。公权先生来，我谢他好意，我知道为我留这间舱房是不容易的，我有点不受抬举。

我决定买着一般人可以购票之船，即搭以动身。初拟到重庆，算账时始觉携款不够。我离山时尽量留给学校，各人身上究有多少，至此方才明白。款不足，改计到汉口，伯樵、仲完跟着我伸缩。仲完看我算账犹豫样子，急急塞五百元钞票在我手里。新华银行王志莘先生是他们的朋友，我亦相识，请我们到汉口住新华银行行员寄宿舍，于是住的问题亦暂时解决。一天，我们买到了民生公司的"民俗"轮船舱位，岳军先生派副官杨守茂送我上船，杨副官系膺白旧人，在船上数日，候至"民俗"开行始别去。

"民俗"船泊南京江边久不开行，为被几处机关要扣用。此时虽有新设之船舶管理处，并不能指挥如意，各机关不相为谋，所派的人各自坐在船上不许开行，最后一次是军政部要用作长官办公用。此事我后来知道杨副官每日报告岳军先生。我们获准放行之日，乘客人人称庆。"民俗"此次上驶，系规定装政府的疏散物资而售普通客票。这次乘客比平常加倍拥挤，一个铺位有两个人日夜分用者，王大纲即与沈来秋君分一个铺位。许多平日坐头等舱的人都坐了统舱，我和熙治仍分得一间两个铺位的房。从我们到南京，以至船到芜湖，天一直阴或雨，敌机未来。舟抵芜湖，奉令停船候装兵工署之货。船停在江心，不能靠岸，靠过一次，散勇纷拥而上，向行李堆中藏躲，呼之不出。沿江和沿粤汉线所见散兵，与在京杭国道上所遇小队，情形大不相同。

如此船泊江中，日日用小驳船到芜湖候消息，而货并不至。"民俗"不是一条大船，在南京已经装了载重量三分之二的物资，只余三分之一容量，而乘客则已倍于平时。在芜湖江中几日，天气放晴，敌侦察机不时在空中盘旋，乘客起慌，船上执事亦出怨言。乘客说：千余人的生命不及未准备之物资。执事说：如果政府办事划一，多少物资限多少日子装到目的地，与船公司合作，诸事要合理快当得多。即如"民俗"停南京江岸码头，与停芜湖江心之日，多过于在长江行驶之时。倘不硬扣而早放行，则已装之货早经到达，而船亦已作第二次之上驶矣。

我与伯樵、仲完商，如何将这些情形报告有关的机关，和我们所认识的朋友，请求准船早开早回，不误公事，实际有效而怨望可平。目标是军政部兵工署一个方向，我们同时发函发电，都签了名。并声明：发出函电将不待回音而开船；因此时政府各机关已都在移动，函电何时到达与能否到达，均不可知，故不得不如此。从商酌、定议、起稿，以至送信人登陆，再回船，天已黎明。四时顷，船身开动，我们始休息。此事经过，除船上执事外无人深知，惟一夜出入上下人声，而忽开船，人知有异。次日我们进饭厅时，有人高声言：代表全船难友向昨夜为大众努力的人致谢，我们的一桌都低头不语。据闻后来汉口报纸传说其事，或谓有人出头，或说有人发脾气，则皆似是而非，有错误。三人中起稿是我，仲完甚性急，赶出赶进。伯樵有病，疲乏而不肯先睡，则系事实。

　　舟抵汉口以前，船长成君拿纪念册要我写几句，他告诉我这次旅程有不少知名之士同船，我已经见过左舜生先生，和《大公报》记者范长江，他特别指出佛学大家欧阳竟无先生已经写了很长一段文在册上。我先踌躇，他固请，我写了"无敌国外患者国恒亡"，他有点惊愕；连下去写："人人求诸己，尽诸己，与复可期，小挫勿馁"，他始点头同意。成君的夫人姓罗，正由京沪接父母弟妹返赣，罗家几个姊妹都天真活泼，喜与我亲近，临别索通讯地址，我正前路茫茫，答以太平后在莫干山。

　　汉口新华银行宿舍在租界一所弄堂房子的三楼，我们一群人拥到，颇有难于安置之状，他们分给我们大小空房各一间。仲完处处怕我不安，在人地生疏之际，她立刻到木器店租得用具，把小房间布置得床桌椅柜俱全，安顿我和熙治。她自己与计、楼诸君合住大房，每人一只床，另外只有一张方桌。伯樵住到志莘先生房内，大纲睡在穿堂即吃饭间，白天把帆布床寄在大房。这两间房不久有别处行员来住，我们客又携客，不便久扰，心亦不安，我同仲完四出觅屋，无奈租界早已人满，空屋被捷足先登，或已被机关指定。我们看屋，地点愈看愈坏，租价转身即加，大戏院隔壁、荐头店楼上都去过。为用款问题，我托大纲到浙江兴业银行看看叶揆初先生是不是在汉口，我在上海有点钱在兴业，请在汉口给我支票开用，我务不用超过四千元。这样无凭无据，且我从没有向揆初先生商量过款项的事，竟承他一口答允，如此解决了一部分的困难。揆初先生后来在上海接洽救济莫干山上难民之事，战后又参加我们的莫干农村复兴委员会，那时他已七十多岁。大纲去访他时，他正接到他女儿女婿合家老小逃难在钱塘江覆车不救消息，意态颓丧，而我不知其事，以此相烦，甚为不安。

李晓垣（书城）先生家在武昌，曾有函电劝我下山，我都未收到。他已经为我借到武汉大学教授耿季钊之屋，离他家咫尺可望，耿君之兄伯钊是膺白同学，我亦相识。晓垣夫妇请我们到武昌吃饭，我见他自己之屋甚陋，而耿家之屋甚整齐。朋友之为我谋可谓至矣。我要求到黄鹤楼参拜克强先生铜像而归。此时晓垣先生已觉武汉未必能久守，不劝我住此。

公权先生来，我与商前途去处，他看我念念不忘莫干山，劝我往川滇旅行一周，由海道回上海。我即作旅行计划，拟觅同伴，商之晓垣夫妇，太太因小孩不能远走，先生可以同行。一日黄任之、江问渔等四五位先生同来访，都是新中国建设学会教育组同人，我说到战事势必持久，许多地方将沦陷，必须有人做一种精神工作，团结一般人的爱国心。他们都赞成这意见，但言我们这些人太易受注目，不能当此，劝我同往重庆。这时政府还没有迁重庆之说。

我于是想：我是女子，年已不轻，膺白在时我躲在背后时多，我不致被注意。我又忽然想到，朋友顾我，我如何不顾朋友？同下山的人我未有安排而将漫游？伯樵有糖尿症，饮食特别，针药不可离。他夫妇本极简单，为了我日日变计，无所适从。我正拟取消旅行之计，适逢有英国代使赴香港专车，可以附挂客车一节，倘我不欲，伯樵、仲完亦不走。于是在匆促几小时中决定了搭粤汉车南行，仰先嫂、楼君比我迟一班车走。

到香港又经一番觅屋程序；高贵之区不敢去问，便宜之处亦已人满。逃难尚只几星期，经验增加不少，把钱看得重起来。大家已注意到币值，这时港币与国币还是同价，伯樵、仲完有闻必告，一日叫我把国币全拿出来换成港币。他们在旅馆的房间从大搬小，从有浴室搬无浴室，电车必坐三等，点菜扣得甚紧。伯樵不能吃淀粉质，要以菜肴饱腹，我叫熙治坐车跟黄伯伯，吃菜要让，熙治回来总嚷饿，我叫她吃块糖，不许响。伯樵、仲完在港熟人比我多，饭时总回来带我们，不放下我们一次。我估着计嫂、楼君等将到，我长此为朋友累如何？于是写信给在上海的舅舅葛运成（敬中），与商我返沪的意见，请其电复。我所以请教他，因他自己是个农业专家而又热心农村工作的人，他知道我对莫干山的痴心。膺白去世，他每日早晚来看我两次，一日，我同他谈到庾村的教育办到职业中学，生产配得上学生出路，他才放心下来，知道我已转念向积极处，这仅是一年前的事。所以我第一个想着去问他，他回电以为我可以回沪。仲完偕行，她送我到后，收拾剩留的行李再到香港居家，直到香港沦陷，他夫妇回沪，在吾家做客至战事终了。运成舅则在我返沪后不久，到昆明植桑去了。

二十年来，我的弟妹中，很巧总有一人或一家与我同住一城，我那时还没有感觉手足相需之必要。不幸在膺白去世以后，不久战事爆发，我需要他们，而他们都不能不远走。我返沪时，性仁、性元和弟妇懿凝都将动身。性仁行时甚踌躇，我说："弟妹安，我即安。"力劝其行。性元有一病孩，后曾与我同住一时。懿凝陪我看得麦尼尼路之屋，此屋三楼三底，我们四姓——计嫂家、性元家、大纲、我和熙治——同住过。懿凝家、仲完家都有家具借给我用。到上海后。熙治回允中读书，楼君回允中任课，德容到东吴借读；借读是战时各大学相通的办法。初几个月我们局促在赛伏公寓，搬家后生活渐渐定下来。第一件事我写信到莫干山通知性白，从此之后，性白、雪钧每年总到沪一二次。我搬家后，每次他们都住吾家，有一段紧张时期，他们两个孩子念祖、忆祖送在我处代为照管。在上海租界被占以前，山上莫干小学书籍文具都由上海采办，水运可到三桥埠。商人来沪办货，款由我处划，只凭性白字据，彼此省汇兑之烦，免携带之险。这些都由大纲接洽，没有误过事。

我在赛伏公寓的几个月，只有一间卧室，一间坐起间。我与德容、熙治同住一室，她们分睡一只两用沙发，我睡一只小铁床。计嫂住在性元家，大纲住公寓配膳室。我忽然想起西藏路的中国书店，相距不远，是老交易，请大纲去问问可否借点书看。我其实不想再买书，只想借看，使亲友知我有得消遣，不必要常来看我。书店的伙计真好，不厌烦的一大包一大包背来，我没有书架，铺上报纸着地沿墙摆，我看得愈快，他们送得愈勤，使我不能不再买些，后来我在上海添出十来箱书，即从此时而起。几种大部的日记，如《越缦堂》李慈铭，《缘督庐》叶昌炽都看了又买的。我想收集地方志，数量太多，未曾着手。把洪杨时代集子收得很多，不著名的我亦要。到我搬麦尼尼路时，书已是一大件的行李了。

我要顺便提起一个读书朋友黄绍兰，她又名朴，号君素，湖北蕲春人，与黄季刚（侃）婚一年而仳离，有女名珏，号允中。绍兰在上海法租界办博文女学，博文租校舍两宅，临街相对，暑期屋空，常出租一宅。我最近见某种记载，说早期共产党开会在博文女学，大概为博文暑假出租之屋。绍兰与季刚同为章太炎先生弟子，季刚死后，太炎先生记其事略，未提及她。我慰之曰："季刚入赘君家，当俟君百年，记其事。"绍兰殁后，允中拟刻其诗集，要我写其生平为序，告我绍兰患神经错乱之原因，为季刚死前嘱小儿女事二姊如大姊，二姊者允中。季刚之子远来认母，行大礼，绍兰泣如雨下，自此爱子甚于爱允中，所喜书籍图章皆送于子，而精神恍惚遂病，则以此病死。我与绍兰交久，"百年"之约，又承允中之托，不幸不久世又乱，我需要允中的详细世系未至，无从下笔。而所存绍兰诗词稿拟交允中亦未果。负此良友，不胜惭愧。绍兰系北京女师第一期学生。读书出自家学，曾示《自述》七律如下：

当年诗酒作生涯，洁膳晨昏负玉阶。居业每从惠姬志，从征深契木兰怀。蓼莪废诵成长恨，风雨教吟忆旧斋。一线传经期赎罪，天行恒渐应和谐。

每年我的生日她必有诗，一次集《诗经》句为长歌，尤天衣无缝。风雨之夕，有诗，辄令女仆持以送我，有时带点糖果；我责之曰，君有雅兴，女仆何辜？然我偶有句，亦必送去。以下是她和韵答我之诗：

春回雪霁旅怀开，拨闷殷勤鸿去来。九品难量人似海，一麾曾共子登台。如今薄俗贪齐偶，自古多情属楚才。且喜夭夭桃李盛，相逢莞尔便衔杯。

她四十岁生日，适值淞沪之战，我请她到吾家为寿，或送酒菜邀友到校相叙，均不欲，遂送笔墨一包，以句代简曰："四十年来霜雪姿，东风无奈岁寒枝。匈奴未灭家何为？鼙鼓声催祝寿诗。时难年荒礼意虚，未容樽酒扰清居。湖毫宣纸黄山墨，佐述胸中五斗书。"

她在京师女师时原名学梅，绍兰是字，见"东风无奈岁寒枝"句，深为高兴。

下附其"蝶恋花""临江仙""卜算子"三首，并七绝。词中汤君影观乃章太炎夫人。允中若见我稿，恕我以此塞责也。

与云妹畅谭归途作

雄辩清谭张一军，廿年瀛海更逢君，搴裳独向斜阳路，回首高楼隔暮云。

蝶恋花　汤君影观邀赏牡丹作此谢之

驿亭执手丁宁语，宝马香车纷似风前絮，朝夕往还轻举步，门前记取相携处。　绿暗红稀春欲暮，载酒看花忍踏当时路，天若有情深看觑，明年颜色应如故。

临江仙

花事一春开已遍，楼头杨柳飞绵，杜鹃啼澈奈何天，别愁浓似酒，长日静如年。　陌上玉骢留不住，沟前流水潺湲，云囊心影记婵娟，断肠原已久，极目渺无边。

卜算子

怕别怯相逢，小聚如初见，花落花开独往来，也似辞巢燕。　月缺盼重圆，花谢期还艳，杨柳无情不绾春，化作牵愁线。

云妹吟政　　　　　　　　　　君素倚声

绍兰从太炎先生学文字学——朴学后，改名为朴而号君素。她的欧体字很有功夫很美，我处有她不少的诗、词和字。她能背全部《易经》，亦懂卦理。这些我都不能。她论我写字性急，意在笔前，我的诗做不好，她说读史者一字不能无据，而美文常寓意于可解不可解之间。我初回上海，她有诗曰："小隐同居市，书城且作侯。"我答言："持节怀苏子，种瓜比故侯，死生凄以厉，天地肃然秋。"她说我从前无此意境，二诗今已不能全忆。她的诗常源源向我处来，她长我两岁而自居为姊，她谈卦理时絮絮不休，我笑说：你的吾道"易"以贯之，是对牛弹琴。我的读书方法在她看来是离经叛道的，我对她说：生今之世，服古之服，徜徉通衢，以为如何？终承她谬许我。她对男性社会不平，有时表露，一次谈到古制：妃嫔原是皇后的女官，上古原是男女平等。我说：如今民主之国，男的总统以外应有一女总统，各部部长亦然，但不知这些女总统女部长，是否即是男总统男部长的太太。抑另行男女分治之制。她知我在讽刺，大笑后默然无言。她出口成诗，仲完给她绰号"诗囊"，叫她刻诗集，让我等在她诗集里亦成诗人。仲完自称"李逵"，她们给我绰号"太史"。一次仲完从香港来信问绍兰生日，想来沪看她，我亦不记得，要问绍兰自己，写一便条送去曰："香江昨夜雁书来，问是仙桃几日开？我说'诗囊'正萧索，君其禅语解徘徊！会看秋九'旋风'至，且待春三逸舆催，知否'子长'意致好？清歌檀板正悠哉！"这首打油诗里，三个绰号都在内了。

上海是畸形地方，亦有畸形命运。有租界时，靠欧美人势力，如同化外。租界被占领后，日军主力已在太平洋对美作战，无暇顾及中国一般居民，除物资渐缺，生活日紧，其他不受影响。车子我早已不用，司机仍留吾家，吾家一向只有佣人辞我，我不辞他们，尤其在患难时候。性元、懿凝走时，都留一个老佣人给我。这时水电都已有限制。我们晚上很早休息，饭菜从四菜一汤减至一荤一素，最后每餐只用一盘炒酱，荤素俱在其中。我向厨子解说，得家人同意，并非刻薄自苦，是对一般人的同情，厨子是抗战胜利后第一个辞我而去的人。司机张子翔识字最多，能读报，常在厨房读报给众人听。他会在字里行间，找出国军胜利和敌人崩溃情形，他解说"崩溃"就是"哗拉拉"，照他的说法，战事似已早该结束。我常觉得愈简单的人愈爱国，他们的爱国是无条件的。

我初到上海时，人心正在惶惶。传说北火车站大厦是日军最作恶的地方。这次的日军军纪非常不好，比传说中的庚子时代不相同。同时各处伪组织纷起，许多人认识不清起来。在国军节节败退，而国际轴心国闪电战成功的一段，是最可怕时期。一个很粗心的人来看我，他说："黄夫人！你住在高楼不知外面情形，政府已经完全失去人心。"我说："人属于国家，不属于政府，尽管不满于政府，不可对不起国家。对不起国家，亦将对不起自己，千万小心，勿听邪说！"我请此人说话留心，可能暗杀之风将开。暗杀是我们最反对的事，尤其出于政府，我们不要忘记二次革命，因何而起。我说此话，非有预闻，不过一种猜度，不久果有陆（伯鸿）案、唐（少川）案、周（恭先）案，后来正伪对杀，不知究有多少人。一个忧国而愤无处效力的人，我怕他彷徨，说"扶持正气即是报国，未有失人格以求国格者"。君怡曾受我请托，对进入内地的人曲意联欢，多给面子，我亦受他的托，婉转劝人定心，勿因甘言摇惑。我甚至诵花蕊夫人口占答宋太祖诗"十四万人齐解甲，更无一个是男儿"，把"男儿"两个字说得很重。变态的人我都不再相见。有两个人使我十分痛苦，其一隔了五年，入而复出，忽然送信给我说，出处问题不欲有所争辩，一日突然而至，自述经过，我不发一言。此人述毕问我近状，我取一页我的《半生杂记》序文示之，文曰："虽渺渺之身，沧海一粟，然为正为负，无不影响斯世之盈亏，能不悚然恐而懔然惧耶？"他看后起身告辞，说不来这一次心不能安，我请留得与国人相见之地，他说不再求谅解矣。此人困于色，至此，万想不到。又一人老实来告诉我要到北方去，他先述开战后一段经过，两国既作战，认识的日本人概不往来，首都将撤退前，日使馆的清水去找他，请再为万一之和平努力，即将其所说之点，写信送京晤王芃生君。王已赴汉口，乃求晤另一人，此人言某君亦认识当局，何不自达？他说国家紧急关头而乃如此！又说战事必延长，政府用焦土政策，不恤人民，人民何辜？他将尽保护之力。又对我说："黄夫人！你研究历史，当向远处看。"于是我开口说："天下岂有失去人敬意而能救人者！正因历史，一失足遗恨千古，虽孝子慈孙不能敢也。"连下去我说了些当年膺白期望之意，维护惟恐不足，拳拳之诚当有所知？膺白论此人为对日人才第一流，惟尚须多认识本国与世界。惜其不久即病，无此机会。我说到此，他闭目默坐，极感动之状，这感动是个人知己之感，对政府似更怨望。我又说："我能继黄先生，效他掬诚苦口之言，而不能像他荐贤报国；虽然，报国岂必从政？途径正多，而叛国千万不可。"最后我说得几乎泪下，我说："黄先生的政治生涯随其生命而终，他的风骨我将继之，有误传其主张者，我必声明。"次日，我心仍不死，再邀之，谓时间甚促，但必遵邀而来；再尽忠告，已经不及。闻此人后来做不少建设工作，病终前，犹言不得我谅解为憾。呜呼，此何能谅解耶？惜哉！

我斟酌甚久而后记此事，心甚痛。当时不入于杨，则入于墨，有被暗杀，有被政府买回，有的间接取利。政府派出地下工作之人，亦有黑地昏天生活。我曾为黑白分明，大义所在，而和极好的朋友争执，争执得几乎绝交。我们的正气何在？我归罪于"政治"和"内争"。"内争"忽友忽敌，不惜结外援，夷夏之防甚疏。"政治"则得之者排斥异己，不得者不择手段，如吸鸦片欲罢不能。许多人的牺牲是可哀的，可警的。我大声疾呼"报国不必从政"，以中国而言，无宁"不从政"是报国，应之者很少的人。

我的心时时在莫干山，我放不下膺白遗给我的乡村工作。终抗战八年，莫干山是自由区，庾村是阴阳交界无人管，武康沦为伪县。原来的武康县政府迁在山后办公，我们的莫干小学搬在山上，与临时中学都受其管辖。性白第一次到沪，我与商定，小学是义务的，且膺白所倡，我们尽可能维持私立。"临中"本系应一时需要，如地方政府要办，即交出，我们作客不作主，减少麻烦。归县立后，我仍有一个时期的按月捐助，张竞心跟了"临中"迁徙，为"临中"校长。我这推让，为见到小器风气，有好事必攫为己有，不然即加以麻烦。弄得全社会活力毫无，生气窒息，这是为国家我不能恕的一件事。

莫干山难民最多的时候，为数约三四千人，曾有一个"中外难民救济会"施粥。参加者三个方面：苏州、湖州来的几个教士，在上海的莫干山公益会董事长叶揆初，和莫干小学校长郑性白；而性白实董其成。我对他说，教育的事我们独任，救济的事我尽居民一份之责，不得已时他可代我作些主。由公益会、莫干小学这些民间组织看来，保全莫干山大半由此。我后来看见一份教会的报告书，亦有山上办教育的事。有益于人，功不必谁居，我们都不在乎的。几个热心的教士，尤其一位明小姐，年事已高，最后离山，至可感佩。苏州的许攽之教士，往来沪与山之间次数甚乡，到沪常来访我，谈所见乡间情况，对游击队感想极坏，逼迫乡人钱财，至以蜡烛烧人臀部，为几斗米而伤人性命。他写了一封信给他们的大使詹森，中有很着重的一句："如果人民不被爱护，战争不会胜利。"这封信不但先给我看，而且托我投寄，这时各国驻使正跟着中国政府迁移，我寄到汉口请外交部长张岳军先生转交。

中国的老百姓——尤其平常与政治无关的老百姓，无不赤子般的爱国，他们既不能远走他徙，亦没有资本逃避，他们是最对得起国家的澈底中国人。我寄出了许君的信，还念念不能忘此事。那时还有人视沦陷区的人为亡国奴，未沦陷的人亦无人管。我不得已写了一信，信致蒋夫人，要点有二：一、勿视沦陷区人民为甘心亡国，他们是被弃，而不是弃国，要维持其向心力；二、对游击队纪律之宜注意则更露骨言之。数月后接到回信说"完全赞同，后者尤当努力"云云。这些信都不曾留稿保存。我为许君的话所先入，此后数年每遇与游击队有关或可通之人，必恳恳为民请命。一个较熟的人告我，无饷故不能不就地筹，则亦惟有望其"得人钱财，与人消灾"而已。

性白遇过几次险难：一次被土匪绑架，轿子到学校门口等他，他中途跳几丈石砌，受伤久而始愈，因他的机警报告公安派出所，匪亦破案。一次他下山查田，被敌军拘禁，幸他夫人镇定，代理校事。我得讯请甘可权君辗转到武康探望，时性白已由乡民保在伪县政府幽禁，待遇甚宽，他暗示可权叫我勿急，被拘四十五日而出。我闻讯时，大纲先告奋勇，我未知性白被拘的原因为何。恐系为吾家农村工作之代表，则大纲去多一人投罗网。可权在乡间系生脸，而关系与大纲同，二人皆勇于为友可感。性白的两个孩子在沪，念祖入院割盲肠，计嫂住院陪，大纲代表签字。忆祖患中耳炎，大纲每次抱同就医。

最可气的一次是我们的武康县政府派人捉拿郑性白，搜查其寓所，他的寓所即是吾家"白云山馆"。其时他正离山到沪，他到沪为接洽救济难民捐款，与我接洽教育经费。这两件在莫干山均是大事，在武康县下亦不算小事。性白动身，县长吴君知其事且促其行，嘱其速去速归。捉拿与搜查的消息到沪，性白在吾家，他将如何回去？不回去则工作交与何人？以后与当地政府如何相处？他的罪名为"态度灰色"，这有关人格的事我有义务为他澈底求个清楚。我自己写信给浙江省主席，那时已不是朱主席（家骅）而是黄主席（绍竑），我再申述我们的农村工作经过，郑性白是膺白请来办农村义务教育，爱国不后人，我以身家人格担保他，请指示以后办事方针；又请程远帆先生写信给教育厅长许绍棣；二函都由性白持以面呈。他坐海船到浙东，转丽水方岩——省政府所在地。战时浙江省有临时参议会，我被派为参议员之一，但未到差出席，曾由议长徐青甫代陈，亦由他告知开会情形。

　　事后查得山馆被搜查之故，为有人眼红性白有枪械。战前庾村工作中有两个小单位用枪，一是壮丁训练，一是"骑射分会"。前者属于我们的"乡自卫"，在保甲制度下；后者属于省。浙江省规定每县有一"骑射会"，因经费关系，应者寥寥，庾村有马有场有枪，故特准设立"莫干山骑射分会"，成立于廿四年（一九三五）九月十五日。那日杭州总会来的代表是航空署长周至柔，主任蒋坚忍，教育厅长许绍棣，公安局长赵龙文等，膺白带病出席，故我亦陪同参加。会里有向南京国术馆请得的弓箭，枪支系与壮丁班合用，山凹里有一打靶场，学校里有几辆脚踏车，还有膺白的四匹马："苍松""白鹿""武康""安吉"。莫干小学同仁都能骑能射，我与膺白都参加过打靶。枪十二支为"汉造七九步枪"，是蒋先生所送，向军政部领得，手续均合法的，膺白去世，我为郑重再呈报一次。抗战开始，性白得我同意，为国家有用，为地方免忧，将这批枪支呈缴政府。枪是战时内地最值钱宝物，有人以为性白手中定还有不少，故借题乘其离山之际，猝然来搜查，小人并无所得而去。这件事使我神经极不愉快，更加努力做得处处天日可表。

三三　南屏十年

我在莫干山筹办战时临时中学之际，一日的傍晚，佣人拿进一张纸条来，说有三个女客看我；纸条上有铅笔写的名字：高君珊、曾季肃和季肃的女儿曾弥白。季肃我曾与她在辛亥共过事，久未相见；君珊二三年前在北平教，曾晤及；弥白还是幼时见过一次。我在膺白丧后，忍耐一时，要大恸一次，这日恰又在大恸后，面目浮肿，甚怕人见，而她们三位已经进来。我不像平日多说话，君珊问了我"临中"的事，她们是假日由杭州来山，即日回去。

　　从汉口、香港回到上海，我与德容、熙治、大纲住在赛伏公寓。湛侯五舅一家亦已由杭州迁沪，他家孩子一向在杭州读书，舅母君辉对儿女教育很认真，学校里的人亦都认识她。一日，她告诉我有杭州女中的朱文央君去访她，为杭女中在沪复课事，要她介绍晤我。她觉得我已经着手的事，负担甚重，我的性情，答应一分，心里要负责二分，此时不可再加重我担子，她先自代我向朱君解释谢却了。德容在金陵女大与弥白同学，在上海又同在东吴大学借读，一日问我可否将住址告知弥白，季肃要来看我。战时谨慎，我的公寓甚小，故曾戒熙治、德容勿携朋友来。

　　季肃来访我，我已搬到麦尼尼路，她告诉我，杭女中同人避难到过龙游，一部分又到上海，拟在上海开学，望我参加其事。我很率直劝她，上海非办学之地，租界不定靠得住，"此时"与"此地"均不相宜。至于我个人，除上述理由外，能力有限，不敢参加，亦很清楚地谢却了。以后，季肃有时电话，有时来访。我们不但辛亥共过事，共事时离家的情形亦相仿佛：我含泪托性仁以双亲之事；她不敢面别老母，出门后向邮筒投一别母之函。我在爱国女学读过一学期的国文专修科，这班底都是季肃的同学，所以我耳朵里和她一样，彼此未见面先闻过名字，她和君珊和我都是做过蒋竹庄（维乔）先生弟子。

一日，季肃又电告，杭女中同人相议"解散"与"复课"不止一次，终于师生皆泣，情不能已，决定开课。杭女中本属省立，季肃系教导主任，此时拟改为私立，季肃为校长。她与同人所拟之开办费数目，亦告诉了我。我没有在上海办学经验，比之庾村，觉其估计过于简单。然不忍拂其意，对国难中女子热心教育更十分敬佩，愿尽一臂之力，筹半数。

私立杭女中在上海法租界，借一个小学的几间教室，下午二时起，上半日课，开起学来。抗战时，苏浙两省迁沪开学的学校，借教室和上半日课的办法，甚普遍。招生广告，能全日上课者都特别声明，以资号召。杭女中改为私立，须组织校董会，重行立案，校董而兼教职的曾季肃、王元璋、王元琪、吴之微、姚韵漪、陆仰苏六人，和不兼教职的校董黄九如、朱文央二君，同来访我。他们都是省立杭女中旧人，其中只陆仰苏（钦轼）一人是男子。我被邀参加校董会，且被推为董事长。除我之外，另一位不与杭女中有关的校董为高君珊，时在重庆中大任课。立案先要有发起人，同人推季肃和我二人，于是我又成为发起人。全部校董都分担开办费，除君珊与我，都兼教课。薪水甚薄，季肃第一年所受校长薪水，除去她担任之费，每月不过十余元，她兼课不兼薪。

我提议，何不向浙江省教育厅立案？我一向以为杭州的风气比上海好，她们愿在上海立案。战时，邻近几省的教育厅、教育局都在上海留有办事处。私立杭女中，向上海教育局办事处接洽立案，时期甚久，约晤地点常在"茶室"等类，表格填之又填。照章私立学校须有若干数月公债作基金，我拿出自有之公债票，照数借用。我不知盖了多少图章，对季肃说："事至此，瞎着眼睛盖章。"立案终无消息，而办事处已经介绍教员。于是同人商量，改计向重庆临时首都教育部立案，请君珊代表接洽。我写过一封信，请有关当局早予核准，维持此向心力。教育部职员葛成慧，与君珊、季肃和我均同过学，给许多指点和帮助，后来我们请她亦参加校董会，她不肯；她是先学产科，后来考取官费留美学公共卫生的。

在决定远向重庆教育部立案之际，我们想到杭州女中虽加上"私立"二字，总带着地方性，何不改名，一劳永逸。同人相与拟名称，季肃不主张迂阔或夸大，电话又到吾家。我尊重同人从杭州辗转到沪一段历史，第一期的师生都同此历史，因此从杭州地理、历史想，提拟"南屏"二字，同人一致赞成。从此"南屏女中"一个名称，印在千百个同事同学心上，永远觉其可爱，感到光荣，我无论在地角天涯，不忘记她。民国廿九年（一九四〇）的元旦，君珊由重庆电告立案核准，遂以此日为南屏诞日，年年在此日举行校庆。季肃与我相约，各服务十年，她为校长，我为董事长，时时留意与培养后继人。

学生不满足于半日上课，屋主的严格更令人不快，时间未到，逢天雨，南屏学生只能候在门外，教职员没有固定办公与休息处。一日，季肃来电话，有镇江中学将迁居，房子出顶，明早九时前须决定，言下甚急，我听得出她要我去看，我极少出门，亲友家有事均熙治或大纲代致人情。我虽然已经是南屏发起人与董事长，然事皆季肃电话或来访决定，还始终没有到过校门。这日为时间紧迫，我匆匆答应，借了亲戚的车，独自到校，由当时惟一男教员陆仰苏君偕往看屋，一路洼地泥泞，陆君频频以手电筒探路，始步行到镇江中学。看后区域和顶费都不合，未成议。我所以独自作此行之故，倘合适，我将大胆决定也。

我家里大纲和仰先嫂看我认真，都对南屏热心起来，每日注意报上招租广告。租金尚可，顶费都大得惊人，上海二房东在国难中以顶费剥削人而获利者不在少数。南屏觅屋久而不得。适大纲工作的一家绸厂附近，有孙姓租地造屋，有可容四五百人之厅，有楼足够作教室，有小园勉强能作操场。屋甚讲究，租约廿五年，尚余十三年几个月可用，但只卖不租。以建筑及地点言，索价不算太贵。南屏觅屋既成实逼处此之势，一切规模须视校舍之先决。遂请大纲奔走成交，我们惟一条件要屋主提早让屋。这次双方奔走之人都不收佣金，大纲以公益号召而得此。廿八年（一九三九）的春季，南屏学生欢呼进入自己的讲堂，整日上课。这间校舍的地点在胶州路四四五号，抗战时，名义尚为我有，战后我正式函赠南屏女中。所以如此，防校舍可能被征用，而私产则尚可与理论。我出国时，南屏还在这所校舍。只有过一件小不愉快之事，时势变易，小学部有人以为中学有赖于小学，拟分家而独占校舍，幸而季肃有我赠屋原函为证，我只写中学，此实出于无意。南屏先有中学而后设小学，大家心中从未分彼此，然亦季肃之公正无私，无懈可击也。

立案与校舍二事既定，我辞董事长职，愿仍为一董事继续贡献。我是真的，我的毛病喜新鲜，对新鲜不待督促而起劲，然能力不过如此，辞职是告一段落，让贤接力之意。我以为世事倘都如此，人尽其所能而止，让新鲜的人后继，则世界将更新鲜。弄得同人奔走挽留，季肃以自己去就争，于是我的"诚意"变为"虚文"。自此我一直担任到一九五○年元旦校庆，始辞去，则并董事会亦不复参加了。下面是当时一首辞职复留的代简七律：

答南屏诸君子

桃李盈盈烂欲开，偶然负土筑为台。奋飞已折冲天翼，绚素何须劫后灰？诸子必同怜踯躅，残生肯独忍徘徊！只今角逐风尘里，冀北群中一驽骀。

我生于甲午，肖马，这首打油诗处处三句不离本相，至为可笑。自此以后，季肃更常来吾家，我正向书店借书看书，她来，我们不谈校事即谈书事，她渐渐怂恿我去教书。一次我不知信口开河说了些什么，次日她叫校工送信来说："昨晚回家一夜未睡着，思索复思索；凭君吸引之魔力，若能登台讲文史，必驾轻而就熟。教育英才是一乐，请毋吝千金诺!"她这封带韵长短句，引起我好奇心，我答她一首白话"贺新凉"如下：

高帽从天落。恨头颅内多凹凸，外生棱角。妙手安排安不上，辜负多情季肃。岂未解英才乐育？拄腹撑肠烟与酒，那堪驾文史轻和熟！参也鲁，莫铸错。新词半首待君续，想宣文终朝辛苦，此时休沐。不比人间闲散客，无用埋头思索。便提笔吐完心曲。纵有千牛牵不动，任推磨不改我幽独。从我好，乐人乐。

这首白话词同人们称为"却聘书"，而季肃的怂恿仍不已，她自己正担任着国文课。季肃在南屏，从高三到小学，无论哪一班国文或英文教师缺席或缺课，都欣然代。后来君珊返沪，在暨大及震旦任课，一次愿来南屏授小学英文，季肃却之，二人的精神都不可及。二人早年家庭生活均优裕，抗战时，一次我到君珊家，留饭，高伯母亲入厨，饭菜极俭，归来不胜感动。我全家吃一盘炒酱，即由此始。季肃在校的生活更简单，所用床桌均与学生同，衣服挂在门后，君珊送她一只旧衣橱，无处放，放在过道。我看见她在校的生活，她看见我居家的情形，都有一点新认识。

我们谈到一件事业的进步与改良，最要紧在后继人，而中国人最忽略于此。我告诉她，我亦与郑性白谈过此，性白年纪比我轻得多，我请他自留心，恕不代劳。季肃比我大三岁，我说五年后须随时注意培养后继人了，她其时已到五十岁。我们亦谈到请教师务从多方面，我们没有门户之见，亦不造成门户机会。我们又谈到教育目的究竟为何。中国宗教势力很小，人与人间道德，靠一点传统习惯，已经渐渐消失。我们一代的人，大概读过几本伦理之书，受其拘束，且亦有个宗旨。人如果没个"做人宗旨"，弄得不好将泛滥无归，抗战时已有显著形象。现在学校里的课程，哪一门有关做人标准？于是我们谈到国文教师可以多负一点这个责任。国文教师除写作技能，还需要正确高尚的思想。这是我们应该用点心的大事。

南屏的学生渐多，班次增加。季肃来与我商如何添请国文教师。我们先从中学生读物的作者中注意，几篇好的文章可惜有点投少年之机，不敢取。我忽然想起一个人，译《爱的教育》那位夏丏尊先生，却不与相识，知他与开明书局、杭师、白马湖中学都有过关系。杭师与白马湖中学都是有名学校，而我在新中国建设学会教育组看教科书时，甚欣赏开明书局几种出品。我提起夏先生，季肃甚赞成。有一世交孙君与相识，请其前往先容，倘夏先生肯就，由季肃亲往延请。孙君告我："此人看相阑珊而有脾气，不识我个人，而知我家世，可能不答应，勿失望。"孙君去后第一个星期日，季肃正在吾家，夏先生来了，坐下就说："我是什么事亦不想做了，知己之感，无条件答应。"不但出我意料之外，我亦不胜知己之感。

夏先生和季肃分任南屏高中国文功课，另外亦出入过好几位好教师，季肃的钟点因以伸缩。我们又讨论到历史、地理两科之重要，史地教师和国文教师应该合作。几年来，我个人所感觉教育部所做的好事：一为教会学校必须立案，守中国学制，是蒋梦麟部长任内事。二为历史功课每周稍增钟点，是陈立夫部长任内事。史地钟点太少，学校只能请兼任而不能供养专任教师，兼任不但分心，而多数的时间要放在奔走道途之上。德容毕业金陵女大地理系后，曾担任过南屏地理，教得很不错，她没有家累，拿月薪十二元。我见过她指导学生所做一个地区的纸制立体模型，这地区即是台湾。我记起幼时读地理曾发奇想，要掘土成高低形势，承屋檐雨水以像黄河长江发源奔流之状。那时不知有此，后辈读书真机会愈多而愈幸福了。我和德容亦讨论到因时事而将教课提前或挪后，可以加强认识。苏联侵入芬兰之日，她则将芬兰一课提早讲授。不久，德容离沪到了重庆去。

为要留得住历史教师郑效洵，季肃请其担任全校各班历史课。郑先生是南屏新人中对学校最关心的一个，南屏女教师多于男教师，中国社会有许多方面要男子出去接洽，除早期的陆仰苏先生，后来郑先生的奔走为多。他不但授课得同学们信重，战时南屏可以闭关自守，他亦常常先为表率，免季肃许多困难。一次季肃暗示我，外面有廉价或优待配给生活品之事，教师们生活大都清苦，她拒绝似对教师们不情，然受之又乌乎可！在教职员会议席上，郑先生首先表示不可。他有一个贤德的太太，与他同志而合作，虽儿女多而负担重，他能如此。问题容易解决，而南屏同人可以守正独立不倚，终抗战之世。郑先生是季肃心目中后继人之一。

一个美国老朋友福开森先生送他太太的灵柩回国，从北平来，访得我住处特来看我。他说：我们同病相怜，故欲一见。又说：我失去一个廿五年的伴侣，比他失去一个五十年的伴侣略好些。我答曰："您有五十年还嫌不足？"以后他过沪一二次都来相访，我常问问他所知时局，我告诉他："中国虽打败仗，无投降之兵，沦陷区更有许多爱国之人。"他答我："中国兵是好的，将不好；百姓是好的，官不好。"真是一针见血之言。一次他来，告我为新闻报馆开会到沪。随手从口袋里取出一纸条，是他的主张："实事求是。"问我写东西不。又说在一老友家，见其家少奶奶曰：我是爱国的，将往内地。他说："爱国岂须择地？你们以为这已经不是中国了么？"我猜到其人为谁，但未问他。他忽然又问我何不教书？他说为下一代努力，是最切要之事。我从来没有谈过庾村的事、南屏的事，不知他何所据而劝我如此？这日他走后，我彷徨踌躇甚久，终于自动打电话给季肃："愿教书，请指派。"我教书之愿虽早有，然愈看书，愈见同人，愈自惭不学，是以不敢为人师。季肃的怂恿，福开森无意中之激励，我遂不顾一切，自此之后十年，我竭尽其心力。倘略有贡献于后一代，此益者二友焉。

夏丏尊先生和季肃的园地里，分了一席给我，我们三人是南屏三老，随着许多少年，自忘其老。夏先生曾在一次学生作品展览中，自己参加一篇短文说，每天走进课堂听见一群少年："先生早，先生好。"把一切忧患都忘了；这是真话，我有同感。夏先生是一位饱经忧患之人，有时告诉学生："曾先生、沈先生要我如此，你们读也罢，不读也罢。"肯读书的学生并不因此而欺侮他。夏先生是热极而冷，放任；季肃温文，主张自由；我凭一片热诚。同学对此三个个性不同的先生，都有不寻常的情感，家长亦常使孩子们有事就商我们。

廿八年（一九三九）十月廿八日，我上南屏高二第一堂课，教《孟子》。季肃初以我对历史有兴趣，要我教历史，我不敢应。不敢的理由有二：近年学校教师要凭资格，只国文视学力或作品，我须守法。民国以后历史，我曾身历其境，与教科书所记不全同，我如何说法？我不愿生事。我对学校历史课却有一点意见：中国历史太长，上古的记载文字深奥，故一开始易感艰难乏味。读到近代都是国耻纪录，令人气馁，令人怨愤。又初高中各只有两年本国史，读到近代，实是最要紧处，时间已无几。编书者或顾忌，或投机，取舍无远大标准，毁誉过分。一个民族的神圣生存纪录，变成君相之起居注，或好汉斗争录，青年不感兴趣，无怪其然。看学生周记，很易发现讨厌史地的话：以为死人死地，不与吾人今日有关。我曾提议：初高中历史连接而非重复，不用双圆制。初中先给一个首尾衔接的时间观念，高中以纪事体的重点单题提出。我是在教职员聚餐桌上临时想到，当时随便提出一个异民族入中国题目为例。后来看见吕思勉先生的"大学通史"教本，与我的程序相反，他先讲单题，以氏族、婚姻居首，二十个文化单题为第一册。第二册为从头到底的通史。大学与中学不同，学生富有阅读能力，且都有过根底，故可先从单题着手。我们的先民传给我们如此悠久的历史，用种种方法生活在这块可爱的国土上，我们应有义务把他编成最容易了解的方式，使后代的人发生兴趣，加以爱护。我有此心，而无此力。曾对季肃说，倘由我试，要让我第一年教到末一年；学生亦如此，不插班，不转学。我琐琐述此，期诸有心人。青年们亦需要更多的课外读物，不仅史地科。

讲《孟子》是我自己的选择，经季肃同意。南屏学生没有看过整本线装书，闻线装书而厌怕。我第一堂功课上完，将"民本""厌战""性善"

几点中心思想，和"王""霸"的界说，分清楚。"王道"从人民"不饥不寒，养生丧死无憾，谨庠序之教"开始，而仍以"若夫成功则天也"，功不必由己出。孟子不屑道齐桓、晋文之事，为其喜功，是针对梁惠王之好战不顾民生。青年们初闻王道、霸道疑为迂阔，我将二者分列为表，结论"王道"即为人道，以民为主，霸道为成功主义。治本治标，按时势都属需要，而"人道"是天经地义。抗战初期，尤其经过逃难生活的青年，更为可爱，她们用不着我多说。我虽然很鲁莽的如此介绍《孟子》，她们再读原文，对于本国的先哲从了解而起敬心，知道前人亦有对其时代的见解，和对其时代的努力了。从这经验，我觉得近代青年，到高中没有对本国学术思想有成段的认识，学校里只读短篇选文，是不够的。

南屏初期几班同学，眼见学校从筚路蓝缕中生长，休戚相关，连她们个人升学成家问题都肯向先生商量。季肃事事促成"学生自己做"，故学生主持一件事或一个会，如何布置，如何发言，都很自然，不必指点。在我的功课里，每两周我请她们发问，笔问笔答，往往有很有趣的见解如："胸中不正，则眸子眊焉，做间谍的人何以从容不迫？""皋陶为士，瞽叟杀人，执之甚是，舜窃负而逃，未为合理"等类。我回答：间谍工作如纯为国家，胸中没有歉然。皋陶一段，正是中国伦理与法律的矛盾。日本维新时代，极力灌输法律重于伦理，戏剧中常表现。时局一日一日黯淡，她们常常要问时势，我给她们两个比喻："抗战如比球，建国如考试"。"比球"有阵线，同队者互相照顾，我们可以靠人；"考试"只靠自己用功，父子兄弟不能相顾。开罗会议后，我知道战后台湾将还给中国，忍不住一天向学生说：可能明年我要求曾先生让我教地理，大家对我呆看；我说：我生而国家失掉的一块土地，拿回来的时候，给我机会在地图上将这块地区画成本国一样颜色；我告诉她们我是甲午年生的。

苦中得乐，一年过去。新升的高二仍要我讲《孟子》，而高三要我继续任课。为考大学有"国学常识"一门，学生和季肃都想我担任这件事。

这题目如大海捞针，而高三的时间有限，我请夏丏尊先生担任，而愿为助。夏先生要改两班文卷，已经想让出一班来，不肯再添钟点。于是我固请其答允，由我先教，无论何时，感觉不济，请他接下去。如此我担任高三"国学入门"，而且不得不兼一课《论语》。加《论语》的理由为"国学"如一百货公司，时间有限，每个部门只能见点零货样品。而"儒家哲学"直接间接影响中国文化最大，则最少这一部门能认识个主流。我选了坊间现有的几种国学概论、常识、入门之类，与季肃商定一本讲授。一星期过去，空气甚为沉闷。我试试离书自讲，写几页讲义，甚受欢迎。于是如入了阵，只能向前，不能退后，一直写下去。这一年，不是我教学生，而是学生引导我。为减少出门次数，我的功课是两小时连续，初恐学生厌倦，后来常在休息期间学生问长问短，我出不了讲堂。我混在这些可爱的少年中，不能自拔，心思时间差不多都为了她们用。不但我的讲义采取前贤时贤的意见，其他我看的书报、听的消息、联想的故事，凡于功课有助，都透一点给她们，我成了无事忙的贩子。季肃说我的讲义是中国哲学思想史缩写。许多补助教材都承夏先生在国文课中讲的。

我同夏先生都不喜出题目考人，季肃坚持以考试鼓励读书。后来南屏高年级不用监考，由学生自治，是季肃的主张。我对学生说，我心里想的题目，连我自己回答不出：时代发生思想，思想又影响时代，以我们此刻所处社会，未来的思潮将为何？如何的思想有益于我们的未来？

南屏的同事们都兼人的努力。经济状况渐渐稳定，除季肃外，必须提起王元璋君，她教生物功课，兼会计主任，亦担任过事务。南屏经济公开，涓滴归公，爱惜公财，节制浪费。到南屏去，晚上只必要的几处开着灯；进浴室，水龙头常有一根绳子系着，用几次然后冲一次水；厨房烧剩的柴，都一刻不浪费，取出作焦炭；而南屏图书室里的书时时有增加。初搬胶州路校舍时，屋多人少，办过一时膳宿，伙食由元璋主持，很注意到营养；南屏校董会同人都主张把健康放在读书之先。我那时还未见过美国的"小饭堂"，每遇亲友中长于调度的人，常做一个请愿——办简易食堂。看重营养，这是报国一件大事。我是由自己经验，和所见学校包饭情形而发此念。在莫干小学，我同膺白皆极力提议；饭菜品少而量多，每桌一荤一素，同样盛两碗，用公筷，鸡蛋为常有之菜。因南屏办伙食，我始知道上海哪一种菜场可以买到"讲究人家"挑选下来的便宜货。

季肃出自生活优裕之家，元璋亦然；季肃自己不知理财，而为南屏惜财，元璋为南屏理财如自己，我都不胜钦服。我曾对季肃笑说，我若另外办一件事，第一个想要挖她的人是元璋。在同事中，我同元璋多一种特别接触。在币值跌落无定之际，教职员薪给随时需要调整，由季肃定几条原则。元璋按原则结算分送。季肃自己的薪水如何办？开校董会将不胜其开。每次由元璋电话告我增薪比率，大概季肃所定者，低薪的加得多些，高薪的加得少些。我代表校董会决定季肃在中间一级，我说："取最高，曾先生不安；最低，校董会不安。"元璋算出数目告我说"如此，我送了"，以此为常。

南屏不向外界募捐，艰难时都由校董会自设法。我曾陈述我的意见："受人之惠而不感激则无良，受人之惠而即改观感则无宗旨，教育与其他善举不同，宁缺无滥。"同人无异议。抗战后，我的亲友由川滇归来，分别送我现款，指明转赠南屏。此事由君怡、性元提议；远道而返，不送我其他礼物，而助我正需要的地方。他们知道庾村毁损太多，难于着手，而南屏则根基已固。我后来知道这些是他两家摆地摊卖去行李之钱。胜利初期情绪兴奋，则亦受之而安。在昆明植桑制酒成功的运成舅汇来五十万元，是最大的一笔款，在当时亦不算少数。赠款者还有其他朋友。这是南屏惟一接收赠款的一阵，后来闻者渐多，却之不恭而受之不安，恐违同人原来之意，我婉转请停止。这笔款成为南屏基金的一部，在后来金圆券时代悉数遵令拿出兑换，有负赠者盛情，故记此以志不忘。

南屏立案成功后，季肃提议定"校训""校歌"。在第一次校庆典礼，

我代表校董会解释"校训",及其"用功标准"如下:

"忠":忠于国,忠于事,忠于人群;不以小忠害大忠,不以私忠害公忠。

"诚":不妄言,不妄行,不自欺欺人,守信义,守信念。

"仁":敬长,扶幼;同情可怜者,援助不能者。

"毅":不浅尝而止,不畏难而退,不见异思迁,迂回曲折以达目的。

"宏":心境宽大,善与人同;责己重,责人轻;不嫉人之胜己,乐他人之成功。

"勤":心不懈怠,体常劳动;今日事今日毕,明日事今日定。

校训匾额挂在礼堂,我说明,讲的人亦只"高山仰止",与同人共勉之。最后我口述一付对联,送与全体同学为祝,辞曰:"求得有用知识,表现合理行为。"这付对联在南屏十周年校庆时,请沈尹默先生写了木刻,由教职员合送,挂在两旁;那是我最后一次代表校董会的时候,我自己亦属教职员一份子。

我从未作过歌曲,莫干小学"校歌"不是我作。我觉得校歌要以唱者——学生为主,不能自称自赞,亦不能用命令或受命令口气。最好做到"若自其口出"。于是南屏的校歌又派到我身上。草稿先给季肃和夏丏尊先生看过,同人同意,即请音乐家李君制谱,歌曰:

江潮滚滚,郁郁群伦,以播以迁,诞我南屏。

木欲茂兮培根,水欲长兮资深。

满堂同学兮莘莘,载磨载琢;满堂同学兮莘莘,载磨载琢!

成德成能,百年之基在吾身;成德成能,百年之基在吾身!

亦由我在校庆时先解释歌意而后合唱。"江潮滚滚"是浙江之潮,推动教育者之热情,不忘南屏前身由杭州而来,记历史而不是分门户。南屏每年有两次大典:元旦的校庆,六月间的毕业式:两次我都作校董会的代表致辞,每次都唱国歌为始,唱校歌散会。我最后一次听此歌声,在一九五〇年的元旦，卅八年（一九四九）暑假前，局势甚紧急时，我完成教书十年之约，参与所教最后一班高三毕业式。向例，行毕业式之下午，同学会演剧送毕业同学。这年是最寂寞的一次，代以师生聚餐，我亦参加。在这以前几个月，我的亲友陆续离沪，仲完和性元离沪时都邀我同行，仲完且为我定妥船位，我均以十年之约相差无几，情不能已，而得她们谅解未同行。自抗战以来，我又一次自愿孤立矣。这次，季肃不但未强留我如往日，且时时为我耽心，私问同事中之比较"左"倾者："如沈先生者，留着不要紧否？"有一个时期，我亦见季肃日夜或冒暑奔走，老人与老人有难言之同情，然不愧对责任矣。卅八年的除夕，我备好两封信送南屏：其一是正式致校董会的辞职书；其二是致季肃、元璋、元琪、之微、韵漪、仰苏六位最初来邀我参加的同事，说明次晨我不再代表校董会出席校庆典礼，下午当到学校看同学会的戏，吃学校寿面。附花篮一只为我的贺礼。时季肃正北上为女儿入院分娩不在沪。我所以只早一日送信，免同人再来相劝，十年之约是有言在先的。抗战中，我曾经有一时表面上不为董事长，租界被占领后，校董会议决教育不中断，我愿随诸同事照常上课，并声明异日如有过必同受，惟董事长或不免为外界注目，请准我辞。季肃愿代我，在议事录上写我因病辞职，待我康复，实际我负责至此时始交卸责任。

十年来，大半的时间在艰难中过。在一个无可告诉的时期，处五六百个同学和三十来位同事中，日日向前推动，季肃校长的职务是不易当的。她尽可能请到好的教师，安排可以读书的环境；我尽可能周旋其间，说几方面可得平心的话；我们都尽可能自己少做坏的榜样。在艰难的生活中，教职员希望待遇稍好，家长希望学费不增加，这两个问题就绝对冲突。每遇校庆开会，各级都要独有表现，节目安排到两天。我只能在自己的班上说几句话，我说：整体须互相随喜，庶几"八音克谐"，若一音硬要独出，反伤全调。南屏短短历史，庆祝要两天，若干年后校庆，要放假一星期，引得全班大笑。我在讲前贤往哲不同的思想见解时，劝同学对当前问题要用自己的判断。不但赞成一件事，要深下功夫，即反对亦须如此。若只盲从，则成系侥幸，败乃冤枉。青年无不可爱，然甚易变，能有理性，则差亦不远。一个同学曾问我：想做好人，往往碰壁。我告她：社会有病，故不容健康，然必支撑；支撑者愈多，则病去愈快，少碰壁矣。我离沪前不久，这同学正由金华过沪北上，夫妇都任教职，生活不像宽裕，而精神健康，我步送她至电车站送其上车，甚为高兴。从我这一辈以来，中国已经有不少青年，承受国债多于国恩。刹那间，壮志被习俗、生活引诱，所卷去者多矣，人情之可移本如此。若干年来，利用或压迫青年，政治势力渗入学校，为国家民族，这点是难以苟同的。据同人经验，抗战中的上海，是最无干涉而可以专心办学，言之伤心。胜利后，一般人由希望而到失望，学子亦被几方引诱或压迫，渐多外骛。民国卅五年（一九四六）六月的南屏毕业式，我的致辞超出平常范围。往常速记者事后都来索我原稿，这次未曾，手头尚有草底，理出大致如下：

南屏是在国家播迁中产生，一直在风雨飘摇战战兢兢中过生活。今日首次在胜利复员中举行毕业典礼，大家应该特别高兴。回想去年此刻的上海，敌人从西南太平洋节节败退，美国兵在琉球登陆，在中国大陆几百万日军还想作最后挣扎。上海地方东也濠沟，西也炮位，这些设备杂放在居民住处之中，将拖中国人与同死。我们则日日望飞机来轰炸，望美军从海上登陆，因只有轰炸和登陆可以解决上海，可以早结战事，连我们自己生命可能提早结束都忘记了。胜利如果延迟一年，上海或作战场或成焦土，我们在座大众，不是死亡，亦得散伙，今日之会决不可能。想到这点，在我们个人而说，该是侥幸而当满足的了。个人虽如此，然对国家则一点希望没有看见。我们在抗战中预作的好梦：国难后大家识得艰难困苦，困难后知道奋发图强；中国人了解爱中国人；不再打自己、欺侮自己。这些好梦一个未曾实现，所见却都与之相反。敌人在占领期间还能做一点他们所谓建设工作，而我们接收以后连管理下去的能力都没有。苛刻一点说，我们十足表现了"缺德"和"低能"。我们有不少的"光明"方面，但全被"黑暗"笼罩，为"黑暗"抹杀，我们几乎"白抗战""空胜利"。

想挽救这现状，有人注意政治，说民主；因民主则治人者为人民所选举，人民所监督，坏人不会被举，亦不敢作坏事。有人注意经济，说工业化；工业化则生活水准提高，衣食足而后知荣辱。有人注意人心风化，说教育。事要人做，民主要好的民，工业化要好的工，人的问题应居第一。我们在教育立场，不由不以教育为第一，首先要紧，如此要说到各位同学身上。我常以为青年必须注意时事，了解实际，如此将来做事时，有素养的常识作底子，一切可以多明白而少错误。然读书时期，不要附从政治活动。政治不是一件简单问题，看似容易，做来甚难。我讲点个人经验，我十几岁和今天在座同学差不多年龄时，正当前清末年，内忧外患纷至叠来，我们以为妨碍我们自强者是满清异族专制，只要推翻满清，光明即便到来。我们希望、拥护，乃至参加了辛亥革命。革命以后，出现了军阀，年年内战，我们又把一切不好的责任加在军阀身上，以为打倒军阀便诸事解决。结果军阀虽倒，内争还是不已。后来我们又把一切责任加在帝国主义侵略者身上，现在我们一个最大的侵略者已经被打倒，虽然时间不到一年，但一切趋势并不向好的方向走。变来变去如此，是不是人的问题？我们要造新的中国，必须要从新的中国人开始！

同学们！专攻击黑暗是消极的，自己不负责任的。社会尽管有不平，然光明之点还是很多。我们欣赏光明，拥护光明，则自己亦不得不光明，这是积极的，自己亦负责的。

对将要离开我们的同学们，我再说一遍：不要荒废宝贵的读书时间，随便参加政治活动！利用青年做政治活动，是反教育而不是教育！

这些话，我颇大胆而说，由衷心而言，然空洞无益。此时不但青年，即非青年亦怀疑，都觉一片漆黑，以为我的话还是偏袒黑暗。

我同季肃曾互勉，以五十岁后岁月贡献于后辈，此时家庭儿女责任已尽，我们不但不为利，亦不为名，在学校只为教育而教育。我除开严守分际，不问学校行政之事，此事季肃先责我而后了解，其他心无不尽。这合作情形是可感念的，个人亦快乐的。

若干年中，同学们遇进修、行止乃至成家问题不决时，常承家长之嘱："去与曾先生、沈先生商量商量。"有时她们先就我与季肃商量，而后告家长；这段国难中得同辈和后辈的信任，我永远引以为荣。我到美国，第一班同学冯德璋、王定扬夫妇曾接去做客，孩子称我"外婆"，邻居以为德璋的母亲到了。每年元旦，必来长途电话，德璋说过后必曰："定扬亦要和沈先生讲几句。"德璋是胜利后首届考取的自费留美学生，南屏在美惟一的同学。

吾弟君怡战后初次到沪，返渝之日，天大风雨，我正有课不能送他。将出门，熙治在旁说："舅舅！几年来妈咪都如此，劝之不听。"君怡说："妈咪是对的。"在紧张时期，我坐黄包车赴校，大纲骑脚踏车送我。这许多校内校外的朋友鼓励我，成此志愿，都是难得的。地角天涯，遥祝健康，并告不忘。我在南屏虽仅短短的十年，南屏是万万岁的。

〔补记〕我后来由美返台，遇见南屏学生孙淞月，从淞月听到另一同学沈婴齐。又回到我自序里所提到的陈仁慧的父亲陈绍虞先生，来打听我有否他女儿的消息。再来美国，又遇到吴冠芳，她同丈夫徐拔和及儿子们来看我，她一家同孩子们都务说中国话，顶大的孩子能读中国书报，在此是不容易的事，冠芳嗳嚅着说：为引孩子兴趣许看武侠小说，孩子们以为妈妈的老师是个老先生，发见我是一老太太。冠芳就是在学校时有事先来和老师商量，而我和季肃要她先报告母亲的人。国难时在讲堂里的伙伴，她们的一代，比我们的一代更艰难，而都能努力适应。

（原载《传记文学》 第十一卷第四期）

三四　战后的莫干农村

抗日战后，我最切心而亦最不容缓的一件事，是庾村工作的复兴。我对莫干小学校长郑性白君说，复员必继之以复兴，仅仅维持现状是不够的。我已经看出人民所仰望的胜利复员，轰轰烈烈一时的接收，接收后不进而退，一般国家事业均在走下坡路趋势，心中栗栗危惧。我们这点私人志愿工作，是只可向前，不容停滞的。爱护我的亲友为我担忧；同情这个工作意义的，指导我支持我。由民国卅四年（一九四五）至卅八年（一九四九），庾村从屋破场荒，到有桑有蚕有牛，不但陆续修葺破屋，还添设六间蚕种室，一座牛舍。若做下去，我们的生产所入已足够维持教育，我的农村职业中学计划当能实现。现在不论谁做，事业若存在，心力总不白费。我感谢支持我的亲友们热情、同仁们的努力，琐琐记其事。

　　民国卅四年的十月，莫干小学在门窗不完的庾村老校舍中复课，昔年干部只剩性白一人。校董会议决慰劳抗战中久于其事的同仁共五人：校长郑性白，教员李雪钧、陈元城，事务员王绍纶，校工江腾才。摆在我们面前有两条路：一条是因陋就简，学校已经搬回原址，可以象征旧业，其他暂置不问；另一条是急速并加紧生产事业，为学校谋久远之计；我取的是第二条路。第二条略亦有两个方式：其一以依赖当时所谓"善后救济"为主；其二以"自力更生"为主，倚赖救济居次；我取的是后者。换言之，我采用积极以自力推动，由生产以复兴农村，教育亦在其内的方法。

我做这个决定时，并非急遽武断，亦非纯为感情所牵。曾筹之甚久，思之再三。第一，我们这个工作开始时一个宗旨是"报答社会"，我还有可报答的一点凭借，故用自力为先。但我的能力已大非当年可比，不用作生产而只消耗，不过几时，将欲热心而未能。且农村亦急待有活气，故着手不可稍息。第二，战后大众生活愈窘，求差谋职更加集中于政府机构，只见"攘攘"，不见"熙熙"。我愈觉得膺白的"人才疏散""自由职业"的宗旨是对的。他当年以代人谋官为苦事，以助人在社会自谋生活为乐。做农村工作亦带点这个意思，庾村最早三个工作干部都是小机关职员。农村地广，不像都市中"有"与"无"的对比甚显，正是应该及时努力的地区。第三，抗战后常听人"谋安全"，一部分人"安全"，而更多人"不安全"；这安全是不可靠的。我常常说，只有在前进中谋安全，无有在安全中求安全。人心都在思动思变，不变不动只有随着狂澜，或被狂澜倒。我对政治看法如此，对庾村小范围看法亦如此。曾向性白解说再三，维持消极的现状，以一二人为中心是不可能的。他听我言，未尝不以为然。我们蹉跎时间甚多，他不知外面纵有助力，一切须待我们先有其"事"。我此时又常常想起膺白，他在，一定比我做得起主。

我曾做了一件对不起莫干小学的大错，没有考虑一位校董的提醒，将学校基金换成外汇以保值。莫干小学的基金是公债，是膺白所定，含义甚重，我不忍改。又国家危急之际，我正在劝人买救国公债，岂有将已买之国债悉数出脱之理？这意思曾告之性白，且自壮而壮他曰："有国家当有莫干小学，有我亦定有莫干小学。"我不是骗他，我有二件准备：其一，袭膺白原议，晚年以家用为校用，曾指爱棠路住宅说："此屋不知谁是主？"我的意思必要时，我卖屋以供校用。其二，学校有三百亩田，是抗战前最后一年所买，是我一个人争持而得。我们从北方回到山中，常常提到两个题目：一件是战事如不可免，我与膺白将做些什么？上章已述及。另一件是如何维持庾村事业？这时庾村工作已到第四个年头，除学校有足够基金，公共仓库有一笔押米本钱，生产之事都未有出息。我们顾虑这点工作，更顾虑同人的生活。膺白曾想到为同人储蓄，那时我们都未见到社会保险制度，他所想者有类于此。何所依据？目的若干？我不详知。不久他病，此事未曾实现。当我们讨论战事及同仁生活时，我心中比膺白实更多一层隐忧，我看到他的健康一天一天在下去；他死，我还没有把握如何活下去，万一我亦顾不到同仁时则如何？我忽然想到买"学田"。黄家的祖先虽曾富有田产，膺白手里没有一亩田，原则上我们都反对买田收租。我提议买"学田"，膺白不赞成；自有庾村工作以来，他诚不与乡民争利，我们的宗旨想造福，如何先夺人有用之物？可笑之至，我们要办农场，而所购尽荒山瘠地。这点，性白很同情膺白的主张。我在膺白自己写的书里看到了：战事一起，交通阻、物资缺、币值跌的情形。亦亲眼见过第一次世界大战后的欧洲，重货不重币状况。我说：吃得饱然后站得起，三百亩田不算大地主，而十几个同仁以米计薪，可不忧冻馁。就地有粮，减我们后顾之忧，教育乡人下一代，即是为他们，而不是争利。议既定，由性白零星收购，皆入莫干小学户。最后一笔田价，膺白已病重，我在医院开支票，袁文钦先生适至，说："一个小学的开销如此！"我告知他这个就里。我随时准备膺白死而我亦不能活，尽可能的安排。开始一件事，而不谋"继后"之计，是膺白所最警诫的事。

这件将功抵过之事，在抗战中维持莫干小学五六个年头。手边还有关于此事的信底，我致性白信曰："学校倘实在困难，只好再紧缩，量入为出，数年来弟与云均问心不愧矣。弟尚忆当年膺公病前病中，云万忧百忙，必欲促成买田之事否？盖早料基金不能用，汇兑不能通，云力不逮之万一也。（卅二、六、二）"性白来信曰："基金债券尚存原行至慰，惟全部券值已不敷一年开支矣。买田事为弟在校中对人乐道者，岂能忘怀？若非吾姊用心久远，则弟虽欲守此不去亦不可得。（卅二、六、十七）"

八年之战，性白在山上维持莫干小学到七年半，白云山馆作了校舍。

最后有军队上山，他停课离去，学校积存米谷，我个人留山衣箱，被劫一空。我的私物，当时比较值钱者，有一箱皮货，一箱老式缎匹在北京旧货摊所买，曾几次请他卖去以充校用，而他不肯做。他在桐庐得讯甚懊恼，我请大纲去函慰他，他回信说："在桐接肖才兄转来大札，承云公嘱勿懊恼，但七年来仅存什物，今见其尽入人手，且若秋收前不得返山，则本年及去年所存米谷损失，岂能无动于衷耶？云公能忍痛相慰，感也何如！惟弟不知何以慰云公也。绍纶来时，谓兄寄山一函，告云公有返山意，肖才兄处环境尚幽美，有来此小住意否？内子颇思来沪相迎也。（卅四、七、十二）"此距美军在广岛投原子弹，日本全面投降，不过月余，亏一篑之功，他更为懊丧。此非他责任所能及，在浙西自由区前线一个山头，很少有人像他那样长期努力的了。他的太太雪钧之勇敢，助成其毅力，尤不可及。我欲返山，非为避地，想接他力，支持此工作。

我个人，尤其感激他夫婿一件大功德，保存我的文件。这文件后来又经一次不得已之淘汰，由仲完带至香港。当我匆匆整理，每弃去一份，念念对不起性白夫妇。我今写稿所凭一点信证，都是他姊弟夫妇之力。民五（一九一六）黄克强先生一封信，则战后我与熙治第一次到山，她收拾残书，我在地下破堆中发见此信，真劫剩也。

莫干小学校董会本为庚村工作的发动机与负责中心，战时，性白在山，我在沪，校董会实际只我和他二人。他为前站，我作后台，他的助手是他太太李雪钧，我这边帮着奔走调度者是王大纲。有在战时病故的几个校董缺额须补，我即请大纲、雪钧加入。膺白始终要本地的人参加本地的事，他请过三位村长，一位本村读书人为校董，四人都已去世。我亦欲渐渐将事业交给本地年轻一代的人，第一步延揽校友参加校董会，使校友参加所喜欢的工作。第一个在大学毕业而已经任事的陈秀达应首有资格，经同仁商讨后，决定再待一年，迨其更为成熟；秀达在战后第二年参加校董会。

我在校董会提出一项原则的改动：以前是"通过学校以提倡生产"，今后要"着重生产以维持教育"。战后农村凋敝，必须从生产恢复元气，为莫干小学本身，亦不得不以生产为基金所寄托。币不如货，大家已得到经验。我的力量非可源源不绝，亦深自感觉，这点最后有限之力，必须用在生生不已的事业上，方不落空。此时恃租米度日，米且极吃香，然只能作过渡之计。收租原非心之所安，土地改革实行终有其时。田归耕者，专家所拟有七年办法，我校董会亦曾草拟五年还田方法：五年内请佃户交足租额，可能则多交一定的量，至其他生产足以维持学校，则学校不再收租，亦即不再有田。以上这些，不仅是我心里急切的盘算，亦属时势所必至和必要。我疏忽了一件事，没有顾到性白的辛苦。

我同性白恳谈：复兴必须有计划，而首在于得人；生产事必须访求专家，留得住专家同我们在一起。生产事业我完全外行，将仰赖吾舅葛运成（敬中），听其指示，此时尚在昆明未归。我们讨论到吸收新同事，亦提议请得力的旧同事回来，他都同意。旧人中杨肖才、祝书霖、张竞心都对工作有志趣，我们一一提到。最后以为竞心最可能亦最适当，若竞心回来，则学校内部之事，可以举重若轻。而性白得分身为全盘之设计，修葺旧物，整备新事。庾村每一片场、一所屋、一个人，他无不熟悉，多所经手。

竞心是性白以外惟一膺白所物色的同事，在同事中最喜读书，自他到校，同事的读书兴趣都增加，我们办临时中学，多半是他的力。抗战前一年，浙江省政府拟仿广西乡村政教合一办法，委托莫干小学校长兼莫（干山）庾（村）区区长。性白兼了区的事，即由竞心代校内的事，当时尚系膺白主持校董会而如此决定。竞心随临时中学到武康后，在战事末期任浙西行政公署秘书，曾函大纲，介绍一条水路，必要时我可坐船离沪，转往西南。胜利后，行署接收嘉兴，是我故乡，他亦来信，知其将往福建救济分署任事。我与性白商定请他回庾，即由我写信邀他，他立即答允。竞心与肖才均系莫小干部，曾告我随时可应召而归。肖才的太太，离庾村时不甚愉快，故我与性白决定邀竞心时，性白尚以其不受家庭影响，为容易相处一个理由。我们初办乡村工作，为使家庭能常住乡间，发生同样兴趣，且裕收入，故鼓励家眷同做事；这个想法后来事实是失败的。膺白去世，战后我亦不能常住乡间，少调剂之力，提醒之功。适因诸事紧缩，人事简化，故无有困难。

以下是膺白延揽竞心时的两封信：

镜心世仁兄如晤：昨日由杭返沪，得读四日发手教，拜悉种切。弟于廿九日到莫干山麓校内过年，三日午后到杭，昨晨车返沪。此次在杭，寓亲戚家，未到西冷，临行时本欲电约阁下一谈，竟因时促事多，未能如愿。日内不他行，如能于本月十六七号来沪一叙，至深盼企，并盼赐复为幸。耑复，顺颂大安！弟郛顿首。（廿二、一、七）

镜心世仁兄大鉴：顷奉到廿五日发手教，拜悉。大驾已由莫干归杭，学校事亦已与郑、杨二君接洽妥当，至为快慰。此后得兄加入工作，学校前途必更有望。到校后，对于各项施设，如有高见，仍盼随时指示为幸。复颂大安！弟郛顿首。（廿二、一、廿七）

战后庾村当地的准备工作是垦地、修屋，需性白主持。我把这些工作配合在生产计划，即须用哪一间屋，先修哪一间。其他接洽之事都在上海，要我自己注意，一步不能放松，放松即永不能进行。自卅四年（一九四五）九月，我开始设计，直至卅五年（一九四六）清明，始亲自到庾村。我在上海最要紧是等候两个人：吾舅运成在昆明，吾弟君怡在重庆又在长春。吾舅是农业专家，除教过书，他没有做过农业以外的事，运成舅自己对农村有抱负，他的理想"家给户足小康合作农村"与膺白和我的想象目标正同。他在昆明写信给我说："我是志愿农人，希望'谷与鱼鳖不可胜食'。"我回答说："甥系家传书痴，觉得'民无信不立'。"舅年只长我三岁，这是我在南屏教《孟子》《论语》时候，故引二书句会意。庾村复兴应走之途径，应取之方法，在我，除开他没有第二人可以请教。有他这样一个人而不请教，亦是错过的。

君怡对农业和农村都无关系，为我与膺白，他在重庆时已经替我想到运成舅是惟一助我的人，他们已经谈过庾村的事。在中国社会，许多地方我不能自己跑。老朋友家换了门房或接电话的人，我可能被挡驾或几次电话难通，而主人并未知道；到机关里请教事情，更非有熟人不可。有些事大纲难以替我，央君怡代我跑，我可以不拘束不客气。吾舅吾弟自己都有甚忙的职务，亦不定时时在上海，只能由我凑机会、候时间。庾村同仁不能想到此。

运成舅和舅母胡咏絮同致力于改良蚕种有年，复员后他担任中国蚕丝公司总经理，是政府的事，因此他不再复业他们自有的镇江四摆渡"明明农场"。我请问他庾村植桑制蚕种之事，他最初似乎迟疑，我不问其理由，但问庾村土质宜否种桑，和天然丝的前途。战前，我们农村改进会曾劝告蚕农，弃"旧种"而用"改良种"，第一年请先试用而后付价，若成绩不如旧种，则补偿其所损失。蚕农用改良种而产量大增，从此每年到学校预定，称为"学堂里蚕种"。有此信用，打动我设场制种之念。有些蚕商，不定自有桑园，购叶饲蚕，易多病害，损及蚕农。"蚕商"指制种者，"蚕农"系养蚕制丝者；我们是制种。庾村系山乡，有自然隔离，我们垦地植桑，土质虽差，而病害少。蚕与桑二项技术人手，舅之经验甚多，有时还可以请教舅母；事遂决定。由大纲向中蚕公司定购日本密集种桑秧。这种桑树干少而叶多，需耕地较少，一年后即可采叶。

"莫干蚕种场"即在卅五年（一九四六）成立，以藏书楼及莫干小学一部分校舍为制种杨，请吕秀梅为技术主任，沈春富管桑园。运成舅送其"明明农场"一部分遗留的旧用具。卅六年（一九四七），我们的"天竹牌"蚕种已经上市。关于蚕种场的一切，我请秀梅、春富听运成舅指导，不必问我。"天竹牌"蚕种，到一九五〇年我出国时，已成浙江省第二号牌子，仅次于在江浙两省有数十年历史之"老虎牌"。

卅四年（一九四五）年底的一日，运成舅及舅母同来吾家，告我"联总"（联合国救济总署）将有乳牛运到中国，这是复兴农业很重要的一件事，庚村应有资格申请，由我自向当局请求，则知道庚村历史，获准较易。"牛"比"蚕"我更不了解，知非轻而易学。到此时止，我还没有向膺白的朋友作过任何请求，如何拿这件小事相烦？我踌躇不决。其时垦地植桑之事，因性白迟疑，还未决定，我正在焦虑和茫茫。为庚村必须有一"远景"，以打开"窄路"，我起了得失心。终于将乳牛的事，写信给在重庆的张岳军先生。岳军先生是胜利后第一个函电频来探问我的朋友，上面《分手与身后》章中曾附录其来信之一，他对南屏亦曾赠款。

报载蒋夫人回沪，我已八九年未见她。膺白丧中承她几次见访，我搬杭州，她还来过。抗战后，只通过捐屋一个电和对游击队意见一次信。我急想见她，送函请约期往晤。阴历正月初十我的生日，中午有几家亲友来同吃面，上海市政府送来纸条，叫我到贾尔业爱路见蒋夫人，时距约期极促，幸路不甚远，我亦整装可发，遂向客人告罪而行。我告诉蒋夫人已吃过饭，她如未吃，愿陪坐多谈一会。在一顿饭工夫，我陈述所拟的庚村复兴计划。我希望两项"联总"的救济品：乡村医院设备和乳牛。她告我医院设备不需代价，只须自有房舍，但已分完，有机会再为留意。乳牛须价购，尚在分批运来，叫我回家写一申请节略，她派人来取，代为送去，不必问价，说定给庚村乳牛五十头，种牛二头。我知道是她所送，兴奋告谢而归。后来蒋先生到沪，离沪前送给我一张支票，抬头是莫干小学，叫我作一部分牛价之用。

于是"莫干牧场"亦有了憧憬。我即速函告岳军先生免其再劳。并通知庚村同仁，以资兴奋。"联总"的牲畜转运站在上海江湾，卅五年（一九四六）春，头几批乳牛已到，他们分配的方法是先远后近，故上海附近之处得到最迟。莫干牧场之牛是最后一批，由南京遗族学校名下转拨乳牛卅一头，公牛五头，已在卅六年（一九四七）的夏季。公牛逾量甚不经济，"联总"之牛在定期内不许转卖。运成舅自己带我到江湾看牛，第一次在卅五年春一个大雪天之后，大纲同行。在无径可寻的冰雪泥泞中，一所临时屋内先找着转运站主任徐尔基君，陪同参观一座座的临时牛舍。"联总"的乳牛都是初次带胎，须一年后始全产乳，故设备以外，要赔一年饲养的本。据运成舅看。这些牛在欧美只能算中下级，但在战后的中国亦属难得之物，饲养得法，当可有成绩。这次以后，我们后来又到过江湾几次。为庚村工作，运成舅忙里抽暇带我奔走，而我这不辨菽麦见动物而却步的人，亦不怕臭气，不怕污秽。我们开始实际的研究养牛的计划，作整个预算，知道负担极为沉重。这一年中，时局不见好转，经济甚不景气，币值日跌。我曾几次要谢绝不受赠牛，亦一再请仍照原议，患得患失，生平未有如此次之犹疑不决者。

农林部在江湾有一"经济农场"，他们已经得到了"联总"的牛，我们去参观过，认识了场长张彬忱和主任范宝华。他们闻知莫干牧场的事，甚热心同情。运成舅为我设计，先派几个学生到经济农场实习，张、范二君都答允，即由性白在校友中选择有志畜牧的徐杰、严久林、沈志英三人到沪。这几个校友在江湾，常常屈指盼望"自家的牛"到来，是鼓我勇气最有力的方面。于是运成舅又想出向经济农场借用一部分牛舍之法。经济农场本是租地，牛舍亦有空余，由"莫牧"向之借用，而分担租金、水电，得使用其不用时之牛奶消毒机，如此使"莫牧"在庚村有个准备期间。得张、范二君同意后，由岳军先生及君怡在南京商之周寄梅（诒春）部长，许先订合同一年。寄梅先生后来闻到庚村工作宗旨，甚为热心，代为请得制罐机器一套。惜庚村发电机已毁，后来我在"联总"价购小发电机一具，终以柴油价贵，洋铁更难得，未曾动用。

租用牛舍问题解决，我始能安心接受赠牛，用全力在牛的如何饲养上。后来"莫牧"之牛，在江浙几处所得"联总"乳牛中最有成绩，不枉这许多朋友的热心。膺白在时，曾与湛侯舅几次讨论过养牛之事，战前庚村已试养过羊，即湛侯舅所赠。湛侯舅是一个自我成功的种植与牲畜饲养家，他家在杭州闸口的"五云农场"，瓜果皆甜，牛羊茁壮，都以很小成本，参考着书，从苦工而得。膺白每与他谈，由军用的马、犬、鸽，到营养牛、羊、鸡，常久而不厌。膺白以为北方人比南方人强壮为多食牛羊肉，他常常有愿：下一代的人都有牛奶喝。

我竟大胆养起牛来，从第一次到江湾看牛以后，大纲到处学习，实地研究养牛成本，他老早提醒我，在湛侯舅家听到过徐尔基名字，我们必须请到一个好的场长。湛侯舅不在沪，我去问君辉舅母，果属相识，且言徐君是理想中之莫干牧场场长，遂请介绍。经几次接洽，徐君了解庚村工作意义，允俟"联总转运站"任务结束，即来"莫牧"。民国卅六年（一九四七），莫干牧场成立，卅七年（一九四八）"莫牧"的牛奶和白脱油都应市。"莫牧"始终有个分场在上海，我们看到牛奶的销路必须近市，而我们的宗旨不仅保一牛奶房，故拟在都市近郊有一牛奶房，而育种场则设在庚村。我出国时，庚村的牛舍已经盖成。在徐场长未到以前，三个实习生受指导在自己的场上管自己的牛，每次报告一头犊牛诞生，比人家添一孩子更为兴奋。"莫牧"运气甚好，第一批产生的大半是母牛，牛重女不重男。我家里的人在必要时须全部动员，参加工作。大纲的辛苦最多，从购储饲料，到接洽饮户，保持供求平衡。我家里在战时每人有一辆脚踏车，都送到牧场上，供送牛奶的人使用。送牛奶时在黎明，天寒手冻，所用棉手套都熙治自做。记账开发票，接定户电话，亦由熙治。许多饮户真捧我们场，文化界的朋友都定"莫牧"的奶，送到迟早，风雪延期，从不计较。去参观牧场，实习生拿出牛奶供饮，有时请带一罐回家。主客得意之情，均难言状。熙治由大纲教得新式簿记，她的账目明确快当。有收不到的账，我总说："马虎点，不要再收。"她至今以此讲给精明的美国生意人听。大纲白天做运成舅的秘书，周末和晚间都为庚村工作。因为他在中蚕公司，认识了很多蚕业和农业界人士，常常讨教，这些人知道庚村工作的趣旨，亦都不吝指教。当币值日跌，粮价日涨，生活指数常变中，大纲调度出入，以少数钱做多数事。每隔二三星期，牧场上的吉普车送大桶牛奶到我家里，在我家一间平厅里摇白脱油，其装置和纸包工作，连我亦参加。在我家做，有冰箱可以存放。近市，定户可得到最新鲜之品。这辆吉普车是我见报而申请价购的，经过修理始能使用。还想为庚村买一辆，兼拖拽耕种，后来没有机会。

朋友们见我参加工作，不轻视而都欣赏。我们的理想：每个人都是主人，亦每个人都是工人。日子甚快，莫干蚕种场制种到一万五千张的时候，我问运成舅：我们最后目标是多少？他计算在三万到五万张之间，则维持种场与桑园而外，足以贴补学校经费，不再增产。同时我们讨论到庚村其他事业亦然，维持本身工作，贴补教育费，即止。如再有增产力量，则入合作社，我们这团体为合作社之一员。我们不但不含私人企业意义，亦不拟成一公益财团。蚕种在战前每张价一元，战后约值米一斗。

这里我要述一件与我工作略有关系，在我迹近虎头蛇尾，在人未曾成美的事，是抗战初我捐献作抗敌用之杭州住宅，在前章《抗日战起》中曾记当时往来电报。胜利那一年的十二月，是膺白逝世十周年纪念，我将所作《家传》定稿付印，蒋先生亲作序文，政府于是日又下一次褒扬令，令文末段有"原籍祠宇，着地方官查明修复"等语。我不明指意，函问岳军先生，得复："一为所捐住宅改作膺白纪念祠堂，二为莫干山上下公益用的房舍修葺事。"我又去信：一不赞成作个人纪念祠堂，二莫干公益之事不敢累省库。下附岳军先生抄示所致浙江省主席黄季宽（绍竑）函稿：

季宽主席吾兄勋鉴：和平启运，岁序更新，辰维浙水宣勤，仁施广被，遥企嘉谟，忻祝无已。兹有陈者，追崇黄膺白先生勋业永留遗爱一节，前议以其生前自建之西湖庐舍，改为纪念祠宇，曾肃一电，并托朱惠清兄倾陈私臆，计已早荷鉴察。嗣因此事上闻于元首，亦蒙欣然示可，是以客冬国府明令复有"原籍地方纪念祠馆，着由浙江省政府查明修复，妥为维护"之语，原令应已由行政院录转到省，兹谨抄附备查。寻绎文意，所望于贵省政府查明修复妥为维护者，似系膺白先生原籍杭州府属之纪念祠馆为范围，其在杭垣湖滨之馆舍似亦在内。此外莫干山上下，膺白先生手建之房屋设备，曾经化私为公，捐入庚村小学，昔为黄舍今已颓废者，尚有多处，皆其毕生心力所萃，最足以纪念哲人，拟请指定干员与黄沈亦云夫人（上海爱棠路一七七号）面商决定，何者列为纪念祠馆，何者不入葺护范围，借便施工兴复，护持始终，以符府令。至湖滨之纪念祠宇，应如何被公益于群众，避作官厅接待之所，期有合于创建人捐拨之初衷，当已仰邀察及，敢再附陈末见，用资参考。素仰吾兄与膺白先生公义私情，契合至深，琐琐陈恳，诸祈衡夺，即饬治办，并赐复示为祷。肃此，敬请勋安，并祝年釐，弟张群敬启。

下面节录我复岳军先生的信：

十二月廿九日、一月十五日两次赐书，先后领悉。关于膺兄纪念祠宇及修葺莫干山一部分房屋，云以为（一）山中建筑虽为公益，但决不愿累及省库，此例不可由我开，俟有复兴计划，当逐渐自加修理。（二）杭州捐屋作消极的纪念祠，非膺兄平生之志，亦非云毁家纾难之心。抗战以前，云对此屋，原有一愿，欲以作一活动博物馆。德国某博物馆，其倡始乃一私人，向各方零星丐乞而成，所陈列许人动手，机件许装拆。曾与君怡讨论，并拟过名称曰"天生博物馆"。此外，浙江省有"卧薪尝胆生聚教训"历史，忠义之士，发扬民族精神者，代不乏人。闻战前曾有搜集乡邦文献之举，所得材料尚有存者，若以"纪念祠"之意，改作"两浙文献馆"，则性质大不同，作用亦大不同，云尚可以省民资格，贡一得之愚，私人亦有文件可以转赠。（卅五、一、廿四）

岳军先生对文献馆之议甚为赞成。俞寰澄先生由渝返沪告我，他们曾谈过如何及由何人进行此事，岳军先生笑向他说："你们浙江还怕缺少此项人才？"我见蒋夫人时，亦向她谈到不作祠堂而作文献馆的意见。在蒋先生到沪请父老茶会席上，我的席次在蒋夫人邻座，她说蒋先生对文献馆之议，十分赞成，可即进行。并言：日内赴杭，因澄庐未曾修好，将借住此屋。过几日，他们返沪，蒋夫人在离沪前又电话告我速进行，我问如何进行，她一时叫不出黄主席的号，我说出季宽主席，她曰然。蒋先生到杭州后，将这屋所在的"南山路"改称"膺白路"。

我一不欲因这所捐屋而加公家以负担，二自己应该避嫌。作祠堂我且谢却，岂有插手之理，故只作建议，建议亦偏重于不作消极之用。君怡见我苦得无头无脑，建议文献馆请浙江大学史学系办，庚村之事请浙大农学院办。他知我怕对不起性白和同仁们，告我浙大如接受，必仍请性白。后来浙大校长竺藕舫见"莫牧"出品牛奶与白脱油，问我用多少工人，我据实告诉了他，他称赞"莫牧"成本轻而出品好，批评他们的农场用工人太多，减少则又工作懈肆。我于是心平下来，自己做下去。

杭州市长周象贤始终封禁这所屋。君怡时为南京市长，蒋先生见他总问起我有否到庚村上坟等事，知道那时过杭州无耽搁处，问为何不住自己之屋。君怡写信问周市长，周回信说："只有保管之责，无使用之权。"我第一次到庚村，杭州旅馆称好者都为盟军包用，素识的本地亲友皆未归里，不得已由大纲向中南银行朋友借住其行员宿舍，以后每次都住旅馆。岳军先生为行政院长时，知我为庚村复兴工作之艰难，这时正复员后房屋缺少，京沪杭各大埠房屋租卖价值俱高。他与君怡想到此屋，公家既未利用，文献馆之议亦不再提起，不如交给庚村公益事业，则庚村经济困难大半解决。其时庚村已组织"莫干农村公益事业复兴委员会"，岳军、君怡都参加，即由岳军先生签呈，蒋先生立即批准。公事到浙江省政府，经过阮毅成、杜伟两任民政厅长，都催我派人接收。莫干山管理局王正谊局长知此屋将用以壮莫干山色，亦愿代为一行。我不愿虎头蛇尾，婉言谢却。然几次与周市长接洽，不言公事未到，即言行辕尚未着落。岳军、青甫二位，一次在杭与面谈，周言以公地若干亩交换此屋，亦终未实行。蒋先生最后一次离杭州，在笕桥飞机场上，后任的任显群市长当面请示交屋，始无人再加拦阻。最后一批居住的人为由南京总统府撤退之乐队，时已在卅八年（一九四九），大局又已剧变。我们拿到一所糟塌后的空屋，租与卖均已失去机会，曾问中国旅行社要否租用，亦以时局艰险而推却不要。

卅五年（一九四六）五月，我提议组织"莫干农村公益事业复兴委员会"，有内外两层不得已之苦衷。请的委员有三个方向：膺白的朋友如岳军、青甫；我的亲戚能助我且了解工作宗旨如湛侯、运成两舅及君怡、乙藜；朋友而在山热心有产业如揆初、寰澄诸先生。这几位或在政府或在社会均极忙的人，听我请求都毫不迟疑而允诺，我不胜感激。对外我需要帮助是"农贷"，农民银行贷款辅助生产之事，第一个帮我向农民银行李叔明先生陈说庾村工作的是乙藜。李先生后曾枉谈，农民银行对庾村农贷是热心的。我们得到农贷，仍须先自投资。农业有时间性，错过机会，事要隔一年。农贷须凭生产计划，经过审查核灭，公事甚慢，往往后时。上面下面都须有人了解，下面不了解不呈上去，上面不了解不批下来。很惭愧的一事，因申请至核准时币值之不同，我们不得不将生产计划做得夸大，预备削减，预备耽搁。然一念及还款时币值之更落，则吾虽敝帚自珍，负国民实大矣。

我留不住性白夫妇，迁延两年仍看他们走，是我终生内疚的一件事。性白在乡间十年，与外界隔膜，辛苦使他更保守而固执。庾村最理想之办法，是竞心管学校之事，性白为全部生产教育事业之总干事，莫干小学校董会仍为工作中心。在村的性白、雪钧、竞心，在外的大纲，都已在校董会，校董是自己人，职务可伸可缩。为生产我们必须请新的人，为教育亦然。以生产为先，时势不能不如此，此为农村，亦为学校，我无不一再解说。竞心到庾，派不着事做而回沪。莫小十五年纪念刊上之文，一篇我做，一篇他做，无不推性白夫妇之功。我很少以人事托我弟妹，这次为竞心托了君怡。生产工作者忙时日夜不息，闲时生活轻松。性白夫妇生活皆严肃，雪钧尤甚，此甚可敬，然过分严肃之结果，难容不同性格之同事，

548

亦减少天然活气，而趋重于形式。形式化是我们倡始时最切忌之事，有关教育精神，膺白当年对此甚认真。我对性白夫妇的工作精神，始终敬信，后来在必须要性白担任校外的事一个时期，请雪钧代理校长，以雪钧对学校的历史和她的能力，这并非难事。然战后的人事复难，在乡村不比都市，私生活亦在一起，种种都不容易讨好的。

组织莫干农村公益事业复兴委员会，有点请朋友们来证明我这复兴计划"可行"和"必要"之意。我现在回想，还觉这个急急向前的做法是对的，最少这个精神没有错。性白的慎重亦是对的，他没有看整个大局，每个角落需要"活气"，则我有日见到他，还要与之讨论的。

以下是我给性白的几封信节录：

性白弟鉴：二、十二（卅五年）快信寄武康转庚告弟：修屋不累公家，努力生产，向联总要乡村医院设备未得，必农村经济活动，农村教育乃有作用各点。并问弟（一）今年要蚕种否？要多少？（二）庚村要多少桑秧？同时请弟准备垦地。久候不得来信，至为系念。云对庚村复兴事，为公为私，为情为义，各种想法，各种商榷，皆觉非如此不可。须请求救济者，已草有事业概略一份。蚕桑事亦已向公司申请，一部分已到沪，急待弟信，种秧皆需价购，且须预定。二、十二发致弟书后，曾同时函促竞心，昨日始克到此，兹请伊先行来庚，云约清明前后来山。膺公遗志，弟十年辛苦，云十年用心，成就须看第二次轮盘之推动。力弱事难，不胜惶恐，凭膺公之灵以自壮而已。雪妹均此。云启。（卅五、三、八）

性白弟鉴：连接四月三、六日两函。第一函闻种桑艰难，工人缺乏，购米发薪转折经费之大，已（一）嘱大纲再筹百万元，日内汇上；（二）请教葛先生关于技术上诸点；（三）觅得熟练种桑老司务来帮忙。知弟辛苦，至为怀念，可惜着手稍迟，多此精神物质之逾量支出。顷接农民踊跃参与垦地消息，正觉前昨两日之忧稍减，而附以农场被火之报，损失之大固属可惜，然非云所视为伤心者也。弟不知云现在求人之不易，设计之困难，棉力之无几，数月来所以不顾弟之辛苦，云之冒险，农贷不定有把握，敢先投资，恐机会一过，并此而不可得。万一遗不了之局于弟奈何！所以一再提议生产，亦一再讨论请张、祝诸君回来，非对弟不信，知胜利后之复兴，较抗战时之维持，更须众擎以求易举也。相处十五年，当能信云对弟之诚，辞职事请勿再提。云不久将来山，余俟面详。（卅五、四、十一）

性白和我，看法做法虽有不同，然都自矢尽瘁庾村。他欲去而不忍，我解说至再，坚请其留，彼此均有迁就以从处。然迁延两年，雪钧先离庾，他遂无法再留。这件事，我无论如何要自责的。下面又一我给他的信：

性白弟鉴：到山不见吾弟，不可思议，弟弃汗血之劳绩，而真个改业，亦不可思议。纵不免缺憾，要亦何至于此？庾村上学期成无政府状态。此次小住，决定各单位各自负责，弟之职务保留原状，所指定之教师悉数延聘。膺公逝矣，遗风犹在可记忆之中，云勉竭驽骀，弟谓不足与共事耶？总期扩充其德，由弟十数年襁褓嘘拂之功，进而养成能独立自善之一小基层。云深知第二步较第一步尤难，以事愈繁则人愈多，而心志愈不齐。曩者有"与"无"取"，今将有"与"有"还"，考成责重。但在通盘着眼，既成团体，必有烦难，必须容与。葛先生归，告欧洲汲汲复兴农村情形，绝对利用科学而其他不惜简陋情形，训练农牧技术人才情形，国际蚕丝好转——中国只有蚕丝增产情形，曾亲来庾村。本拟完全添造蚕室，以安执事者之心，而减少接触，原系万不得已之举。现经决定只添平屋六间，在菜圃西首，临时仍继续借用校屋，所费仅十之一，而增产可三之二，众无异议，并以附闻。弟尚有高见否？云启。（卅七、九、八）

湘湖师范校长金海观先生一向对莫干小学热心，这一次割爱借他的教导主任张龙骧来代性白之职，救我们一个急。共事一年多，在更艰难的局势中，莫小措置得极为裕如，经济则困难到前所未有了。我在校董会报告张先生的成绩，性白、雪钧都欣然。后来又逢着一个艰难机会，他们曾自告奋勇，虽未成事实，他们对这工作的热情始终如一。

莫干农村公益事业复兴委员会连我共委员九人，其他八人与膺白和我均非亲即友，没有这个会，亦都在出可能的力，当我要求他们参加时，都毫不迟疑而允诺。组织成立的一天，全体准时到会，君怡愿充纪录，公推岳军先生为主席，其纪录曰：

（一）主席报告：本会之成立，乃为复兴膺白先生生前在莫干山所办农村公益事业。黄夫人表示此事并不是狭义的纪念膺白先生，而是着重在继承遗志，实实在在的做些事，详细情形请黄夫人报告。

（二）黄夫人报告：本人对本公益事业必须努力复兴理由，不仅为守前人一番心力，实以为农村与教育，于"积极建国"与"消极弭乱"，具有双重作用。以此次抗战中各地情形而论，莫干山要算保全得好的一个地方，这须归功在抗战初期有难民救济的种种工作。此事叶揆初先生在上海向山上业主募集经费，曾有不少之努力，此外郑性白君夫妇始终坚苦维持莫干小学，同样值得称道。膺白先生过去做法，不免以都市为乡村后盾，不求生利，故一半为教育事业，一半为慈善事业。现在时势不同，爱拟于学校及农村福利事业以外，注重"生产"，注重"出本必求利"的农牧事业，力图自给。都市无可依赖，须以农村为都市府库。

（三）徐青甫先生：以生产为"母"，教育为"子"，是正当程序，将来大家能如此做，国家亦就好了。经济乃"力"与"物"之循环，现在重要的，须有法以"物"帮助农村，"物"者即工具种籽牲畜之谓。

（四）叶揆初先生：经费的筹措应是委员会的事，不应由黄夫人独任其责。

（五）葛湛侯先生：以养牛一端而论，需费即不下一亿元，养蚕较有把握。

（六）葛运成先生：以育种方式养牛，则牛亦可养。

（七）俞寰澄先生：事业中不妨加入"信用合作"一项，且战前本已办过押米贷米等事。

一般结论，着重育蚕种，兼及种牛，乳牛取渐进办法。

卅七年（一九四八）的八月是我最后一次到莫干山，熙治正带着病孩远道就医，性白已离庾村，龙骧尚未到，公私诸事都茫茫。一日我独在白云山馆呆坐出神，忽闻竹林中有人高声喊我，走看是陈衡哲君坐着藤轿而来，寻不着路。他们一共四人从杭州同来；浙大校长竺藕舫到了庾村接到电话因公回去；衡哲、叔永（任鸿隽）伉俪，和阮毅成先生上山避暑，并来访。衡哲坐轿，带着罐头食物和面包，任、阮二君步行后至，拟邀我出去野餐。任家夫妇十年前曾来做过客，这次带着食物而来，怕我临时开不出饭。找家里正有鸡，还有杭州带来的火腿，遂留在吾家吃饭。阮君知我损失些书，告我有一个地方陈列着旧书，要不要去看看。我说抗战幸而胜利，一切无足萦心。饭后已经告别，他们又回来叫我出去，在山亭共摄一影。当叔永先生走到吾家时，进门交给我一张纸，是他一首七律，原稿如下：

暮登莫干山赋呈白云山馆主人

又向莫干作漫游，松筠不减旧时幽。一声啼鸟生凉籁，数朵寒花报早秋。寺古岂期存劫后，月明先为上峰头。来朝杖策攀云去，一访江东女仲谋。（叔永初稿）

我的步韵句如下：

十年重作莫干游，一乘穿开竹径幽。欢晤浑忘前度劫，清言带得几分秋。本来无我还留相，事到如今只白头。临别丐君君莫笑，解囊贻我稻粱谋。

他们走后，夜里大雨，回忆我二十年前冒雨登山，世变沧桑，不胜今昔之感，不能成寐，作满江红一首：

莫干山夜雨不寐

淅沥终宵，听风雨廿年旧识，重记起黄梅陟岭，阜溪济楫，东顶频添舍利座，春园买作维摩室，与浮生穿凿不相干，图书业。　　鼙鼓震，辽阳劫，投袂起，书生急，任惊涛骇浪，内忧外逼，挥手竟凭化鹤去，昂头不效啼鹃泣，待从头戮力补青天，锄和笔！（卅七、八、廿四）

吾家因济南惨案而上山，因沈阳事变而下山，我比膺白多经一段抗战期间。与莫干山二十年历史，几经家国之变。莫干小学校徽系一把锄头一本书，膺白所定。大局又已纷扰，我外强而实中干，彷徨之际，作壮语以自振。我的诗词不登大雅之堂，记记事而已。

俞寰澄先生是山中一个朋友，曾比邻而居。见稿立和二首，即以草稿交我，亦附入以光篇幅。

步任叔永先生韵

炎天无福洞天游，遥想山中景物幽。运变中原千佛劫，台来海国十分秋。望衡当日桑麻话，逝水华年霜雪头。锄笔独存今更起，稻粱端为小农谋。

感旧（用亦云夫人山居夜雨韵）

忍辱图强，是宰相山中伟识，想当日挥涕登车，渡江击楫，正是长城战衄后，寇深已入平津室，为缓和军实补充期，回天业。　　军阀肆，苍生劫，刀口下，危机急，不须臾暂缓，戎车已逼，抗战贪天成几辈，苦心谁为忠良泣，把是非切实数分明，史公笔。

阮毅成先生亦有诗，是我到台湾后，他抄给君怡转交的，又承赠其《大江南北》游记，原诗亦经录入，诗曰：

白云山馆访黄膺白夫人

云白峰高绕短墙，绿阴门巷午风凉。民生事业谁能继，说到桑麻话最长。

我与膺白尝自比如运动场上的障碍竞走，我一个人亦跌倒爬起几次，现在只好回忆青山，祝下一代，再下一代，竞走得更好更快。

（原载《传记文学》　第十一卷第五期）

三五　迟迟吾行

我不曾想到再会出国。抗日战前、战时、战后，都有人劝我带熙治到美国读书，身家着落在比较安定之地。我都未加考虑，事经十年。我不考虑之故：一为懒，留恋乡土；二为俭，在本国还可以做点自己以外的事，出门顾自己为难，徘徊异乡又如何？三为志，人方宛转于焦土，我奈何隔岸观火？受国恩深重，"国恩"即社会之恩，患难与人共之，是我最小限度无可如何之报答。

如此存心，虽迟迟而终出于一走，我不胜惭憾。离国前一年半之间，多尝了许多忧疑、恐惧、麻烦滋味，其时连熙治亦已不在我身边，更为举目少亲。

卅七年（一九四八）八月十八日，熙治携外孙邱树同，坐船到美，医治树同的右腿膝部关节结核病。事情酝酿甚久，树同甫学步而得此病，医治寡效而加剧。我见他拖着石膏包的腿爬来爬去玩，十分心疼，听他叫痛，坐立为之不宁。最后请诊治的骨科医生俞时中是张静江先生家快婿，其夫人乃琪与熙治是幼年游伴。时中为树同诊治数月，建议用手术割治。膝部组织复杂，中国医院设备不够，她想到她的老师纽约威尔逊老医生，如肯治，最为妥当。出国就医岂容易的事！我们斟酌而又踌躇，耽搁很久。卅七年的春，我胸口生核，疑为乳癌。在此以前，张岳军先生颈上生瘤，医生断为癌，拟到北平协和医院用深度 X 光照治，协和无此设备，乃

555

到纽约。纽约医生谓此种瘤非毒性，已在十五年前有证明，故匆遽而往，愉快而归。他听到我病，劝勿蹉跎自苦，力主飞美。还有其他朋友关切，立即给我护照。我决定在沪请一著名德医开刀，不愿出国。而为熙治母子请护照，成就其行。陶斯德医生为我动手术，经过顺利，用费极少。如此我心甚安，熙治出门亦放怀。树同经过五次手术，虽一腿不能弯屈，然全体健康胜于常人。威老医生只收一次手术费，以后每年为之检验二次。他知道我们国内出了事，不但他自己不再收费，而且为树同向医院请求食宿减价。每次开刀都非小手术，他已是退休之年，而树同的病，他始终一手负责。食宿减价亦是他自动想到的。我与熙治常常告诉树同，俞时中伯伯和威尔逊老医生是永远不可以忘记的。

熙治、树同动身的次日，我在莫干山接到王大纲的信，附八月十九日剪报：政府发行"金圆券"，收兑法币、黄金、外汇。金圆券一元兑法币三百万元，四元兑美金一元，二十元兑黄金一两。黄金外汇都归国有，民间持有之黄金外汇，限九月底止，向政府指定之银行兑取金圆券。不得私藏及买卖黄金外汇，告密者得奖百分之四十。在国外读书或医病，可在国家银行存储外汇。限制物价以八月十九日市价为准，不准购货屯积。这件事有特设委员会主持，有特别警察执行。

黄金外汇国有原非苛政。在战况不利，军费庞大，财政不可终日，法币价格日夜数跌之际，亦属不得已之措施。然政府正需要争取"人心"，操之过急，岂非为渊驱鱼？复员时，东南人民已经受过二百比一之折扣。伪组织下发行的"储备票"，其膨胀程度并不如此大，而持有储备票者不尽属"伪"，吃亏的都是老百姓。复员时，财政部将法币与储备票价格定为一比二百。这件事，与教育部规定沦陷区大学生补习一年，同样带惩罚意义，引起不平，然忠贞爱国的老百姓，被抗战胜利一个大欢欣题目盖住而忍受了。这次，重新加了刺激，中产阶级没有了安全感。

我自己，第一件受的间接影响是卖爱棠路的住屋。这住屋当年为安置膨胀之法币而置，战后屡欲出售，因出售后自己仍须有一住处：当时上海租屋须出顶费，顶费大得惊人，几及屋值三分之一；我看过二开间三层楼有卫生设备的弄堂房子，要顶费廿五条，一条是十两黄金；我卖屋而出顶费租屋，甚不合算，我不会占了屋不还房东而再顶给人；因此踌躇而总未成议。熙治出国，我的生活可更加简化，一个在地产公司做事的亲戚，为我觅得买主，说定八月底订约付定洋，十月底出屋。此事在我了却一桩心事，得一笔收入，而庚村工作更可资以挹注。屋价讲定付金，此系当时一般惯例，我要求一部分在美交给熙治，买主亦允照办。熙治未到美以前，我在国外银行尚无存户。

金圆券及金钞国有条例，不前不后在八月十九日发表，我细看条文，立刻函知大纲，我八月底以前准回沪，我到沪前切勿收定洋。买主忽然取消付金之议，亦不允在美转划。惟允在十月底我出屋以前，分期付金圆券，如币值已跌，每次照黑市计算。我不善安排经济，何况在此混乱的金融中！酝酿至久甫有成议之卖屋计划，只得取消于俄顷，一切预计均成画饼。不但如此，手头还有点金钞，其中一叠美票我赴山时与熙治推来推去，我要她带着手边宽裕些，她要我留以自用，都在九月底以前遵令到银行换成金圆券了。

我附在一个亲戚名下，这亲戚认识一家建筑商，买了几套卫生设备。叫一女仆买了几个半匹的布，每次只准买半匹，多亦背不动。照治、树同在外，我存了一笔医药费在国家银行，她们寄医院账单来，得申请拨付的。

南屏校长曾季肃请开校董会，为学校基金兑换金圆券事，无人主张藏匿不报。季肃事事公开，历年积存及所得馈赠均买金钞保值，众所周知。校董会一致通过基金兑金圆券。季肃凄然作一提议，买一块地，预备胶州路的校舍租地到期，为新校舍之用，亦一致通过。匆匆在梵王渡地方，得地六亩，上有难民搭棚，收用尚须费手续。当讨论地点时，该地附近有教会女校，校地四十余亩，恐相形见绌。终以此时大家要脱手金圆券，争购房地，得之非易，这不计较。

朋友中仲完甚孤单，伯樵已于数月前去世，她一个人住在公寓，患高血压症。与人商量，无人敢为她出主意。她颠倒几日，一日告我决定兑换，因藏得无人知，她死将如何？藏得有人知，时时防告密。

一日，一个穿灰色中山装的人到我家里，我家男佣人近来兼做牧场收账送货等事，此日正巧不在家，是我自己开的门。其人自称经济警察，看去是一年轻职员，手提公事包，我请他进入客厅。他问莫干牧场主人，我知道了来意，答曰："我便是。"他对我打量一下，我知他怀疑我不像个牧场老板，遂约略解说莫干农村工作，我是这工作的代表人，牧场是所经营而不属所有。他坐着听，看我客厅里挂的字画。我客厅里有一副很引注目的大字对联，是民十五冬在庐山，谭组庵（延闿）先生书赠膺白的集苏诗："身行万里半天下，眼高四海空无人。"这副联语，当年我以之讽刺膺白说：谭先生眼里看你是怎样一个人，此时是很少劫余纪念品之一。此人听我说话，看看环境，始开公事包取出一纸，看了反放着，告我："有人告密莫干牧场违法涨价。"我答言："管账的人是尽义务，现不在家，我以情理言绝无此事。在未有限价前，同业会商涨价，莫干牧场体谅饮户亦受币值跌落之亏，只有追随，从不提先，岂有在禁令之下，反甘违法涨价之理？"我看此人可以讲理，遂打电话给大纲，说话都让他听见，取出账簿发票价目单给他看，始满意，仅嘱叫莫干牧场场长次日携书面说明到所指定的地点。我们一一照做。这事幸我当面应付，事情简单了却。

卅七年（一九四八）的冬，我亲友中胆小而能走的人都一一离沪。这次与抗战不同；抗战时，少年人要走，这次少年人不要走。仲完邀我同到香港，我托她带出一箱文件。殷柱甫嫂往台湾时，告诉我，她虽住儿子家，总可分我一席地。我已先托她家三小姐珊姑带出一包照片，到美交与熙治。

自卅七年（一九四八）九月至卅八年（一九四九）五月，我在上海，在这段期间，我仍一心做庚村的事，教南屏的书。熙治不放心我，我差不多隔一二天给她一封信，有时几封信合在一个信封发；熙文曾来邀我同到台湾。两次大难，我已经把生命看得轻如鸿毛，做一天和尚撞一天钟，得尽一分力是一分，谢却了她们好意。

以下摘录给熙治的信，皆当时琐琐实况：

治儿：此次改革币制，经当局极力限制物价上涨，连日检查甚严，经济警察出入商店，倘通货可以稳定，则亦如天之福。从前每至月底，牛奶要改价，你写信通知饮户之烦，如不再有，岂不一快？（卅七、九、十二）

你动身次日起，七十天经济风波，令人恐慌窒息。我买了些可笑东西（卫生设备）。照条例存有美金在国家银行，此款可供家人在外读书或治病用。每次申请不得超过存额二分之一。我有三千八百元在交通银行。你可请小宝的医生和医院出证书来，以便申请。庚村蚕种一起卖出，起初大家高兴，大纲去信解说"存货不存钱"之意，明白已来不及，幸十分之四以米计。山上五一五号屋卖掉，立刻估价添造蚕室，材料虽已办好，工价算米，庚村今年一点米都未存储。牛奶日产七百磅，送出四百六十磅左右，定户不绝。自限价开放后，百物一日数加价，牛奶亦已涨四倍。最近情形甚坏，几天买不着荤菜，长蛇阵轧购，似抗战时情况。商店玻璃橱"一扫光"光景，你不能想象。大家抢购不必要物品，多半浪费，但比留着纸币好些。牛奶定户虽多，怕冬天饲料成问题，不敢尽量承应。载了两船牛粪回庚，使土地稍获益。生产工作在此时局，固困难而危险，但比坐吃总好。（卅七、十、廿三）

我不想走，以前曾自负有志，岂垂老之年反放不下温暖？乡间种种，年来困难重重，但已规模粗具。蚕牧二场，若作私人营业，业已衣食有赖，为合作社则不过一小小站台，假以三年，或可略见分晓。若环境自然叫我解脱，则系一种释放，今犹有努力余地，将照旧进行。（卅七、十一、

十六）

自昨日起，盛传徐州捷报，形势稳定，人心稍安。此次最先起慌者系政府有关的人，南行木箱往往以百计；其他的人虽有钱，无此便利，老百姓愁目前柴米犹恐不及。去国是何等伤心事！况力不能久持，我不想动，并非矫情。（卅七、十一、十八）

时局日难，好姨与舅母先后来沪，舅家大约赴穗，我或与好姨同赴台。大姊前日来看我，谓时机紧急，叫我与她同行，她说我若能到你处，她亦赞成，否则去台。她去过一次，房子现成，通信处台大理学院大姊夫转。她来我甚快慰，晓敏明年可得学位，晓芳要学医，惟晓梅身体仍不大好。（卅七、十二、一）

我本拟十日与黄姨同赴港，船票未买着。行李一整再整，初拟值钱的都带走，继思所值几何而累赘若此，不如分送，故除文件外，只理自己衣服。我不去台，因不想住招待所，彼地房价已被抬得甚高，便宜之居不易得。到港亦不过安排文件，留一与你通信处，借黄姨一榻之地，可归即归。我不怕苦与险，但要自由——国家的自由。迩来行止不定，计划屡变、非撑不住，你放心。（卅七、十二、六）

自美军陆战队来沪谣传，香港、台湾生活皆高，上海较小房屋即又涨价。乡间诸君说把事业看得与生命一样重，此间牧场搬了乳牛二头，犊牛九头，种猪一对到庚村，姚正禄来坐船同去，五天可到。人以为庚村实力充足，我们其实只一点心力而已！“心力”，如今无人信此！（卅七、十二、十七）

卅一日及元旦，南屏自治会演“嫦娥奔月”，毕业同学演“北京人”，我当连去看两个半日的戏。家中物件一并不动，仅文件托黄姨带出，匆促又毁去一部。乳牛到庚，村友竟有以米易乳者，有便船时拟再送两头去。小猪明冬可配，推广须待后年。猪舍牛场在第二桑园相近，张光楣在庚照料。张龙骧先生对农教有理想，对生教合流甚了解；年纪比徐先生大三四

岁，较细气，自己喜种菜，据说校前菜圃出产足供全体同仁用。（卅七、十二、廿九）

近日新闻只前方"尸作山"消息，物价之高涨已无从着意，大局虽未许乐观，但和平亦不被禁止。市上"银洋"比美金还吃香，银贵原因为外币要被收兑，且只能在都市通行。学校收费都用米价作准。昨日叔园来说，本学期只能让最大的孩子完成高二功课，其余小的暂辍学，我心里很难过，想帮忙，不过本学期大家是否能好好上学不可知，亦只得罢了。大多数人所恐惧的已非战事而是生活，少数迁地者犹过奢侈日子，如何说得过去？庾村基本工作已具备，只少现金活用，春蚕可制万五至二万张，把稳些，连秋种总在二万张以上。今年四月至八月尚需米八百担之数，本年因开办费巨，至多收回成本，以后每年可有五百担盈余，贴补学校不必再忧。但此时能否投此资，前途能否如预期之有利润，容分配？然不投资，则基础又白做，无生产而维持之责仍在我。刻与同仁商，到四月初再定。（卅八、二、七）

去年八月你走时，法币三百万元兑金圆券一元，近来米价每担要金圆券一万元。到处看见前线退回之兵，听说东头更乱。我家门前每日天亮有兵操练，下午兜圈唱歌。物价与治安，分别令人提心，还不至吊胆。这次要与从前不同，从前"程咬金三斧头"，逐渐缓和，以后怕是愈抽愈紧。庾村工作决仍进行，推动总比呆着好，不动亦须筹维持费。同仁都好，拮据了大家不畅快些，只望进一步，会明白。我明日开学，"老冬烘"做到与南屏预约的第二十学期，亦算一生很长的一段履历，可笑吧？（卅八、二、十四）

昨日正禄来说，七只母鸡在孵"来克亨"，家里的芦花鸡蛋现亦带了去，今年冬天庾村将有可观。藏书楼玻璃窗已配好，门锁尚只装了外围的。我们一切仍积极，但亦随时准备人来拿去。昨日章元善夫妇来，绍玑早知我们工作，章先生是初次了解，很关切的样子，初从外国回来的人总比较积极，去年舅公回来亦如此。报载李伯伯为和平老人回来，剪他一段谈话给你看看。庾村拟砍柴出卖，松林可得一千担柴，换一百担米。管理局有过保护森林令，尚待请准。（卅八、二、廿五）

书我已装成大木箱，寄存科学图书馆。局势恐不免要打，不要紧，你放心。在外看报不要急，急亦无用，信尽管写来，此地已与北平可通信。国际救济会承认庾村为二等病院，允助医药品，此乃上次章元善先生谈话的结果，他曾叫我做节略去申请而获准的。庾村现有乳牛十头，犊牛九头，房地用具及近期间粮食，均划给他们，以后盼其自给自足。上海分场日产奶五百磅左右，勉强可以支持得住。（卅八、四、十一）

南京已于昨日易手，上海人心惶惶，然能走者不过少数。我昨日照常到南屏上课。饮食近又放宽，牛肉或鸡、水果不断，一切你放心。二姨夫在京，紧急时他须在所里，不然同事们会慌。京沪形势相仿，日子不会相隔太久，故未阻他。该当心时大家会管他，你和二姐等均可放心。我们一家生活照常，可通讯时总写信给你，倘隔膜若干时，千万勿着急，我是能镇定的人，放心为要。（卅八、四、廿四）

昨日赴校，只少数学生离埠，余均照常上课。校中叫学生每人携米一升，煤球十只，一点咸菜，备万一留校吃饭之用。我赴校时，大纲请假看家，因近来前方撤退军眷都住民屋，隔壁顾、沈、王各家，每家一室二室不等，供军眷用，我家曾被圈用，随时防其再来。家用每日要几张钞票甚难，开火后，支票、本票皆不通用。老头银洋虽吃香，我却一块也无，积存的上月都送庾村去了。徐场长赴庾，此地只徐杰、久林二人负责，场内亦有住兵可能。黄姨住九龙山林道二十五号三楼，以后与你通信当由她转，不能如现在快速。大多数人已苦无可再苦，吾侪生活降低与拉平实属应该，此非我如今始唱高调，我无时不在自己挣扎之中。市面有困难时，华云必为我准备各种干粮，南货海味俱有，我阻止她，她总说熙治回来即不做。玉姨婆闻知军眷要住吾家，叫我搬她家去。吟姐姐无事通个电话，

不言而喻问问好。患难中有很多人情味。今《晨报》载武康、吴兴都撤退了。（卅八、四、廿九）

　　昨日五月十四日，我上完南屏高三最后一课。三日前，胶州路守军必欲征用校舍，限一日中迁让，曾姨电我，双方四出陈情，总算结果尚好，故昨日不独我完成十年之约，学校亦幸免中辍。课毕适逢小学部体育比赛，宋先生邀我参观，无异凯旋阅兵。上海已听着炮声，每夜发炮不停，屋为之震。居民都镇定，市面冷静，电台广告节目几全停。地摊虽多，无人过问。今晨因戒严，牛奶一概送不出。（卅八、五、十五）

　　自上星期以来，紧张忙碌至今，昨晚始得安睡一宵。吾家周围已成兵营，大部驻交通大学，小部在对门宋宅，附近大屋住兵，民家挤军眷无家无之。紧急时，我自譬为新闻记者，或采取现实史料，耳闻不如目睹，遂不慌亦不怨。（卅八、五、十九）

　　五月廿四日上午吟姐来电话嘱勿出门，心知有异。窗口望见居民向东搬家，兵士亦陆续东走。姚主教路封锁，传言军队尚在补充，本地真正战况，本地人不能真知。晚饭后炮声不绝，枪声逼近，家人互相关照警觉。夜十一时，大纲、秀达来叫我，枪声如在左右，大家至楼下书房暗坐。不久我仍上楼，搬中间之屋与福姐同榻，福姐言从未闻此大声，我亦生平初次。二时许大纲又来叫我，我们一群人在西北窗口，眼见共产军整队入市。现在市政府军管会皆已成立，开始接管，电台节目均恢复。家中住客最多时二十人以上，现皆回去。妈咪。（卅八、五、卅一）

　　给熙治的信皆家常事实，摘录至此而止。

　　自卅八年（一九四八）五月共产军入上海市，至一九五〇年二月我由粤汉路转到香港，共九个月，我不甘离开上海一步。所经为莫干山庾村学校蚕场、牧场等事，所见系上海以及到上海的人和书报，约略可忆者如下：

　　到上海的共产党军队，朴实健壮，甚静，不大在民众中表现。吾家对面一大宅中所住兵，远望常见其席地围坐，大概是读书学习。撤退的国军亦无败纪之事，败退而能如此，亦不算坏。惟强占民居，下级军眷入民家同住，文化相差太远，使人难堪。在民家的军眷初极恐慌，后均好好遣归。沪北迟二日占领，国军守者极尽职，共产军攻者颇耐性，闻最后以麻袋裹身滚而入，地方未受糜烂。已搭彩牌楼拟行入城式，传有文化界某老人谓："已经进市，何必再入！"未实行。

南屏郑效洵先生兼了三联书店之事，不但季肃想辞职请他后继未果，他的历史钟点还要让些出来，颇鼓励我担任。研究历史的小组会议即在南屏，我几乎要答应，元璋排课程表已将我列入，家人力劝，我只得电话请罢。我是想以此自食其力，如担任，是受薪水的。

我第一件遇着的麻烦，是莫干牧场在上海的牛被"军管会"接去，徐场长正在庚村布置"莫牧"本场。因战事路阻，不能归来。"莫牧"的牛一部分已运到庚村，目的在育种。牛奶在乡村销路难广，系廉价义务性质，须在杭州或上海维持一牛奶房，以贴补庚村，是我们的计划。一年多来在上海成绩甚好，尚不敢作迁杭之计而战事起，迁杭不过为两面兼顾容易。"莫牧"上海分场在江湾彭浦镇，在火线内，我嘱大纲"顾人不顾牛"，安排员工到我家里来住。两个实习生定不肯放下牛只而走，与全体员工牵牛绕道到沪西，临时借到一间生生牧场的空屋。生生牧场在敌伪时有点问题，故复员后归中央信托局所接收。这次生生牧场又为军管会所接收，连"莫牧"一同接了去，我们的麻烦是由此开始。牧场属于"农林处"，农林处以"莫牧"的牛得自"联总"，应归人民，但"莫牧"亦已贴下资本，此为"民族资本"，叫"莫牧"作报告。自战后复员以来，为庚村我曾做过不少节略，均自起草。这次，大纲不忍看我再做，由他拟了一份，交与"军管员"接洽。大纲报告完事，我不拟再问，农林处长邀我面谈，我亦以年老路远辞。

俞襄澄先生接到他家庚村管屋人的信，游民砍树无法制止。我告诉他，我们十余年来造的林亦已一空，接庾村来信谓满山如剃了头。游民是穷人，不可得罪。有一时期，一手提肉一手提酒壶者，尽属此辈，真正穷人并未参与。我与寰澄先生商"莫牧"的事，不惜失牛，而无法善后，要接，请一并接去。他叫我做一节略，代交一人请教。交去的第三日，有两人来我家，言系饶政委派来，一人手持我的节略。这节略写在红格起草纸上，题目为：请示者三点，（1）我述过去工作和上海的牛被接收；（2）庾村本场还有一半牛，应如何？（3）庾村其他工作，事均相联，农业有时间性，应如何？我见过上海市政府公文，形式简单，纸和封套均属旧物，知其不尚虚文。来人答我所问：牛的事要与农林处接洽，庾村工作应照常进行，接或不接，或合作，或接而请原手做，必有合理处置。虽未得要领，然知事情要进行不要停顿。来人说话甚客气，态度沉静，看去是一有学识的青年人。我索名片，他写在纸上，并写出地名电话；另一人坐着未开口。

武康县教育会议认莫干小学为最进步之学校；为"学田""租米"县长亲自下乡说服佃农，但愈说而租米愈少，由一百担而八十担、六十担、到四十担时，校方赶快认收，不敢再误；租米本来在二百担左右。大家知道土地改革不远，此系最后一次收租。

莫干蚕种场的"天竹"牌蚕种，被列在上好的一级，"蚕贷"比一般多得百分之五十，申请手续简单无须人情。然因"统收统售"政策，和"隔期收账"办法，不但无利可图，且须多添出一份资本周转。统收统售者，交易都向"蚕管会"，好歹同值，故认真者成本重而吃亏。隔期收账者，以前蚕农定种，先付定洋一成。制种场以之维持长工薪给与桑园施肥。取货时付清全价，则以作次届制种的成本。隔期收账是待蚕农育蚕售茧，然后付价，故种场需要两套资本。技术主任吕秀梅建议请人合作，我们供给场屋、用具、桑园，而合作者出现金。卅八年（一九四九）秋季制种，与朱新予先生合作，成绩圆满。

当学米减收，牧场失去生利部分，蚕种不能活用时，庾村同仁临着从未有过的经济之忧。我彷徨无计，曾请冷御秋先生与之商量，冷先生在其故乡镇江做有类似之地方工作，且为江苏提倡改良蚕丝业之一人。听我情形，以为庾村的关键还在蚕场，有办法则其他亦可维持。他写有《苏浙蚕丝业之危机及其对策》一文，以为蚕业不致无前途。他以为与朱新予先生合作甚妥当，朱先生有书生风度，在利上不会对人不起，何况对庾村！我与朱先生虽仅一面之交，印象亦如此，惜一九五〇年春种，朱先生亦无力再合作。

我所遇到的共产党人，数极有限，皆非直接当政之人，都资格甚老，亦还有人情味。据说上海与北平两处是人才最挑选的地方。我无意而遇见的，第一个是接收高等文化机关的人，他常常来访住在吾家的一个客人；一次这客人不在家，我出去招呼他而谈起来，谈到我乡间的学校，他告诉我：共产党所到处，连在和尚庙的私塾都要维持，劝我忍苦办下去。一次他谈中国未来的远景，又谈到我庾村的事，他说："学校如系靠田维持，快交出去，因土改是必行之势，至于其他生产有利之事，何必放弃？"他告诉我蔡太太（子民夫人）因补纳田租有麻烦，去找他。蔡太太在公共场所是被请受尊重的。他说："这是无有办法的，即是×主席家亦须如此。"共产党人饮食享受和疾病医药都须受批准，饮食有大灶、小灶之别；"大灶"是大锅菜，"小灶"可以自由吃得讲究些。此人有病，可以吃好一点，并可用好一点的外国针药，他没有去要求。

又有一个我的前后同学，比较更有地位，我看见她的几次均装束俭朴，一双黄皮鞋擦得很干净，从未换过第二双，说话甚有条理，一次写一点什么，见她提笔很快，对同伴的人很热情。她送过我几本书。一次，我把山上一件麻烦事，和莫干牧场牛的事请教她。白云山馆被接收，庾村的同仁有点慌，我亦告诉了她，她听我所说原委，以为按理这是错误的。后来我接到省政府通知，派人收回。"莫牧"的牛我亦坦白告诉她由来，她以为照她看法，应归我有，叫我做个节略去问。我悬念庾村，想要自己去分同仁一臂之劳，她劝暂缓，一为战事未结束，二为干部未训练尽善。我批评有些"假前进"的人，她说此种人会自消灭。请教她，同事中假前进的人兴风作浪，可否辞退？她说当然可以，庾村曾辞退了一个生事之人。她曾带一个与我曾经认识的人来，此人夫已死，只有一女，手皮包中有一张女儿的相片。我看了说："你是母而兼父。"她闻言泪簌簌下，握我手曰："鼓励我！鼓励我！"此人北归时，我问她以何物献老母，她说买了乳腐咸鱼，大姐帮她买了火腿，"大姐"即我的同学。我说明不去看她们，亦不问电话住址，便她们保密。那时我的家里是一医生诊所，这些人大半为就医而来的。

我一个侄女夫妇在东北新闻界服务，看去她们是共产党。她回来接父母去就养，她说收入不够寄钱回家，住一起同吃是够的。来看我时，还携着她的无父的侄儿女。

我们的牛，后来在沪的归给农林处，在庾村的归"莫牧"，说是同样为人民服务。其后华东政府在上海跑马厅开农业展览会，所用的牛，原是我们的，称为成绩最好，则亦无憾了。

在斗争、清算空气下，同仁不斗争我，他们会被斗争。我动摇了二十年来信念，我已无力做同仁的后台，有我，使他们反而为难。为想保全这些事和人，我应该走开。在沪先与有关的人商量过。寒假，我函请莫干小学张龙骧莫干蚕种场吕秀梅二人来沪，告以议请人民政府接管庾村各事之意。自一九五〇年一月廿日至廿六日，我们先谈交出原则，继谈交出手续，都同意了。我将山上山下，分成"学校""生产""纪念"三个部分。纪念如墓地、藏书楼、山馆，仍为自有。其他两项，详列资产清单，以本人年老无力为辞，请地方政府接收办理。一九五〇年一月廿六日，将所有契据凭证，交龙骧携至杭州、武康，分别递呈。我事前从容讨论，得到同仁谅解而后放手，不敢苟且以负前前后后为此工作而努力的同仁们，和爱护我们有加的许多朋友。二十年来心愿只做到此。

我离沪之日，大纲同行，一个校友送我到杭州，请我一餐车上客饭——一盘蛋炒饭、一杯牛茶，他下车而别。在我离沪前不到一小时，邮差送到浙江省人民政府复文说：台端在莫干山下所作生产教育事业，已有相当成绩，请本为人民服务原意，继续努力。我略一动心，继念我作此交出的"安排"和"决定"，都非容易。遂掉首不顾，持着路条，照原议经浙赣、粤汉两铁路，而到香港，等候熙治母子的回来，实际是告别了几番不肯离去的祖国。

（原载《传记文学》 第十一卷第六期）

金跋

亦云夫人撰稿且竟，招问泗往校读一过，乃偕吾妻美方就宿于其宅中五日。书凡三十三章，为读廿二章，首尾数篇，纯为夫人自传，皆尚未及阅。五日间，且读，且听夫人讲，如上课堂，听讲过去五十年间我国现代史。于是益信膺白先生对内对外，为国为友人，无不从远处大处着想，任劳怨，历艰险，死生毁誉，皆非所顾，疑谤横生，而不置辩，进难而退易，确是近代一个大政治家；而每当紧要关头，亦云夫人实为其惟一良佐。膺公卒后十年，夫人为撰印《家传》。今兹回忆录之作，则本《家传》而充实之，发挥之，阐明之。凡所叙述，十分八九为夫人亲历亲见之事实，而所根据征引者，则又皆原手资料。其中不少膺公及其他当代人物亲笔之件，此就一代史料言，抑就名人墨宝言，皆属稀有珍品；况其间历经离乱迁徙，由上海而香港而美国，辛苦保存，真成硕果。七八年前，夫人定居纽约城近郊，始为整理排比，用通俗式文字，执笔属稿。亦以有时情绪不宁，体气欠佳，时时辍写，嗣乃移住今宅，宅左街道未辟，地旷草深，颇饶野趣，有水一湾，散步而望，却有野渡无人舟自横之情景。朝夕纂录，不懈益勤，而此三十余万言之巨制，遂以脱稿。他日付印成书，不独有功历史，更足供为政者之参考，别夫人历年来身经舒坦其外紧张其内的生活，所为日夜以孜孜者，得以偿其宿愿，斯亦下走与美方之所欣盼者也。夫人之言曰："我们基本教育中，缺少了忠恕的恕字。我们所受国难国耻，固大半由外来……然我们自己岂无一点责任。"又说："父亲见我读书时，议论甚刻，对母亲说，深恐我恕道有缺，一生吃亏；我不能改，而常懔懔，今以迟暮之年，寄迹他乡，胸怀并不进步，写这些事，我时时惶恐而踌躇的。"即此寥寥数语，何等见解，何等风度，非史才史德两兼之人，焉能道出。亦云夫人与泗夫妇相识既久，每逢聚首，家国之事，无所不谈，谈则娓娓不倦，致语多真。某日谈次，以思想超时代许先君子，今吾综观膺公生平，聆夫人言论，要皆不外乎是。书将付梓，谨跋数语于后。

同郡纯孺金问泗初稿（一九六一、五、十三）

（原载《传记文学》 第四卷第三期）

沈跋

大姊《亦云回忆》自序第一语即言："我写这个稿子，立愿甚早。"又言："写膺白的事，起因于一句戏言，见拙作《膺白家传》，心许在假定我为后死，见本稿《分手与身后》章。"这只是说立愿之早。但就我所知，这个稿子的写成，前后当在十年以上，而且可以分成几个段落。首先为《故旧感忆录》的编印，《家传》于此有云：

先生丧后百日，朋旧有纪念之文，各述公私相与经过，事虽片段，语皆可征，第一辑六十四篇，名"黄膺白先生故旧感忆录"。

姊给我的信中提到《感忆录》，有如此的看法：

《感忆录》为材料和评论所凭借，诸作者至今我感在心头，即《家传》亦因有《录》为证，易于取信，弟首在促成之列，故拙稿并亦拜托，以当年对坐整稿经验，信弟所见者与姊不远也。（一九五九、十一、五）

一位为姊丈写年谱而在过去并不相识的沈耘农（云龙）先生说他写稿的动机，完全因读了《感忆录》而起，此外吴相湘先生在所编"中国现代史料丛书"中，对《感忆录》亦有如下的介绍：

这一《感忆录》是黄氏故旧为悼惜这一代伟人逝世而撰写的。发凡创例之初，即提出"为国家备史乘之资料，不但感逝述旧抒哀思而已"一原则，故各篇内容均甚翔实，并且还有许多直接文献的影片，尤具史料价值。（见丛书"前言"）

《感忆录》出版不久，抗战即起，其时姊居上海，初则致力于莫干山农村事业的维持，继则以身说教。三十二年（一九四三）春开始写其一《半生杂记》，此为第二阶段。《家传》有云：

三十二年春，始自草《半生杂记》，其间《二十五年》一篇，往往涉及先生出处大节，然断简零篇，仅后死者以为追思缅想而已。

何以当时尚不能作长篇叙述？亦自有故，语亦见《家传》：

先生逝世未周年，而中日战起，遗稿谨藏密处，知交散在他乡，征信难全，长篇之作不可期。

由《半生杂记》进一步而撰《家传》，此为第三阶段。三十四年（一九四五）七月，距姊丈之殁已十载，姊撰《家传》成，同年九月日本投降。战事既停，"谨藏密处"的材料均得起出利用，更由于胡适之先生的不断鼓励，姊乃继《家传》之后，开始写作《回忆》。"自序"说：

一九五一年，我由香港到美，在纽约晤见胡适之先生。胡先生是常劝人写自传的，他叫我把膺白和我几十年经过写出来，……我就如此一天一天，一个字一个字写下去，断断续续，不觉写成卅五章。

胡先生在致姊长函中亦说：

我在这三四十年里，到处劝朋友写自传，人人都愿意，但很少人有这闲暇，有这文学修养，更少人能保存这许多难得的第一手史料，所以很少人能够写出像您这样有历史价值的回忆录。（一九六〇、十、九）

《回忆》写成的经过已如上述，由《故旧感忆录》而《半生杂记》而《家传》——这一连串皆在一九五一年以前。及至一九五一年以后，姊已到了美国，开始写"回忆"即自此时起，但不久又放下，至一九五八年才继续，是为"初稿"；从姊历次来信中可略见其斟酌至再的情况：

今有与弟商者，拙稿现已整理过半，除老年精神不济，最近始认真不间断，修改未必比前好，有时愈看愈不满意，故现在已整之稿决心放手不再看。（一九五九、十、三）

幼时几章此次实未改，改的几章等于重做，并不见好，只材料换了方

向，故不能再动。（一九五九、十、十九）

此次仍无暇注意文字，只动了结构，放松材料，然已等于翻造，未必比先好而甚吃力。（一九五九、十一、五）

现所写者材料太多，无法平衡，何处用望远镜，何处用显微镜，本是写事要点，亦文章诀巧，姊今已顾不周到矣。（一九五九、十二、一）

最近姊等于供弟材料，姊自己的话亦是一种材料。文未看第二遍，看了即不满要改，耽误后来的事也。（一九五九、十二、十八）

此次姊只安排材料，文字不暇顾及，白话更难写好，一切依赖信托吾弟，屡次说明，弟已接受我托，不胜高兴满意，由弟大裁而姊可作顾问，我想我们一定能做好。（一九五九、十二、廿二）

姊写文言，用心处在简明，亦偶能作凸出点，但此非长篇可以顾到。写白话，常觉无安排处，又性急，故次序易颠倒，不中不西，弟在次序排列间着眼，已得了巧。（一九六〇、一、九）

今日高兴之至，写完初稿末章，小真晚间为印出，明日付邮。（一九六〇、二、廿九）

我是第一个得读《回忆》全稿的人，时为一九五九年十月，我正旅居泰国曼谷，姊则在美国纽约作客。一日接姊来信，有这样的话：

姊今买了一只柯达复影机，初意为照证件，现知可以照我草稿……今问弟近时有否功夫替我一看？我要请弟先看，为稿尚未定，弟可不客气告诉我修正。……去年弟叫我请胡先生看，我曾将弟意当面提及，附以鄙意"几年来为家事烦他神处太多，今务省其精力"，他亦说："也许君怡的判断更好。"……傅沅师与胡先生是鼓励我写的人，总想成了局气再请他看。（一九五九、十、三）

虽则姊和适之先生都是这般客气，但对我来说，能先睹为快，当然是再高兴也没有了。一九五九年十一月三日就收到姊由航空寄来第一批稿子，共十五章，我于次日回信说：

昨收到一大包稿子，真是兴奋极了。……傍晚一口气读完，已是夜

半，很过瘾。（一九五九、十一、四）

自此以后，每批寄来的稿子，少则二三章，多则四五章，均由航空，邮费相当贵，自美金四五元至八九元不等。一九六○年三月初收到最后一批，以上皆为"初稿"。嗣又陆续收到修正稿。似并不全，是为"二稿"。一九六一年春全稿完成，决定付印，已有成议，临时因故中止。迨至一九六三年九月姊由美访台，行装中携有亲笔抄写全稿，为保存方便计，曾打字油印壹百本，原拟以之分赠好友而未果。此书无疑如适之先生所言，是一部"有历史价值的回忆录"，胡先生在致姊信中还说：

亦云夫人这部回忆的第一贡献在于显示保存史料的重要，第二贡献在于建立一种有勇气发表真实的现代史料的精神。（一九六○、十、九）

这是适之先生对此书的评价，但姊亦有其说法，此处借用姊的话：

我所记者，偏于我一家的事，沧海一粟。区区之心，向现代史家交卷，拥护研究现代史的风气。（见"自序"）

吴相湘先生主编的"中国现代史丛刊"第四册（一九六二年三月台北中正书局出版）于刊出姊这篇"自序"时，用的标题即为"向现代史家交卷"。这一切果然都各有其看法和说法，但姊写此书的真正用意，我以为尚另有所在；而最能道出姊这点心事的，莫过于蒋公在卅四年（一九四五）十一月二十八日为《黄膺白先生家传》所作序文中的几句话：

亦云夫人撰此《家传》，其于逝者心事，实能推见至隐。

这几句话同样可以适用于《回忆》，"于逝者心事能推见至隐"一语，实道出作者与逝者无限辛酸惊险的经历。今姊于悠长的岁月中，以坚忍的精神，卒成此书，可告慰姊丈在天之灵者，无过于此。某日我曾对姊说："姊丈对得起国家，阿姊对得起姊丈"，意思即在此。今即用此二语，以为本跋的结束。

　　　　　　　　　弟怡　敬跋　一九六四年二月廿二日

（原载《传记文学》　第十二卷第四期）

附录 黄膺白先生家传

　　先生姓黄氏，讳郛，字膺白；浙江杭县人。生于绍兴之百官镇。初名绍麟，号昭甫。在乡里读书有神童之目，塾师别字之曰天生。先世自安徽休宁迁居松江之华亭，累代读书。高祖思孝字静斋，以布业为邑中巨富。曾祖镛字竹西，益治田宅，殖产至浙江嘉兴县治，性豪爽，急人之急，子女多与浙人联姻：有女适余杭章氏，太炎先生炳麟之祖母也；子曰如琛字蕴山，为先生祖父，喜鸳湖秀丽，筑室于邑之南门报忠埭，好宾客，以楠木为厅，号容百席，太平天国时据为公馆，后分为邑人盛姓及陶勤肃公住宅。如琛子文治字友樵，娶嘉兴陆氏，生四子，先生其季也。黄氏数世赡裕，友樵公性谦谨，读书不治生产，少时遇洪杨之乱，为乱军所掳，间道至百官依族叔以居，遂家百官；自是家道中落，尽失嘉兴之产，后以州县候补于浙，殁于杭垣，素与杨古韫、张璧泉诸公交好，皆松人之宦于浙者，杨公名葆光，诗画并称于世，与亦云外王父家有旧，以故幼时习闻之。友樵公之殁，先生甫七岁，诸兄皆未成业，陆太夫人携孤扶柩返松江原籍卜葬，不果，乃自百官移家杭州，内外无倚，历忧困，安拮据，而课先生以严厉。家贫，无力延师，送至同善堂读书，地方善团所设义塾也。

岁惟三节出省母。陆太夫人尝训之曰：某人修行久，将得道，佛来试焉，初为猛虎，须爪拂面不惊；继为元宝，灿然在手不顾；最后为美人，窈窕在侧不动；三夕，佛曰可矣！挈之登天，夫为人皆当如是也。年十七，补钱塘县学生。民国后，钱塘与仁和合称杭县，故为杭县人。府试时，与同县汪君受知于杭州知府侯官林迪臣公棨，欲召至府署读书，而家无长者可通白，且须课徒助家计，乃由汪君独应召。逾年得汪君书，言正习所谓笔算数学者，大奇，购一部，废寝馈毕之；复借《代数备旨》《形学》两书。得其究竟，以是于数学独具心得，盖初步数学出于自通也。

杭州多名贤遗迹，岳武穆墓尤刺激人心，为先生幼时常游处。尝谓于武穆事所感最深者，为岳云之从死，宋室偏安如累卵，不堪有如伍员者因复仇而损国本，不如父子同沉沦地下，使陷之者无所用其顾虑也。戊戌（一八九八）而后，维新论盛起。一日读梁启超先生《尚武论》，忽有所感，毅然有投笔之志。逾年，浙江武备学堂招考，遂改今名往应考。以第一人录取。明年复以第一人派赴日本留学，以性喜数学故，习军事测量。与同学约：凡一省有同学三人者，分习测量系之地形、三角、制图三科为一组，不得则要邻省合计之；以他日返国，每区有同学一组，可分工合作成地图一，至中国人自测自制一完备之全国大舆图止。留学七年，屡得最优成绩。毕业于地形科。时中山先生在日本东京，合革命各小团体为同盟会，先生加入为同盟会会员。物色四方同志，浙江军人之加入，多所介绍。复以陆军学生须归国领兵入伍，为实际工作，乃合同志中之尤坚贞者，得二十五人，号曰丈夫团。以孟子富贵不能淫、贫贱不能移、威武不能屈之义相砥砺。其后辛亥光复，南北各省发难及主持人物，丈夫团几居大半。与国民政府主席奉化蒋公，发刊《武学杂志》于东京，阐革命主义，论军人职志。又时应国内外报章杂志之约撰稿。凡署名曰明耻曰哭远者皆先生也。日俄之战，日本以新造岛国，一战而胜；旅顺一役，实其关键。日人樱井忠温著《旅顺实战记》一书，名曰肉弹，各国均有传译，先生译为中文，以为此何地也而有此战，国人所宜伤心惕励者也。归国，供职北京军谘府，筹办军事官报。在首都作中心运用，乃先生夙所自许于同志间者。辛亥武昌起义，急与曾可楼先生昭文、李晓垣先生书城出京南下，皆丈夫团同志。上海光复，数日，无统一组织，众纷纷不待号令，指挥不一。时南京第九镇举义不成，武汉孤危，全局岌岌；革命党人与地方绅士集议于上海城内海防厅，久之未得要领，先生自众中出，指陈大势，决定组织都督府，推吴兴陈英士先生其美为沪军都督；大计遂定，众有所适从。英士先生者，久在上海策动革命，曾只身入制造局，欲以不战之说动清吏，免地方糜烂，为清吏所拘禁。先生闻之，计用军谘府执照，入局营救。及民军攻制造局，清吏潜遁，英士先生出，首问同志安否。其仁与勇为先生所心折者也。于是众复推先生为参谋长，自练陆军一师，即后之陆军第二十三师。南京临时政府成立，誓师北伐。大总统孙公以先生兼兵站总监。

上海为革命军第一重镇，武汉恃以呼应，南京用为后援，而各省军事、交通、外交、经济、舆论之总枢纽也。抚辑调度之烦，倍于他省。论辛亥革命成败关键，在南京之克复。南京克复，浙军实最称劲旅；所以维护支持而成其功者，沪军都督陈英士先生与先生，皆浙人也。先生日往来于南京上海间，尝增设沪宁路夜车以资休息；今京沪路之有夜车因先生始。清帝退位，孙大总统解职，沪军都督府取消，京沪善后事宜归江苏都督办理，先生转任为江苏都督府参谋长，责在清理北伐军队之在津浦线一带者。特先自动解散其所领陆军第二十三师为天下倡，以次整理遣送其他各军。数月而革命后复员之功，迅速毕事，匕鬯无惊。二十三师将领多一时俊杰，其后辅佐元首，参预大计，当军国之任者，颇有人焉，此亦非常之遇合也。卸职后，奉令出国考察军事。未成行而宋教仁先生被刺案起，二次革命猝发。宋案初起，在密电中稔知主谋者袁氏。暗杀政敌之举，出于在位总统，岂革命同志所逆料？于是有谓宜诉之法律者；有谓必须用武力者；先生正在京办理交代及出洋手续，得电遄归。视察所得：以为革命党既以政权让袁世凯，诸领袖已相继离要职，以共和缔造艰难言，以革命党当时实力言，国家不堪有内战，战亦未必遂胜，主慎重之说。既而决议起事，义与同志共进退；事败袁政府下令通缉。其第一纸悬赏缉拿黄兴、陈其美、李书城及先生四人，令曰：不论生死，一体给赏。乃亡命日本。同志既集东京，有拟继续为倒袁活动者；有拟暂时为学术政见之表现者；先生以零碎工作无裨大局，徒折志士，于国家团体俱不利。迨英士先生有大连之行，尼之不可，乃留书达己见，匆匆离日本而赴南洋。盖当时有奔走者传东三省地方有人可用，先生不以为然，且识奔走者之妄也。居南洋一年，将赴欧洲，而第一次世界大战起，道梗，遂折向美国。自是一意研究世界大势，对本国政治，常保持独见与特行，不随众同可否。终其身，除同盟会外，未尝入何党系焉。

洪宪称帝，由美返国，参与浙江加入护国军之举。事定，移家天津，读书著述。先后五年，不问南北政事，不与当道往还。最敬慕者严范孙先生修，屡从其请，为众演讲；常过从者张敬舆先生绍曾，因其介，多识北方思想开明之军人。民国七、八两年（一九一八、一九一九），成《欧战之教训与中国之将来》及《战后之世界》两书，欲以世界新趋势新潮流启发国人，资为警惕。尤痛心疾首于内争，以为民国以来屡失自强之机，其因皆在于内争，"万恶之内争也"一语，在两书中不厌三致意焉。大战告终，赴欧美考察战后经济。华盛顿军缩会议及太平洋会议初发起，在美草华会发起之内容及其趋势一篇。政府电聘为赴美代表团顾问。兹行见战后各国经济凋敝情形；美国不批准《凡尔赛和约》情形；以及中日关系之愈不可解，将成为世界问题情形；欲大声疾呼，促国人之觉悟而无从，乃再度置身实际政治，期以非常机缘，促进统一。入张绍曾先生内阁为外交总长，颜惠庆先生等两内阁为教育总长。并应蔡元培先生之约，为北京大学学生军讲军制学；应范源廉先生之约，在师范大学史地研究系授国际政治；应冯玉祥先生之约，为其参谋将士解释国际及国家大势。

民国十三年（一九二四）国民军之役，破北洋军阀递嬗专政之势，结清室残余未了之局，使革命势力骤伸于北方；发难者冯玉祥先生，而先生实以孤身当枢纽之任。方国民军自古北口班师之日，先生正在教育部总长任，先以密电致冯先生曰"吾侪立志救国，端在此时"；得复电谓"来电遍示同人，众意佥同，准于某日班师"。盖事机取决于先生，以在京稔知内外形势故；临时始宣示于大众，以必须严守上下秘密故，皆冯先生所预约也。先生当日迎之于高丽营，夜半席地改草国民军通电。嗣以内阁摄政。修正清室优待条件，以故宫为博物院。下整饬风纪严肃官规之令。西南革命同志，相率北来。气象之盛，仿佛民元。而军人有拥戴段祺瑞出任执政之举，中山先生旋又病殁故都，遂辞本兼各职，移家天津。

民国十五年（一九二六），国民革命军自两广进抵武汉，总司令蒋公邀商进行大计，以沪上为中国经济重心，属先往密为布置。京沪底定，国民政府奠都南京，蒋公为实现中山先生《建国方略》中大上海计划，令为上海特别市市长，再辞不获。受命自拟特别市组织条例，起草者初定为市长集权制，先生以上海密迩首都，政治性多于地方性，市长或将视中央政局以为进退，非各局分权，无以固基础而利建设，决改为各局分权制。多级而总揽，夙为先生对政制主张，特别市组织无先例，盖试寓其义于此矣。规模初具，而蒋公以事去职，遂同时引退。迨蒋公再起，受命为国民政府外交部长。十七年（一九二八）五月，国民革命军北伐由苏入鲁，蒋公电约至徐州会谈。抵埠而蒋公以军事前行。次日，济南下，遂晤蒋公于济南。日军滋事，致酿五三惨案，民情奋激。先生以北伐正在中途，统一功亏一篑，力主迅速制止当地乱事，绕道完成北伐，忍小愤以就大谋，使蓄意酿乱者寻衅不成。事毕引咎辞职，于事实是非毁誉，不以一言自见。挈眷入莫干山，颜所居曰白云山馆；出则竹杖芒鞋，入则左图右史，常经岁不下山。自十七年至二十年（一九三一），屡辞征召。于国事有所献替，则以书交便友转递，尽意而止，不问去取。尝自以孩提失怙，赖社会扶植，始克读书受业，矢以受之社会者报之社会，斥资在山麓庾村，筹设乡村义务学校，曰莫干小学，为改进附近农村之先着。时统一甫告成功，而内战又起。战事激烈，甚于曩昔，乃于事定之始，作祈祷和平一文，同日遍登上海各报为社论，胪举国力耗于内争，建设因以停顿，同类相残，胜亦不武之义，期朝野之觉悟，事在十九年（一九三〇）冬。共产军久踞江西，而日本少壮军人亟于思逞，密请中央注意东三省大吏，勿使逗留关内，生后顾之忧，事在二十年春。

九一八沈阳变起，继之以淞沪之战、长城之战。彼一波未平，一波又起；我准备未成，屡战不利；诉之国际联盟，则空言制裁，益触野心者之忌。反侧之徒，习于政争，不明大义，群集平津。伪组织之酝酿，甚嚣尘上。政府不得已，定安内而后攘外之策；事实必须有暂时之缓和，乃于二十二年（一九三三）五月，设立行政院驻平政务整理委员会，辖河北、山东、山西、察哈尔、绥远五省，北平、青岛两特别市，以先生为委员长。受命之日，日军迫通州，距北平数十里。爱先生者劝由南京绕道南昌，与蒋公面商机宜，然后北上，则不出一星期，平津运命已决，而责不在先生。先生以既经受命，华北存亡，在于一身，义无返顾，星夜北行。五月十七日抵平。时先生离平已八年，人事既尽变更，日本人中亦无旧识者。十八、十九两日，日机时在平空示威。二十日晨正欲设法与日本某武官会晤，适其时一青年枪伤日兵营哨兵，会晤事遂中变，日队长且携武装卫兵直冲新华门责问。新华门者旧总统府，时军分会何部长应钦驻其中居仁堂，先生居其中丰泽园。是日晚十一时，平市长报告本晚有便衣队暴动消息，乃辗转传卫戍司令部妥为防止。二十一日，在军分会开军事会议，各路总指挥长官咸集，会商良久，只能以各尽最后之努力为结论。日方复以《辛丑条约》为名，向北平东交民巷增兵。傍晚，东北两战线均告急。大势岌岌，众彷徨将弃而去之矣。正焦虑谋万一之挽救，晚十一时接行政院电令：除不承认伪满洲国外，其他条件，皆可磋商。先生再至军分会，遇黄季宽先生绍竑，乃告以亟须与日人谈判，未返前请勿离去，即只身出与日方折冲。至二十二日天明，始拟就《塘沽协定》草案，晨六时返寓，以谈判经过告诸同人。乃亲拟电呈政府核示。一日一夜，仅得在书房小榻假寐片刻耳。五月三十一日，政府派员签订《塘沽停战协定》，日军撤至长城线。逾月，亦云至平，见先生形容枯槁，颜色憔悴，爱国者望治过切，不谅环境；掣肘者乘间中伤，正气难伸。燕雀处堂，不知大厦之将焚；谋我者野心未已，更无论矣。每接应终日，至中夜尚须阅案牍，将日间重要交涉，自草电文呈政府。惧其力不能久支，劝曰："此行冒险而来，为国家故，忍辱负重；今烽火既熄，曷飘然辞去，以后事付之后人，还我山居，塞悠悠者之口。"先生谓："停战岂得已事？华北艰险未艾也。昔时腹地，今为边疆，一不慎，随处燎原，自首都南迁，平津久为北方霸权出入所，中央政令难及，嗣今治权之内属、地方之整理、人心之振起、生计之培养，皆救国急务，欲免政府北顾之忧，必尽力至告一段落乃止。"

初，是年四月，先生应召赴赣讨论北行时，政府之意，拟并党务、政治、军事于一以利指挥。先生以身不在党，于军事久隔膜，谢不能。又令自兼一省或一市，以资伸缩；亦不欲。故最初政整会组织，为财务、政务、秘书三处，大抵从前北平各政治组织之旧也。先生就职伊始，以财政必须中央统一，则军事政治可免割据；即将华北财政划归财政部。亦不愿干涉各省市行政，迁改财务、政务两处为调查处、参议厅、建设讨论会，由执行机关而为设计指导机关，先生所自画其范围，而务切于实际者也。华北五省两市中，惟北平市及北宁路局两长，出自先生推举。一二年间，平市既整顿市容，厉行禁毒有成；北宁路局所解铁道部之款，一时为全国各路冠。先生方竭力以成部属奉公之忠，不有一毫尾闾安插之方便也。闽省人民政府之变，不惜以外援为后盾，南北俱奔走酝酿。有来说先生者，先生竭爱国爱人之诚，用釜底抽薪之策，旬日之间，动以利害，制其机先，阴弭分崩之患。当事急时，其自矢之忠贞，对人之坦白，解释国家与个人前途利害之殷勤恳切，退食时往往与家人觌面若无睹，相对不一言，必欲尽至诚使来者了然于向背之影响，心悦而后已。尝谓对本国人总好说话，虽吃力不觉苦；惟本国人屡屡不识大体，直令人伤心，终叹息二十余年不有内争，何来外患？涓埃之力，从事搪塞，无裨国家。其后日本既少信义，交涉层出不穷；官吏狃于故常，痛定不复思痛；社会恃虚娇之气，空言张目；先生周旋其间，转移无力。在职两年余，忍难言之痛，未尝一日稍伸其意。屡病，羸日甚，政府初给假养疴。二十四年（一九三五）九月，始明令撤销行政院驻平政务整理委员会。二十五年（一九三六）春夏，卧病莫干山；秋八月病亟，返沪入宏恩医院，医者断为肝癌症，十二月六日晨九时半殁于寓，年五十七岁。方先生病时，蒋公在粤，日以电来问疾，亦云日以实报。蒋公返沪，至医院，坐久之，从容告先生以政治近状，且谓所准备已达半程，再一二年者，国家事当有把握。其后先生告亦云曰：我曩者每健谈，今日蒋先生不令我多言，所喜者国家兴复可期，我死亦无憾，何况于病？呜呼！先生盖不自知其病之不治也。蒋公设辞以为最后之慰藉，是知先生之病且知先生之心者也。先生临终，值百灵庙小捷。半昏迷中皆指挥军事之语。张岳军先生群在榻旁高声曰："弟等当继兄志为之不息。"呜呼！先生既自竭其力矣，有责者又如此其慰先生也，先生宜不复有余憾也。

先生初娶于吴，继娶亦云，无子，女熙文、熙治，熙文适江阴沈璿。亦云承命保存文稿，继续其乡村教育事业。民国二十五年十二月二十七日，葬先生于莫干山麓庚村。亲友会葬者数百人。简丧速葬，谨辞国家荣典，不以无益耗有用，不以个人累众生，皆守平日遗意。

先生宅心纯洁，于国家民族鞠躬尽瘁，用之则行，行无所瞻顾，舍之则蔽，藏无所悔忧。生平言行一贯，不依流俗浮沉。读史慕管仲诸葛：以为善因祸以为福，转败以为功，庶几政治家之手腕；淡泊以明志，宁静以致远，庶几政治家之胸怀。在朝在野，无不兢兢业业，以守法为荣。所经职务，未尝快一时之意，贻不了于后人，留国家之隐患。无事之日，视城市如传舍，以山林为故人。不置身任何公私营业，不插手任何公共机关。尝言为人须独往独来，拿得起，放得下，庶几免于世之所谓土劣也。一生提携后进，不遗余力，而选士拔才，不求附己，倾心用人，必成其功而分其过。失意者为纵横捭阖之论，务令在大端远处着想，怅惘而来，平心而去。排难解纷于无形，辄为大慰，不求知不求谅也。严族类之戒、大夫无私交之义。举世以为"日本通"，而与日本人不接私人杯酒之欢，对中日间经济文化事业，从不生义务权利关系。议论终朝，不出百年大计之外。故虽邻国之人，亦贤者敬而不肖者惮焉。所办莫干小学，规划悉出躬裁，朋友笑之曰："以君之力，曷不办一大学？故人岂不乐成之！"曰："此我个人之心也，当以个人之力偿之，办小学则我力所及，不烦朋友也。"学校筹备时，拟名未得，有请用先生夫妇名白云者，笑以为不可。规模既定，事权悉专诸执事。所居在望，而不相顾问，有疑难始为解决。生平作事类如此，不以公私大小而异也。居家恂恂，除卷烟外无嗜好。喜山，喜读书，喜建筑。自平而津而沪而乡，每至一地必置宅，去一地即售其居；二十余年常自有其所居，然亦不令有余屋烦经营。晚岁移建筑之趣于山中：为山馆、为学校、为藏书楼、为农村改进会，悉化私以为公，不因玩物而丧志。

方亦云之与先生成婚姻也，先生既缕语其家世，复述所怀抱志向相切劘。亦云亦以庭训所得，举历史上砥柱中流转挽大局之志士仁人，世所难能而可贵者，相钦慕相期许。一日，游焦山，俯仰兴亡，不觉率意议论古今人物；先生忽跃然从座起曰：他年我之传记，必托之君。二十五年，不幸竟成谶语。顾先生一生，既不屑措意身后事，更未尝准备身后名。斯言也，殆自悬其行事之鹄，而责亦云以相成也。亦云维先生早年革命，事多秘密；中经艰险，文字随得随毁；晚岁一意国家之急，不以言语自见；盖

583

可以言传之史料，不得事实之什一。先生丧后百日，朋旧有纪念之文，各述公私相与经过，事虽片段，语皆可征，第一辑六十四编，名"黄膺白先生故旧感忆录"。亦云为之序，中有曰：回念先生在世，性刚而以忍为德，善言而以默为辩，智足而不用多谋，见从迂远，行在切近。不废极新之学，而守极旧之义。与人交落落，不为利害之说，而简率易与，终始如一。爱国情绪热烈，而不耐周旋政治，其进也难，故出处常不得已；其退也易，故努力只限于枢纽，而成败须俟乎后人，综其一生，盖常在矛盾之中，其心迹之苦、行事之难，而不为世人所共谅焉，宜也。鸣呼！土君子处非常之世，忧国居天下先，然言则违众，行辄块然，无济于时，赍志以殁者多矣，宁独先生为可哀耶？

先生逝世未周年，而中日战起，遗稿谨藏密处，知交散在他乡，征信难全，长编之作不可期；且寇深势急，文章其何为者？众方宛转于焦土，岂得从容论往者事。先生而生，决不许我。民国二十八年（一九三九）秋，欧战爆发。三十年（一九四一）冬英美参加对日战争。于是全局胜败更可睹。亦云之所以拳拳于国家之危急，耿耿于人心之不定者，亦既竭其绵力而尽其苦志矣。乃于三十二年（一九四三）春，始自草半生杂记，其间二十五年一篇，往往涉及先生出处大节，然断简零篇，仅后死者以为追思缅想而已。岁月不居，距先生之殁瞬十载，烽火未息，山中学校及所存一生仅有之遗物，一再被劫，至本年春而弦歌中辍，器物尽空。所谓谨藏者，岂可终保耶？人事不可知，宿诺其将谁诿？爰略具行谊始末，为后之论史事者考焉。

民国三十四年（一九四五）夏七月　黄沈亦云　谨撰

* * * *

先生家传既成后四旬，实中华民国三十四年八月之十日，日本降讯传至沪上，十五日，吾蒋主席在重庆向国内外广播其事。九月二日，日本代表重光葵、梅津美治郎至美国军舰密苏里，向中美英苏澳加法荷纽西兰签订降书。四日，蒋主席作胜利广播。九日，吾陆军总司令何应钦在南京正式受日本派遣军总司令冈村宁次之降。

溯昔民国二十二年（一九三三）五月三十一日签订《塘沽停战协定》，代表吾国者：北平军分会何代委员长应钦所派军分会总参议熊斌；代表日本者：关东军参谋副长冈村宁次。十二年中，人物依然，荣辱易位。倘所谓天道循环，物极必反者非耶？抑寡助之至，亲戚叛之，多助之至，天下顺之，成败洵非偶然耶？呜呼！人类而不有大仁大勇之心，克己以解古今报复之结，徼天之惠而不战兢惶悚，憬然以前车为戒者，则后之视今，能不如今之视昔耶？可不惧哉！

亦云尝与先生同遭国难，不得分其劳、慰其志，抱终天之恨兼人之愤久矣；睹兹日月重光，河山还旧，喜极欲狂。念先生未与胜利之盛，谨于是日具瓣香清茗以告在天之灵，系辞以代告文曰：

百灵小捷不足数，一路二路断续吐，是君最后呻吟语。王师毕竟定中原，家祭今朝君知否？百千万亿成仁赴义之国殇，与夫虽不阵亡而实战死之忠魂，当与君徘徊乎太空，而乐视斯民之鼓舞！一杯酹向阶前圃，昔日租界今国土。

民国三十四年（一九四五）九月九日　亦云又记

（原载《传记文学》第四卷第二期）